포퍼 선집

Popper Selections

포퍼 선집

데이비드 밀러 엮음

이한구 · 정연교 · 이창환 옮김

철학과현실사

Popper Selections

Edited by David Miller

차례

III 부   형이상학

IV 부   사회철학

권두언: 두 주제, 지식과 무지

첫째 주제 : 우리는 많은 것을 알고 있다. 또한 지적으로 의문스러운 관심사의 수많은 세부 항목들뿐만 아니라, 실천적으로 상당히 중요한 것들도 알고 있다. 그리고 이보다 훨씬 더 중요한 것으로 이론적인 깊은 통찰과 세계에 대한 놀랄 만한 이해를 제공해 주는 것들도 우리는 알고 있다.

둘째 주제 : 우리의 무지는 심각하며 광대하다. 사실, 우리의 무지에 새롭게 눈을 뜨게 해준 것은 바로 자연과학의 믿기 어려운 발전이었다. 그 발전은 자연과학 자체의 분야에서도 새로운 눈을 뜨게 해주었다. 이 것은 소크라테스가 생각했던 무지에 대해 새로운 방향을 제시했다. 우 리는 한 발짝씩 전진하면서 풀었던 문제와 더불어 해결하지 못했던 새 로운 문제를 발견했을 뿐만 아니라, 확고하고 안전한 토대 위에 서 있다 고 믿었던 모든 것이 사실상 불안전한 유동의 상태에 있다는 것을 알게 되었다.

K. R. Popper

편집자 서문

우리는 모두 실수를 한다. 실수한다는 것이 인간에게만 특유한 것은 아니다. 그렇지만 다른 수많은 생명체인 동물과 심지어 식물도 어떤 실수들을 예감하고, 그 실수들을 인식하고, 그것들에서 배우기도 하는 부분적인 능력이 있다 하더라도, 오직 인간 존재에게만 이런 일이 활발하고 분명히 드러난다. 우리는 실수가 저절로 드러나길 기다리기보다는 의식적으로 숙고하여 실수들을 찾아내려고 한다. 우리는 우리의 생각들과 고안들을 시험에 부치며, 비판적으로 조사하여, 잘못된 것을 버리고 다시 시도한다. 이런 비판적 태도와 결합된 특유의 인간적인 약점도 물론 존재한다. 그 약점의 예로 우리가 실수들을 부끄러워하고 그런 실수에 대해 후회하는 감정을 들 수 있다. 왜냐하면 그 실수들은 우리가 무능한 결과이거나 성숙한 통찰을 하지 못한 결과임에 틀림없기 때문이다. 그러나 이런 양심의 가책은 어울리지 않으며 확고하게 가라앉힐 필요가 있다. 그 까닭은 실수를 체계적으로 피하는 데 대해서 알려진 방식이 전혀 없기 때문이다. 특히 미지의 것을 탐사하면서 실수를 모면하는 방식에 대해 알려진 것이 전혀 없다. 따라서 실수하는 것을 꺼리게 되면 전형적으로 새로운 생각을 경계하고 또한 어떤 종류의 대담한 계획도 싫어하게끔 퇴화하게 된다. 만약 우리가 진지하게 세계가 어떤 모습인지를 발견하려면, 우리는 기꺼이 실수를 교정할 각오를 해야 한다. 하지만 우리가 실수를 교정해야 한다면, 우리는 먼저 기꺼이 실수를 범할 각오를 해야 한다.

우리를 불안하게 하는 것은 일반적으로 실수들이 아니라, 우리가 교정할 수 없는 실수들뿐이다. 사실 우리가 진지한 검토를 통해 비판할 수 없기 때문에 고칠 수 없는 제안들을 배제할 수 있음은 분명하다. 왜냐하면 우리가 세계를 탐사하는 모험을 착수하고 그 세계에 우리가 연루된 이상, 우리가 행한 모든 조치를 정밀하게 조사하고 잘못된 것으로 판명된 조치를 포기할 수밖에 없기 때문이다. 그리고 만약 이런 일이 작동하려면, 교정될 수 없는 잘못된 생각들을 처음부터 우리는 허락하지 않아야 한다. 실수가 일어나는 것에 대해 우리는 관대할 수 있다. 실제로 우리가 행하는 무엇이든 실수를 도저히 피하지 못할 것이기 때문에 우리가 관대해진다는 것은 분명하다. 그렇지만 교정할 수 없거나, 돌이킬 수 없거나, 제어할 수 없는 실수를 우리가 범할 형편은 되지 못한다. 우리의 이해를 방해하는 것은 실수의 영속화이다. 우리는 실수의 영속화보다 오히려 단호하게 실수를 피하려고 진력해야 한다.

실수의 영역에서 치유가 예방보다 더 중요하다는 전술한 언급들의 주제가 비판적 합리주의로 알려진 인간 지식 철학의 요점을 이루고 있다. 이런 철학은 이미 이전의 몇몇 사상가들, 예컨대 흄, 칸트, 웨벨 및 퍼스가 시사했다 할지라도, 칼 포퍼 경과 그의 소수 제자들 및 추종자들은 지난 반세기에 걸쳐 이런 철학을 거의 독점적으로 정교하게 만들어 왔다. 이전 철학들과 달리 이 철학은 지식이 성장하는 방식으로서의 추측과 지식을 제어하는 방식으로서의 비판을 강조한다. 포퍼 자신은 그것을 다음과 같은 말로 기술한다. 지식이란 엄밀하고 강경한 시험들에 의해 확인된 일련의 추측과 비판, 문제들에 대한 잠정적인 해결책을 통해서 진화한다는 것이다. 비판적 합리주의에서는 우리 지식이 확고하게 정초된 것인지, 정초된 것이라면 어떻게 정초되었는지를 미리 걱정할 여지가 거의 없다. 이것은 비판적 합리주 관점에서 다음 두 가지 이유 때문이다. 하나는 우리 지식이 굳건하게 근거되어 있기보다는 자유로이 떠 있는 까닭에 확고히 정초되어 있지 않기 때문이다. 다른 하나는 지식이 정초되어 있다면, 이 세상의 어떠한 지식도 더 이상 증가하지 않을 것이기 때문이다. 비판적 합리주의에 중요한 점은 논쟁 중의 추측들이 옳은가이지, 그 추측들이 옳다고 전제할 어떤 이유가 있는가가 아니다. 만약 어떤 추측이 우리가 제기하는 모든 반대를 견디어낸다면, 그 추측이 옳다고 전제하지 않을 이유가 전혀 없다. 즉, 그것이 틀렸다고 생각할 이유가 전혀 없다면, 우리가 좋아하는 것을 상정할 수 있다는 것이다. 그리고 아마 포퍼가 처음으로 옳다는 것을 충분히 평가한 사람이었듯이(놀라운 것처럼 들리지만), 추측이 옳다는 주장은 아주 만족할 만하다. 그것은 우리가 살고 있는 우주에 관한 추상적 사변과 그런 우주에서 사는 실천적인 일에 대해서도 만족할 만한 것이다. 물론 우리가 옳다는 것을 거의 알지 못하지만, 그러나 만약 우리가 옳다면 우리가 옳다는 것을 알 필요가 없다.

비판적 합리주의에 따르면, 논증들은 항상 부정적이다. 그것들은 언제나 비판적인 논증들인데, 그것들은 오직 보다 앞서 추정되어 왔던 추측들을 몰아내는 데만 사용되고 또한 그런 경우에만 필요하다. 이런 고찰에서 포퍼 철학의 중심이 되는 서너 가지 다른 명제들이 따라 나온다. 이미 지적했던 하나는, 우리의 추측들을 받아들일 만한 가치가 있다면, 그것들을 비판할 수 있어야 한다는 것이다. 왜냐하면 비판적 논증이야말로 우리의 명상과 꿈에 대한 유일한 제어이기 때문이다. 더구나 만약 우리가 논증들을 경험적 사실에 따라 결정되는 논증들에 국한시킨다면, 우리의 추측들은 경험적으로 반증할 수 있는 논증들로 한층 더 제한되어야 한다. 다시 말해 만일 사실들이 그런 방식으로 일어난다면, 경험 사실들과 충돌할 수 있는 논증들에 국한시켜야 한다는 것이다. 이것이 포퍼가 말한 자연과학을 형이상학(그리고 사이비 과학)과 구분하는 구획의 기준이다. 그렇지만 개인적인 경험에 관해 아무것도 말하지 않는 과학적인 대부분의 추측들이 사실들과 갈등을 빚을 수 있다면, 이런 사실들은 거의 우리의 개인적인 발명일 수 없다. 설령 과학적인 추측들이 우리의 공통 경험이나 공유 경험에 대한 함의를 가지고 있다 할지라도 그렇다. 그러한 것이 포퍼의 상식적 실재론— 이에 반대해 인지할 수 있을 정도로 민감한 논증이 이제껏 제시되지 않았다고 사람들이 부언할지도 모를 교설 — 의 단순성이다. 사실들은 우리 마음속에 거주하지 않는다. 만약 우리가 우리의 추측들을 여하한 비판에 종속시켜야 한다면, 그 추측들 또한 우리 마음속에 전혀 거주할 수 없다. 왜냐하면 우리가 이미 삼켜 버린 것을 씹을 수가 없기 때문이거나, 우리 자신의 것으로 만든 것을 우리는 문제 삼을 수 없기 때문이다. 우리 마음이 관념들을 생각했다는 것은 분명하다. 하지만 그 관념들의 궁극적인 언어적 언명은 우리 마음을 더 넓고 적대적인 세상으로 인도한다. 다시 말해 우리의 과학 지식은 믿음의 다양성, 즉 인간이란 유기체의 성향 상태가 아니라, 끊임없는 비판의 압력을 받아 진화하는 개별적인 인간의 기관을 더 닮은 것이다. 인간의 모든 지식이 이와 같지는 않은데, 왜냐하면 우리가 인간임은 물론 동물이기도 하기 때문이다. 그렇지만 만약 그와 같은 어떤 방법으로 우리가 말하지 않은 선입견에서 우리 자신을 떼어 놓을 수 없다면, 비판적 합리주의는 연구를 착수하지도 못할 것이다. 또한 만일 우리가 세계의 작용에 효과적으로 간섭할 수 있는 상당한 능력을 갖고 있지 않다면, 비판적 합리주의는 과학적인 수준에서는 거의 멀리 나아가지 못할 것이다. 즉, 만약 우리가 약간의 물리적인 물체들을 임의로 조작할 수 없다면, 우리의 추측에 이의를 제기하는 실험적인 시험을 수행할 수 없다. 따라서 실재론과 객관주의와 똑같이 비결정론도 비판적인 방법의 고유한 구실을 하기 위한 필요조건이다. 비판적 합리주의의 연구에 대한 이 선집 목록의 결론을 내린다면, 우리는 정치 분야에서 돌이킬 수 없고 통제할 수 없는 실수들의 위험을 무릅쓰지 않는다는 원리가 가장 중요한 것이라고 언급할 수 있다. 이 말은 민주적인 정치제도는 일차적으로 자유를 보호하는 것, 특히 자유를 보호할 자유와 연관되어야 하고, 따라서 제거할 수 없는 독재자를 예방하는 것과 관련되어야 함을 의미한다. 마찬가지로 우리의 사회정책 자체도 주로 식별할 수 있는 사회적인 병폐를 치유하는 방향으로 나아가야 한다. 달리 말해 그 병폐들을 쉽게 근절할 수 없는 불의들로 대체할 위험을 가능한 한 최소화해야 한다. 그러므로 사회개혁의 점진적 접근이야말로 사회생활의 불만들에 대한 비판적 합리주의의 직접적인 적용이 된다. 포퍼는 과학에서 혁신적인 사유를 권한다. 왜냐하면 과학의 산물들, 즉 상상적인 새로운 이론들이 만약 잘못되었다면, 우리는 쉽게 그것들을 포기하기 때문이다. 정확히 그와 똑같은 이유로 그는 사회에서의 혁신적인 활동을 배척하고 있다. 왜냐하면 거의 예견할 수 없는 활동의 결과들은 거의 항상 전혀 정복할 수 없는 것이기 때문이다.

이 책의 본문을 구성하고 있는, 포퍼의 풍부한 저작들에서 선별된 30개의 논문들은 이런 단순하면서 아름다운 생각들을 여타 많은 것들과 함께 논의하여, 발전시켰고, 옹호했다. 내가 여기서 그 논문들에 대한 감탄할 만하고 철저한 통일을 전개했는지는 걱정이 된다. 하지만 내가 그 논문들을 철저히 생각했음은 물론이고, 그 모든 논문들을 검토할 때 철저를 기했다고 시사하고 싶다. 사실 포퍼도 처음에는 구획의 문제, 즉 한편에서는 물리학과 여타 자연과학의 업적과, 다른 한편에서는 심리분석, 마르크스주의 및 점성술이 과학적인 고정적 특징을 띠고 있다고 자처하는 것을 구별하는 문제 때문에 괴로워했다. 중요했던 것은 과학적 가설의 반증 가능성이며 훨씬 중요했던 것은 과학자가 자신의 가설을 반증의 위험에 노출시키는 과제에 전념하는 것임을 인식했기 때문에, 포퍼는 기민하게 과학 안에서 부정적인 논증의 결정적인 역할을 평가하고, 가설에 긍정적인 지지와 같은 무엇을 부여한다고 전제된 논증과 실험은 불필요하다고 판단했다. 따라서 포퍼는 흄의 귀납 문제, 즉 근대철학의 가장 난처한 수수께끼의 하나이며 몇몇 수수께끼 중의 하나를 틀림없이 풀게 되었다고 나는 생각한다. 귀납과 구획의 이런 문제들은, 1930-1932년에 쓰였고 아직 영어로 번역되지 않은 포퍼의 첫 번째 책인 *The Two Fundamental Problems of the Theory of Knowledge*(『지식론의 두 가지 기본적인 문제』)에 대한 주제 문제를 제공해 주었다. 하지만 그가 인정했듯이 그 당시에 그가 '논증 가능성의 한계와 과학의 한계를 동일시한 것은 잘못이었다.'(논문 17의 주석 4) 수년의 시간이 지나간 뒤에 합리적 논증의 권위에 대한 이런 지나치게 온건한 평가가 강화되어 비판적 접근을 철저히 옹호하는 것으로 변하게 되었다.

　실재론과 객관주의에 대한 포퍼의 열정은 1934년에 출판된 『과학적 발견의 논리』에서 이미 분명히 드러나 있다. 하지만 이 교설들은, 특히 객관주의는 1960년대 중반에 와서야 심도 있게 해설된다. 물론 과학적 방법에 관한 자신의 발견들을 사회현상의 분석에 이용한 것은 직접적으로 마르크스주의의 수많은 공론에서 사이비 과학적인 과시를 일찍이 폭로하는 것이었다. 그러나 전쟁 말기 『역사법칙주의의 빈곤』과 『열린사회와 그 적들』의 출간에서 정점을 이룬 철저한 연구는 오직 1938년 오스트리아 침공 때문에 촉발되었다. 이런 저작들에서는 결정론과 유물론에 반대하는 강력한 일련의 논증을 전개하였으며, 또한 인간 존재들이 세계 속에서 그들 개인의 조건을 개선하려는 능력을 무시하는 것과, 그와 유사한 모든 시도에도 반대하는 논증을 강력히 펼쳤다. 비록 인간들의 활동이 머뭇거리고 눈부시지 않다 할지라도 그렇다. 포퍼 철학이 논리적 원리들에 있어 준엄하고 엄격함에도 불구하고, 인간의 불완전함에 대한 심오한 이해가 흘러나오고 있다는 것은 그 철학의 가장 탁월한 양상 중의 하나이다. 우리의 무지와 우리의 오류 가능성에 대한 해답은 우리가 아는 것보다 더 많이 아는 체한다거나 더 확실하게 아는 체하는 것이 아니라, 오직 일을 개선하는 데 대한 우리 자신의 단호한 노력에 있다고 주장함으로써, 포퍼는 어느 정도의 존엄과 자기존중을 인간 존재에 되돌려 주는 데 성공했다. 그런데 근대 철학은 때때로 이런 것들을 모두 추방하고 싶었던 것으로 생각했다.

앞에서 가장 단순하게 일별해 보았던 초기 청년 시절부터 약 1970년까지 포퍼의 사유가 취한 방향에 대해 광범위한 빛을 발하는 설명은 그의 지적인 자서전인 『끝나지 않은 물음』에서 찾아볼 수 있을 것이다. 포퍼는 1902년 빈의 유복하고 교양 있는 집안에서 태어났다. 그의 아버지는 학자다운 성공한 변호사였으며, 그의 어머니는 재능 있는 음악가였다. 그래서 음악은 실제로 그의 생애에 걸쳐 주도적인 영향을 미쳤다. 제1차 세계대전 이후 거의 10년 동안 그는 빈 대학교에서 수학과 물리학, 심리학과 철학을 전공하는 학생이었다. 그는 1928년 박사학위를 받고 이듬해 중등학교 수학과 물리학의 교사 자격증을 땄다. 1934년 『과학적 발견의 논리』를 출간하면서 철학자로서 포퍼의 생애가 시작되었다. 1936년 12월에 그는 뉴질랜드 크라이스트처치의 캔터베리 대학에서 강사직을 제의받고, 1월에 그와 그의 부인은 오스트리아를 떠나 지구 반대편으로 가게 되었다. 그들은 제2차 세계대전 동안 거기서 머물렀다가, 포퍼가 런던정경대학의 부교수로 임명된 후에 영국으로 돌아왔다. 그 후 23년 동안 논리학과 과학적 방법론의 교수로서 포퍼는 한 세대의 학생들에게 잊지 못할 영향을 끼쳤다. 그 까닭은 그의 강의와 세미나에서 열린 우주와 그 우주의 비밀을 여는 포퍼의 불멸의 고유한 매력을 그 학생들이 공유했기 때문이다. 존경을 많이 받았던 그와 그의 부인은 버킹엄셔, 팔로우필드에 있는 집에서 예전처럼 열심히 일하면서 경건하고 겸손한 생활을 계속해 왔다. 포퍼는 『끝나지 않은 물음』(125쪽)에서 '우리가 영국으로 돌아온 이래 철학자로서 내가 불행한 시간을 보냈다고 생각하지 않는다'라고 썼다. 지식에 대한 열망을 그렇게 꺼지지 않고 새롭게 한 철학자는 거의 없을 것이다.

이 책의 내용들을 역사적인 순서로 배열하지는 않았다. 지식이론, 과학철학, 형이상학 및 사회철학에 관한 포퍼의 저작들에서 선별한 논문들을 네 부분으로 나누어 책을 구성하였다. 그리고 처음부터 끝까지 중점을 둔 것은 비판적 방법이며, 세계에 대한 우리 지식을 향상시키는 데 그 방법은 중추적인 역할을 한다. 이 책은 이런 특징으로 시작하고 끝을 맺는다. 첫 번째 논문은 포퍼가 매우 온정적으로 존경한 합리적 태도를 최초의 철학자들인 밀레토스학파의 탈레스, 아낙시만드로스, 그리고 아낙시메네스로 거슬러 올라가 조사한다. 반면에 두 번째 논문은 논리적 관점과 도덕적 관점의 두 시각에서 합리주의의 비판적인 형식을 옹호한다. 이 논문에서 포퍼는 합리주의의 입장 자체를 전제하는 가운데, '비합리주의의 어떤 우선권'(43쪽)을 인정한다. 하지만 나중에 나온 그의 저작에 비추어 보면, 이것은 그가 쓸데없이 관대한 용인을 해준 것으로 보인다. 비판적 방법을 선택할 때, 우리가 그저 이성의 명령에 따르는 것이 아님은 확실하며, 그렇다고 우리가 그 명령을 위배하는 것도 아니다. 그렇다면 실제로 중요한 것은 비판적 방법뿐이다. 바틀리(W. W. Bartley)가 강조했듯이 비판적 합리주의 그 자체를 비판적인 해부로 처리할 수 없다. 따라서 그것은 완전히 자기일관적인 견해이며 그 자체의 기준에 따라 합리적으로 채택될 수 있는 견해이다.

논문 3에서 포퍼는 우리 지식의 모든 항이 어떤 사람의 감각 경험에서 도출된다는 경험주의자의 선입견을 공격한다. 이런 억측은 지각적으로 전혀 잘못된 것이다. 우리 지식의 거의 대부분은 어림짐작을 통해서 얻은 것이다. 우리가 경험에서 배우는 것은 우리의 많은 추측이 불행히도 다루기가 매우 힘들다는 것이다. 중요한 것은 가설이 정식화된 이후에 우리가 그 가설을 가지고 무엇을 하는가라는 것에 대해 여기서 매우 명료하게 진술된다. 그 가설을 자극한 것 또는 그 가설의 계보가 무엇과 닮은 것인지는 그 가설을 유지할 가치가 있는지와 전혀 관계가 없다. 이 논점을 다음 두 논문에서도 계속 다루고 있는데, 거기서는 우리 지식과 그 발전은 확고하게 생물학적인 맥락에서 정해진다고 한다. 논문 4에서 포퍼는 언어적 표현으로 나타난 우리 지식의 비인격적 지위에 집중한다. 우리가 아는 많은 것이 더 이상 우리의 일부가 아닐 뿐만 아니라, 그것은 중립적으로 세계 3이라 불리는 어떤 세계로 그 자체의 문제와 신비와 함께 이동했다고 그는 주장한다. 논문 5에서 이런 객관적인 지식의 세계 3을 솔직히 말해 다원적인 의미로 접근한다. 그것은 비유적으로 유기체의 모집단에 비견하는 것이 아니라, 거의 문자 그대로 놀라울 정도로 재빨리 진화된 인간의 기관으로 비유한다. 그리고 우리의 객관적 지식을 어쩌면 유전적이고 행동적인 수준에서 통합된 훨씬 더 큰 유산의 지식과 비교한다. 새로운 가설들을 예컨대 엽록소의 변양들과 닮은 것으로 생각하고, 그런 가설들에 대한 비판을 다윈의 자연선택에 따른 부자연스러운 거친 변양으로 생각한다. 다소 대조적인 논제가 다음 논문에 제시된다. 우리 지식을 조직하는 데 정의(definition)가 수행한 기능 — 만약 있다면 — 에 대한 논제가 그것이다. 여기서 포퍼는 단도직입적으로 과분할 정도로 널리 퍼진 독단을 공격한다. 그것은 정의들과 정의들에서 나온다고 허황되게 상상했던 정확함은 우리 사유의 논리적인 어떤 분절에도 본질적이며, 심지어 명료한 사유를 분명히 하는 데도 본질적이라고 말하는 독단이다. 여기서 그의 관점은 재차 비판적 합리주의의 핵심에 훨씬 더 다가간다. 그런데 그것은 세계의 탐험이 시작되어야 할 어떤 하나의 정확한 장소가 있다는 것을 부인함으로써 이루어진다. 감각주의적인 관찰이든 본질주의적인 정의든 간에 일렬종대로 자신만만하게 탐험이 이루어질 수 있는 신뢰할 만한 출발점을 제공하지 못한다.

I부의 마지막 두 논문은 귀납과 구획의 문제에 몰두한다. 다른 주제에 관해서 나는 포퍼의 좀 더 초기의 저작들에 의존하고 싶은 반면에, 전술한 두 경우에는 비교적 최근의 저작에서 발췌문을 뽑았다. 최근 저작에서는 이런 문제들의 포퍼 해결책에 관해 제기된 많은 반대들을 검토하고 상세히 대응했다. 그 문제들 자체와 그 해결책들은 이 두 논문에서 이제는 그것들에 대한 더 이상의 해명이 전혀 소용없을 정도로 숨김없

이 명료하게 설명되었다.

이 책의 II부에서는 약간 전문적인 몇몇 문제와 좀 더 구체적으로 관련된 많은 논제가 다루어진다. 여기서의 문제들은 진리, 진리에 근접, 내용 및 개연성을 포함하고 있다. 먼저 9, 10, 11의 세 논문은 포퍼의 고전적인 저작인 『과학적 발견의 논리』에서 나왔다. 여기서 반증주의의 방법론적인 원리들 몇몇을 정교하게 했으며 또한 이런 방법에 관한 몇몇 적절한 물음이 제기되었다. 예를 든다면, 반증주의 자체는 경험적으로 반증할 수 있는지, 어렴풋한 반증을 항상 피할 수 있다면 반증주의란 쓸데없는 것인지, 그리고 반증주의가 추천하는 시험 절차를 도대체 실행할 수 있다면 그 자체로 논의의 여지가 없는 시험 진술들로 후퇴해야 하는지를 묻게 된다. 각 물음에 주어진 답변은 부정적이다. 과학적 방법은 우리가 따르기로 결정한 방법론적인 규칙들의 저장소로 표현된다. 과학적 행동에 의해 시험될 논제들의 퇴적 때문이 아니라, 과학의 목표로서 우리가 생각한 것에 대한 관심 때문에 따르기로 결정한 것이다. 반증들은 실제로 항상 억압될 수 있다 하더라도, 우리가 미리 결정할 일은 그런 교묘한 조치를 이용하지 말자는 것이다. 시험 진술들을 용인하기 위한 규칙들은 계획되긴 했지만 폐기할 수 있는 시험을 중단한 결정의 결과로 방법론의 규칙들에 포함된다.

논문 12와 13에서 과학의 목표는 점점 깊은 설명을 제공하고, 이론적인 설명과 과학 자체가 생성하는 문제들에 대한 점점 더 적합한 해결책을 포함하는 것으로 인식된다. 깊이와 내용의 절실한 요구는 우리 이론들에 대한 확실성이나 개연성의 추구와 전혀 사이가 좋지 않은 것으로 입증된다. 그리고 그 요구는 반증주의자의 프로그램과 같은 어떤 것에 의해서만 실현할 수 있는 것으로 입증된다. 다음 논문에서는 사람들이 전혀 무해하게 생각할 진리를 과학에서 우리가 원하는 것의 주요한 구성 성분으로 표현한다. 그리고 우리가 실제로 바랄 수 있는 최선의 것은 점점 더 좋은 접근들의 연쇄에 따라 점차적으로 진리에 근접하는 것으로 제시된다. 또한 타르스키의 진리이론과 진리에 어떻게 근접할 수 있는지를 규정하는 데 성공하지 못해서 포퍼 자신이 받은 상처가 간략히 묘사된다. 지금은 매우 단순해 보이는 진리의 문제가 한때는 왜 그렇게 당황스러운 것인지를 이해하는 데 어려움을 겪은 사람은 누구나 적어도 논문 2의 거짓말쟁이 역설과 그와 연관된 역설에 관한 포퍼의 주석들을 보아야 한다. 진리에 근접함이라는 문제가 권위 있게 해결되기를 바라는 사람은 논문 14의 주석 11에 언급된 문헌을 더 많이 참고해야 한다.

II부의 마지막 논문은 현대 물리학 이론, 특히 양자역학에서 분명히 제기하는 단칭 확률에 대한 포퍼의 유명한 성향 해석을 다소 간략히 요약한 보고서이다. 주관주의 해석은 대체로 우리의 무지에 대한 척도로서 이런 확률들을 부여하지만, 그러나 포퍼는 여기서 그것들을 물리적인 세계의 완전히 객관적인 구성 성분으로 이해하려고 한다. 논문은 이런 성향들과 자연 질서를 관통하는 그 성향들의 작용에 관한 형이상학적인 가설을 대담하게 정식화하는 것으로 결론을 맺는다.

이 책의 III부는 형이상학적인 사변들의 다양성을 독자 앞에 제시하고, 그와 같이 난해한 가설들이 어떻게 비판적으로 평가될 수 있는지를 계속해서 설명한다. 논문 16에서는 비판 가능성 자체의 의미를 곰곰이 생각한다. 여기서는 형이상학적인 고안의 못마땅한 한두 개의 결론을 신뢰할 만한 비판에 직면했을 때 폐기되는 철학적인 이론의 예들 중에 포함시킨다. 그런 후 그 장점이 평가된 형이상학적인 교설들은 오히려 더 훌륭하다고 말한다. 먼저 논문 17에는 실재론, 다시 말해 아마도 판단의 건전함을 위한 최소한의 철학적인 자격을 정할 정도로 어찌해 볼 도리가 없게 상식과 혼합된 견해가 있다. 논문 18에는 변화의 문제, 다시 말해 어떻게 사물이 변화할 수 있으며 동시에 그 사물이 변화한 그대로 여전히 남아 있을 수 있는가의 문제와 씨름한 초기 그리스 천문학자들에 관한 매력 있는 역사적인 에세이가 이어진다. 일상적인 대상들의 존재가 포퍼가 찬성하고 있는 상식적 실재론의 구성 요소임은 의심의 여지가 없다 할지라도, 이런 대상들이나 다른 어떤 대상들에 어떤 종류의 영속성도 귀속시킬 필요가 없다는 점은 주목할 가치가 있을 것이다. 내가 이 말을 한 까닭은 이렇다. 변화의 문제에 대한 해결책들은 거의 처음부터 변하는 현상과 동일한 것으로 남아 있는 실재 사이의 구별을 억지로 만들어내려고 했기 때문이다. 환상들이 허황된 것일 수 있다 하더라도, 그 환상들이 바로 그 이유 때문에 비실재가 아님을 우리가 깨닫는다면, 이런 구별이 순수한 날조라는 것은 너무나 분명하게 된다. 현상은 실재로부터 떨어져 있는 것이 아닌 실재의 일부이다.

다음 논문 19에서는 다음과 같은 물음을 제기한다. 자연선택, 적자생존이란 다윈의 가설은 엄밀히 말해 과학에 속하는가, 아니면 그 가설이 과학적인 탐구를 안내하는 프로그램의 핵심을 형성하는 것임에도 불구하고, 그 가설은 거의 동어반복이기 때문에 형이상학의 일부인가라는 물음이 그것이다. 포퍼는 여기서 자연선택 가설의 설득력에 대한 자신의 이전 평가가 너무 가혹한 것임을 인정하고 그 평가를 수정한다. 이 가설은 물론 진화이론 자체도 경험적인 내용 없이 주제넘게 있는 어떤 것, 즉 논문 23에서 비판된 진보법칙의 진화론적인 철학과 혼동되지 않아야 한다. 논문 20에서 포퍼는 약간 재미있게 다양한 모습으로 가장한 결정론의 어려운 문제, 특히 엄격한 사전 결정론과 완전한 우연이라는 극단들 사이에 인간의 자유에 대한 여지를 발견하는 방법의 문제에 몰두한다. 이 논문에서 포퍼는 먼저 추상적인 세계 3의 실재들이 어떻게 물리적인 법칙을 위반하지 않고 물리적 세계에 물리적인 어떤 영향을 끼칠 수 있는지의 문제를 예리하게 내놓는다. 이 문제를 포퍼는 콤프턴 (A. H. Compton)의 이름을 따서 멋지게 콤프턴의 문제라고 명명한다. 우리 이론들이 어떤 방식으로든 자연에 영향을 미침은 명백하다. 달리 말해 철로와 냉장고, 또는 『추측과 논박』의 복사본들은 이런 것들이 구현한 과학적이고 철학적인 가설들과는 독립적이다. 그런 것들이 세계 속에 나타난다는 것은 그 자체로 이성을 넘어서는 상상력이 짜낸 어떤 가설이다. 포퍼가 이런 세계 3의 거주자들의 인과적인 효능에서 알게 된 것은 명백히 인간의 사유가 실현한 효능, 즉 마음과 육체의 상호관계의 문제와 자아통일의 문제에 대한 실마리였다. 포퍼는 시험적으로 다음을 주장했다. 동물인 인간과 인간의 언어 사이의 상호작용을 통해서 자아가 창발하며, 또한 세계 3의 항목들은 자아가 현존하는 동안 지속된다. 그런데 자아는 세계 3의 항목들과 지적인 접촉 상태로 있다. 이런 어려운 문제들을 완전하게 전적으로 만족스러운 답변을 제공한 척하지 않고 논문 21과 22에서 다루고 있다.

이 책의 마지막 부문인 IV부는 오로지 사회철학과 정치철학, 특히 국가에 종속되는 개인의 불편한 관계에서 일어나는 문제들을 다룬다. 비록 포퍼가 복종과 비굴을 강요받지 않기 위한 시민들의 끊임없는 사회운동에서 개개 시민들의 편에 서 있음은 명백할지라도, 그들이 국가의 해체에서 득을 볼 것이라는 생각은 단호하게 반대한다. 그와 정반대로 국가 자체가 위협하는 것과 거의 같은 정도로 두려운 이웃의 협박에서 시민들을 보호할 수 있는 것은 오직 국가뿐일지 모른다. 이것은 국가를 구성한 국민의 손에 의해 어떤 방향에 따라 국가가 관리된다는 것이 얼마나 중요한 것인지를 보여주고 있다. 즉, 국가란 오직 그 주체들의 이해관계 속에서만 존재한다. 그리고 국가가 존재한다는 말은 그들의 이해관계에 있음을 의미하는 것임은 명확하다. 인간 사회의 현실은 마르크스가 명료하게 인지했듯이 매우 깊은 의미를 갖고 있다. 왜냐하면 만약 우리 삶의 사회적인 조정이 제대로 작동하지 않는다면, 우리는 결코 인간 존재가 아닐 것이기 때문이다. 만일 논문 22에 주장되었던 것처럼, 우리 자아가 언어라는 매개를 통해 출현한다면, 우리의 개성과 인간성의 기원이 사회적인 데 있음은 매우 분명하게 된다. 왜냐하면 언어가 사회적인 현상임은 매우 명백하기 때문이다. 따라서 정치적인 제도들이 인간 생활에서 제거될 수 있다 하더라도, 사회적인 제도들을 제거할 수 없다는 것은 확실하다. 그렇지만 이것을 사회적 제도들이 개개 인간의 행위를 통해서가 아니라 다른 것을 통해서 활성화된다는 의미로 잘못 해석하지 않아야 한다. 세계 3에 있는 것들처럼, 사회적 제도들도 세계 속에서 중재할 능력을 갖고 있지만, 그 능력의 실현은 우리의 재능 속에 있다. 유감스럽게도 종종 이런 일을 우리는 매우 미숙하게 한다. 하지만 만약 우리에게 어떤 분별력이 있다면, 우리가 예견하지 못한 위험을 방심하지 않고 끊임없이 감시할 것이다. 우리의 계획이 실제로 항상 빗나간다는 것은 충분히 이용하지 않은 포퍼 사회철학의 자명한 이치들 중의 하나이다. 왜 빗나가느냐 하면, 어떤 악마의 간섭 때문이 아니라, 단지 사태가 어떤 결과를 초래하는지를 우리가 좀처럼 충분히 알지 못하거나 매우 많이 알지 못하기 때문이다.

IV부는 포퍼가 역사법칙주의라고 명명한 방법론적 교설에 대한 매우 긴 설명과 비판으로 시작된다. 이 교설에 따르면, 사회를 역사적 방법, 즉 시간의 흐름에 따라 펼쳐지는 실재로서 연구하는 것이 사회과학의 의무이다. 다시 말해 사회를 전체로 주의 깊게 관찰하여 그 사회의 운명을 예견하는 것이 사회과학의 책무라는 것이다. 역사법칙주의자들은 사회를 유기체나 생물학적인 종으로 비유하며, 또한 그 유기체의 경력을 진화과정으로 비유한다. 하지만 논문 23에서 명백히 했던 것처럼, 생물학에서도 진화론적인 전개의 법칙은 전혀 존재하지 않는다. 특히 다윈의 자연선택 가설이 어떤 법칙과 같은 것으로 잘못 전해지지 않아야 한다. 논문 24에서 포퍼는 계속해서 역사법칙주의 신화의 몇몇 실천적인 반향, 특히 사회 경영은 단지 대규모로만 행해질 수 있다는 전체론적인 오류를 반박한다. 우리가 다시 만들려고 노력해야 하는 것이 바로 사회 전체라는 것을 반박하고 있다. 이에 반대해서 그는 사회공학의 주된 일은 특정한 고통의 원천들의 제거여야 한다고 주장한다. 이런 원천들은 비교적 쉽게 분간될 뿐만 아니라, 그것들을 제거하는 데 적합한 행동 과정이 이룬 성공의 정도를 매우 자주 탐지할 수 있다.

논문 25는 플라톤이 맨 처음 정치이론의 기초로 세웠던 누가 통치해야 하는가라는 물음은 역설적인 답변에 이를 수밖에 없다는 것을 보여준다. 그러므로 그 물음은 무시되어야 하고, 독재자들이 너무 많은 해악을 저지르기 전에, 특히 그들이 권력으로 자신들의 물러남을 불가능하게 만들기 전에, 독재자들을 어떻게 해임시켜야 하는가의 물음으로 대체되어야 한다. 거듭 말해 사태를 바로잡는 데 중점을 두어야 하고, 사태를 나쁘게 되지 않게 하는 데 중점을 두지 않아야 한다. 왜냐하면 우리가 확실하게 역사로부터 배우지 못한 교훈 중의 하나는 우리가 맡긴 권력을 남용하는 것을 거부한 통치자가 거의 없다는 것이기 때문이다. 그럼에도 억압에 맞서 어떤 보호를 해주는 정치적인 제도를 갖출 수 있는 것 같다. 포퍼에게 '민주정치'가 바로 이런 제도에 대한 표지가 된다. 경제력의 무대에서 정치권력의 효율에 대한 마르크스의 비난에 맞서 싸우고 있는 논문 26에서 우리의 유일한 희망이 민주정치의 제도를 세워 육성하는 데 있다고 포퍼는 명료히 말하고 있다. 경제력이 개인의 자유 때문에 개인의 자유를 침해함에도 불구하고 민주정치 제도를 세워야 한다는 것이다. 그것은 국가와 국가의 제도가 개인을 위해 존재하며, 우리의 통치자들은 개인의 자유의 수탁자로 남아 있다는 것을 거듭 말하고 있음에 틀림없다. 설령 통치자들이 그런 신뢰를 배반하는 일이 많다 할지라도 그렇다. 이와 정반대로 개인들은 공공의 이익에 자신들을 전적으로 희생해야 한다는 플라톤의 의견과 이런 희생이야말로 참된 이타주의이거나 이기주의라는 그의 주장은 논문 27에서 논파된다. 개인주의와 이기주의의 혼동을 플라톤은 충실하게 이용했는데, 고대 이래로 전체주의적인 사고방식은 이런 혼동의 귀중한 혜택을 수도 없이 받아 왔다.

마지막 세 논문에서는 사회와 개인의 풀 수 없는 엉킴을 좀 더 논의한다. 논문 28은 개인은 항상 사회적인 법칙에 제약을 받는다는 것과 사회적인 거래를 개인 심리학에 환원할 수 없다는 마르크스의 판단을 지지한다. 비록 개인은 행동하는 개인이라 할지라도, 개인들은 상호작용한다. 이런 상호작용을 지배하는 법칙은 뉴턴적인 미립자들의 본래적 혹은 본질적 속성의 인력작용의 법칙처럼 심리학적인 용어로 만들어낼 수 있다(논문 12의 주석 3을 보라). 사회적인 설명과 역사적인 설명은 이른바 상황논리라고 하는 것에 의존해야 한다고 포퍼는 주장한다. 이 논제는 논문 29에서도 계속되는데, 거기서 그는 다음과 같은 견해를 옹호한다. 행위자들이 본 그대로의 상황이 거짓일지라도 알맞게 행동한다는 원리가 그것이다. 그 원리는 모든 사회적인 설명으로 수용될 필요가 있다. 끝으로 논문 30에서 우리는 과학의 사회적인 측면에 이른다. 과학의 객관성과 심지어 과학의 합리성은 개별 과학자 혼자의 손에 있는 것이 아니라, 과학 공동체의 과학자들의 손에 있다고 포퍼는 말한다. 특히 비판은 성격상 사회적일 수밖에 없다. 왜냐하면 우리는 보통 다른 사람의 결점에 주의를 기울이는 만큼 우리 자신의 결점을 보지는 못하기 때문이다. 따라서 사회적인 상호작용은 비판적 합리주의의 융성에 결정적이다. 마찬가지로 상상력, 임기응변의 재능, 용기, 결단 및 기꺼이 학습하는 마음이라는 개인적인 자질도 비판적 합리주의의 번영에 결정적인 것이다. 첫 논문에서 연대기로 실은 서구의 천문학, 철학 그리고 과학의 번성은 직접적으로 비판적인 전통을 창조한 결과였다.

이 책의 논문들에 내가 여기서 언급할 수 있는 것보다 더 많은 내용이 있다는 것은 말할 필요조차 없다. 그리고 내가 500여 쪽으로 정리할 수 있는 것보다 포퍼의 저술들은 훨씬 더 많이 있음은 물론이다. 여기에 포함되지 않은 광맥은, 예컨대 플라톤, 마르크스 그리고 심신문제에 관한 풍부한 역사적 논평은 물론 논리학, 확률이론 및 여기서는 거의 다루지 않은 양자이론에 대한 기술적인 업적들에 대한 논평뿐만 아니라, 인식론, 과학철학, 형이상학 및 사회철학과 관련된 주제에 관한 것과 여기서 제시된 주요한 주제에 대한 수많은 변양과 확대 등이다. 그러므로 어쩌면 포퍼의 사상을 소개하는 이 서문을 다음과 같은 것으로 끝맺는 것은 허용될 수 있을 것이다. 그것은 후술하는 551쪽 이하의 저작 목록에 명시된 포퍼의 주요한 출판물들과 또한 그의 생각들이 해명되고 검토되는 몇몇 책에 명백한 주목을 끌기 위해서이다. 다시 말해 그런 저작들에 대한 그 이상의 연구를 추천하고 그것들에 대한 비판과 명료화를 계속하길 바라는 희망을 표현하기 위해서이다. 아마도 비판적 합리주의가 완전히 옳은 게 아닐지는 모르지만, 전혀 잘못된 것일 수는 없다. 그것을 안다면 멋질 것이다.

마지막으로 내가 이런 기회를 빌려 빌 바틀리, 잭 비르너, 래리 브리스크맨, 로저 제임스, 브라이언 매기, 앤서니 오헤어 및 톰 세틀에게 감사를 드리게 되어 기쁘다. 이분들은 이 책의 세련되지 못한 몇몇 내 개요들에 대해 아낌없는 비판과, 내가 지적으로 생략할 수 없는 것에 관해 구체적인 제안을 해주었고, 문제를 무엇이라 명명하는가의 난해한 문제에 관해 충고를 해주었으며, 그리고 다른 방식으로 했을 경우보다 여러 측면에서 확실하게 이 책을 훨씬 더 좋게 해주었다. 최종 결과에 대해서는 오직 나만 비난을 받아야 한다. 나는 특별히 브리스크맨에게 심심한 사의를 표한다. 그는 기꺼이 자진해서 벌써 수년 동안 내가 쓴 거의 모든 것에 대한 초안을 숙독하고, 상세하고 빈틈없는 비판으로 나를 압도할 정도의 열성을 보여주었기 때문이다. 책의 말미의 편집자 주석에 기록한 바와 같이, 포퍼의 책을 출판한 사람들이 자료를 다시 발표하는 데 동의한 것에도 감사를 드린다. 하지만 무엇보다 칼 포퍼와 헤니 포퍼에게 깊은 은혜를 받았다. 그분들은 물심양면으로 내가 편집하는 수고를 덜어 주셨으며, 또한 친절하게도 일반 대중 앞에 내가 이 선집을 내놓는 시도를 격려해 주셨다. 포퍼 경 또한 권두언을 써 주셨는데, 그것에 대해서는 내가 충분한 감사를 드려도 모자랄 것이다.

데이비드 밀러
1982년 9월 22일

I 부　**지식이론**

1. 합리주의의 시작 (1958)

I. 소크라테스 이전 철학자들에게 돌아가라

'므두셀라(Methuselah)로 돌아가라'는 강령은 '탈레스(Thales)로 돌아가라'거나 '아낙시만드로스(Anaximander)로 돌아가라'는 것에 비해 진보적인 강령이었다. 쇼(Shaw)가 우리에게 제시한 것은 길어진 평균 수명 — 어쨌든 그가 그 말을 썼을 당시 유행하고 있던 어떤 것 — 이었다. 유감스럽게도 나는 여러분에게 제시해 줄 오늘날 유행하고 있는 어떤 것도 갖고 있지 않은 것 같다. 왜냐하면 내가 돌아가고자 하는 것은 소크라테스 이전 철학자들의 단순하고 솔직한 **합리성**이기 때문이다. 소크라테스 이전 철학자들의 '합리성'이 그렇게 많이 논의된 까닭은 어떤 점에서일까? 그들의 질문들이 단순하고 대담했던 점도 그 이유의 일부분이겠지만, 그 결정적인 점은 — 앞으로 내가 논증하려고 하는 것처럼 — 이오니아학파에서 처음으로 발전된 비판적인 자세라는 것이 나의 논제이다.

소크라테스 이전 철학자들이 대답하려고 노력했던 질문들은 처음에는 우주론적인 질문들이었으나, 인식론에 관한 질문들도 포함되어 있었다. 철학은 우주론과 순수한 인식론으로 되돌아가야 한다는 것이 나의 지론이다. 생각하는 모든 사람이 관심을 갖는 적어도 하나의 철학적인 문제가 있다. 그것은 우리가 살고 있는 세계에 대한 이해의 문제이다. 따라서 그것은 (그 세계의 부분인) 우리 자신과 그 세계에 대한 우리의 인식에 관한 문제이다. 모든 과학은 우주론이며, 내가 보기에 과학의 관심 못지않게 철학의 관심도 오로지 세계에 대한 우리의 앎과 세계에 대한 우리의 인식론을 증대시키려는 대담한 시도에 있다고 나는 생각한다. 예컨대 내가 비트겐슈타인(Wittgenstein)에게 관심을 갖고 있는 것은 그의 언어철학 때문이 아니라, 그의 『논리철학논고(Tractatus)』가 (비록 조야한 것이긴 해도) 우주론적인 논문이었기 때문이며, 또 그의 인식론이 그의 우주론과 밀접하게 연관되어 있었기 때문이다.

내가 보기엔, 과학뿐만 아니라 철학이 그러한 추구를 포기할 때 — 즉, 그것들이 지나치게 전문화되어 세계의 수수께끼들을 알려 하지 않고, 이미 경탄하지도 않게 될 때, 그것들의 모든 매력은 상실된다. 전문화는 과학자에게는 큰 유혹일 수도 있다. 그러나 철학자에게 있어서 그것은 치명적인 죄가 된다.

II. 비판적 논의의 전통

그리스 철학의 초기 역사, 특히 탈레스에서 플라톤에 이르는 기간은 찬란한 역사였다. 너무 훌륭해서 사실이라고 할 수 없을 정도다. 각 세대마다 적어도 한 가지 새로운 철학, 놀라운 독창력과 깊이를 가진 새로운 우주론을 찾아볼 수 있다. 이것이 어떻게 가능했을까? 물론 독창력과 천부적인 재질은 설명할 수가 없다. 그러나 그것을 어느 정도 조명하려고 노력할 수는 있다. 고대 철학자들의 그 비밀은 무엇이었을까? 그 비밀은 **전통 — 비판적인 논의의 전통 —** 이었다는 것을 나는 제안한다.

나는 이 문제를 보다 명확하게 설명하고자 한다. 거의 모든 문명사회에서 우리는 종교적이고 우주론적인 가르침 같은 것을 발견하며, 그리고 모든 사회에서 학파들을 발견하게 된다. 그런데 학파들, 특히 초기의 학파들은 모두 특유의 구조와 기능을 갖고 있는 것 같다. 이들 학파는 비판적인 논의의 장이 결코 아니라, 순수하고 변화되지 않은 채로 일정한 교설을 전달하고 보존하는 것을 그 과업으로 한다. 전통이나 그 학파 창시자나 그 학파의 첫 번째 스승의 교설을 다음 세대에 전수하는 것이 학파의 일이며, 이러한 목적을 위해서 가장 중요한 것은 그 교설을 손상되지 않게 지키는 것이다. 이러한 종류의 학파는 결코 새로운 사상을 인정하지 않는다. 새로운 사상은 이단이며, 분파 작용을 한다. 학파 중의 일원이 교설을 변경시키고자 한다면, 그는 이단자로 추방된다. 그렇지만 이단자는 대체로 자신의 교설이 창시자의 진정한 교설임을 주장한다. 따라서 새로운 사상의 창안자조차도 자신이 그것을 창안했다고 인정하지 않는다. 그는 오히려 다소 곡해되어 온 진정한 정설로 자신이 되돌아가고 있다고 믿는다.

이런 식으로 교설의 모든 변화는— 만약 조금이라도 있다면— 은밀하게 이루어진다. 그 변화들은 모두 스승의 진정한 주장, 스승 자신의 말, 뜻, 취지의 재진술로 소개된다.

이런 종류의 학파에서는 분명 사상의 변천이나, 또는 심지어 그러한 변천 내용의 발견을 기대할 수 없다. 왜냐하면 새로운 사상이 새로운 것으로 인정을 받지 못하기 때문이다. 모든 것이 스승에게로 돌려진다. 우리가 재구성할 수 있는 모든 것은 분파의 역사와, 그리고 아마도 일정한 교설을 이단자로부터 지키는 방어의 역사뿐일 것이다.

물론 이런 종류의 학파에서는 어떤 합리적인 논의도 있을 수 없다. 반대론자와 이단자, 또는 경합을 벌이고 있는 학파들에 대한 논증이 있을 수 있을 것이다. 그러나 그것은 대체로 교설을 방어하는 논증보다는 오히려 주장과 독단과 비난으로 이루어진다.

그리스의 철학적 학파 가운데 이러한 종류의 학파에 속하는 두드러진

예는 피타고라스가 창시한 이탈리아 학파에서 찾아볼 수 있다. 이오니
아학파나 엘레아학파에 비해서, 이 학파는 독특한 생활 방식과 신비스
러운 교설을 가진, 종교적 질서의 성격을 갖고 있었다. 학파의 일원인
메타폰툼(Metapontum)의 히파소스(Hippasus)가 어떤 제곱근인 무리수
에 관한 비밀을 누설했기 때문에 바다에 던져졌다는 이야기는 그 이야
기의 사실 여부를 떠나서, 피타고라스학파에 감도는 분위기의 특성을
잘 나타내고 있다.

그러나 그리스의 철학적 학파 중에서 초기의 피타고라스학파는 예외
에 속했다. 이를 제외하고는 그리스 철학 및 철학적 학파들의 성격은 여
기에 기술한 독단적인 형태의 학파와는 판이하게 다르다고 할 수 있다.
나는 [논문 18에서] 이 점을 다음과 같은 예로써 보였다. **내가 말한 변
화의 문제에 관한 이야기는 비판적인 논쟁이나 합리적 논의에 관한 이
야기이다.** 새로운 사상들은 그 자체로 제시되며, 개방된 비판의 결과로
등장한다. 가령 있다 하더라도, 은밀한 변화란 극히 적다. 익명의 역사
대신에, 우리는 사상과 그 창시자들의 역사를 발견한다.

여기에 독특한 현상이 있는데, 그것은 그리스 철학의 놀라운 자유 및
창의성과 밀접하게 관련되어 있다. 이 현상을 어떻게 설명할 수 있을까?
우리가 설명해야 할 것은 어떤 전통의 발생이다. 그것은 여러 학파들 간
의 비판적 토론을 허용하고 장려하는 전통이며, 더더욱 놀라운 것은 동
일한 학파 내에서도 그러하다는 것이다. 왜냐하면 우리는 피타고라스학
파를 제외하고는, 교설 보존에 전력을 기울인 학파를 찾아볼 수 없기 때
문이다. 그 대신에 우리는 변화, 새로운 사상, 수정 그리고 창시자에 대
한 철저한 비판을 발견한다.

(파르메니데스(Parmenides)에게서 우리는 일찍 가장 주목할 만한 현
상— 즉, **두 가지** 교설을 제시하는 철학자가 한 교설은 참이라고 말하
고 또 한 교설은 자기 스스로 거짓된 것이라고 기술하는 현상— 을 발
견하기까지 한다. 그렇지만 그는 그 거짓된 학설을 단순히 비난이나 비

판의 대상으로 삼고 있는 것은 아니다. 오히려 그는 인간의 망상적인 의견이나 단순한 현상의 세계에 관해 가능한 최선의 설명 — 인간이 줄 수 있는 최선의 설명 — 으로서 그것을 제시하고 있다.)

이런 비판적인 전통은 어떻게 그리고 어디서 세워졌을까? 이것은 진지하게 생각해 볼 만한 문제이다. 이것만은 확실하다. 이오니아의 전통을 엘레아에 가져온 크세노파네스(Xenophanes)는 그 자신의 가르침이 순전히 추측의 성격을 띠고 있다는 사실과, 더 잘 알고 있는 다른 사람이 나타나리라는 사실을 충분히 의식하고 있었다. 나는 후술하는 III절에서 이 문제를 다시 논하기로 하겠다.

만약 우리가 이 새로운 비판적인 태도, 즉 새로운 '사상의 자유'의 최초의 징후를 찾는다면, 탈레스에 대한 아낙시만드로스의 비판으로 거슬러 올라가게 된다. [이 책 논문 18을 보라.] 여기에 가장 인상적인 하나의 사실이 있다; 아낙시만드로스는 그의 스승이자 친척이며, 칠현 중의 한 명인 동시에 이오니아학파의 창시자인 탈레스를 비판하고 있다. 전설에 의하면 그는 탈레스보다 단지 열네 살 아래였으므로, 스승의 생존시에 그에 대한 비판과 자신의 새로운 사상을 전개했음이 분명하다. (그들은 불과 몇 년 간격으로 작고한 것 같다.) 그러나 이 이야기의 자료에서는 의견 충돌이나 언쟁 또는 어떠한 형태의 분파의 흔적도 찾아볼 수 없다.

이것은 — 스승과 제자라는 새로운 관계에 근거를 둔 — 새로운 자유의 전통을 세우고, 따라서 피타고라스학파와는 판이한 새로운 형태의 학파를 창시한 사람이 바로 탈레스였음을 시사하고 있다고 나는 생각한다. 그는 비판을 허용했던 것 같다. 더욱이 그는 비판을 관대하게 받아들여야 한다는 전통을 세웠던 것 같다.

그렇지만 나는 이 이상의 일도 탈레스가 했다고 생각하고 싶다. 스승이 비판을 적극적으로 장려함이 없이 단지 비판을 허용하는 사제지간의 관계를 나는 상상할 수 없다. 독단적인 태도에 길들여져 있는 제자가

(특히 유명한 현인의 것인) 그 독단을 감히 비판하고 또 그 비판을 말로 표현할 가능성은 내가 보기에 없을 것 같다. 스승이 ― 아마도 처음부터 그런 것은 아니고, 제자가 비판적인 의도를 전혀 갖지 않고 던진 질문이 적절하다는 것에 그가 감명을 받은 이후에야 비로소 ― 비판적인 태도를 장려했다고 추정하는 것이 내가 보기에 보다 적절하고 간단한 설명인 것 같다.

이것이야 어쨌든 간에, 탈레스가 제자들에게 비판을 적극적으로 권장했다고 추측하는 것이, 스승의 학설에 대한 비판적 태도가 이오니아학파의 전통의 일부가 되었다는 사실을 설명해 줄 것이다. 나는 탈레스가 제자들에게 다음과 같이 말한 최초의 스승이라고 생각하고 싶다. '이것이 내가 사물을 이해하는 방식, 즉 사물이 존재하고 있다고 믿는 방식이다. 나의 가르침을 개선하도록 노력하라.' (이와 같은 비독단적인 자세의 연원을 탈레스에게 돌리는 것이 '역사적인 사실에 맞지 않는' 것으로 생각하는 사람들은, 불과 두 세대 후에 의식적이면서도 명확하게 제시된 이와 유사한 태도를 크세노파네스의 단편에서 찾아볼 수 있다는 사실을 상기해 주기 바란다.) 어쨌든, 이오니아학파가 대대로 제자가 스승을 비판한 첫 번째 학파였다는 역사적인 사실이 있다. 그리스의 철학적인 비판의 전통은 그 주된 진원지가 이오니아라는 사실은 의심할 여지가 없다.

그것은 기념비적인 혁신이었으며, 당시 **하나의** 교설만을 허용하는 독단적인 전통과의 단절을 의미함과 동시에, 비판적인 논의를 통해서 진리에의 접근을 시도하는 교설의 **복수성**을 인정하는 전통이 그러한 독단적 전통 대신에 도입되었음을 뜻하는 것이었다.

따라서 우리는 거의 필연적으로 진리를 알고 발견하려는 시도가 최종적인 것이 아니라 개선을 위해 열려 있다는 것과 우리의 지식이나 학설이 추측이라는 것, 우리의 지식이나 학설이 결정적이고 확실한 진리보다는 오히려 추측이나 가설로 이루어져 있다는 것, 그리고 비판과 비판적인 논의가 진리에 보다 더 가까이 갈 수 있는 유일한 수단이라는 것을 그러한 전통을 통해서 깨닫게 된다. 그러므로 그것은 대담한 추측과 자유로운 비판의 전통, 즉 합리적이거나 과학적인 태도 및 그것과 더불어 과학(물론 과학에 국한된 것은 아니지만)에 근거를 둔 유일한 문명인 서구 문명을 창조한 전통으로 이어진다.

이 합리주의적인 전통에서는 학설의 대담한 변화가 금지되지 않는다. 반대로, 만약 혁신이 이전의 학문에 대한 비판적인 논의에 의해서 생긴 결과에 근거를 두고 있다면, 그것은 장려되고 계승이나 개선으로 간주된다. 혁신의 바로 그와 같은 대담성은 찬양을 받는다. 왜냐하면 그것에 대한 엄격한 비판적인 검토로써 그것을 조절할 수 있기 때문이다. 학설의 변경이 결코 은밀하게 이루어지는 것이 아니라, 옛 학설과 혁신자의 이름과 함께 전통적으로 전수되는 이유는 바로 이것 때문이다. 그리고 사상사의 자료는 그 학파 전통의 일부가 된다.

내가 알고 있기로는, 비판적 또는 합리주의적인 전통은 단 한 번 창출되었으나, 2, 3세기 후에 아마도 아리스토텔레스의 **참된 앎**에 관한 학설, 즉 확실하고도 논증 가능한 지식에 관한 학설(확실한 진리와 단순한 억측을 엘레아학파와 헤라클레이토스(Heraclitus)의 추종자가 구분한 것을 발전시킨 것)의 등장으로 상실되었다. 그것은 르네상스 시대에, 특히 갈릴레오 갈릴레이(Galileo Galilei)에 의해서 재발견되고, 의식적으로 부활되었다.

III. 비판적 합리주의

나는 이제 마지막이자 가장 중심적인 논쟁점에 도달했다. 그것은 이렇다. 합리주의적인 전통, 즉 비판적인 논의의 전통은 우리의 지식 ― 물론, 추측적이거나 가설적인 지식 ― 을 확장하는 실행 가능한 유일한 방법을 나타내는 것이다. 다른 방법이란 있을 수 없다. 특히 관찰이나 실험에서 출발하는 방법은 없다. 관찰과 실험은 과학의 발전에서는 비판적인 논증의 역할만을 할 뿐이다. 그리고 관찰과 실험은 다른 것, 즉 비관찰적인 논증과 더불어 이러한 역할을 행한다. 그것은 중요한 역할이지만, 관찰과 실험의 중요성은 **전적으로 이론들을 비판**하는 데 사용할 수 있는지의 여부에 달려 있다.

여기서 약술한 인식론에 따르면, 이론들이 다른 이론들보다 우월할 수 있는 방법은 주로 두 가지가 있을 뿐이다. 즉, 그 이론들은 보다 많은 것을 설명할 수 있어야 하고, 더 잘 시험될 수 있어야 할 것이다. — 즉, 그 이론들은 우리가 알고 있는 모든 것, 즉 우리가 생각할 수 있는 온갖 반론에 비추어서, 특히 이론 비판을 목적으로 고안된 관찰적 내지 실험적인 테스트에 비추어서 더 완전하고 더 비판적으로 논의될 수 있어야 할 것이다.

세계를 알고자 하는 우리의 시도에는 합리성이라는 단 하나의 요소만이 있을 뿐이다. 그것은 이론들을 비판적으로 검토하는 것이다. 이런 이론들 그 자체는 추측이다. 우리는 알지 못하며, 다만 추측할 따름이다. 만약 여러분이 '어떻게 아는가?'라고 나에게 묻는다면, 나의 대답은 이럴 것이다. '나는 모른다. 나는 다만 추측을 제안할 뿐이다. 만약 여러분이 내 문제에 관심이 있어서, 여러분이 나의 추측에 비판을 하고 대안을 제시한다면, 나는 매우 만족할 것이고, 나는 다시 여러분의 대안을 비판하고자 할 것이다.'

이것이 (내가 여러분의 비판에 맡기고자 하는) 진정한 인식론이라고 나는 생각한다. 이것은 이오니아에서 발생해서 현대과학(비록 베이컨의 귀납적 신화를 아직도 믿고 있는 과학자가 많지만)에서 구체화된 실행에 대한 참된 기술이며, 앎이란 **추측**과 **논박**(*conjectures* and *refutations*)의 방식으로 진행한다는 이론이다.

귀납적인 방법 같은 것은 결코 존재하지 않는다는 것을 분명히 알았고, 또 내가 참된 인식론이라고 간주한 것을 명확하게 이해한 가장 위대한 인물들 중의 두 사람은 갈릴레이와 아인슈타인(Einstein)이었다. 그러나 고대인들도 그것을 알고 있었다. 믿어지지 않겠지만, 비판적인 논의가 실제로 시작된 직후에 거의 곧바로, 이 합리적인 인식론에 관한 명확한 자각과 형식화를 발견할 수 있다. 이 분야에서 현존하는 가장 오래된 단편은 크세노파네스의 것들이다. 나는 여기서 그 단편들 가운데 다섯 개를 제시할 것이다. 우리의 지식은 모두 억측이라는 사실을 그로 하여금 의식케 한 것은 바로 그의 공격의 대담성과 그의 문제의 중대함이었다는 것과, 그러나 그럼에도 불구하고, '보다 나은' 지식을 추구함으로써, 우리의 지식이 모두 억측이라는 사실을 우리가 머지않아 깨달을 수 있을지도 모른다는 것을 보여주는 순서로 제시하겠다. 여기에 크세노파네스의 저작에서 뽑은 다섯 개의 단편이 있다.

에티오피아인들(Ethiops)은 자신들의 신들이
납작코에 검은 피부를 가졌다고 말하지만,
트라키아인들(Thracians)은 그들의 신들이
푸른 눈에 붉은 머리를 가졌다고 말하네.

그렇지만 소나 말, 또는 사자들이 손이 있어,
사람처럼 그림을 그리거나 조각을 할 수 있다면,
말은 말 모양으로, 소는 소 모양으로,
각각의 종류에 따라 그들 자신의 모양대로
신들의 몸체를 모양 지을 것이네.

신들은 처음부터 만물을 우리에게 제시하지는 않았으리라;
그러나 시간이 흐름에 따라, 인간은 탐구를 통해
사물들을 더 잘 배우고 알 수 있을 것이네 …

우리는 이런 것들을 진리와 같은 것으로 추측하네.

그러나 확실한 진리에 관해서
아무도 알지 못했으며, 알지도 못할 것이네;
내가 말하는 신들이나 만물의 어느 것에 대해서도.
그리고 비록 우연히 궁극적인 진리를 발설하더라도,
자신은 그것을 모르리라:
모든 것은 추측으로 짜인 한낱 거미줄에 불과하므로.

크세노파네스에 국한된 이야기가 아니었음을 나타내기 위해서, 나는
전에 다른 대목에서 내가 인용한 바 있는 헤라클레이토스의 격언 둘을
여기서 되풀이할 것이다. 둘 다 인간 지식의 추측적인 성격을 표현하고
있으며, 둘째 단편은 그것의 대담성을, 즉 우리가 모르는 것을 대담하게
예측할 필요가 있음을 나타내고 있다.

참된 지식을 소유하는 것은, 비록 신의 본성에는 존재한다 할지라도,
인간의 본성이나 특성에는 존재하지 않는다. … 돌발적인 것을 기대하
지 않는 사람은 그것을 발견할 수 없을 것이다. 그에게는 그것이 발견
될 수 없으며, 접근할 수 없는 것으로 남아 있을 것이다.

끝으로 데모크리토스의 유명한 말 하나를 인용한다.

그러나 실제로, 우리가 본 것으로부터는 우리는 아무것도 알지 못한
다. 왜냐하면 진리는 깊숙한 곳에 숨어 있기 때문에.

이것이 바로 소크라테스 이전의 철학자들의 비판적인 태도가 소크라
테스의 윤리적인 합리주의, 즉 비판적인 논의를 통한 진리 탐구가 인생
의 길이라는 그의 신념 — 그가 알고 있는 최선의 것 — 을 예시하고 준
비한 방법이다.[1]

2. 합리주의 변론 (1945)

I.

합리주의와 비합리주의 간의 논쟁은 오래된 문제이다. 비록 그리스 철학이 합리주의의 기획으로 시작했다는 것은 의심할 수 없다 하더라도, 그 철학의 시초에는 신비주의 경향이 있었다. 기본적으로 합리적인 접근 방법 내에서 신비적인 요소들이 표현된 것은 바로 잃어버린 부족 중심주의적인 통합과 보호에 대한 열망 때문이다.[1] 합리주의와 비합리주의의 공개적인 충돌, 즉 스콜라주의와 신비주의의 대립은 중세시대에 맨 처음 일어났다. 합리주의, 주지주의 및 '유물론'의 시류가 거세게 일어났던 17, 18, 19세기의 비합리주의자들은 그 시류를 어느 정도 고려해야 했으며 또한 그런 시류에 반대해야만 했다. 비합리주의자들은 그 같은 시류의 한계를 제시하고, (우리가 말하는 의미의 합리주의와 구별하지 않았던) 사이비 합리주의의 조심성 없는 주장과 위험을 폭로해야 했다. 이런 비판자들 중 몇몇 특히 버크(Burke)는 참된 합리주의자 모두로부터 칭송을 받았다. 그렇지만 이제 그 시류가 바뀌어 '심오한 암시 … 와 비유들'이 (칸트가 말했듯이) 당대의 유행이 되었다. 예언적인 비합리주의는 합리주의자를 열등한 존재로 무시하거나, 적어도 개탄하는 (특히 베르그송과 대다수 독일 철학자들과 지성인들) 버릇이 들어 버렸다. 비합리주의자들은 종종 합리주의자나 '유물론자', 특히 합리적인 과학자는 정신이 빈약한 자이며, 영혼이 없는 대체로 기계적인 활동을 추구하며, 인간의 운명이라는 매우 심오한 문제와 철학을 그들은 전혀 모르고 있다고 말한다. 이에 대한 합리주의자들의 답변은 대개 비합리주의를 순전히 무의미한 것으로 폐기하는 것이었다. 그전에는 이렇게 완전히 갈라진 적이 없었다. 국가 간의 외교관계 단절에 이어 철학자들 간의 관계 단절이 바로 그것을 예증하고 있다.

이 논쟁에서 나는 전적으로 합리주의 편에 서 있다. 나는 이런 합리주의가 너무 멀리 나갔다고 느끼면서도 여전히 합리주의를 지지할 수 있다. 실제로 이런 방향에서의 (플라톤의 사이비 합리주의가 갖고 있는 지적인 자만을 우리가 배제하는 한에서) 지나침은 다른 방향에서의 지나침과 비교했을 때 해가 없다고 나는 주장한다. 내 생각에 지나친 합리주의가 해롭다고 입증되는 유일한 방식은 이렇다. 지나친 합리주의는 그 자체의 견해를 훼손하기 때문에 비합리주의자의 반발을 촉진하기 쉽다는 것이다. 바로 이런 위험 때문에 나는 지나친 합리주의의 주장을 좀더 면밀히 검토하고, 겸손한 자기비판적 합리주의를 옹호하게 된 것이다. 이런 비판적 합리주의의 어떤 한계를 나는 인식하고 있다. 따라서 내가 '비판적 합리주의'라고 명명한 것과 '무비판적 합리주의'나 '포괄적 합리주의'라고 이름 붙인 두 합리주의를 다음과 같이 구별해 보겠다.

무비판적 합리주의 또는 포괄적 합리주의는 '경험이나 논증을 통해 지지할 수 없는 것은 어떤 것도 받아들이지 않을 것이다'라는 태도라고 기술할 수 있다. 우리는 또한 이것을 원리의 형식, 즉 논증이나 경험에 의해 지지될 수 없는 어떤 가정도 버려야 한다는 형식으로 표현할 수 있다.[2] 무비판적 합리주의의 이런 원리는 앞뒤가 맞지 않는 것임을 이제 우리는 쉽게 알 수 있다. 이렇게 되면 논증이나 경험이 무비판적 합리주의를 지지할 수 없게 된다. 왜냐하면 이것은 무비판적 합리주의가 그 자체로 폐기되어야 함을 함축하고 있기 때문이다. (이것은 거짓말쟁이 역설,[3] 즉 그 자신이 거짓이라고 주장하는 문장과 유사하다.) 그러므로 무비판적 합리주의는 논리적으로 옹호될 수 없다. 또한 순수 논리적인 논증은 이 점을 보여줄 수 있기 때문에, 무비판적 합리주의는 스스로 선택한 무기인 논증에 의해 무너질 수밖에 없다.

우리는 이런 비판을 일반화할 수 있다. 모든 논증은 가정을 통해 이루어지기 때문에, 모든 가정이 논증을 토대로 해야 한다는 요청을 할 수 없음은 분명하다. 우리는 여하한 가정도 없이 출발해야 하며 또한 '충분한 이유' 없이 어떤 것도 전제하지 않아야 한다고 요구한 많은 철학자들은 이런 형식에 따르면 논리적 일관성이 없다. 그리고 우리가 매우 적은 전제들의 집합('범주들')을 가지고 출발해야 한다는 최소한의 요구를 할지라도 일관성이 없기는 마찬가지다. 왜냐하면 그들 스스로 참으로 엄청난 가정들, 곧 전제들 없이 혹은 단지 소수의 가정들에서 출발하지만 가치 있는 결과들을 얻을 수 있다는 것에 의존하고 있기 때문이다. (실제로 모든 전제를 회피하는 이런 원리는 몇몇 사람들이 생각하듯이 실행할 수 없는 이상이 아니라, 거짓말쟁이 역설의 형식에 불과하다.[4])

사실 이 모든 말이 약간 추상적이긴 하지만, 합리주의의 문제와 연관해서 덜 형식적인 방식으로 그것을 다시 진술할 수 있다. 합리주의적인 태도는 논증과 경험을 중요시하는 특징이 있다. 그러나 논리적 논증은 물론이고 경험조차도 합리적 태도를 입증할 수 없다. 왜냐하면 논증이나 경험을 고려할 채비가 되어 있는, 따라서 이미 합리주의적 태도를 채택한 사람들을 통해 감명을 받게 될 사람들에 대해서만 그 태도가 입증될 수 있기 때문이다. 다시 말해, 만약 어떤 논증이나 경험이 효과가 있어야 한다면, 합리주의적 태도를 먼저 취해야 하므로, 그와 같은 태도는 논증이나 경험에 토대를 둘 수 없다. (그리고 이런 고찰은 설득력이 있는 합리적 논증들이 있는지 또는 없는지 하는 물음과 전혀 관계가 없는 데, 그런 논증들은 합리주의적인 태도를 더 선호하고 있기 때문이다.)
우리가 이로부터 결론을 내려야 할 점은 이것이다. 어떤 합리적인 논증
이라도 합리적 태도를 택하고 싶지 않은 사람에게 합리적인 영향을 미
칠 수는 없을 것이다. 그러므로 포괄적인 합리주의도 지지할 수 없다.

그렇지만 포괄적 합리주의도 합리주의적 태도를 택한 사람은 누구나
의식적이든 무의식적이든 '비합리적'이라고 할 수 있는 어떤 제안이나
결정 혹은 어떤 믿음이나 행동을 택했음을 의미한다. 이런 채택이 일시
적이든 굳어진 습관이든 간에, 우리는 그것을 **이성에 대한** 비합리적 **신
뢰**라고 말할 수 있다. 따라서 합리주의는 필연적으로 포괄적이거나 자
기충족적이지 않다. 합리주의자들은 이 점을 자주 간과해 왔다. 그래서
합리주의자들은 스스로 자신들의 분야에서 자신들이 좋아하는 무기에
의해 패배하게 된 것이다. 비합리주의자가 이성에 대한 비합리적인 신
뢰라는 무기를 합리주의자들에게 돌렸을 때는 언제나 그렇게 된다. 또
한 실제로 사람들이 항상 논증들, 즉 모든 논증이나 어떤 종류의 논증들
을 받아들이기를 거부할 수 있다는 것과 이런 태도가 논리적으로 모순
이 되지 않으면서 지속될 수 있다는 것은 합리주의의 적들이 주목하고
있음을 합리주의자는 파악하지 못했다. 이것은 합리주의가 자기충족적
이며 논증에 의해 입증될 수 있다고 믿었던 무비판적 합리주의자가 분
명히 잘못된 것임을 알게 해주었다. 비합리주의는 무비판적 합리주의보
다 논리적으로 더 나은 것이다.

그렇다면 왜 비합리주의를 택하지 않는가? 사실을 말하면, 합리주의
자로 출발했으나 너무 포괄적인 합리주의가 자멸한다는 사실을 깨달은
많은 사람들이 유독 비합리주의에 굴복했다. (이런 일이 화이트헤드[5]에
게서 일어났다. 내가 전혀 오해한 것이 아니라면 말이다.) 그러나 겁에
질려 허둥댈 필요는 없다. 설령 무비판적 합리주의와 포괄적 합리주의
를 논리적으로 지지할 수 없을지라도, 또한 포괄적인 비합리주의를 논
리적으로 지지할 수 있다 하더라도, 이것이 우리가 후자를 택할 이유가

되는 것은 전혀 아니다. 왜냐하면 지지할 수 있는 다른 태도들이 있기 때문이다. 특히 근본적인 합리주의 태도가 (적어도 시험적인) 신뢰의 행동에서 — 이성에 대한 신뢰에서 나온다는 사실을 알고 있는 비판적 합리주의가 그런 태도에 해당한다. 따라서 우리의 선택은 열려 있다. 우리는 비합리주의의 어떤 형식, 심지어 급진적이거나 포괄적인 형태의 비합리주의를 택할 수 있다. 하지만 우리는 또한 합리주의의 비판적 형식을 선택할 만큼 자유롭다. 이것은 그 기원이 비합리주의의 결단에 있음을 솔직히 인정하는 (그런 한에 있어서 비합리주의의 어떤 우선권을 인정하는) 형태이다.

II.

우리 앞에 놓인 선택은 단순히 지적인 일이거나 취향의 문제가 아니다. 그것은 어떤 도덕적 결정이다.[6] 왜냐하면 우리가 다소 급진적인 형식의 비합리주의를 택하는가, 아니면 내가 '비판적 합리주의'라고 명명한, 비합리주의를 최소한 용인하는 형태를 취할 것인가 하는 물음은 타인들과 사회생활의 문제에 대한 우리의 전반적인 태도에 깊은 영향을 미칠 것이기 때문이다. 합리주의는 인류의 통합에 대한 믿음과 밀접히 연관되어 있다. 일관성의 규칙에 얽매이지 않는 비합리주의는 형제애에 대한 어떤 종류의 믿음과 결합될 수 있다. 그러나 비합리주의가 매우 다른 믿음과 쉽사리 결합될 수 있다는 사실은 비합리주의와 비판적 합리주의 사이의 선택이 도덕적 결정을 포함하고 있다는 점을 보여주고 있다. 특히 비합리주의가 선택된 조직체의 존재에 대한, 그리고 인간을 지배자와 피지배자로, 천부적인 주인과 천부적인 노예로 나누는 것에 대한 낭만적 믿음을 지지하기 쉽다는 사실은 그 점을 잘 보여주고 있다.

내가 전에 말했으며(『열린사회와 그 적들』, 5장에서), 지금 다시 무비판적 합리주의에 대한 분석에서 말한 것처럼, 논증은 그런 기본적인 도덕적 결정을 **내릴** 수 없다. 그렇다고 이 말이 어떤 종류의 무슨 논증이든 우리가 선택을 하는 데 **도움을 줄** 수 없음을 함축하는 것은 아니다. 그와 반대로 우리가 더 추상적인 종류의 도덕적 결정에 직면할 때마다, 우리가 선택해야 할 대안들에서 나올 것 같은 결론들을 조심스럽게 분석하는 것은 커다란 도움이 된다. 왜냐하면 우리가 이런 결론들을 구체적이며 실천적인 방식으로 명시할 수 있기만 하면, 우리의 결정이 무엇에 관한 것인지를 실제로 알 것이기 때문이다. 그렇지 않다면 우리는 맹목적으로 결정한다. 이 점을 예증하기 위해 나는 버나드 쇼의 『성녀 조안(*Saint Joan*)』의 한 구절을 인용하겠다. 화자는 목사이다. 그는 완강하게 조안의 죽음을 요구했다. 그러나 그는 그녀가 화형대에 올라가 있을 때 망연자실한다. '나는 악의가 없었다. 나는 그 일이 어떻게 될지를 몰랐다. … 내가 무슨 일을 하고 있는지 몰랐다. … 만약 내가 알았다면, 나는 그녀를 그들의 손에서 벗어나게 했을 것이다. 당신들은 모른다. 당신들은 보지 못했다. 당신들이 아무것도 모를 때 이야기하는 것은 너무 쉽다. 당신들은 말에 광분했다. … 그러나 그 일이 당신들을 뼈저리게 했을 때, 당신들이 저지른 일을 알았을 때, 그 일이 당신들의 눈을 감게 했을 때, 숨이 막힐 것 같았을 때, 당신들이 심장이 찢어질 때, 그때 ― 그때에 ― 오! 신이시여, 나를 이 광경에서 벗어나게 하소서!' 물론 쇼의 희곡에는 다른 인물들이 있다. 그들은 자신들이 무슨 일을 저질렀는지 정확히 알고 있었다. 그러나 그들은 그 일을 저지르기로 결정했으며 나중에 그 일에 대해 후회도 하지 않았다. 몇몇 사람은 자신의 동료들이 화형에 처하고 있는 것을 보기 싫어했다. 다른 이들은 그렇지 않았다. (빅토리아 시대의 수많은 낙천주의자들이 무시했던) 이 점이 중요하다. 왜냐하면 어떤 결정의 결론들에 대한 합리적 분석을 한다고 해서 그 결정을 합리적인 것으로 만들지 못함을 보여주고 있기 때문이다. 결론들은 우리가 결정을 내리게 하지 않는다. 결정을 하는 이는 항상 우리다. 그러나 구체적인 결론들의 분석과 이른바 '상상' 속에서 그것들이 어떻게 실현되는지를 그려 보는 것은 맹목적인 결정과 눈을 뜨고 내린 결정 간의 차이가 된다. 그리고 우리는 상상을 거의 사용하고 있지 않기 때문에,[7] 우리는 아주 빈번하게 맹목적으로 결정을 하고 있을 뿐이다. 특히 우리가 예언적인 체하는 철학에 현혹된 경우라면 그렇게 된다. 쇼의 표현을 빌리면, 그런 철학이야말로 말만으로 우리를 광분케 하는 가장 강력한 수단의 하나이다.

도덕이론의 결론에 대한 합리적이면서 상상적인 분석은 과학적 방법과 어떤 유사점을 갖고 있다. 추상적 이론은 그 자체로 그럴듯한 까닭에 과학에서도 추상적 이론을 우리가 받아들이는 것은 아니다. 오히려 실험에 의해 직접 시험될 수 있는 구체적이며 실천적인 결론을 우리가 검토한 후에 추상적 이론을 받아들일 것인지 혹은 버릴 것인지를 결정한다. 그러나 거기에는 근본적인 차이가 있다. 과학이론의 경우에 우리의 결정은 실험의 결과들에 의존한다. 만약 이 결과들이 그 이론을 증명하면, 더 좋은 이론이 발견될 때까지만 우리는 그 과학이론을 용인할 수 있다. 만일 그 결과들이 그 이론과 모순되면, 우리는 그 이론을 내버린다. 하지만 도덕이론의 경우라면 우리는 그 이론의 결론들을 우리의 양심에 맞추어 볼 수 있을 뿐이다. 그리고 실험에 대한 판정은 우리 자신에 의존하지 않는 반면에 우리 양심의 판정은 우리 자신에 좌우된다.

결론에 대한 분석을 명확히 하지 않은 채로 결론에 대한 분석이 어떤 의미에서 우리의 결정에 영향을 미칠 수 있는지를 내가 명료하게 했기를 바란다. 그리고 우리가 결정해야 할 두 대안, 즉 합리주의와 비합리주의의 결론을 제시할 때, 내가 독자에게 주의를 주고자 하는 것은 내가 어느 쪽을 편든다는 점이다. 지금까지 우리 앞에 놓인 도덕적 결정 — 이것은 윤리적 분야에서 가장 기본적인 결정이다 — 의 두 대안을 제시할 때는, 나는 공정을 기하고자 했다. 비록 내가 합리주의에 대한 공감을 숨기지 않았을지라도 말이다. 그러나 이제 나는 두 대안의 결론들에 대한 고찰들을 제시할 것이다. 그런데 그것들은 나에게 매우 인상적인 것처럼 보이며, 또한 그것들은 내가 스스로 비합리주의를 버리고 이성에 대한 신뢰를 받아들이게끔 영향을 미쳤다.

먼저 비합리주의의 결론을 검토해 보자. 비합리주의자는 이성보다는 감정과 열정이 인간 행동의 주된 원천이라고 주장한다. 합리주의자는 실제로 그럴지는 모르지만 인간 행동을 구제하기 위해 우리가 할 수 있는 것을 해야 하며, 우리는 가능한 한 이성이 커다란 역할을 하도록 노력해야 한다고 답변한다. 이에 대해 비합리주의자는 (그가 만약 논의에 맞추어 말한다면) 이런 태도는 구제할 길이 없는 비현실적인 것이라고 다시 응수한다. 왜냐하면 그것은 '인간의 본성'의 약점을 고려하고 있지 않기 때문이다. 대부분의 사람들이 가진 연약한 지적인 재능 때문에, 그들은 분명히 감정과 열정에 의존한다는 것이다.

내가 확신하고 있는 것은 이렇다. 감정이나 열정에 대한 이런 비합리적인 강조는 궁극적으로 내가 단지 범죄라고 기술할 수밖에 없는 것에 이른다. 이런 견해에 대한 하나의 이유는 이런 태도야말로 어떤 논쟁의 최종 결정자로서 폭력이나 완력에 호소하기에 이른다는 점이다. 이런 태도는 좋게 말해서 인간 존재의 비합리적 본성에 대한 체념의 태도이며, 나쁘게 말하면 인간 이성에 대한 경멸의 태도이다. 왜냐하면 이 말은 만일 논쟁이 일어나면, 더 건설적인 감정들과 열정들 — 논쟁을 해결하는 데 원리적으로 도움을 주는 열정들 — 인 존경, 사랑, 공적 요인에 대한 헌신 등이 그 자체로 문제를 해결할 수 없다는 것을 의미하기 때문이다. 만약 그렇다면, 다른 덜 건설적인 감정들과 열정들인 두려움, 미움, 시기에 호소하고 결국 폭력에 의존하는 것을 제외하면 비합리주의자에게 남은 것은 무엇인가? 이런 경향은 어쩌면 훨씬 더 중요한 다른 태도, 즉 인간의 불평등에 중점을 두는 태도에 의해 더욱 강화된다. 이런 태도 또한 비합리주의에 고유한 것이라고 나는 생각한다.

물론 우리 세계의 여타의 모든 것들처럼 개개 인간도 수많은 측면에서 매우 평등하지 않다는 것을 우리는 부인할 수 없다. 또한 이런 평등하지 않음은 매우 중요하며 심지어 많은 측면에서 상당히 바람직한 것임을 우리는 의심할 수 없다.[8] (대량생산과 집산의 발전이 인간의 불평등이나 개체성을 파괴함으로써 인간에게 영향을 미칠 수 있다는 두려움은 우리 시대의 악몽들[9] 중의 하나이다.) 그러나 이 모든 것은 우리가 사람들을 특히 정치적 문제들에서 동등한 사람들로 대우하거나, 혹은 가능한 한 거의 동등한 사람들로 대우하는 것을 결의해야 하는지 아닌지에 대한 물음과 전혀 관계가 없다. 다시 말해 동등한 권리를 소유한 것으로 또한 동등한 처우에 대한 평등한 요구로 사람들을 대우할 것을 결정해야 할 것인가 아닌가 하는 물음과 어떤 관계도 없다는 것이다. 그리고 그것은 우리가 적절히 정치적인 기관들을 구성해야 하는가라는 물음과도 전혀 관계가 없다. '법 앞의 평등'이란 **어떤 사실이 아니라 도덕적인 결정에 토대를 둔 정치적인 요청이다.**[10] 또한 그것은 '모든 사람은 평등하게 태어났다'는 이론 — 아마 거짓인 — 과도 완전히 독립적이다. 지금 나는 공평성에 대한 이런 인도주의적인 태도를 택하는 것은 합리주의를 지지하는 결정의 직접적인 결론이라고 말할 생각은 없다. 하지만 공평성을 향한 경향은 합리주의와 밀접히 연관되어 있으며 합리주의의 신조에서 배제될 수 없다. 또한 비합리주의자가 시종일관 평등주의 태도나 공평한 태도를 택할 수 없다는 것을 나는 말하고 싶지 않다. 설령 그가 일관성 있게 그렇게 할 수는 없다 할지라도, 그가 일관성을 꼭 견지해야 하는 것은 아니다. 그러나 비합리주의적인 태도는 평등주의와 반대인 태도와 필연적으로 연관된다는 사실을 나는 강조하고 싶다. 이 사실은 비합리주의가 감정들과 열정들에 중점을 두는 것과 관련되어 있다. 왜냐하면 우리는 모든 사람에 대해 동일한 감정들을 느낄 수 없기 때문이다. 정서적으로 우리는 모두 우리와 가까운 사람들과 먼 사람들로 나눈다. 인류를 적과 동지로 나눔은 매우 분명한 정서적 나눔이다. 심지어 이런 나눔을 기독교의 '네 원수들을 사랑하라!'는 계명에서도 인정하고 있다. 실제로 이런 계명에 따라 살아가는 가장 선한 기독교인도

('유물론자들'과 '무신론자들'에 대한 평범한 선한 기독교인의 태도가 보여주었듯이 이런 계명을 지키는 기독교인이 많지는 않다) 모든 사람들에게 동등한 사랑을 느낄 수 없다. 실제로 우리는 '추상 속에서' 살 수 없다. 우리가 아는 사람들만을 우리는 사랑할 수 있다. 따라서 우리의 좋은 감정들인 사랑과 동정심에 호소하는 것도 단지 인류를 다른 범주들로 나누는 경향일 수 있다. 그리고 이것은 보다 낮은 감정들과 열정들에 의존하게 되면 보다 더 참이 될 것이다. 우리의 '자연스러운' 반응은 인류를 적과 동지로 나누려고 할 것인데, 예를 들면 우리 부족 곧 우리의 정서 공동체에 속하는 사람들과 그 외부에 속하는 사람들로, 믿는 자들과 안 믿는 자들로, 동포들과 이방인들로, 계급적 동료들과 적들로, 지배자들과 피지배자들로 말이다.

우리의 생각과 견해가 계급 상황이나 국가적 이해에 의존한다는 이론은 틀림없이 비합리주의에 이른다고 나는 전술했다. 지금 나는 그 역도 또한 참이라는 사실을 강조하고 싶다. 합리적 태도의 포기, 이성과 논증에 대한 존경의 포기 및 다른 동료의 관점에 대한 존경의 포기, 인간 본성의 '보다 심오한' 층들에 대한 강조, 이런 모든 것은 다음과 같은 견해에 이를 것이 분명하다. 사유란 이런 비합리적인 심연 속에 자리 잡고 있는 것에 대한 다소 피상적인 표명에 불과할 뿐이다. 그것은 거의 언제나 사람의 생각 대신에 생각하는 사람의 개인적 신분에 관심을 기울이는 태도를 낳을 것이 분명하다고 나는 믿는다. 그것은 틀림없이 '우리의 가문에 따라' 또는 '우리의 국가적 유산에 따라' 또는 '우리 계급에 따라' 우리가 생각한다는 믿음을 낳는다. 이런 견해는 유물론의 형식이나 매우 정신적인 형태로 제시될 수 있다. '우리가 혈통에 따라 생각한다'는 관념은 아마도 '신의 은총에 의해 생각하는' 선택되거나 영감을 받은 영혼의 관념으로 대체될 수 있다. 나는 도덕적 근거에서 이런 특징들에 의해 감명을 받지 않겠다. 왜냐하면 이런 지적으로 주제넘은 모든 견해 사이의 결정적인 유사성은 그 특징들이 어떤 생각을 그 자체의 장점들에 따라 판단하는 것이 아니기 때문이다. 이렇게 이성을 포기함으로써 그 견해들은 인류를 적과 동지로, 신들과 이성을 공유한 소수와 그렇지 못한 다수로(플라톤이 말한 것처럼), 가까운 곳에 있는 소수와 먼 곳에 있는 다수로, 우리 자신의 감정들과 열정들을 언어로 번역할 수 없다는 사람들과 자신의 언어가 모국어인 사람들로 분리한다. 일단 우리가 이런 일을 한 이상, 정치적인 평등주의는 실천적으로 불가능하게 된다.

정치적 생활, 즉 인간을 지배하는 인간의 권력과 연관된 문제들의 분야에서 반평등주의 태도를 택하는 것이 바로 내가 범죄라고 한 것이다. 왜냐하면 그것은 다른 범주의 사람들이 다른 권리를 갖고 있다는 태도, 주인은 노예를 거느릴 권리를 갖고 있다는 태도, 그리고 몇몇 사람들은 다른 사람들을 도구로 사용할 권리를 갖고 있다는 태도를 정당화시켜 주기 때문이다. 그것은 결국 플라톤이[11] 말한 대로 살인을 정당화하는 데 사용될 것이다.

인류를 사랑하는 비합리주의자들이 있다는 사실과 비합리주의의 모든 형태가 범죄를 일으키지 않는다는 사실을 나는 간과하고 있지 않다. 그렇지만 이성이 아닌 사랑으로 통치해야 한다고 가르치는 비합리주의자는 미움으로 통치하는 사람들에 길을 열어 주는 것이라고 나는 주장한다. (소크라테스가 논증에 대한 불신과 미움은 인간에 대한 불신과 미움에 관계된다고 주장했을 때[12] 이 점을 보았다고 나는 생각한다.) 이런 연관을 즉각 보지 못한 사람들, 즉 정서적인 사랑으로 직접 통치한다고 믿는 사람들은 사랑 그 자체는 명백히 공평성을 촉진시키지 못함을 통찰해야 한다. 그것은 또한 갈등도 없앨 수 없다. 사랑 자체도 갈등을 해소할 수 없음을 보여주는 좀 더 생각이 깊은 사례를 대표하는 것으로 다음과 같은 무해한 시험 사례가 있다. 톰은 영화를 좋아하며 딕은 춤을 좋아한다. 톰이 귀엽게 춤추러 가자고 하는 반면에 딕은 톰을 위해 영화 보러 가기를 원한다. 사랑은 이 갈등을 해소할 수 없다. 오히려 사랑이 더 깊어질수록 갈등은 더욱더 심해진다. 두 가지 해결책만 있다. 하나는 감정의 사용, 결국 폭력의 사용이며, 다른 하나는 이성, 공평성, 합리적인 타협의 사용이다. 이 모든 것은 내가 사랑과 미움의 차이를 분간하지 못하거나, 내가 삶이란 사랑 없이도 살 만한 가치가 있다고 생각한다는 것을 지적하고자 의도한 것이 아니다. (그리고 나는 사랑의 기독교적 관념이 순수하게 정서적인 방식으로 말해진 것이 아님을 인정할 각오가 되어 있다.) 그러나 어떤 감정도 심지어 사랑도 이성에 의해 통제된 제도들의 지배를 대체할 수 없다고 나는 주장한다.

이것은 사랑의 지배라는 관념을 반박하는 유일한 논증이 아님은 물론이다. 어떤 이를 사랑함은 그 사람이 행복하기 바란다는 것을 의미한다. (이 말은 토마스 아퀴나스의 사랑의 정의였다.) 그렇지만 모든 정치적 이상 중 사람들을 행복하게 만드는 것은 아마도 가장 위험한 이상이다. 그것은 언제나 우리가 갖고 있는 '더 고급한 가치들'의 척도를 타인들에게 강요하는 시도가 된다. 그들의 행복을 위해 우리에게 가장 중요한 것으로 보이는 것을 그들이 깨닫게끔 하기 위해서, 사실상 그들의 영혼을 구제하기 위해서 그렇게 한다. 그것은 이상주의와 낭만주의에 이른다. 우리의 꿈인 아름답고 완전한 공동체에서 모든 사람이 행복할 것임을 우리 모두 확실히 느낀다. 아마 우리 모두 서로 사랑할 수 있다면 틀림없이 지상천국이 존재할 것이다. 그러나 지상천국을 만드는 시도는 항상 지옥을 생기게 한다[후술하는 논문 24를 보라]. 그것은 관용을 허용하지 않게 된다. 지상천국을 만드는 시도는 종교전쟁과 종교재판을 통한 영혼들의 구제에 이르게 된다. 또한 그것은 우리의 도덕적 의무들을 완전히 오해한 데에 토대를 둔 것이라고 나는 믿고 있다. 우리의 도움을 필요로 하는 사람들을 돕는 것은 우리의 의무이다. 그러나 다른 사람들을 행복하게 하는 것은 우리의 의무가 될 수 없다. 왜냐하면 이것은 우리가 결단하는 것이 아니며, 또한 그것은 매우 종종 사람들의 사생활을 침해하는 것을 의미할 것이기 때문이다. 그 사람들에 대해 우호적인 태도를 우리가 갖고 있는데도 말이다. 점진적(이상주의와 반대인) 방법들에 대한 정치적 요청은, 고통에 대한 투쟁을 우리의 의무로 생각해야 하며, 그 반면에 타인들의 행복을 돌볼 권리는 그들의 가까운 친구들에만 국한되는 특권으로 생각해야 한다는 결정과 일치한다. 이런 경우에 우리는 아마도 가치들에 대한 우리의 척도를 강요하고자 하는 어떤 권리를 가질 수 있다. 예를 들어 음악에 관해 우리의 선호를 강요하듯이 말이다. (그리고 우리는 심지어 가치들의 세계를 그들에게 개방하는 것이 우리의 의무라고 느낄 수 있다. 그 세계가 그들의 행복에 많은 기여를 할 수 있다고 우리가 믿기 때문이다.) 우리의 이런 권리는 그들이 우리를 쫓아내어 우정을 끝낼 수 있기 때문에 오직 그럴 때에만 존재한다. 하지만 타인들에게 우리의 가치 척도를 강요하기 위해 정치적 수단들을 사용한다는 것은 전혀 다른 문제이다. 고통, 괴로움, 불의 및 이런 것들을 방지하는 것 등은 공중도덕의 영원한 문제들, 다시 말해 (벤담이 말했듯이) 공공정책의 '의제(agenda)'이다. 더 '고급한' 가치들은 거의 모두 '비의제(non-agenda)'로 간주되어야 하며, 자유방임(laissez-faire)의 영역에 남아 있어야 한다. 따라서 우리는 이렇게 말할지도 모른다. 네 원수들을 도와라. 고통을 겪는 사람들에게 도움이 되어라. 심지어 그들이 너를 미워할지라도 말이다. 그렇지만 오직 네 친구들만을 사랑하라.

이것은 단지 비합리주의를 비판하는 사례의 일부이며 그와 반대의 태도인 비판적 합리주의를 택하도록 내가 마음먹게 한 결론들의 일부일 뿐이다. 앞에서 말했던 것처럼 이런 태도야말로 과학적 태도와 매우 흡사하다. 그런데 이것은 논증과 경험을 강조하고, '내가 틀리고 당신이 옳을 수 있다'는 표어를 갖고 있으며, 우리가 진리에 더 가까이 갈 수 있도록 노력하는 태도이다. 그것은 사람은 모두 실수하기 쉽다는 관념과 밀접한 관련이 있다. 이런 실수를 스스로 발견하거나 다른 사람들이 발견할 수도 있다. 그렇지 않다면 타인들의 비판을 통해서 이런 실수를 스스로 발견할지도 모른다. 그러므로 그것은 누구도 자신이 심판관이 아니라는 관념을 주장하고 있으며, 또한 그것은 공평성이란 관념을 제시하고 있다. (이것은 [논문 30에 분석된 대로] 과학의 객관성이라는 관념과 밀접히 연관되어 있다.) 비판적 태도가 이성을 신뢰함은 우리 자신의 이성에 대한 신뢰는 물론이고 타인의 이성도 신뢰하되 심지어 더 신뢰해야 함을 의미한다. 따라서 설사 합리주의자가 다른 사람들보다 지적으로 우수함을 자신하고 있을지라도, 그는 권위에[13] 대한 모든 요구를 거부할 것이다. 만약 그의 지성이 타인의 것보다 우월하다면, 그가 자신과 타인의 실수들은 물론 비판을 통해서 배울 수 있는 한에서만 우수할 뿐임을 그가 알고 있기 때문이다. 이런 의미에서 사람들이 다른 이들과 자신들의 논증을 진지하게 받아들이기만 하면 배울 수 있음을 그는 깨닫고 있기 때문이다. 그러므로 합리주의는 다른 사람이 자신의 논증을 발표하고 옹호할 권리가 있다는 관념과 밀접히 연관되어 있다. 따라서 그것은 관용에 대한 요청을 인정하고, 적어도[14] 스스로 관용적인 모든 사람의 요구를 인정함을 함축하고 있다. 사람들이 타인들의 의견에 먼저 귀 기울이는 태도를 택할 때 그들은 살인을 하지 않는다. (칸트가 옳았던 것은 '황금률'을 이성이란 관념에 근거를 두었을 때였다. 분명히 어떤 윤리적 원리의 옳음을 증명하거나, 혹은 우리가 과학적 진술을 지지해서 논증하는 단순한 방식으로 그 원리를 찬성하거나 논증하는 것도 불가능하다. 윤리학은 과학이 아니기 때문이다. 그러나 윤리학의 '합리적인 과학적 기초'가 전혀 없다 할지라도, 과학과 합리주의에 대한 윤리적 기초는 존재한다.) 또한 공평성의 관념은 책임의 관념에 이른다. 우리는 논증들에 귀 기울여야 할 뿐만 아니라, 우리의 행동이 어디에서 타인들에게 영향을 미치는지 우리가 응답하고 답변할 의무를 지고 있다. 결국 합리주의는 이런 방식으로 비판의 자유와 사상의 자유를 보호한다. 따라서 합리주의는 인간의 자유를 보호할 사회적 기관들의 필요성을 인정하는 것과 연계되어 있다. 그리고 그것은 이런 기관들을 지지하기 위한 도덕적 의무와 유사한 어떤 것을 확립하고 있다. 이 점이 바로 합리주의가 인도주의적 의미에서 실천적인 사회공학— 물론 점진적인 공학— 에 대한 정치적 요청과 밀접히 연계되어 있는 이유이다. 또한 사회의 합리화[15]와 자유에 대한 계획 및 이성에 의한 자유의 통제를 요구하는 것과도 긴밀히 관련되어 있는 이유이다. 그런데 자유의 통제는 '과학'에 의해서도 아니고, 플라톤적인 사이비 합리주의의 권위에 의해서도 아닌, 그 한계를 알고 있기 때문에 다른 사람을 존경하고 강요하고자 하지 않는— 행복조차도 강요하지 않는— 소크라테스의 이성에 의해 이루어진다. 더구나 합리주의를 택하는 것은 소통의 공동 매체인 이성이란 공통언어가 있음을 함축한다. 그것은 그런 언어에 대한 도덕적 의무와 비슷한 무엇인가를 확립한다. 예컨대 언어의 명료성 기준[16]을 준수하고 논증의 수단으로서 그 기능을 유지할 수 있는 방식으로 언어를 사용할 의무가 그것이다. 즉, 대부분의 교육 전문가들이 언어를 '자기표현'의 수단인 지독히 낭만적인 전문용어로 사용할 의무를 갖고 있기보다는, 언어를 분명하게 사용하고 합리적 소통과 중요한 정보의 도구로 사용할 의무를 가지고 있다는 것이다. ('이성'에 관한 헤겔식의 집단주의를 '감정들'에 관한 지나친 개인주의와 결합한 것이 바로 근대 낭만적인 히스테리(hysteria)의 특징이다. 그래서 언어를 소통의 수단이 아닌 자기표현의 수단으로 강조하게 된 것이다. 두 태도는 이성에 대한 반동의 일부임은 물론이다.) 그리고 언어를 분명하게 사용하고 소통과 정보의 도구로 사용할 의무는 인간이 합리적인 한에서 우리의 다양한 모국어들을 서로 다른 언어로 번역할 수 있다는 사실에 의해 인류가 통합된다는 인식을 함축하고 있다. 그런 사실은 인간 이성의 통일성을 인정한다.

합리주의 태도와 이른바 '상상'을 기꺼이 사용하는 태도의 관계에 대해 몇 마디의 논평을 부연할 수 있다. 종종 상상이란 감정이므로 비합리주의와 밀접한 친근성이 있고, 합리주의는 오히려 상상력이 없는 무미건조한 학풍에 따를 경향이 있다고 우리는 가정한다. 이런 견해가 어떤 심리학상의 토대를 가질 수 있는지 나는 모르며 오히려 그것을 의심하고 있다. 그러나 나의 관심들은 심리적이기보다는 제도적이다. 제도적 관점에서 보면 (물론 방법의 관점에서도) 합리주의는 상상력을 필요로 하기 때문에 상상력의 사용을 분명히 장려하고 있는 반면에, 비합리주의는 상상력을 방해하는 경향이 있는 것 같다. 합리주의는 비판적인 데 비해 비합리주의는 분명히 독단으로(전적인 지지나 전면적인 거부 외에는 어떤 것도 남아 있지 않은 논증이 전혀 없는 독단이기 때문이다) 향할 경향이 있다는 바로 이 사실은 다음과 같은 결론에 이른다. 비판은 항상 상당한 정도의 상상력을 요구하는 데 반해 독단은 상상력을 억압한다. 마찬가지로 과학적 탐구와 기술적인 구성과 발명은 상상력을 매우 많이 사용하지 않고는 생각조차 할 수 없다. 사람들은 (인상적인 말들을 끊임없이 되풀이하면 소기의 목적을 달성할 것 같은 예언적인 철학의 분야와 반대로) 이런 분야들에서 새로운 어떤 것을 제공해야 하기 때문이다. 적어도 중요한 것으로 상상력이 한 역할은 평등주의와 공평성을 실천적으로 적용하는 것이다. '내가 틀렸고 당신이 옳을 수 있다'는 합리주의자의 기본적인 태도는 상상력의 실제적인 성과를 요구한다. 그런 태도를 실행에 옮길 때, 특히 인간의 갈등이 포함되어 있을 때 그것을 요청한다. 나는 사랑과 열정의 감정들도 때때로 이와 유사한 성과에 이른다는 것을 인정한다. 그러나 나는 우리가 수없이 많은 사람을 사랑하거나 그들과 함께 고민하는 것은 인간적으로 불가능하다고 주장한다. 내가 보기에 우리가 그렇게 해야만 한다는 것도 바람직하지 않은 것 같다. 왜냐하면 그것은 결국 도와줄 우리 능력이나 혹은 바로 이런 감정들에 대한 몰입 중 하나를 말살할 것이기 때문이다. 하지만 상상력이 뒷받침된 이성은 멀리 떨어져 있어서 우리가 결코 보지 못할 사람들이 우리와 비슷하다는 것을 이해할 수 있게 한다. 그런 사람들 서로 간의 관계 또한 우리가 사랑하는 사람들과의 관계와 닮아 있다는 것을 알 수 있을 것이다. 나에겐 추상적인 전 인류를 향한 직접적인 감정적 태도가 가능할 것으로 보이진 않는다. 그렇지만 사유와 상상력을 사용함으로써 우리의 도움을 필요로 하는 모든 이를 우리가 기꺼이 돕게 될 수 있다.

　나는 이 모든 고찰이 다음과 같은 점을 보여주고 있다고 믿는다. 합리주의와 인도주의 사이의 관계는 매우 밀접하며, 그리고 그 관계는 비합리주의가 반평등주의와 반인도주의적인 태도와 부합하는 관계보다 훨씬 더 긴밀하다는 것을 보여주고 있다는 것이다. 경험이야말로 가능한 한 이런 결과를 확실히 해줄 것이라 나는 믿는다. 원래 평등주의 태도와 인도주의적인 태도는 통상 합리주의 태도와 결합하는 것으로 보인다. 다른 한편 비합리주의는 대체로 전술한 반평등주의의 경향들 몇몇을 드러내고 있다. 비록 그것이 종종 인도주의와도 연합될 수 있을지라도 그렇다. 이런 연합은 결코 충분한 이유를 갖고 있지 않다는 것이 내 요점이다.

3. 권위 없는 지식 (1960)

I.

나의 강론 중 이 부분은 **경험주의**에 대한 공격으로 묘사될 수 있을 것이다. 경험주의는 흄의 다음과 같은 고전적인 진술에서 정식화되었다. '당신에게 어느 특정한 사실을 믿는 이유가 무엇이냐고 내가 묻는다 면… 당신은 모종의 이유를 대야 할 것이다. 그리고 이 이유는 그 사실 과 연관된 다른 하나의 사실이 될 것이다. 그러나 **무한정**(*in infinitum*) 이런 식으로 진행할 수는 없는 것이므로, 기억이나 지각에 나타난 어떤 사실로 낙착될 수밖에 없거나, 아니면 당신의 소신은 전혀 근거가 없음 을 시인해야 한다.'[1]

경험주의의 타당성 문제는 대충 다음과 같이 표현할 수 있다. 관찰이 자연에 관한 지식의 궁극적인 근원인가? 그렇지 않다면, 우리가 지닌 지식의 근원은 무엇인가?

그러나 베이컨에 대해서 내가 무슨 말을 했거나 간에, 그리고 설사 그의 철학 중 내가 논평을 가한 부분이 베이컨 학파와 다른 경험론자들 의 관심을 끌지 못했다고 하더라도, 이 질문은 계속해서 남는다.

지식의 근원에 관한 문제는 최근에 그 표현이 아래와 같이 바뀌었다. 우리가 어떤 주장을 편다고 하면, 그것을 정당화해야 한다. 또한 이것은 우리가 다음과 같은 질문에 답할 수 있어야 한다는 것을 뜻한다.

'당신은 어떻게 해서 알게 되었는가? 당신의 주장의 근원은 무엇인가?'

경험주의자는 이것이 결국 다음과 같은 질문이 된다고 주장한다.

'당신의 주장의 기초를 이루는 관찰(또는 관찰의 기억)**은 어떤 것인가?'**

나는 이런 일련의 질문이 전혀 만족스럽지 못하다는 것을 알고 있다.

무엇보다도 대부분의 우리의 주장은 관찰에 기초한 것이 아니라, 온갖 종류의 다른 근원에 기초하고 있다. '나는 『타임스(*The Times*)』에서 그것을 읽었다' 또는 '나는 『대영백과사전』에서 그것을 읽었다'라는 표현이 '나는 그것을 관찰했다'나 '작년에 관찰해 보고 나는 그것을 알게 되었다'라는 표현보다 '당신은 어떻게 해서 알게 되었는가?'라는 질문에 대한 답변으로는 더 그럴듯하고 보다 명확한 것이다.

경험주의자들은 다음과 같이 응수할 것이다. '그렇지만 『타임스』지나 『대영백과사전』은 그 정보를 어떻게 구했다고 생각하는가? 오랜 시간 조사를 진행하게 되면, 당신은 분명히 **목격자들의 관찰 보고**(때때로 "직접 관찰 문장(protocol sentences)" 또는 — 당신 스스로 — "토대 진술(basic statements)"이라 부르는)에서 끝나게 될 것이다.' 경험주의자들은 계속해서 다음과 같이 말할 것이다. '물론, 서적들은 대부분 다른 서적들을 재료로 해서 만든다. 예를 들어 사학자는 분명히 기록 자료를 가지고 작업한다. 그러나 궁극적으로는, 이들 서적은 관찰에 바탕을 둔 것이 분명하다. 그렇지 않을 경우 그것은 증거로서가 아니라, 시나 허구, 또는 거짓말로서 묘사되어야 할 것이다. 경험주의자들이 관찰이 지식의 궁극적인 근원임에 틀림없다고 단언하는 것은 바로 이런 의미에서이다.'

우리는 여기서 경험주의자들의 입장을 알게 되는데, 이러한 생각은 나의 동료 실증주의자들에 의해 지금도 주장되고 있다.

나는 이 입장이 베이컨에서와 똑같이 별로 타당하지 않다는 것을, 그리고 지식의 근원에 관한 물음에 대한 답변은 경험주의자들과는 반대로 진행된다는 것을, 그리고 마지막으로 궁극적인 근원 ― 고등법원이나 더 상위의 권위에 호소하는 것과 같이 우리가 호소할 수 있는 지식의 근원 ― 에 대한 이와 같은 모든 질문은 착각에 근거한 것으로서 반드시 배제되어야 한다는 것을 보여주고자 한다.

먼저 나는, 실제로 『타임스』지와 그 기자들에게 그들의 지식의 근원에 관한 질문을 계속할 경우, 경험주의자들이 존재할 것으로 믿고 있는 목격자들의 관찰에까지는 결코 도달할 수 없다는 것을 보여주고자 한다. 오히려 단계를 밟을수록 다음 단계들의 필요성은 눈덩이처럼 불어난다는 것을 발견하게 될 것이다.

분별 있는 사람들이 흡족하게 받아들일 수 있는 확언으로서 '나는 그것을 『타임스』지에서 읽었다'라는 답변을 예로 들어 보라. '수상은 예정을 수일 앞당겨 런던으로 돌아가기로 결심했다'는 확언을 생각해 보자. 이 확언에 의문을 표시하거나, 그 진위를 조사해 볼 필요를 느낀 사람이 있다고 잠시 동안 가정하자. 그는 어떻게 할까? 수상 집무실에 친구가 있다면, 가장 간단하고 직접적인 방법은 바로 그에게 전화를 거는 일일 것이며, 이 친구가 그 메시지를 확인하면 곧바로 해결되는 것이다.

다시 말해서, 조사자는 가급적이면 정보의 근원에 대한 추적보다는 **주장된 사실 자체**에 대한 조사나 검토를 시도할 것이다. 그러나 경험주의 이론에 따르면, '나는 그것을 『타임스』지에서 읽었다'는 확언은 궁극적인 근원을 추적하는 정당화 절차에 있어서 제1단계에 불과하다. 다음 단계는 무엇인가?

다음 단계는 적어도 두 가지가 있다. 하나는 '나는 그것을 『타임스』지에서 읽었다'는 것 역시 하나의 확언이라는 점을, 그리고 '『타임스』

지와 아주 비슷하게 생긴 신문이 아니라 바로 『타임스』지에서 읽었다는 당신의 지식의 근원은 무엇인가?'라고 우리가 물을 수 있다는 점을 반성하는 것이다. 다른 하나는, 『타임스』 신문사에 그 기사의 출처를 묻는 것이다. 첫 질문에 대한 답변으로는 '그러나 우리는 『타임스』지만을 구독하고 있으며 언제나 아침에 그것을 받아본다'가 될 수 있는데, 이것은 계속해서 추구해 들어갈 수 없는 근원에 관해 많은 추가 질문을 야기한다. 둘째 질문은 『타임스』지 편집인으로부터 그 해답을 끌어낼 수 있을 것이다. '우리는 수상 집무실로부터 전화를 받았다.' 이제 경험주의의 절차에 따라 적어도 이 단계에서 다음과 같이 물어야 한다. '전화를 받은 사람이 누구인가?' 그러고 나서 그의 관찰 보고를 얻어야 한다. 또한 우리는 그 사람에게 이렇게 물어보기도 해야 한다. '당신이 들은 음성이 수상 집무실의 한 직원으로부터 왔다고 하는 지식의 근원은 무엇인가?' 등등.

이 지루한 일련의 질문이 결코 만족스러운 결론에 도달할 수 없는 이유는 간단하다. 그것은 다음과 같다. 목격자는 누구나 보고를 할 때 인물, 장소, 사물, 언어 용법, 사회적 관습 등등에 관한 자기의 지식을 십분 활용해야 한다. 특히 그의 보고가 정당화할 가치가 있는 어떤 단언을 정당화하는 데 유용하려면, 그는 자신의 눈과 귀에만 의존할 수는 없다. 그렇지만 이런 사실은 당연히 그의 지식 중에서 우리가 직접 관찰할 수 없는 요소들의 근원에 관한 새로운 질문을 불러일으킨다.

관찰 속에서 모든 지식의 궁극적인 근원을 추적하는 계획을 수행하는 일이 논리적으로 불가능하게 되는 이유가 바로 이것이다. 그것은 무한 소급에 빠져 버린다. (진리가 명백하다는 학설은 이런 소급을 차단한다. 이 점은 그 학설의 매력을 설명하는 데 도움이 될지도 모르기 때문에 흥미롭다.)

나는 이런 논증이 다른 것 — 모든 관찰은 우리의 이론적인 지식에서 비춰진 해석을 포함한다는 것이나 또는 이론이 섞이지 않은 순수한 관찰 지식은, 설사 가능하다 할지라도, 아주 무력하고 무익하다는 것 —
과 밀접하게 연관되어 있다는 것을 부연해 두고 싶다. [후술하는 논문
11의 I절, 마지막 단락을 보라.[2]]

근원을 찾으려는 관찰주의 계획에서 가장 인상적인 것은 — 그것의
지루함은 별문제로 하더라도 — 그것이 완전히 상식에서 벗어나 있다는
점이다. 왜냐하면 어떤 주장에 관해 의문이 생길 경우에 정상적인 절차
는 그 근원을 찾기보다는 그 주장을 검증하는 것이기 때문이다. 그리고
독립적인 확증을 발견한다면, 우리는 종종 근원에 대해서는 전혀 신경
을 쓰지 않고 그 주장을 받아들인다.

물론 상황이 다른 경우도 있다. **역사적인** 주장을 검증한다는 것은 언
제나 그 주장의 출처를 밟아 가는 것을 의미한다. 하지만 그것이 일반적
으로 목격자의 보고로 되돌아가는 것을 의미하는 것은 아니다.

분명히 기록 자료를 무비판적으로 받아들일 역사가는 없다. 참된 자
료인가 거짓 자료인가 하는 문제가 있고, 편견의 문제와 이전의 자료를
재구성하는 문제도 있다. 물론 다음과 같은 문제도 남아 있다. 기록자는
사건 발생 시에 살아 있었는가? 그러나 이것이 역사가가 부딪치는 특유
의 문제는 아니다. 역사가는 보고 자료의 신빙성에 대해 신경을 쓸지는
모르나, 이 사건이 관찰 가능한 사건이라고 가정하는 경우에 있어서도
그 기록 자료의 기록자가 문제되고 있는 사건의 목격자였는지 아니었는
지에 관해서는 좀처럼 신경을 쓰지 않을 것이다. '나는 어제 그 문제에
대한 생각을 바꾸었다'라고 쓰여 있는 서한은 그 생각의 변화가 관찰할
수 없는 경우라도 (그리고 다른 증거에 비추어, 기록자가 거짓말을 하고
있다고 추측할 경우라도) 매우 귀중한 역사적인 증거가 될 수 있다.

목격자들에 관해서 말하자면, 이들은 그들이 반대 심문을 받을 수 있
는 법정에서 거의 유일하게 중요한 사람들이다. 대부분의 변호인들이
알고 있듯이 목격자는 종종 오류를 범한다. 이것은 실험적으로 조사되
었는데, 가장 놀랄 만한 결과로서 나타났다. 사건을 발생한 그대로 묘사

하려는 목격자는 상당한 오류를 범하기 마련이다. 특히 자극적인 사건이 갑자기 발생했을 경우에, 그리고 사건이 어떤 유혹적인 해석을 시사할 경우에는, 이 해석은 흔히 실제로 본 것을 왜곡할 수도 있는 것이다.

역사적인 지식에 관한 흄의 견해는 이와는 성격을 달리했다. '… 역사가들의 일치된 증언에 따라 확립됐으므로 … 시저가 3월 15일(ides of March)에 원로원에서 살해된 사실을 우리는 믿는다. 그들은 이 사건의 정확한 시간과 장소를 지정하는 데 일치하고 있다. 이런 경우에 어떤 종류의 기호와 문자가 우리의 기억이나 감각 속에 나타나게 되며, 우리는 이 기호들이 어떤 종류의 관념을 나타내는 것으로 사용되었음을 또한 기억한다. 그리고 이러한 관념들은 그 행위가 이루어질 때 바로 그 자리에 있었고 또한 그 행위의 발생으로 인해 직접적으로 그 관념들을 품게 되었던 사람들의 정신 속에 있거나, 또는 다른 사람의 증언, 그리고 그 증언이 나오게 된 그 이전의 증언에서 … 나오게 된 것이다. … 결국 우리는 그 사건의 목격자나 그 사건을 구경하였던 사람에게까지 거슬러 올라가게 된다.'[3]

이런 견해는 위에서 말한 무한소급에로 빠질 수밖에 없을 것 같다. 왜냐하면 문제는 당연히 이 '역사가들의 일치된 증언'을 받아들일 것인가, 아니면 상식적이지만 의심스러운 자료에 의거한 것이라는 이유로 배격할 것인가 하는 것이기 때문이다. '우리의 기억이나 감각에 나타나는 문자'에의 호소는 이 문제와 어떤 관계를 맺을 수 없으며, 사료 편찬과 관련된 다른 어떤 문제와도 아무런 관계를 맺을 수 없는 것이다.

II.

그렇다면 지식의 근원은 무엇인가?

대답은 아래와 같을 것이라고 생각한다. 우리의 지식에는 온갖 종류의 근원이 있다. **그러나 그 어느 것도 권위를 갖고 있지는 못하다.**

우리는 『타임스』지나 『대영백과사전』이 지식의 근원이 될 수 있다고 말할 수 있다. 또한 물리학적인 문제에 관해서는 『물리학 평론(*Physical Review*)』의 기사가 그 문제에 관한 『타임스』지나 『대영백과사전』의 기사보다 더 권위가 있으며, 더욱 근원적인 성격을 띠고 있다고도 할 수 있다. 그러나 『물리학 평론』지에 실린 기사의 근원이 전적으로 또는 부분적으로라도 분명히 관찰이었다고 말하는 것은 완전히 잘못이다. 근원은 다른 논문에 있는 모순의 발견일 수도 있고, 또는 다른 논문이 제의한 가설은 이러저러한 실험을 통해서 시험될 수 있다는 사실의 발견일 수도 있다. 이러한 비관찰적인 모든 발견은 우리의 지식을 증가시켜 준다는 의미에서 '근원'인 것이다.

물론 실험도 지식을 더해 줄 수 있다는 것을, 그것도 가장 중요한 방식으로 우리의 지식을 증대시킬 수 있다는 것을 나는 부정하지 않는다. 그러나 그것은 궁극적인 의미에서의 근원은 아니다. 그것은 항상 검사를 받아야 한다. 『타임스』지 뉴스의 실례에서처럼 대체로 우리는 실험의 목격자에 대해 의심하지 않는다. 그러나 그 결과에 의문이 생기면, 실험을 반복하거나 다른 사람이 반복 실험해 주기를 부탁할 수 있다.

지식의 궁극적인 근원에 관한 철학이론의 근본적인 오류는 기원의 문제와 타당성 문제를 명확하게 구분하지 못한다는 것이다. 사료 편찬의 경우에는 물론 이 두 문제가 우연히 일치할 경우도 있다. 아마도 역사적인 주장의 타당성에 관한 문제는 오직 또는 주로 어떤 종류의 역사 자료의 기원에 비추어졌을 때 검증될 수 있을 것이다. 그렇지만 일반적으로 그 두 문제는 성격을 달리하고 있다. 대체로 우리는 주장이나 정보의 타당성을 검증할 때 그 근거나 기원을 추적하지 않는다. 우리는 보다 직접적으로, 즉 주장된 것 — 주장된 사실 자체 — 에 대한 비판적인 고찰에 의해 그것을 검증한다.

따라서 '당신은 어떻게 해서 알게 되었는가?', '당신의 주장의 근원은 무엇인가?' 하는 경험주의자의 질문은 잘못된 것이다. 그 질문들이 부정확하거나 불성실하게 제시된 것은 아니지만, **그것들은 전적으로 오해되고 있다.** 즉, 그 질문들은 권위주의적인 해답을 요구하는 것들이다.

III.

전통적인 인식론의 체계들은 지식의 근원에 관한 물음에 대해 '예' 또는 '아니요'라고 하는 답변으로부터 유래했다고 볼 수 있다. **그 체계들은 결코 이러한 문제들 자체에 도전하거나, 그것들의 정당성을 논박하지 않는다.** 이들 물음을 아주 자연스럽게 받아들이며, 아무도 그 물음들에서 결함을 보지 않는 것 같다.

이것은 매우 흥미 있는 문제이다. 왜냐하면 이들 물음은 그 정신에 있어서 확실히 권위주의적인 성격을 띠고 있기 때문이다. 이러한 물음들은 '최선자', '가장 현명한 자', '인민' 또는 '다수'와 같은 권위주의적 답변을 요구하는 '누가 통치할 것인가?'라는 정치이론의 전통적인 물음과 비교될 수 있다. (이 물음은 부수적으로 '통치자는 누가 되어야 할 것인가? 자본가인가, 노동자인가?'와 같은 어리석은 양자택일을 암시하는데, 이것은 '지식의 궁극적인 근원은 무엇인가? 지성인가, 감성인가?'라는 물음과 유사한 것이다.) 이 정치적인 물음은 잘못된 것이며, 그것이 끌어내는 답변들 또한 역설적이다[후술하는 논문 25를 보라]. 그런 정치적인 물음은 **'사악하거나 무능한 통치자**(그런 통치자를 갖지 않도록 노력해야 하지만, 그럼에도 불구하고 쉽게 만날 수 있는 통치자)**가 너무 심한 해악을 끼치지 않도록 하려면 우리는 정치제도를 어떻게 조직해야 하는가?'**라는 전혀 다른 질문으로 대체되어야 한다. 이런 식으로 물음을 바꾸어야만 정치제도에 대한 합리적인 이론으로 나아갈 희망이 있다.

지식의 근원에 관한 문제도 이와 유사한 방식으로 대체될 수 있다. 그것은 항상 다음과 같은 식으로 물어졌기 때문이다. 즉, '지식의 가장 좋은 근거 — 가장 믿을 만하고, 실수하지 않게 하고, 의심이 나는 경우에도 우리가 호소할 수 있는 최고 법정으로서 의지할 수 있고 의지해야만 하는 최선의 근거 — 는 무엇인가?' 하는 물음 대신에, 나는 이상적인 통치자가 존재할 수 없는 것처럼 그런 이상적인 근거는 존재할 수 없으며, **모든 '근원'**이 때때로 우리로 하여금 실수를 저지르게 한다는 가설을 제안한다. 따라서 나는 지식의 근원에 관한 물음은 다음과 같이 전혀 다른 물음으로 대체해야 한다고 제안한다. 즉, **'오류를 검색하여 제거하기를 어떻게 우리가 기대할 수 있는가?'**(How can we hope to detect and eliminate error?)'

허다한 권위주의적인 문제가 그러하듯이, 지식의 근원에 관한 문제도 **발생론적인** 물음이다. 지식이란 그것의 유래에 의해서 정당화될 수 있다는 신념에서 그 물음은 우리 지식의 근원을 요구한다. 혈통적으로 순수한 지식의 고귀함, 오염되지 않은 지식, 신으로부터 나오는 것이 가능하다면 최고의 권위에서 끌어내는 지식 등, 이런 것들은 그 물음의 배후에 있는 (종종 무의식적인) 형이상학적인 관념들이다. '오류의 검색을 어떻게 우리가 기대할 수 있는가?'라는 나의 수정된 물음은 그와 같이 순수하고 오염되지 않은 확실한 근원이 존재하지 않는다는 견해와 기원이나 순수성 문제는 타당성이나 진실의 문제와 혼동해서는 안 된다는 견해에서 비롯한다고 볼 수 있다. 이런 견해는 고대의 크세노파네스에서부터 나타났다고 할 수 있다. 크세노파네스는, [37-38쪽에 인용된] 그의 산문시에서 보이듯이, 우리의 지식이란 어림짐작, 의견 — **에피스테메**라기보다는 **독사** — 임을 알았다. 그러나 지식의 권위 있는 근원에 관한 전통적인 물음은 오늘날에도 — 그리고 실증주의자들 및 권위에 반항하고 있다고 자처하는 다른 철학자들에 의해 — 종종 반복되고 있다.

나는 '오류를 검색하여 제거하기를 어떻게 우리가 기대할 수 있는가?'라는 질문에 대한 타당성 있는 답변은 다음과 같은 것이라고 생각한다. '다른 사람들의 이론이나 추측에 대한 비판을 통해서, 그리고 —

우리 자신을 그런 식으로 훈련시킬 수 있다면 — 우리 자신의 이론이나 추측에 대한 **비판**을 통해서.' (후자가 아주 바람직하나, 그것이 필수불가결한 것은 아니다. 왜냐하면 우리가 우리 자신의 이론에 대한 비판에 실패하면, 우리 대신 그것을 비판해 줄 다른 사람들이 있을 수도 있기 때문이다.) 이 대답은 내가 '비판적 합리주의(critical rationalism)'라고 부르기를 제안하는 입장을 요약하는 것이다. 그것은 우리가 그리스 철학자들에게서 배운 하나의 견해, 태도, 그리고 전통이다. 이것은 데카르트와 그 학파의 '합리주의'나 '주지주의' 및 칸트의 인식론과는 그 성격을 달리하고 있다. 그러나 윤리학이나 도덕적 지식의 분야에서 칸트는 그의 **자율성의 원리**(*principle of autonomy*)로써 비판적 합리주의에 접근했다. 이 원리는 어떤 권위로부터의 명령을, 그것이 제아무리 높다고 해도, 윤리학의 근거로서 받아들여서는 안 된다는 칸트의 깨달음을 보여준다. 권위의 명령에 직면할 때마다 그것에 복종하는 것이 도덕적인지 부도덕적인지를 비판적으로 판단하는 일이 우리의 책임이기 때문이다. 권위는 자신의 명령을 강요하는 힘을 지니고 있을 수도 있으며, 우리에게는 그것에 저항할 만한 힘이 없을지도 모른다. 하지만 우리에게 선택할 물리적인 힘이 있다면, 궁극적인 책임은 언제나 우리 자신에게 있다. 명령에 복종할 것인가, 권위에 굴복할 것인가는 우리 자신의 결정 사항이다.

칸트는 대담하게 이것을 종교의 영역으로 끌어들였다. 그는 이렇게 기록하고 있다. '… 어떠한 방법으로든, 하느님은 당신에게 알려져야 한다. … 그리고 하느님이 자신을 당신에게 나타낸다면, 당신이 과연 그를 믿고, 그리고 그를 예배해도 되는지를 판단할 사람은 바로 당신이다.'[4]

이와 같은 담대한 기술을 감안해 볼 때, 과학철학에 있어서 칸트가 똑같은 비판적 합리주의의 태도, 즉 오류를 비판적으로 탐구하려는 태도를 취하지 않은 것은 이상하게 생각된다. 칸트가 그러지 못했던 까닭은 가장 엄격한 시험에서 믿어지지 않는 성공을 거둔 뉴턴의 우주론의 권위를 그가 받아들였기 때문이라고 나는 확신한다. 칸트에 관한 나의 이 해석이 옳다면, 내가 변호하는 비판적인 합리주의(그리고 또한 비판적 경험주의)는 칸트 자신의 비판철학에 마지막 일필을 넣는 것에 불과하다. 그리고 이것은 아인슈타인에 의해 가능해졌는데, 그는 우리에게 뉴턴의 이론이, 그것의 압도적인 성공에도 불구하고, 잘못되었을 수도 있다고 가르쳐주었다.

따라서 '당신은 어떻게 해서 알게 되었는가?', '당신의 주장의 근원은 또 근거는 무엇인가?', '어떠한 관찰이 그러한 주장을 하게 했는가?'에 대한 나의 답변은 다음과 같을 것이다. '나는 알지 **못한다**. 나의 주장은 짐작에 불과했다. 그러한 짐작의 원천이 될 수 있는 근원에 관해서는 신경을 쓰지 말라. — 가능성 있는 근원은 많이 있으며, 나는 그 반도 모른다. 그리고 어느 경우든 기원이나 유래는 진리와 별반 관계가 없다. 그러나 당신이 내가 잠정적인 주장을 통해서 해결하려던 문제에 관심이 있다면, 되도록 엄격하게 그것을 비판함으로써 나를 도울 수 있다. 당신이 내 주장을 논박할 수 있으리라고 생각되는 어떤 실험적 시험을 고안할 수 있다면, 나는 기꺼이 전력을 투구해서 당신이 내 주장을 논박하도록 도울 것이다.'

엄격히 말해서, 이 대답은 역사적인 주장과는 성질을 달리하는 것으로서의 과학적인 주장에 대해 물을 경우에만 적용된다. 만일 나의 추측이 역사적인 것이라면, 근원들(비궁극적인 의미에서)은 당연히 그것들의 타당성에 관한 비판적인 논의 속으로 들어오게 될 것이다. 그러나 근본적으로 나의 대답은 우리가 보았듯이 동일할 것이다.

IV.

이제 이 논의의 인식론적인 결과를 정리할 때라고 나는 생각한다. 나는 이를 아홉 개의 논제 형식으로 표현하겠다.

(1) 지식의 궁극적인 근원이란 없다. 어떠한 근원도 어떠한 제안도 제시될 수 있다. 그리고 각각의 근원이나 제안은 비판적인 시험에 열려 있다. 역사의 경우를 제외하고는, 우리는 일반적으로 정보의 출처보다는 사실 자체를 검토한다.

(2) 본래의 인식론적인 물음은 근원에 관한 것이 아니다. 오히려 주장된 내용의 진위 — 즉, 사실과의 일치 여부를 묻는다. (이율배반에 빠지지 않은 채 사실과 대응한다는 의미에서의 객관적인 진리라는 개념을 사용할 수 있다는 점을 알프레드 타르스키(Alfred Tarski)의 저술이 보여주고 있다.) 그리고 우리는 주장 자체를 검토하거나 시험함으로써, 즉 직접적인 방법으로 또는 그 결과를 검토하거나 시험함으로써 그 주장과 사실의 일치를 찾아낼 수 있으며, 또한 찾아내고자 노력한다.

(3) 이러한 검토와 관련하여, 모든 종류의 논증이 연관될 수 있다. 하나의 대표적인 절차는 이론이 관찰과 일치하는지의 여부를 고찰하는 것이다. 또한 우리는, 예를 들어, 역사적인 근원들이 서로 일치하며 또 내적으로 모순되지 않는가 하는 것도 검토할 수 있을 것이다.

(4) 질적으로나 양적으로나 가장 월등하게 중요한 지식의 근원 — 선천적인 지식은 별문제로 하고 — 은 전통이다. 우리가 알고 있는 것의 대부분을 우리는 예증과 이야기로 들은 것, 독서, 비판하는 방법과 비판을 견뎌내고 비판을 받아들이는 방법, 진리를 중시하는 방법의 습득을 통해서 배웠다.

(5) 지식의 근원 대부분이 전통적이라는 사실은 반전통주의를 무익한 것으로서 비난한다. 그러나 이 사실이 전통주의적인 태도를 지지하는 것으로 생각해서는 안 된다. 우리의 전통적인 지식(그리고 선천적인 지식조차도)의 모든 단편이 비판적으로 시험될 수 있으며, 경우에 따라서는 전복될 수도 있다. 그럼에도 불구하고, 전통이 없이는 지식은 불가능하게 될 것이다.

(6) 지식은 무로부터 — **백지**(*tabula rasa*)의 상태로부터 — 는 출발할

수 없거니와, 그렇다고 관찰에서 출발할 수도 없다. 지식의 진보는 주로 그 이전의 지식의 수정에서 이루어진다. 예컨대 고고학에서는 때때로 우연한 관찰을 통해서 진보가 이루어지기도 하지만, 발견의 중요성은 대체로 이전의 이론을 수정하는 능력에 달려 있다.

(7) 비관주의적인 인식론과 낙관주의적인 인식론은 거의 동일하게 오류를 범하고 있다. 플라톤의 비관주의적인 동굴 이야기는 참된 이야기이지만, 그의 낙천적인 **상기설**은 그렇지 않다(비록 다른 모든 동물 및 식물과 마찬가지로 사람은 누구나 선천적인 지식(inborn knowledge)을 지니고 있지만). 그러나 비록 우리 외부의 세계가 정말로 동굴의 벽에 나타나는 단순한 영상의 세계라고 하더라도, 우리 모두는 끊임없이 그 세계를 뛰어넘으려고 한다. 그리고 데모크리토스가 말했듯이 비록 진리가 깊은 곳에 숨겨져 있다 하더라도, 우리는 그 깊은 곳을 탐사할 수 있다. 진리의 기준은 우리의 손에 달린 것이 아니며, 또 이런 사실은 비관주의를 뒷받침한다. 그러나 **운이 좋다면**, 우리는 오류와 허위를 인식할 수 있는 기준을 갖는다. 명석함과 판명함이 진리의 기준은 아니지만, 애매함이나 혼돈 같은 것이 오류를 지시해 줄 수는 있다. 이와 유사하게 일관성은 진리를 확증할 수 없지만, 일관적이지 못한 모순은 허위를 확증한다. 그리고 그러한 것들이 인식될 때 우리가 저질렀던 과오는 동굴의 어두움을 빠져나오려고 하는 우리 자신을 도와주는 희미한 붉은 빛을 제공한다.

(8) 관찰도 이성도 권위는 아니다. 지적 직관과 상상력이 매우 중요하긴 하나 믿을 만한 것이 되지는 못한다. 그것은 우리에게 사물을 분명하게 보여줄 수도 있지만, 우리를 오도할 가능성도 갖고 있다. 그것들은 우리 이론의 주된 근원으로서 없어서는 안 될 것들이다. 그러나 우리의 이론은 아무튼 대부분이 거짓된 것이다. 관찰력과 추리력, 직관과 상상력의 가장 중요한 기능은 미지의 세계를 탐구해 나가는 수단인 대담한 추측을 비판적으로 시험할 수 있도록 우리를 도와주는 것이다.

(9) 어떤 문제의 모든 해결은 해결되지 않은 새로운 문제들을 일으킨다. 이것들은 원래의 문제보다 더 많으며 그래서 더 깊은 문제들이고 원래 문제를 해결하는 데 더 대담하다. 우리가 세계에 대해 더 많이 알고 우리의 배움이 더 깊으면 깊을수록, 우리가 모른다는 것에 대한 우리의 지식, 즉 우리의 무지에 대한 지식은 더 의식적이고, 더 구체적이며, 더 분명하게 된다. 실제로 이것이야말로 우리 무지의 주된 근원, 즉 우리의 지식은 유한할 수밖에 없는 반면에 우리의 무지는 필연적으로 무한하다는 사실이다.

하늘의 광대함을 응시할 때, 우리는 자신의 무지의 광대함을 알아챌 수 있다. 비록 우주의 단순한 공간적 크기가 우리의 무지의 가장 심각한 원인은 아니지만, 그것은 무지의 여러 원인 중의 하나이다. 램지(F. P. Ramsey)는 매력적인 문장으로 다음과 같이 기술했다. '내가 나의 어떤 친구와 다르게 보이는 곳은 물리적인 크기를 거의 중요시하지 않는 데서이다. 나는 우주의 광대함 앞에서 조금도 초라해지지 않는다. 별들이 크기는 하지만, 그것들은 생각하거나 사랑을 할 수는 없다. 17스톤(278파운드) 가까이 체중이 나간다는 것이 명예가 되지는 않는다.'[5] 단순한 물리적인 크기의 무의미성에 대해서는 램지의 친구들도 그와 의견을 같이했으리라 생각된다. 그들이 만약 우주의 광대함 앞에서 겸허해졌다면, 그것은 그들이 그 광대함 가운데서 자신의 무지의 상징을 보았기 때문일 것이다.

비록 우리가 모르는 것이 너무도 많다는 사실만을 알게 된다 하더라도, 세상에 대해서 무엇인가를 배우려고 하는 시도는 가치 있는 일이라고 믿어진다. 자신의 무지를 알고 있는 이러한 상태는 우리의 여러 가지 많은 어려움에 도움을 줄 수 있다. 우리가 지니고 있는 다양한 단편적인 지식들 사이에는 커다란 차이가 있으나, 우리가 끝없는 무지 속에 있다는 점에서는 모두 같다는 사실을 우리 모두가 명심해야 할 것이다.

V.

끝으로 제기하고 싶은 문제가 하나 있다.

우리가 찾으려고만 한다면 거짓된 것으로서 마땅히 배척되어야 할 철학적인 이론에서도 보존할 가치가 있는 참된 사상을 간혹 발견할 수 있다. 우리 지식의 궁극적인 근원을 탐구하는 철학이론 중에서도 이와 같은 사상을 발견할 수 있을까?

확실히 가능하다고 나는 믿는다. 그리고 그것은 우리의 모든 지식의 근원이 초자연적이라는 학설의 기저를 이루고 있는 두 중요 사상 중의 하나일 것이다. 나는 이 두 사상 중의 첫째 것은 거짓인 반면 둘째 것은 참된 것이라고 믿는다.

첫 번째 것은 우리의 지식이나 이론을 **적극적인** 이유로써, 즉 그 지식이나 이론을 확립시킬 수 있든지, 적어도 그것의 확률을 높일 수 있는 이유로써, 어쨌든 그들이 지금까지 비판을 견디어 왔다는 이유보다 더 나은 이유로써, **정당화**하지 않으면 안 된다고 하는 거짓된 사상이다. 이 사상은 참된 지식에 관한 어떤 궁극적이거나 권위 있는 근원에 호소할 수밖에 없음을 암시하고 있다고 생각된다. 그럼에도 불구하고 이것은 그러한 권위의 성격에 관한 문제 ─ 그 권위가 과연 관찰이나 이성과 같이 인간적인 것인가, 아니면 초인간적인 (따라서 초자연적인) 것인가 ─ 를 여전히 미해결로 남기고 있다.

둘째 사상 ─ 그것의 결정적인 중대성을 러셀이 강조하였는데 ─ 은 어떤 인간의 권위도 명령에 의해 진리를 확립시킬 수 없다는 것, 즉 우리는 진리에 복종해야 한다는 것, 다시 말해서 **진리는 인간의 권위를 넘어선다**는 것이다.

이들 두 사상은 곧바로 우리의 지식의 근원은 분명히 초인간적이라는 결론, 즉 신적인 진리를 보지 않으려는 사람들에 대한 독선과 폭력의 사용을 고무시키는 결론을 낳는다.

이러한 결론을 정당하게 거부하는 몇몇 사람들은 불행하게도 첫 번째 사상 — 지식의 궁극적인 근원의 존재에 대한 신념 — 을 거부하지는 않는다. 그 대신에 그들은 두 번째 사상 — 즉, 진리는 인간의 권위를 넘어선다는 논제 — 을 배격한다. 그리하여 그들은 지식의 객관성의 관념, 비판이나 합리성이라는 일반적 기준의 관념을 위험에 빠뜨리고 있다.

　우리가 해야 할 것은 지식의 궁극적인 근원에 관한 이념을 포기하고, 모든 지식은 인간적이라는 것, 즉 지식 속에는 우리의 오류, 편견, 몽상, 소망 등이 뒤엉켜 있으며, 우리가 비록 진리에 이를 수 없다고 하더라도 우리가 할 수 있는 최선의 일은 진리를 탐구하려는 노력뿐임을 시인하는 것이다. 우리는 진리에 대한 우리의 탐구에 종종 영감이 주어진다는 것을 인정할 수 있다. 그러나 우리는 그 영감이 신적이든 아니든 간에 어떤 권위를 동반한다는 신념에 대해서는, 이것을 제아무리 깊게 느끼고 있다고 하더라도, 경계하지 않으면 안 된다. 권위가 미지의 영역 속에 제아무리 깊이 침투해 있을 수 있다고 하더라도, 우리의 지식의 전 영역 안에서 발견될 수 있는 비판을 초월하는 권위란 존재하지 않는다는 것을 인정한다면, 우리는 위험부담 없이 진리는 인간의 권위를 초월한다는 사상을 견지할 수 있다. 그리고 우리는 그것을 견지해야 한다. 왜냐하면 이런 사상이 없이는 탐구의 객관적 기준, 우리의 추측에 대한 비판, 미지의 것에 대한 탐색, 지식의 추구와 같은 것들은 전혀 불가능하기 때문이다.

4. 주관적 지식 대 객관적 지식 (1967)

I. 인식론과 세계 3에 관한 세 가지 논제

내 강연을 '**플라톤적인 세계의 이론**'이나 '**객관적 정신의 이론**'이라고 함으로써 플라톤과 헤겔에 반대하는 나의 태도에 관해 들었던 사람들의 관심을 환기시켜 보겠다.

더 좋은 이름이 없기 때문에, 이 강연의 주요한 주제를 나는 종종 '세계 3'이라고 불렀던 것이다. 이런 표현을 설명하기 위해 나는 '세계'나 '우주'라는 말을 너무 진지하게 생각하지 않고, 다음에 말하는 세 개의 세계 내지 우주를 구별할 수 있음을 지적할 것이다. 첫째로 물리적 대상이나 물리적 상태의 세계, 둘째로 의식 상태나 심적 상태 혹은 아마도 행동하려는 행태적인 성향의 세계, 그리고 셋째로 **사유의 객관적인 내용들**, 특히 과학적이고 시적인 사유들 및 예술 작품들의 세계가 그것이다.

따라서 내가 '세계 3'이라고 한 것은 당연히 플라톤의 형상이나 이데아 이론과 공통점을 많이 갖고 있다. 그래서 또한 헤겔의 객관적 정신과도 공통적인 것이 많다. 비록 내 이론이 어떤 결정적인 점에서는 근본적으로 플라톤이나 헤겔의 이론과 다를지라도 말이다. 그것은 또한 볼차노(Bolzano)의 이론과 다름에도 불구하고 명제들 자체와 진리들 자체의 세계에 대한 볼차노의 이론과도 여전히 공통적인 것을 더 많이 갖고 있다. 나의 셋째 세계는 프레게의 사유에 대한 객관적인 내용들의 세계와 매우 흡사하다.

우리가 다른 방식으로 우리 세계들을 열거할 수 없다거나, 결코 그 세계들을 매거할 수 없다는 것은 내 견해나 논증의 일부가 아니다. 특히 우리는 세 가지 세계보다 더 많은 세계를 구별할 수도 있다. '세계 3'이라고 한 내 용어는 단지 편리함의 문제일 뿐이다.

객관적인 세계 3을 주장함으로써 내가 바라는 것은 내가 '믿음 철학자'라고 부른 사람들을 격분시키는 것이다. 그런데 그들은 데카르트, 로크, 버클리, 흄, 칸트 또는 러셀처럼 우리의 주관적 믿음과 그 믿음의 기초나 기원에 관해 관심이 있는 사람들이다. 이런 믿음 철학자들에 반대해서 나는 우리 문제가 더 좋고 대담한 이론을 발견하는 것이라고 주장한다. 또한 **비판적 선호**는 중요하나 **믿음은 그렇지 않다**고 나는 주장한다.

그러나 우선 내가 고백하고 싶은 것은 나는 실재론자라는 점이다. 나는 약간 소박한 실재론자처럼 물리적 세계(세계 1)와 의식 상태의 세계(세계 2)가 존재하며, 이 두 가지가 상호작용한다는 것을 제안한다. 그리고 세계 3이 있다고 나는 믿는데, 나중에 좀 더 충분히 설명해 보겠다.

특히 나의 '세계 3'에 동거하는 것들 중에는 **이론적인 체계들**이 있지만, 그러나 **문제들**과 **문제 상황들** 또한 마찬가지로 중요한 거주자들이다. 그리고 이 세계의 가장 중요한 거주자들로서 **비판적인 논증들** — 물리적 상태나 의식의 상태와 유사한 — 소위 말해서 **논의의 상태**나 **비판적 논증의 상태**, 그리고 당연한 귀결로서 학술지들, 책들 및 장서들의 내용들이 있다고 나는 논증할 것이다.

객관적인 세계 3이라는 논제에 반대하는 대부분의 사람도 당연히 문제들, 추측들, 이론들, 논증들, 학술지들 및 책들이 있다는 것을 인정할 것이다. 그러나 그들은 대개 이런 모든 실재는 본질적으로, 주관적인 심적 상태나 아마도 행태적인 행동 성향에 대한 기호적 내지 언어적인 **표현**이라 말하고 있다. 나아가 이런 실재들은 **의사소통**의 수단, 즉 다른 사람들 속에 유사한 심적 상태나 행태적인 행동 성향을 불러일으키는 기호적 수단이나 언어적 수단이라고 그들은 말한다.

이에 반해서 이런 모든 실재와 그 실재의 내용을 세계 2에 넣을 수 없다고 나는 논증했다.

세계 3의 (어느 정도) **독립적인 존재**에 대한 나의 일반적인 논증의[1] 하나를 되풀이해 말하겠다.

나는 두 가지의 사고 실험을 생각하고 있다.

실험 (1). 우리의 모든 기계와 도구가 파괴되었고 또한 기계들과 도구들에 대한 우리의 주관적 지식을 포함하는 우리의 모든 주관적인 지식과 그것들을 사용하는 방법도 소실되었다. 그러나 **장서들과 장서들을 통해 배우는 우리 능력**은 존속하고 있다. 많은 고생을 한 후에는 우리의 세계가 다시 출발할 수 있을 것임은 분명하다.

실험 (2). 전술한 것처럼, 우리의 모든 기계와 도구가 파괴되었고 또한 기계들과 도구들에 대한 우리의 주관적 지식을 포함하는 우리의 모든 주관적인 지식과 그것들을 사용하는 방법도 소실되었다. 하지만 이번에는 **모든 장서 또한 소실되었고** 그래서 책을 통해서 배우는 우리의 능력은 아무 소용이 없게 되었다.

만일 여러분이 이 두 실험에 관해 생각해 보면, 세계 3의 실재와 의미 및 자율성의 정도가 (세계 2와 세계 1에 대한 세계 3의 영향은 물론) 아마 여러분에게 좀 더 분명하게 되었을 것이다. 왜냐하면 두 번째 경우에서는 수천 년이 지나간다 할지라도 우리 문명의 재출현은 없을 터이기 때문이다.

나는 이 강연에서 세 가지의 논제를 옹호하고자 하는데, 그 논제는 모두 인식론과 관계가 있다. 나는 인식론을 **과학적 지식**의 이론이라고 간주하고 있다.

나의 첫 번째 논제는 이렇다. 전통적인 인식론은 주관적인 의미에서 지식이나 사유를 연구했다. 그 주관적인 의미란 '나는 안다' 또는 '나는 생각하고 있다'는 말들의 일상적인 용법을 뜻한다. 나는 이것 때문에 인식론의 연구자들이 빗나가게 되었다고 생각한다. 그들은 과학적 지식을 연구하고자 했음에도, 사실상 과학적 지식과는 전혀 관계가 없는 어떤 것을 연구했다. 왜냐하면 **과학적 지식**은 단순히 '나는 안다'는 말의 일상적 용법의 의미에서는 지식이 아니기 때문이다. '나는 안다'의 의미의 지식은 소위 말해서 '세계 2', 즉 **주관들**의 세계에 속하는 반면에, 과학적 지식은 세계 3, 다시 말해 객관적인 이론들, 객관적인 문제들과 객관적인 논증들의 세계에 속한다.

따라서 나의 첫째 논제는, 로크, 버클리, 흄과 심지어 러셀의 전통적 인식론은 그 말의 꽤 엄밀한 의미에서 적합하지 않다는 것이다. 또한 현시대의 대부분의 인식론이 빗나가게 된 것도 이 논제의 당연한 결과이다. 이것은 현대의 인식적인 논리학을 포함하고 있는데, 만일 그 논리학이 **과학적 지식**의 이론을 목표로 삼고 있다고 우리가 가정하면 그렇게 된다. 그러나 어떤 인식적 논리학자가 자신은 단순히 **과학적 지식**의 이론에 기여할 것을 목표로 삼고 있지 않다고 분명히 말한다면, 쉽게 내 비판을 완전히 벗어날 수 있다.

나의 첫째 논제는 지식이나 사유에 대한 다음 두 가지의 다른 의미가 있음을 수반하고 있다. (1) **주관적 의미에서 지식이나 사유**는 마음이나 의식의 상태 또는 행동이나 반응 성향으로 구성되어 있다. (2) **객관적 의미에서 지식이나 사유**는 문제들, 이론들 및 논증들과 같은 것으로 구성되어 있다. 이런 객관적인 의미의 지식은 누군가 안다는 주장과는 완전히 독립적이다. 그것은 또한 어떤 사람의 믿음이나 동의 성향 또는 주장이나 행동 성향과도 독립적이다. 객관적 의미의 지식이란 **어떤 인식**

자(*a knower*)도 **없는 지식**이다. 즉, 그것은 **인식 주관이 없는 지식**인 것이다.

프레게는 객관적 의미에서 사유에 대해 다음과 같이 쓰고 있다. '내가 **어떤 사유**로 이해하는 것은 주관적인 사유 작용이 아니라 사유의 **객관적 내용**이다.'[2]

사유의 두 가지 의미와 그것들의 흥미 있는 상호 연관은 다음과 같이 상당히 설득력 있는 인용문으로 설명될 수 있다. 그 인용문은 헤이팅(Heyting)의 저술에서 나온 것인데, 그는 연속체에 대한 이론을 창안한 브라우베르(Brouwer)의 행동에 관해 말하고 있다.[3]

'만일 귀납적 함수들이 이전에 발명되었다면, 그[브라우베르]는 아마도 선택수열이라는 관념을 형성하지 않았을 터인데, 그렇게 되었다면 그것은 불행한 일이라고 나는 생각한다.'

이 인용문은 한편 브라우베르의 어떤 **주관적인 사유 과정**에 주목하면서, 만약 **객관적인 문제 상황**이 달랐다면 그 과정들은 일어나지 않았을 것이라고 (불운한 일이었을 것이라고) 말하고 있다. 따라서 헤이팅은 브라우베르의 주관적 사유 과정에 미친 어떤 가능한 영향들을 언급하면서, 또한 이런 주관적인 사유 과정의 중요함에 관해서 자신의 의견을 피력하고 있다. 이제 영향들**로서의**(*qua*) 영향들은 주관적이어야 한다는 것은 흥미 있는 일이다. 오직 귀납적 함수들에 관해 브라우베르만이 알고 있었다면, 선택수열들을 그가 창안하지 못하게 되는 불행스러운 결과를 가져왔을 것이기 때문이다.

다른 한편 헤이팅에서 가져온 인용문은 두 개의 사유나 이론의 **객관적인 내용들** 간의 어떤 객관적인 관계를 지적하고 있다. 헤이팅은 브라우베르의 두뇌 과정에 대한 주관적인 조건들이나 전기화학을 말하고 있는 것이 아니라, **수학에서의 어떤 객관적인 문제 상황**과 그 상황의 가능한 영향들을 언급하고 있다. 그런데 이런 객관적인 문제들의 해결에 쏟아진 브라우베르의 주관적인 사유 작용들에 그 영향이 미치고 있다. 나는 이것을 다음과 같이 말하는 것으로 기술할 것이다. 헤이팅의 논평은 브라우베르의 창안에 대한 객관적인 상황논리나 세계 3의 상황논리에 관한 것이며, 그리고 그 논평은 세계 3의 상황이 세계 2에 영향을 끼칠 수 있다는 것을 함축하고 있다. 마찬가지로 만일 브라우베르가 선택수열을 고안하지 않았다면 불행한 일이었을 것이라는 헤이팅의 암시는 브라우베르의 사유의 **객관적인 내용**은 소중하고 또한 흥미 있는 것이라고 말하는 것과 같다. 즉, 그 내용은 세계 3에서 객관적인 문제 상황을 변화시켰다는 점에서 소중하고 또한 흥미 있다는 것이다.

그 문제를 단순하게 하면, 만약 내가 '브라우베르의 사유는 칸트에 영향을 받았다'거나 혹은 '브라우베르는 칸트의 공간 이론을 기각했다'고도 말한다면, 나는 적어도 부분적으로는 주관적인 의미의 사유 작용에 관해 말하고 있는 것이다. '영향'이라는 말은 사고에 대한 사유 과정들이나 작용들의 관계를 가리키고 있다. 그러나 만일 내가 '브라우베르의 사유는 칸트의 생각과 매우 다르다'고 말한다면, 나는 주로 내용들에 관해 말하고 있는 것이다. 또한 마지막으로 만약 내가 '브라우베르의 사유들은 러셀의 사유들과 **양립할 수 없다**'고 말한다면, '**양립할 수 없는**'이라는 **논리적 용어**를 사용해서 나는 다음과 같은 점을 명백하게 이해하고 있는 것이다. 나는 단지 프레게의 객관적인 의미로서 '사유'라는 말을 사용하고 있으며, 나는 이론들의 객관적인 내용이나 논리적인 내용에 관해서만 말하고 있다.

불행히도 일상 언어는 세계 2의 의미와 세계 3의 의미에서 '사유'에 대한 별도의 용어들을 갖고 있지 않은 것처럼, 그것은 '나는 안다'와 '지식'에 대응하는 두 가지 의미의 분리된 말을 갖고 있지 않다.

두 가지 의미가 존재함을 보이기 위해서 나는 먼저 주관적인 혹은 세계 2의 사례 세 가지를 말해 볼 것이다.

(1) '나는 당신이 나를 화나게 하려고 노력하고 있음을 **알지만**, 그러

나 나는 화내지 않을 것이다.'

(2) '나는 페르마의 마지막 정리가 증명되지 않을 것임을 **알지만**, 그러나 나는 그것이 언젠가 증명될 것임을 믿고 있다.'

(3) 『옥스퍼드 영어사전』의 '지식'이란 표제어에서, **지식**은 '알고 있거나 고지된 상태'이다.

다음에 나는 세 가지 객관적인 혹은 세계 3의 사례들을 언급해 보겠다.

(1) 『옥스퍼드 영어사전』의 '지식'이란 표제어에서, **지식**은 어떤 '학문의 분야' 곧 과학, 예술이다.

(2) '**수학적 지식**의 현 상태를 고려했을 때, 아마도 페르마의 마지막 정리는 논증될 수 없는 것처럼 보인다.'

(3) '나는 이 논제가 **지식**에 대한 독창적이고 중요한 **공헌**임을 증언한다.'

바로 이 세 가지 예는 내가 '객관적 의미에서 지식'이라고 했을 때 내가 말하고자 한 것을 명료히 하는 데 도움을 주는 기능만을 갖고 있다. 내가 『옥스퍼드 영어사전』을 인용한 것이 언어 분석을 용인하거나 그 지지자들을 달래는 시도로 해석되지 않아야 한다. 그것은 '일상 어법'이 나의 세계 3의 객관적인 의미에서 '지식'을 포괄한다는 것을 증명하려는 시도로 인용된 것이 아니다. 사실 나는 놀랍게도 『옥스퍼드 영어사전』에서 '지식'에 대한 객관적인 어법들의 사례들을 발견했다. (내가 심지어 더 놀란 것은 '안다'에 대한 적어도 부분적으로 객관적인 어법들 몇 개를 발견한 것인데, '식별하다, … (어떤 사물, 장소, 사람을) 알게 되다, … 이해하다'가 그것이다. 이런 어법들이 부분적으로 객관적이라는 것은 계속 나타날 것이다.) 아무튼 나의 사례들은 논증에 쓰려는 것이 아니다. 그것들은 단지 예증들로 쓰이고 있다.

지금까지 논증을 하지 않고 단지 예증만 했던 나의 **첫째 논제**는, 세계 2나 주관적 의미의 지식에 전념했던 전통적인 인식론은 과학적 지식의 연구에 적합하지 않다는 것이었다.

나의 **둘째 논제**는 인식론에 적합한 것은 과학적 문제들과 문제 상황들에 대한 연구, 과학적 추측들(다른 말로는 과학적 가설이나 이론들이라고 내가 간주하는), 과학적 논의들, 비판적 논증들 및 논증들에서 증거로서 했던 역할, 따라서 과학 학술지들과 저서들 그리고 과학적 논증에서 실험들과 그에 대한 평가들에 대한 연구라는 것이다. 혹은 간단히 말해 객관적인 지식의 **주로 자율적인** 세계 3에 대한 연구는 인식론을 위해서 결정적으로 중요하다는 것이다.

나의 둘째 논제에 기술된 인식론적 연구는 과학자들이 매우 종종 다음과 같은 것들을 주장하고 있지 않다는 것을 보여준다. 즉, 과학자들의 추측들이 참이라거나, '안다'의 주관적 의미로 그 추측들을 '안다'거나, 혹은 그 추측들을 그들이 믿고 있다고 주장하지 않는다는 것이다. 일반적으로 그들이 안다고 주장하지는 않을지라도, 그들의 연구 프로그램들의 발전에 있어서 무엇이 효과적이고 무엇이 효과적이지 않은지, 그리고 어떤 탐구 계열이 객관적 지식의 세계 3에서 더 나아간 결과를 약속하고 있는지에 관한 추정들을 기초로 하여 행동한다. 달리 말해서 과학자들은 추측이나, 원한다면 **주관적인 믿음**을(왜냐하면 우리는 행동의 주관적인 기초를 그렇게 불렀기 때문에) 바탕으로 행동하는데, 그 추측이나 믿음은 **객관적 지식의 성장이 세계 3에서** 바로 이루어질 것을 약속하고 있는 것과 관련되어 있다.

나는 이것이 나의 **첫째 논제**(주관적 인식론의 부적합함에 대한)와 **둘째 논제**(객관적 인식론의 적합함에 대한) 둘 다를 지지하는 논증을 제공하는 것이라고 주장한다.

하지만 나는 **셋째 논제**를 갖고 있다. 그것은 이렇다. 세계 3을 연구하는 객관주의 인식론은 주관적 의식의 세계 2, 특히 과학자들의 주관적인 사유 과정을 설명하는 데 많은 도움을 줄 수 있지만, **그 역은 참이 아니다.**

이것들이 바로 나의 주된 세 가지 논제이다.

나는 세 가지 주된 논제에 덧붙여 다음의 보조 논제 세 개를 제안한다.

이들 중 첫 번째 보조 논제는 세계 3이 거미줄에 비견할 수 있는 인간이란 동물의 자연적인 산물이라는 것이다.

두 번째 보조 논제(그리고 내 생각에 거의 결정적인 논제)는 세계 3은 대체로 **자율적**이라는 것이다. 비록 우리가 끊임없이 그 세계에 영향을 미치며 또한 그것에 의해 영향을 받고 있을지라도 그렇다. 그 세계는 우리의 산물이며 그리고 그것은 우리에게 강력한 되먹임 효과를 발휘하고 있다는 사실에도 불구하고 자율적이다. 다시 말해 세계 2와 심지어 세계 1의 거주자들로서 우리에게도 그 효력을 발휘한다는 것이다.

세 번째 보조 논제는 우리 자신과 세계 3의 이런 상호작용을 통해서 객관적 지식이 성장하며, 그리고 지식의 성장과 생물학적 성장인 식물과 동물의 진화 사이에 매우 밀접한 유사함이 있게 되었다는 것이다.

II. 세계 3에 대한 생물학적 접근

이 절에서 나는 일종의 생물학적 내지 진화적인 논증을 통해 자율적인 세계 3의 존재를 옹호하는 시도를 해보겠다.

어떤 생물학자는 동물의 행태에 관심이 있을지도 모르지만, 그러나 그는 또한 동물이 산출한 살아 있지 않은 구조들에 관심이 있을 수도 있다. 거미줄, 장수말벌이나 개미가 만든 둥지, 오소리의 굴, 수달이 구축한 둑이나 동물이 숲속에 만든 통로에 대한 관심이 그 사례이다.

나는 이런 구조들의 연구에서 제기된 문제를 두 개의 주요한 범주로 구별할 것이다. 첫째 범주는 동물에 의해 **사용된 방법들**이나 이런 구조물들을 구성할 때 **동물이 행한 방식들**과 관련된 문제들로 이루어져 있다. 따라서 이 첫째 범주는 **산출 행위들**, 즉 동물의 행태적 성향들 및 그 동물과 그 산물 간의 관계들과 **연관된 문제들**로 구성되어 있다. 둘째 범주의 문제는 **구조들 자체**와 연관되어 있다. 그것은 그 구조에 사용된 물질들의 화학적 속성들, 그 물질들의 지리적인 그리고 물리적인 속성들, 특수한 환경적인 조건들에 의존하고 있는 그 물질들의 진화적인 변화들 및 이런 환경적인 조건에 그것들의 적응이나 의존과 관계를 맺고 있다. 그 구조의 속성들에서 동물의 행태로의 **되먹임 관계** 또한 **매우** 중요하다. 이런 둘째 범주의 문제들, 즉 구조들 그 자체를 다룸에 있어서 우리는 또한 그 구조의 생물학적인 **기능들**의 관점에서 보아야 할 것이다. 따라서 첫째 범주의 몇몇 문제는 우리가 둘째 범주의 문제를 논의할 때 당연히 제기될 것이다. 예컨대, '이 둥지는 어떻게 만들어졌는가?' 와 '그 둥지 구조의 어떤 양태들이 전형적인가? (아마도 그래서 전승되거나 유전되는가?) 그리고 어떤 양태가 특수한 조건들에 적응된 변양들인가?'

문제의 마지막 예가 보여준 것처럼, 첫째 범주의 문제들, 즉 구조의 산출과 관련된 문제들은 때때로 둘째 범주의 문제들에 의해 제시될 것이다. 이것이 그렇게 되어야 하는 이유는 문제들의 두 범주가 **그와 같은 객관적인 구조들이 존재하고 있다는 그 사실**에 의존하고 있기 때문이다. 그런데 어떤 사실 자체는 두 번째 범주에 속한다. 따라서 **구조들이 그 자체로** 존재한다는 것은 두 범주의 문제를 일으킨다고 말할 수 있다. 우리는 둘째 범주의 문제들, 즉 구조들 자체와 관련된 문제들이 더 근본적이라고 말할 수 있다. 첫째 범주를 필요조건으로 상정하고 있는 모든 것은 여하튼 간에 어떤 동물이 그 구조들을 **산출했다**는 분명한 사실뿐이다.

이제 이런 단순한 검토는 물론 **인간** 활동의 산물에도 또한 적용될 수 있는데, 그와 같은 산물로 집들이나 도구들 및 예술 작품들을 들 수 있다. 우리에게 특별히 중요한 그 산물들은 우리가 '언어'라고 부르는 것과 '과학'이라고 하는 것에 적용된다.[4]

이런 검토와 현재 내 강의의 주제와의 연관은 나의 세 가지 논제를 다시 간략히 설명함으로써 분명해질 수 있다. 나의 첫째 논제는 철학의 현재 문제 상황에서 두 문제 범주의 차이를 아는 것보다 더 중요한 일은 없다고 말하는 것으로 설명될 수 있다. 즉, 한편에서는 산출의 문제와 다른 한편에서는 산출된 구조들 자체와 연관된 문제의 상이함이 그것이다. 나의 둘째 논제는 산물들 자체와 연관된 것들로서 둘째 범주의 문제들은 거의 모든 점에서 첫째 범주, 즉 산출의 문제보다 더 중요함을 우리가 인식해야 한다는 것이다. 나의 셋째 논제는 둘째 범주의 문제는 생산 문제들을 위한 기초가 된다는 것이다. 첫인상들과는 반대로 우리가 생산 행동을 연구함으로써 산물들에 관해 배울 수 있는 것보다 산물 자체를 연구함으로써 생산 행동에 관해 우리는 더 많은 것을 배울 수 있다. 이 셋째 논제는 반행동주의적이고 반심리학적 논제로 기술될 수 있다.

소위 말해 '지식'이라고 할 수 있는 것에 그 논제들을 적용함에 있어서 나의 세 논제는 다음과 같이 정식화될 수 있다.

(1) 우리는 항상 다음 두 문제의 차이를 알아야 한다. 한편 과학적 지식의 산출에서 우리의 개인적인 공헌들에 연관된 문제들과, 다른 한편 과학적 이론들이나 과학적 논증들과 같은 다양한 산물들의 구조와 연관된 문제들의 차이를 우리가 알아야 한다는 것이다.

(2) 우리는 산물의 연구가 생산의 연구보다 훨씬 더 중요함을 깨달아야 한다. 심지어 생산과 생산 방법을 이해하기 위해서도 그렇다.

(3) 우리는 어떤 직접적인 행동주의적이거나 심리학적 또는 사회학적 접근을 통해서보다 이론들 및 그 이론들에 찬성하거나 반대하는 논증을

연구함으로써 발견적인 해법과 방법론 그리고 심지어 탐구의 심리학에 관해 더 많이 배울 수 있다. 일반적으로 우리는 산물의 연구로부터 행동과 심리학에 관해 매우 많은 것을 배울 수 있다.

다음에서 나는 산물, 다시 말해 이론들과 논증들로부터의 접근을 '객관적인' 접근이나 '세계 3'의 접근이라고 부르겠다. 그리고 과학적 지식에 대한 행동주의적, 심리학적 및 사회학적 접근을 '주관적인' 접근 혹은 '세계 2'의 접근이라고 부를 것이다.

주관적인 접근에 호소함은 대체로 그것이 인과적이라는 사실에서 연유한다. 왜냐하면 내가 그 중요성을 강조한 객관적인 구조들은 인간 행동에 의해 야기된 것임을 내가 인정하기 때문이다. 인과적이기 때문에 주관적인 접근은 객관적인 접근보다 더 과학적인 것처럼 보일 수 있다. 사실상 객관적인 접근은 원인보다는 오히려 결과에서 출발하기 때문이다.

객관적인 구조가 행위의 산물들임을 내가 인정한다 하더라도, 그 논증은 잘못 생각한 것이라고 나는 주장한다. 모든 과학에서 일상적인 접근은 결과에서 원인으로 간다. 그 결과는 설명될 문제, 즉 피설명항의 문제를 제기한다. 그리고 과학자는 설명적인 가설을 구성함으로써 그 문제를 풀고자 애를 쓴다.

그러므로 객관적인 산물들에 중점을 둔 나의 세 가지 주된 논제는 목적론적이지도 않으며 또한 비과학적이지도 않다.

III. 세계 3의 객관성과 자율성

지식에 대한 주관적인 접근이 틀리게 된 주요한 이유들 중의 하나는 어떤 책은 독자가 없다면 아무것도 아니라는 느낌이다. 그 책이 이해될 때만 그것은 실제로 하나의 책이 되고, 그렇지 않다면 그것은 그저 검은 점들이 있는 종이에 불과하기 때문이다.

이 견해는 여러 면에서 잘못되었다. 장수말벌의 벌집은 그것이 버려진 후에도 말벌의 벌집이다. 설령 그것이 벌집으로서 말벌들에 의해 다시 사용되지 않을지라도 말이다. 새의 둥지는 새가 그 둥지에 살고 있지 않다 하더라도 새의 둥지인 것이다. 마찬가지로 하나의 책은 어떤 산물의 유형으로서 하나의 책인데, 그것이 비록 (요즘에는 걸핏하면 일어나듯이) 읽히지 않을지라도 그렇다.

더구나 어떤 책이나 심지어 장서조차도 누군가에 의해 쓰일 필요가 없는데, 예컨대 일련의 대수표가 실린 책은 컴퓨터에 의해 산출되어 인쇄될 수 있기 때문이다. 그것은 아마도 가장 좋은 일련의 대수표가 실린 책일 터인데, 그것은 소수점 50자리까지의 대수표를 포함할 수 있기 때문이다. 그것은 도서관 밖으로 나갈 수는 있지만 그러나 그것은 사용하기에는 성가신 것임을 알게 될 것이다. 아무튼 누군가 그것을 사용하기까지는 많은 세월이 지나갈 수 있으며, 그리고 인간이 지구상에 살고 있는 동안이라도 그 속의 많은 (수학적인 정리들을 나타내는) 숫자들을 아무도 보지 않을 수 있다. 그러나 이런 각각의 숫자들은 내가 말하는 '객관적인 지식'을 포함하고 있으며, 또한 내가 그것을 이런 이름으로 부를 자격이 있느냐 없느냐의 물음은 중요한 것이 아니다.

이런 대수표가 실린 책의 예는 억지처럼 보일 수도 있다. 그러나 그것은 전혀 그렇지 않다. 나는 거의 모든 책이 다음과 같다고, 즉 책은 참이나 거짓인, 유용하거나 무용한 객관적인 지식을 함유하고 있다고 말할 것이기 때문이다. 그리고 누군가 그것을 읽은 적이 있고 실제로 그 내용을 파악했는가는 거의 우연적인 것이다. 이해하고 책을 읽은 사람이란 희귀한 동물일 것이기 때문이다. 하지만 설령 그런 사람이 흔하다 할지라도 항상 오해들과 오역들이 있을 것이다. 또한 흰 종이 위의 검은 점들이 객관적인 의미에서 하나의 책이나 지식의 사례로 바뀐다는 것도 그런 오해를 실제적으로도 또한 약간 우연적으로도 회피하지 못한다. 오히려 그렇게 바뀌는 것은 더 추상적인 어떤 것이다. 어떤 것을 하나의 책으로 보이게 하는 것은 이해될 가능성이나 잠재성이나 이해되거나 해석될 혹은 오해되거나 오역될 성향적인 특성인 것이다. 그리고 이런 잠재성이나 성향은 현실화되거나 실현된 적이 없다 하더라도 존재할 수 있다.

이를 좀 더 분명히 알기 위해 인간이란 종이 멸망한 후에 어떤 책들이나 장서들이 우리에 이어 문명화된 어떤 후임자들(문명화된 외계의 동물들이든 외계로부터 온 방문자들이든 간에)에 의해 발견될 수 있다고 상상할 수 있다. 이런 서적들은 해독될 수 있다. 그것들은 논증의 목적을 위해 이전에 판독된 적이 없는 대수표로 이루어진 책들일 수 있다. 이것은 다음과 같은 것을 분명하게 해준다. 생각하는 동물들이 대수표를 구성한다거나 그 표가 실제로 해독되거나 이해되지 않았다는 사실은 어떤 사물이 하나의 책이 되는 데 본질적이 아니라는 점이다.

따라서 나는 어떤 책이 객관적 지식의 세계 3에 속하려면, 그것을 원리적으로 또는 실제적으로 누군가가 파악할 수 있어야 (혹은 해독할 수 있어야, 또는 이해할 수 있어야, 또는 '알려질' 수 있어야) 한다는 것을 인정한다. 하지만 나는 그 이상을 받아들이지 않는다.

그래서 우리는 다음과 같은 것들에 대한 일종의 플라톤적인 (또는 볼차노적인) 세계 3이 있다고 말할 수 있는데, 그 자체로서의 책들, 이론들, 문제들, 문제 상황들, 논증들 등등이 그것이다. 또한 나는 이런 세계 3이 비록 인간의 산물이라 할지라도, 그 자체로서의 많은 이론들과 논증들 및 문제 상황들이 존재한다고 주장한다. 그것들은 인간에 의해 산출되거나 이해된 적이 없었고, 또한 인간에 의해 결코 산출되거나 이해될 수도 없는 것이기 때문이다.

전술한 문제 상황들의 세계의 현존에 대한 논제는 많은 사람이 극히 형이상학적이면서 의심스러운 것으로 생각할 것이다. 그러나 그 논제의 생물학적 유사함을 지적함으로써 그것은 옹호될 수 있다. 예를 들면 새 둥지들의 영역과 그것은 매우 흡사하다는 것이다. 몇 년 전에 나는 새들을 위한 둥지 상자 하나를 정원의 선물로 받았다. 그것은 물론 새의 생산물이 아닌 인간의 산물이다. 이는 우리의 대수표가 인간의 산물이기보다는 오히려 컴퓨터의 출력물이었다는 것과 마찬가지다. 그렇지만 새의 세계라는 맥락에서 보면 그것은 객관적인 문제 상황과 객관적 기회의 부분이었다. 수년 동안 새들은 둥지 상자를 알아채지도 못한 것 같았다. 하지만 몇 년이 지나자 푸른 박새 몇 마리가 그것을 조심스럽게 검사했고, 그 속에 둥지를 짓기 시작했지만 곧바로 포기했다. 특별히 중요한 것처럼 보이지 않았다 할지라도 분명히 여기에는 파악할 수 있는 기회가 있었다. 어쨌든 여기에 어떤 문제 상황이 존재한다. 그리고 그 문제는 다음 해에 다른 새들에 의해 해결될 수 있다. 만일 그 문제가 해결되지 않으면 다른 상자가 더 적합하다는 것을 알 수 있을 것이다. 다른 한편 가장 적합한 상자는 그것이 사용되기 전에 철거될지도 모른다. 그 상자는 적합한가라는 질문은 분명 객관적인 물음이며, 그 상자가 사용된 적이 있는가라는 질문은 부분적으로 우연적이다. 그래서 그 물음은 모든 생태학적인 영역과 어울려 있다. 그 영역은 잠재성들이며 그 자체가 객관적인 방식으로 연구될 수 있다. 이런 잠재성들은 살아 있는 어떤 유기체에 의해 현실화될 것인가의 물음과는 독립적인 어떤 점까지 연구될 수 있다는 것이다. 세포학자는 어떤 세균들이나 곰팡이들의 배양을 위해 그와 같은 생태적인 영역을 마련하는 방법을 알고 있다. 그 영역은 그 목적을 위해 완전히 적합한 것일 수 있다. 그런 것들이 그 영역을 사용해서 서식할 것인가는 다른 문제이다.

현실적이면서 잠재적인 이론들과 책들 및 논증들의 객관적인 세계 3의 상당한 부분은 현실적으로 생산된 책들과 논증들의 부산물로서 발생하는데, 이는 의도하지 않은 것이다. 우리는 그것을 인간 언어의 부산물이라고 또한 말할 수 있다. 새의 둥지처럼 언어 그 자체는 다른 목표를 겨냥했던 행동의 의도하지 않은 부산물이다.

밀림에서 동물의 통로는 어떻게 생기는가? 어떤 동물이 물을 마실 곳에 가기 위해서 덤불을 헤치고 나아갔을 것이다. 다른 동물은 똑같은 경로를 사용하는 것이 가장 쉬운 것임을 알게 된다. 그래서 그 경로를 사용함으로써 더 넓어질 것이고 개량될 수 있다. 그 길은 계획된 것이 아닌데, 왜냐하면 그 길은 쉽거나 재빠른 이동을 위한 필요의 결과로서 의도하지 않은 것이기 때문이다. 이것이 바로 하나의 통로가 애초에 만들어지는 방법이며, 아마도 심지어 인간에 의해서 유용한 언어나 여타의 제도들이 생기는 것도 이런 방법일 터이다. 또한 그런 제도들의 존재와 발전도 이런 유용함 때문에 일어난 것이다. 그것들은 계획되거나 의도되지 않았으며, 그리고 아마 그것들이 생성되기 전에는 그것들에 대한 어떤 필요도 없었다. 그러나 그것들은 새로운 필요나 일단의 새로운 목적을 창출했다. 동물이나 인간의 목표-구조는 '주어지지' 않았지만, 그 구조는 어떤 종류의 되먹임 기제의 도움으로 그 이전의 목표와 목표로 삼았거나 삼지 않았던 결과들에서 발전한다.[5]

이런 방식으로 가능성이나 잠재성의 전체적인 새 세계가 생길 수 있다. 즉, **자율적**인 정도가 매우 큰 세계가 나타날 수 있다는 것이다.

그와 같은 매우 분명한 사례가 정원이다. 비록 그 정원이 매우 신중하게 계획되었다 할지라도, 일반적으로 그것은 부분적으로는 예상치 못한 방식들로 끝날 것이다. 그러나 설령 그 정원이 계획된 것으로 밝혀진다 할지라도, 계획된 대상들 간의 예상치 못한 어떤 상호관계들은 가능성들과 가능한 새로운 목표들 및 새로운 **문제들**의 전체 세계를 일으킬 수 있다.

언어, 추측들, 이론들과 논증들의 세계, 간략히 말해 객관적 지식의 세계는 인간이 창조했던 것들 중에서 가장 중요한 것이긴 하나, 동시에 대체로 자율적인 세계이다.

자율성이란 관념은 나의 세계 3 이론에서 중요하다. 세계 3이 인간의 산물, 곧 인간이 창조한 것이긴 하나, 이번에는 그 세계가 다른 동물의 산물들이 하는 것과 마찬가지로 그것의 고유한 **자율성의 영역**을 창출한다.

그런 예는 수없이 많이 있다. 아마도 가장 인상적인 사례와 여하튼 우리의 표준 사례로서 유념해야 할 예들은 자연수의 이론에서 발견될 수 있다.

크로네커에겐 미안한 일이지만, 자연수열은 인간의 구성이라는 브라우베르의 견해에 나는 동의한다. 그러나 우리가 이런 수열을 창조했다 하더라도, 그 다음에 그 수열은 고유한 자율적인 문제들을 창출한다. 짝수와 홀수의 구별은 우리가 창조한 것이 아니다. 그것은 우리 창조의 의도하지 않은 피할 수 없는 결과이다. 물론 소수들도 마찬가지로 의도하지 않은 자율적이면서 객관적인 사실이며, 또한 소수들의 경우에 우리가 **발견할** 사실이 많이 존재한다는 것은 분명하다. 예컨대 골드바흐(Goldbach)의 추측과 같은 추측들이 있다. 그리고 이런 추측들은 어느 정도 우리의 창조에서 발현했으며 우리가 제어하거나 영향을 미칠 수 없는 문제들과 사실들을 직접적으로 지시하고 있다. 그것들은 견고한 사실들이며 또한 그것들에 대한 진리는 종종 발견하기 어렵다.

이 점이 비록 세계 3을 우리가 창조했다 하더라도 그 세계는 대체로 자율적이라고 했을 때 내가 말하고자 했던 바이다.

그러나 자율성은 단지 부분적일 뿐인데, 새로운 문제는 새로운 창조들이나 구성들에 이르기 때문이다. 예컨대, 귀납적 함수들이나 브라우베르의 자유로운 선택수열들과 같은 것에 이른다. 따라서 그 문제는 세계 3에 새로운 대상들을 첨가할 수 있다. 그리고 그런 각기의 모든 단계는 **의도하지 않은 새로운 사실들**과 **새로운 예기치 못한 문제들**, 그리고 또한 종종 **새로운 논박들**을 창조할 것이다.[6]

또한 우리의 창조에서 매우 중요한 되먹임 효과가 우리에게, 즉 세계 3에서 세계 2로 영향을 미치고 있다. 왜냐하면 새로 발현한 문제는 새로운 창조들을 하도록 우리를 자극할 것이기 때문이다.

그 과정은 다음과 같이 약간 단순화된 도식으로 기술될 수 있다.[7]

$$P_1 \rightarrow TT \rightarrow EE \rightarrow P_2$$

즉, 우리는 어떤 문제 P_1에서 출발하여 (부분적으로나 전체적으로) 잘 못일 수 있는 시험적인 해결이나 시험적인 이론 TT로 나아간다. 어떤 경우든 TT는 오류 제거, 즉 EE에 종속되는데, 그것은 비판적 논의나 실험적인 검증들로 구성될 것이다. 여하튼 새로운 문제들 P_2가 우리 자신의 활동으로부터 제기되며, 이 새로운 문제들은 일반적으로 우리에 의해 의도적으로 창조된 것이 아니다. 그것들은 우리가 그렇게 할 의도가 거의 없었다 할지라도 모든 행동과 더불어 생길 수밖에 없는 새로운 관계들의 장으로부터 자율적으로 발현하기 때문이다.

세계 3의 자율성과 그 세계의 세계 2와 심지어 세계 1에 대한 되먹임은 지식 성장에서 가장 중요한 사실들 중의 하나이다.

생물학적인 우리의 검토를 추적해 보면, 다윈의 진화이론을 위해 그 사실들은 일반적으로 중요하다는 것을 쉽게 알 수 있다. 그것들은 우리가 자신의 힘으로 우리 스스로를 어떻게 향상시키는가를 설명하고 있다. 혹은 더 학자연하는 용어로 말하면, 그 사실들은 '창발'을 설명하는 데 도움을 주고 있다.

IV. 언어, 비판 그리고 세계 3

우리에게 특히 우리의 두뇌에 영향을 준 매우 중요한 되먹임 효과들을 갖고 있는 인간의 창조물들 중에서 가장 중요한 것은 인간 언어의 고급한 기능들인데, 그중 **기술 기능**과 **논증적인 기능**이 특별히 더 중요하다.

인간의 언어는 동물의 언어와 두 가지 하위 기능, 즉 (1) 자기표현과 (2) 신호표시를 공유하고 있다. 언어의 자기표현 기능이나 징후를 나타내는 기능은 알기 쉬운데, 모든 동물의 언어는 어떤 유기체의 상태에 대한 조짐이기 때문이다. 마찬가지로 신호표시나 발표 기능 역시 이해하기 쉽다. 어떤 징후가 다른 유기체에서 반응을 배출할 수 있다고 우리가 가정한다면, 우리는 그것을 언어적이라고 한다.

모든 동물의 언어와 언어적인 모든 현상은 이런 두 가지 하위 기능을 공유하고 있다. 그러나 인간의 언어는 다른 기능들(예컨대, 충고의 기능, 권고의 기능 및 허구적 기능)을 많이 갖고 있다. 이상한 일이지만 거의 모든 철학자가 고급 기능들 중에서 매우 중요한 것을 간과했다. 이런 이상한 사실에 대한 설명은 다음과 같다. 고급 기능들이 나타날 때 두 가지 하위 기능들이 나타나므로 하위 기능들에 의해 모든 언어적 현상을 '**표현**'이나 '**의사소통**'으로 '설명하는' 것은 항상 가능하다.

인간의 언어에서 두 가지 매우 중요한 기능은 (3) **기술 기능**과 (4) **논증적인 기능**[8]이다.

인간 언어의 기술적인 기능과 더불어 **진리**에 대한 규제적인 관념, 다시 말해 사실과 부합하는 기술의 관념이 나타났다. 나아가 규제적이나 평가적인 관념들이란 내용, 진리 내용 및 박진이다.[9]

인간 언어의 논증적인 기능은 기술 기능을 전제하고 있다. 논증이란 근본적으로 기술에 관한 것이기 때문이다. 그 논증들은 진리, 내용 및 박진에 대한 규제적인 관념들의 관점에서 기술들을 비판한다.

다음 두 가지 논점들은 이제 극히 중요하다.

(1) 신체 외적인 기술적 언어, 즉 도구처럼 신체 바깥에서 발전한 언어가 없다면, 우리가 비판적 논의를 하기 위한 **어떤 대상도** 존재할 수 없다. 그러나 기술적 언어의 (그리고 나아가 문자언어의) 발전과 더불어 언어적인 세계 3이 출현할 수 있으며, 또한 이런 방식과 이 세계 3에서만 합리적 비판의 문제들과 기준들이 발전할 수 있을 뿐이다.

(2) 우리의 인간성인 이성도 이러한 고급 기능의 언어가 발전한 덕택이다. 왜냐하면 우리가 추리하는 힘은 단지 비판적인 논증의 힘이기 때문이다.

이 둘째 논점은 **표현**과 **의사소통**에 주안점을 두고 있는 모든 인간 언어 이론이 하찮은 것임을 보여주고 있다. 우리가 보게 되듯이 생각하는 바를 말하고자 한 인간이란 유기체는, 종종 말해지듯이 그 구조상 언어의 고급한 두 가지 기능의 발현에 거의 전적으로 의존하고 있다.

논증적인 언어 기능의 진화와 함께 비판은 성장을 촉진하는 주요한 도구가 된다. (논리학은 **비판의 기관**으로서 간주될 수 있다.[10]) 고급한 언어 기능의 자율적인 세계는 과학의 세계가 된다. 그리고 원래 원시인은 물론 동물의 세계에 타당한 아래의 도식은

$$P_1 \rightarrow TT \rightarrow EE \rightarrow P_2$$

체계적인 합리적 비판에 의해서 오류를 제거하고 이를 통해서 지식이 성장한다는 도식이 된다. 그것은 합리적인 논의에 의해 진리와 내용에 대한 탐구 도식이 된다. 그것은 우리가 자력으로 우리 자신을 고양시키는 방식을 기술하고 있다. 그 도식은 진화론적 창발과 **선택과 합리적 비판에 의한 우리의 자기초월**에 대한 합리적인 기술을 하고 있다.

요약하면, 모든 단어의 의미와 마찬가지로 '지식'이란 말의 뜻도 중요하진 않다 하더라도, 그 말의 상이한 의미들을 구별하는 것은 중요하다.
(1) 주관적 지식 : 이것은 어떤 선천적 행동 성향들과 그 성향들의 후천적 변형들로 이루어진다.
(2) 객관적 지식 : 예를 들면 추측적인 이론들, 열린 문제들, 문제 상황들 및 논증들로 구성된 과학적 지식.

과학에서의 모든 작업은 객관적 지식의 성장을 위한 방향으로 나아가는 작업이다. 우리는 벽돌공이 성당에서 일하는 것처럼 객관적 지식의 성장을 증진시키는 노동자들이다.

우리의 일은 모든 인간의 작업처럼 잘못될 수 있다. 우리는 끊임없이 실수를 하며, 또한 우리가 미치지 못하는 객관적인 기준들이 존재한다. 진리, 내용 및 타당성에 대한 기준들과 여타의 기준들이 바로 그것이다.

언어, 문제들에 대한 언명, 새로운 문제 상황들의 출현, 경쟁이론들, 논증을 통한 상호 비판, 이 모든 것은 과학이 성장하는 데 없어서는 안 될 수단들이다. 인간의 언어에서 가장 중요한 기능들이나 차원들은 (동물의 언어는 갖고 있지 못한) 기술적이며 논증적인 기능들이다. 물론 이런 기능들의 성장은 우리가 만드는 것이다. 비록 그것들이 우리 행동의 의도하지 않은 결과들일지라도 말이다. 이렇게 풍부해진 언어에서만 비판적 논증과 객관적 의미의 지식이 가능하게 되었다.

우리의 두뇌들, (만일 누군가 아담이 출발했던 데서 시작한다면, 그는 아담이 행했던 것 이상에는 도달하진 못했을 터인) 우리의 전통들, 우리의 행동 성향들 (즉, 우리의 믿음들)[11] 및 우리의 행동들로서 우리 자신에게 미친 세계 3의 진화의 반향들이나 되먹임 효과들을 너무 높게 평가할 수는 없다.

이 모든 것과는 반대로, **전통적인 인식론**은 세계 2에 관심이 있었는데, 어떤 종류의 믿음, 즉 지각에 입각한 믿음과 같은 정당화할 수 있는 믿음으로서의 지식에 관심을 두었다. 그 결과 이런 종류의 믿음 철학은 과학자가 자신의 이론들을 비판하고 그래서 그 이론들을 죽이는 결정적인 현상을 설명할 수 없다(심지어 설명조차 하지 않으려고 한다). 과학자는 자신의 거짓 이론들을 제거하려고 노력한다. **과학자는 자신을 대신해서 그 이론들을 죽이려고 노력한다. 동물이든 인간이든 믿음 담지자든 자신의 거짓 믿음들과 함께 멸망한다.**

V. 역사적인 논평들

(i) 플라톤과 신플라톤주의

우리 모두 알다시피 플라톤은 세계 3의 발견자였다. 화이트헤드가 논평한 대로 모든 서양 철학은 플라톤에 대한 주석들로 이루어져 있다.

나는 플라톤에 대한 논평 세 가지만을 하되, 그중 두 가지를 비판적으로 논의해 볼 것이다.

(1) 플라톤은 세계 3뿐만 아니라, 우리에게 끼친 세계 3의 영향이나 되먹임의 일부분을 발견했다. 그는 우리가 자신의 세계 3의 관념들을 파악하려고 노력하리라는 것과 또한 우리가 그것들을 설명으로 사용할 것임을 알았다.

(2) 플라톤의 세계 3은 신성한 것이었다. 그것은 변하지 않을 뿐만 아니라 참이다. 따라서 플라톤과 나의 세계 3은 커다란 격차가 있다. 나의 세계 3은 인간이 만들었으며 변화를 한다. 그 세계는 참인 이론들뿐만 아니라 거짓인 이론들, 그리고 특히 열린 문제들, 추측들 및 반박들도 포함하고 있다.

그리고 변증적인 논증의 거장인 플라톤은 그 논증에서 단지 세계 3에 이르는 방식을 보았던 반면에, 나는 논증을 세계 3의 가장 중요한 거주자들에 속하는 것으로 간주하고 있다. 물론 열린 문제들도 거기에 속한다.

(3) 플라톤은 형상들 내지 이데아들의 세계 3이 우리에게 궁극적인 설명을 (즉, 본질들에 의한 설명들을[뒤의 207쪽을 보라]) 제공한다고 믿었다. 그래서 그는 예를 들어 다음과 같이 말하고 있다. (플라톤, 『파이돈』, 100c.) '만약 절대적 아름다움의 형상과 별개의 어떤 것이 아름답다면, 그것은 절대적 아름다움의 형상에 어떤 관여를 하고 있다는 **오직 그 이유 때문에** 아름다운 것이라고 나는 생각한다. **그리고 이런 종류의 설명은 모든 것에 적용된다.**'

이것이 바로 **궁극적 설명**이론이다. 즉, 그 설명 항들은 더 이상 설명을 할 수 없거나 설명할 필요가 없는 설명이론인 것이다. 그리고 그것은 **본질들에 의한 설명**, 다시 말해 실체화된 용어들에 의한 설명이론이다.

그 결과 플라톤은 세계 3의 대상들을 비물질적인 사물들과 닮은 것이거나 혹은 별들이나 별자리와 같은 어떤 것으로 상상했다. 우리 마음이 그 대상들에 접촉하는 것이 쉽지 않을지라도 응시하여 직관한 것이다. 이것이 바로 세계 3의 거주자인 형상들이나 이데아들이 사물들의 개념이나 사물들의 본질들이나 본성들이 된 이유이다. 그런 형상들이나 이데아들이 논증들 내지 문제들이 되기보다는 말이다.

이 점은 철학의 역사에 가장 광범위한 영향력을 끼쳤다. 플라톤에서 오늘에 이르기까지 대부분의 철학자은 명목주의자들[12]이었거나, 그렇지 않으면 소위 내가 말하는 본질주의자들이었던 것도 이 때문이다. 그들은 이론들의 참과 거짓보다는 단어들의 (본질적) 의미에 더 많은 관심을 두고 있다.

나는 종종 문제를 일람표로 제시하곤 했다.

나의 논제는 이 일람표의 오른쪽과 비교해 볼 때 **이 표의 왼쪽**은 중요하지 않다는 점이다. 그런데 이 표의 오른쪽은 우리의 관심을 불러일으키는 것이 바로 이론들, 진리 및 논증임을 보여주고 있다. 그래서 만약 많은 철학자와 과학자가 아직도 개념들과 개념적 체계들이 이론들과 이론적 체계들과 그 중요도에 있어서 비교할 수 있다고 생각한다면, 그들은 여전히 플라톤의 주요한 오류에 빠져 있는 것이다.[13] 왜냐하면 개념들이란 부분적으로 이론들을 공식화하는, 또한 부분적으로는 이론들을 약술하는 수단들이기 때문이다. 어쨌든 그 개념들의 의미는 대체로 도구적이며, 그리고 그것들은 항상 다른 개념들에 의해 대체될 수 있다.

　　사유의 내용들과 대상들은 스토아학파와 신플라톤학파에서 중요한
역할을 했던 것으로 보인다. 플라톤이 경험세계와 자신의 형상 내지 이
데아의 세계를 분리한 것을 플로티노스는 지키려고 했다. 그러나 아리
스토텔레스처럼[14] 플로티노스도 플라톤의 세계를 신의 의식에 놓음으
로써 그 세계의 초월을 붕괴시켰다.

　　플로티노스는 제1실체(하나임)와 제2실체(신적인 지성)를 구별하지
못한 아리스토텔레스를 비판했다. 하지만 그는 신의 사유 작용들을 그
작용들의 고유한 내용이나 대상들과 동일시하는 아리스토텔레스를 따
랐다. 그리고 그는 이런 견해를 정교화했는데, 가지적인 플라톤 세계의
형상들 내지 이데아들을 신적인 지성의 내적인 의식 상태들이라고 주장
함으로써 그렇게 했다.[15]

(ii) 헤겔

헤겔은 어느 정도 플라톤주의자(더 정확히 말하면 신플라톤주의자)였으며, 플라톤처럼 헤라클레이토스주의자였다. 그는 형상들의 세계란 변화해 왔고 진화해 왔다는 플라톤주의자였다. 플라톤의 형상들이나 이데아들은 객관적이었으며, 주관적인 마음의 의식적인 관념들과는 전혀 관계가 없었다. 그것들은 신적이며 변하지 않는 천상세계에 (아리스토텔레스의 의미에서는 하늘에) 거주하고 있었다. 대조적으로 헤겔의 형상들은 플로티노스의 이데아들처럼 의식적인 현상이었다. 스스로 생각하고 또한 어떤 종류의 의식 상태로 존재하고 있는 사유들, 즉 일종의 마음이나 '정신'이었다. 그리고 이 '정신'과 더불어 그 형상들은 변화해 왔으며 진화해 왔다. 헤겔의 '절대정신'과 '객관정신'이 변화할 수밖에 없다는 사실이야말로 그의 정신들이 플라톤의 이데아의 세계(또는 볼차노의 '진술들 자체'의 세계)보다 나의 '제3세계'와 더 유사함을 나타내고 있는 유일한 점이다.

헤겔의 '객관정신' 및 '절대정신'과 나의 '세계 3'과 가장 중요한 차이는 다음과 같은 점들이다.

(1) 헤겔에 따르면 (예술적인 창조를 의미하고 있는) 객관정신과 (철학을 의미하고 있는) 절대정신은 둘 다 인간의 산물들로 이루어져 있다 할지라도, 인간은 창조적이 아니다. 인간을 움직이는 것은 실체화된 객관, 즉 우주의 신적인 자의식이다. '개인들은 … 도구들인데', 다시 말해 개인들은 새로운 시대정신의 도구들이다. 그리고 개인들의 '실질적인 일'인 자신의 작품은 '개인들과는 독립적으로 마련되었으며 정해진' 것이다.[16] 따라서 내가 소위 세계 3의 자율성과 그 세계의 되먹임 효과라고 하는 것은 헤겔에서처럼 전능하게 된다. 그것은 헤겔의 신학적 배경이 드러난 헤겔 체계의 양태들 중의 하나일 뿐이다. 이에 반해 나는 개인의 창조적인 요소, 즉 한 인간과 그 작품 간의 주고받음 관계가 가장 중요한 것이라고 주장한다. 헤겔에서는 이 점이 다음과 같은 학설로 타

락하게 된다. 위대한 인간이란 시대정신이 그 스스로를 표현하는 매개체와 같은 어떤 것에 불과하다.

(2) 헤겔의 변증법과 나의 진화론적인 도식인 $P_1 \rightarrow TT \rightarrow EE \rightarrow P_2$ 간의 어떤 피상적인 유사성에도 불구하고, 근본적인 차이가 있다. 나의 도식은 오류 제거와 과학적 수준에서는 진리 탐구라는 규제적인 관념하에서 의식적인 비판을 통해서 작동한다.

물론 비판이란 모순들에 대한 탐구와 그것들을 제거하는 데 있다. 모순들의 제거를 요청함에 따라 창출된 어려움은 새로운 문제(P_2)를 구성한다. 따라서 오류 제거는 우리 지식의 객관적인 성장, 즉 객관적인 의미에서 지식의 성장에 이르게 된다. 그것은 객관적인 박진에 이르게 되며, 또한 (절대적인) 진리에 다가감을 가능하게 해준다.

다른 한편 헤겔은 상대주의자이다.[17] 그는 우리의 과업을 모순들의 제거라는 목적을 가진 모순들의 탐구로 보지 않았다. 왜냐하면 그는 모순들이 무모순적인 이론적 체계들만큼 좋은 것(혹은 그 체계들보다 더 좋은 것)이라고 생각했기 때문이다. 그 모순들이야말로 정신 그 자체로 추진하는 기제를 제공하고 있다. 그래서 합리적인 비판은 헤겔의 자동 기제에서는 어떤 역할도 하지 못하는데, 그것은 인간의 창조성이 어떤 역할을 하지 못하는 것과 같다.[18]

(3) 플라톤은 자신의 실체화된 형상들을 어떤 신적인 천상에 거주하게 한 반면에, 헤겔은 그의 정신을 어떤 신적인 의식에 인격화시켰다. 형상들은 인간의 관념들이 어떤 인간의 의식에 존재하는 것처럼 신적인 의식에 거주하고 있는 것이다. 처음부터 끝까지 그의 학설은, 정신은 의식일 뿐만 아니라 자아라고 말하고 있다. 이에 반해서 나의 세계 3은 인간의 의식과는 전혀 유사성이 없다. 또한 비록 그 세계의 처음 거주자들이 인간 의식의 산물들일지라도, 그것들은 의식적인 관념들이나 주관적인 의미의 사유들과는 전혀 다른 것이다.

5. 진화론적 인식론 (1973)

I.

이제 나는 과학의 진보를 생각해 보겠다. 나는 생물학적 혹은 진화론적인 관점에서 과학의 진보를 주목해 볼 것이다. 이 점이야말로 과학의 발전을 검토하기 위한 가장 중요한 관점이라고 주장하는 것은 결코 아니다. 그러나 생물학적인 접근은 내 이야기 전반부의 주도적인 두 관념을 소개하는 데 편리한 방식을 제공한다. **지침**과 **선택**이란 관념이 바로 그것이다.

생물학적 또는 진화론적 관점에서 보면 과학과 과학의 진보는 인간이란 종이 환경에 적응하기 위해 사용된 수단으로 간주될 수 있다. 즉, 새로운 환경적 틈새들에 파고들기 위해 또한 심지어 새로운 환경적 틈새들을 창출하기 위해 사용된 수단이라는 것이다.[1] 이것은 다음과 같은 문제에 이른다.

우리는 적응의 세 단계인 유전적 적응, 적응 행동적 학습, 과학적 발견을 구별할 수 있다. 과학적 발견은 적응 행동적 학습의 특수한 경우이다. 내 이야기의 이 부분에서 주요한 문제는 발전 전략들의 유사점들과 차이점들을 조사해 보거나, 혹은 **과학적** 수준에서의 적응과 다른 두 수준인 **유전적** 수준과 **행동적** 수준에서의 적응 간의 닮은 점들과 다른 점들을 조사해 보겠다. 그리고 나는 각 수준에서 **지침**과 **선택**이 행한 역할을 상세히 조사함으로써 세 가지 적응 수준을 비교해 볼 것이다.

II.

여러분이 이런 비교 결과에 판단을 흐리지 않게끔 하기 위해, 나는 즉각 주된 논제를 먼저 착수해 보겠다. 그것은 후술하는 **세 수준의 근본적인 유사성**을 주장하는 논제이다.

세 수준 — 유전적 적응, 적응적 행동과 과학적 발견 — 모두 기본적으로 동일한 적응 기제라는 점이다.

약간 상세하게 이것을 설명할 수 있다.

세 수준에서 적응은 기본적인 유전된 **구조**로부터 시작한다. 유전적 수준에서 적응은 **유기체의 유전자 구조**이다. 행동적 수준에서의 적응에는 행동 유형의 **선천적인 목록들**이 대응한다. 유기체는 이것들을 이용한다. 그리고 과학적 수준에서는 **유력한 과학적 추측들 내지 이론들**이 적응에 해당한다. 이런 구조들은 항상 세 수준에서 **지침**을 통해 전해진다. 예를 들어 유전적 수준과 행동적 수준에서는 암호화된 유전적 지시가 복제됨으로써 이루어지며, 행동적 수준과 과학적 수준에서는 사회적 전승과 모방에 의해서 전해진다. 세 수준 전부 **지침**이 **구조 내부**로부터 나온다. 만약 돌연변이들이나 변이들 혹은 실수들이 생기면, 이것들은 새로운 지침들이다. 이런 지침들 또한 **외부**에서, 곧 환경에서 나오기보다는 오히려 **구조 내부**에서 나온다.

이런 유전된 구조들은 어떤 압력들이나 도전들 또는 문제들과 접촉하게 된다. 다시 말해 선택 압력들, 환경적 도전들, 이론적 문제들을 접하게 된다는 것이다. 이에 대한 반응으로 유전적으로나 전통적으로 유전된 **지침**의 변이들이 생기는데, 적어도 일부가 **무작위적인** 방법들에 의해 발생한다. 유전적 수준에서 이런 지침의 변이들은 돌연변이들과 암호화된 지시의 재조합들이다. 행동적 수준에서는 시험적인 변이들과 목록들 내에서의 재조합들이다. 과학적 수준에서 그것들은 새롭고 혁신적인 시험이론들이다. 모든 수준에서 우리는 새로운 시행적인 지침들, 간단히 말해 시험적인 시행들을 습득한다.

이런 시험적인 시행들은 변화라는 점이 중요하다. 그런데 변화는 다소 무작위적인 형태로 — 세 수준 모두 — 개별 구조 안에서 일어난다. 시험적인 시행들이 외부로부터, 즉 환경으로부터의 지침에 기인하지 않는다는 견해는 다음 사실에 의해 (비록 약할지라도) 지지된다. 매우 비슷한 유기체들은 때때로 똑같은 새로운 환경적인 도전에 매우 다양한 방식들로 반응한다는 것이다.

다음 단계는 이용할 수 있는 돌연변이들과 변이들에서 선택하는 단계이다. 잘못 적응된 새로운 시험적 시행들은 제거된다. **이것은 오류 제거의 단계이다.** 어느 정도 잘 적응된 시험적인 지침만이 살아남으며 그런 다음 유전된다. 따라서 우리는 **시행착오의 방법에 따른 적응**, 더 적절히 말하면 '시행과 오류 제거의 방법'을 통한 적응에 관해 말할 수 있다. 우리는 오류나 잘못 적응된 시행 지침들의 제거도 또한 '**자연선택**'이라고 한다. 그것은 일종의 '부정적 되먹임'이다. 그것은 모든 수준에서 작용한다. 시행과 오류 제거의 방법을 어느 것이든 한 번 적용한다고 해서 혹은 자연선택에 의해서 여하한 적응의 평형 상태도 달성되지 않음을 주목해야 한다. 첫째로 문제를 해결하는 완전한 시행이나 최적의 어떤 시행도 제공될 것 같지 않기 때문이다. 둘째로 — 이것이 더 중요하다 — 새로운 구조들이나 새로운 지침들의 창발은 환경적 상황에서의 어떤 변화를 포함하고 있기 때문이다. 그 환경의 새로운 요소들은 적절하게 될 것이고, 그 결과 새로운 압력들, 새로운 도전들, 새로운 문제들이 일어날 것이다. 이는 유기체 내부에서 일어난 구조적 변화의 결과로서 야기된다.

유전적 수준에서의 변화는 어떤 유전자의 돌연변이인데, 그 결과 효소의 변화를 동반한다. 이제 효소들의 연결망은 유전 구조라는 더 근본적인 환경을 형성한다. 따라서 이런 근본적인 환경에 어떤 변화가 있을 것이며, 그와 더불어 그 유기체와 덜 밀접했던 환경과의 새로운 관계들이 생길 것이다. 나아가 새로운 선택 압력들이 야기될 수 있다.[2]

똑같은 일이 행동적 수준에서도 일어난다. 왜냐하면 새로운 종류의 행동을 선택하는 것은 대부분의 경우 새로운 생태적인 틈새를 택하는 것과 일치될 것이기 때문이다. 그 결과 새로운 선택 압력들이 야기되고 새로운 유전적 변화가 일어날 것이다.

과학적 수준에서는 새로운 추측이나 이론을 시험적으로 채택하여 한두 문제를 해결할 수 있으나, 그것은 항상 **새로운** 많은 문제에 열려 있다. 왜냐하면 혁신적인 새 이론은 강력한 새 감각기관처럼 기능을 하기 때문이다. 만약 진보가 어떤 의미를 띠고 있다면, 새로운 문제는 예전의 문제와 다를 것이다. 새로운 문제는 근본적으로 다른 깊이의 수준에 있을 것이다. 예를 들면 상대성 이론에서 이런 일이 일어났다. 그것은 양자역학에서도 일어났다. 그리고 지금은 분자생물학에서 가장 극적으로 일어났다. 이런 각각의 경우에서 새로운 이론은 예기치 않은 문제들의 새로운 지평을 열었다.

이것이야말로 과학이 진보하는 방식이라고 나는 생각한다. 또한 우리가 진전한 것임을 잘 측정할 수 있는데, 그것은 옛날 문제들과 새 문제들을 비교함으로써 가능하다. 성취된 진보가 위대하다면, 새로운 문제들은 예전엔 꿈도 꾸지 못할 성격을 띨 것이다. 더 심오한 문제들이 존재할 것이며, 게다가 더 많은 문제들이 있을 것이다. 우리의 지식이 점점 더 진보할수록, 우리가 얼마나 무지했는지를 점점 더 분명히 알게 될 것이다. (예컨대 우리의 무지에 대한 깨달음은 분자생물학이 낳은 놀라운 혁신의 결과로서 분명히 설명된다.)

이제 나의 논제를 요약해 보겠다.

내가 고려하고 있는 유전적, 행동적 그리고 과학적 수준 모두 지침에 의해 주어진 유전된 구조를 우리는 다루고 있다. 그것은 유전 암호 혹은 전승을 통해서 전해진 것이다. 세 수준 모두 새로운 구조들과 새로운 지시들은 시행을 통해 **구조 내부로부터** 변화를 일으킨다. 자연선택이나 오류 제거를 필요로 하는 시험적인 시행들을 통해 그렇게 된다.

III.

지금까지 나는 적응 기제가 세 가지 수준에서 작용하는 **유사성**을 강조했다. 이것은 명백한 문제를 제기한다. 도대체 그 **차이**는 무엇인가?

유전적 수준과 행동적 수준 간의 주된 차이는 이렇다. 유전적 수준에서 돌연변이들은 두 가지 의미에서 무작위적일 뿐만 아니라, 완전히 맹목적이다. 첫째, 그것들은 결코 목표 지향적이 아니다. 둘째, 어떤 돌연변이가 살아남는 것은 그 다음의 돌연변이들에 영향을 미칠 수 없다. 심지어 그것은 그 다음의 돌연변이들이 나타나는 빈도나 확률이 아니다. 그러나 분명한 것은 아마도 돌연변이의 **생존**이 때때로 어떤 종류의 돌연변이가 장래에 **살아남을** 수 있는지를 결정할 수 있다는 점이다. 행동적 수준에서 시행들 또한 다소 무작위적이긴 하다. 그러나 그것들은 전술한 어떤 의미에서도 완전히 '맹목적'이지 않다. 먼저 그것들은 목표 지향적이며, 둘째로 동물은 시행의 결과로부터 배울 수 있기 때문이다. 다시 말해 그 시행들은 실패에 이르렀던 시행적인 행동 유형을 피해야 함을 배운다는 것이다. (동물은 심지어 그 행동 유형이 성공할 수 있는 경우일지라도 그것을 회피할 수 있다.) 이와 비슷하게 동물은 또한 성공에서도 배울 수 있으며, 심지어 성공적인 행동이 어울리지 않는 경우들에서도 그 행동은 반복될 수 있다. 그렇지만 어느 정도의 '맹목'은 모든 시행에 고유한 것이다.[3]

행동적인 적응은 보통 강렬한 능동적인 과정이다. 동물, 특히 놀이 중인 어린 동물과 심지어 식물도 능동적으로 환경을 조사하고 있다.[4]

대체로 유전적으로 프로그램된 이런 능동성이 유전적 수준과 행동적 수준 간의 중요한 차이를 특징짓는 것으로 보인다. 나는 여기서 형태 (Gestalt) 심리학자들이 이른바 '통찰'이라고 한 경험에 관해 말할 수 있다. 이것은 수많은 행동적 경험을 동반한다.[5] 그러나 '통찰'에 수반된 어떤 발견이 **잘못된** 것일 수 있음을 간과하지 않아야 한다. 모든 시행 심지어 통찰이 동반된 시행조차도 추측이나 가설의 성격을 띠고 있다. 쾰러(Köhler)의 원숭이도 때로는 '통찰'을 우연히 발견하고, 그 통찰에 따라 문제를 해결하는 시도가 잘못된 것으로 판명되었음을 기억할 것이다. 또한 위대한 수학자조차도 가끔 직관에 의해 잘못 인도됨이 상기될 것이다. 따라서 동물과 사람은 가설들을 철저히 시험해 보아야 하며, 시행과 오류 제거의 방법을 사용해야 한다.

다른 한편, 문제를 푸는 동물들의 시행은 일반적으로 전혀 맹목적이지 않다는 쾰러와 소프(Thorpe)[6]의 주장에 나는 동의한다. 단지 극단적인 경우, 특히 그 동물이 직면하고 있는 문제가 가설들을 만들지 못할 때, 그 동물은 당황스러운 상황에서 벗어나기 위해 다소 맹목적이면서 작위적인 시도들에 의존한다. 그러나 이런 시도들에서도 목적-지향임은 대개 분간할 수 있는데, 이것은 유전적 돌연변이들과 재조합들의 맹목적 무작위와 뚜렷하게 대조되기 때문이다.

유전적 변화와 적응 행동적 변화 사이의 또 하나의 차이점은, 전자는 **항상** 엄격하면서 거의 불변하는 유전적 구조를 확립한다. 물론 후자 또한 **가끔** 독단적으로 고착된 상당히 엄격한 행동 유형에 이른다. '각인'의 경우에는 급진적으로 그런 행동 유형에 이르지만(Konrad Lorenz), 다른 경우에 적응적 행동 변화는 차별이나 변형을 허용하는 탄력적인 유형에 이른다. 예컨대 그것은 탐사 행동이나 파블로프의 이른바 '자유 반사'라는 것에 이를 수 있다.[7]

과학적 수준에서 발견들은 혁신적이며 창조적이다. 실제로 어떤 창의성은 모든 수준에 심지어 유전적 수준에도 귀속될 수 있다. 새로운 환경에 이르고, 따라서 새로운 선택 압력에 이르는 새로운 시행들은 모든 수준에서 새롭고 혁신적인 결과들을 창출한다. 설사 다양한 지시 기제들에 장착된 강한 보수적 경향이 있을지라도 그렇다.

물론 유전적 적응은 몇 세대의 시기 동안— 다시 말해 기껏해야 한 세대나 두 세대— 에서만 작용할 수 있다. 매우 빨리 복제하는 유기체에서 이것은 짧은 시간 동안일 것이며, 단순히 행동적 적응을 위한 여지가 전혀 없을 수 있다. 재생산이 좀 느린 유기체는 민감한 환경적 변화에 순응하기 위해 행동적 적응을 고안할 수밖에 없다. 그래서 그 유기체는 더 크거나 더 작은 범위 내지 영역의 행동 유형들을 수반한 행동적인 목록을 필요로 한다. 그 목록과 이용할 수 있는 행동 유형들의 범위는 유전적으로 프로그램된 것이라고 가정할 수 있다. 그리고 전술한 대로 새로운 행동 유형은 새로운 환경적 틈새의 선택을 포함한다고 말할 수 있기 때문에, 새로운 행동 유형들은 사실상 유전적으론 창조적일 수 있다. 그런 다음에 그것들은 새로운 선택 압력들을 정하고, 그로 인해 간접적으로 유전 구조의 미래 진화를 결정하기 때문이다.[8]

과학적 발견의 수준에서는 두 개의 새로운 양상이 출현한다. 가장 중요한 양상은 언어적으로 과학이론들을 정식화하고 또한 이것들을 발표할 수도 있다는 것이다. 그래서 그것들은 우리 외부의 대상들이 된다. 곧 탐구에 열린 대상들이 된다. 그 결과 그것들은 이제 **비판**에 열려 있다. 따라서 우리가 살아남기에 부적합한 이론을 채택하기 전에 맞지 않는 이론을 제거할 수 있다. 즉, 우리는 이론들을 비판함으로써 우리 대신에 이론들을 죽일 수 있다는 점이다. 이 점이 몹시 중요함은 물론이다.

다른 하나의 양상 또한 언어와 관련되어 있다. 그것은 이야기를 함으로써 **창조적 상상력**을 촉진하는 인간 언어가 가진 새로움 중 하나이다.

과학적 발견은 설명적 이야기하기, 신화 만들기 및 시적인 상상력과 유사하다. 상상력의 증가는 당연히 어떤 통제를 할 필요가 높아지는데, 예를 들면 상호 개인적인 비판— 과학자들의 우호-대립적인 협조가 필요하다. 이런 협조는 부분적으로 경쟁에 토대를 두고 있으며, 일부는 진리에 더 근접하기 위한 공통의 목표를 근거로 하고 있다. 내가 보기에 지침과 전승이 행한 역할과 상상은 과학의 진보에 고유하게 포함되어 있는 주요한 사회학적 요소들을 망라한 것처럼 보인다. 물론 진보를 방해하는 사회적 장애들이나 진보에 고유한 사회적 위험들에 관해 말할 것이 더 있을지라도 그렇다.

IV.

나는 과학의 진보나 과학적 발견은 지침과 선택에 의존한다고 주장했다. 즉, 보수적 내지 전통적 혹은 역사적 요소와 비판을 통한 시행과 오류 제거의 혁신적 사용에 의존한다는 것이다. 비판은 엄격히 경험적인 검사들이나 시험들을 포함하고 있으며, 이론들의 약점을 탐지하는 시도들과 그 이론들을 반박하는 시도들을 포함하고 있다.

물론 과학자 개개인은 이론을 반박하기보다는 그것을 입증하고 싶어 할 것이다. 하지만 과학의 진보라는 관점에서 보면, 이런 소망 때문에 과학자는 쉽게 잘못된 방향으로 갈 수 있다. 더구나 과학자 스스로 자신의 선호 이론을 비판적으로 검토하지 않는다면, 다른 과학자들도 그를 위해서 그렇게 할 것이다. 그들에 의해 그 이론을 지지하는 것으로 간주될 결과는 오직 그 이론을 반박하는 흥미로운 시도들의 실패에 불과할 것이다. 즉, 경쟁이론들 중에서 가장 좋은 것에 비추어 반례들이 잘 예상될 곳에서 반례들을 발견하지 못하는 실패들이다. 따라서 만약 과학자 개개인이 이론에 선입견을 갖고 있다면, 그것은 과학의 거대한 장애물을 창조할 필요가 없을 터이다. 그렇지만 클로드 베르나르(Claude

Bernard)는 매우 현명했다고 나는 생각하는데, 그는 '자신의 생각을 지나치게 신뢰하는 사람은 발견을 하는 데 전혀 적합하지 않다'고 말했기 때문이다.[9]

이 모든 것은 귀납주의적인 접근과 반대로 과학에 대한 비판적 접근의 편에 있거나, 아니면 라마르크적인 접근과 반대인 다윈주의적 접근이나 제거주의 접근 혹은 선택주의로 접근하는 편에 있다. 라마르크적인 접근은 **외부로부터의 지침**이나 환경으로부터의 지침이라는 관념을 다룬다. 그 반면에 비판적이거나 선택주의 접근은 **내부로부터의 지침** — 구조 자체로부터의 지침만을 허용할 뿐이다.

사실 **구조 없이** 혹은 정보의 흐름을 수동적으로 수용하지 않고 **나오는 지침과 같은 것은 존재하지 않는**다고 나는 주장한다. 이런 수용은 그 자체로 우리의 감각기관들에 인상을 남긴다. 모든 관찰은 이론을 수태하고 있다. 순수한 관찰, 무관심한 관찰, 이론이 없는 관찰이란 결코 존재하지 않는다. (이를 알아보기 위해, 상상력을 사용하지 않고 인간의 관찰을 개미나 거미의 관찰과 비교하면 된다.)

프랜시스 베이컨은 솔직하게 이론들 때문에 우리가 관찰들에 대한 편견을 가질 수 있다는 사실을 염려했다. 이 때문에 과학자는 모든 이론에서 자신의 마음을 정화함으로써 편견을 피해야 한다고 그는 충고하게 되었다. 유사한 처방들이 여전히 전해지고 있다.[10] 그러나 객관성에 도달하기 위해서 우리는 텅 빈 마음에 의존할 수 없다. 객관성은 비판에, 비판적 논의에, 그리고 실험들에 대한 비판적 검토에 의존한다. [후술하는 논문 11의 II절과 논문 30을 보라.] 특히 우리의 감각기관들이야말로 편견의 상태에 이른 것을 통합하고 있음을 우리는 깨달아야 한다. 나는 앞서 (II절에서) 이론들은 감각기관들과 닮은 것이라고 말했다. 지금은 우리의 감각기관들이 이론들과 닮은 것이라고 강조하고 싶다. 그것들은 적응 이론들을 (토끼와 고양이의 사례에서 입증했듯이) **통합하고** 있다. 그리고 이런 이론들은 자연선택의 결과이다.

V.

　그러나 심지어 다윈과 월리스는 물론 스펜서도 무로부터는 어떤 지침
도 없다는 것을 보지 못했다. 그들은 순수 선택주의 논증을 다루지 않았
다. 사실 그들은 자주 라마르크 노선에 따라 논변했다.[11] 이 점에서 그
들은 잘못했던 것 같다. 하지만 다윈주의의 가능한 한계에 관해 숙고해
볼 가치는 있다. 왜냐하면 우리는 항상 어떤 지배적인 이론에 대한 가능
한 대안들을 찾고 있어야 하기 때문이다.

　나는 여기서 두 가지 점을 강조할 수 있다고 생각한다. 첫째는 습득
된 특성(예컨대 수족의 절단)의 유전적 계승에 반대하는 논증은 유전적
기제의 존재에 의존한다는 것이다. 이 기제에는 유전 구조와 그 유기체
의 나머지 부분인 신체 사이에 상당히 뚜렷한 차이가 있다. 그렇지만 이
유전적 기제 자체는 늦게 나온 진화의 산물이며, 덜 정교한 종류의 다양
한 다른 기제들 뒤에 나온 것임은 의문의 여지가 없다. 더구나 매우 특
수한 절단의 종류는 유전된다. 방사형의 유전 구조의 절단이 특히 더 그
렇다. 따라서 만약 초기 원시 유기체가 무방비의 유전자였다고 우리가
가정하면, 이 유기체에 해롭지 않은 모든 개개 절단이 유전될 것이라고
우리는 말할 수도 있다. 우리가 말할 수 없는 것은 이런 사실이 어떤
방식으로 유전적 적응이나 유전적 학습을 설명하는 데 기여할 것인가
하는 점이다. 간접적으로 자연선택을 통한 것을 제외하고서 말이다.

　둘째 논점은 이렇다. 우리는 매우 시험적인 추측을 생각할 수 있다.
어떤 환경적 압력에 대한 신체적인 반응으로서 어떤 화학적 돌연변이
유발 원인이 산출된다는 추측인데, 이것은 이른바 자발적인 돌연변이율
을 증가시킨다. 이것은 일종의 준-라마르크적(semi-Lamarkian)인 결과
일 것이다. 설사 **적응**이 여전하게 돌연변이들의 제거에 의해서만 진행
될지라도 말이다. 이런 추측에 많은 것이 있을 수 없음은 당연하다. 자
발적 돌연변이율은 적응적인 진화에 충분한 것처럼 보이기 때문이다.[12]

여기서 두 가지 점은 단지 다원주의에 너무 독단적인 집착을 반대하는 경고로서 주장되었을 뿐이다. 물론 나는 과학적 발견의 수준에서도 다원주의가 옳다고 생각한다. 그것은 심지어 이런 수준을 넘어서도 옳으며 그리고 예술적 창조의 수준에서도 옳다고 본다. 우리는 새로운 사실들이나 새로운 결과들을 발견하지 못한다. 그런데 우리는 사실들의 복제에 의해서 혹은 관찰에서 귀납적인 사실들의 추론에 의해서 또는 환경으로 인한 지침의 다른 방법에 의해서도 새로운 결과들을 발견하지 못한다. 오히려 우리는 시행과 오류 제거의 방법을 사용한다. 에른스트 곰브리치(Ernst Gombrich)가 말했듯이 '만들기는 맞추기 전에 나온다.'[13] 다시 말해 새로운 시행 구조의 능동적인 산출은 시험들을 제거하는 데 그 구조가 노출되기 전에 나온다는 것이다.

VI.

그러므로 나는 과학이 진보하는 방식을 우리가 생각해 볼 것을 제안한다. 닐스 예르네(Niels Jerne)와 맥팔레인 버넷 경(Sir Macfarlane Burnet)의 항체 형성 이론들의 노선에 따라 어느 정도 발전하는지 생각해 보자는 것이다.[14] 초기의 항체 형성 이론들은 항원이 항체 형성을 위한 음성적인 모형으로 작용한다고 가정했다. 이것은 **외부로부터의 지침**, 즉 엄습하고 있는 항체로부터의 지침이 존재함을 의미한다. 예르네의 기본적인 생각은 항체가 항원을 인지할 수 있게 하는 지침이나 정보가 문자 그대로 타고난다는 것이었다. 그것은 어쩌면 돌연변이적인 변양들의 일람을 필요로 할지라도 유전 구조의 일부라는 생각이다. 그것은 유전 암호에 의해, 항체들을 생산하는 전문화된 세포들의 염색체에 의해 전달된다. 또한 면역 반응은 항체/항원 복합체들이 이 세포들에 준 성장-자극의 결과이다. 따라서 이런 세포들이 **선택된** 것은 지침을 받은 것이 아니라, 침해-환경(즉, 항원)의 도움을 받은 것이다. (예르네는 과학이론의 선택 — 그리고 변형 — 과 유사함을 분명히 알았다. 이것과 연관해서 키에르케고르를, 또한 『메논』의 소크라테스를 그는 언급하고 있기 때문이다.)

이런 논평을 나는 과학의 진보에서 생물학적 양상들에 관한 내 논의의 결론으로 삼겠다.

6. 두 종류의 정의 (1945)

게으름과 모호함은 차치하고 우리 철학에 대한 중대한 위험은 애매한 것을
마치 정확한 것인 양 다루고 있는 … **스콜라주의**이다. …

램지(F. P. Ramsey)[1]

정의(definition)와 '용어의 의미'에 관한 문제는 유감스럽게도 아리스
토텔레스의 지적인 영향이 아직도 지배적인 모든 것 중에서 가장 중요
한 원천이다. 중세시대는 물론이고 우리 시대의 철학에도 붙어 다니는
언어적이면서 공허한 스콜라주의가 특히 그렇다. 왜냐하면 우리가 보듯
이 비트겐슈타인의 철학과 같은 최근 철학도 이 영향에 괴로워하고 있
기 때문이다. 아리스토텔레스 이래로 사상의 발전은 다음처럼 요약될
수 있다. 나는 아리스토텔레스의 정의 방법을 사용하는 한 모든 개개 학
문은 공허한 용어와 불모의 스콜라주의 상태에 사로잡혀 있었다고 본
다. 또한 다양한 학문들이 발전할 수 있었던 정도는 그것들이 이런 본질
주의 방법을 제거할 수 있었던 정도에 의존했다고 나는 생각한다. (이
점이 바로 '사회과학'의 많은 것이 여전히 중세시대에 머물러 있는 이
유이다.) 이런 방법에 관한 논의는 약간 추상적이어야 할 것이다. 왜냐
하면 그 문제가 플라톤과 아리스토텔레스에 의해 지나칠 정도로 혼동되
었다는 사실 때문이다. 더구나 아리스토텔레스의 영향은 편견을 퇴치할
전망이 밝아 보이지 않을 정도로 깊이 뿌리박힌 선입견을 초래했다. 그
모든 것에도 불구하고 그렇게 많은 혼동과 용어의 원천을 분석하는 것

은 아마도 흥미가 없지는 않을 것이다.

아리스토텔레스는 플라톤에 따라 **지식**과 **의견**을 구별했다.[2] 아리스토텔레스에 의하면 지식이나 학문은 두 종류로, 예컨대 논증적이거나 직관적일 수 있다. 또한 **논증적 지식**은 '원인들'에 대한 앎이다. 그것은 삼단논법적인 증명들('매개명사들'에서 '원인들'을 나타내는 증명들)과 함께 논증될 수 있는 진술들— 결론들 —로 이루어져 있다. **직관적 지식**은 어떤 것의 (만약 그것이 직접적이라면, 즉 만약 그것의 '원인'이 그것의 본질적 성격과 동일하다면) '불가분의 형상'이나 본질 혹은 본질적 성격을 파악하는 데 있다. 직관적 지식이야말로 모든 학문의 창조적 원천이다. 왜냐하면 그것은 모든 증명의 최초 기본적인 전제들을 파악하고 있기 때문이다.

모든 지식을 증명하거나 입증하려는 시도를 하지 않아야 한다고 주장했을 때, 아리스토텔레스가 옳았다는 것은 의문의 여지가 없다. 모든 증명은 전제들에서 진행해야 한다. 그러므로 증명 자체, 즉 전제들에서의 도출은 최종적으로 어떤 결론의 진리를 확정할 수는 없지만, **만약** 전제들이 참이면 그 결론이 분명 참이라는 것을 보여줄 수 있을 뿐이다. 만일 우리가 이번에는 전제들이 증명되어야 할 것을 요구한다면, 진리의 문제는 단지 다음 단계로 후행하게 될 것이다. 다시 말해 새로운 전제들의 집합의 단계를 계속 요구하면 결국 무한으로 간다는 것이다. 아리스토텔레스가 명백히 참인 또한 어떤 증명도 필요 없는 전제들을 우리가 가정해야 한다고 가르쳤던 것은 이런 (논리학자들이 말한) 무한소급을 피하기 위해서였다. 그는 이런 전제들을 '기본전제들'이라고 불렀다. 만약 우리가 이런 기본전제들에서 결론들을 도출하는 방법을 당연한 것으로 생각한다면, 우리는 아리스토텔레스에 따라 전체 과학 지식이 전제들 속에 포함되어 있다고 말할 수 있을 것이다. 또한 우리가 기본전제들의 백과사전 목록을 얻을 수 있는 경우에만 지식은 모두 우리 것이라 말할 수 있다. 그러나 이런 기본전제들을 어떻게 얻는가? 플라톤처럼 아리스토텔레스도 우리가 사물들의 본질들을 직관적으로 파악함으로써 결국 모든 지식을 획득할 것이라 믿었다. 아리스토텔레스는 '우리는 오직 사물의 본질을 앎으로써 그 사물을 알 수 있다', 그리고 '어떤 사물을 아는 것은 그것의 본질을 아는 것이다'라고 했다. 그에 의하면 '기본전제'란 어떤 사물의 본질을 기술하는 진술에 불과하다. 하지만 그런 진술을 그는 단지 정의라고 한 것이다.[3] 따라서 **모든 '증명의 기본전제들'은 정의들이다.**

정의는 무엇과 닮았는가? 정의의 사례로 '강아지는 어린 개다'를 들 수 있다. 이런 정의 문장의 주어인 용어 '강아지'를 **정의된 용어(또는 피정의 용어)**라고 부른다. '어린 개'는 용어를 **정의하는 구문**(the defining formula)이라고 한다. 대체로 정의하는 구문은 정의된 용어보다 더 길고 복잡하며 훨씬 더할 때도 가끔 있다. 아리스토텔레스는 정의된 용어를 어떤 사물의 본질에 대한 이름으로, 그리고 정의하는 구문을 본질에 관한 기술로 생각하고 있다.[4] 또한 정의하는 구문은 본질에 대한 기술이나 문제된 사물의 본질적 속성들을 망라해야 한다고 그는 주장한다. 따라서 '강아지는 다리가 넷이다'와 같은 진술은 참이라 할지언정 만족스러운 정의가 아니다. 왜냐하면 그것은 이른바 강아지의 본질이라고 할 수 있는 것을 남김없이 말하고 있지 않으며, 망아지에 대해서도 또한 참이 되기 때문이다. 마찬가지로 '강아지는 갈색이다'라는 진술은 몇몇 강아지에 대해서는 참일지라도, 모든 강아지에 대해서는 참이 아니다. 그것은 정의된 용어의 본질적 속성이 아닌 단지 우연적 속성을 기술하고 있을 뿐이다.

그러나 가장 어려운 물음은 정의들이나 기본적인 전제들을 어떻게 파악할 수 있는가이다. 그리고 그것들이 정확하다는 것을 — 우리가 실수하지 않았다는 것을, 즉 잘못된 본질을 파악하지 않았음을 어떻게 확인할 수 있는가이다. 아리스토텔레스는 이 점에 관해 매우 불분명했을지라도, 그는 다시 대부분 플라톤을 따랐음은 틀림없다. 플라톤은 우리가 형상들을 파악할 수 있는데, 어떤 종류의 정확한 **지적인 직관**의 도움으로 그렇게 할 수 있다고 가르쳤다.[5] 다시 말해서 지적인 직관은 '정신적 눈'으로 형상들을 마음에 그리거나 바라보는 어떤 과정이라는 것이다. 그는 지적 직관을, 보는 것과 유사하지만 그러나 우리 감각에 의존하고 있는 어떤 요소를 제외하고 순전히 우리 지성에 의존하고 있는 어떤 과정으로 생각했다. 아리스토텔레스의 견해는 플라톤의 견해보다 덜 근본적이며 덜 계시적이지만, 결국 그것은 똑같은 것이 되었다.[6] 우리는 많은 관찰을 한 후에만 정의에 도달한다고 그가 가르쳤다 하더라도, 감각 경험 자체는 보편적 본질을 파악하지 못하므로 정의를 완전하게 결정할 수 없다는 것을 그는 인정했기 때문이다. 결과적으로 그는 우리가 지적인 직관, 즉 우리가 실수 없이 사물들의 본질을 파악하고 그것들을 알 수 있는 정신적 기능이나 지적인 기능을 갖고 있다고 단순히 가정한다. 나아가 만약 우리가 직관적으로 본질을 안다면, 우리는 그것을 기술함으로써 정의할 수 있어야 한다고 전제하고 있다. (『분석론 후서』에서 이런 이론을 지지하는 그의 논변들은 놀랄 만큼 약하다. 그것들은 단지 기본전제들에 대한 우리의 지식이 논증적일 수 없다는 것만 지적하고 있는데, 왜냐하면 이것은 무한소급에 이를 것이기 때문이다. 또한 그 논변은 기본전제들을 근거로 한 결론들만큼 기본전제들은 적어도 참이고 확실해야 한다는 것만 지적하고 있을 뿐이다. '이로부터 주요 전제들에 대한 논증적 지식이 존재할 수 없다는 것이 따라 나온다. 그리고 오직 지적인 직관만이 논증적 지식보다 더 참일 수 있기 때문에, 기본적인 전제들을 파악하는 것은 지적 직관이어야 한다는 것이 따라 나온다'고 그는 말하고 있다. 『영혼론』과 『형이상학』의 신론(theological) 부분에서는 논변이라 할 만한 것을 많이 발견할 수 있다. 왜냐하면 여기서 **지적 직관 이론** — 지적 직관은 그것의 대상인 본질과 접촉하며 또한 그것은 심지어 그 대상과 하나가 된다는 이론을 우리가 발견할 수 있기 때문이다. '현실적인 지식은 지적 직관의 대상과 동일하다.')

이런 간략한 분석을 요약해 보면, 우리는 참으로 완벽한 지식에 대한 아리스토텔레스의 이상을 다음과 같이 잘 기술할 수 있다고 나는 생각한다. 만약 그가 모든 탐구의 궁극적 목표를 모든 본질의 직관적 정의들을 포함하고 있는 백과사전의 편집으로 보았다고 말한다면 그렇다. 다시 말해 본질들을 정의하는 정식들과 함께 그 본질의 이름들을 포함하고 있는 백과사전의 편집으로 본다면 그렇다는 것이다. 또한 지식의 발전이란 그와 같은 백과사전을 점진적으로 누적하는 데, 백과사전의 빈 곳을 채울 뿐만 아니라 그것을 확충하는 데, 그리고 물론 그 사전으로부터 논증적 지식을 구성하는 '사실들의 총체'를 삼단논법으로 도출하는 데 있다고 그가 생각했다면 그렇다.

이제 이런 모든 본질주의 견해는 현대과학의 방법과 가장 강력하게 대비해 볼 수 있는 위치에 있음은 전혀 의심의 여지가 없다. (내가 염두에 두고 있는 것은 수학이 아니라 경험과학이다.) 먼저 과학에서 우리가 진리를 찾는 데 최선을 다한다 할지라도, 우리가 그것을 얻었는지 확신할 수 없다는 사실을 우리는 의식하고 있다. 우리는 과거의 수많은 실망을 통해서 우리가 궁극적인 것을 기대하지 않아야 함을 배웠다. 또한 설령 우리의 과학이론이 폐지된다 할지라도 우리가 더 이상 실망하지 않아야 할 것을 배웠다. 왜냐하면 대부분의 경우에 두 이론 중에서 어느 것이 좋은지를 우리가 매우 확실하게 결정할 수 있기 때문이다. 따라서 우리가 진보하고 있음을 알 수 있다. 그리고 궁극성과 확실성의 환상을 잃어버린 데 대해 대부분의 우리에게 보상하는 것이 바로 이런 지식이다. 달리 말하면, 우리의 과학이론들은 항상 가설들로 남아 있어야 한다는 것, 그러나 수많은 중요한 경우에서 새로운 가설이 옛것보다 더 우수한지 아닌지를 우리가 발견할 수 있음을 우리는 알고 있다. 만약 그 가설들이 다르다면, 그것들은 상이한 예측에 이를 것이고, 이 예측은 종종 실험적으로 검사될 수 있기 때문이다. 그런 결정적인 실험을 토대로 우리는 때때로 새 이론이 만족스러운 결과들에 이른다는 것을 발견할 수 있다. 옛 이론은 이 결과들 때문에 무너진다. 그러므로 우리가 진리 탐구에서 과학의 확실성을 과학의 진보로 대체했다고 말할 수 있다. 또한 과학적 방법에 대한 이런 관점은 과학의 발전에 의해 확인된다. 왜냐하면 아리스토텔레스가 가르쳤던 대로 본질적인 정보 백과사전의 점진적 누적 때문에 과학이 발전한 것이 아니라, 훨씬 더 혁신적인 방법에 의해 과학이 발전하기 때문이다. 대담한 생각들과 새롭고 매우 낯선 이론들(예를 들면 지구는 평평하지 않다, 또는 계량적인 공간은 평평하지 않다와 같은 이론들)에 의해, 그리고 옛 이론을 전복시킴으로써 과학은 진보한다.

그러나 [후술하는 논문 9-14에서 전개된] 과학적 방법에 대한 이런 견해는 플라톤과 아리스토텔레스가 이해했다는 의미에서 어떤 '**지식**'도 과학에 없다는 것을 뜻한다. 과학에서 우리가 진리에 도달했다는 믿음에 대한 충분한 이유를 우리는 갖고 있지 않다. 우리가 통상 '과학 지식'이라고 부르는 것은 대체로 이런 의미에서는 지식이 아니고, 오히려 다양한 경쟁 가설들에 관한 정보이며 또한 시험에 견뎌낸 그 가설의 방식이다. 플라톤과 아리스토텔레스의 말을 빌리면 그것은 가장 최근에 가장 잘 시험된 과학적 '**의견**'에 관한 정보라는 것이다. 더구나 이런 견해는 우리는 과학에서(물론 순수 수학과 논리학을 제외하고) 어떤 증명도 갖고 있지 않다는 것을 의미한다. 오직 우리가 살고 있는 세계에 관한 정보를 우리에게 제공하는 경험과학으로부터 증명들은 나오지 않는다. 만일 '증명'이란 말이 어떤 이론의 진리가 한 번에 영원히 확립되는 것을 의미한다면 그럴 것이다. (그러나 과학이론에 대한 비판들은 나올 수 있을 것이다.) 다른 한편 증명들을 허용하는 순수 수학과 논리학은 세계에 관해 어떤 정보도 우리에게 주지는 않고, 단지 그것을 기술하는 수단들을 전개할 뿐이다. 따라서 (내가 다른 곳에서 지적했듯이)[7] 우리는 다음과 같이 말할 수 있다. '어떤 과학 진술이 실재에 관해 말하는 한에서 그것은 반증될 수 있어야 한다. 그리고 그것이 반증할 수 없는 한에서 그것은 실재에 관해 말하지 않는다.' 그렇지만 증명이 경험과학에서 어떤 역할도 하지 못한다 할지라도, 논증은 여전히 어떤 역할을 한다. 실제로 그 역할은 적어도 관찰과 실험이 하는 역할만큼 중요하다.

특히 과학에서 정의의 역할 또한 아리스토텔레스가 가졌던 생각과는 전혀 다르다. 그는, 우리는 정의에서 먼저 본질을 가리키고 — 어쩌면 그 본질을 명명함으로써 — 그런 다음 정의하는 식의 도움을 받아 그 본질을 기술하는 것이라고 가르쳤다. '이 강아지는 갈색이다'라는 일상적인 문장과 똑같이, 우리는 우선 '이 강아지'라고 말함으로써 어떤 것을 가리킨 다음 그것을 '갈색'이라고 기술한다는 것이다. 그는 또한 정의될 용어가 지적하는 본질을 이렇게 기술함으로써, 우리가 그 용어의 **의미**를 결정하거나 설명하는 것이라고 가르쳤다.[8] 따라서 정의는 밀접히 연관된 두 가지 물음에 대한 답변을 할 수 있다. 하나는 '그것은 무엇인가?' 예컨대 '강아지란 무엇인가?'인데, 이것은 정의된 용어에 의해 지시되는 본질이란 무엇인가를 묻는 것이다. 다른 하나는 '그것은 무엇을 뜻하는가?' 예컨대 ' "강아지"란 무엇을 뜻하는가?'인데, 그것은 용어의 (즉, 본질을 지시하는 용어의) 의미를 요구한다. 현재 맥락에서 보면 이 두 물음을 구별할 필요는 없다. 오히려 그것들이 공통적으로 무엇을 가지고 있는지 알아보는 것이 중요하다. 그리고 나는 특히 다음과 같은 사실을 환기시키고 싶다. **정의에서 두 질문은 왼쪽의 용어에 의해 제기되며 오른쪽에 있는 정의하는 표현에 의해 답변된다**는 것이다. 이런 사실은 정의의 과학적 방법과 근본적으로 다른 본질주의의 성격을 나타내고 있다. 본질주의 해석은 정의를 '정상적으로', 즉 **왼쪽**에서 **오른쪽**으로 해독한다고 말할 수 있겠지만, **정의가 현대과학에서 정상적으로 사용된 것**처럼 그것은 **뒤에서 앞으로 혹은 오른쪽에서 왼쪽으로 해독해야 한다**고 우리는 말할 수 있다. 왜냐하면 정의란 정의하는 표현에서 시작하며, 그것을 위한 간단한 부호를 요청하고 있기 때문이다. 따라서 '어떤 강아지는 어린 개다'라는 정의에 대한 과학적 견해는 '**우리는 무엇을 어린**

개라 부를 것인가?'라는 물음에 대한 답변이지, '**강아지란 무엇인가?**'에 대한 답변이 아니라는 것이다. ('생명이란 무엇인가?' 혹은 '중력이란 무엇인가?'와 같은 물음들은 과학에서는 어떤 역할도 하지 못한다.) 오른쪽에서 왼쪽으로의 접근에 의해 규정된 정의들의 과학적 사용을 유명론적인 해석이라 부를 수 있는데, 이것은 아리스토텔레스적인 해석이나 본질주의 해석[9]과는 정반대이다. 현대과학에서는 유명론적인 정의만[10] 존재한다. 다시 말해 긴 이야기를 짧게 줄이기 위해 속기 기호들이나 부호들이 도입되었다는 것이다. 그리고 우리는 이로부터 즉각 정의들은 과학에서 중요한 어떤 역할도 하지 **못한다**는 사실을 알 수 있다. 왜냐하면 속기 기호들은 당연히 항상 그 기호들이 뜻하는 더 긴 표현인 정의하는 표현들로 대체될 수 있기 때문이다. 이것 때문에 우리의 과학 언어가 매우 성가신 것이 되는 경우라면, 우리는 시간과 종이를 낭비하는 것이다. 그러나 우리는 사실적인 정보를 아주 조금이라도 잃어버리지 않아야 한다. 만약 우리가 모든 정의를 제거하면, 우리의 '과학 지식'은 전혀 영향을 받지 않은 채 남아 있을 것이다. 이 용어가 적합하게 사용된다는 의미에서 그렇다. 유일한 영향을 미치는 것은 정확함이 아니라, 단지 간결함을 잃어버린 우리의 언어일 것이다. (이 말이 과학에서 간결함을 위해 정의들을 도입할 절박한 실용적 필요가 없음을 의미한다고 간주해서는 안 된다.) 정의들이 하는 역할에 관한 이런 견해와 아리스토텔레스의 견해를 대조하는 것보다 더 크게 대조할 것은 없다. 왜냐하면 아리스토텔레스의 본질주의 정의들은 우리의 모든 지식이 도출되는 원리이기 때문이다. 그래서 그것들은 우리의 모든 지식을 포함하고 있으며 또한 긴 표현을 짧은 표현으로 대체하는 데 기여한다. 이와는 반대로 과학적 정의들이나 유명론적인 정의들은 지식은 물론 의견들도 포함하고 있지 않다. 그것들은 단지 새로운 임의의 속기 부호들을 도입할 뿐이다. 그것들은 긴 이야기를 짧게 줄인다.

실제로 이런 부호들은 굉장히 유용하다. 이것을 알려면 우리는 단지 극단적인 어려움들을 고려해 볼 필요가 있다. 만약 세균학자가 박테리아의 어떤 변종에 관해 말할 때마다 그것의 전체 기술(이 종이 수많은 유사한 종들과 구별되는 염색의 방법 등을 포함하는)을 반복해야 한다면 그 어려움이 나타날 것이다. 그리고 이와 유사한 고찰을 통해서 과학적 정의들이 앞에서 설명한 대로 '오른쪽에서 왼쪽으로' 해독되어야 한다는 것을 과학자들조차도 왜 그렇게 종종 잊어버렸는지 우리는 또한 이해할 수 있다. 과학을 예컨대 세균학을 처음 연구할 때 마주친 이런 새로운 기술적인 모든 용어의 의미를 대부분의 사람이 알려고 노력해야 하기 때문이다. 이런 방식으로 사람들은 정의를 '오른쪽에서 왼쪽으로' **배운다.** 마치 그 정의가 본질적인 정의인 듯이 긴 이야기를 짧은 것으로 대체하면서 말이다. 하지만 이것은 단지 심리적인 우연한 행위일 뿐이며, 교사나 교과서의 저자는 실제로 전혀 다르게 진행할 수 있다. 즉, 기술적인 용어에 대한 필요가 나타난 후에만 그는 그 용어를 도입한다.

지금까지 나는 정의들의 과학적 사용이나 유명론적인 사용은 아리스토텔레스의 본질주의 정의들의 방법과 전혀 다름을 보여주려고 했다. 그러나 정의들에 대한 본질주의 관점은 그 자체로 결코 지지될 수 없다는 것을 또한 보여줄 수 있다. 이 논의를 간단히 하기 위해 나는 본질주의 교설 두 가지만 비판해 보겠다. 두 교설은 중요한데, 왜냐하면 영향력이 큰 몇몇 근대 학파들은 아직도 이 교설들에 토대를 두고 있기 때문이다. 하나는 난해한 지적 직관의 교설이며, 다른 하나는 '우리는 용어들을 정의해야 한다'는 매우 인기 있는 교설이다. 후자는 만약 정확하기를 우리가 바란다면 그렇게 해야 한다는 교설이다.

플라톤처럼 아리스토텔레스도 우리는 어떤 능력, 곧 지적 직관을 갖고 있다고 주장한다. 이 직관에 의해 우리는 본질들을 마음속에 떠올리며 어느 정의가 정확한 것이지 알 수 있다는 것이다. 그리고 근대의 수많은 본질주의자들은 이 교설을 되풀이했다. 칸트를 잇는 철학자들은 우리는 그런 것을 전혀 갖고 있지 않다고 주장한다. 내 의견은 이렇다.

우리가 '지적 직관'으로 기술될 수 있는 무엇인가를 갖고 있음은 쉽게 받아들일 수 있다. 더 정확히 말하면 지적 경험들 중 어떤 것은 다음과 같이 기술할 수 있음을 우리는 쉽사리 인정할 수 있다. 어떤 관념이나 관점 혹은 산술 방법, 예컨대 곱셈에 '익숙한' 사람은 모두 그런 것을 직관적으로 이해한다고 말할 수 있다. '곱셈에 익숙한' 사람은 이해할 수 있다는 의미에서 그렇다. 또한 그런 종류의 지적 경험은 셀 수 없을 정도로 많이 있다. 그러나 다른 한편 이런 경험들은 여하한 관념이나 이론의 진리를 입증하는 데 전혀 기여할 수 없다고 나는 주장한다. 이런 경험들은 우리의 과학적 노력을 위해서만 중요하기 때문이다. 그런 관념이 틀림없이 직관적으로 참이라거나 '자명'하다고[11] 누군가가 강렬하게 느낄 수 있다고 하더라도 그렇다. 이런 직관들이 우리가 논증을 탐구하게끔 격려할 수 있을지언정, 그것들은 논증으로서 어떤 도움도 줄 수 없다. 왜냐하면 다른 사람이 동일한 이론이 거짓이라는 강렬한 직관을 가질 수도 있기 때문이다. 과학이라는 길은 한때 자명하다고 공표되었던 버려진 이론들로 포장되었다. 예를 들면 프랜시스 베이컨은 분명히 정지하고 있었던 지구 주위를 태양과 별들이 돌았다는 자명한 진리를 부인했던 사람들을 조소했다. 시인의 생에서 직관이 하는 커다란 역할처럼, 직관이 과학자의 삶에서 지대한 역할을 하는 것임은 분명하다. 그것은 과학자가 발견을 하도록 이끌어 준다. 하지만 그것은 그가 실패도 하게끔 한다. 또한 사실상 그것은 항상 과학자의 사적인 일로 남아 있다. 과학은 과학자가 관념들을 어떻게 얻는지 묻지 않고, 단지 모든 사람이 검증할 수 있는 논증에 관심을 두고 있을 뿐이다. 위대한 수학자인 가우스(Gauss)는 이런 상황을 매우 산뜻하게 기술하고 있는데, 과거에 이렇게 외쳤다. '나는 결과를 얻었으나, 하지만 그것을 어떻게 얻었는지는 난 아직도 모른다.' 물론 이 모든 말은 이른바 본질들의 지적 직관이라는 아리스토텔레스의 교설에도 적용된다. 헤겔은 이 교설을 전파시켰으며, 우리 시대에는 후설과 그의 수많은 제자들이 그렇게 했다. 그런데 그 교설은 '본질의 지적 직관'이나 후설이 말한 '순수 현상학'이 과학의 방법도 철학의 방법도 아님을 지적하고 있다. (현상학자들이 생각한 대로 그것은 새로운 고안인지 아니면 데카르트주의나 헤겔주의의 변형본인지에 대해 매우 많이 논의된 물음은 쉽게 결정될 수 있다. 그것은 아리스토텔레스주의의 변형본이다.)

비판받을 두 번째 교설은 현대적 관점과 매우 중요한 관계를 맺고 있다. 특히 그것은 언어 표현의 문제와 관련이 있다. 아리스토텔레스 이래로 모든 진술을 증명할 수 없다는 것과 그렇게 하려는 시도들이 실패할 것이라는 교설이 사람들에게 널리 알려졌다. 왜냐하면 그것은 단지 증명의 무한소급에 이를 것이기 때문이다. 그렇지만 그는[12] 물론이고 저명한 현대의 많은 저자도 분명히 모든 용어의 의미를 정의하려는 유사한 시도들 역시 정의의 무한소급에 빠진다는 것을 깨닫지 못한 것 같다. 크로스만(Crossman)의 『오늘날의 플라톤』에서 다음 구절은 현대의 저명한 많은 철학자들, 예를 들면 비트겐슈타인이[13] 넌지시 주장한 견해를 특징짓고 있다. '만약 우리가 사용하는 용어들의 의미를 정확히 모른다면, 우리는 어떤 것도 유익하게 논의할 수 없다. 우리 모두 시간을 낭비하고 있는 쓸데없는 논증들 대부분은 우리가 사용하는 말들에 대한 애매한 의미를 우리 자신이 갖고 있다는 사실 때문이다. 또한 우리의 상대편도 동일한 의미로 용어들을 사용한다는 것을 우리가 가정하고 있다는 사실 때문이기도 하다. 만일 우리가 먼저 우리 용어들을 정의한다면, 우리는 훨씬 더 유익한 논의를 할 수 있을 터이다. 게다가 선전선동(현대판 수사학)은 성공을 위해 용어들의 의미를 혼란시키는 데 대체로 의존하고 있다는 것을 우리가 알기 위해 신문을 읽어야만 한다. 만약 정치가들이 사용하고 싶은 어떤 용어도 법률을 통해서 정의할 수밖에 없다면, 그들은 대중을 이끌 매력을 잃을 것이며, 그들의 연설은 더 짧아질 것이고, 그들의 수많은 의견 차이는 그저 언어적 표현에 불과할 것임을 알게 될 것이다.' 이 구절은 아리스토텔레스 때문에 우리가 갖게 된 편견 중의 하나, 즉 정의를 사용함으로써 언어가 더 정확해진다는 편견의 특성을 잘 나타내고 있다. 이런 일을 실제로 할 수 있는지 생각해 보자.

첫째로 만약 '정치가들'(혹은 다른 사람들)이 '사용하고 싶은 어떤 용어도 법률을 통해 정의할 수밖에 없다면', 그들의 연설은 더 짧아지는 것이 아니라 무한히 길어질 것임을 우리는 분명히 알 수 있다. 왜냐하면 논리적인 도출은 어떤 진술의 진리를 입증할 뿐이므로, 정의가 그 이상으로 어떤 용어의 의미를 확립할 수는 없기 때문이다. 둘 다 이 문제를 단지 반대로 옮기는 것에 불과하다. 도출은 진리의 문제를 전제들로 옮기는 것이고, 정의는 의미의 문제를 정의하는 용어들(정의하는 표현을 구성하는 용어들)로 옮기는 것이다.[14] 그렇지만 이런 일은 많은 이유 때문에 우리가 출발했던 용어들과 마찬가지로 애매하고 당황하게 하는 것 같다. 어쨌든 우리는 용어들을 계속 정의해야 할 것이다. 그렇게 되면 또한 정의되어야 할 새로운 용어들에 이르고 이런 일은 무한히 계속될 터이다. 우리 용어들이 모두 정의되어야 한다는 요구는 우리 진술들이 모두 증명되어야 한다는 요구만큼 지지할 수 없음을 사람들은 안다.

얼핏 보면 이런 비판은 부당한 것처럼 보일 수 있다. 만약 사람들이 정의들을 요구한다면, 그들이 갖고 있는 생각은 애매성의 제거라고 말할 수 있다. 그와 연관된 용어들로는 '민주', '자유', '신앙' 등[15]과 같은 것이 있다. 모든 용어를 정의하는 것은 분명히 불가능하지만, 이런 좀 더 위험한 용어 몇몇을 정의하고 그대로 놔두는 것은 가능하다고 말할 수 있다. 또한 정의하는 용어들은 단지 받아들여야만 한다고, 즉 무한소급을 피하기 위해 우리는 한두 걸음 후에 멈춰야 한다고 말할 수 있다. 물론 위에 언급한 용어들은 자주 오용되었다. 하지만 그런 용어를 정의하는 시도가 문제를 개선시킬 수 있다는 생각을 나는 거부할 것이다. 그것은 문제들을 오히려 악화시킬 뿐이다. '정치인들이 자신들의 용어'를 일단 한 번 정의하고, 정의하는 용어들을 정의하지 않은 채로 남겨둔 까닭에, 정치가들이 자신들의 연설을 더 짧게 할 수 없다는 것은 분명하다. 왜냐하면 어떤 본질적인 정의, 즉 '우리의 용어들을 정의하는'(새로운 기술적 용어들을 도입하는 유명론적인 정의와 반대인) 것은 우리가 보았듯이 긴 이야기를 짧은 이야기로 대체하는 것을 의미하기 때문이다. 게다가 용어들을 정의하는 시도는 단지 모호함과 혼동을 증가시킬 뿐이다. 왜냐하면 이번엔 정의하는 모든 용어가 정의되어야 한다고 우리가 요구할 수 없는 이상, 영리한 정치가나 철학자는 정의에 대한 요구를 쉽게 충족시킬 수 있기 때문이다. 예를 들어 만약 그 정치가가 '민주주의'라고 말한 것의 의미는 무엇인가라는 질문을 받게 되면, 그는 '일반의지의 통치' 또는 '국민정신의 통치'라고 말할 수 있다. 이제 그가 어떤 정의를 하였고 그래서 가장 높은 수준의 정확성을 만족시켰기 때문에, 누구도 감히 그를 더 이상 비판하지 못할 것이다. 과연 어떻게 그를 비판할 수 있겠는가? 왜냐하면 이번엔 '통치'나 '국민' 혹은 '의지'나 '정신'이 정의되어야 한다는 우리의 요구가 무한소급이라는 덫에 걸림으로써 누구도 그런 요구를 하지 못할 것이기 때문이다. 하지만 그 모든 것에도 불구하고 우리가 그 요구를 제기한다면, 우리는 그 요구를 똑같이 충족시킬 수 있을 것이다. 다른 한편 정의가 정확한지 혹은 참인지 하는 질문에 대한 싸움은 그저 말에 관한 공허한 논쟁에 이를 수 있을[16] 뿐이다.

따라서 정의에 대한 본질주의 견해는 실패한다. 비록 그것이 아리스토텔레스처럼 우리 지식의 '원리들'을 입증하려는 시도가 아니라, 단지 우리가 '용어들의 의미를 정의'해야 한다는 외견적으로 좀 더 겸손한 요구를 하는 것임에도 그렇다.

그러나 확실히 명료하게 애매하지 않게 우리가 말하는 요청은 매우 중요하며 또한 충족되어야 한다. 유명론의 견해는 그것을 충족시키는가? 그리고 유명론은 무한소급을 피할 수 있는가?

유명론은 할 수 있다. 왜냐하면 그것은 무한소급에 해당하는 어떤 난관도 없기 때문이다. 우리가 보았듯이 과학은 그 용어의 의미를 결정하기 위해서가 아니라, 단지 편리한 속기 표지들을 도입하기 위해 정의를 사용한다. 또한 그것은 정의에 의존하지도 않는다. 모든 정의는 주어진 정보에 대한 손실 없이 생략될 수 있기 때문이다. 이로부터 과학에서 실제로 요구되는 **모든 용어는 정의되지 않은 용어들임에 틀림없다는 것**이 따라 나온다. 그렇다면 과학은 어떻게 그 용어의 의미를 확실하게 하는가? 이 물음에 다양한 답변들이 제시되었지만, 그중 어떤 것도 만족스러운 것이라고 나는 생각하지 않는다. 그 상황은 이런 것 같다. 아리스토텔레스주의와 그와 관련된 철학자들이 그렇게 오랫동안 우리에게 말하기를, 우리 용어들의 의미에 대한 정확한 지식을 얻는 것이야말로 참으로 중요한 것인데, 우리 모두가 그런 지식을 믿을 경향이 있기 때문이라고 한다. 그리고 우리는 이런 신조를 다음과 같은 사실에도 불구하고 계속 고수했다. 20세기 동안 그 용어의 의미에 관해 고민해 왔던 철학이 언어적 표현으로 꽉 차 있음은 물론, 지독히 애매하고 모호하다는 의문의 여지없는 사실에도 불구하고 그 신조를 고수했다. 그에 반해 용어들과 그 의미에 관해 전혀 걱정하지 않고 그 대신 사실들에 관해 고민한 물리학과 같은 과학은 엄청난 정밀성을 달성했다. 이것은 분명히 아리스토텔레스의 영향을 받은 용어의 의미에 대한 중요성을 대체로 과장했던 것임을 지적하는 것으로 간주되어야 한다. 하지만 그것은 심지어 더 많은 것을 지적하고 있다고 나는 생각한다. 왜냐하면 의미의 문제에 대한 이런 중점은 정확함을 확립하지 못할 뿐만 아니라, 그것은 그 자체로 애매, 모호 및 혼동의 주된 원천이기 때문이다.

과학에서 만든 진술들이 결코 용어의 의미에 의존하지 않도록 우리는 조심한다. 심지어 그 용어가 정의된 곳에서도 우리는 그 정의로부터 어떤 정보를 도출하거나 어떤 논증을 그것에 정초하려고 하지 않는다. 이것은 용어 때문에 우리가 거의 애를 먹지 않는 이유가 된다. 우리는 그 용어에 너무 많은 짐을 부과하지 않는다. 우리는 용어의 '의미'를 너무 진지하게 생각하지 않는다. 우리는 용어가 약간 모호하다는(왜냐하면 우리는 그 용어를 실천적으로 적용하는 데만 사용하고 있기 때문에) 것을 항상 의식하고 있다. 그리고 우리는 용어의 모호한 음영 부분을 줄임으로써 정확함에 도달하는 것이 아니다. 오히려 그 속에서 헤매지 않음으로써, 즉 용어의 의미에 대한 가능한 음영 부분들이 문제가 되지 않도록 우리는 문장들을 조심스럽게 진술함으로써 정확성에 도달한다. 이것이 바로 우리가 말싸움하는 것을 피하는 방법이다.

과학과 과학 언어의 엄밀성이 용어들의 정확함에 의존한다는 견해는 정말 매우 그럴듯하다. 그러나 그것은 단순한 편견에 불과한 것이라고 나는 생각한다. 오히려 언어의 엄밀성은 정확함이라는 과제를 그 용어들에 부과하지 않도록 조심한다는 사실에 의존하고 있을 뿐이다. 확실히 '사구(砂丘)'나 '바람'과 같은 용어는 참으로 모호하다. ('사구'라 불리기 위해 조그만 모래언덕의 높이는 몇 센티미터가 되어야 하는가? '바람'이라 하기 위해서 공기는 얼마나 빨리 움직여야 하는가?) 그러나 지질학자의 수많은 목적을 위해서는 이런 용어들은 매우 충분할 정도로 정확하다. 그리고 다른 목적을 위해 어느 정도의 구별하는 높이가 필요해질 때, 그는 항상 '높이 1미터와 75미터 사이의 언덕'이나 '시속 20마일과 40마일 사이의 바람'을 말할 수 있다. 또한 더 정확한 과학에서의 태도도 이와 유사하다. 예를 들어 물리적 측정에서 우리는 언제나 오차가 있을 수 있는 영역을 고려하고 있다. 정확함은 이런 영역을 영으로 감소시키려 노력하거나 짐짓 그런 영역이 전혀 없는 체하기보다는 그 영역을 명백히 인식하는 데 있다.

심지어 어떤 용어가 말썽을 일으키는 곳에서, 예컨대 물리학에서 '동시성'이라는 용어가 말썽을 일으키는 것은 그 용어의 의미가 부정확하거나 애매하기 때문이 아니다. 그 용어에 매우 적은 의미를 부과하기보다는 오히려 너무 많은 의미나 매우 '정확한' 의미를 우리가 부과하게끔 하는 어떤 직관이론 때문에 말썽을 일으킨다. 아인슈타인이 동시성의 분석에서 발견한 것은 동시성을 얘기할 때 물리학자들은 거짓 가정을 했다는 것이었다. 무한한 속도의 신호가 존재한다면, 문제가 되지 않을 것이라는 가정을 했다는 것이다. 그 실수는 그 신호가 전혀 의미가 없다거나 그 의미가 애매하다거나 그 용어가 정말로 정확하지 않다는 것이 아니었다. 오히려 아인슈타인이 발견했던 것은 그 직관적 자명함 때문에 여태까지 주의를 끌지 않았던 이론적 가정을 제거함으로써 과학에서 일어났던 난관을 제거할 수 있었다는 점이다. 따라서 그는 실제로 어떤 용어의 의미라는 물음에 관계된 것이 아니라, 어떤 이론의 결과와 연관되어 있었다. 명확한 물리적 문제와 별도로 어떤 이가 다음과 같은 분석을 통해서 동시성이란 개념을 개선시키기 위해 출발했다면 성과를 거의 얻지 못했을 것 같다. 동시성의 '본질적 의미'를 분석하거나 심지어 물리학자들이 동시성을 말할 때 '실제로 어떤 의미'인지를 분석한다 하더라도 말이다.

나는 이런 사례를 통해 다리에 도착하기 전에는 우리가 다리를 건너는 시도를 하지 않아야 함을 배울 수 있다고 생각한다. 또한 나는 용어의 의미에 관한 물음들이 가진 선입견, 예를 들어 그 용어의 모호함이나 애매함과 같은 것은 분명히 아인슈타인의 사례에 의존함으로써 정당화될 수 없다고 생각한다. 오히려 그런 선입견은 우리 용어들의 의미에 너무 많이 의존하고 있다는 가정과 우리는 이런 의미로 작업을 한다는 가정에 의거하고 있다. 그래서 그것은 언어표현주의나 스콜라주의에 이를 것임은 틀림없다. 이런 관점에서 보면 우리는 비트겐슈타인의 견해와 같은 학설을 비판할 수 있다.[17] 그는 과학이 사실의 문제들을 탐구하는 반면에 철학은 용어의 의미를 명료히 함으로써 우리 언어를 정화하고 언어적인 수수께끼들을 제거하는 일을 하는 것이라고 주장했기 때문이다. 이런 학파의 견해들의 특징은 이렇다. 그 학파의 견해들은 합리적으로 비판될 수 있는 논증의 어떤 연쇄에 이르지 못한다. 따라서 그 학파는 교묘한 분석 결과들을 비교(秘敎) 전수자가 소수인 단체에만 배타적으로 전달한다.[18] 이것은 의미에 관한 어떤 선입견도 아리스토텔레스주의의 전형인 스콜라주의와 신비주의라는 결과에 이르는 경향이 있음을 제시하고 있는 것으로 보인다.

이제 이런 두 가지 아리스토텔레스주의의 전형적인 결과가 어떻게 일어나는지를 간략히 고찰해 보자. 아리스토텔레스는 예증이나 증명 그리고 정의는 지식을 얻는 기본적인 두 가지 방법이라고 주장했다. 먼저 증명의 교설을 검토해 보면, 그것은 증명될 수 있는 것보다 수없이 많은 증명을 하는 시도를 하도록 이끈다는 것을 우리는 부인할 수 없다. 중세 철학은 이런 스콜라주의로 꽉 차 있으며, 동일한 경향이 대륙에서는 칸트에까지 이르고 있음을 목격할 수 있다. 신의 존재를 증명하는 모든 시도를 칸트는 비판하였는데, 이 비판은 피히테, 셸링 및 헤겔의 낭만주의라는 반동에 이르게 했다. 새로운 경향은 증명을 포기하는 것과 더불어 모든 종류의 합리적 논증을 포기한다. 낭만주의와 함께 새로운 종류의 독단주의가 사회과학에서는 물론이고 철학에서도 유행하게 되었다. 새로운 독단주의는 그 공식 견해를 우리에게 들이밀었다. 그리고 그것을 우리가 **취하거나 방치할** 수 있다. 이런 낭만주의 시대의 예언적인 척하는 철학을 쇼펜하우어는 '부정직의 시대'라고 하면서 다음과 같이 기술했다.[19] '여기서 이전 철학자들의 모든 저작에 스며 있는 정직성, 다시 말해 독자와 함께 탐구를 시도하는 정신이 완전히 사라졌다. 모든 기록은 소위 이런 철학자들이 독자를 가르치고자 한 것이 아니라, 마법을 거는 것임을 증언하고 있다.'

유사한 결과가 아리스토텔레스의 정의 교설에 의해서도 산출되었다. 우선 그것은 너무나 많은 사소한 일을 따지는 것에 이르렀다. 나중에서야 사람들이 정의들에 관해 논증할 수 없다고 철학자는 느끼기 시작했다. 이런 방식으로 본질주의는 언어표현주의를 촉진했을 뿐만 아니라, 그것은 또한 논증, 즉 이성에 환멸을 느끼도록 하였다. 스콜라주의와 신비주의 및 이성에 대한 절망, 이것들은 플라톤과 아리스토텔레스의 본질주의의 회피할 수 없는 결과들이다. 그리고 자유에 대한 플라톤의 공개적인 반감은 아리스토텔레스와 함께 이성에 대한 비밀스러운 반동이 되었다.

우리가 아리스토텔레스 자신으로부터 알았듯이, 본질주의와 정의이론이 강력한 반대에 부딪친 것은 그것들이 먼저 특히 소크라테스의 옛날 동료인 안티스테네스로부터 비판되었을 때였다. 그 비판은 매우 사리가 있는 것처럼 보인다.[20] 그렇지만 불행히도 이런 비판은 좌절되었다. 인류의 지적 발전을 위해 이런 패배의 결과들은 높이 평가될 수 없다.

7. 귀납의 문제 (1953, 1974)

I.

귀납의 문제를 간략히 정식화하기 위해 우리는 다음과 같이 쓴 보른 (M. Born)의 말을 검토해 볼 수 있다. '… 관찰이나 실험을 아무리 확대 한다 하더라도 그것을 반복할 수 있는 횟수는 유한할 수밖에 없다.' 그 러므로, 'B는 A에 의존한다는 법칙 진술은 항상 경험을 초월한다. 하지 만 이런 종류의 진술은 어디서나 항상 만들어지며, 그리고 때로는 자료 가 충분치 않을지라도 만들어진다.'[1]

달리 말하면, 귀납의 논리적 문제는 다음 세 가지에서 발생한다. (1) (보른이 훌륭히 표현한) 법칙은 '경험을 초월하기' 때문에 그 법칙을 관 찰이나 실험을 통해 정당화할 수 없다는 흄의 발견. (2) 과학은 '어디서 나 항상' 법칙을 제시하여 사용한다는 사실. (흄과 마찬가지로 보른도 '충분치 못한 자료', 즉 몇몇 관찰 사례에 법칙이 토대를 둘 수 있다는 데 깊은 인상을 받았다.) 이에 덧붙여 (3) 과학에서는 관찰과 실험만이 법칙이나 이론을 담고 있는 과학적 진술들의 가부를 결정한다는 **경험 주의의 원리.**

이런 세 가지 원리 (1), (2), (3)은 일견 서로 충돌하는 듯이 보인다. 그리고 이런 외견적 충돌이 **귀납의 논리적 문제**를 구성하고 있다.

이런 견해상의 충돌 때문에 보른은 경험주의의 원리인 (3)을 포기하고(보른에 앞서 칸트와 버트런드 러셀을 포함한 여타의 사람들이 했던 것처럼), 정식화할 시도조차 하지 않은 이른바 형이상학적 원리를 그는 지지하게 된다. 그는 형이상학적 원리를 '기예의 관례(code) 혹은 규칙'이라고 애매하게 기술하고 있지만, 유망하게 보이면서 분명히 지지할 만한 그 원리에 대한 어떤 정식화도 나는 보지 못했다.

그러나 사실 (1)과 (3)은 서로 충돌하지 않는다. 우리가 과학에서 어떤 법칙이나 이론을 받아들이는 것이 **잠정적일 뿐임**을 깨닫자마자 바로 이것을 알 수 있다. 그것은 모든 법칙과 이론은 추측이거나 시험적인 **가설**(내가 가끔 '가설주의'라고 불렀던 견해)이라 말하는 것이며, 그리고 애초에 그것을 받아들이게 했던 옛날의 증거를 반드시 우리가 내버리지 않은 채로, 새로운 증거를 근거로 어떤 법칙이나 이론을 우리가 버릴 수 있다고 말하는 것이다. (보른과 여타의 많은 사람이 이론이란 단지 시험적일 뿐이라는 것에 동의할 것임을 나는 의심하지 않는다. 그렇지만 귀납에 대해 널리 퍼진 믿음은 이런 관점의 광범위한 암시가 거의 알려져 있지 않다는 것을 보여주고 있다.)

우리는 경험주의 원리 (3)을 충분히 보존할 수 있다. 왜냐하면 어떤 이론의 운명, 즉 그 이론의 가부는 관찰과 실험에 의해, 다시 말해 시험의 결과에 좌우되기 때문이다. 우리가 고안한 엄격한 시험들을 이론이 견뎌내는 한에서, 우리는 그것을 승인하며, 그렇지 않다면 그것을 거부한다. 하지만 이론은 어떤 의미에서도 결코 경험적인 증거에서 추론되지 않는다. 심리적인 귀납도 논리적인 귀납도 존재하지 않는다. **오직 그 이론의 허위만이 경험적 증거에서 추론될 수 있으며, 그리고 이 추론은 순수 연역적이다.**

흄은 관찰 진술에서 어떤 이론도 추론할 수 없음을 보여주었다. 그렇지만 이것은 관찰 진술로 그 이론을 비판할 가능성에는 영향을 주지 못했다. 이런 가능성을 완전히 이해하면, 이론과 관찰 간의 관계가 아주 명료하게 된다.

이것은 원리들 (1), (2), (3) 사이에 단언된 충돌의 문제를 해결하며, 그와 더불어 흄의 귀납문제도 해결한다.

II.

흄의 귀납문제는 소위 철학적 전통이라는 말로 거의 언제나 잘못 정식화되어 왔다. 나는 먼저 내가 이른바 **귀납문제의 전통적인 정식화**라 하는 나쁜 정식화 몇몇을 제시할 것이다. 하지만 내가 더 좋은 정식화라고 생각하는 것으로 그것들을 대체해 보겠다.

귀납문제에 대한 전통적이면서 나쁜 정식화의 전형적인 사례들은 다음과 같다.

미래는 과거와 비슷하다는 믿음에 대한 정당화란 무엇인가? 무엇이 소위 말하는 귀납적 추론의 정당화인가?

여기서 귀납적 추론이란 말이 의미하는 바는 거듭된 **관찰 사례**에서 아직 **관찰되지 않은 어떤 사례**로의 추론을 말한다. 관찰된 것에서 관찰되지 않은 것을 추론하는 것이 시간의 관점에서의 예측인가, 아니면 과거 회귀인가 하는 것은 비교적 중요하지 않다. 다시 말해 태양이 오늘 뜰 것이라든가, 10만 년 전에도 떴다고 추론하는 것은 별로 중요하지 않다는 것이다. 물론 실용적 관점에서, 그것이야말로 좀 더 중요한 예측의 추론 사례라고 사람들은 말할지도 모른다. 통상적으로 그것은 의심할 바가 없다.

또한 이런 귀납의 전통적인 문제를 오해된 것으로 여기는 다른 여러 철학자가 있다. 어떤 철학자는 귀납적 추론에서 어떤 정당화도 필요치 않다고 말한다. 사실상 연역적 추론에 불과하다는 것이다. 연역적 추론이 연역적으로 타당한 것과 똑같이 귀납적 추론도 귀납적으로 타당하다. 이것을 맨 처음 말했던 이가 스트로슨 교수라고 나는 생각한다.

나는 다르게 생각한다. 나도 흄처럼 귀납적 추론과 같은 논리적 실재가 단순히 존재하지 않거나, 소위 말하는 모든 귀납적 추론은 논리적으로 부당하다고 주장한다. 좀 더 격렬하게 말하면 그것은 심지어 **귀납적으로도** 부당하다는 것이다[이 논문 말미를 보라]. 우리는 연역적으로 타당한 추론 사례들을 많이 갖고 있다. 심지어 연역적인 타당성에 대한 부분적인 기준도 있다. 그러나 귀납적으로 타당한 추론 사례는 전혀 없다.[2] 또한 그와 동시에 흄이 비록 나와는 분명히 대조적으로 **귀납의 심리학적 효력을 믿었다** 할지라도, 이런 결론을 흄에서 발견할 수 있다고 생각한다. 다시 말해 흄은 그 효력을 타당한 절차로서가 아니라 동물과 인간이 성공적으로 이용하는 절차, 즉 사실과 생물학적 필요성의 문제로 믿었다는 것이다.

몇 번을 거듭하더라도 내가 흄에 동의하는 곳과 동의하지 않는 곳을 명료히 하는 것이 중요한 과제라고 나는 생각한다.

귀납은 부당하며 어떤 의미로도 정당화되지 않는다는 흄의 견해에 나는 동의한다. 따라서 흄과 나는 귀납의 정당화를 무비판적으로 요구하는 전통적인 언명을 받아들일 수 없다. 이런 요청이 무비판적인 까닭은 귀납은 **모든 의미에서** 부당하므로 **정당화될 수 없다**는 가능성을 이해하지 못하기 때문이다.

나는 귀납이란 어떤 사실이며 어떤 경우엔 귀납을 필요로 한다는 흄의 의견(말하자면 거의 모든 철학자의 의견)에 동의하지 않는다. 동물은 물론 인간도 귀납과 같은 절차나 반복된 사례에 근거한 논증을 사용하지 않는다고 나는 주장한다. 우리가 귀납을 사용한다는 믿음은 단순한 실수이다. 그것은 일종의 광학적 착각이다.

우리가 사용하는 것은 시행과 오류 제거의 방법이다. 비록 이 방법이 귀납처럼 보이는 오해의 소지가 있다 할지라도, 우리가 철저히 조사를 해보면 그 방법의 논리적 구조는 귀납의 구조와 완전히 다르다는 것이다. 더구나 그것은 귀납의 문제와 연관된 어떤 어려움도 일어나지 않는 방법이다.

따라서 내가 전통적 문제에 반대하는 점은 귀납이 정당화 없이 처리될 수 있기 때문이 아니라, 그와 정반대로 귀납은 정당화를 시급하게 필요로 한다는 것이다. 하지만 우리는 그런 필요를 만족시킬 수 없다. 귀납은 단순히 존재하지 않으며, 이와 정반대로 귀납이 존재한다는 견해 역시 그것에서 바로 나온 잘못이기 때문이다.

III.

내가 갖고 있는 비귀납주의 관점을 표현하는 방식은 많이 있다. 아마 그중 가장 단순한 방식은 이런 것이다. 우리가 지식의 일반적인 오류 가능성이나 내가 강조하는 **인간 지식의 추측적인 성격**을 받아들인다면, 나는 귀납의 모든 장치가 불필요하게 됨을 보여줄 것이다.

먼저 우리가 가진 인간의 지식에서 가장 좋은 지식, 즉 과학 지식을 다음과 같이 나타내 보자. 과학 지식은 본질적으로 추측적이거나 가설적이라고 나는 주장한다.

그 예로 뉴턴의 고전역학을 들어 보자. 그보다 더 성공한 이론은 없었다. 거듭된 관찰이 성공한 까닭에 어떤 이론이 확립된다면, 그것은 뉴턴의 이론을 확립했을 것이다. 하지만 뉴턴의 이론은 천문학 분야에서 아인슈타인의 이론으로 대체되었으며, 원자 영역에서는 양자이론으로 대체되었다. 또한 이제 모든 물리학자는 뉴턴의 고전역학은 훌륭한 추측, 이상할 정도로 성공한 가설, 그리고 경이적으로 진리에 다가간 접근에 불과한 것이라고 생각한다.

이제 나는 중심적인 논제를 다음과 같이 정식화할 수 있다. 우리가 인간 지식의 추측적인 성격이라는 함의를 충분히 인식했다면, 귀납의 문제는 그 성격을 완전히 바꾼다는 것이다. 다시 말해 흄의 부정적 결론에 더 이상 혼란될 필요가 없다. 왜냐하면 거듭된 관찰에서 도출된 타당성을 인간 지식에 귀속시킬 필요가 전혀 없기 때문이다. 인간 지식은 그런 타당성을 결코 가지고 있지 않다. 다른 한편 우리는 시행과 오류 제거의 방법에 따른 우리의 모든 성취를 설명할 수 있다. 간략히 말해, 우리의 추측은 우리가 시행하는 시험 기구이며, 그 추측들을 비판하여 대체하려고 노력함으로써 그것들을 시험한다. 즉, 더 좋거나 나쁜 추측들이 있을 수 있는지, 또한 그것들을 개선할 수 있는지를 보여주려고 하는 방법을 통해 시험한다는 것이다. 이제까지 제안되었던 경쟁적인 추측이나 이론이 비교적 좋다거나 나쁘다거나 하는 문제가 귀납문제의 자리를 차지하게 되었다.

인간 지식의 추측적인 성격과 그것이 귀납문제의 해결책을 포함하고 있음을 받아들이는 데 주된 장애물은 이른바 인간 지식의 상식 이론 혹은 **인간 마음의 물통 이론**이라는 교설이다.[3]

IV.

나는 상식을 매우 존중한다. 사실 모든 철학은 상식적인 관점들과 그것들에 대한 비판적 검토에서 출발해야 한다고 나는 생각한다.

여기에서는 우리의 목적을 위해, 나는 상식적 세계관 두 개를 구별하고 그것들이 서로 충돌한다는 사실에 주의를 기울이고자 한다.

첫째는 상식적 실재론이다. 이것은 인간, 동물 및 식물이 실재하는 실재세계가 있으며, 그 세계에는 차와 별도 있다는 견해이다. 이 견해는 참이며 무척 중요하다고 나는 생각한다. 또한 그에 대한 어떤 정당한 비판도 제시된 적이 없다고 나는 믿고 있다. [후술하는 논문 17을 또한 보라.]

상식적 세계관과 매우 다른 것은 **상식적 지식론**이다. 여기서 문제가 되는 것은 우리가 어떻게 세계에 관한 지식을 얻는가의 문제이다. 상식적인 해결책은 이렇다. 우리의 눈과 귀를 열어 놓음으로써 지식을 획득한다. 즉, **우리의 감각이 세계에 대한 우리 지식의 유일한 원천이 아니라면, 세계에 대한 우리 지식의 주된 부분이 된다는 것이다.**

나는 이 두 번째 견해를 완전히 잘못된 것으로 여기며, (라이프니츠와 칸트가 있음에도 불구하고) 충분히 비판되지 않은 것이라고 생각한다. 다음 그림으로 요약할 수 있기 때문에, 나는 그것을 마음의 물통 이론이라고 부른다.

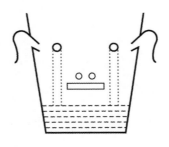

주장한 바에 의하면, 우리의 감각을 통해 들어온 것은 지식의 요소들, 즉 원자들이거나 분자들이라고 한다. 그렇다면 우리 지식은 감각이 우리에게 제공한 요소들의 축적으로 이루어진다. 즉, 그 요소들의 요약이거나 아마도 종합으로 구성된다는 것이다.

상식적 철학의 두 부분인 상식적 실재론과 상식적 지식론은 모두 흄이 주장했다. 그에 앞서 버클리가 했던 것처럼 그도 또한 두 이론이 서로 충돌한다는 것을 발견했다. 왜냐하면 상식적 지식론은 일종의 반실재론에 이르기 쉽기 때문이다. 만약 지식이 감각들에서 생긴다면, 감각만이 오직 지식의 **확실한** 요소이며, 우리는 감각 이외에 어떤 것이 존재한다고 믿을 만한 타당한 이유를 전혀 가질 수 없다.

흄과 버클리 및 라이프니츠는 모두 충족 이유율을 신봉하는 자들이었다. 버클리와 흄은 그 형식을 다음과 같은 것으로 생각했다. 만약 어떤 믿음을 견지하기 위한 충족 이유율을 갖고 있지 않다면, 이 사실은 그 자체로 그 믿음을 포기할 충분한 이유가 된다는 것이다. 버클리와 흄에게 참된 지식은 본질적으로 충족 이유율이 뒷받침된 믿음으로 구성되기 때문이다. 그렇지만 이것은 지식이란 감각들 자체에 의해 어느 정도 구성된다는 견해로 그들을 이끌었다.

따라서 이런 철학자들에게 상식적인 실재세계는 실제로 존재하지 않는다. 흄에 따르면 심지어 우리 자신조차도 전혀 존재하지 않는다. 존재하는 모든 것은 감각, 인상 및 기억상이다. [후술하는 논문 22의 I절을 또한 보라.]

이런 반실재론적인 관점은 다양한 이름으로 묘사될 수 있지만, 가장 통상적인 이름은 '관념론'인 것 같다. 흄의 관념론은 그에게 상식적 실재론에 대한 엄격한 비판으로 보였다. 그러나 **합리적으로** 상식적 실재론을 잘못된 것으로 간주할 수밖에 없다고 그가 느꼈음에도, 그 자신은 실천적으로 몇 시간 동안만이라도 상식적 실재론을 믿을 수 있음을 인정했다.

그러므로 흄은 상식적 철학의 두 부분인 실재론과 상식적 지식론이 서로 충돌한다는 것을 매우 강렬하게 경험했다. 또한 정서적으로 그가 실재론을 포기할 수 없음을 알았다 할지라도, 그는 이런 사실을 단순히 비합리적인 관습이나 습관의 결과라고 생각했다. 지식론에 대한 좀 더 비판적인 결론을 끈질기게 고수하는 것은 우리가 실재론을 포기할 수밖에 없게끔 한다고 그는 확신했다.[4] 근본적으로 흄의 관념론은 영국 경험론의 주류로 남게 되었다.

V.

흄의 귀납에 대한 두 문제, 즉 논리적인 문제와 심리학적인 문제는 귀납에 대한 상식 이론의 배경에 반대하는 것으로 잘 표현될 수 있다고 나는 생각한다. 이 이론은 매우 단순하다. 모든 지식은 과거 관찰의 결과라고 상정하고 있다. 특히 태양이 내일 뜰 것이라거나, 사람은 모두 죽을 수밖에 없다거나, 빵은 영양분을 공급한다와 같이 예상하는 모든 지식이 그런 전제를 하고 있다는 것이다. 이 모든 것은 과거 관찰의 결과여야 한다.

흄이 명성을 얻게 된 것은 귀납의 상식적인 관점에 과감하게 도전한 것이었다. 비록 귀납은 대체로 참이어야 함을 그가 결코 의심하지 않았다 할지라도 말이다. 그는 반복을 통한 귀납은 논리적으로 지지될 수 없다고 믿었다. 다시 말해 합리적으로든 논리적으로든 **다수의 관찰 사례도** 관찰이 안 된 사례들과 일말의 관계도 없음을 그는 믿었다는 것이다. 이것이 바로 귀납의 문제에 대한 흄의 부정적인 해결책인데, 내가 전적으로 지지하는 해결책이다.

하지만 흄은 동시에 귀납이 합리적으로는 부당할지라도, 그것은 심리적인 사실이며 우리는 모두 그 사실에 의존하고 있다고 주장했다.

따라서 흄의 귀납의 두 문제는 다음과 같은 것이었다.

(1) 논리적 문제 : **우리가 반복하여 경험했던 사례에서 경험하지 못한 사례로 추론하는 것이 정당화되는가?**

이에 대한 확고부동한 흄의 대답은 이렇다. 정당화되지 않는다. 즉, 반복된 횟수가 아무리 많다 하더라도, 그것은 정당화되지 않는다고 답한다. 그리고 덧붙여 만약 이런 문제에서 **확실한** 믿음이 아니라 **개연적인** 믿음에 대한 정당화를 우리가 요구한다면, 그것은 어떤 미미한 차이도 만들어내지 못한다고 그는 말했다. 우리가 경험했던 사례들은 경험하지 못했던 사례들의 **개연성**에 관해 추론하거나 논증하는 것을 허용하지 않는다. 그것은 그저 경험 사례들의 **확실성**을 허용하는 것에 불과하기 때문이다.

(2) 다음과 같은 심리적인 물음 : **전술한 것에도 불구하고 합리적인 모든 사람은 어떻게 경험하지 못했던 사례들이 경험했던 사례들에 따를 것이라 예상하고 믿는 것인가?** 달리 말해 왜 우리는 모두 **예상**을 하며, 왜 우리는 그 같은 **확신**이나 강렬한 믿음에 따른 예상들을 고집하는가?

귀납의 심리적 문제에 대한 흄의 대답은 이렇다. **'관습이나 습관' 때문, 달리 말해 비합리적이지만 어쩔 수 없는 관념 연합 법칙의 능력 때문이다. 우리는 반복을 통해 조건화되었다.**

나는 논리적 문제에 대한 흄의 답변은 옳다고 생각하며, 심리적 문제에 대한 대답은 설득력이 있음에도 불구하고 완전히 잘못된 것이라고 생각한다.

VI.

논리적 문제와 심리적 문제에 대해 흄이 했던 답변은 즉각 비합리적인 결론에 이른다. 흄에 의하면 우리의 모든 지식, 특히 모든 과학 지식은 단지 비합리적인 습관이나 관습에 불과하며 합리적으로는 전혀 옹호할 수 없다고 한다.

흄 자신은 이것을 회의주의 형태라고 생각했지만, 그러나 그것은 오히려 버트런드 러셀이 지적했듯이 비합리주의에 의도치 않은 굴복이었다. 모든 시대를 통틀어 가장 합리적인 마음을 가진 한 사람으로서 비길 데 없는 비판의 천재인 흄이 이성을 불신하게 되었을 뿐만 아니라, 비이성, 즉 비합리주의의 투사가 되었다는 것은 놀라운 일이다.

흄의 숭배자이고 많은 측면에서는 그의 제자인 버트런드 러셀보다 이런 역설을 더 강렬하게 느꼈던 사람은 없었다. 그래서 러셀은 1946년에 출판된 『서양 철학사』의 흄에 관한 장에서 흄이 귀납을 다룬 것에 대해 이렇게 쓰고 있다. '흄의 철학은 … 18세기 합리성의 파탄을 나타내고 있다. 따라서 주로 혹은 전적으로 **경험적인** 철학에서 흄에 대한 어떤 답변이 있는지를 발견하는 것이 중요하다. **만약 없다면, 정상인과 광인의 지적인 차이가 전혀 없을 것이다.** 자신이 알을 품고 있다고 믿는 광인은 오직 미성년이라는 근거로 비난을 받아야 한다.'

만약 귀납을 (또는 귀납의 원리를) 폐기한다면, '특정한 관찰에서 일반적인 과학 법칙에 도달하려는 모든 시도는 그릇된 것이며, 흄의 회의주의는 어떤 경험주의자도 피할 수 없다'고 계속해서 러셀은 주장하고 있다.

그리고 러셀은 흄의 두 답변의 충돌이 창출한 상황에 관한 관점을 다음과 같은 극적인 말로 요약한다.

'**19세기에 걸쳐 비이성이 성장하여 20세기로 나아간 것**은 흄의 귀납의 파기가 가져온 자연스러운 귀결이다.'[5]

아마도 러셀의 이 마지막 인용 구절은 지나친 것이다. 나는 그 상황을 너무 극적으로 다루고 싶지 않다. 그리고 비록 러셀이 강조한 말이 옳다고 내가 가끔 느낀다 할지라도, 그 외의 경우에 나는 그 말에 의문을 품고 있다.

그렇지만 스트로슨의 다음 인용 구절은 내가 보기에 러셀의 중요한 견해를 지지하는 것 같다. '[만약] … 귀납의 문제가 존재하며, 또한 … 흄이 그것을 제출했다면, 그가 그 문제를 해결했다고 부언해야 한다. 본성상 우리는 [귀납의] "기본 규칙"을 … 받아들일 수밖에 없다. … 이성은 열정의 노예이며 노예여야 한다.'[6]

어쨌든, 나는 지식의 논리학과 심리학 간의 충돌을 완전히 제거하는 흄의 심리적 문제에 대한 답변을 가지고 있으며, 그와 더불어 그 답변은 흄과 스트로슨의 이성에 반대하는 모든 추리를 제거한다고 주장한다.

VII.

흄의 비합리주의적인 결론을 피하는 내 방식은 매우 단순하다. 나는 다음에 나오는 '**논리적 해결의 제일원리**' 또는 간략히 말해 '**전이의 원리**'를 만족시키는 방식으로 귀납의 심리적인 문제를 (또한 실용적인 문제와 같은 언명도) 해결한다. 그 원리는 다음과 같이 작동한다. 귀납의 논리적 문제의 해결책은 심리적이나 실용적인 문제들의 해결책과 충돌하기는커녕, 약간 주의를 기울여 보면 그 문제들에 직접적으로 전이될 수 있다. 그 결과 거기엔 어떤 충돌도 없으며, 비합리주의적인 결론들도 없다.

우선 귀납의 논리적 문제 그 자체는 약간의 재정식화를 필요로 한다.

첫째로, 그것은 (흄이 했듯이) '**사례들**'뿐만 아니라 보편적인 규칙들이나 법칙들에 의해 재정식화되어야 한다. 흄이 사용한 용어인 '사례'는 규칙들이나 법칙들을 전제하고 있다. 왜냐하면 사례란 어떤 무엇**의**, 즉 어떤 규칙이나 법칙**의** 사례이기 때문이다. (혹은 오히려 그것은 수많은 규칙이나 법칙의 어떤 사례이기 때문이다.)

둘째로, 우리는 또한 사례들에서 법칙들로 추리하는 영역을 반례들에 주의를 기울일 수 있게끔 확대해야 한다.

이런 식으로, 후술하는 방향에 따라 우리는 흄의 귀납의 논리적 문제에 대한 재정식화에 이르게 된다.

우리가 경험했던 사례나 반례에서 그에 대응하는 법칙의 진리나 허위를 추론하거나 우리가 전혀 경험하지 못했던 사례를 우리가 추론하는 것은 합리적으로 정당화되는가?

이것은 순수한 논리적 문제이다. 그것은 본질적으로 전술한 V절에서 정식화되었던 흄의 논리적 문제를 약간 확장한 것에 불과하다.

이 문제에 대한 답변은 다음과 같다. 흄이 시사했듯이, 우리가 어떤 사례에서 대응하는 법칙의 진리를 추론하는 것이 정당화되지 않음은 확실하다. 그러나 이런 부정적인 결론에 똑같이 부정적인 두 번째 결론을 다음과 같이 덧붙일 수 있다. 우리가 반례로부터 대응하는 보편적인 법칙의 **허위**를 (즉, 그것이 어떤 법칙의 반례임을) 추론하는 것은 정당화**된다**. 혹은 달리 말해 순수 논리적 관점에서 '모든 백조는 희다'에 대한 하나의 반례를 받아들임은 '모든 백조는 희다'라는 법칙이 허위임을, 즉 우리가 받아들였던 그 법칙의 반례임을 함의한다. 귀납은 논리적으로 부당하다. 하지만 반박이나 반증은 단 하나의 반례로부터 대응하는 법칙을 논증하기 때문에 — 오히려 비판하기 때문에 — 논리적으로 타당한 방식이다.

이것은 내가 흄의 부정적인 논리적 결론을 계속 동의하고 있지만, 그 결론을 확장시킨 것임을 보여주고 있다.

이런 논리적 상황은 우리가 실제로 지금까지 꽤 성공적이었던 법칙에 대한 반박으로 단 하나의 반례 — 예를 들어 단 하나의 검은 백조 — 를 받아들이는가에 대한 물음과는 완전히 독립적이다. 나는 우리가 반드시 매우 쉽게 만족할 것이라고 주장하지 않는다. 우리 앞의 검은 표본이 백조가 아니었다고 의심할 수 있기 때문이다. 어쨌든 우리는 실제로 단 하나의 반례를 받아들이기를 꺼릴 것이다. 그러나 이것은 다른 문제이다 [후술하는 논문 10의 IV절을 보라]. 논리는 우리가 단 하나의 반례를 받아들이자마자 가장 성공한 법칙도 폐기하게끔 한다.

우리는 이렇게 말할 수 있다. 귀납적 방향을 유도하는 논리적으로 타당한 긍정적인 결론은 있을 수 없다는 부정적인 결론을 내린 점에서 흄은 옳았다. 하지만 더 나아간 부정적인 결론이 있다. 귀납적인 방향을 유도하는 논리적으로 타당한 부정적인 논증, 즉 **반례는 법칙을 반증할 수 있다**는 논증이 존재한다.

140

VIII.

　흄의 부정적인 결론은 우리의 모든 보편적 법칙이나 이론은 영원히 추정, 추측, 가설로 남아 있다는 것을 마지막으로 확립했다. 그러나 반례들의 효력에 관한 두 번째 결론은 순수 논리적 논증을 통해서 우리가 어떻게 어떤 추측들을 다른 것들보다 선호하는가에 대한 긍정적인 이론 가능성을 결코 제거하지 못한다.

　사실 우리는 꽤 정교한 논리적인 선호 — 진리 탐구의 관점에서 본 선호 — 이론을 세울 수 있다.

　간단히 말해, 만약 흄처럼 우리가 모든 긍정적인 귀납을 폐기한다면, '정상인과 광인의 지적인 차이가 전혀 없다'는 러셀의 비관적인 말은 잘못된 것이다. 왜냐하면 귀납의 폐기는 예컨대 케플러의 이론보다 뉴턴의 이론을, 혹은 뉴턴 이론보다 아인슈타인의 이론을 우리가 선호하는 것을 막지 못하기 때문이다. 이런 이론들에 대한 합리적인 비판적 논의를 하는 동안 우리는 뉴턴 이론을 반박하지 못하는 케플러 이론에 대한 반례가 있으며 아인슈타인 이론을 반박하지 못하는 뉴턴 이론에 대한 반례가 있음을 인정**할 수 있다**. 이런 반례를 받아들인다면, 케플러와 뉴턴의 이론은 확실히 거짓인 반면에 아인슈타인의 이론은 참이거나 거짓일 수 있다고 우리는 말할 수 있다. 아인슈타인의 이론이 참인지 거짓인지를 우리는 모른다. 따라서 이런 이론들 중에서 어느 하나에 대한 순수 지적인 선호가 존재할 수 있다. 그리고 러셀처럼 과학과 광기의 모든 차이가 사라진다고 우리는 말하지 않아야 한다. 물론 흄의 논증은 여전히 유효하므로, 과학자와 광인의 차이는 전자가 자신의 이론을 확실히 관찰에 근거하고 있는 데 반해 후자는 그렇지 못하다는 것이거나 그와 비슷한 어떤 것도 아니다. 그럼에도 우리는 이제 **차이가 있을 수 있음**을 알 수 있다. 그 차이는 광인의 이론은 관찰을 통해 쉽게 반박할 수 있는 것인 반면에, 과학자의 이론은 엄격한 시험을 견디어낸 것일 **수 있다**.

과학자의 이론과 광인의 이론이 가진 공통점은 둘 다 **추측적인 지식**에 속한다는 것이다. 하지만 어떤 추측들은 다른 것들보다 훨씬 더 좋으며, 바로 이 점이 러셀에 대한 충분한 답변이 된다. 또한 그것은 근본적인 회의주의를 피하기에 충분하다. 왜냐하면 어떤 추측이 다른 것들보다 **선호될** 수 있기 때문에, 우리의 추측적인 지식을 개선하고 **성장시키는** 것이 또한 가능하기 때문이다. (물론 한때 다른 이론보다 선호된 이론이 나중에는 지지할 수 없게 되고, 이제는 다른 이론이 그것보다 선호될 수 있다. 그러나 다른 측면에서 말하면 이런 일은 일어날 수 없다.)

　　우리는 순전히 합리적인 근거에 따라 경쟁이론 중에서 어떤 것들을 다른 것들보다 **선호할** 수 있다. 선호나 선택의 원리들이 무엇인지를 우리가 명료히 하는 것은 중요하다.

　　먼저 진리라는 관념이 그 원리들을 좌우한다. 적어도 가능한 한 우리는 참인 이론들을 원하고 또한 이런 이유 때문에 거짓인 이론들을 제거하려고 노력한다.

　　그렇지만 우리는 이보다 더 많은 것을 원한다. 우리는 새롭고 흥미 있는 진리를 원한다. 따라서 우리는 **정보 내용의 증가**라는 관념, 특히 진리 내용의 증가라는 관념에 이르게 된다. 다시 말해 우리는 다음과 같은 **선호 원리**에 이르게 된다. 보다 많은 정보 내용을 가진 이론은 시험을 거치기 전이라 해도 대체로 적은 내용을 가진 이론보다 더 흥미롭다. 물론 시험을 견뎌내지 못한 이론이라면, 우리는 많은 내용을 가진 이론이나, 또한 내가 이른바 더 대담한 이론이라 한 것을 포기할 수밖에 없다. 하지만 이런 경우에도 우리는 적은 내용을 가진 이론보다 많은 내용을 가진 이론을 통해 더 많이 배울 수 있다. 왜냐하면 반증을 하는 시험들은 때때로 새롭고 예기치 못한 사실과 문제를 드러낼 수 있기 때문이다. [또한 후술하는 논문 13을 보라.]

　　그러므로 우리의 논리적인 분석은 방법론으로, 특히 다음의 방법론적 규칙으로 우리를 이끌어 간다. 많은 정보 내용을 가진 대담한 이론을 시도해 보며, 대담한 이론에 목표를 두어라. 그런 다음 이런 대담한 이론들을 비판적인 논의를 통해 그리고 그것들을 엄격한 시험으로 경쟁을 붙여 보자.

IX.

귀납에 대한 나의 논리적 해결책은 경쟁하는 추측들 중에서 어떤 것을 우리가 선호할 수 있다는 것이었다. 즉, 상당한 정보가 있는 추측을 그리고 제거적인 비판에 지금까지 견뎌낸 추측을 우리가 선호할 수 있다는 것이다. 이런 선호된 추측들은 선택의 결과, 즉 **인위적으로 선택 압력이 심해진 비판**이라는 부담을 받아서 가설들이 생존경쟁을 벌인 결과이다.

이것은 귀납의 심리적 문제에도 똑같이 적용된다. 어쩌면 여기서도 우리는 이른바 믿음이라 할 수 있는 경쟁 가설들에 부딪치고, 그중에서 몇몇은 제거되는 반면에, 다른 것들은 살아남지만 당분간만이다. 동물은 종종 그 믿음과 더불어 제거되며, 그렇지 않다면 동물은 그 믿음과 함께 살아남는다. 인간은 그 믿음보다 오래 사는 일이 자주 일어나지만, 그 믿음이 존속하는 한(종종 매우 짧은 시간 동안), 그 믿음은 (순간적이거나 지속적인) **행동의 기초**를 형성한다.

믿음과 행동의 선택인 이런 다윈적인 절차는 결코 비합리적인 것으로 기술될 수 없다는 점이 나의 논제이다. 그것은 귀납의 논리적 문제의 해결책과 전혀 충돌하지 않는다. 오히려 그것은 논리적 해결책을 심리적 분야로 전이한 것에 불과하다. (이것은 물론 우리가 이른바 '비합리적 믿음'에 애를 먹지 않는다는 것을 뜻하지 않는다.)

따라서 전이의 원리를 흄의 심리적 문제에 적용하면, 흄의 비합리주의 결론들은 사라진다.

X.

나는 지금까지 선호를 말하면서 오직 이론가의 — 만약 그가 가지고 있다면 — 선호만을 논의했다. 그리고 그것이 왜 더 '좋은' 이론, 즉 더 많이 시험할 수 있는 이론과 더 잘 시험된 이론을 위한 것인지를 논의했다. 물론 이론가는 어떤 선호도 갖지 않을 수 있다. 그는 흄의 논리적 문제에 대한 흄과 나의 회의적인 해결책에 절망할지도 모른다. 만약 경쟁이론 중에서 참인 이론을 발견하리라고 그가 확신할 수 없다면, 그는 기술된 방법과 유사한 어떤 방법에도 흥미가 없다고 말할 수 있다. **만약** 참된 이론이 제시된 이론들 중에 있다면, 그것은 살아남아, 선호되어, 확인된 이론일 것임을 그 방법이 확신하게끔 해준다 할지라도 그는 흥미가 없다고 말할지 모른다. 그러나 좀 더 낙천적이거나 헌신적인 혹은 좀 더 '순수한' 호기심 많은 이론가는 우리가 한 분석 때문에 계속해서 새로운 경쟁이론들을 제안하도록 고무될 수 있다. 심지어 어떤 이론이 참임을 우리가 확신할 수 없다 할지라도, 그는 경쟁이론 중의 어느 하나가 참일 수 있다는 희망에서 그렇게 할 수 있다.

따라서 순수 이론가는 하나의 행동 방식보다 많은 방식을 지니게 된다. 그리고 만약 이론가의 호기심이 우리가 하는 모든 시도의 어쩔 수 없는 불확실성과 불완전함에 대한 절망보다 크기만 하면, 그는 시행과 오류 제거의 방법과 같은 방법을 선택할 것이다.

그것은 실용적으로 행동하는 사람으로서의 이론가와 다른 점이다. 왜냐하면 실용적으로 행동하는 사람은 **행동을 하지 않는 것조차도 일종의 행동인 이상**, 항상 다소 확실한 몇몇 대안들 중에서 선택을 해야 하기 때문이다.

하지만 모든 행동은 일련의 예상, 즉 세계에 관한 이론들의 집합을 전제하고 있다. 행동하는 사람은 어느 이론을 선택하는가? **합리적인 선택**과 같은 것이 존재하는가?

이것은 우선 다음과 같이 정식화할 수 있는 **귀납에 대한 실용적인 문제**로 우리를 이끌어 간다.

(1) 합리적인 관점에서 우리는 실천적인 행동을 위해 어떤 이론에 의존해야 하는가?

(2) 합리적인 관점에서 우리는 실천적인 행동을 위해 어떤 이론을 선호해야 하는가?

(1)에 대한 나의 답변은 이렇다. 합리적 관점에서 우리는 어떤 이론에도 의존하지 않아야 한다. 왜냐하면 어떤 이론도 참임을 보여주지 못했거나, 참인 것(혹은 '신뢰할 만한 것')이라 입증될 수 없기 때문이다.

(2)에 대한 나의 답변은 이렇다. 우리는 가장 잘 시험된 이론을 행동의 기초로서 **선호**해야 한다.

달리 말해서, '절대적인 신뢰'가 있는 것은 전혀 없지만, 그러나 우리는 선택을 **해야 하기** 때문에, 가장 잘 시험된 이론을 선택하는 것이야말로 '합리적'일 것이다. 이것이 내가 아는 한 '합리적'이라는 말의 가장 분명한 의미일 것이다. 가장 잘 시험된 이론이란 우리의 **비판적 논의**의 견지에서 보면 지금까지 가장 좋은 것으로 나타난 이론이다. 그리고 나는 옳게 행해진 비판적 논의를 가장 '합리적'인 것이라 알고 있다.

이런 논점을 충분히 이해시키지 못한 것 같기 때문에, 나는 여기서 그것을 데이비드 밀러(David Miller)가 나에게 제안했던 약간 새로운 방식으로 다시 진술해 보겠다. 우리가 어떤 이론을 '사용하'거나 '선택하'는지에 관해 혹은 우리의 실천적 행동을 어떤 이론에 기초하고 있는지에 관해 잠시 잊고, 오직 어떤 결과로서 생긴 **제안**이나 **결정**만을(X를 행하는 것, X를 하지 않는 것, 아무것도 하지 않는 것 등등) 고려해 보자. 이런 제안을 합리적으로 비판할 수 있기를 우리는 바란다. 그리고 만약 우리가 합리적 행위자라면, 우리는 그 제안이 가능한 한에서 우리가 소집할 수 있는 극히 어려운 시험에도 살아남기를 원할 것이다. **하지만 이런 비판은 우리가 갖고 있는 가장 잘 시험된 과학이론들을 자유롭**

게 이용할 것이다. 결과적으로 이런 이론들을(그 이론들이 어디에 관계하고 있는지를 나는 부언할 필요가 거의 없다) 무시하는 제안은 어떤 것도 비판에 견디지 못해 붕괴할 것이다. 그럼에도 어떤 제안이 남아 있다면, 그 제안을 채택하는 것은 합리적일 것이다.

내가 보기에 이것은 결코 동어반복이 아닌 것 같다. 실제로 앞 단락의 고딕체 문장을 의심함으로써 그 점을 환기시킬 수 있다. 왜 합리적 비판은 가장 잘 시험된 그러나 상당히 신뢰할 수 없는 이론들을 이용하는가? 하지만 그 대답은 전술한 것과 정확히 똑같다. 현대 의학의(예컨대, 골상학의 용어가 아닌) 관점에서 실용적 제안을 비판하기로 결정하는 것은 그 자체가 일종의 '실용적' 결정이다(여하튼 그것은 실용적인 결론들을 내릴 수 있다). 따라서 합리적 결정이란 항상 이렇다. 엄격한 비판을 견뎌낸 비판적 방법들을 채택하라.

물론 여기에는 무한소급이 있지만, 명백히 해를 끼치지 않는 무한소급이다.

그런데 나는 특히 행동의 기초로 가장 잘 시험된 이론을 선택하는데, 우리가 어떤 의미에서 그 이론에 '의존한다'는 것을 부인하고 (혹은 그것에 관해서 주장하고) 싶지는 않다. 그러므로 어떤 의미에서 이용할 수 있는 **가장** '신뢰할' 만한 이론으로 그것을 기술할 수도 있다. 하지만 이것은 그 이론이 신뢰할 만한 것이라고 말하는 것이 아니다. 심지어 실용적 행동에서도 그 이론과 우리의 예상에 무엇인가 잘못될 수 있는 가능성을 예견하는 데 우리가 항상 성공할 것이라는 의미에서는 적어도 그 이론은 '신뢰할 만한' 것이 아니다.

그렇지만 실용적 문제 (1)에 대한 부정적인 답변에서 우리가 도출하는 것은 이런 사소한 주의가 아니다. 오히려 행동의 기초로서 가장 잘 시험된 이론을 선택하는 '합리성'에도 불구하고, 이 선택이 합리적이 **아니라는** 점은 전체 문제를 이해하는 데, 특히 내가 이른바 전통적인 문제라 한 것을 이해하는 데 극히 중요하다. 그 선택이 실제로 성공한 선택일 것이라는 예상을 **지지할 타당한 이유**에 근거하고 있다는 의미에서는 합리적이지 않다. 이런 의미에서 **타당한 이유가 전혀 존재하지 않는다.** 그리고 이것은 정확히 흄의 결론이다. 이와 정반대로 우리의 물리이론이 참이라 할지라도, 실용적으로 적절한 규칙성을 지닌 우리가 아는 세계가 다음 순간 완전히 붕괴할 수 있다는 것도 분명 가능하다. 이것은 오늘날 누구에게도 분명할 것이다. 그러나 나는 히로시마 원폭 이전에 국지적, 부분적 혹은 전체적 재앙이 될 수 있는 원인이 무한히 많이[7] 있다고 말했다.

그러나 실용적 관점에서 보면, 이런 가능성들은 대부분 걱정할 가치가 없음이 분명하다. 왜냐하면 그런 가능성들과 관련해서 우리는 아무것도 할 수 없기 때문이다. 그것들은 행동의 영역을 넘어선다. (물론 인간의 행동 영역을 넘어선 재앙에 핵전쟁을 나는 포함시키지 않는다. 우리가 신의 행동에 관해 생각하는 것보다 더 많은 것을 인간의 행동에 관해 생각할 수 없기 때문에, 우리 대부분은 그저 이런 식으로, 즉 핵전쟁을 포함시키는 것으로 생각한다고 할지라도 말이다.)

우리가 물리학의 이론과 생물학의 이론은 참이라고 확신한다 할지라도, 이 모든 것은 유효하다. 하지만 우리는 그것을 모른다. 이와 정반대로 우리는 가장 좋은 이론조차 의심할 매우 타당한 이유를 지니고 있다. 그런데 이것은 당연히 재앙의 무한한 가능성에 더 이상의 무한을 더하는 꼴이다.

흄의 답변과 나의 답변을 매우 중요하게 만든 것이 바로 이런 종류의 고찰이다. 왜냐하면 왜 지식이론이 너무 많은 것을 증명하지 않도록 우리가 조심해야 하는지 이제는 매우 분명히 알 수 있기 때문이다. 더 정확히 말하면, **여하한 지식이론도 우리가 왜 사태를 설명하는 시도에서 성공하는가를 설명하려고 하지 않아야 하기 때문이다.**

우리가 성공해 왔다고 — 우리의 물리이론이 참이라고 — 가정한다 할지라도, 이 같은 성공이 거의 이루어지지 않는다는 것을 우리는 천문학에서 배울 수 있다. 우리 이론은 세계가 거의 완전히 비어 있으며, 그 빈 공간은 혼돈 상태의 방사선으로 채워져 있다고 말한다. 그리고 비어 있지 않은 거의 모든 곳이 혼돈 상태의 먼지나 기체 혹은 매우 뜨거운 별들로 — 모든 것이 지식을 습득하는 물리학적인 방법의 적용을 불가능하게 만드는 것으로 보이는 조건들로 — 채워져 있다.

지식과 규칙의 탐구가 실패하는 수많은 세계, 즉 가능세계와 현실세계가 존재한다. 그리고 심지어 우리가 실제로 과학으로부터 알게 된 세계에서도, 생명과 지식 탐구가 일어날 — 성공할 — 수 있는 조건의 발생은 거의 일어나지 않을 것처럼 보인다. 더구나 만일 여태까지 그와 같은 조건이 나타났다면, 그 조건은 우주론적으로 말하는 어떤 순간의 시간이 지난 후에는 다시 사라질 수밖에 없을 것이다.

귀납은 귀납적으로 부당하다고 내가 앞에서 말한 것은 바로 이런 의미에서이다. 다시 말해 흄의 논리적 문제에 (즉, 귀납은 부당하다는 논제에) 대해 강력한 긍정적인 어떤 답변도 역설적이라는 것이다. 왜냐하면 한편에서는, 만약 귀납이 과학의 방법이라면, 현대 우주론은 기껏해야 개략적으로 정확하기 때문이며(나는 이것을 논의하지 않는다), 다른 한편에서는, 현대 우주론은 다음과 같은 것을 우리에게 가르치고 있기 때문이다. 즉, 우리가 믿을 수 없을 정도의 우주라는 기이한 영역에서 취해진 관찰들에서 일반화하는 것은 거의 항상 전혀 부당할 것이라고 우리를 가르치고 있다는 것이다. 따라서 만일 귀납이 '귀납적으로 부당'하다면, 그것은 거의 항상 거짓인 결론에 이를 것이기 때문에, 그 귀납은 귀납적으로 부당하다.

8. 구획의 문제 (1974)

I. 과학 대 비과학

나는 이제 **구획의 문제**와 이 문제가 경험적인 내용 및 시험 가능성의 문제와 어떻게 관련되어 있는지를 설명하는 데 전념해 보겠다.

갈릴레이, 케플러, 뉴턴, 아인슈타인과 보어(Bohr)와 같은 (돌아가신 몇몇 분에 국한하여) 위대한 과학자들은 단순하지만 인상적인 과학의 관념을 나에게 제시했다. 그런 인명록을 아무리 확대한다고 할지라도, 외연적으로 과학자나 과학을 **정의하는** 것이 아님은 명백하다. 하지만 그런 관념은 지나친 간소화를 나에게 제시하고 있는데, 우리는 그로부터 많은 것을 배울 수 있다고 나는 생각한다. 과학의 모범이라고 내가 생각하고 있는 것은 바로 그런 위대한 과학자들의 작업이다. 그렇다고 내가 덜 위대한 과학자들에 대한 존경을 하고 있지 않다는 것은 아니다. 과감하다고 해야 할 정도의 부류에 들 수 있는 위대한 사람들과 과학자들도 있기 때문이다.

그러나 덜 위대한 과학자들에 대한 경의와 더불어 내가 여기서 전하고 싶은 것은 대담하면서도 낭만적인 과학의 관념과 그것으로 작업한 사람들에 관해서이다. 겸허히 진리 탐구에 일생을 바쳐 우리의 지식 성장에 전념한 사람들, 다시 말해 대담한 관념들의 모험에 자신의 삶을 바친 사람들에 대해서 말이다. 나는 기꺼이 그들과 똑같이 진리 ─ 위대한 진리 탐구에 헌신했지만 그들보다 덜 유명한 협조자들도 고려했다. 그렇지만 나는 그들 중에 과학이 그저 직업, 즉 기술에 불과했던 이들을 넣지 않았다. 거대한 문제들과 과감한 해결책들의 지나친 간소화를 통해서 깊은 감동을 주지 못했던 사람들은 제외했다.

내가 연구하고자 하는 것은 바로 이런 대담한 의미에서의 과학이다. 부차적인 결과로 응용과학에서 좀 더 겸손한 작업자들에 관해서도 많은 설명을 하는 데 우리가 도울 수 있음을 나는 발견했다.

내가 생각하기에 과학이란 다음과 같은 것이다. 정말로 타당한 이유 때문에 나는 과학을 정의하려고 하지 않는다. 단지 내가 염두에 둔 사람들과 그들의 활동들에 대해 단순히 그림을 그리고 싶을 뿐이다. 물론 그 그림은 지나친 단순화일 것이다. 이들은 대담한 관념을 가진 사람들이지만 자신들의 관념에 상당히 비판적인 사람들이다. 그들은 먼저 자신들이 어쩌면 잘못한 것이 아닌지를 발견하고자 노력함으로써 자신들의 관념이 옳은지를 발견하고자 했다. 그들은 대담한 추측과 자신들의 추측을 엄격히 비판하려고 시도하는 작업을 했다.

과학과 비과학 간의 내 구획 기준은 이 그림에 대한 단순히 논리적인 분석이다. 그것이 얼마나 좋은지 나쁜지에 대해서는 그것이 가진 산출력으로 알 수 있을 것이다.

대담한 관념들이란 새롭고 모험적인 가설들이나 추측들이다. 그리고 엄격하게 반박하는 시도는 매우 비판적인 논의와 엄밀한 경험적 시험이다.

방금 제시된 의미에서 어떤 추측이 모험적일 때는 언제인가? 그렇지 않을 때는 언제인가? 대답은 다음과 같다. 그것이 거짓일 위험이 대단히 크다면 오직 그 경우에만 모험적이다. 즉, 만약 문제들이 다른 것일 수 있고 그 당시에 다른 것같이 보일 수 있다면 그렇다.

단순한 사례를 생각해 보자. 지구보다는 오히려 태양이 우주의 중심에 정지해 있다는 코페르니쿠스나 아리스타르코스의 추측은 믿을 수 없을 만큼 모험적인 것이었다. 말하자면 그것은 거짓이었다. 왜냐하면 오늘날 누구도 태양이 우주의 중심에 (코페르니쿠스나 아리스타르코스의 의미에서) 정지해 있다는 추측을 받아들이지 않기 때문이다. 그러나 이점은 추측의 대담함은 물론 그 산출력에도 영향을 미치지 못한다. 또한 그 추측의 주된 결론 중의 하나 — 지구가 우주의 중심에 정지해 있는 것이 아니라, (적어도) 지구는 매일 운동과 연간 운동을 한다 — 는 여전히 널리 인정되고 있다. 상대성에 대해 몇 가지 오해를 했음에도 그렇다.[1]

그렇지만 내가 논의하고 싶은 것은 그 이론의 현재 수용이 아니라, 그 이론의 대담함이다. 그 추측은 그 당시 승인된 모든 견해와 **그리고** 얼핏 보면 감각들의 증거와 충돌하고 있기 때문에 대담했다. 그것은 현상의 배후에 지금까지 알려지지 않은 숨겨진 실재를 상정하고 있기 때문에 대담했다.

매우 다른 의미에서 보면 그것은 대담하지 않았다. 아리스타르코스도 코페르니쿠스도 실행 가능한 결정적 실험을 제시하지 않았기 때문에, 그 추측은 대담하지 않았다. 사실 그들은 전통적인 현상에서 어떤 것들이 잘못되었는지를 제시하지 않았다. 그들은 승인된 현상들을 그대로 내버려 두었다. 그들은 단지 그 현상을 재해석했을 뿐이었다. 그들은 새로이 관찰할 수 있는 현상을 예측함으로써 스스로 위험에 처할 생각을 하지 않았다. (이것은 코페르니쿠스에 관한 한 지나친 단순화이지만, 그러나 아리스타르코스에 대해서는 거의 확실히 참이다.)

아리스타르코스나 코페르니쿠스의 이론이 **그렇게 된 정도**를 나의 용법으로 말하면 비과학적 또는 형이상학적인 것으로 기술될 수 있다. 내용어로 코페르니쿠스가 소소한 많은 예측을 했던 정도만큼 그의 이론은 과학적이다. 그러나 형이상학적인 이론으로서도 그것은 의미가 없는 것은 아니었다. 또한 우주에 관해 새로운 대담한 견해를 제안한 점에서 그것은 새로운 과학의 탐험에 지대한 공헌을 했다.

케플러는 더 나아갔다. 그도 또한 우주의 실재에 관한 대담한 형이상학적인 견해를 가지고 있었다. 그런데 그것은 부분적으로는 코페르니쿠스의 이론에 토대를 두고 있었다. 하지만 그의 견해는 현상의 수많은 세세한 새로운 예측들을 하게끔 했다. 처음에 이 예측들은 관측들과 부합하지 않았다. 그는 그 관측들을 자신의 이론에 비추어 재해석하려고 했다. 그러나 진리 탐구에 대한 그의 몰입은 세계의 형이상학적 조화에 대한 열정보다 훨씬 더 컸다. 그래서 그는 자신이 선호했던 수많은 이론을 하나씩 포기하고, 사실들에 부합했던 다른 것들로 그 이론들을 대체할 수밖에 없다고 느꼈다. 그것은 참으로 비통한 투쟁이었다. 그의 최종 결과인 매우 중요하고 유명한 세 법칙들 — 세 번째 것을 제외하고 — 을 그는 실제로 좋아하지 않았다. 그렇지만 그것들은 그가 행한 엄격한 시험들을 견디어냈다. 그것들은 상세한 현상들에, 즉 그가 티코 브라헤(Tycho Brahe)로부터 물려받았던 관측들과 부합했다.

케플러의 법칙은 오늘날 우리가 생각하는 태양계 행성들의 실제 운동에 근사치일 만큼 훌륭하다. 심지어 그 법칙들은 그 후 발견된 멀리 떨어진 두 별 체계의 운동에도 훌륭한 근사치이다. 그러나 그것들은 단지 참인 것처럼 보인다는 것에 대한 **근사치**일 뿐이다. **그것들은 참이 아니기 때문이다.**

우리는 그것들을 새로운 이론, 즉 뉴턴의 이론과 아인슈타인의 이론에 비추어 시험을 했다. 그 이론들은 케플러의 법칙에서 조그만 일탈을 예측했다. (뉴턴 이론에 따르면 케플러의 법칙들은 두 물체 체계에 대해서만 정확하다[이 책 논문 12를 또한 보라].) 따라서 결정적인 실험들이 매우 조금씩 그러나 충분히 분명하게 케플러에 반해서 진행되었다.

케플러의 이론, 뉴턴의 이론 및 아인슈타인의 이론 중에서 가장 최근에 또한 지금까지 가장 성공적인 것은 아인슈타인의 이론이다. 나를 과학철학으로 이끈 것도 바로 이 이론이었다. 다음과 같은 점들 때문에 나는 아인슈타인의 중력이론에 관해 정말로 깊은 감명을 받았다.

(1) 아인슈타인의 중력이론은 매우 대담한 이론이었다. 그것은 근본적인 예측에서 그 당시 완전히 성공적이었던 뉴턴 이론으로부터 크게 벗어난 것이었다. (거의 믿을 수 없을 정도로 성공한 뉴턴 이론의 여타 성공에 비추어 보면, 수성 근일점의 조그만 일탈 때문에 심각하게 애를 먹은 사람은 없었다. 그 일탈이 말썽을 일으킬 것인가는 다른 문제이다.)

(2) 아인슈타인 이론의 관점에서 뉴턴 이론은 거짓임에도 (뉴턴 이론의 관점에서 케플러의 이론과 갈릴레이의 이론이 거짓임에도 훌륭한 접근이었던 것처럼) 훌륭한 접근이었다. 따라서 어떤 이론의 과학적 성격을 결정하는 것은 이론의 참이 아니다.

(3) 아인슈타인은 자신의 이론에서 세 가지 중요한 예측을 도출했는데, 이것들은 매우 다른 관찰 가능한 결과들에 대한 예측이었다. 이것들 중 두 개는 그에 앞서 어느 누구도 생각하지 못한 것이었고, 그 모두가 뉴턴 이론과는 모순되는 것이었다. 뉴턴 이론을 응용하는 분야에 그 예측들이 조금이라도 해당된다고 우리가 말하는 한에서 그렇다.

하지만 나를 매우 감동시킨 것은 아마 다음 두 가지 점이라고 할 수 있다.

(4) 아인슈타인은 이런 예측들이야말로 결정적임을 분명히 했다. 즉, 만약 그것들이 그의 정확한 이론적 계산과 일치하지 않는다면, 그 이론을 반박된 것으로 그가 간주하겠다는 것이다.

(5) 그러나 그것들이 예측된 대로 관측된다 할지라도, 그는 **자신의 이론이 거짓일** 것이라고 발표했다. 왜냐하면 그것이 뉴턴 이론보다 진리에 더 근접한 좋은 것이긴 하지만, 그것을 참인 이론으로 간주할 수 없는 이유가 있다고 그는 말했기 때문이다. 심지어 모든 예측들이 옳은 것으로 드러난다 할지라도 그렇다는 것이다. 그는 참인 이론(통일장 이론)

이 만족시켜야 할 수많은 요건을 개괄한 다음, 그의 이론은 기껏해야 아직 도달되지 못한 통일장 이론에 대한 근사치였다고 발표했다.

내친김에 케플러처럼 아인슈타인도 자신의 과학적 꿈 또는 형이상학적 꿈을 성취하지 못했다고 말할 수 있을 것이다. 이런 맥락에서 우리가 어떤 표지를 사용할지는 중요하지 않다. 오늘날 케플러의 법칙이나 아인슈타인의 중력이론이라고 우리가 말하는 것은 결코 그 창안자를 만족시키지 못한 결과물이다. 그들은 각자 자신의 꿈을 바탕으로 생이 끝날 때까지 연구를 계속했던 사람들이다. 또한 뉴턴에 관해서도 유사한 관점이 만들어질 수 있는데, 원거리 작용 이론을 인력에 대한 최종적인 설명으로 받아들일 수 있을 것임을 그는 믿지 않았기 때문이다.[2]

아인슈타인 이론은 최초로 1919년 에딩턴의 일식 실험에 의해 시험되었다. 아인슈타인은 자신의 이론이 진리라는 것에 대한 불신, 즉 그것은 진리를 향한 단지 새로운 중요한 근사치에 불과하다는 자신의 믿음에도 불구하고, 아인슈타인은 이 실험의 결과를 전혀 의심하지 않았다. 그의 이론의 내적인 정합성, 곧 내적인 논리는 그것이 미래를 향한 한 걸음이었음을 그가 확신하게끔 해주었다. 비록 그것이 참일 수 없다고 그가 생각했을지라도 말이다. 그 이래로 그것은 더 나아간 일련의 시험들 모두를 매우 성공적으로 통과했다. 그러나 몇몇 사람들은 여전히 아인슈타인 이론과 관측들 간의 일치는 (믿을 수 없을 정도로 비개연적인) 우연한 사건의 결과들일 수 있다고 생각한다. 이런 생각을 불식시키는 것은 불가능하다. 그러나 오히려 이 일치는 아인슈타인 이론이 진리에 환상적일 만큼 훌륭한 근사치의 결과일 수도 있다.[3]

내가 지금까지 간직했던 과학에 대한 그림을 다음과 같이 묘사할 수 있다.

우리에게 현상된 세계의 배후에 어떤 실재가 있다. 그것은 아마도 다층위의 실재일 것이며, 현상은 그 실재의 가장 바깥쪽 층위이다. 위대한 과학자가 한 것은 이런 내적인 실재가 무엇과 같은지를 대담하게 추정하고 모험적으로 추측하는 것이다. 이것은 신화 만들기와 유사하다. (역사적으로 우리는 이것을 추적해 볼 수 있는데, 그 예로 아낙시만드로스를 경유하여 헤시오도스에 이르는 뉴턴의 생각과 패러데이(Faraday), 보스코비치(Boscovič), 라이프니츠, 데카르트를 경유하여 아리스토텔레스와 파르메니데스에[4] 이르는 아인슈타인의 생각을 들 수 있다.) 우리는 그 대담함을 현상의 세계와 추측된 실재인 설명적 가설 간의 거리로 측정할 수 있다.

그러나 다른 특별한 종류의 대담함이 있다. 그것은 지금까지 간과되어 왔지만, 만약 추측된 실재가 (다소) 옳다면, 다시 말해 설명적인 가설이 (근사적으로) 참이라면, 현상세계가 가지고 있음에 틀림없는 **양상들을 예측하는** 대담함이다. 내가 대담한 과학적 추측에 대해 말할 때, 평소 염두에 두었던 것은 이보다 더 대담한 종류의 것이다. 그것은 바로 실재적인 위험 — 시험을 받고 반박될 위험 — 을 무릅쓴 추측의 대담함이다. 여기서 말하는 실재적인 위험이란 실재와 충돌할 위험이다.

따라서 내가 주장해 왔던 것은 바로 이런 두 번째 대담함이다. 그것은 기꺼이 시험들과 반박들을 추구하는 것 외에 '경험'과학과 비과학, 특히 과학-이전의 신화들과 형이상학을 구별해 준다.

나는 이런 제안을 (D), 즉 '**구획**'을 위한 (D)라 부를 것이다.

고딕체로 된 제안 (D)야말로 지금껏 내 철학의 중심으로 여기고 있는 것이다. 그러나 항상 나 자신의 생각에 대해 상당히 비판적이었으므로, 즉각 그 제안을 공표하기에 앞서 수년 동안 이런 특수한 관념에 잘못이 있는지를 발견하고자 나는 노력했다. 그리고 이런 비판의 주된 결과와 함께 그 관념을 내가 발표하게 되었다. 이런 비판은 나로 하여금 제안 (D)에 대한 일련의 정교함을 위해 혹은 개선을 위해 노력하게 했다. 그래서 그 정교함이나 개선은 나중에 승인된 것이 아니라, 그 제안 자체의 일부로서 그 제안과 함께 발표되었던 것이다.[5]

II. 구획 제안의 어려움

(1) 처음부터 나는 구획 기준을 **제안**이라 불렀다. 이는 부분적으로 내가 정의들을 불편하게 여겼고 또한 그것들을 싫어했기 때문이다. 정의들은 아마 편리할지라도 생략 어구이므로 불필요하거나 혹은 어떤 용어의 '본질을 말하는' 아리스토텔레스의 시도이므로 무의식적인 관습적인 독단이다[전술한 논문 6을 보라]. 만일 '과학'을 나의 구획 기준으로 정의한다면(나는 이런 일을 어느 정도 하고 있음을 인정한다), 누군가 '과학이란 참인 진술들의 전체 합이다'와 같은 다른 정의를 할 수 있을 것이다. 그런 정의의 장점들에 대한 논의는 전혀 의미가 없을 수 있다. 이 때문에 내가 여기서 거대하거나 장엄한 과학에 대해서 먼저 기술한 다음 이런 종류의 과학을 — 대략적으로 — 우리가 구획하도록 어떤 기준을 위한 제안을 하게 된 것이다. 또한 내가 말하는 구획은 개략적**이어야 한다.** (이 점이 바로 인공적인 '과학 언어'의 형식적인 어떤 의미 기준과는 매우 다른 점 중의 하나이다.) 왜냐하면 형이상학과 과학 사이의 변이는 윤곽이 뚜렷한 것이 아니므로, 어제 형이상학적인 관념이었던 것이 내일 시험할 수 있는 과학이론이 될 수 있기 때문이다. 그리고 이런 일은 자주 일어난다. (나는『과학적 발견의 논리』와 그 밖의 다른 곳에서 다양한 사례들을 제시했는데, 아마 그중 가장 좋은 사례는 원자론일 것이다.)

따라서 어려움 중의 하나는 우리 기준이 너무 뚜렷한 것이 아니어야 한다는 것이다. 그래서 나는『과학적 발견의 논리』의 '시험 가능성의 정도'라는 장에서, 이론이란 시험할 수 있는 정도로만 (앞 절의 기준 (D)의 두 번째 개선의 종류로만) 과학적이라고 주장했다.

부언하면 이것은 나중에 그 책의 가장 유익한 발견 중의 하나, 즉 경험적 내용의 정도(또는 정보적 내용의 정도)와 동일시될 수 있는 시험 가능성의 정도(또는 과학적 성격의 정도)가 존재한다는 것에 이르렀다.

(2) 앞 절의 정식 (D)는 다소 심리적인 언어로 표현된다. 그것은 상당히 개선될 수 있는데, 사람들이 이론적인 체계들이나 진술들의 체계에 관해 말한다면 그렇게 될 수 있다. 『과학적 발견의 논리』를 통해서 내가 했듯이 말이다. 이 점은 즉각 구획의 허위 기준과 연관된 문제 중의 하나를 깨닫게 했다. 우리가 허위 기준을 진술들의 **체계**에 적용한다 할지라도, 특정한 어떤 진술이나 진술들의 체계의 어떤 부분 체계가 특정한 실험적인 시험에 부쳐질 수 있는지를 우리가 말할 수 있다면 그것은 난관에 봉착할 수 있다. 그러므로 우리는 어떤 **체계**를 과학적인 혹은 경험적인 시험이 가능한 것으로 기술할 수 있다. 그 체계의 구성 부분들에 관해 우리가 전혀 확신하지 못하더라도 말이다.

뉴턴의 중력이론은 그런 사례이다. 그것은 종종 뉴턴의 운동법칙들이나 그중 어느 것이 경험적인 주장이 아니라 정의로 가정되었는지를 묻게 되었다.

나의 답변은 이렇다. 뉴턴 이론은 어떤 체계이다. **만약 우리가 그것을 반증한다면, 우리는 전 체계를 반증한 것이다.** 우리는 아마 그 법칙의 어느 하나나 다른 하나에 책임을 지울 수 있다. 그렇지만 이것은 단지 다음과 같은 것을 의미할 뿐이다. 즉, 체계 속의 어떤 변화 때문에 그것은 반증에서 벗어나게 될 것이라 우리가 추측하고 있다고 말하는 것에 불과하다. 다시 말해 어떤 대안 체계는 진리에 더 훌륭한 근사치, 곧 어떤 개선일 것이라고 추측함을 의미할 뿐이라는 것이다.

하지만 이것이 말하는 바는, 반증에 대한 책임을 어떤 부분 체계에 돌리는 것은 전형적인 가설, 즉 다른 어떤 것과 같은 정도의 추측이라는 것이다. 만약 우리가 명확한 대안적인 어떤 제안도 하지 않는다면, 그것이 어쩌면 모호한 의심에 불과할지라도 추측이라는 것이다. 또한 동일한 것이 반대로 적용된다. 어떤 부분 체계가 반증에 책임을 지지 않는다는 결정도 마찬가지로 전형적인 추측이다. 실패에 대한 책임을 귀속하거나 귀속하지 않음은 과학에서의 여느 것처럼 추측이다. 그리고 중요한 것은 새로운 대안적이며 경쟁적인 추측 체계의 제안인데, 그 체계는 반증하는 시험을 통과할 수 있다.

(3) 논점 (1)과 (2)는 대담한 추측들과 엄격한 반박들에 대한 나의 기준이 정확할지라도 간과되지 않아야 할 난관이 존재함을 예증하고 있다. 이런 종류의 원초적인 난관은 다음과 같이 기술될 수 있다. 어떤 생물학자가 모든 백조는 희다는 추측을 제시한다. 검은 백조가 호주에서 발견되었을 때, 그는 그것이 반박되지 않는다고 말한다. 그는 이 검은 백조가 새로운 종류의 새라고 주장한다. 왜냐하면 백조가 희다는 것은 **백조를 정의하는 속성의 일부**이기 때문이다. 달리 말하면 그는 반박을 회피할 수 있다. 비록 그가 잘못이었음을 인정한다면 그는 더 많이 배울 것 같다고 내가 생각할지라도 말이다.

여하튼 — 그리고 이것은 매우 중요하다 — '모든 백조는 희다'는 이론은 적어도 다음과 같이 분명한 논리적인 의미에서 반박될 수 있다. 그것은 적어도 한 마리 희지 않은 백조가 있음을 받아들인 누군가에 의해 반박된 것으로 공표되어야 한다.

(4) 이 사례에 함유된 원리는 매우 원초적인 것이긴 하나, 그것은 많은 응용을 갖고 있다. 오랫동안 화학자들은 원자 무게, 녹는점 및 유사한 속성을 물질의 **속성들을 정의하는** 것으로 간주하는 성향을 갖고 있었기 때문이다. 빙점이 섭씨 0도와 다른 물은 존재할 수 없다. 빙점이 다른 것은 다른 측면에서 물과 유사하더라도 물은 아닐 것이다. 그러나 만약 이것이 옳다면, 나의 구획 기준에 따라 '물은 섭씨 0도에서 언다'는 과학적 진술이나 경험적인 진술이 아닐 것이다. 그것은 동어반복 — 어떤 정의의 일부 — 이다.

분명히 여기에는 나의 구획 기준이 반박되거나 빙점이 섭씨 0도와 다른 물을 발견할 가능성을 우리가 인정해야 하는 문제가 있다.

(5) 물론 나는 두 번째 가능성을 주장하며 또한 이런 단순한 예로부터 우리는 나의 제안 (D)의 이점에 관해 많을 것을 배울 수 있다고 나는

주장한다. 이를 위해 빙점이 다른 물을 우리가 발견했다고 가정하자. 우리는 이것을 여전히 '물'이라고 부를 것인가? **이런 물음은 전혀 적절하지 않다고 나는 주장한다.** 과학적 가설은 화학적이면서 물리적인 속성들의 목록을 상당히 갖고 있는 액체가 (당신이 그것을 무엇이라 부르든) 섭씨 0도에서 언다는 것이었다. 만일 끊임없이 결합될 것이라 추측된 이런 속성들 중 어떤 것이 실현되지 않는다면, **우리가 틀린 것이다.** 따라서 **새롭고 흥미 있는 문제들이 개시된다.** 그중 가장 보잘것없는 것은 우리가 문제의 액체를 '물'이라고 계속 불러야 하는지 아닌지이다. 이것은 순전히 인위적이거나 관습적이다. 그러므로 나의 구획 기준은 이런 사례로 반박되지 않을 뿐만 아니라, 우리가 과학을 위해 중요한 것과 인위적이고 부적절한 것을 발견하도록 도와준다.

(6) 『과학적 발견의 논리』 맨 처음 장에서 설명했듯이 우리는 항상 반박을 당하면 회피적인 책략을 채택할 수 있다. 역사적인 이유들 때문에 나는 애초 이런 책략들을 '규약적인 전략들'(혹은 왜곡들)이라고 불렀지만, 지금은 그것들을 '**면역 전략들이나 책략들**'[6]이라 하고 있다. 우리는 언제나 어떤 이론에다 반박을 면하게 해줄 수 있다. 그와 같은 회피적인 면역 책략들은 많이 있다. 그리고 만약 우리가 더 좋은 어떤 것도 떠올리지 못하면, 우리는 항상 반박하는 관찰의 객관성을 — 심지어 그 존재를 — 부인한다. (갈릴레이의 망원경을 통해서 본 것을 **거부했던** 사람들을 상기하라.) 재미있지만 예기치 못한 무엇인가를 배우는 데 관심을 쏟기보다 올바른 것에 관심을 더 둔 지성인들도 결코 예외가 되지 못한다.

(7) 지금까지 논의했던 어떤 난관도 매우 심각한 것은 아니다. 지적인 정직함이 미약했기 때문에 그 난관을 극복하는 데 먼 길을 걸어온 것처럼 보인다. 대체로 이것은 참이다. 그러나 이런 지적인 정직함을 논리적인 말로 어떻게 기술할 수 있는가? 나는 그것을 『과학적 발견의 논리』에서 **방법의 규칙**이나 **방법론적인 규칙**으로서 '반증을 회피하려고 노력

하지 말고, 반증에 노출되도록 하라!'고 기술했다.

(8) 그렇지만 나는 좀 더 자기비판적이었다. 나는 먼저 그런 방법의 규칙은 — 구획의 문제처럼 — 필연적으로 어느 정도 모호한 것임에 주목했다. 만약 당신이 **기어코** 반증을 회피한다면, 당신은 내가 말하는 의미에서 과학을 포기하는 것이라고 사람들은 분명하게 말할 수 있다. 더구나 나는 또한 비판을 반박하는 것에 관해 너무 민감한 것도 마찬가지로 위험한 것임을 알았다. 매우 제한적일지라도 독단을 위한 정당한 부분도 있다. 외견적인 반박에 직면해서 너무 쉽게 자신의 이론을 포기하는 사람은 결코 그의 이론에 고유한 가능성을 발견하지 못할 것이다. **과학에는 논쟁할 여지가 있다.** 즉, 공박하고 그래서 또한 변호할 여지가 있다는 것이다. 우리가 그런 가능성을 옹호하고자 한다면, 오직 그 경우에만 우리 이론들에 있는 다른 모든 가능성을 우리는 배울 수 있을 것이다. 언제나 그랬듯이 과학은 추측이다. 당신이 좋아하는 이론을 지지하기를 멈추었을 때, 그리고 새로운 이론을 시도하려고 할 때는 추측을 해야 한다.

(9) 그래서 나는 '반박을 추구하고 독단적으로 당신의 이론을 결코 옹호하지 마라'라는 단순한 규칙을 제시하지 않았다. 하지만 그것은 어떤 대가를 치르는 독단적인 옹호보다 훨씬 좋은 충고였다. 진리란 우리가 꾸준히 비판적이어야 한다는 것, 우리 자신의 이론들에 관해 자기비판적이어야 한다는 것, 또한 우리 자신의 비판에 관해 자기비판적이어야 한다는 것이다. 그리고 우리가 결코 문제를 회피하지 않아야 한다는 것도 물론 진리이다.

그렇다면 이것은 대체로 (D), 즉 구획 기준의 **방법론적인 형식**이 된다. 비판될 수 있는 이론들을 제안하라. 가능한 결정적인 반증 실험 — 결정적인 실험들에 관해 생각하라. 그러나 당신의 이론을 너무 쉽게 포기하지 마라. 당신은 당신의 비판을 비판적으로 검토하기 전에는 어쨌든 포기하지 마라.

III. 경험과학 이론과 비과학적 이론

나의 구획 기준 (D)와 연관된 난관은 중요하지만 과장되지 않아야 한다. 그것은 모호한데, 왜냐하면 그것은 방법론적인 규칙이며 또한 과학과 비과학 사이의 구획이 모호하기 때문이다. 하지만 그것은 한편에는 물리적인 많은 이론과 다른 한편에는 심리분석과 같은 형이상학적 이론이나 (현재의 형식에서) 마르크스주의를 예리하게 구별하는 데 충분하다. 물론 이것은 나의 주된 논제 중의 하나이며 그것을 이해하지 못한 사람은 누구도 나의 이론을 이해했다고 말할 수 없다.

첨언하면 마르크스주의가 처한 상황은 심리분석이 가진 상황과는 전혀 다르다. 그것은 자본주의는 비참함을 증가시키며 다소 온화한 혁명을 통해 사회주의에 이를 것이라 예측했다. 그것은 기술적으로 고도로 발전된 나라들에서 이런 일이 일어날 것이라고 예측했다. 또한 그것은 '생산수단의 기술적 혁신'은 사회적, 정치적 또한 이데올로기적인 발전에 이를 것이라 예측했다. 그것은 역으로 진행하지 않는다.

그러나 (소위) 사회주의 혁명은 기술적으로 뒤떨어진 나라들에서 먼저 일어났다. 그리고 러시아가 새로운 이데올로기를 산출하는 생산수단 대신, 산업화와 더불어 추진해야 한 것이 바로 레닌과 스탈린의 이데올로기였다('사회주의란 충격이 덧붙여진 프롤레타리아 계급의 독재이다'). 그런데 러시아의 산업화는 생산수단들의 새로운 발전을 촉진시켰다.

따라서 사람들은, 마르크스주의는 한때 과학이었지만 그 예측과 충돌을 일으켰던 몇 가지 사실 때문에 반박된 과학이었다고 말할지도 모르겠다(나는 그저 여기서 이런 사실들 약간을 언급했을 뿐이다).[7]

하지만 마르크스주의는 더 이상 과학이 아니다. 왜냐하면 그것은 우리가 반증을 받아들여야 하는 방법론적 규칙을 어겼기 때문이다. 그리고 그것은 스스로 그 예측의 가장 노골적인 반박들을 무력하게 했다. 그

때부터 마르크스주의는 그저 비과학으로 기술될 수 있을 뿐이다. 다시 말해 원한다면 참혹한 실재와 결혼한 형이상학적인 꿈으로 기술될 뿐이다.

심리분석은 전혀 다른 경우이다. 그것은 흥미로운 심리학적 형이상학이긴 하지만(그리고 형이상학적 관념에 종종 약간의 진리가 있는 것처럼 그것에도 약간의 진리가 있음은 틀림없지만), 그것은 결코 과학이 아니었다. 프로이트적인 사례나 아들러적인 사례에 해당하는 사람들은 많이 있을 수 있다. 프로이트 자신도 분명히 프로이트적인 경우였으며, 아들러(Adler)도 마찬가지였다. 그러나 여기서 기술된 의미에서 그들의 이론은 과학이 되지 못한 것은 매우 단순한데, 그 이론들은 물리적으로 가능한 인간의 어떤 행동도 배제하지 않았다는 점이다. 누군가가 무슨 행동을 하든 원리적으로 프로이트적인 용어나 아들러적인 용어로 해명할 수 있다는 것이다. (아들러가 프로이트와 관계를 단절함은 프로이트적이기보다 더 아들러적이었으나, 프로이트는 그것을 자신의 이론에 대한 반박으로 간주하지 않았다.)

논점은 매우 분명하다. 프로이트와 아들러는 모두 외부 상황이 어떻든 간에 특수한 방식으로 특정한 개인의 어떤 행동도 배제하지 않았다. 물에 빠진 아이를 구하기 위해 어떤 사람이 목숨을 아끼지 않았는지(승화의 사례), 혹은 그 아이를 빠져 죽게 함으로써 그는 아이를 살해했는지(억압의 사례)를 프로이트 이론은 아마도 예측할 수 없거나 배제할 수 없을 것이다. **그 이론은 일어날 수 있는 모든 것과 ─ 심지어 특수한 어떤 면역성도 다루지 않고 ─ 양립할 수 있었다.**

따라서 마르크스주의는 어떤 면역 전략을 채택함으로써 비과학이 되었던 반면에, 심리분석은 출발부터 면역되었으며 그렇게 남아 있었다.[8] 이와는 대조적으로 대부분의 물리적 이론들은 면역 전략에서 꽤 벗어나 있으며, **출발부터 상당한 정도로 반증될 수 있다는 것이다.** 원칙적으로 **물리적 이론은 생각할 수 있는 가능성의 무한함을 배제했다.**

물론 나의 구획 기준에 대한 주요한 의의는 이런 차이들을 지적하는 것이었다. 그리고 그것은 어떤 이론의 경험적 내용은 그 이론이 배제했던 수많은 가능성에 의해 측정될 수 있다는 이론을 내가 펴게끔 해주었다(만약 합리적으로 비면역적인 방법론이 채택된다면 말이다).

IV. 임시방편 가설과 보조 가설

반박을 모면하거나 회피하는 중요한 하나의 방법이 있다. 그것은 보조 가설들이나 **임시방편** 가설들의 방법이다.

우리의 추측 중 어떤 것이 잘못된 것이라면, 예컨대 만약 천왕성이 뉴턴 이론의 조건과 똑같이 운동하지 않는다면, **우리는 그 이론을 바꿔야 한다.** 하지만 거기에는 두 가지 종류의 중요한 변화, 즉 **보수적인 변화와 혁신적인 변화**가 있다. 그리고 보수적인 변화에는 다시 **임시방편 가설**과 **보조 가설** 두 가지가 있다.

천왕성의 운동이 간섭을 받은 경우에 채택된 가설은 부분적으로만 혁신적이다. 왜냐하면 추측되었던 것은 뉴턴의 운동법칙에 영향을 주지는 않았지만 훨씬 오래된 '세계의 체계'에는 영향을 미쳤던 어떤 것, 즉 새로운 행성의 존재였기 때문이다. 새로운 추측은 임시방편적이라기보다는 보조적이었다. 그것을 도입하기 위한 임시방편적인 이유가 오직 하나만 있을지라도, 그것을 **독립적으로 시험할** 수 있었기 때문이다. 새로운 행성(해왕성)의 위치가 계산되었으며 그 행성은 광학적으로 발견되었다. 그것은 천왕성의 편차들을 완전히 설명해 주고 있는 것임을 알게 되었다. 그래서 보조 가설은 뉴턴적인 이론 틀 내에 존속했고, 없어질 위기에 처했던 반박은 널리 알려진 성공으로 변모하게 되었던 것이다.

내가 어떤 추측을 '임시방편'이라 한 것은 이런 경우이다. 만약 그것이 어떤 특별한 난관을 설명하기 위해 (전술한 추측처럼) 도입되었다면, 그러나 만약 (전술한 것과 대조적으로) **그것이 독립적으로 시험될 수**

없는 경우라면 그것은 임시방편적이다.

방법론에서의 여느 것처럼 임시방편 가설과 보수적인 보조 가설의 차이는 약간 모호한 것임이 분명하다. 파울리(Pauli)는 너무 의식적으로 중성자 가설을 임시방편 가설로 도입했다. 애당초 그는 언젠가 독립적인 증거가 발견될 것이라는 희망을 전혀 가지고 있지 않았다. 왜냐하면 그 당시 이것은 실천적으로 불가능해 보였기 때문이다. 따라서 우리는 여기서 임시방편적인 가설의 사례를 갖고 있었다. 그런데 지식의 성장과 더불어 그것은 임시방편적인 성격을 벗어 버리게 되었다. 여기서 우리는 또한 임시방편 가설에 반대하는 너무 엄격한 명령을 공표하지 않아야 한다는 경고도 갖게 되었다. 형이상학적 가설에도 일어날 수 있듯이 결국 임시방편적 가설을 시험할 수 있게 되었다. 그러나 일반적으로 우리의 시험 가능성 기준은 임시방편 가설을 반대하도록 경고를 해주고 있다. 파울리는 처음에 중성자가 전혀 마음에 들지 않았다. 새로운 방법이 그것의 존재를 위한 독립적인 시험들을 제공하지 않았다면, 그것은 결국 십중팔구 포기되었을 것이기 때문이다.

임시방편 가설들, 즉 그 당시 시험할 수 없는 보조 가설들은 특별한 어떤 반박으로부터 어떤 이론을 구제할 수 있다. 그렇지만 이 말은 우리가 좋아하는 한 임시방편 가설과 함께 계속 갈 수 있다는 것을 의미하지 않는다. 그것은 시험할 수 있게 된다. 그리고 부정적인 시험이 그것을 포기하거나 새로운 이차적인 임시방편 가설을 도입하고 또 **무한히** 도입하도록 우리를 강요할 수 있다. 사실 이것은 우리가 거의 언제나 회피할 일이다. (나는 방법론적인 규칙은 확정된 것이 아니기 때문에 '거의'라고 말한다.)

더구나 임시방편 가설로 사물들을 말할 가능성은 과장되지 않아야 한다. 설령 어떤 종류의 면역 전략, 예를 들어 반박을 무시하는 것과 같은 전략은 항상 가능할지라도, 이런 방식으로는 회피할 수 없는 반박이 많이 있기 때문이다.

II부 **과학철학**

9. 과학적 방법 (1934)

다음 쪽들에서 전개된 이론은 직접적으로는 귀납논리라는 생각을 갖고 작업하는 모든 시도와 대립된다. 그것은 시험의 연역적인 방법의 이론으로 기술될 수 있거나, 가설은 제출된 **후**에만 오직 경험적으로 시험될 수 있을 뿐이라는 견해로 기술될 수 있다.

내가 ('귀납주의'와는 대조적으로 '연역주의'라 부를 수 있는[1]) 이 견해를 정교히 하기에 앞서, 우선 **지식심리학**과 **지식논리학**의 차이를 명료히 해야 한다. 전자는 경험적인 사실을 다루고 있는데, 후자는 논리적인 관계에만 연관되어 있다. 귀납논리학에 대한 믿음은 대체로 심리학적인 문제와 인식론적인 문제를 혼동하고 있기 때문에 일어난다. 그런데 이런 혼동은 지식논리학뿐만 아니라 지식심리학에서도 골칫거리가 됨을 주목할 가치가 있다.

I. 심리학주의의 제거

나는 앞에서 과학자가 할 일은 이론들을 제출하여 시험하는 데 있다고 말했다.

최초 단계인 이론을 생각하거나 창안하는 행동은 내가 보기에 논리적 분석을 요구하지도 않으며, 그 이론을 의심하지도 않는 것 같다. 새로운 생각이 사람에게 어떻게 떠올랐는가 하는 물음은 — 그것이 음악의 주제든, 극의 갈등이든 혹은 과학적 이론이든 간에 — 경험심리학에서는 중요한 것일 수 있다. 그렇지만 그것은 과학 지식의 논리적 분석에는 적합하지 않다. 후자는 **사실에 대한 물음들**과(칸트의 사실의 문제?) 연관된 것이 아니라, **정당화**나 **타당성**의 물음들과(칸트의 **정당화 문제**?) 연관되어 있다. 그 물음들은 다음과 같은 종류의 것이다. 어떤 진술이 정당화될 수 있는가? 또한 만약 그렇다면 어떻게? 그 진술은 시험할 수 있는가? 그것은 논리적으로 다른 어떤 진술들에 의존하는가? 그렇지 않다면 그 진술은 혹시 다른 진술과 모순되는가? 어떤 진술이 이런 방식으로 논리적으로 검토될 수 있기 위해서 그것은 미리 우리에게 제시되어 있어야 한다. 누군가가 그것을 정식화한 다음에 논리적 검토를 받도록 해야 한다.

　　따라서 나는 새로운 관념을 고안하는 과정과 그것을 논리적으로 검사하는 방법과 결과를 예리하게 구분해 보겠다. 지식논리학의 과제에 관해서 — 지식심리학과 구별하여 — 나는 다음 가정에 따라 진행해 볼 것이다. 만약 그 과제를 진지하게 생각해야 한다면, 그것은 오직 모든 관념이 받아야 하는 체계적인 시험들에 도입된 방법을 조사하는 데 있다는 것이다.

　　어떤 사람들은 다음과 같이 반대할 수 있다. 과학자로 하여금 어떤 발견 — 어떤 새로운 진리의 발견 — 에 이르게 한 단계들에 대한 이른바 **'합리적 재구성'**을 만들어내는 것을 인식론의 과제로 간주하는 것이 더 적절하다. 그러나 정확히 우리는 무엇을 재구성하고자 하는가가 문제이다. 만약 재구성되어야 할 것이 어떤 영감의 자극과 표출에 포함된 과정이라면, 나는 그것을 지식논리학의 과제로 여기기를 거부할 것이다. 그런 과정은 경험심리학의 관심사이지 논리학의 관심사가 아니다. 만일 영감이 어떤 발견이라고 알게 되거나 지식으로 알려지게 되는 **뒤이은 시험들**을 합리적으로 우리가 재구성하고자 한다면, 그것은 다른 문제가 된다. 과학자가 비판적으로 자신의 영감을 판단하고, 변경하고, 혹은 기각하는 한에서, 아마 여기서 착수된 방법론적 분석을 상응하는 사유 과정에 대한 일종의 '합리적 재구성'으로 간주할 수 있다. 하지만 이 재구성은 이런 과정들이 실제로 일어난 것으로 그 과정들을 기술하지 않을 것이다. 그 재구성은 시험 절차에 대한 논리적 개요만을 제공할 수 있을 뿐이다. 그러나 어쩌면 이것이야말로 우리가 지식을 획득하는 방식들의 '합리적 재구성'에 관해 사람들이 말하는 바의 의미일 것이다.

지금 나의 논증은 이런 문제와 전혀 무관하다. 하지만 그 문제에 대한 내 견해는 이렇다. 진위 여부를 잘 모르지만 새로운 관념을 아는 논리적 방법이나 이런 과정에 대한 논리적 재구성과 같은 것은 없다는 것이다. 내 견해는 각각의 모든 발견은 베르그송이 말한 의미에서 '비합리적인 요소'나 '창조적 직관'을 포함하고 있다고 말하는 것으로 표현될 수 있다. 유사한 방식으로 아인슈타인은 '세계의 모습이 순수 연역에 의해 획득될 수 있는 상당히 보편적인 법칙들을 추구하는 것에 관해' 말하고 있다. 그는 '이런 … 법칙들에 이르는 논리적인 길은 없다. 그것들은 단지 직관에 의해 도달될 수 있을 뿐인데, 그 직관은 경험 대상에 대한 지적인 사랑(**감정이입**, *Einfühlung*)과 같은 무엇을 토대로 하고 있다'고 말한다.[2]

II. 이론들의 연역적인 시험

여기서 제시된 견해에 따르면, 이론들을 비판적으로 시험하고 시험 결과에 따라 이론들을 선택하는 방법은 항상 다음과 같은 경로로 진행한다. 시험적으로 발표되었지만 아직 어떤 방식으로 정당화되지 않은 새로운 관념 — 어떤 예상, 가설, 이론적 체계 혹은 당신이 뜻하는 것 —

에서 결론들이 논리적 연역에 의해 얻어진다. 그런 다음 이런 결론들은 서로 비교되며 또한 관계있는 다른 진술과 비교된다. 그것은 결론들 사이에 어떤 논리적 관계(예를 들면, 동치, 도출 가능성, 양립 가능성 혹은 비양립성)가 있는지를 발견하기 위해서이다.

우리가 원한다면 어떤 이론을 시험할 수 있는 네 가지 상이한 경로를 우리는 구별할 수 있다. 첫째, 결론들 상호간의 논리적 유사함이 있는데, 그것에 의해 체계의 내적인 일관성이 시험된다. 둘째, 이론의 논리적 형식에 대한 조사가 있다. 경험적 이론이나 과학적 이론의 성격을 그것이 갖고 있는지, 혹은 예컨대 동어반복인지를 결정하는 목적을 갖고 있다. 셋째, 그 이론이 다양한 시험들에도 살아남는다면, 그것이 과학의 발전을 조성하는지를 결정하는 목표와 다른 이론과의 비교가 있다. 그리고 마지막으로 이론에서 도출될 수 있는 결론의 경험적 응용들을 통해서 그 이론을 시험하기가 있다.

마지막 종류의 시험을 하는 목적은 그 이론의 새로운 결론이 — 그 이론의 주장에 새로운 것이 무엇이든지 간에 — 얼마나 실행의 요건들을 견뎌내는지를 아는 것이다. 그런데 그런 요건들은 순전히 과학적 실험에 의해 제기되거나, 아니면 실용적인 기술적 응용에 의해 제기된다. 여기서도 또한 시험 절차는 연역적인 것으로 판명된다. 이전에 승인되었던 다른 진술의 도움을 받아 어떤 단칭 진술 — 우리가 '예측'이라고 부르는 — 이 그 이론에서 연역된다. 특히 쉽게 시험하거나 적용할 수 있는 예측이 연역된다. 이런 진술에서 현행 이론으로부터 도출할 수 없는 진술이 선택되며 또한 특히 현행 이론과 모순인 진술은 더 많이 선택된다. 다음으로 도출된 이런 (그리고 다른) 진술들에 관한 결정을 우리는 모색한다. 실용적인 적용과 실험의 결과를 그 진술들과 비교함으로써 그렇게 한다. 만약 이런 결정이 긍정적이라면, 다시 말해 단칭 결론이 승인되거나 **검증된** 것으로 판명되면, 그러면 그 이론은 당분간 시험을 통과한 것이 된다. 우리가 그 이론을 버릴 어떤 이유도 갖고 있지 않기 때문이다. 그러나 만일 그 결정이 부정적이라면, 달리 말해 결론들이 **반증되면**, 그러면 결론들의 반증 또한 그 이론을 반증한다. 왜냐하면 그 이론에서 그것들이 논리적으로 연역되었기 때문이다.

긍정적 결정은 단지 그 이론을 일시적으로 지지할 뿐임을 주목해야 한다. 왜냐하면 후속하는 부정적 결정은 항상 그것을 뒤엎을 수 있기 때문이다. 어떤 이론이 세밀하고 엄격한 시험들을 견뎌내고 과학이 발전하는 과정에서 다른 이론으로 대체되지 않는 한에서 우리는 다음처럼 말할 수 있다. 그 이론이 '투혼을 발휘했다'거나 과거 경험에 의해 '**확인되었다**'[3]고 말이다.

귀납논리를 닮은 것은 어떤 것도 여기서 약술된 과정에 나타나지 않는다. 나는 결코 단칭 진술의 참에서 이론의 참을 논증할 수 있다고 가정하지 않는다. '검증된' 결론에 의해 이론이 '참인' 것으로, 심지어 단순히 '개연적인' 참으로 입증될 수 있다고 나는 생각하지 않는다. 그리고 연역적 시험 방법에 대한 좀 더 상세한 분석은 통상 '**인식론적**'이라고 하는 모든 문제를 다룰 수 있음을 보여주고 있다. 특히 귀납논리가 일으킨 그런 문제들을 제거할 수 있는데, 그 문제들 대신에 새로운 문제들을 창출하지 않고도 제거될 수 있다는 것이다.

III. 방법론적인 결정이 필요불가결한 이유

전술한 내 제안에 따르면 인식론이나 과학적 발견의 논리는 과학의 방법론과 동일시되어야 한다. 방법론은 **방법들의 선택** — 과학적 진술들을 다루어야 할 방식에 관한 결정 — 과 관련되어 있다. 단, 그것은 과학적 진술들 간의 관계에 대한 논리적 분석을 넘어서는 한에서이다. 물론 이런 결정은 순서상 수많은 가능한 목표 중에서 우리가 선택하는 목표에 의존할 것이다. 내가 이른바 '경험적인 방법'에 대한 적합한 규칙을 마련하고자 여기서 제안한 결정은 내 구획 기준과 밀접히 연관되어 있다[전술한 논문 8의 I절을 보라]. 내가 제안하는 것은 과학적 진술의 시험 가능성을 보증할 것 같은 규칙을 채택하자는 것이다. 말하자면 과학 진술의 반증 가능성을 규칙으로 선택할 것을 제안한다. 과학적 방법의 규칙들이란 무엇이며, 왜 우리는 그것들을 필요로 하는가? 그런 규칙들의 이론, 즉 방법론이 존재할 수 있는가?

이런 물음들에 사람들이 대답하는 방식은 대체로 과학에 대한 자신들의 태도에 의존할 것이다. 실증주의자처럼 경험과학을 의미 있음이나 검증 가능성과 같은 어떤 **논리적 기준**을 만족하는 진술들의 체계로서 보는 사람들도 하나의 답변을 할 것이다. 진술을 수정하는 데 민감함에서 경험적 진술을 구별하는 특징을 보려고 하는 성향인 사람들은 (나처럼) 매우 다른 답변을 할 것이다. 달리 말해 진술들을 비판하고 더 좋은 진술로 대체할 수 있다는 사실에 그 특징이 있다고 보는 사람들은 전혀 다른 답변을 한다. 또한 이들은 과학 발전의 특징적인 능력을 분석하는 것과 이론의 경쟁 체계들에서 결정적인 경우에 어떤 선택을 하는 특징적인 방식을 분석하는 것을 바로 자신들의 과제라고 생각한다.

나는 기꺼이 이론을 순수하게 논리적으로 분석할 필요가 있음을 인정한다. 즉, 이론이 어떻게 변하고 발전하는지를 전혀 고려하지 않는 분석이 필요하다. 하지만 이런 종류의 분석은 내가 개인적으로 높이 평가하는 경험과학의 양상들을 설명하지 못한다. 고전역학과 같은 체계는 당신이 좋아하는 어떤 정도에서만 '과학적'일 수 있다. 그러나 그것을 독단적으로 지지하는 사람들은 — 아마도 **결정적으로 오류가 입증되지** 않는 한 비판에 맞서 그런 성공적인 체계를 옹호하는 것이 자신의 일이라고 믿는 사람들은 — 내가 생각하는 과학자에게 바람직한 태도인 비판적 태도와는 완전히 상반된 태도를 채택하고 있다. 사실 이론의 결정적인 반증이 지금껏 이루어진 적은 없다. 왜냐하면 실험적인 결과가 신뢰할 수 없다고 말하는 것은 항상 가능하기 때문이다. 또한 실험적인 결과와 이론 사이에 존재하는 불일치점들은 단지 외견적일 뿐이며, 우리 이해의 발전과 함께 그것들은 사라질 것이라고 항상 말할 수 있기 때문이다. (아인슈타인과 맞붙어 싸우는, 이런 논변들 모두가 뉴턴 역학을 지지하는 데 종종 사용되었으며, 사회과학의 분야에서는 이와 유사한 논변이 많이 있다.) 만약 당신이 경험과학에서 엄격한 증명(엄격한 반증)을 강력히 주장한다면, 당신은 경험으로부터 어떤 득도 보지 못할 것이며 당신이 얼마나 잘못됐는지도 결코 배울 수 없을 것이다.

그러므로 만일 우리가 경험과학을 단순히 진술의 형식적 구조나 논리적 구조에 의해서만 규정한다면, 경험과학에서 다음과 같은 점을 제거할 수 없을 것이다. 쓸모없어진 과학이론을 논쟁의 여지가 없는 진리로 부상시키는 데서 기인한 형이상학의 유행 형식이 바로 그것이다. 나는 그런 이유들 때문에 경험과학은 그 방법에 의해 규정되어야 한다고 제안했다. 다시 말해 과학적 체계를 다루는 방식을 통해서, 그리고 우리가 그 체계를 갖고 행하는 것과 그 체계를 위해 우리가 행하는 것을 통해서 규정되어야 한다는 것을 제시했다. 따라서 나는 여기서 이해된 의미의 규칙들이나, 원한다면 규범들을 확립해 보도록 하겠다. 그런데 그것들은 과학자가 탐구나 발견에 종사할 때 안내하는 지침이 된다.

IV. 방법론에 대한 자연주의적 접근

내 견해와 실증주의자의 견해 사이의 확고한 차이에 관해 앞 절에서 내가 시사했던 것을 약간 부연할 필요가 있다.

실증주의자는 '실증적' 경험과학의 영역 외부에 의미 있는 문제들 — 진정한 철학이론들이 다루는 문제들 — 이 있어야 한다는 생각을 싫어한다. 그는 진정한 지식이론인 인식론이나 방법론이 존재해야 한다는 생각을 좋아하지 않는다.[4] 실증주의자는 주장된 철학적 문제에서 단순히 '사이비 문제들' 내지 '수수께끼들'을 알아보려고 한다. 지금 그의 이런 바람 — 그런데 그는 어떤 바람이나 제안으로 표현하지 않고 어떤 사실의 진술로 표현하는— 은 항상 충족될 수 있다. 왜냐하면 어떤 문제를 '의미 없음'이나 '사이비'라고 폭로하는 것보다 더 쉬운 것은 없기 때문이다. 당신이 해야 할 전부는 '의미'에 대해 편리한 좁은 의미를 정한 다음, 곧바로 당신은 어떤 의미도 탐지할 수 없는 불편한 물음에 관해 말할 결심을 하는 것이다. 게다가 만일 자연과학의 문제들 외에는 어떤 것도 의미 없는 것으로 당신이 인정하면, '의미'의 개념에 관한 어떤 논의도 또한 의미 없는 것으로 판명될 것이다. 한때 높이 받들었던 의미의 교설은 영원히 논쟁 위로 부상되었다. 그것을 더 이상 공박할 수 없다. 그것은 (비트겐슈타인 자신의 말로) '논쟁의 여지없이 명확히' 되었다.[5]

철학이 존재하는지 또는 존재할 어떤 권리를 갖고 있는지의 논쟁적인 물음은 철학 그 자체만큼 오래된 것이다. 또다시 전혀 새로운 철학적 운동이 일어났다. 그 운동은 결국 옛날의 철학적 문제는 사이비 문제라고 폭로했으며, 또한 철학이 다루기 힘든 무의미를 의미 있는, 실증적인, 경험과학이라는 좋은 의미와 대결하게 했다. 그리고 다시 '전통적 철학'의 옹호자들이 멸시를 받았음에도 불구하고, 최근의 실증주의적 공격의 주도자들에게 설명하려고 했던 점은 다음과 같다. 철학의 주된 문제는 '경험' — 정확히 말해 실증주의에 대한 최근의 모든 발견자가 예전처럼 소박하게 변함없이 당연시 여기는 그런 경험 — 의 권위[6]에 호소하는 태도에 대한 비판적 분석이다. 그러나 그 같은 반대에 대해 실증주의자는 단지 어깨를 으쓱하는 것으로 답변하고 있을 뿐이다. 그 반대는 그에게 아무런 의미도 없다. 왜냐하면 오직 의미가 있는 것은 경험과학인데 그 반대는 경험과학에 속하지 않기 때문이다. 그에게 '경험'은 어떤 프로그램이지 어떤 문제가 아니다(만약 경험심리학이 경험을 연구하지 않는다면 그렇다).

내가 경험과학의 방법으로 해석하는 '경험'을 분석하고자 한 내 시도에 대해서 실증주의자들이 전혀 다르게 응답할 것이라고 생각하지 않는다. 왜냐하면 그들에게는 단지 두 종류의 진술, 즉 논리적 동어반복과 경험적 진술만이 존재할 뿐이기 때문이다. 만약 방법론이 논리가 아니라면, 그것은 어떤 경험과학의 분야— 예를 들면 연구 중인 과학자의 행동과학— 여야 한다고 그들은 결론을 내릴 것이다.

이런 견해에 따르면, 이번엔 다시 방법론은 경험과학— 과학자들의 실제 행동의 연구 혹은 '과학'의 실제적 절차에 관한 연구— 이라는 견해를 '**자연주의**'로 기술할 수 있다. 자연주의적 방법론(때때로 '귀납적 과학이론'이라 불리는)이 유용성을 가지고 있음은 틀림없다.[7] 과학의 논리를 연구하는 자는 당연히 자연주의에 관심이 있으며 그것으로부터 배울 수도 있다. 그러나 내가 이른바 '방법론'이라 한 것을 경험과학이라고 생각하지 않아야 한다. 나는 경험과학의 방법을 사용함으로써 과학이 실제로 귀납의 원리를 사용하는지, 사용하지 않는지와 같은 논쟁적인 물음을 결정할 수 있다고 믿지 않는다. 그리고 무엇을 '과학'이라고 하는가와 누구를 '과학자'라고 하는가는 항상 규약이나 결정의 문제로 남아 있어야 한다는 것을 내가 상기해 볼 때 내 의문은 점점 커진다.

나는 이런 종류의 물음을 다른 방식으로 다루어야 한다고 믿는다. 예컨대 우리는 방법론적인 규칙들의 다른 두 체계를 고려하고 비교할 수 있다. 귀납의 원리를 가진 방법론과 귀납의 원리가 없는 방법론이 그것이다. 그런 다음 우리는 과거에 도입된 그 같은 원리가 모순을 일으키지 않고 적용될 수 있는지, 그것이 우리를 돕는지, 그리고 우리가 그것을 실제로 필요로 하는지 조사할 수 있다. 귀납의 원리가 필요 없게끔 나를 이끈 것도 바로 이런 유형의 물음이다. 사실상 과학에서 귀납 원리를 결코 사용하지 않기 때문이 아니라, 그것을 필요로 하지 않으며, 그것은 우리를 도와주지도 않고, 심지어 그것은 모순을 야기한다고 내가 생각하고 있기 때문이다.

따라서 나는 자연주의적 견해를 기각한다. 그것은 무비판적이다. 그것을 지지하는 사람들 스스로 어떤 사실을 발견했다고 믿을 때는 언제든지, 단지 어떤 규약을 제안했을 뿐임을 그들은 알아채지 못했다.[8] 그로 인해 규약은 어떤 교설로 바뀌기 쉽다. 자연주의적 견해에 대한 이런 비판은 그 견해의 의미 기준에 적용될 뿐만 아니라, 과학에 대한 그 견해의 생각과 결과적으로 경험적 방법에 대한 생각에도 적용된다.

V. 규약으로서의 방법론적 규칙

방법론적인 규칙들은 여기서 **규약으로** 간주되고 있다. 그것들은 경험 과학의 놀이 규칙들로 기술될 수 있다. 그것들은 **순수** 논리학의 규칙들과 다르다. 오히려 그것들은 순수 논리학의 일부로 여기지 않을 장기의 규칙들처럼 작용한다. 순수 논리학의 규칙들은 언어적 정식의 변형들을 지배하는 이상, 장기 규칙들의 탐구 결과는 아마 '장기의 논리'라는 제목을 달 수 있지만, 순수하고 단순한 '논리'라고는 할 수 없다. (마찬가지로 과학의 놀이 규칙들 — 즉, 과학적 발견의 규칙들 — 의 탐구 결과는 '과학적 발견의 논리'라는 제목을 붙일 수 있다.)

우리는 방법론적인 규칙들의 단순한 두 사례를 들 수 있다. 그 사례들은 방법의 탐구를 순수 논리적 탐구와 같은 수준에 놓는 것이 부적합한 것임을 보여주는 데 충분할 것이다.

(1) 과학의 놀이는 원리적으로 끝이 없는 것이다. 언젠가 과학 진술이 더 이상 시험을 필요로 하지 않으며 그리고 그 진술은 결국 검증된 것으로 간주될 수 있다고 결정한 사람은 놀이에서 은퇴한다.

(2) 어떤 가설이 제안되어 시험되었고 그 능력을 충분히 발휘했다면, '타당한 이유 없이' 그것을 없애는 일은 허용되지 않을 것이다. '타당한 이유'의 사례로 더 잘 시험할 수 있는 다른 가설로 그 가설을 대체할 수 있는 것 혹은 가설의 결론 중 하나를 반증하는 것을 들 수 있다.[9]

이 두 사례는 방법론적인 규칙이 무엇과 닮아 있는지를 보여준다. 명백히 방법론적 규칙은 통상 '논리적'이라 불리는 규칙과는 매우 다르다.

비록 어떤 진술이 시험될 수 있는지를 결정하는 기준을 논리학이 혹시 설정할 수 있다 할지라도, 어느 누가 그것을 시험할 것인가라는 물음과 논리학은 연관되어 있지 않다는 것만은 확실하다.

[논문 8에서] 나는 반증 가능성 기준의 도움을 받아 경험과학을 정의하려고 했다. 그러나 어떤 반대는 정당하다고 내가 인정할 수밖에 없었기 때문에, 내 정의에 대한 방법론적인 보완을 마련했다. 장기는 고유한 규칙들에 의해 정의될 수 있는 것과 마찬가지로, 경험과학도 방법론적 규칙들에 의해 정의될 수 있을 것이다. 이런 규칙들을 확립하는 데 우리는 체계적으로 진행할 수 있다. 첫째, 우리는 나머지 규칙들을 결정하기 위한 일종의 규범의 구실을 하는 최고의 규칙을 설정한다. 따라서 이것은 더 상위 유형의 규칙이다. 그것은 과학에서 반증으로부터는 어떤 진술도 보호받지 못하는 방식으로 과학적 절차의 여타 규칙들이 고안되어야 한다고 말하는 규칙이다.

그러므로 방법론적 규칙들은 여타의 방법론적 규칙들과 우리의 구획 기준 모두와 밀접히 연관되어 있다. 하지만 그 연관은 엄격히 연역적이거나 논리적인 것이 아니다.[10] 그것은 오히려 다음과 같은 사실에서 일어난다. 규칙들은 우리의 구획 기준의 적용 가능성을 보장하는 목표를 갖고 구성되므로, 그것들의 언명과 수용은 더 고급한 유형의 실천적 규칙에 따라 진행된다. 이 사례는 앞에서 (규칙 1로) 주어졌다. 우리가 더 이상 시험할 수 없다고 결정한 이론은 더 이상 반증할 수 없을 것이다. 방법의 **이론**에 관해 말하는 것을 적합하게 하는 것은 바로 규칙들 간의 이런 체계적 연관이다. 물론 이런 이론에 대한 결정들 대부분은 우리의 사례가 보여주었듯이 상당히 분명한 종류의 규약들이다. 방법론에서 심오한 진리를 기대하지 않아야 한다.[11] 그럼에도 그것은 많은 경우 우리를 도와주는데, 논리적 상황을 명료하게 해주며, 심지어 지금까지 다룰 수 없다고 입증된 광범위한 문제들을 해결하게끔 해준다. 예를 들어 확률 진술을 승인할 것인가, 기각할 것인가를 결정하는 문제가 바로 이런

문제 중의 하나이다.[12]

지식이론의 다양한 문제들이 서로 어떤 체계적 관계가 있으며 또한 체계적으로 그 문제들을 다룰 수 있다는 것이 종종 의문시되어 왔다. 이런 의문이 부당한 것임을 나는 보여주고 싶다. 그 논점은 약간 중요하다. 내가 구획 기준을 제안하는 유일한 이유는 그것이 유익하다는 점이다. 또한 그 기준의 도움을 받아 매우 많은 논점이 명료화되며 설명될 수 있다는 것이다. '정의들은 교설들이다. 그 정의들에서 이끌어낸 결론만이 우리에게 새로운 통찰을 줄 수 있다'고 멩거(K. Menger)는 말하고 있다.[13] '과학'이라는 개념의 정의에 대해서 이것은 확실히 참이다. 과학자가 자신이 행한 시도들의 목적에 관한 직관적인 관념을 얼마나 승인할 것인가를 알아볼 수 있는 것은 다음과 같은 것을 통해서이다. 오직 경험과학에 대한 나의 정의로부터, 그리고 이런 정의에 의존하고 있는 방법론적인 결정들로부터 확인해 볼 수 있다는 것이다. [또한 논문 12를 보라.]

철학자는 정의의 결론들을 승인할 수 있는 경우에만 나의 정의를 유용한 것으로 받아들일 수 있을 터이다. 우리가 철학자를 만족시켜야 할 점은 이런 결론들이 더 오래된 지식이론들에서 모순과 부적합함을 탐지할 수 있도록 해주고, 그리고 이런 결론들이 나온 기본적인 가정들과 규약들을 추적할 수 있도록 해주는 것이다. 하지만 또한 우리 자신의 제안들이 동일한 종류의 난관에 위협받지 않는다는 것을 만족시켜야 한다. 모순을 탐지하여 해소하는 이런 방법은 과학 자체 내에서도 적용된다. 하지만 그것은 지식이론에 특히 더 중요하다. 방법론적 규약들이 정당화될 수 있고 그 규약들의 중요함을 입증할 수 있는 것은 — 어떤 방법에 의해서라면 — 바로 이 방법에 의해서이다.[14]

철학자가 이런 방법론적 조사들을 철학에 속하는 것으로 간주할 것인지는 매우 의심스럽다고 나는 생각한다. 그러나 이것은 실제로 별 문제가 되지 않는다. 하지만 이와 관련해서 형이상학적이기 때문에 분명히 철학적인 몇몇 교설은 방법론적 규칙의 전형적인 실체화로 해석될 수 없다는 점은 언급할 가치가 있다. 이런 사례가 이른바 '인과율'이다.[15) 객관성의 문제는 다른 하나의 사례이다. 왜냐하면 과학적 객관성의 요건 또한 방법론적 규칙으로 해석될 수 있기 때문이다. 상호주관적으로 시험할 수 있는 진술들맨[논문 10의 II절, 논문 11의 II절과 논문 30을 보라] 과학에 도입될 수 있다는 규칙이 그것이다. 실제로 이론적인 철학의 문제들 대다수와 가장 흥미 있는 문제들은 이런 방식으로 방법의 문제들로 재해석될 수 있다고 우리는 말할 수 있다.

10. 반증주의 대 규약주의 (1934)

반증할 수 있는 단칭 진술(또는 '토대 진술')과 같은 것이 존재하는지의 물음은 나중에 검토해 볼 것이다. 여기서 나는 이런 물음에 대한 긍정적인 답변을 당연한 것으로 여기겠다. 또한 나의 구획 기준이 얼마나 이론적인 체계들에 적용될 수 있는지 — 그 기준이 조금이라도 적용될 수 있다면 — 살펴볼 것이다. 통상 이른바 '규약주의'라고 하는 견해에 대한 비판적 논의는 먼저 몇몇 방법론의 문제를 제기할 것이다. 왜냐하면 **방법론적인 어떤 결정**을 강구할 때 부딪칠 문제들이기 때문이다. 그런 다음 반증할 수 있는 — 즉, 우리의 방법론적 제안들이 채택된다면 반증할 수 있는 이론 체계에 대한 논리적 속성들의 특징을 보여주고자 나는 노력할 것이다.

I. 규약주의자의 몇몇 반대

어떤 이론적인 체계가 경험과학에 속하는지 아닌지를 결정하는 기준으로 반증 가능성을 채택하자는 내 제안에 대한 반대가 제기될 것이 틀림없다. 예를 들면 '규약주의'[1]로 알려진 사조의 학파에 영향을 받은 사람들에 의해서 그 반대가 일어날 것이다. 이런 반대 중 몇몇은 이미 다루어졌다[앞 논문 V절]. 이제 그것들을 좀 더 엄밀하게 고찰해 보겠다.

규약주의의 원천은 물리학의 법칙에 드러난 준엄하리만큼 아름다운 **세계의 단순함**에 대한 경탄인 것 같다. 규약주의자들은 이런 단순함을 이해할 수 없는 기적이라 느끼는 것 같다. 실재론자처럼 자연법칙이 우리 세계의 풍부한 다양성의 외적 현상 이면에 있는 세계의 내적인 구조적 단순함을 우리에게 드러내 보인 것임을 우리가 믿을 수밖에 없다면 그렇다. 칸트의 관념론은 자연에 법칙을 부여하는 것이 우리 자신의 지성이라고 말함으로써 이런 단순성을 설명하려고 했다. 유사하지만 더 대담하게 규약주의자는 이런 단순함을 심지어 우리 자신의 창조로서 다루고 있다. 그러나 규약주의자에게 단순함은 자연에 우리 지성의 법칙을 부과한 결과가 아니므로, 우리 지성의 법칙이 자연을 단순하게 만든 것이 아니다. 오직 '**자연의 법칙들**'만이 단순하다. 그리고 이것들은 우리 자신의 자유로운 창조인 우리의 규약들, 즉 우리의 임의의 결정들과 관습들이라고 규약주의자는 주장한다. 왜냐하면 규약주의자에게 이론적인 자연과학은 자연의 그림이 아니라, 단지 논리적 구성에 불과하기 때문이다. 이런 구성을 결정하는 것은 세계의 속성들이 아니다. 그와 반대로 인위적인 세계의 속성들을 결정하는 것이 바로 이런 구성이다. 그 세계는 우리가 선택한 자연법칙에 의해 암묵적으로 정의된 개념들의 세계이다. 과학은 단지 이런 세계에 관해 말하고 있을 뿐이다.

이와 같은 규약주의자의 관점에 따르면, 자연법칙들은 관찰에 의해서 반증될 수 없다. 왜냐하면 그 법칙들은 관찰이 무엇인지, 특히 과학적 실험이 무엇인지를 결정하는 것이 요구되기 때문이다. 우리가 주장한 이런 법칙들이야말로 우리 시계의 규칙과 이른바 '정밀한' 측정 막대의 정확함에 대한 필수불가결한 기초가 되기 때문이다. 만약 이런 도구로 측정된 운동이 우리가 택하기로 결정한 역학의 공리를 만족시킨다면, 우리는 그 시계가 '정확'하다고 또한 측정 막대가 '정밀'하다고 말한다.[2]

규약주의 철학이 이론과 실험 간의 관계를 명료히 하는 데 도움이 되었던 방식 때문에 그것은 신뢰할 만하다. 귀납주의자가 거의 알아채지 못했던 중요성을 규약주의자는 알고 있었다. 그것은 우리의 행동과 조작이 행한 역할의 중요함이다. 그런데 그런 행동과 조작은 우리의 과학 실험들을 지도하고 해석하는 규약들과 연역 추리에 따라 입안된 것이다. 나는 규약주의를 자기충족적이며 옹호할 수 있는 어떤 체계로 생각하고 있다. 규약주의에서 모순을 찾는 시도들은 성공할 것 같지 않다. 그러나 이 모든 것에도 불구하고 나는 규약주의가 전혀 인정받지 못할 것임을 알았다. 규약주의의 기초가 되고 있는 과학에 대한 관념인 과학의 목표들과 목적들이 내 생각과 전혀 다르기 때문이다. 나는 과학에서 궁극적인 확실성을 요구하지 않는 (따라서 그것을 얻지 못하는) 반면에, 규약주의자는 과학에서 딩글러(Dingler)의 말로 표현하면 '궁극적인 근거를 토대로 한 지식 체계'를 찾는다. 이런 목표는 도달할 수 있다. 왜냐하면 주어진 어떤 과학 체계를 암묵적인 정의들의 체계로 해석하는 것이 가능하기 때문이다. 과학이 천천히 발전하는 시대에는 규약주의적인 성향의 과학자들과 내가 옹호하는 견해를 지지하는 사람들 사이에 — 순수 학문적이 아니라면 — 어떤 갈등도 일어나지 않을 것이다. 그러나 위기의 시기에는 전혀 다르게 될 것이다. 내 관점에 따라 반증으로 해석될 수 있는 새로운 실험들의 결과 때문에 그 당시의 '전통적' 체계가 위험하게 될 때라 하더라도, 규약주의자에게는 그 체계가 변함이 없을 것 같다. 규약주의자는 일어날 수 있는 모순을 우리가 아마도 그 체계에 숙달하지 못했다고 비난하는 것으로 해명할 것이기 때문이다. 그렇지 않다면 그는 임시방편적인 보조 가설들의 채택을 주장하거나, 우리의 측정 도구들을 교정하자고 제안하여 그 모순을 제거할 것이기 때문이다.

이런 위기의 시기에는 과학의 목표에 대한 갈등은 첨예하게 될 것이다. 우리와 태도가 같은 사람들은 새로운 발견을 하길 바랄 것이고, 또한 이렇게 하는 데 새롭게 세워진 과학 체계가 우리를 도와주길 바랄 것이다. 따라서 우리는 반증하는 실험에 지대한 관심을 쏟아야 할 것이다. 우리는 그것을 성공으로 환영할 것인데, 그것은 새로운 경험의 세계에 대한 새로운 전망을 열어 놓기 때문이다. 그리고 심지어 이런 새로운 경험이 가장 최근의 우리 자신의 이론들에 반하는 새로운 논증을 우리에게 제공할지라도, 우리는 그 새로운 경험을 환영할 것이다. 하지만 규약주의자는 우리가 칭찬하고 있는 대담할 정도로 새롭게 떠오른 구조를 딩글러가 말한 것처럼 '과학의 전반적 붕괴'의 기념비로 본다. 규약주의자의 시각에서 오직 하나의 원리만이 여타의 가능한 모든 체계 중 어떤 하나의 체계를 우리가 택하는 데 도움을 줄 수 있을 뿐이다. 그것은 바로 가장 단순한 체계를— 암묵적 정의들의 가장 단순한 체계를— 택하는 원리이다. 물론 이것은 사실상 그 시대의 '전통적' 체계임을 의미한다.[3]

그러므로 규약주의자와 나의 갈등은 단순히 초연한 이론적 논의를 통해서 궁극적으로 해결될 수 있는 것이 아니다. 하지만 규약주의자의 사유 양식으로부터 내 구획 기준을 반박하는 흥미로운 논증을 추출하는 것은 가능하다고 생각한다. 그 예를 들면 다음과 같다. 자연과학의 이론적 체계들이 검증될 수 없음을 나는 인정하지만, 그러나 또한 그것들이 반증될 수도 없음을 내가 주장하고 있다고 규약주의자들은 말할 수 있다. 왜냐하면 '선택된 공리적 체계에서 그 체계가 이른바 "실재와 대응"[4]에 도달할 …' 가능성은 항상 존재하기 때문이다. 그리고 이 일은 수많은 방식으로 (앞에서 제시된 몇몇 방식으로) 행해질 수 있다. 따라서 우리는 임시방편적 가설들을 도입하거나 혹은 이른바 '명시적 정의들'(또는 가설들을 대체할 수 있는 '명백한 정의들')을 수정할 수 있다. 그렇지 않다면 우리가 실험자를 신뢰할 수 있는가라는 회의적인 태도를 택할 수 있다. 그것은 우리의 체계를 위협하는 실험자의 관찰을 과학에서 배제하는 것이다. 그런데 그 관찰이 충분하게 지지되지 않거나 비과학적이라거나 객관적이 아니라는 근거로 혹은 실험자가 거짓말쟁이였다는 것을 근거로 우리가 그렇게 한다는 점이다. (물리학자가 때때로 단언된 신비스러운 현상들을 당연한 것으로 채택할 수 있는 태도가 바로 이런 종류의 것이다.) 결국 이론가가 (예를 들어, 딩글러가 한 것처럼 그 이론가가 전기 이론이 언젠가 뉴턴의 중력이론에서 도출될 것임을 믿지 않는다면) 총명한지에 대해 우리는 항상 의심을 할 수 있다.

따라서 규약주의의 견해에 따르면 이론들의 체계를 반증할 수 있는 것들과 반증할 수 없는 것들로 나눌 수 없다. 정확히 말해 그런 구별은 애매할 것이다. 그 결과 우리의 반증 가능성 기준은 구획의 기준으로서는 소용없게 될 것임이 분명하다.

II. 방법론적 규칙

내가 보기에 상상적인 규약주의자의 이런 반대들은 규약주의 철학 자체와 똑같이 논의의 여지가 없는 것 같다. 반증 가능성 기준이 명료한 분류에 이르지 못함을 나도 인정한다. 실제로 그 기준의 논리적 형식을 분석해서 다음을 결정하는 것은 불가능하다. 진술들의 체계가 반박할 수 없는 암묵적 정의들의 규약 체계인지 혹은 내가 말하는 의미에서 경험적인 체계인지를 결정할 수 없기 때문이다. 하지만 이것은 단지 나의 구획 기준이 **진술들의 체계**에 — 내가 이미 지적했던[논문 8의 II절과 논문 9의 V절] 사실에 — 직접 적용될 수 없음을 보여주고 있을 뿐이다. 그러므로 주어진 **체계**가 규약주의 체계 또는 경험적 체계와 같은 것으로 간주되어야 하는가의 물음은 잘못 생각한 것이다. 우리가 규약주의 이론을 다루고 있는지 혹은 경험적 이론을 다루고 있는지를 묻는 것은 이론적 체계에 **적용된 방법에 관해서만 오직** 가능하다. 규약주의를 피하는 유일한 방식은 어떤 **결심**, 즉 규약주의 방법을 적용하지 않는다는 결심을 하면 된다. 만약 우리 체계가 위협을 받는다면, 어떤 종류의 **규약주의 전략**도 그것을 구제하지 못할 것이라고 우리는 결론을 내린다.

따라서 우리는 방금 언급했던 '어떤 선택된 … 체계에서 이른바 "실재와 그 체계의 대응"이라는 것에 도달할 …' 지금까지의 열린 가능성을 이용하는 것을 보호할 것이다.

규약주의 방법이 얻을(잃을) 수 있는 것에 대한 분명한 평가를 푸앵카레에 앞서 블랙(Black)이 백 년 전에 이렇게 말했다. 그는 '조건들에 대한 능숙한 적응은 어떤 가설을 거의 현상들과 일치하게끔 할 것이다. 이것은 상상력을 만족시키긴 하지만, 우리 지식을 개선시키지 못한다'고 썼다.[5]

규약주의 책략들의 채택을 금지하는 방법론적인 규칙을 정식화하기 위해서 이런 책략들이 취할 수 있는 다양한 형식에 우리가 정통해야 한다. 각각의 책략이 적합한 반규약주의 대응 수단에 부딪치도록 말이다. 더구나 어떤 체계가 규약주의 전략에 의해 구출되었다는 것을 우리가 발견할 때는 언제나 상황이 요구한 대로 그 체계를 다시 시험하고 폐기할 것을 우리가 동의해야 한다.

규약주의자의 네 가지 주된 전략을 앞 절 끝에 이미 열거했다. 그 목록은 완전함에 대해 어떤 요구도 하지 않는다. 그것은 특히 사회학과 심리학 분야의 조사자가 (물리학자는 경고를 거의 필요로 하지 않는) 새로운 규약주의 책략을 사용하고 싶은 끊임없는 유혹에 넘어가지 않도록 해야 한다. 예컨대 심리분석학자들이 종종 굴복하는 유혹에 넘어가지 않아야 한다는 것이다.

보조 가설들에 관한 규칙을 우리가 정할 것을 제안한다. 문제가 된 체계에 대한 반증 가능성이나 시험 가능성의 정도를 감소시키는 것이 아니라, 그 반대로 그 가능성의 정도를 증가시키는 가설만 인정하여 도입하자는 것이다.[6] 만약 반증 가능성의 정도가 증가된다면, 그 가설의 도입은 실제로 이론을 강화한다. 그 체계는 이전에 했던 것보다 더 많은 것을 배제한다. 그것은 더 많은 것을 금지한다. 우리는 또한 이렇게 말할 수 있다. 보조 가설의 도입은 항상 새로운 체계를 구성하는 시도로 간주되어야 한다. 그런 다음 이런 새 체계가 채택된다면, 그 가설은 세계에 관한 우리 지식의 실제적인 진보를 조성하고 있는가 하는 문제로 항상 판단되어야 한다. 이런 의미에서 뚜렷이 받아들일 수 있는 보조 가설의 사례가 파울리의 배중률이다. 만족스럽지 않은 보조 가설의 예로는 피츠제럴드와 로렌츠의 수축 가설[1]을 들 수 있는데, 이것은 반증할 수 있는 어떤 결론도 갖고 있지 않고, 단지 이론과 실험 사이의 일치를 ― 주로 미켈슨과 몰리의 발견을 ― 회복하는 데 기여할 뿐이다.[7] 단순히 새로운 결론들, 즉 새로운 물리적 결과들을 예측했고 이로 인해 그 이론을 시험하고 반증할 새로운 가능성을 열었던 상대성 이론을 통해서 이제 어떤 개선이 이루어졌다. 우리의 방법론적 규칙은 이런 기준을 충족시키지 못하는 모든 보조 가설을 규약주의적인 것으로 폐기할 필요가 없다는 논평으로 제한될 수 있다. 특히 실제로 이론적 체계에 결코 속하지 않는 **단칭** 진술이 존재한다. 우리는 그것을 때때로 '보조 가설'이라 부른다. 그리고 이론을 보조하기 위해 그것이 도입될지라도, 그것은 전혀 해롭지 않다. (반복될 수 없는 확실한 관찰이나 관측이 실수에 기인한 것일지도 모른다는 가정이 그 사례에 해당한다. [논문 11의 II절을 보라.])

명시적 정의의 변화들이 만약 유용하다면 허용될 수 있는데, 그로 인

1] 앨버트 미켈슨과 에드워드 몰리는 공동으로 1887년 오하이오에서 실험을 했다. 그 결과 지구가 에테르 속에서 움직인다는 증거가 없다는 것이었다. 달리 말해 측정된 빛의 속도가 지구 움직임의 모든 방향에서 동일하다는 것이었다. 실제로 빛의 속도는 모든 방향에서 동일하다. 이런 실험에 대해 아일랜드의 수학자 겸 물리학자인 피츠제럴드는 1889년 우주 공간 속에서 지구가 움직이는 방향에 따라 다양하게 배치된 실험 기구들을 통해서도 빛의 속도 변화를 찾아내지 못했는데, 지구 전체가 운동 방향으로 약간씩 수축된다면 그 점이 설명될 수 있을 것이라는 제안을 한다. 똑같은 생각을 네덜란드의 물리학자 헨드릭 로렌츠도 독자적으로 정리하여 1904년에 로렌츠 변환식으로 그 결과를 만들어냈다. 그 이후 누가 먼저 제안했는가는 무시하고 그 축소 효과는 '로렌츠-피츠제럴드 수축' 가설이라 알려지게 되었다.

하여 공리 체계의 개념들은 더 낮은 수준의 보편성에 의해 어떤 의미가 주어진다. 그러나 그것들은 그 체계의 변형들로 간주되어야 하며, 그 이후에는 그 체계가 마치 새것인 양 재조사되어야 한다. 정의되지 않은 보편적 이름에 관해서는 두 가능성이 구별되어야 한다. (1) 보편성이 가장 높은 수준의 진술에 나타날 뿐인 정의되지 않은 약간의 개념들이 있다. 그리고 그 개념들의 용도는 다른 개념들과 그 개념들이 어떤 논리적 관계를 유지하는지 우리가 안다는 사실에 의해 확정된다. 그것들은 연역의 과정에서 제거될 수 있다(그 예가 '에너지'이다).[8] (2) 또한 보편성의 수준이 더 낮은 진술에서 일어나는 다른 정의되지 않은 개념들이 있는데, 그 의미는 사용을 통해서 확립된다(예를 들면 '운동', '질점', '위치'). 이것들과 연관해서 우리는 비밀스러운 용도 변경을 금지할 것이다. 그렇지 않다면 이전처럼 우리의 방법론적 결정들에 순응하여 진행할 것이다.

나머지 두 가지 (실험자나 이론가의 능력과 관련된) 점에 관해서도 이와 유사한 규칙들을 우리는 채택할 것이다. 상호주관적으로 시험할 수 있는 실험은 반대 시험들에 비추어 인정되거나 폐기되어야 한다. 미래에 발견될 논리적 도출에 공공연히 호소하는 것은 무시될 수 있다.

III. 반증 가능성의 논리적 검토

경험적 방법에 대한 우리 규칙들에 따라 논의한다면, 반증할 수 있는 체계들의 경우에 한해서만 규약주의자의 책략들을 보호할 필요가 있다. 우리 규칙들에 의해 이런 책략들을 금지하는 데 우리가 성공했다고 가정하자. 이제 우리는 이런 반증 가능한 체계들의 논리적 성격을 물어볼 수 있다. 우리는 이론과 토대 진술의 집합 사이에 유지되는 논리적 관계에 의해 어떤 이론의 반증 가능성을 규정하는 시도를 해볼 것이다.

내가 '토대 진술'이라 부르는 단칭 진술의 성격은 [다음 절에서] 좀 더 충실하게 논의한 다음, 그것들이 반증 가능한지에 대한 물음을 논의해 보겠다. 여기서는 반증 가능한 토대 진술이 존재한다고 가정할 것이다. 내가 '토대 진술'이라고 말할 때 **용인된** 체계를 내가 언급하고 있는 것이 아님을 유념해야 한다. 오히려 내가 사용하고 있는 용어인 진술들의 체계는 어떤 논리적 형식의 **자기모순이 없는 모든 단칭 진술**을 포함하고 있다. 이것은 실제로 생각할 수 있는 모든 단칭적인 사실 진술이다. 따라서 모든 토대 진술의 체계는 상호 양립할 수 없는 많은 진술을 포함하고 있을 것이다.

첫 번째 시도로 단칭 진술이 이론에서 연역될 수 있을 때는 언제나 사람들은 아마 그 이론을 '경험적'이라 부르려고 할지도 모른다. 그러나 이 시도는 실패한다. 왜냐하면 어떤 이론에서 단칭 진술을 연역하기 위해 우리는 항상 다른 단칭 진술을 필요로 하기 때문이다. 즉, 그 이론에서 변수를 대체할 것이 무엇인지 우리에게 말해 주는 초기 조건들을 필요로 한다는 것이다. 두 번째 시도로 사람들은 어떤 이론을 '경험적'이라 부르려고 할 것인데, 초기 조건들로서 봉사하는 다른 단칭 진술의 도움을 받아 단칭 진술을 도출할 수 있다면 말이다. 그러나 이것 또한 성공하지 못한다. 왜냐하면 비경험적인 이론, 예컨대 동어 반복적 이론조차도 다른 단칭 진술에서 약간의 단칭 진술을 우리가 도출할 수 있도록 허용할 것이기 때문이다. (논리적 규칙에 따라 우리는 다음과 같은 예를 말할 수 있다. '2의 제곱은 4이다'와 '여기에 검은 까마귀가 있다'의 연언에서 무엇보다도 '여기에 까마귀가 있다'가 따라 나온다.) 단지 약간의 초기 조건으로부터 연역할 수 있는 것보다 **더 많이** 그런 초기 조건들을 가진 이론에서 연역할 수 있어야 한다고 우리가 요구하는 것은 전혀 충분하지 않다. 이런 요구는 실제로 동어 반복 이론들을 배제할 것이지만, 형이상학적인 종합 진술들을 배제하지 못할 것이다. (예를 들어 '모든 발생은 원인을 갖고 있다'와 '어떤 파국이 여기서 일어나고 있다'로부터 우리는 '이 파국은 원인을 갖고 있다'를 연역할 수 있다.)

이런 방식으로 우리는 다음과 같은 것을 요구하기에 이른다. 대략적으로 말해 그 이론은 초기 조건들만으로 우리가 연역할 수 있는 것보다 더 많은 **경험적** 단칭 진술을 우리가 도출하도록 허용해야 한다는 요구가 그것이다.[9] 이것은 우리 정의가 단칭 진술의 개별 집합을 토대로 해야 한다는 것을 의미한다. 그리고 우리가 토대 진술을 필요로 하는 목적이 바로 이것이다. 어떻게 복잡한 이론적 진술들이 단칭이나 토대 진술을 연역하는 데 도움이 되는지 상세히 말하는 것이 매우 쉽지 않음을 안 이상, 나는 다음 정의를 제안한다. 만약 어떤 이론이 모든 가능한 토대 진술을 후술하는 공집합이 아닌 두 개의 부분집합으로 분명하게 나눈다면, 우리는 그 이론을 '경험적' 혹은 '반증 가능한'이라고 불러야 한다. 첫째로 그 이론과 모순이 없는 (혹은 그것이 배제하거나 금지한) 그런 모든 토대 진술의 집합인데, 우리는 이것을 그 이론의 **잠재적 반증자들**(*potential falsifiers*)의 집합이라고 한다. 둘째로 그 이론과 모순되지 않는 (혹은 그것이 '허용한') 그런 토대 진술의 집합인데, 우리는 이것을 더 간단하게 말할 수 있다. 그것의 잠재적 반증자들의 집합이 공집합이 아니라면 그 이론은 반증할 수 있다.

이론이란 단지 그것의 잠재적 반증자들에 관해서만 주장들을 하고 있다고 부연될 수 있다. (그것은 그것들의 허위를 주장한다.) 그것은 '허용된' 토대 진술에 관해서는 어떤 것도 말하고 있지 않다. 특히 그것은 그 진술들이 참이라고 말하지 않는다.[10]

IV. 반증 가능성과 반증

우리는 반증 가능성과 반증을 분명히 구별해야 한다. 우리는 반증 가능성을 오직 진술들의 체계에 대한 경험적인 특징의 기준을 위해 도입했을 뿐이다. 반증에 관해서는 무슨 조건하에서 체계가 반증된 것으로 간주될 것인지를 결정할 특별한 규칙들이 도입되어야 한다.

우리는 이론과 모순되는 토대 진술을 인정하면 그 경우에만 그 이론이 반증되었다고 말한다. [논문 9의 V절을 보라.] 이 조건은 필요하기는 하지만 충분하지 않다. 왜냐하면 재산출할 수 없는 단발적인 사건은 과학에서 전혀 중요하지 않기 때문이다. 따라서 이론에 모순인 약간 빗나간 토대 진술은 그 이론을 반증된 것으로 우리가 기각하게끔 설득을 하지 못한다. 우리가 그 이론을 반박하는 **재생산 가능한 결과**를 발견하는 경우에만 그것은 반증된 것으로 우리는 생각하겠다. 달리 말해 이런 결과를 기술하는 하위 수준의 경험적 가설이 제안되어 확인되면 우리는 반증을 받아들인다는 것이다. 우리는 이런 종류의 가설을 소위 **반증하는 가설**(*falsifying hypothesis*)이라고 한다. 반증하는 가설은 경험적이기 때문에, 그래서 반증할 수 있어야 한다는 요건은 단지 가능한 토대 진술과 어떤 논리적 관계에 있어야 한다는 것에 불과하다. 그러므로 이 요건은 오직 그 가설의 논리적 형식과 연관될 뿐이다. 가설은 확인되어야 한다는 추가 조항은 그것이 통과해야 하는 시험들 — 용인된 토대 진술에 그것을 맞추어 볼 시험들 — 에 적용된다.[11]

따라서 토대 진술은 상이한 두 역할을 한다. 하나는 우리가 논리적으로 가능한 모든 토대 진술의 체계를 사용한 것은 그 체계의 도움을 받아 우리가 찾고 있는 논리적 성격을 얻기 위해서이다. 즉, 경험 진술의 형식에 관한 논리적 성격이 그것이다. 그리고 **용인된** 토대 진술은 가설의 확인을 위한 토대가 된다는 것이 다른 하나이다. 만약 용인된 토대 진술이 이론과 모순된다면, 그 진술들은 그 이론을 반증하는 데 충분한 근거를 제공한 것으로 우리는 생각한다. 단, 그 토대 진술이 동시에 반증하는 가설을 확인하는 경우만이다.

11. 경험주의의 토대 (1934)

앞에서 우리는 이론의 반증 가능성 문제를 내가 이른바 토대 진술이라고 한 단칭 진술의 반증 가능성의 문제로 환원했다. 그러나 어떤 종류의 단칭 진술이 이런 토대 진술인가? 그것들은 어떻게 반증될 수 있는가? 실용적인 탐구자에게 이런 물음들은 중요하지 않을 것이다. 하지만 그 문제를 둘러싼 모호한 점과 오해 때문에 여기서 좀 더 상세히 그것을 논의하는 것은 적당하다.

I. 경험주의의 토대로서 지각적 경험: 심리학주의

경험과학은 감각 지각들에 따라 우리의 경험들로 환원할 수 있다는 교설은 많은 사람이 의문의 여지없이 분명한 것으로 인정하고 있는 교설이다. 그렇지만 이 교설은 귀납논리와 함께 지속하거나 몰락할 것이며, 여기서는 귀납논리와 더불어 기각된다. 수학이나 논리학이 사유에 토대를 두고 있으며, 사실적인 과학도 감각 지각에 토대를 두고 있다는 견해에 일말의 진리가 있음을 내가 부인하고 싶지는 않다. 그러나 이런 견해에서 참인 것은 인식론적 문제와 전혀 관계가 없다. 그리고 실제로 인식론에서 경험 진술들의 토대에 대한 이 문제보다 오히려 심리학과 논리학을 혼동한 데서 나온 문제가 더 극심하게 애를 먹인다.

경험의 토대에 관한 문제 때문에 프리스(Fies)만큼 심하게 곤란을 겪었던 사상가는 거의 없다.[1] 만약 과학의 진술들을 **독단적으로** 받아들이지 않아야 한다면, 우리는 그것들을 정당화할 수 있어야 한다고 그는 가르쳤다. 만일 우리가 논리적 의미에서 추론된 논증에 의한 정당화를 요구한다면, **진술들은 진술에 의해서만 오직 정당화될** 수 있다는 견해에 우리가 말려들게 된다. 따라서 **모든** 진술은 논리적으로 정당화되어야 한다는 (프리스가 '증명들에 대한 편애'로 기술한) 요구는 **무한소급**에 이를 수밖에 없다. 이제 만일 우리가 무한소급은 물론 독단주의 위험도 피하고자 한다면, 그것은 마치 **심리학주의**에 의지할 수밖에 없는 것처럼 보인다. 즉, 진술들은 진술에 의해서는 물론 지각 경험에 의해서도 정당화될 수 있다는 교설에 의지한다는 것이다. 이런 **세 가지 뿔** — 독단주의 대 무한소급 대 심리학주의 — 에 직면했을 때, 프리스 및 그와 함께 우리의 경험적 지식을 설명하고자 했던 거의 모든 인식론자는 심리학주의를 선택했다. 감각 경험에서 우리가 '직접적 지식'을 갖는다고 그는 가르쳤다.[2] 이런 직접적 지식을 통해서 우리의 '간접적 지식' — 어떤 언어의 기호로 표현된 지식 — 을 정당화할 수 있다. 이런 간접적 지식은 물론 과학의 진술들을 포함하고 있다.

대체로 이 문제는 이런 한에서만 연구된 것이 아니다. 감각주의와 실증주의 인식론에서 경험과학적 진술들은 '우리의 경험들에 관해 말하고 있다'는 것을 당연한 것으로 생각했다.[3] 만약 사실에 관한 어떤 지식도 감각 지각을 통하지 않는다면, 어떻게 그런 지식에 우리가 도달하는가? 단순히 마음에 두는 것만으로는 어떤 사람이 사실의 세계에 관한 자신의 지식을 털끝만큼도 보탤 수 없다. 따라서 지각 경험만이 오직 모든 경험과학의 '지식에 대한 원천'임에 틀림없다. 그러므로 사실의 세계에 관해 우리가 알고 있는 모든 것은 **우리 경험에 관한** 진술의 형식으로 표현할 수 있어야 한다. 이 탁자가 붉은지 아니면 푸른지는 단지 우리의 감각 경험을 찾아보기만 하면 알 수 있다. 그것이 전하는 확신의 직접적 느낌을 통해서 우리는 참인 진술을 구별할 수 있다. 참인 진술의 용어들은 경험과 일치하며, 거짓 진술의 용어들은 경험과 일치하지 않는다. 과학은 단지 이런 지각 지식을 분류하고 기술하는 어떤 시도일 뿐이다. 우리는 이런 직접적 경험들의 진리를 의심할 수 없다. **과학은 우리의 직접적인 확신들의 체계적 표상이다.**

이 교설은 귀납의 문제와 보편자의 문제 때문에 실패한다고 나는 생각한다. 왜냐하면 우리는 '직접적 경험을 토대로' 확실하게 알려질 수 있는 것 외에는 어떤 과학 진술도 할 수 없기 때문이다. (이런 사실을 '어떤 기술에도 내재하는 초월'로 언급할 수 있다.) 모든 기술은 보편적인 **이름**(또는 기호나 관념)을 사용한다. 모든 진술은 이론의 성격, 즉 가설의 성격을 띠고 있다. 우리는 '물 한 잔이 여기에 있다'는 진술을 여하한 관찰 경험에 의해서도 검증할 수 없다. 그 이유는 거기에 나타난 **보편자**는 어떤 구체적인 감각 경험과도 상호 연관될 수 없기 때문이다. ('직접적 경험'은 오직 한 번만 '직접적으로 주어'진다. 그것은 유일하다.) 예를 들어 '유리잔'이란 말로써 우리는 어떤 **법칙 같은 성질**을 드러내는 물리적인 물체를 지시하고 있다. '물'이라는 말도 마찬가지다. 보편자는 경험들의 집합으로 환원될 수 없다. 다시 말해 보편자는 '구성될' 수 없다.[4]

II. 경험적 토대의 객관성

다양한 심리학파들이 지지한 방식과 약간 다른 방식으로 과학을 보자고 제안한다. 나는 **한편엔 객관적 과학, 다른 한편엔 '우리의 지식'을 예리하게 구별하고 싶다.**

관찰만이 우리에게 '사실에 관한 지식'을 줄 수 있음을 나는 기꺼이 인정한다. 우리는 (한(Hahn)이 말한 것처럼) '관찰에 의해서만 사실을 알게 된다'는 것도 또한 나는 받아들인다. 그러나 우리의 이 같은 앎, 곧 지식은 어떤 진술의 진리를 정당화시키거나 입증하지 못한다. 그러므로 인식론이 물어야 할 물음은 '… 우리의 **지식은** 무엇에 의존하는가? … 혹은 정확히 말해 **경험** S를 가졌다면, 어떻게 그에 대한 기술을 정당화할 수 있으며 어떻게 더 확실히 그것을 옹호할 수 있는가?'[5]와 같은 물음이라고 나는 생각하지 않는다. 이런 일은 심지어 우리가 '경험'이란 말을 '직접 관찰 문장'으로 바꾼다고 해도 일어나지 않을 것이다. 내 생각에 인식론이 물어야 할 것은 오히려 이렇다. 우리는 어떻게 과학 진술들을 그것들의 연역적 결론을 통해 시험하는가? (또는 더 일반적으로 우리는 어떻게 우리의 이론들 — 우리의 가설들, 우리의 추측들 — 을 확실히 옹호하기보다는 오히려 더 잘 비판할 수 있는가? [논문 3의 III절을 또한 보라.]) 그리고 그 진술들이 상호주관적으로 시험될 수 있다면, 우리는 이런 목적을 위해 **어떤 종류**의 결론을 선택할 수 있는가?

지금까지 논리적이거나 동어반복적인 진술들이 연관되어 있는 곳에서 우리는 이런 종류의 객관적이면서 비심리학적인 접근을 상당히 일반적으로 인정하고 있다. 그러나 논리학이 심적 과정들과 그 법칙들 — 우리의 사유 법칙들 — 을 다루는 과학이라 주장했던 때는 그렇게 오래된 것이 아니다. 이 견해에 의하면 우리는 그저 어떤 다른 방식으로도 생각할 수 없다고 단언된 사실 외에 논리학을 위해 발견될 여타의 어떤 정당화도 없었다. 논리적 추론은 정당화된 것으로 보였다. 왜냐하면 그것은 사유 필연성으로, 어떤 경로를 따라 사유할 수밖에 없다는 느낌으로 경험되었기 때문이다. 이제 논리학의 분야에서 이런 종류의 심리학주의는 과거의 일이 되었다. 누구도 논리적 추론의 타당성을 정당화하거나 확실히 그것을 옹호하는 꿈을 꾸지 않을 것이다. 그 추론의 옆 여백에 다음의 직접 관찰 문장, '직접 관찰 문장(Protocol) : 오늘 이런 추론들의 연쇄를 조사함으로써 확신의 예리한 느낌을 내가 경험했다'라고 명기함으로써 그렇게 한다.

이 견해는 우리가 **과학의 경험적 진술들**에 관해 말할 때와 매우 다르다. 여기서는 이런 진술들은 지각들과 같은 경험들이나 혹은 언어의 형식적 양식으로 직접 관찰 문장들에 토대를 두고 있다고 모든 이가 믿는다. 대부분의 사람들은 논리적 진술들을 직접 관찰 문장들에 기초를 두려는 어떤 시도도 심리학주의의 사례임을 알 것이다. 그러나 이상하게도 경험적 진술들에 관해서라면 동일한 일이 오늘날에도 '심리학주의'라는 이름으로 행해지고 있다. 하지만 논리학의 진술들이 문제인지 아니면 경험과학의 진술들이 문제인지에 대한 대답은 똑같다고 나는 생각한다. **성향들**의 체계로 애매하게 기술될 수 있고 또한 심리학에서도 중요한 것일 수 있는 우리의 **지식**은 두 경우 모두 믿음이나 확신의 느낌과 연관되어 있을 것이기 때문이다. 전자의 경우에는 아마도 어떤 방식으로 생각할 수밖에 없다는 느낌으로, 후자의 경우에는 '지각적 확신'의 느낌으로 말이다. 그렇지만 이 모든 것은 심리학자에게만 관심을 끌 뿐이다. 그것은 과학 진술들 간의 논리적 연관과 같은 문제들에 관계하고 있지 않다. 오직 인식론자만이 그런 문제들에 관심을 두고 있다.

(다음과 같이 널리 퍼져 있는 믿음이 있다. '여기 이 책상은 희다는 것을 내가 안다'라는 진술은 '여기 이 책상은 희다'라는 진술보다 인식론적인 관점에서 어떤 심원한 이점을 갖고 있다는 믿음이 그것이다. 하지만 그 진술의 가능한 객관적인 시험을 평가하는 관점에서 보면, 나에 관해 말하고 있는 첫 번째 진술이 여기 책상에 관해 말하고 있는 두 번째 진술보다 더 확실할 것 같지는 않다.)

논리적 추리의 연쇄에 대한 타당성을 확인할 방법은 오직 하나뿐이다. 그것을 가장 쉽게 시험할 수 있는 형식으로 진술하는 것이다. 문장을 변형하는 데 수학적이거나 논리적인 기술을 아는 사람은 누구나 확인하기 쉽도록 많은 작은 단계로 그것을 해체하는 것이다. 이런 이후에도 누군가가 여전히 의문을 제기한다면, 우리는 그에게 증명 단계들에서 어떤 오류를 지적해 보라거나, 아니면 그 문제를 다시 생각해 보라고 요청할 수밖에 없다. 경험과학의 경우에서도 그 상황은 마찬가지다. 적합한 기술을 아는 누군가가 시험할 수 있는 방식으로 경험과학적 진술이 (실험적인 계획 등을 기술함으로써) 제시될 수 있다. 만약 누군가가 어떤 결과 때문에 그 진술을 기각하면, 그것은 우리를 만족시키지 못한 것이다. 만일 그가 우리에게 자신의 의문스러운 느낌이나 자신의 지각에 관한 확신의 느낌들에 관해 모든 것을 말해 준다면 그렇다. 그가 해야 할 것은 우리 자신의 주장과 모순인 주장을 정식화하고 그것을 시험하기 위한 자신의 설명서를 우리에게 주는 일이다. 만약 그가 이런 일을 하지 못한다면, 단지 그에게 우리의 실험을 다르게 어쩌면 더 조심스럽게 훑어보라고 또한 다시 생각해 보라고 요청할 수 있을 뿐이다.

논리적 형식 때문에 시험할 수 없다는 주장은 기껏해야 어떤 자극으로 과학 안에서 작용할 수 있다. 그것은 어떤 문제를 제시할 수 있다. 논리학과 수학의 분야에서 이것은 페르마의 문제로, 자연사의 분야에서는 예컨대 큰 바다뱀에 관한 보고로 예시될 수 있다. 그러한 사례에서 과학은 그 보고들이 근거가 없는 것이라 말하지 않는다. 즉, 페르마가 실수를 했다거나 관찰된 큰 바다뱀의 모든 기록은 거짓말이라고 말하지 않는다는 것이다. 그 대신에 과학은 판단을 중지한다.

과학은 인식론의 관점에서만이 아닌 다양한 관점에서 고찰될 수 있다. 예를 들어 우리는 그것을 생물학적 현상이나 사회학적 현상으로 볼 수 있다. 과학 그 자체는 아마도 산업적 기계 장치 몇몇과 비교할 수 있는 어떤 기구나 도구로서 기술될 수 있다. 과학은 생산 — '포괄적인 생산'이라는 최근의 용어로 — 수단으로 간주될 수도 있다.[6] 심지어 이러한 관점에서 볼지라도 과학은 생산수단이나 다른 도구만큼 '우리의 경험'과 밀접히 연관되어 있다. 그리고 만약 우리가 그것을 우리의 지적인 필요를 충족시키는 것으로 본다면, 우리의 경험들과 과학의 연관은 원칙적으로 어떤 다른 객관적 구조의 연관과 다를 바 없다. 물론 다음과 같이 말하는 것은 정확하다. 과학은 '직접적 혹은 주어진 경험들에서 나중의 경험을 예측하는 것 그리고 가능한 한 나중의 경험조차도 통제하는 것이…' 목적인 '어떤 도구…'이다.[7] 그렇지만 나는 경험에 관한 이런 논의가 명료함에 기여할 것이라고 생각하지 않는다. 우리에게 어떤 경험을 주려는 것이 유정탑의 목적이라고 주장한다고 해서 유정탑의 정확한 특징을 말하는 것보다 더 타당한 것도 아니다. 예컨대 기름이 아니라, 오히려 기름의 모습과 냄새라는 경험, 돈이 아니라, 오히려 돈을 갖고 있다는 느낌의 경험을 준다고 해서 더 타당한 것이 되지 않기 때문이다.

III. 토대 진술

토대 진술이 내가 옹호하는 인식이론에서 어떤 역할을 하는지를 이미 간략히 지적했다. 어떤 이론이 소위 반증 가능한지, 즉 경험적인지를 결정하기 위해 우리는 토대 진술을 필요로 한다. 또한 반증 가설을 확인하기 위해 토대 진술을 필요로 한다. 따라서 이론의 반증을 위해서도 토대 진술을 필요로 한다. [논문 10의 III절과 IV절을 각각 보라.]

따라서 토대 진술은 다음 조건을 만족시켜야 한다.

(1) 초기 조건이 없는 보편 진술에서 어떤 토대 진술도 연역될 수 없다.[8] 다른 한편 (2) 보편 진술과 토대 진술은 서로 모순될 수 있다. 만약 토대 진술과 모순인 이론에서 토대 진술의 부정을 도출할 수 있다면, 오직 조건 (2)만 만족될 수 있다. 이 점과 조건 (1)로부터 토대 진술의 부정은 토대 진술일 수 없다는 것과 같은 논리적 형식을 가져야 한다는 것이 따라 나온다.

진술의 논리적 형식이 그 진술의 부정 형식과 상이한 진술에 관해 잘 알려져 있는 사례가 있다. 이런 진술이 바로 보편적 진술과 존재적 진술이다. 그것들은 서로에 대한 부정이며, 논리적 형식에서 그것들은 서로 다르다. **단칭** 진술도 유사한 방식으로 구성될 수 있다. 'k라는 시공간에 까마귀 한 마리가 있다'는 진술은 논리적 형식에서 — 그리고 언어적 형식에서도 — 'k라는 시공간에 어떤 까마귀도 없다'는 진술과는 다르다고 말할 수 있다. 'k라는 시공간에 이러이러한 것이 있다' 혹은 'k라는 시공간에 이러이러한 사건이 일어나고 있다'라는 형식의 진술을 이른바 '**단칭** 존재 진술' 내지 '**단칭** 있음(there-is) 진술'이라 할 수 있다. 그리고 그것을 부정함으로써 나온 진술, 즉 'k라는 시공간에 이러이러한 어떤 것도 없다' 또는 'k라는 시공간에 이러이러한 종류의 어떤 사건도 일어나고 있지 않다'라는 진술 역시 '**단칭** 비존재 진술' 내지 '**단칭** 없음(there-is-not) 진술'이라 불릴 수 있다.

　　우리는 이제 토대 진술에 관해 다음 규칙을 마련할 수 있다. **토대 진술은 단칭 존재 진술의 형식을 갖고 있다.** 이 규칙은 토대 진술이 조건 (1)을 만족시키고 있음을 뜻한다. 왜냐하면 어떤 단칭 존재 진술도 엄밀한 보편적 진술, 즉 엄밀한 비존재 진술에서 연역될 수 없기 때문이다. 토대 진술은 또한 조건 (2)도 만족시킨다. 개별 시공간 영역에 대한 어떤 언급을 단순히 생략함으로써 모든 단칭 존재 진술로부터 순수 존재 진술이 도출될 수 있다는 사실에서 이를 알 수 있다. 그리고 우리가 보았듯이 순수 존재 진술은 실제로 이론과 모순된다.

　　그런 다음 서로 모순이 아닌 두 토대 진술 d 그리고 r의 연언이 토대 진술임을 우리는 알아야 한다. 때때로 우리는 토대가 아닌 다른 진술을 하나의 토대 진술과 결합함으로써 어떤 토대 진술을 얻을 수도 있다. 예를 들면 '위치 k에 움직이는 시계바늘이 없다'는 단칭 비존재 진술 p와 '위치 k에 시계바늘이 있다'는 토대 진술 r의 연언을 우리는 정식화할 수 있다. 왜냐하면 두 진술의 연언 $r \cdot p$('r-and-non-p')는 분명히 단칭 존재 진술인 '위치 k에 정지해 있는 시계바늘이 있다'와 동치이기 때문이다. 이것은 다음 결론에 이른다. 만약 우리가 예측 p를 연역하는 이론 t와 초기 조건 r이 우리에게 주어지면, 그러면 진술 $r \cdot p$은 그 이론의 반증자일 것이므로 그래서 그것은 토대 진술이 될 것이다. (다른 한편, 조건 진술 '$r \rightarrow p$', 곧 '만약 r이면 그러면 p'는 p의 부정에 지나지 않는 토대 진술이다. 왜냐하면 그것은 토대 진술의 부정, 즉 $r \cdot p$의 부정과 동치이기 때문이다.)

이런 것들은 토대 진술의 형식적 요건이다. 모든 단칭 존재 진술은 그 요건을 만족시킨다. 더구나 토대 진술은 또한 실연적 요건 — 그 토대 진술이 우리에게 말한 대로 위치 k에서 일어나는 사건에 관한 요건 — 을 만족시켜야 한다. 이 사건은 **'관찰할 수 있는'** 사건이어야 한다. 다시 말해 토대 진술은 상호주관적으로 '관찰'에 의해 시험할 수 있어야 한다. 토대 진술은 단칭 진술이기 때문에, 이 요건은 당연히 시간과 공간에 알맞게 자리하고 있는 관찰자만을 언급할 수도 있다(내가 정밀하게 구성하지 못한 논점).

아마도 이제 그것은 마치 관찰 가능성을 요구한 것에 대해 결국 심리학주의가 내 이론에 다시 조용히 들어오는 것을 허용하는 것처럼 보일 것이다. 그러나 이것은 그렇지 않다. 물론 **관찰 가능한 사건**의 개념을 심리학주의의 의미로 해석할 수 있다. 하지만 나는 그것을 다음과 같은 의미로 사용하고 있다. 그 개념을 '거시 물리적 물체들의 위치와 운동을 포함하는 사건'으로 대체해도 좋다는 것이다. 혹은 우리는 그것을 더 정확히 정할 수 있는데, 모든 각각의 토대 진술은 반드시 그 자체로 물리적 물체들의 상대적 운동에 관한 진술이거나 이런 '기계론적이거나 유물론적인 종류'의 어떤 토대 진술과 동치여야 한다고 말이다. (이런 조항이 실용적일 수 있다는 것은 다음 사실과 연관된다. 상호주관적으로 시험할 수 있는 이론은 또한 상호 감각적으로[9] 시험할 수 있을 것이라는 사실과 관련된다. 이것은 우리 감각 중 하나에 대한 지각을 포함하고 있는 시험들은 원리적으로 여타의 감각들을 포함하고 있는 시험들로 대체될 수 있다고 말하는 것이다.) 따라서 관찰 가능성에 호소함으로써 내가 살그머니 심리학주의를 다시 받아들였다는 비난은 내가 기계론이나 유물론을 인정했다는 비난보다 더 설득력이 있는 것이 아니다. 이것은 내 이론이 실제로 매우 중립적이라는 점과 이런 이론적 표지를 내 이론에 강요해서는 안 될 것임을 보여주고 있다. 내가 이런 것을 모두 말한 까닭은 단지 내가 사용하는 '관찰 가능한'이란 용어를 심리학주의의 오명으로부터 구제하기 위해서이다. (관찰들과 지각들은 심리적일 수 있지만 관찰 가능성은 그렇지 않다.) 나는 '관찰 가능한'이나 '관찰할 수 있는 사건'이란 용어를 **정의할** 의도가 전혀 없다. 비록 내가 기꺼이 심리학적인 사례들이나 기계론적 사례들에 의해 그 용어를 설명할 각오가 되어 있을지라도 그렇다. 나는 그런 용어를 무정의 용어로 도입해야 한다고 생각한다. 다시 말해 사용상 충분히 정확한 것이 되는 무정의 용어를 도입해야 한다는 것이다. 또한 인식론자가 '기호'라는 용어의 사용을 많이 배워야 하는 것처럼, 그 사용을 배워야 할 원시 개념으로서, 혹은 물리학자가 '질점'이란 용어의 사용을 배워야 하듯이 원시 개념으로서 그 용어가 도입되어야 한다고 생각한다.

그러므로 토대 진술은 — 언어의 중요한 양식으로 — 관찰할 수 있는 사건은 시간과 공간의 어떤 개별 영역에서 일어나고 있다고 주장하는 진술이다.

IV. 토대 진술의 상대성. 프리스의 삼중 난관의 해결

어떤 이론의 모든 시험은 그것이 확인되든 반증되든 간에 우리가 **받아들이기로 결정한** 이런저런 토대 진술에서 멈추어야 한다. 만약 우리가 어떤 결정도 하지 않고 또한 이런저런 토대 진술을 받아들이지 않는다면, 시험은 어떤 곳에도 이르지 못할 것이다. 그러나 논리적 관점에서 생각해 보면, 그 상황은 결코 다음과 같은 것은 아니다. 즉, 우리에게 저 진술보다 이 특별한 진술에 멈출 것을 강요하거나, 그렇지 않으면 그 시험과 함께 포기할 상황은 아니라는 점이다. 왜냐하면 이번에는 어떤 토대 진술이 다시 시험에 부쳐질 수 있기 때문이다. 그런데 그 시험은 시험 중의 이론이든 아니면 다른 이론이든 간에 어떤 이론의 도움을 받아 토대 진술에서 연역될 수 있는 약간의 토대 진술을 시금석으로 사용하고 있다. 이런 절차는 당연한 결말을 전혀 갖고 있지 않다. 따라서 만일 그 시험이 우리를 어딘가로 이끈다면, 이런저런 점에서 멈추고 잠시 동안 우리가 만족하고 있다고 말하는 것 외에 어떤 것도 남아 있지 않다.

우리가 이런 방식으로 어떤 절차에 도달할 것임을 아는 것은 매우 쉽다. 우리는 단지 그 절차에 따라 시험하기가 특히 쉬운 어떤 종류의 진술에 멈출 뿐이다. 왜냐하면 그것은 다양한 조사자가 승인하거나 기각할 합의에 이를 것 같은 진술에 우리가 멈추어 있음을 의미하기 때문이다. 또한 만약 그들이 동의하지 않으면, 단지 시험들을 계속하거나 그렇지 않으면 완전히 다시 시험들을 착수할 것이다. 만일 이런 시도가 또한 아무런 결과에 이르지 못하면, 우리는 다음과 같이 말할지도 모른다. 문제의 진술은 상호주관적으로 시험할 수 없다거나 우리는 결국 관찰 가능한 사건들을 다루고 있지 않았다고 말이다. 만약 언젠가 더 이상 과학적인 관측자가 토대 진술에 관한 합의에 이를 수 없다면, 이것은 보편적인 소통 수단으로서의 언어 실패가 될 것이다. 그것은 새로운 '언어의 바벨탑'이 될 터이다. 과학적 발견이란 불합리로 환원될 것이고, 이런 새로운 바벨탑에서 치솟은 과학의 구축물은 곧 폐허가 될 것이다.

어려운 작업이 끝나고 모든 것이 쉽게 확인될 수 있을 때 논리적 증명이 만족스러운 형태에 이르는 것과 마찬가지로, 과학이 연역이나 설명의 작업을 행한 후에야 우리는 쉽게 시험할 수 있는 토대 진술에 멈춘다. 개인적인 경험에 관한 진술들 ― 즉, 직접 관찰 문장들 ― 은 분명히 이런 종류의 것이 아니다. 따라서 그것들은 우리가 정지하는 진술로 사용하는 데 전혀 알맞지 않을 것이다. 물론 우리는 기록들이나 직접 관찰들, 예를 들어 과학적이고 산업적인 연구기관에 의해 공표된 시험들의 인증과 같은 것을 이용한다. 필요하다면 이것들을 우리는 재검사할 수 있다. 그러므로 예컨대 시험을 수행하는 전문가들의 반응 횟수를 (즉, 그들의 개인적인 반응식을) 시험하는 것이 필요하게 될 것이다. 하지만 일반적으로 특히 '… 비판적인 사례들로' 우리는 쉽게 시험할 수 있는 진술에 멈추어야 하며, 카르납이 추천한 대로 지각이나 직접 관찰 문장에 **멈추지 않는다.** 다시 말해 우리는 '지각에 관한 진술들의 상호주관적 시험은 … 상대적으로 복잡하고 어렵기 때문에 … 이런 것들에 바로 … 멈추지 …' **않는다.**[10]

이제 프리스의 삼중 난관, 즉 독단주의, 무한소급, 심리학주의에 관한 우리의 견해는 무엇인가[전술한 I절을 보라]? 우리가 멈추는, 우리가 만족스러운 것으로 또한 충분히 시험된 것으로 받아들이는 토대 진술은 당연히 **독단**의 성격을 갖고 있지만, 우리가 더 나은 논증들(혹은 더 이상의 시험들)에 의해 그것들을 정당화할 것을 단념한 한에서만 그렇다. 그러나 이런 종류의 독단주의는 무해하다. 필요하다면 이런 진술들을 더 쉽게 시험할 수 있기 때문이다. 이것 또한 연역의 연쇄를 원리적으로 무한히 만드는 것임을 나는 인정한다. 하지만 이런 종류의 '**무한소급**' 또한 무해한데, 그 이론을 통해 진술들을 증명하려고 하는 우리 이론은 아무런 문제도 없기 때문이다. 그리고 마지막으로 **심리학주의**에 관해서, 어떤 토대 진술을 인정하고 그에 만족하는 결정은 인과적으로 우리의 경험들 — 특히 우리의 **지각적 경험들**과 연관되어 있음을 나는 거듭 인정한다. 아마도 경험은 결정적으로 **어떤 결정을 유발할** 수 있으며, 그로 인해 어떤 진술을 인정하거나 기각하도록 할 수는 있다. 하지만 토대 진술은 경험에 의해 **정당화**될 수 없다. 그것은 그저 탁자를 내리치는 것으로는 정당화될 수 없다.[11]

12. 과학의 목표 (1957)

과학 활동의 '목표'에 관해 말을 한다는 것은 어쩌면 약간 소박한 것이라 생각할 수도 있다. 왜냐하면 다양한 과학자들이 상이한 목표들을 갖고 있고, 또한 과학 그 자체는 (이 말이 무엇을 뜻하든 간에) 어떤 목표도 갖고 있지 않음이 분명하기 때문이다. 나는 이 모든 것을 인정한다. 그러나 우리가 과학에 대해 말할 때, 과학 활동의 성격을 띠고 있는 어떤 것이 있음을 어느 정도 분명하게 느끼고 있는 것 같다. 그리고 과학적인 활동이란 합리적인 활동과 상당히 유사해 보이기 때문에, 과학의 목표를 기술하는 시도가 전혀 쓸모없는 것은 아니다.

나는 설명할 필요가 있다는 인상을 우리에게 주고 있는 것은 무엇이든 간에 **만족스러운 설명들**을 발견하는 것이 과학의 목표라고 주장한다. **설명**(또는 인과적 설명)이란 진술들의 어떤 집합을 말하는 것인데, 그것에 의해 우리는 설명될 사태(**피설명항**)를 기술하는 반면에, 다른 것들, 즉 설명하는 진술들은 협의의 의미에서 '설명'(**피설명항의 설명항들**)을 형성한다.

우리는 대체로 **피설명항**은 참임이 어느 정도 잘 알려지거나, 그렇게 알려질 것이라 가정된 것이라고 생각할 수 있다. 왜냐하면 완전히 상상적인 것으로 판명될 수 있는 사태에 대해 설명을 요구하는 것은 어떤 의미도 없기 때문이다. (비행접시는 그런 사례를 예시하고 있는데, 필요로 하는 설명은 비행접시에 관한 것이 아니라 비행접시에 대한 보고들일 수 있다. 하지만 만일 비행접시가 존재한다면, 그 보고들에 대한 설명을 더 이상 요구하지 않을 것이다.) 다른 한편 우리의 탐구 대상인 **설명항**은 원칙적으로 알려지지는 않았지만 발견되어야 할 것이다. 따라서 과학적 설명이 어떤 발견일 때는 언제나 그 설명은 **미지의 것에 의한 알려진 것에 대한 설명**이 될 것이다.[1]

설명항이 만족스럽게(만족이란 정도의 문제일 수도 있다) 되기 위해서는 수많은 조건을 충족해야 한다. 첫째로 그것은 논리적으로 **피설명항**을 함축해야 한다. 둘째로 일반적으로는 비록 설명항이 참이라고 알려지지 않을지라도 그것은 참이어야 한다. 어떤 경우든 설명항은 가장 비판적인 검토를 거친 뒤에도 거짓으로 알려지지 않아야 한다. 만약 그것이 (통상적인 경우처럼) 참이라 알려지지 않는다면, 그 설명항을 지지하는 데 **독립적인** 증거가 있어야 한다. 다시 말해서 그것은 **독립적으로** 시험할 수 있어야 하며, 그리고 독립적인 시험들의 엄격함이 더 심했는데도 그 설명항이 살아남았다면, 우리는 그것을 더 만족스러운 것으로 간주할 수 있다.

나는 이제 '독립적'이라는 표현을 사용하는 것과 그 표현과 정반대인 '**임시방편적**'이라는 표현과 (극단적인 경우들로서) '**순환적**'이라는 표현을 명료하게 밝혀야 한다.

a를 참이라고 알려진 **피설명항**이라고 하자. a는 말할 필요도 없이 a 그 자체로부터 따라 나오기 때문에, 우리는 항상 a를 그 자체에 대한 어떤 설명으로 제시할 수 있다. 그러나 이는 매우 만족스럽지 못하다. 설령 우리가 이런 경우 **설명항**이 참이고 **피설명항**이 그로부터 따라 나온다는 것을 알지라도 말이다. **따라서 우리는 이런 종류의 설명을 그 순환성 때문에 배제해야 한다.**

하지만 내가 여기서 염두에 두고 있는 순환성의 종류는 정도의 문제이다. 다음과 같은 대화를 검토해 보자. '왜 오늘은 바다가 그렇게 거친가?' — '넵튠이 매우 화가 났기 때문에.' — '너는 무슨 증거로 넵튠이 매우 화났다는 너의 논증을 뒷받침할 수 있는가?' — '아, 당신은 그 바다가 **얼마나** 거친 줄을 **알지** 않는가? 그리고 넵튠이 화가 났을 때는 언제나 바다가 거칠지 않은가?' 이런 설명은 만족스럽지 않은데, 왜냐하면 **설명항**을 위한 유일한 증거가 (완전히 순환적인 경우와 마찬가지로) **피설명항** 자체이기 때문이다.[2] 이런 종류의 거의 순환적이거나 임시방편적인 설명은 매우 만족스럽지 않다는 느낌과 함께 이에 상응해서 이런 종류의 설명은 회피되어야 한다는 요청이 과학 발전의 주요한 동력에 속한다고 나는 믿고 있다. 그런데 불만족이란 비판적 내지 합리적인 접근의 첫 소산이다.

설명항이 **임시방편**이 되지 않기 위해서 그것은 내용에 있어서 풍부해야 한다. 즉, 그것은 검증할 수 있는 결과들의 다양성, 그것들 중에서 특히 **피설명항**과는 다른 검증 결과들에 대한 다양성을 갖고 있어야 한다. 내가 **독립적인** 시험들이나 **독립적인** 증거라고 말할 때 내가 유념하고 있는 것도 바로 이런 상이한 시험 결과들이다.

이런 논평들이 어쩌면 시험할 수 있는 **설명항**에 관한 직관적인 관념을 어느 정도 해명하는 데 도움이 될 수 있을지라도, 그것들은 여전히 만족스럽고 독립적으로 시험할 수 있는 설명을 규정하기에는 아주 불만족스럽다. 왜냐하면 a가 만약 우리의 **피설명항**이라면, 즉 a를 다시 '바다가 오늘 거칠다'라고 한다면, 우리는 언제나 완전히 **임시방편**인 상당히 만족스럽지 못한 **설명항**을 제시할 수 있기 때문이다. 우리는 여전히 우리가 좋아하는 것으로 이런 결론을 선택할 수 있다. 예를 들면 우리는 '이 건포도는 즙이 많다'와 '모든 까마귀는 검다'를 선택할 수 있다. b를 그것들의 연접이라고 하자. 그러면 우리는 a와 b의 단순한 연접을 **설명항**으로 간주할 수 있다. 그것은 지금까지 언급되었던 우리의 모든 요구조건들을 만족시킬 것이다.

설명들이 (초기 조건들에 의해 보완된) 보편적인 진술들이나 자연법칙들을 이용할 것을 우리가 요구할 뿐이라면, 우리는 독립적이거나 **임시방편이** 아닌 설명들에 관한 관념을 깨닫는 진전을 이룰 수 있다. 왜냐하면 자연의 보편적인 법칙들은 풍부한 내용을 지닌 진술들이어서, **그것들은** 어디서든지 항상 **독립적으로 시험될 수 있기** 때문이다. 따라서 그것들이 설명들로서 사용된다면, 그것들은 **임시방편이 아니어도 좋을 것이다.** 왜냐하면 그것들은 **피설명항**을 재산출할 수 있는 결과의 사례로서 해석하는 것을 허용할 수 있기 때문이다. 그러나 이 모든 것은 우리 스스로 시험할 수 있는, 즉 반증할 수 있는 보편법칙들에 국한할 경우에만 참이다.

그러므로 '어떤 종류의 설명이 만족스러울 수 있는가?'란 물음은 시험할 수 있고 반증할 수 있는 보편법칙들과 초기 조건들에 의한 설명이란 대답에 이르게 된다. 또한 시험할 수 있는 이런 법칙들이 매우 많고 그것들이 더 잘 시험된다면 이런 종류의 설명은 더 만족스러울 것이다. (이는 또한 초기 조건들에도 적용된다.)

이런 방식으로 만족스러운 설명들을 발견하는 것이 과학의 목표라는 추측은 시험 가능성의 정도를 개선함으로써 설명의 만족도를 향상한다는 관념으로 우리를 더욱 이끌어 간다. 즉, 더 잘 시험할 수 있는 이론들로 나아간다는 말이다. 그런데 그 관념이 말하고 있는 것은 이전보다 더 풍부한 내용, 보편성의 정도가 더 큰, 그리고 엄밀함의 정도가 더 높은 이론들로 나아감을 의미하고 있다. [논문 10의 주석 3과 6을 보라.] 이것은 확실히 이론적인 과학의 실제적인 실천들과 완전히 일치하고 있다.

우리는 또한 다른 방식으로 근본적으로 동일한 결론에 도달할 수 있다. 만약 설명하는 것이 과학의 목표라면, 지금까지 **설명항**으로서, 예를 들면 자연의 어떤 법칙으로서 인정되었던 것을 설명하는 것이 또한 과학의 목표가 될 것이다. 따라서 과학의 과제란 그 자체를 계속 새롭게 하는 것이 된다. 실제로 우리가 어떤 궁극적인 설명에 도달하지 못한다면, 우리는 점점 더 높은 보편성을 가진 설명에 이르는 일을 영원히 계속할지도 모른다. 더 이상 설명할 수 없고 또한 더 이상의 설명을 필요로 하지도 않는 어떤 설명에 이르지 못한다면 그렇다.

그러나 궁극적인 설명들은 존재하는가? 내가 '본질주의'라고 했던 교설은 과학은 본질들에 관한 궁극적인 설명들을 모색해야 한다는 견해에 이른다. 만약 우리가 어떤 사물의 행태를 그것의 본질, 즉 본질적인 속성들에 의해 설명할 수 있다면, 더 이상의 설명이 제기될 수 없으며 (아마도 본질들의 창조자에 관한 신학적인 물음을 제외한) 어떤 설명도 제기될 필요가 없다는 것이다. 그래서 데카르트는 연장이라고 자신이 가르쳤던 **물체의 본질**에 의해 물리학을 설명했다고 믿었다. 또한 로저 코테스(Roger Cotes)에 따르면 몇몇 뉴턴주의자는 **물질의 본질**이란 관성과 그리고 다른 물질에 대한 중력이라고 믿었다. 그리고 그들은 뉴턴 이론은 이런 모든 물질의 본질적인 속성들에 의해 도출될 수 있으므로 궁극적으로 설명될 수 있다고 믿었다. 뉴턴 자신은 다른 의견을 가지고 있었다. 그것은 그가 『자연학의 원리』 마지막의 '**일반에 대한 주석**'에 다음과 같은 것을 쓸 때 염두에 두었던 중력 자체에 대한 궁극적 혹은 본질주의의 인과적 설명과 관련된 가설이었다. '지금까지 나는 중력의 힘에 의해 현상을 설명했지만, 그러나 나는 아직 **중력 자체 원인**을 확인하지 못했으며, 또한 나는 임의로 (**임시방편**으로) 가설을 고안하지 않았다.'[3]

나는 궁극적인 설명에 관한 본질주의 교설을 믿지 않는다. 과거에 이 교설에 대한 비판자들은 대체로 도구주의자들이었다. 그들은 과학이론들을 어떤 설명력도 없는 단지 예측을 위한 도구로 해석했다. 나는 또한 도구주의자들에 동의하지 않는다. 그러나 내가 말하는 이른바 제3의 가능성인 '세 번째 견해'가 존재한다. 그것은 '수정된 본질주의'로 잘 기술되었는데, 그것은 '수정된'이란 용어에 강조들 둔 것이다.[4]

내가 옹호하고 있는 이 '세 번째 견해'는 본질주의를 급진적인 방식으로 변형한 것이다. 무엇보다도 먼저 궁극적인 설명이란 관념을 나는 포기한다. 모든 설명은 더 높은 정도의 보편성을 가진 이론이나 추측에 의해 더 잘 설명될 수 있다고 나는 주장한다. 더 나아간 설명이 필요 없는 설명이란 있을 수 없다. 왜냐하면 어떤 것도 (데카르트가 제시했듯이 물체에 대한 본질주의 정의와 같은) 본질에 관한 자기설명적인 기술이 될 수 없기 때문이다. 두 번째로 **무엇인가란 물음** 모두를 나는 포기한다. 사물이란 무엇인가, 그것의 본질은 무엇인가, 혹은 그것의 참된 본성은 무엇인가의 물음들이 그것이다. 왜냐하면 우리는 모든 개별적인 사물은 어떤 본질, 즉 (예컨대 포도주 속에 포도주의 정수 같은) 내적인 어떤 본성이나 원리가 존재한다는 본질주의의 특징을 지닌 견해를 포기해야 하기 때문이다. 그런데 그 본질이란 반드시 그 사물이 무엇인가가 되는 원인이며, 그래서 그 본성이 작용한 대로 그 사물이 작용하게끔 한다는 것이다. 이런 물활론적 견해는 아무것도 설명하지 못한다. 그러나 그것은 (뉴턴과 같은) 본질주의자들이 중력과 같은 관계적인 속성들을 회피하도록 이끌어 간다. 또한 그것은 선험적으로 타당하게 여겨졌다는 것을 토대로 본질주의자들이 (관계적인 속성들과는 반대인) 내재적인 본성들에 의해 만족스러운 설명이 틀림없이 존재할 것임을 믿도록 이끈다. 세 번째이자 마지막 본질주의의 변형은 다음과 같다. 물활론과 밀접하게 연관된 (그리고 플라톤과 반대된 것으로 아리스토텔레스적인 특징을 지닌) 다음과 같은 견해를 우리는 포기해야 한다. 개별적이거나 단일한 사물의 행태에 대한 설명으로서 호소할 수 있는 것은 바로 이런 **각기 개별적이거나 단일한 모든 사물**에 내재하는 본질적인 속성들이다. 이런 견해는 다양한 개별 사물이 왜 유사한 방식으로 행동하는가의 물음에 대해 어떤 설명도 해내지 못하기 때문이다. 만약 '그 사물의 본질들이 닮았기 때문'이라고 말한다면, 새로운 물음이 제기된다. **왜 상이한 사물들이 존재하는 만큼 상이한 많은 본질들이 존재하지 않는가**라는 물음이 그것이다.

플라톤은 비슷한 개별 사물들은 후손들이며, 따라서 원래 동일한 '형상'의 복제들이라고 말함으로써 이 문제를 명료하게 해결하려고 노력했다. 그러므로 이 형상은 다양한 개별 사물들 '외부에' 그리고 '이전에' 또한 '탁월한' 어떤 것이며, 그리고 실제로 우리는 닮음의 이론보다 더 좋은 것을 아직 갖고 있지 않다고 말함으로써 문제를 해결하고자 했다. 심지어 오늘날에도 만약 우리가 다음과 같은 것들의 닮음을 설명하고자 한다면, 우리는 그 개체들의 공통 기원에 호소하고 있는 것이다. 두 사람의 닮음이나 어떤 새와 어떤 생선, 두 개의 침대, 두 대의 자동차, 두 개의 언어, 두 소송 절차의 유사함을 설명하고자 할 때 그렇게 한다. 다시 말해 우리는 주로 유사성을 유전적으로 설명하고 있다. 그리고 만약 우리가 이로부터 형이상학적 체계를 만든다면, 그것은 역사주의적인 철학이 되기 쉽다. 플라톤의 해결은 아리스토텔레스에 의해 기각되었지만, 그러나 아리스토텔레스의 본질주의 판본은 어떤 해결의 기미도 함유하고 있지 않기 때문에 그는 그 문제를 결코 완전히 파악하지 못했던 것으로 보인다.[5]

자연의 보편적인 법칙을 통해 설명들을 선택함으로써 우리는 이런 마지막의 (플라톤적인) 분명한 문제에 대한 어떤 해결을 제시한다. 왜냐하면 우리는 모든 개별적인 사물과 개별 사실은 이런 법칙에 종속되어 있다고 생각하고 있기 때문이다. 따라서 (이번에는 더 이상의 설명을 필요로 하고 **있는**) 법칙들은 개별 사물들이나 개별 사실들 내지 사건들의 규칙성들이나 유사성들을 설명하고 있다. 그리고 이런 법칙들은 개별 사물에 내재하고 있지 않다. (그것들은 또한 세계 밖의 플라톤적인 형상도 아니다.) 자연의 법칙들은 오히려 자연의 — 우리 세계 자체의 구조적 속성들에 대한 (추측적인) 기술들로 표현된다.

그런데 나의 견해('세 번째 견해')와 본질주의 간에는 유사성이 있다. 비록 나는 보편적인 법칙들에 의해 세계의 **궁극적인** 본질을 기술할 수 있다고 생각하지 않을지라도, 나는 다음을 의심하고 있지는 않다. 우리가 우리 세계의 구조나, 소위 말하듯이, 좀 더 본질적이거나 점점 더 깊은 세계의 속성들에 의해 점점 더 깊이 들어가 탐구할 수 있다는 것을 말이다.

우리가 어떤 추측적인 법칙이나 이론을 좀 더 높은 정도의 보편성을 가진 새로운 추측적인 이론에 의해 설명을 착수할 때마다, 우리는 세계에 관한 더 많은 것을 발견하고 있는 것인데, 이는 세계의 비밀들에 더 깊이 들어가고자 우리가 애를 쓰고 있는 것이다. 또한 우리가 이런 종류의 이론을 반증하는 데 성공할 때는 언제나 우리는 어떤 새로운 중요한 발견을 한다. 이런 반증들은 매우 중요한데 그것들은 우리에게 예기치 못한 것을 가르쳐주기 때문이다. 그리고 설령 우리 스스로 이론들을 만들었을지라도, 다시 말해 그 이론들이 비록 우리 자신의 발명들임에도 불구하고 그것들은 세계에 관한 진정한 주장들임을 그 반증들이 재차 확실하게 한다. 왜냐하면 그 반증들은 우리가 여태 만들지 못했던 어떤 것과 **충돌할** 수 있기 때문이다.

우리의 '수정된 본질주의'가 유용한 것은 자연법칙의 논리적인 형식에 대한 물음이 제기될 때라고 나는 믿고 있다. 그것은 우리의 법칙들이나 이론들이 **보편적**이어야 함을 제안하고 있다. 다시 말해 세계에 관한, 즉 세계의 모든 시공 영역에 관한 주장을 해야 함을 시사하고 있다. 더구나 그것은 우리 이론들이 세계의 구조적 내지 관계적 속성들에 관한 주장을 해야 한다는 것과 설명적인 어떤 이론에 의해 기술된 그 속성들은 어떤 의미에서도 설명될 속성들보다 더 깊은 것임을 암시하고 있다. '더 깊은'이라는 말은 남김 없는 논리적인 분석의 어떤 시도도 거부하지만, 그럼에도 그것은 우리의 직관들에는 어떤 지침이 됨을 나는 믿고 있다. (수학에서는 이것이 지침이 된다. 공리들이 있을 때는 모든 수학의 정리들이 논리적으로 동치이지만, 그러나 논리적 분석을 거의 할 수 없는 '깊이'에서는 커다란 차이가 있다.) 과학이론의 '깊이'란 그 단순성, 따라서 그 이론 내용의 풍부함과 매우 밀접한 관계에 있는 것 같다.

(그렇지 않다면 그것은 그 내용이 전혀 없는 것으로 간주될 수 있는 수학적인 정리의 깊이와 관계가 있을 것이다.) 두 가지의 구성 요소, 즉 풍부한 내용과 기술된 사태의 확실한 정합이나 간결함(또는 '유기적임')이 요구되는 것으로 보인다. 비록 후자의 요소가 직관적으로는 꽤 분명할지라도, 너무 난해해서 분석할 수 없는 것이 바로 이 후자의 요소이다. 또한 본질주의자들이 우연적인 속성의 단순한 누적과 대조되는 것으로서 본질에 대해 말할 때 그들이 기술하려고 노력하고 있는 것도 역시 이 후자이다. 나는 우리가 여기서 직관적인 관념을 언급하는 것 이상의 많은 일을 할 수 있다고 생각하지 않으며, 또한 우리가 더 많은 일을 할 필요가 있다고도 생각하지 않는다. 왜냐하면 제안된 어떤 특정한 이론의 경우에 그 이론에 대한 관심을 결정하는 것은 그 내용의 풍부함, 따라서 그 시험 가능성의 정도이며, 그 이론의 운명을 결정하는 것은 실제적인 시험들의 결과이기 때문이다. 방법의 관점에서 보면 우리는 그 이론의 깊이, 정합 및 심지어 그 이론의 아름다움을 우리의 직관이나 상상의 단순한 지침이나 자극으로 간주할 수 있다.

그럼에도 논리적으로 분석될 수 있는 깊이나 깊이의 정도를 위한 충분조건과 닮은 어떤 것이 있는 것 같다. 나는 과학의 역사에서 어떤 사례를 빌려 이 점을 설명해 보겠다.

뉴턴 역학이야말로 갈릴레이의 지구 물리학과 케플러의 천체 물리학의 통합을 달성한 것으로 잘 알려져 있다. 또한 종종 뉴턴 역학은 갈릴레이와 케플러의 법칙들에서 유도될 수 있다고 이야기되고 있으며, 심지어 그 역학은 그 법칙들에서 엄격하게 연역될 수 있다고 주장되기도 했다.[6] 그러나 이것은 그렇지 않다. 논리적인 관점에서 엄격히 말하면, 뉴턴의 이론은 갈릴레이나 케플러의 이론과 모순된다. (물론 이 후자의 이론들은 근사치들로서 얻을 수 있지만, 일단 우리가 작업을 할 수 있는 뉴턴 이론을 가지고 있다면) 이런 이유 때문에 뉴턴 이론은 연역이든 귀납이든 간에 갈릴레이의 이론이나 케플러의 이론 또는 이 둘 다의 이론에서 도출하는 것이 불가능하다. 왜냐하면 연역적인 추론이든 귀납적인 추론이든 간에 일관된 전제들에서 형식적으로 우리가 출발했던 전제들과 모순인 어떤 결론으로 나아갈 수 없기 때문이다.

나는 이것을 귀납에 반대하는 강한 논증으로 간주하고 있다. 그러나 여기서 내가 관심을 두는 것은 귀납의 불가능성보다는 오히려 **깊이의 문제**이다. 그리고 이 문제와 관련해서 실제로 우리의 사례로부터 어떤 것을 배울 수 있다. 뉴턴 이론은 갈릴레이의 이론과 케플러의 이론을 통일했다. 그러나 뉴턴 이론은 그 이론에 대한 설명항들의 부분 역할을 하는 이 두 이론들의 단순한 연접이기는커녕, 그것들을 설명하면서도 교정하고 있다. 독창적인 설명력 있는 과제는 그 이전의 결과들을 연역하는 것이었다. 그러나 이 과업은 이런 그 이전의 결과들을 연역하는 것이 아니라, 그 결과들에 적합한 어떤 더 좋은 것을 연역함으로써 실행되었다. 즉, 보다 이전의 결과들에 대한 특수한 조건들 하에서 이런 더 오래된 결과들에 수치적으로 매우 근사한 그리고 동시에 그 결과들을 교정하는 새로운 결과를 연역함으로써 실행되었다. 그래서 우리는 옛 이론의 경험적인 성공이란 새 이론을 확인한 것이라고 말할 수 있을 뿐만 아니라, 그런 다음에는 그 교정들이 시험될 수 있으며 또 어쩌면 반박될 수도 있거나 그렇지 않다면 확인될 수 있다. 내가 개략적으로 서술한 논리적 상황에 의해 매우 분명해진 것은 새로운 이론이란 결코 **임시방편**이나 순환적일 수 없다는 사실이다. 새로운 이론은 논리적 상황의 설명항을 되풀이하기는커녕 그 상황과 모순이 되며, 그리고 그 상황을 교정하고 있다. 이런 방식으로 설명항의 증거는 그 자체로 새로운 이론을 위한 독립적인 증거가 된다. (부연하면 이런 분석은 우리가 계량적인 이론들과 척도의 기준을 설명하도록 해준다. 따라서 그 분석은 척도와 정밀함을 궁극적이고 환원할 수 없는 기준으로 우리가 받아들이는 실수를 하지 않도록 도와준다.)

경험과학에서 보편성의 수준이 보다 높은 새로운 이론이 언제나 **어떤**

옛 이론을 교정함으로써 그 옛 이론을 성공적으로 설명해 준다면, 이것이야말로 그 새 이론이 옛 이론보다 더 깊은 통찰을 하고 있음을 나타내는 확실한 표시라고 나는 생각한다. 어떤 새 이론이 그 이론 변수들의 적절한 값들에 대해 근사적으로 옛 이론을 포함해야 한다는 요건은 (보어에 따르면) **'대응의 원리'**라고 불릴 수 있다.

이런 요건의 이행이 바로 내가 앞에서 말했던 것처럼 깊이에 대한 충분조건이다. 그것이 필요조건이 아니라는 것은 맥스웰(Maxwell)의 전자기파 이론이 이런 의미에서 프레넬(Fresnel)의 빛의 파동 이론을 교정하는 것이 아니라는 사실에서 알 수 있다. 그것은 의문의 여지없이 깊이에서 증가를 의미하고 있지만 다음과 같은 다른 의미에서 그렇다. '편광의 진동들의 방향에 대한 옛날의 물음은 의미가 없게 되었다. 두 매체의 경계들에 대한 경계 조건과 연관된 어려움들은 그 이론의 기초들에 의해 바로 해결되었다. 어떤 임시방편적인 가설도 수평적인 빛의 파동들을 제거하는 데 결코 요구되지 않았다. 방사 이론에서 매우 중요하고 또한 단지 최근에 실험적으로 결정된 빛의 압력은 그 이론의 결론 중 하나로 도출될 수 있었다.'[7] 아인슈타인이 맥스웰 이론의 주요한 업적 몇몇을 개략적으로 서술하고 그 이론을 프레넬의 이론과 비교한 이런 훌륭한 구절은 나의 분석이 망라하지 못한 깊이에 대한 다른 충분조건들이 있다는 표지로서 간주될 수 있다.

만족할 만한 설명을 발견하는 것이야말로 과학의 과제라고 내가 주장했던 것은 우리가 실재론자가 아니라면 거의 이해될 수 없다. 왜냐하면 만족할 만한 설명이란 임시방편적인 설명이 아니기 때문이다. 또한 이런 관념, 즉 **독립적인 증거라는 관념**도 발견이란 관념과 더 심오한 설명의 층으로 나아간다는 관념이 없다면 거의 이해될 수 없기 때문이다. 다시 말해 우리가 발견할 어떤 것이 존재한다는 관념과 비판적으로 논의할 어떤 것이 존재한다는 생각이 없다면 그렇다는 것이다.

그러나 나에게는 방법론 내에서 형이상학적 실재론을 우리가 전제할 필요가 없는 것으로 보인다. 또한 우리는 직관적인 성질을 제외하고 그 실재론에서 많은 도움을 얻을 수도 없다고 나는 생각한다. 왜냐하면 과학의 목표가 설명해야 하는 것이고 가장 만족스러운 설명은 매우 엄격하게 시험할 수 있으며 엄밀하게 시험되는 설명임을 우리가 들었다면, 우리는 방법론자로서 알 필요가 있는 모든 것을 알고 있기 때문이다. 형이상학적 실재론의 도움을 받든 안 받든 간에 그 목표가 실현될 수 있다는 것을 우리는 주장할 수 없는데, 형이상학적 실재론은 우리에게 단지 직관적인 격려, 즉 어떤 희망만을 줄 뿐이지 어떤 종류의 확신도 줄 수 없기 때문이다. 그리고 어떤 방법을 합리적으로 다룬다는 것이 가정되거나 추측된 과학의 목표에 의존한다고 할지라도, 그것은 확실히 형이상학적인 전제와 가장 그럴듯한 거짓 가정에 의존하고 있지는 않다. 그 가정이란 (만약 있다면) 세계에 대한 참된 구조 이론을 인간이 발견할 수 있다거나 인간의 언어로 표현할 수 있다는 것이다.

만약 현대과학이 묘사한 세계에 대한 그림이 진리에 다가간 어딘가에 도달했다면, 다시 말해서 '과학적 지식'과 같은 어떤 것을 우리가 갖고 있다면, 그러면 우주의 거의 모든 곳에서 성립하는 조건들은 우리가 탐구하고 있는 종류의 구조적인 법칙들의 발견을, 따라서 '과학적 지식'의 달성을 거의 불가능하게끔 할 것이다. 왜냐하면 우주의 거의 모든 영역이 혼돈된 방사선으로 채워져 있을 것이며 나머지 모든 영역도 유사한 혼돈 상태의 물질로 꽉 차 있을 것이기 때문이다. 이럼에도 불구하고 내가 주장했던 과학의 목표라고 간주되었던 것을 향한 전진에서 과학은 기적적으로 성공해 왔다. [또한 전술한 논문 7의 말미를 보라.] 이런 이상한 사실은 많은 것이 입증되지 않는다면 설명될 수 없다고 나는 생각한다. 그러나 그 사실은 우리가 그런 목표를 추구하도록 자극할 수 있다. 비록 우리가 실제로 그것을 달성할 수 있다고 믿도록 어떤 더 이상의 자극을 형이상학적 실재론에서든 어떤 다른 원천에서든 받을 수 없다 할지라도 말이다.

13. 과학적 지식의 성장 (1960)

I.

이 논문에서 [이 논문과 다음 논문에서] 나는 과학이 갖는 이러한 측면의 의의를 강조하고자 한다. 그리고 과학적 진보와 경쟁이론 간의 구별에 대한 관념과 결부된 새롭고도 오래된 문제 몇 가지를 해결하고자 한다. 내가 논의하고자 하는 새로운 문제들은, 주로 객관적 진리의 관념 및 진리에 점차 접근한다는 관념— 이것은 지식의 성장을 분석하는 데 큰 도움을 줄 것이라고 나는 생각한다— 과 연결된 문제이다.

비록 논의의 범위를 과학에 있어서의 지식의 성장으로 국한시킬지라도, 나의 견해는 별 수정 없이 과학-이전의 지식의 성장에도— 즉, 인간이나 심지어 동물이 세계에 관한 새로운 사실적 지식을 습득하는 일반적 방식에도— 적용될 수 있을 것으로 나는 생각한다. 시행착오(trial and error)를 통한— 오류를 통한— 학습 방법은 근본적으로 하등동물이나 고등동물 또는 침팬지나 과학자에 관계없이 동일한 것 같다. 나의 관심사는 단지 과학적 지식의 이론에만 국한되는 것이 아니라, 오히려 지식 일반에 관한 것이다. 그런데 과학적 지식의 성장에 대한 탐구는 지식 일반의 성장에 대한 가장 효과적인 탐구의 길이라고 여겨진다. 왜냐하면 과학적 지식의 성장은 일상적인 인간 지식의 성장을 **확대하여 표현한** 것이기 때문이다.[1]

그러면 진보에 대한 우리의 요구가 만족되지 않을 위험성과 과학적 지식의 성장이 끝날 위험성이 있는가? 특히 과학이 자신의 일을 완수했기 때문에 과학의 진전이 끝나 버릴 위험성은 있는 것일까? 나는 우리의 무지가 무한한 까닭에 그렇게 되리라고는 생각지 않는다. 과학의 진보에 장애가 되는 실제적인 위험은, 과학의 완결 가능성에 있는 것이 아니라, (때때로 실제적 관심의 결여로 인한) 상상력의 결여라든가 또는 (후술하는 V절에서 논의될) 과학적 정식화와 정밀화에 대한 그릇된 믿음이나 여러 형태의 권위주의에 있는 것이다.

'진보(progress)'라는 말을 수차례 사용하여 왔으므로, 나는 이 시점에서, 나 자신이 진보의 역사법칙에 대한 신봉자로서 오인되지 않도록 분명히 할 필요가 있겠다. 사실 나는 진보의 법칙에 대한 신념을 여러 차례 공격했고, 그리고 과학조차도 그러한 법칙과 닮은 어떤 무엇의 작용에 매여 있지 않다고 주장한다. 모든 인간 사상의 역사와 마찬가지로 과학의 역사도 기약 없는 꿈과 고집과 오류의 역사이기 때문이다. 그러나 과학은 잘못들을 체계적으로 비판하고 종종 시의 적절하게 수정하는 얼마 안 되는 — 아마도 유일한 — 인간 활동의 역사이다. 이 때문에 과학의 영역에서는, 종종 우리가 오류로부터 배운다고 이야기할 수 있으며, 그리고 과학에서의 진보에 관해서도 명백하고 분별 있게 이야기할 수 있는 것이다. 인간이 노력하는 대부분의 다른 분야에서는 변화는 있지만 (우리가 삶의 가능한 목적에 대해 매우 한정된 입장을 채택하지 않는다면) 진보는 드물다. 거의 모든 이익은, 어떤 손실에 의해, 균형을 이루게 되거나 균형을 이룬 것 이상이 되기 때문이다. 그리고 대부분의 영역에서 우리는 변화를 평가하는 방법조차 모르고 있다.

그러나 과학의 영역에는 **진보의 기준**(*criterion of progress*)이 있다.

즉, 한 이론이 경험적인 시험을 거치기 전에도, 그것이 어떤 특정한 시험을 통과하면, 그것은 이미 우리가 알고 있는 다른 이론의 개선인지 아닌지를 미리 말할 수 있다. 이것이 나의 첫 번째 논제이다.

약간 달리 표현하자면, 나의 주장은 이렇다. 우리는 훌륭한 과학적 이론이란 어떤 것과 같아야 하는지를 **알고** 있으며, 그리고 — 시험이 완료되기 전이라 할지라도 — 그 이론이 어떤 결정적인 시험(crucial tests)을 통과한다면 어떤 종류의 이론이 보다 좋은 것이 될지를 역시 **안다**. 과학의 진보와 여러 이론 간의 합리적 선택에 관한 언급을 가능하게 하는 것은 바로 이 상위 과학적(meta-scientific) 지식이다.

II.

따라서 한 이론의 시험이 완료되기 전이라도 **만일** 어떤 시험에 통과**한다면**, 그 이론은 다른 이론보다 더 나은 것임을 알 수 있다는 것이 나의 첫 번째 논제이다.

나의 첫 번째 논제는, 우리는 어떤 상대적인 **잠재적**(*potential*) 만족의 기준이나 **잠재적** 진보의 기준을 갖고 있으며, 심지어는 어떤 한 이론이 결정적인 시험들을 통과함으로써, **사실상** 만족스러운 이론으로 판명될지 어떨지 알기 전이라도, 이 기준은 어떤 이론에 적용될 수 있다는 것을 함축한다.

이러한 상대적인 잠재적 만족의 기준은 매우 단순하고 직관적인 것이다. (나는 몇 년 전에 이 기준을 정식화했다.[2] 그리고 거기다 덧붙여 말한다면, 이 기준은 이론들의 상대적인 잠재적 만족도에 따라, 그 이론들의 등급을 매길 수 있게 하는 것이다.) 우리에게 보다 많은 것을 말해주는 이론, 즉 더 많은 양의 경험적 정보나 **내용**을 담고 있고, 논리적으로 더 설득력 있고, 더 큰 설명력과 예측력을 갖고 있으며, 따라서 예측된 사실들을 관찰들과 비교함으로써 **보다 엄격하게 시험될** 수 있는 이론을, 이 기준은 바람직한 것으로 규정한다. 간단히 말하면 우리는 평범한 이론보다는 흥미 있고 대담하며 많은 정보를 주는 이론을 선호한다.

우리가 이론에게서 바라는 이 모든 속성들은 결국 고도의 경험적인 **내용**이나 시험 가능성(testability)과 동일한 것으로 밝혀질 수 있다.

III.

이론(혹은 여하한 진술)의 내용에 관한 나의 연구는, 어떤 두 진술 a와 b의 **연접**(*conjunction*)인 $a \cdot b$의 정보 내용(informative content)이 그 구성 요소의 어느 한 내용보다 크거나 아니면 적어도 같다는 단순하고도 명백한 생각에 근거한다.

a를 '금요일에 비가 올 것이다'라는 진술, b를 '토요일은 맑을 것이다'라는 진술, 그리고 $a \cdot b$를 '금요일에 비가 올 것이며, 토요일에는 맑을 것이다'라는 진술이라고 하자. 그러면 $a \cdot b$의 정보 내용이 그것의 구성 요소인 a나 b의 정보 내용을 초과할 것이라는 점은 분명하다. 그리고 $a \cdot b$의 확률(또는 똑같은 말로 $a \cdot b$가 참일 확률)은 그 구성 요소의 어느 한쪽의 확률보다 더 크지는 않을 것 역시 명백하다.

$Ct(a)$를 '진술 a의 내용'으로, $Ct(a \cdot b)$를 'a와 b의 연접의 내용'으로 표시하면, 우리는 다음을 얻는다.

(1) $$Ct(a) \leq Ct(a \cdot b) \geq Ct(b)$$

이것은 아래 확률 계산의 대응 법칙과 대립된다.

(2) $$p(a) \geq p(a \cdot b) \leq p(b)$$

여기서는 (1)의 부등호 표시가 뒤바뀐다. (1)과 (2)의 이들 두 법칙은 모두 내용이 증가하면 개연성은 줄고 그리고 그 역도 성립된다는 것, 다시 말해서 비개연성(improbability)이 증가할수록 내용도 증가한다는 것을 말해 준다. (물론 이 분석은, 한 진술의 논리적 **내용**을 그 진술에서 **논리적으로 수반되는 모든 진술들**의 집합으로 보는 일반적인 생각과 완전히 일치한다. 우리는 또한 진술 a의 내용이 b의 것보다 큰 경우에, 즉 b보다 많은 것을 포함하고 있으면, 진술 a는 b보다 논리적으로 보다 설득력이 크다고 말할 수도 있다.)

평범한 이 사실에서 다음의 결론을 필연적으로 내릴 수 있다. 즉, 지식의 성장이 내용이 증가하는 이론의 획득을 의미한다면, 또한 그것은 개연성이 감소되는 이론(확률 계산의 의미에서)의 획득을 의미할 것이다. 따라서 지식의 진보나 성장이 우리의 목표라면, 높은 개연성은 (확률 계산의 의미에서) 아마도 우리의 목표가 될 수 없을 것이다. 즉, **이 두 목표는 양립 불가능하다.**

나는 근본적이기는 하지만 평범한 이 결론을 30여 년 전에 발견했고 오늘에 이르기까지 그것을 주장해 왔다. 그렇지만 높은 개연성이 매우 바람직하다는 편견이 너무나 뿌리 깊기 때문에, 이 평범한 결론을 아직도 '역설적인' 것으로 받아들이는 사람이 많다.[3] 이런 단순한 결과에도 불구하고, (확률 계산적인 의미에서) 높은 개연성은 아주 바람직한 것이 분명하다는 생각이 대다수의 사람에게는 너무나 명백한 것이어서, 그들은 그것을 비판적으로 고찰하려는 생각조차 하지 않았다. 그러므로 브루크 웨이벨(Bruce Brooke-Wavell) 박사는 '개연성'에 관해서는 더 이상 이야기를 꺼내지 말고 논거를 '내용의 계산'이나 '상대적 내용의 계산'에 두도록, 다시 말해서 과학이 비개연성을 지향하고 있다고 말하기보다는 오히려 최고의 내용을 목표로 하고 있다고 말하도록 내게 권했었다. 이 제의를 심사숙고했으나, 나는 그것이 도움이 되리라고 생각하지 않는다. 문제가 실제로 명백해지려면, 광범위한 지지를 얻고 있는, 뿌리 깊은 확률론적인 편견과의 정면충돌은 불가피할 것 같다. 설사 나의 이론을 내용이나 논리적 강도의 계산에 두는 것이 손쉽다 할지라도 — 확률 계산을 명제나 진술에 ('논리적으로') 적용할 때 — 확률 계산이 단지 **이러한 진술의 논리적 취약성에 대한 계산이나 또는 내용의 결핍**(절대적인 논리적 취약성이나 아니면 상대적인 논리적 취약성)에 불과하다는 것을 설명하는 것은 여전히 필요할 것이다. 높은 개연성이 과학의 목표이므로 귀납이론에 의해 어떻게 높은 개연성에 도달할 수 있는지를 설명해야 한다고 사람들이 무비판적으로 가정하지만 않는다면, 아마도 정면충돌은 피할 수도 있을 것이다. (그리고 이때 많은 혼란을 야기해 왔던 확률 계산과는 완전히 다른 계산 방법 — '진리인 듯함(truthlikeness)'이나 '박진(verisimilitude)' — 이 있다는 것을 지적해 둘 필요가 있다.)

이러한 단순한 결과를 회피하기 위해서, 다소 정교화된 각종의 이론들이 고안되었다. 나는 그것들 중 어느 것도 성공적이지 못함을 입증했다고 생각한다. 그러나 더 중요한 것은 그런 이론들이 전혀 필요 없다는 사실이다. 우리가 이론에 요구하는 속성, 아마도 '박진'이나 '진리인 듯함'[다음 절을 보라]이라고 할 수 있는 속성은, (2)가 불가피한 정리가 되는 **확률 계산의 의미에서의** 개연성이 **아님**을 사람들이 인식하는 것으로 족하다.

우리 앞에 놓인 문제는 단어들의 문제가 아니라는 것에 주의해야 한다. '개연성'이라고 부르는 것이 무엇이든 간에 나는 개의치 않으며, 소위 '확률 계산'이 적용되는 그러한 정도(degrees)을 다른 어떤 명칭으로 불러도 나는 개의치 않는다. 내 개인적인 의견으로는, 이 계산(이것을 라플라스(Laplace), 케인스(Keynes), 제프리스(Jeffreys) 그리고 그 밖의 많은 사람이 정식화했고 나도 거기에 다양한 형식적인 공리 체계를[4] 부여했다)의 유명한 규칙들을 충족시킬 수 있는 것에 대해서, '확률'이란 용어를 사용하는 것이 가장 편리할 듯싶다. 우리가 이 용어법을 받아들인다면 (그리고 그때에만) 진술 a의 절대적 확률이란 단지 그 진술의 **논**

리적인 취약성의 정도나 정보 내용의 결핍에 불과하다는 것은 의문의 여지가 없다. 그리고 진술 b가 주어졌을 때 진술 a의 상대적 확률은, 우리가 이미 정보 b를 소유한다고 가정할 경우 단지 진술 a의 **새로운** 정보 내용의 상대적 **결핍**이나 상대적 취약성의 정도일 뿐이다.

따라서 과학의 목표가 높은 정보 내용에 있다면 — 지식의 성장이 우리가 더 많이 아는 것, a 하나보다는 a와 b를 아는 것, 그래서 이론의 내용이 증대하는 것을 뜻한다면 — 그렇다면 우리는 확률 계산의 의미에서 낮은 개연성을 목표로 한다는 것을 인정해야만 한다.[5]

낮은 개연성은 거짓이 될 높은 개연성을 뜻하므로, 높은 정도의 반증 가능성(falsifiability)이나 반박 가능성(refutability) 또는 시험 가능성이 바로 과학의 목표들 중의 하나 — 사실상, 높은 정보 내용이라는 바로 그 동일한 목표 — 라는 결론이 그로부터 도출된다.

그러므로 잠재적인 만족의 기준이란 시험 가능성 또는 비개연성이다. 고도로 시험 가능한 이론이나 비개연적인 이론만이 시험할 만한 가치가 있으며, 엄격한 시험 — 특히 그 시험이 수행되기 전이라도 그 이론에 결정적인 것으로 간주되는 시험 — 을 견디어낸다면, 그 이론은 실제로 (단순히 잠재적으로가 아니라) 만족스러운 것이 된다.

많은 경우 시험의 엄격성을 객관적으로 비교하는 것이 가능하다. 시험의 엄격성을 객관적으로 비교하는 것이 가치가 있다고 여겨지면, 시험의 엄격성의 정도를 측정하는 것도 가능하다. 동일한 방법으로 우리는 이론의 설명력과 확인도(degree of corroboration)를 규정할 수 있다.

IV.

여기에 제시된 기준이 실제로 과학의 진보를 좌우한다는 논제는 역사적인 사례를 통해 쉽게 설명될 수 있다. 케플러나 갈릴레이의 이론들은 논리적으로 더 설명력이 높고 더 잘 시험될 수 있는 뉴턴 이론으로, 프레넬과 패러데이의 이론은 맥스웰의 이론으로 통합, 대체되었다. 그리고 뉴턴의 이론과 맥스웰의 이론 또한 아인슈타인의 이론으로 통합, 대체되었다. 그 각각의 경우에 있어서 진보는 보다 정보가 많은, 따라서 논리적으로 덜 개연적인 이론으로 향했다. 즉, 이론의 논리적 측면에서 보다 쉽게 반박될 수 있는 예측을 하기 때문에, 보다 엄격하게 시험될 수 있는 이론으로 진보했다.

한 이론이 제기하는 새롭고 대담하며 비개연적인 예측을 시험해도, 그것이 사실상 반박되지 않는다면, 그 이론은 이런 엄격한 시험에 의해 확인된다고 할 수 있다. 나는 이와 관련해서 갈레(Galle)의 해왕성 발견, 헤르츠(Hertz)의 전자파 발견, 에딩턴(Eddington)의 일월식 관측, 데이비슨(Davisson)의 극한치들을 드 브로이(de Broglie)의 파동의 간섭주름으로 본 엘사서(Elsasser)의 해석, 그리고 파웰(Powell)의 최초의 유카와 중간자의 관측 등을 상기시킬 수 있다.

이 발견들은 모두 엄격한 시험에 의한 — (시험되고 확인된 이론) 이전의 지식에 비추어 보았을 때에는 개연성이 아주 적었던 예측에 의한 — 확인을 나타내고 있다. 어떤 한 이론을 시험하는 동안에도 다른 중요한 발견들이 있어 왔다. — 그러나 이 발견들은 그 이론을 확인하지 않고, 오히려 반박한다. 최근의 중요한 사례는 등가에 대한 반박이다. 그러나 밀폐된 공간에서 양초가 타고 있는 동안에는 공기의 양이 감소한다는 라부아지에(Lavoisier)의 고전적 실험은 연소에 관한 산소 이론을 확립시켜 주지는 않지만, 플로지스톤설을 반박하는 경향이 있다.

라부아지에의 실험은 주의 깊게 고안되었다. 그러나 대부분의 소위 '우연한 발견'은 근본적으로 이와 동일한 구조를 가지고 있다. 왜냐하면 이들 '우연한 발견'은 의식적이건 무의식적이건 간에 대체로 이론에 가해진 반박이기 때문이다. 이들 발견은 (이들 이론에 기초한) 예측이 예기치 않게 빗나갔을 때 이루어진다. 이리하여 수은의 영향을 받으리라고는 예상되지 않았던 화학반응이 수은에 의해 가속화된다는 것을 우리가 우연히 발견했을 때, 수은의 촉매작용의 속성이 드러난 것이다. 그러나 외르스테드(Örsted)나 뢴트겐(Röntgen), 베크렐(Becquerel) 및 플레밍(Fleming)의 발견들은 비록 우연적 요소가 있긴 하지만, 진정한 의미에서 우연은 아니다. 이들은 하나같이 자신이 발견하게 된 종류의 결과를 찾고 있었다.

콜럼버스의 아메리카 대륙의 발견 같은 어떤 발견들은 (구면체의 지구에 대한) 한 이론을 확인하는 동시에, 다른 이론(지구의 크기에 관한 이론 및 그 이론과 함께 인도에 이르는 가장 가까운 길에 관한 이론)을 반박한다. 그리고 그것들은 모든 예상에서 빗나간 정도만큼, 그리고 그것들에 의해 반박된 이론들의 시험으로서 의식적으로 간주되지 않은 정도만큼 우연적인 발견들이었다고 할 수 있다.

V.

과학적 지식의 변화와 그 성장 또는 진보를 강조하는 것은, 어느 정도 공리화된 연역 체계로서의 현대과학의 이상과 대비될 수 있다. 이러한 이상은 유클리드의 플라톤적 우주론에서부터(왜냐하면 이것은 유클리드의 『기하학원론』이 실제로 의도했던 것이라고 내가 믿기 때문이다) 뉴턴의 우주론에 이르기까지, 더 나아가서 보스코비치, 맥스웰, 아인슈타인, 보어, 슈뢰딩거(Schrödinger) 및 디랙(Dirac)의 체계에 이르기까지 유럽의 인식론에서 지배적이었다. 그것은 공리화된 연역 체계의 구성을 과학 활동의 최종적인 과제와 목표로 보는 인식론이다.

이와는 반대로, 대부분의 경탄할 만한 연역적 체계들은 목표라기보다는 디딤돌로서,[6] 즉 보다 풍부하고 보다 잘 시험될 수 있는 과학적 지식에 이르는 과정의 중요한 단계로 간주되어야 한다고 나는 생각한다.

이렇게 수단이나 디딤돌로 간주된다면, 연역적 체계들은 확실히 불가결한 것이다. 왜냐하면 우리는 이론들을 연역적 체계의 형식으로 발전시키지 않을 수 없기 때문이다. 이 점은 우리의 이론들에 대해 그것들이 더 나아지고 더 잘 시험할 수 있도록 요구해야 하는 논리적 강도나 많은 정보 내용에 의해 불가피하게 된다. 이론으로부터의 풍부한 귀결들은 연역적으로 도출되어야 한다. 왜냐하면 대체적으로, 우리가 어떤 이론을 시험하기 위해서는, 그 이론에서 도출된 관련이 적은 어떤 귀결들, 즉 직관적으로 검토할 때 직접적으로 알려질 수 없는 귀결들을 하나하나씩 시험하지 않을 수 없기 때문이다.

그렇지만 이론을 합리적인 것으로 혹은 경험적인 것으로 만드는 것은, 그 체계가 갖고 있는 연역적인 도출 때문이 아니라, 우리가 그 이론을 비판적으로 검토할 수 있다는 사실 때문이다. 즉, 관찰적 시험을 포함하는 시도된 반박에 의해서 그 이론을 평가할 수 있다는 사실 때문이다. 그리고 그것은 어떤 경우에는, 어떤 이론이 이러한 비판들과 시험들에 견디어낼 수 있다는 사실 때문이다. — 이러한 시험들 중에서도 이전의 시험들을 붕괴시켰던 시험들, 그리고 심지어는 보다 엄격한 시험들도 더러 있다. 과학의 합리성은 이론을 연역적으로 발전시킨다는 점에 기인한다기보다는 오히려 새로운 이론을 합리적으로 선택한다는 점에 기인한다.

결과적으로, 이론을 비판하고 시험하며, 경쟁이론과 비판적으로 비교하는 작업을 요구하지 않은 채 연역적인 비규약적 체계를 형식화하고 다듬는 데에만 관심을 쏟는다면 아무런 이득도 없다. 이러한 비판적 비교에는 약간의 규약적이고 자의적인 측면이 있는 것도 사실이지만, 진보의 기준 덕분에 대체로 비규약적이다. 과학이 합리적인 요소와 경험적인 요소를 다 포함하고 있는 이유는 바로 이러한 비판적 절차 때문이다. 이런 절차는, 우리가 실수로부터 배우며 그럼으로써 과학적 지식을 증가시킨다는 것을 보여주는, 그런 선택과 거부와 결단을 포함한다.

VI.

그러나 아마 이러한 과학상— 과학의 합리성이 우리가 오류로부터 배운다는 점에 기인한다는 어떤 절차로서의 — 조차도 충분히 만족스럽지는 않을 것이다. 이러한 과학상은 여전히 과학이란 이론에서 이론으로 진보하며, 갈수록 나아지는 일련의 연역적 체계로 구성되어 있다고 제안할지도 모른다. 그러나 내가 실제로 제안하고자 하는 바는, 과학이 **문제에서 문제로**— 점점 깊이를 더해 가는 문제로 — **진보한다는 것으로서** 가시화되어야 한다는 것이다. 왜냐하면 과학적 이론— 설명적 이론— 은 만약 그와 같은 어떤 것이 있다면, 과학적인 문제를 해결하려는 시도, 즉 어떤 설명을 발견하는 데 관심을 두었거나 그것과 연관된 문제를 해결하려는 시도이기 때문이다.

물론 우리의 기대와, 따라서 우리의 이론들은 역사적으로 보면 문제들보다도 먼저 생겨났을지 모른다. **그렇지만 과학은 오로지 문제와 더불어 출발한다.** 문제는, 의외로 특히 우리의 예상이 빗나가거나 이론이 우리를 곤란과 모순으로 몰아넣었을 때에 나타난다. 이런 문제들은 하나의 이론 내부에서나 두 가지 이론 사이에서 또는 이론과 관찰 간의 상충의 결과로 나타난다. 더구나 우리가 이론을 갖고 있다는 것에 대해 의식하게 되는 것은 오직 문제를 통해서일 뿐이다. 우리로 하여금 배우고, 지식을 늘리고, 실험을 하고, 관찰을 하도록 하는 것이 문제이다.

따라서 과학은 문제들로부터 시작되지, 관찰들로부터 시작되지는 않는다. 비록 관찰들이 문제를, 특히 관찰들이 **기대되지 않았던 것**일 때는 — 즉, 관찰들이 우리의 기대나 이론과 상충할 때는 — 문제를 야기하지만 말이다. 과학자 앞에 놓인 의식된 과제는 언제나 문제를 풀어 주는 이론의 구성을 통해 문제를 해결하는 것이다. 예컨대 예기치 않았고 설명되지 않았던 관찰 결과를 설명함으로써 문제를 푸는 것이다. 그렇지만 모든 가치 있는 새로운 이론은 어느 것이나 새로운 문제들, 즉 다른 것과의 조화의 문제나, 전에는 생각해 본 적이 없는 새로운 관찰 시험을 수행하는 방법에 관한 문제들을 제기한다. 그리고 이론이 많은 결실을 보게 되는 것은 주로 그 이론이 제기하는 새로운 문제를 통해서이다.

따라서 어떤 이론이 할 수 있는 과학적 지식의 성장에 가장 지속적인 기여는 이론이 제기하는 새로운 문제라고 말할 수 있다. 이리하여 우리는 언제나 문제 ─ 더욱 깊이를 더해 가고 새로운 문제를 제기하는 능력을 증가시켜 가는 문제 ─ 로 시작해서 항상 문제로 끝난다는 과학과 지식의 성장에 대한 관점으로 되돌아온다.

14. 진리와 박진 (1960)

I.

　[앞의 논문에서] **진리**에 관한 언급조차 없이, 과학과 그 진보 및 진보의 기준에 관해서 이야기했다. 실용주의(pragmatism)나 도구주의(instru-mentalism)에 빠져들지 않고서도 이것이 가능하다는 것이 어쩌면 놀라울지 모른다. 실제로 과학이론의 진위에 관한 이야기를 언급하지 않고서도, 직관적으로 만족스러운 과학의 진보 기준을 논한다는 것이 충분히 가능하다. 사실 내가 타르스키의 진리론을[1] 접하기 전까지는, '진리'라는 말의 사용과 관계된 상당히 논쟁적인 문제에 깊게 관계하지 않은 채, 진보의 기준을 논의하는 것이 보다 안전한 것으로 생각되었다.

　당시 나의 태도는 이러했다. 거의 모든 사람이 그러하듯 나도 진리의 객관적 이론이나 절대적 이론, 혹은 대응 이론(correspondence theory) — 사실과의 대응으로서의 진리 — 을 받아들였으나, 이 문제를 회피하는 쪽을 택했다. 왜냐하면 진술과 사실 간의 대응이라는, 이해하기 까다로운 관념을 분명히 하려는 시도는 아무런 가망도 없어 보였기 때문이다.

그처럼 가망이 없어 보였던 이유를 상기하기 위해서는, 많은 사례 중의 하나인, 진리에 관해 너무나도 소박한 그림 이론(picture theory) 또는 투사 이론을 주장한 비트겐슈타인의 『논리철학논고』를 기억하는 것으로 족하다. 이 책에서 한 명제는, 그 명제가 기술하려고 하는 사실의 그림이나 투사로, 그리고 그 사실과 동일한 구조(또는 '형식')를 갖고 있는 것으로 여겨졌다. 그것은 마치 축음기의 레코드판이 실상은 소리의 그림이나 투사이며, 소리의 구조적인 속성 중 일부를 함께 가지고 있는 것과 같다.[2]

이런 대응을 설명하려던 또 하나의 무익한 시도가 슐리크(Schlick)에게서 나온다. 그는 그림 이론이나 투영 이론을 포함한 각종 대응 이론들에 대해 아주 명확하고도 실로 통렬한 비판을 가했으나,[3] 불행하게도 자신도 역시 그보다 더 나을 것이 없는 또 하나의 이론을 내놓았다. 그의 해석을 반박하는 반대 사례들(많은 대상들에 적용되는 지시들, 많은 지시들에 의해 가리켜진 대상들)이 많았음에도 불구하고, 그는 문제의 대응을 우리의 지시들과 지시된 대상들 사이의 일대일 대응으로 해석했다.

이러한 사태는 타르스키의 진리에 관한, 그리고 어떤 한 진술과 사실들과의 대응에 관한 이론에 의해 대체되었다. 타르스키의 최대 업적과 경험과학의 철학에 대한 그의 실제적인 의미는, 그때까지 의문시되었던 절대적 진리나 혹은 객관적 진리의 대응 이론을 그가 재정립한 데 있다. 그는 사실과의 대응으로서의 진리라는 직관적 개념을 자유롭게 사용할 수 있음을 입증했다. (그의 이론이 형식화된 언어에만 적용될 수 있다는 견해는, 내가 생각하기에는, 잘못이다. 우리가 언어적 모순을 피할 수 있는 방법을 타르스키의 분석에서 배우기만 하면, 타르스키의 진리론은 어떤 일관된 언어에도 그리고 '자연'언어에까지도 적용할 수 있다. 주지하다시피, 그의 이론은 언어의 사용에 약간의 '인위성' — 혹은 주의 — 을 도입한다는 것을 의미한다.)

이 강연의 청중들이 타르스키의 진리론을 다소 알고 있다고 가정은 하지만, 이 이론이, 직관적인 관점에서, **사실과의 대응**이라는 개념을 단순하고 명확하게 해명하고 있는 것으로 간주될 수 있는 점을 설명하는 것이 좋을 것 같다. 나는 거의 평범하다고 할 수 있는 이 점을 강조할 수밖에 없다. 왜냐하면 사실과의 대응이라는 개념이 평범하다고 할지라도, 그것은 나의 논증에 결정적으로 중요하기 때문이다.

먼저 '진리'를 '사실과의 대응'과 동의어로 간주하기로 분명하게 결정하고, 그리고 나서 ('진리'에 관한 모든 것을 잊고) **'사실과의 대응'이라는 생각을 설명해 들어간다면,** (내가 타르스키의 가르침에서 발견했듯이) 타르스키의 생각의 매우 직관적인 특징이 보다 확실해질 것 같다.

먼저 다음의 두 정식화를 살펴보자. 이것들은 각기 (대상 언어의) 한 주장이 어떤 조건 아래서 사실과 대응하는지를 매우 간결하게 (상위 언어로) 설명한 것이다.

(1) **'눈은 희다'**라는 진술이나 주장은 실제로 눈이 희다면, 그리고 오직 그 경우에만 사실과 대응한다.

(2) **'풀은 붉다'**라는 진술이나 주장은 실제로 풀이 붉다면, 그리고 오직 그 경우에만 사실과 대응한다.

이들 정식화('실제로'라는 단어는 편의상 삽입된 것으로 삭제될 수도 있다)는 물론 지극히 평범한 것으로 보인다. 그러나 이것이 갖는 외견상의 평범함에도 불구하고, 타르스키는 사실과의 대응을 설명하는 데 따른 문제의 해결을 이러한 정식화에서 발견했다.

결정적인 점은 (1)과 (2)같이 사실과의 대응을 이야기하기 위해서는 우리가 상위 언어를 사용해야 하며, 그 상위 언어 속에서 우리는 **두 가지의 것, 즉 진술들과 그것들이 지시하는 사실들에 관해서 이야기**할 수 있다는 것을 타르스키가 발견한 것이다. (타르스키는 그런 상위 언어를 '의미론적'이라 불렀다. 이에 반해 우리가 그 속에서 대상 언어에 관해서는 이야기할 수 있지만, 그 대상 언어가 가리키는 사실에 관해서는 이야기할 수 없는 상위 언어를 '구문론적'이라 불렀다.) 일단 (의미론적) 상위 언어에 대한 필요가 인정되면, 모든 것이 분명해진다. ((3) ' "존이 외쳤다"는 참이다("John called" is true)'라는 말은 본질적으로 그런 상위 언어에 속하는 진술이지만, (4) '존이 외쳤던 것은 참이다(It is true that John called)'라는 말은 '존이 외쳤다'와 같은 언어에 속할 수도 있다. 그러므로 'It is true that'이라는 구절은 — 이중부정같이 논리적으로 불필요한 것인데 — 'is true'라는 상위 언어 술어와는 매우 다른 것이다. 상위 언어 술어인 'is true'는 '결론이 참이 아니라면, 전제는 결코 참일 수 없다'나 '존은 한때 참된 진술을 했다'와 같은 일반적인 진술을 위해서 필요하다.)

나는 슐리크의 이론이 잘못되었다고 말했다. 그렇지만 나는 그가 자신의 이론에 관해 행한(앞에 인용한 책과 같은 곳에서) 어떤 논평이 타르스키의 이론에 어떤 빛을 던져 주었다고 생각한다.

슐리크는 다음과 같이 말하고 있기 때문이다. 진리의 문제는 몇몇 다른 문제들과 운명을 같이한다. 그 다른 문제들의 해결은, 아주 깊은 저변에 놓여 있다고 잘못 생각되어서 쉽게 발견되지 않았는데, 실제로 그것들은 처음 보기에는 별로 인상적이지 못하고 매우 평범한 것이었다. 타르스키의 해결은 처음 보아서는 인상적이지 않을지도 모른다. 그렇지만 그 산출력과 힘은 참으로 인상적이다.

II.

타르스키의 연구 덕분에, 오늘날 객관적 진리나 절대적 진리 — 즉, 사실들과의 대응으로서의 진리 — 라는 개념을 이해하는 많은 사람이 그것을 자신 있게 받아들이고 있는 것 같다. 이해를 어렵게 하는 요인은 다음의 두 가지이다. 하나는, 극히 단순한 직관적 개념과 전문적인 계획을 수행함에 있어서 야기되는 어느 정도의 복잡성이 결합되어 있다는 것이며, 다른 하나는, 만족스러운 진리이론은 **참인 신념** — 즉, 바르게 형성되었거나 합리적인 신념 — 에 대한 기준을 제시해야 한다는, 광범위하게 받아들여지고 있지만 잘못된 독단에 있다. 실제로 진리 대응 이론과 경합관계에 있는 세 가지 다른 이론 — 즉, 참과 무모순성을 혼동한 정합 이론(coherence theory), '참이다'와 '참으로 알려졌다'를 혼동한 증거 이론(evidence theory), 그리고 유용성을 진리로 착각한 실용주의나 도구주의 이론 — 은 모두, 타르스키의 이론이 객관적(또는 '상위 논리적')임에 반하여 주관적(또는 '인식적')인 진리이론이다. **이들은 모두 지식을, 특별한 종류의 정신 상태나 믿음 또는 성향으로서만 이해하는** — 예컨대, 그 역사에 의해서나 또는 다른 **믿음**과의 관계를 통해서 특징지어진 — **근본적으로 주관적인 입장으로부터 비롯되었다**는 점에서 주관적이다.

만일 우리가 믿고 있다는 주관적인 경험에서 출발하고, 그래서 지식을 특별한 종류의 믿음으로 간주한다면, 우리는 실제로 진리를 — 즉, 참된 지식을 — 더 특정한 믿음, 즉 사실에 입각한 또는 정당화된 믿음으로 간주해야만 할 것이다. 이것은 비록 부분적인 기준일망정 어느 정도 사실에 입각함이란 다소 효과적인 어떤 기준이 있다는 것을 뜻할 것이다. 다시 말해, 사실에 입각한 믿음의 경험과 다른 믿음의 경험을 구별해 주는 어떤 징표가 있다는 것이다. 그것은 모든 주관적인 진리이론은 이런 기준을 목표로 하고 있음을 설명해 줄 수 있다. 주관적인 진리이론은 우리 믿음의 출처나 기원에[전술한 논문 3을 보라] 의해, 또는 우리의 검증 작업이나 수용 규칙들의 어떤 집합에 의해, 또는 단순히 우리의 주관적인 확신들이 갖고 있는 특성에 의해 진리를 정의하려고 한다. 이런 모든 주관적 진리론은 대강 이렇게 말한다. 진리란 어떤 규칙이나 기준에 따라 우리 지식의 기원이나 출처, 신뢰성, 안정성, 생물학적인 성공, 확신의 강도, 달리 생각할 수 없음을 믿거나 받아들임으로써 정당화된 것이라고 한다.

객관적인 진리론은 매우 다른 입장을 취한다. 이것은 다음과 같은 주장을 허용한다는 점에서 알 수 있다. 즉, 한 이론은 아무도 그것을 믿지 않아도, 그리고 그것을 참이라고 믿을 만한 이유가 없더라도 참일 수 있다. 그리고 다른 이론은 그것을 받아들일 만한 비교적 충분한 이유가 있더라도 거짓일 수 있다.

주관적이거나 또는 인식적인 진리론의 관점에서 볼 때, 이들 주장은 확실히 자가당착인 것 같다. 그러나 객관적인 이론 안에서는 이들 주장은 모순되지 않을 뿐만 아니라 분명히 참이다.

객관적인 대응 이론이 당연시할 수 있는 유사한 주장은 이것이다. 우리가 참된 이론을 우연히 알아맞힌다 하더라도, 대체로 우리는 다만 짐작만 할 뿐이요, 그 이론이 참이라는 것을 우리가 아는 것은 아마도 불가능할 것이다.

분명히 이와 같은 주장을 처음으로 편 사람은 2,500년 전의 크세노파네스였다. [전술한 37-38쪽을 보라.] 이것은 객관적인 진리론의 역사가 꽤 깊다는 것을 — 이 이론을 역시 지지한 아리스토텔레스 이전으로 소급된다는 것을— 보여준다. 그러나 진리를 사실과의 대응으로 보는 객관적인 진리론이 (거짓말쟁이의 역설 때문에) 자기모순이라든가, 또는 (램지가 시사했듯이) 공허하다든가, 불모라든가, 또는 그것 없이도 할 수 있다는 의미에서 군더더기라는 의심은 타르스키의 연구에 의해 비로소 제거되었다.

과학적 진보를 다루는 나의 이론에서는, 어느 지점까지는 진리이론이 그렇게까지 필요치는 않다. 그러나 타르스키 이후로 내가 그것을 피해야만 할 하등의 이유도 없어졌다. 순수과학과 응용과학, 지식의 탐구와 힘이나 강력한 효과를 갖는 도구의 추구 사이의 차이를 설명하고자 한다면, 진리이론 없이는 불가능하다. 왜냐하면 그 차이란 다음과 같기 때문이다. 즉, 지식을 탐구할 때는, 참인 이론 또는 적어도 다른 이론들보다 진리 — 사실에 더 잘 대응하는 진리 — 에 더 가까운 이론을 우리가 발견하려고 기를 쓰고 있는 반면에, 어떤 목적을 위해 효과적인 도구를 찾을 때는, 우리는 많은 경우 잘못된 것으로 알려진 이론들에 의해 상당히 도움을 받게 되기 때문이다.[4]

그러므로 객관적 내지 절대적 진리론이 갖는 큰 이점은— 크세노파네스가 한 것과 같이 — 우리가 다음과 같은 말을 할 수 있다는 점이다. 즉, 우리는 진리를 탐구하지만, 우리가 언제 진리를 발견했는지를 모를 수도 있다. 우리는 어떠한 진리의 기준도 갖고 있지 않지만, 그럼에도 불구하고 **규제적 원리**(*regulative principle*)(칸트와 퍼스가 말하고자 했던 것처럼)로서의 진리 개념을 따르게 된다. 그리고 비록 진리— 이때 동어반복적인 진리를 제외하고— 를 인식할 수 있는 어떤 일반적 기준도 없다 하더라도, (내가 곧 설명하게 될) 진리로 향한 진보의 기준은 존재한다.

객관적인 의미에 있어서 사실과의 대응으로서의 진리의 지위와 규제적 원리로서의 그 역할은 통상 구름에 싸여 있는 산정의 지위에 비유할 수 있다. 등산가가 정상을 등정할 경우에 여러 가지 어려움을 겪을 뿐만 아니라, 구름 속에서 정상의 봉우리와 그 주변의 봉우리를 구별하기 어렵기 때문에 그는 거기에 도착해서도 그것을 알지 못할 수도 있다. 그러나 이것은 산정의 객관적 실재에 아무 영향도 끼치지 않는다. 등산가가 '내가 과연 실제인 정상에 도달했는지 의심스럽다'라고 말한다면, 그는 암암리에 산정의 객관적 존재를 인정하는 것이다. 바로 이 착오나 의심(보통의 솔직한 의미에서)이라는 개념이, 우리가 도달하는 데 실패할지도 모르는 객관적 진리 개념을 내포하고 있다.

등산가가 산정에 도달한 것은 확인할 수 없을지라도, 종종 자신이 산정에 이르지 못했다(또는 아직 도달하지 못했다)는 것을 쉽게 확인할 수 있을 것이다. 예컨대 삐죽 나와 있는 벽을 따라 돌아갈 때와 비슷하게 우리는 진리에 도달하지 않았다는 것을 확인할 수 있는 경우들이 있을 것이다. 이리하여 단순히 논증적으로 모순이 없는 체계가 사실상 거짓이 될 수도 있기 때문에, 정합이나 일관성(consistency)은 진리의 기준이 될 수 없지만, 부정합(incoherence)이나 모순은 그 체계가 거짓임을 드러낸다. 그래서 운이 좋다면, 우리는 몇몇 이론들이 거짓임을 밝힐 수 있을지도 모른다.[5]

1944년 타르스키가 (그가 1933년에 폴란드어로 출간한 바 있는) 진리론에 관한 그의 연구 개요의 영문 초판을 출간했을 때, 감히 크세노파네스와 동일한 주장을 펴려는 철학자들은 거의 없었다. 타르스키의 논문이 실린 그 잡지에, 진리에 관한 주관주의적인 논문이 두 편 실려 있다는 것은 무척 흥미롭다.[6]

그 후로 사태는 많이 개선되었으나, 과학철학, 특히 확률 이론의 분야에서는 아직도 주관주의가 판을 치고 있다. 확률의 정도를 합리적인 신념의 정도로 해석하는 주관주의적 확률 이론은 진리에 대한 주관주의적 접근 방법 — 특히 정합 이론 — 에서 유래한다. 그런데도 그것은 타르스키의 진리론을 받아들인 철학자들에 의해 여전히 지지되고 있다. 내 생각에는, 적어도 그들 중의 일부는, **검증을 통해** 진리를 얻을 수 있다는 주관주의적 이론이나 인식론적 이론 — 관찰된 사례에 근거한 합리적이고 정당화될 수 있는 신념에 대한 이론 — 으로부터 본래 기대했던 것을 확률 이론이 제공해 주리라는 희망 속에서 확률 이론으로 돌아섰을 것이다.[7]

반박할 수 없다는(너무도 쉽게 비판을 피할 수 있다는 의미에서) 것이 모든 주관적 이론이 지니고 있는 난처한 점이다. 왜냐하면 세계에 대하여 우리가 말하는 모든 것과 대수들에 관하여 우리가 표기하는 모든 것은 신념에 관한 진술로 대체되어야 한다고 주장하는 것이 항상 가능하기 때문이다. 따라서 '눈은 희다'라는 진술을, '눈이 희다고 나는 생각한다' 혹은 '모든 활용할 수 있는 증거에 비추어 눈이 희다고 생각하는 것이 합리적이라고 생각한다'로 대체할 수 있다. 비록 대수표 — 이것은 당연히 기계에 의해 산출될 수도 있다 — 에 표현된 주장의 경우에는 다소 불확실하다고 할지라도, 객관적인 세계에 대한 주장을 주관주의적인 완곡한 표현 중의 하나로 '대체'할 수 있다는 점은 평범한 일이다. (내 친김에 논리적 확률에 대한 주관주의적 해석은, 정확히 진리 정합론의 경우에서처럼, 자세히 분석해 보면 '의미론적'이기보다는 본질적으로 '구문론적'이라고 밝혀질 접근 방법 — 물론 이 접근 방법은 항상 '의미론적 체계'의 구조 속에 제시될 수 있다 하더라도 — 을 이러한 주관주의적인 대체와 결부시켜 생각한 것이라고 말할 수 있다.)

과학적 지식에 관한 객관적 이론들과 주관적 이론들 간의 관계를 아래의 도표로 요약하는 것도 유익할 것이다.

객관적, 논리적 또는 존재론적 이론	주관적, 심리학적 또는 인식론적 이론
사실과의 대응으로서의 진리	심리 상태 혹은 지식 또는 신념의 속성으로서의 진리
객관적 확률 (상황에 내재적인 그리고 통계 시험에 의해 시험 가능한)	주관적 확률 (전체적인 지식에 근거한 합리적인 신뢰도)
객관적인 무작위성 (통계적으로 시험이 가능한)	지식의 결여
등가 확률 (물리적 또는 상황적 대칭성)	지식의 결여

이러한 모든 경우에 나는 이 두 접근법은 구분되어야 할 뿐만 아니라, 주관주의적 접근법은 실수에 — 비록 매혹적인 실수이기는 하지만 — 기인한 일종의 착오로 폐기되어야만 한다고 말하고 싶다. 그러나 인식론적인 접근법(오른쪽)이 잘못에 근거하고 있지 않은 비슷한 표가 있다.

진리	추측
시험 가능성	경험적 시험
설명력 또는 예측력	확인도
	(즉, 시험 결과의 보고)
박진	

III.

다른 많은 철학자들처럼 나도 때때로 모든 철학자를 두 주요 그룹, 나와 의견을 달리하는 쪽과 의견을 같이하는 쪽으로 분류하고 싶다. 나는 그 그룹을 지식(또는 믿음)의 검증주의자 또는 정당화주의 철학자와, 지식(또는 추측)의 반증주의자 또는 오류가능주의자 또는 비판적인 철학자로 부른다. 이 외에도 나와 의견을 달리하는 제3그룹을 들 수 있다. 이들은 낙담한 정당화주의자, 즉 비합리주의자요 회의론자라고 할 수 있다.

제1그룹의 철학자들 — 검증주의자들이나 정당화주의자들 — 은 개괄적으로 말하자면, 실증적 근거들에 의해 지지를 받지 못하는 것은 무엇이건 믿을 만한 가치가 없으며, 심지어는 진지하게 고려할 만한 가치조차 없다고 주장한다.

반면 제2그룹에 속하는 철학자들 — 반증주의자들이나 오류가능주의자들 — 은 개괄하면, 원리상 비판에 의해 (현재) 폐기될 수 없는 것은 진지하게 고려할 만한 가치가 (현재로서는) 없다고 주장한다. 반면에 원리상 폐기될 수 있으나 지금까지 모든 비판적 시험에 견뎌낸 것은 비록 거짓일 가능성은 여전히 있지만, 어쨌든 진지하게 고려되고 심지어 잠정적으로나마 믿을 만한 가치가 여전히 있다는 것이다.

검증주의자들이 가장 중요한 합리주의의 전통 — 미신과 독단적인 권위에 대한 이성의 싸움— 을 고수하려고 한다는 것을 나도 인정한다. 왜냐하면 그들은 **실증적인 증거에 의해 정당화될 수 있을 경우에만**, 다시 말해 참으로 **제시될 수 있거나** 또는 적어도 아주 개연적이라고 **제시될 수 있을 때에만** 어떤 믿음을 받아들여야 한다고 주장하기 때문이다. 달리 표현해서 그들이 요구하는 바는, 만일 어떤 믿음이 **검증될 수** 있거나 또는 개연적으로 **입증될** 수 있을 경우에만 그 믿음을 받아들여야 한다는 것이다.

대부분의 비합리주의자들과 마찬가지로 반증주의자들(내가 속한 오류가능주의자 그룹)은, 제1그룹의 계획이 실행 불가능하다는 것을 증명해 주는 논리적인 논증을 자신들이 발견했다고 믿고 있다. 즉, 어떤 이론이 참이라는 믿음을 정당화할 실증적인 근거를 제시할 수 없다는 것이다. 그러나 비합리주의자들과는 달리 우리 반증주의자들은 본래의 귀납주의 또는 정당화주의의 계획이 붕괴되었음에도 불구하고, 합리적인 과학과 각종 미신을 구분하는 고래의 이상을 구현할 수 있는 방법을 또한 발견했다고 믿는다. 우리는 과학의 합리성이 과학의 독단을 지지하는 경험적인 증거에 호소하는 과학의 습관— 점성가들도 그렇게 하고 있다— 에 놓여 있는 것이 아니라, 오직 **비판적인 접근법**(*critical approach*) — 물론, 다른 논증 가운데서도, 경험적 증거의 비판적 사용을 (특히 논박에서) 포함하는 태도— 에 놓여 있다는 인식을 통해서 이런 이상을 아주 쉽게 구현할 수 있다고 생각한다. 우리의 견해로는, 과학은 확실성이나 개연성 또는 신뢰성의 추구와는 무관하다. 우리는 과학이론을 안전한, 또는 확실한, 또는 개연적인 것으로 확립하는 데에는 관심이 없다. 우리는 오류 가능성을 의식하고 있기 때문에, 우리가 실수한 곳이 어디인지를 알아낼 수 있고, 실수를 통해서 배울 수 있고, 운이 좋다면 더 나은 이론으로 나아갈 수 있다는 희망을 품고서, 과학적 이론들을 비판하고 시험하는 데에만 관심을 둔다.

과학적 논증의 긍정적인 기능과 부정적인 기능에 관한 견해에서 볼 때, 제1그룹 — 정당화주의자들 — 에게는 '긍정주의자(positivists)', 그리고 제2그룹 — 내가 속한 그룹 — 에게는 비판론자 또는 '부정주의자(negativists)'라는 별명을 붙일 수 있다. 물론 이것은 어디까지나 별명에 불과하다. 그렇지만 이들 별명이 다음과 같은 오해를 다소 불러일으키는 것 같다. 즉, 오직 긍정주의자나 정당화주의자만이 진리와 진리 탐구에 진지한 관심을 보이고 있는 반면, 비판론자나 부정주의자인 우리는 진리 탐구에 불성실하며 불모의 파괴적 비판과 명백히 역설적인 견해만을 제시하는 데 열중한다고 믿게 하는 이유를 이들 별명이 풍긴다는 것이다.

우리의 견해에 관한 이런 잘못된 묘사는, 대체로 내가 진리에 대해 기술한 바 있는 정당화주의적인 프로그램과 그릇된 주관주의적인 접근법의 채택에 기인하는 것 같다.

왜냐하면 사실 우리도 과학을 진리 탐구로 보고 있으며, 적어도 타르스키 이후로는 거침없이 그렇게 말하고 있기 때문이다. 비록 우리가 오류를 범할 가능성은 있어도 우리의 실수로부터 배우기를 바란다고 말할 수 있는 것은, 오직 진리의 발견이라는 이 목표에 관련해서뿐이다. 우리가 실수와 합리적인 비판에 관해서 명확하게 이야기할 수 있도록 하는 것은 진리의 개념뿐이다. 그리고 합리적인 논의 — 즉, 사실에 더욱 접근하기 위해서 우리가 할 수 있는 한 많은 오류의 배제를 진지한 목표로 삼고 오류를 찾는 비판적인 논의 — 를 가능케 하는 것도 진리의 개념뿐이다. 바로 이 착오 — 그리고 오류 가능성 — 라는 개념이 우리가 도달에 실패할지도 모르는 기준으로서의 객관적인 진리라는 개념을 내포하고 있다. (진리 개념이 **규제적** 개념이라는 것은 이런 의미에서이다.)

따라서 과학의 과제는 진리의 탐구, 즉 참인 이론의 탐구(크세노파네스가 지적했듯이 우리가 거기에 이르지 못할지도 모르고, 설사 도달했다 하더라도 그것을 **참인 것으로** 알 수 없을지 모른다)라는 생각을 우리는 받아들인다. 그러나 우리는 **진리가 과학의 유일한 목적이 아니라**

는 점도 강조하고자 한다. 우리는 단순한 진리 이상의 것을 원한다. 우리가 찾는 것은 **흥미로운 진리** — 획득하기 힘든 진리 — 이다. (수학과는 성질을 달리하는) 자연과학에서 우리가 추구하는 것은, 그것이 논리적으로 개연성이 작은 진리임을 뜻한다는 점에서 고도의 설명력이 있는 진리이다.

왜냐하면 우리가 단순히 진리만을 원하지 않고, 그 이상의 진리 그리고 새로운 진리를 원한다는 것이 무엇보다도 분명하기 때문이다. 우리는 '2 × 2 = 4'가 참이라고 해도 그것에 만족하지 않는다. 위상기하학이나 물리학에서 어려운 문제에 부딪쳤을 때, 우리는 구구단을 외우는 것에 의지하지는 않는다. 단지 진리인 것만으로는 미흡하다. 우리가 탐구하는 것은 **문제에 대한 해답**이다. 이 논점은 '막스와 모리츠'로 유명한 독일의 해학가요 시인인 부슈(Busch)에 의해 약간 자장가풍으로 — 내가 말한 의미에서 인식론적인 육아실을 위한 시로 잘 표현되어 있다.[8]

둘 곱하기 둘은 넷이지. 이것은 참이야,
그러나 너무 공허하고, 진부해.
내가 찾는 것은, 그렇게 얄팍하지 않은,
어떤 문제들을 푸는 실마리야.

오직 문제 — 어려운 문제, 결실이 많은 문제, 어느 정도 깊이가 있는 문제 — 에 대한 답일 경우에만, 진리나 진리에 관한 추측은 과학과 관련을 맺게 된다. 이것은 순수수학과 자연과학에서도 그렇다. 후자의 경우에 있어서 그 분야에서 먼저 제시된 최상의 이론이나 추측과 비교해 볼 때, 새로 제시된 해답의 논리적인 비개연성이나 설명력이 증가할 경우에, 우리는 거기에서 문제의 깊이나 중요성이라는 논리적 척도와 같은 어떤 것을 갖게 된다. 이 논리적인 척도는 앞서 말한 잠재적인 만족과 진보의 논리적인 기준과 본질적으로 동일하다.

이러한 상황에 대한 나의 설명 때문에 어떤 이들은 진리가 결국 우리와 같은 부정주의자들에 있어서는 규제적 원리로서의 매우 중대한 역할조차도 제대로 수행할 수 없다고 말하고 싶어질지도 모른다. 그들은 의심할 여지없이 이렇게 말할 것이다. (나 자신과 같은) 부정주의자들은 참이면서 흥미가 결여된 진술을 주창하기보다는, **설사 곧 거짓임이 판명될지라도** 대담한 추측(bold conjecture)이나 흥미로운 문제 해결의 길을 택하게 될 것이다. 결국 우리 부정주의자들은 진리 개념을 그다지 많이 사용하고 있는 것처럼 보이지 않는다. 과학의 진보와 문제 해결의 시도라는 우리의 생각은 진리 개념과 그다지 밀접한 관계에 있는 것 같지 않다.

이러한 것이 우리 그룹의 태도에 관해 아주 잘못된 인상을 심어 줄 것 같다. 우리를 부정주의자라 하든 다른 무엇이라 하든, 별 관계는 없다. 그러나 어느 누구 못지않게 ─ 예컨대, 법정의 구성원처럼 ─ 우리도 진리에 관심이 있음을 알아야 한다. 증인에게 '진리를, **모든 진리를**, 그리고 오직 진리만을' 말하라고 할 때, 법관이 구하는 것은 증인이 제시할 수 있을 만큼의 재판과 **관련된 진리**이다. 관련된 것에서 벗어나서 말하기를 좋아하는 증인은, 비록 그가 말한 관련성이 없는 것들이 자명한 것이요, 따라서 '모든 진리'의 일부라 하더라도, 증인으로서는 불충분하다. '모든 진리'를 구할 때 법관 ─ 또는 다른 어느 누구라도 ─ 이 바라는 것은 얻을 수 있는 가능한 한 **흥미롭고 관련이 있는** 진실된 정보라는 점은 아주 명백하다. 더할 나위 없이 정직한 많은 증인들이 자신의 정보와 소송과의 관계를 몰라서 중요한 정보를 알리는 데 실패한 경우도 많다.

따라서 부슈의 경우처럼, 우리가 단순한 진리가 아니라 흥미롭고 관련이 있는 진리에 관심을 갖고 있음을 강조할 때, 우리는 단지 모든 사람이 받아들이는 점을 강조하는 것이라고 나는 주장한다. 비록 얼마 후에 거짓으로 밝혀지더라도 대담한 추측에 우리의 관심이 있다면, 이 관심은 오직 그와 같은 대담한 추측을 통해서만 우리가 흥미롭고 관련된 진리의 발견을 기대할 수 있다는 우리의 방법론적인 확신에서 나오는 것이다.

여기에 분석되어야 할 점이 있는데, 나는 그것이 논리학자의 고유한 과제라고 제안한다. 여기서 문제시된 의미에서, '관심'이나 '관계'는 **객관적으로** 분석될 수 있다. 그것은 우리의 문제와 상대적인 관계가 있으며, 정보의 설명력에, 따라서 정보의 내용이나 비개연성에 의존한다. 앞서 언급한 척도는 정확히 말해 정보의 상대적 내용 — 가설이나 문제에 **상대적인 내용**— 을 설명하는 것과 같은 척도이다.

그러므로 나와 같은 반증주의자들은 **심지어 (그리고 특히) 얼마 후에 거짓임이 판명된다 할지라도**, 일련의 관련이 없는 자명한 것을 상술하기보다는 대담한 추측을 통해 보다 흥미로운 문제를 해결하려는 시도를 훨씬 더 좋아한다는 점을 나는 기꺼이 인정할 수 있다. 우리가 이것을 선호하는 이유는 이것이 우리가 오류로부터 배울 수 있는 길이며, 우리의 추측이 거짓임을 알았을 때 우리가 진리에 관해서 더 많이 배우고 진리에 더 가까이 접근하게 될 것으로 믿기 때문이다.

따라서 나는 두 개념 — 사실과의 대응이라는 의미에서의 진리 개념과 (시험 가능성과 동일한 척도로 측정될 수 있는) 내용의 개념 — 이 우리의 고찰에서는 거의 똑같이 중요한 구실을 하며, 양자가 모두 과학의 진보 개념에 많은 빛을 던져 줄 수 있다고 생각한다.

IV.

과학 지식의 진보를 보면서 진리로부터 얼마나 멀리 또는 가까이 있는지 우리가 알 수는 없지만, 우리는 **진리에 더욱더 가깝게 접근**할 수 있으며 또 그렇게 전진하고 있다고 많은 사람들이 말해 왔다. 나 자신도 과거에 종종 그런 말을 했으나, 항상 양심의 가책을 받아 왔다. 나는 우리가 이야기하고 있는 것에 대해 지나치게 법석을 부리는 것을 좋게 생각하지는 않는다. 우리가 되도록 분명하게 말하면서 말하고 있는 내용이 실제 이상으로 분명하다고 주장하지 않는 한, 그리고 우리가 의심스럽고 모호한 전제들로부터 외견상 정확한 결론을 이끌어내려고 시도하지 않는 한, 때때로 발생하는 모호한 점이 무엇이든지, 혹은 사물에 대해 때때로 생기는 우리의 감정들과 일반적이고 직관적인 인상들을 나타낼 때 생기는 모호한 점이 무엇이든지, 해로울 것은 없다. 그러나 나는 과학을 진리에 좀 더 접근하는 것으로 또는 어떤 종류의 진리 접근으로 기술하거나 말할 때에는, 언제나 대문자 'T'로 된 'Truth'를 써야만 한다고 생각했다. 그 이유는 여기에는 모호하고 다분히 형이상학적인 개념이 포함된 반면, 타르스키의 'truth'는 양심의 거리낌 없이 일상적인 소문자로 우리가 쓸 수 있다는 것을 분명하게 대비시키기 위함이었다.[9]

그럼에도 불구하고 여기에 관련된 진리 개념이 과연 그렇게 위험할 정도로 모호하고 형이상학적인 것인지의 여부를 내가 고찰하기 시작한 것은 아주 최근의 일이었다. 그런데 나는 곧 사실은 그렇지 않고 타르스키의 기본 생각을 그것에 적용하는 데에는 특별한 어려움이 없다는 것을 알게 되었다.

왜냐하면 한 이론이 다른 이론보다 더 사실에 대응한다고 말하지 말아야 할 하등의 이유도 없기 때문이다. 이 간단한 최초의 일보가 모든 것을 분명히 해준다. 언뜻 보아 대문자 'T'로 된 'Truth'와 타르스키가 뜻하는 'truth' 사이에는 실제로 어떤 장벽도 없다.

하지만 과연 **더 나은** 대응을 이야기할 수 있을까? 진리의 **정도** 같은 것이 있을까? 마치 타르스키의 진리가 일종의 측량 공간이나 적어도 위상 공간 어딘가에 자리 잡고 있어서, 우리는 두 이론에 대해 분별 있게 판단할 수 있기라도 한 것처럼 말한다면 — 예컨대, 이전 이론 t_1과 나중 이론 t_2에 대해, t_2가 t_1보다 진리에 더 근접하였다고 함으로써, t_2가 t_1을 대체하였거나 또는 t_1보다 진보하였다고 말한다면 — 대단한 오해를 불러 일으키지나 않을까?

내가 보기에 이런 표현이 오해를 일으킬 소지는 전혀 없는 것 같다. 이와는 반대로, 우리에게는 진리에 대한 더 나은 근접이나 또는 더 못한 근접(better or worse approximation to truth) 같은 개념이 없어서는 안 된다고 나는 생각한다. t_2는 사실에 더 잘 대응하고 있다거나, 우리가 알고 있는 한 이론 t_2는 이론 t_1보다 사실에 더 잘 대응하고 있는 것 같다고 말할 수 있고 말하고자 한다는 데에는 의심의 여지가 전혀 없기 때문이다.

나는 여기에서 여섯 가지 유형의 사례에 관한 다소 비체계적인 목록을 제시하겠다. 다음의 사례들은 어떤 한 이론 t_1에 대해서— 우리가 아는 한도 내에서— 이러저러한 의미에서는 t_1보다 사실들과 더 잘 대응하는 것 같은 t_2라는 다른 이론에 의해 t_1이 대체된다고 말하고 싶어지는 그러한 사례들이다.

(1) t_2는 t_1보다 더 정밀한 주장을 한다. 그리고 이런 더 정밀한 주장은 더 정밀한 시험에 견디어낸다.

(2) t_2는 t_1보다 더 많은 사실들을 고려하면서 설명한다(예컨대, 다른 상황이 같을 경우 t_2의 주장은 더 정밀하다는 위의 경우를 포함할 것이다).

(3) t_2는 t_1보다 더 세부적으로 사실을 기술하거나 설명한다.

(4) t_2는 t_1이 통과하지 못한 시험에 통과했다.

(5) t_2가 구상되기 전에는 고려되지 않았던 새로운 실험적인 시험을 t_2는 제안했다(이에 반해 t_1은 이를 제안하지 못했으며, 아마도 t_1에 적용하는 것조차도 가능하지 않았을 것이다). 그리고 t_2는 이들 시험에도 통과했다.

(6) t_2는 지금까지 관계되지 않던 여러 문제들을 통합했거나 연결시켰다.

이 목록에 비추어 볼 때, 이론 t_1과 t_2의 **내용**이 이 목록에서 중요한 구실을 하고 있는 것을 알 수 있다. (한 진술이나 또는 이론 a의 **논리적 내용**이 a로부터 논리적으로 도출되는 모든 진술의 집합인 반면, a와 모순되는 모든 토대 진술의 집합을 a의 **경험적 내용**이라고 내가 정의한 것을 기억할 것이다.[10]) 왜냐하면 이들 여섯 가지 사례들에 관한 목록에서 이론 t_2의 경험적인 내용이 이론 t_1의 그것을 능가하기 때문이다.

이것은 우리가 여기에서 진리의 개념과 내용의 개념을 한 개념으로 — 즉, 진리와의 보다 나은 (또는 보다 못한) 대응의 정도에 대한 개념이나 또는 진리와의 보다 큰 (또는 보다 작은) 근사성이나 유사성에 관한 개념, 또는 앞서 말한 (개연성과 대립되는) 표현을 사용하면 **박진**(의 정도) 개념으로 — 결합했음을 보여준다.

모든 진술이나 이론은 참 아니면 거짓으로 구분될 뿐만 아니라, 그 진리치와는 별도로 어느 정도의 **박진**이 있다는 생각은 다치 논리 — 참과 거짓이라는 두 진리치 이상의 가치를 지닌 논리 체계 — 를 야기하지 않는다는 것에 우리는 유의해야 할 것이다. 하지만 다치 논리의 지지자들이 갈망하는 몇 가지는 박진 이론(그리고 박진 이론과 관련 있는 이론들)에 의해서 실현되는 것 같다.

V.

이 문제의 성격을 파악하자마자 나는 바로 이 대목에 도달하게 되었다. 그러나 둘과 둘을 합치고 그리고 진리와 내용을 기초로 하여 아주 **단순한 박진에 대한 정의**를 내리는 데에는 이상하리만치 오랜 시간이 걸렸다. (우리는 논리적인 내용이나 경험적인 내용을 이용해서 밀접하게 관련된 두 개의 박진·개념을 얻을 수 있으나, 경험적인 이론이나 또는 경험적 측면의 이론만을 고려한다면, 둘이 아닌 하나의 박진 개념을 얻게 될 것이다.)

한 진술 a의 **내용**, 즉 a의 모든 논리적 귀결들의 집합을 고찰해 보자.

a가 참이라면, 참은 언제나 전제로부터 그 모든 결론으로 이행되기 때문에, 그 집합은 언제나 참인 진술들만으로 구성될 수 있다. 그러나 a가 거짓이라면, 그 내용은 언제나 참인 결론과 거짓인 결론 양측으로 구성될 것이다. (예컨대, '일요일에는 언제나 비가 온다'는 거짓이다. 그러나 지난 일요일에 비가 왔다는 결론은 참인 경우가 있다.) 그러므로 어떤 한 진술이 참이든 거짓이든, 그 진술의 내용이 더 많은 참된 진술들로 구성되느냐 또는 더 적은 참된 진술들로 구성되느냐에 따라서, **그 진술이 말하는 것 속에 더 많은 참이 있을 수도 있고 더 적은 참이 있을 수도 있다.**

a의 참인 논리적 귀결의 집합을 a의 '진리 내용'이라고 하자('당신 말에 일리가 있다'라는 구절을 연상시키는, '진리 내용'이 그 번역어라고 할 수 있는 독일어의 'Wahrheitsgehalt'가 오랫동안 직관적으로 사용되어 왔다). 그리고 a의 거짓된 귀결들의 — 오직 이것들만의 — 집합을 a의 '거짓 내용'이라고 하자. (엄격히 말하자면 '거짓 내용'은 '내용'이 아니다. 왜냐하면 거짓 내용의 원소들인 거짓된 진술들의 참인 결론들 중 어느 것도 그것이 포함하고 있지 않기 때문이다. 그렇지만 두 내용의 도움으로 그 진술의 **척도**를 규정할 수 있다.) 이들 용어는 확실히 '참인', '거짓인', 그리고 '내용'이라는 용어만큼이나 객관적이다. 우리는 다음과 같이 말할 수 있다:

두 이론 t_1과 t_2의 진리 내용과 거짓 내용을 비교할 수 있다고 가정할 때,

(1) t_2의 거짓 내용이 아닌 진리 내용이 t_1의 그것을 능가하거나,

(2) t_1의 진리 내용이 아닌 거짓 내용이 t_2의 그것을 능가한다.

라고 하면, 그리고 그 경우에만, t_2는 t_1보다 진리에 더욱 가까이 근접했거나 또는 사실에 보다 잘 대응한다고 말할 수 있다.

이론 a의 내용과 진리 내용을 원칙적으로 **측정할 수 있는** 것으로 (아마도 허구적으로) 가정하면, 이 정의를 약간 넘어서서 $Vs(a)$, 즉 a의 **박**

진이나 **진리인 듯함**(*truthlikeness*)의 척도를 정의할 수 있다. 가장 간단한 정의에 의하면, $Ct_T(a)$를 a의 진리 내용 척도로, $Ct_F(a)$를 a의 거짓 내용 척도로 보았을 때,

$$Vs(a) = Ct_T(a) - Ct_F(a)$$

가 될 것이다. (조금 더 복잡하지만 어떤 면에서는 오히려 나은 정의를 또한 정식화할 수 있다.[11])

$Vs(a)$가 다음의 두 요구를 만족시킨다면, 즉

(1) $Ct_T(a)$는 증가하는 반면, $Ct_F(a)$는 증가하지 않는다면, 혹은

(2) $Ct_F(a)$는 감소하는 반면, $Ct_T(a)$는 감소하지 않는다면,

$Vs(a)$가 증가할 것임이 명백하다.

VI.

첫째 논점은 이것이다. 진리에의 근접이나 박진의 개념은 객관적 진리나 절대적 **진리**와 동일한 객관적 성격을 띠고 있으며, 그 진리와 동일한 이상적 성격이나 규제적 성격을 갖고 있다. 그것은 **인식론적**이거나 **인식적인 개념**이 아니다. 즉, 진리나 내용 이상의 것이 아니다. (타르스키의 용법에서, 그것은 확실히 진리나 논리적 귀결 및 따라서 내용과 마찬가지로 '의미론적' 개념이다.) 우리는 여기서 '이론 t_2가 이론 t_1보다 더 높은 정도의 박진성을 갖고 있다고 할 때, 무엇을 말하고자 하는가?'라는 질문과 '이론 t_2가 이론 t_1보다 더 높은 정도의 박진성을 갖고 있다는 것을 어떻게 아는가?'라는 질문을 구분해야 한다.

지금까지 첫째 질문에 대해서만 답변을 했다. 둘째 질문에 대한 답변은 첫째 질문에 달려 있으며, 정확히 말해 진리에 관한 (비교적이라기보다는 절대적으로) 유사한 질문의 다음 답변과 유사하다. '나는 알고 있

지 **못하다**. 나는 단지 추측할 뿐이다. 그러나 나는 그것을 비판적으로 검토할 수 있으며, 그것이 엄격한 비판을 견뎌낸다면, 이 사실은 그것을 지지해도 좋은 훌륭한 비판적 이유로 간주될 수 있다.'

둘째 논점은 이렇다. 박진은 너무 한정적이어서, 최대의 박진은, 참일 뿐만 아니라 아주 포괄적으로 참인 이론을 통해서만 성취될 수 있다. 즉, 한 이론이 말하자면 **모든** 사실에 일치한다면, 물론 오직 **실제** 사실에 일치할 경우에만, 최대의 박진은 성취될 수 있다. 그런데 이것은 **몇몇** 사실에 대한 단순한 일치('눈은 대체로 희다'라는 문구에서처럼)보다 훨씬 멀고 도달하기 어려운 이상이다.

그러나 이러한 주장들은 모두 최대 정도의 박진에만 적용되지, **박진의 정도에서 본 이론들의 비교**에는 적용이 안 된다. 이 개념에 대한 비교 용법이 그 중요점이다. 과학적인 방법의 분석에서 보다 높거나 보다 낮은 정도의 박진의 개념은 — 그 자체가 더 근본적인 — 절대적 진리의 개념보다 더 가까우며 더 적용하기 쉬우며 따라서 더 중요한 것 같다.

이것이 세 번째 논점으로 나를 유도해 준다. 박진의 개념을 명백하게 도입한다고 해서 방법론에 어떤 변화가 초래되는 것은 아니다. 오히려, 나의 시험 가능성의 이론이나 또는 경험적인 시험에 의한 확인 이론이, 이 새로운 상위 논리적 개념에 대응하는 적합한 방법론으로 생각된다. 유일한 개선은 명료화하는 것이다. 따라서 우리가 아는 한, 거짓 이론은 참일 수 있는 이론보다 확실히 나쁜 것이기에, 우리는 엄격한 시험에 실패한 이론 t_1보다는 이들 시험을 통과한 이론 t_2를 선호한다고 나는 말했다.

덧붙여서 t_2가 반박된 후에도 그것이 여전히 t_1보다 나은 이론이라고 우리는 말할 수 있다. 그 이유는 비록 둘 다 거짓임이 밝혀지기는 했어도, t_1이 통과하지 못한 시험을 t_2가 통과했다는 사실은, t_1의 거짓 내용은 t_2의 그것을 능가하지만 진리 내용은 그렇지 못하다는 것을 드러내주기 때문이다. t_1보다 t_2가 사실에 더 일치한다고 생각할 만한 이유가 있기 때문에, 반증된 후에도 우리는 t_2에 우위를 부여할 수 있다.

우리가 결정적 실험들에 의해 t_1과 t_2 중에서 t_2를 받아들이는 모든 경우들과, 특히 t_2의 도움으로 t_2가 t_1과는 다른 결과를 이끄는 경우들을 생각해 내기 위해 실험들이 이루어지는 모든 경우들이 이에 해당되는 것 같다. 이리하여 뉴턴의 이론은 우리로 하여금 케플러의 법칙으로부터의 어떤 이탈을 예고하도록 해주었다. 이 영역에서의 뉴턴 이론의 성공은, 케플러의 이론을 반박한 경우에도 뉴턴 이론은 적용되었다는 것을 확립했다. 적어도 지금 알려진 케플러 이론의 거짓 내용은 뉴턴 이론의 일부는 아니다. 반면에 그 진리 내용이 줄어들 수 없다는 것은 너무도 명백하다. 케플러 이론은 '일차적 근사치(first approximation)'로서 뉴턴 이론에서 귀결될 수 있기 때문이다.

마찬가지로, t_1보다 더 정확한 이론 t_2는— 언제나 그 거짓 내용이 t_1의 그것을 넘지 않는 한— t_1보다 높은 정도의 박진성을 갖고 있음이 입증될 수 있다. 이러한 높은 정도의 박진성은 t_2의 척도 주장들이, 비록 거짓이라 해도, t_1의 척도 주장들보다 더 진리 척도에 가까운 경우에 성립된다.

궁극적으로 박진의 개념은 **기껏해야** 근사치적인 이론들— 즉, 우리가 실제로 그런 이론들이 참일 수 없음을 아는 그런 이론들— 을 다루어야만 하는 경우에 매우 중요하다. (이것은 사회과학에는 종종 있는 일이다.) 이 경우에도 우리는 여전히 진리에의 근사치적인 접근 여부를 말할 수 있다(그리고 이들 경우를 우리가 도구주의적인 의미로 해석할 필요는 없다).

VII.

두 이론을 비교 평가할 경우에 실수할 가능성은 물론 남아 있으며, 그 평가에도 논란의 여지가 있을 수 있다. 이 점은 충분히 강조할 만하다. 그렇지만 우리의 배경지식에 혁신적인 변화가 없는 이상, 두 이론 t_1과 t_2의 비교 평가는, 원칙적으로 계속 안정된 것으로 남아 있으리란 것도 역시 중요하다. 더구나 우리가 보아 왔듯이, 두 이론 중에서 보다 나은 것이 결과적으로 반박된다고 하더라도, 우리의 선호도가 변할 필요는 없다. 예컨대, 반박된 것으로 간주되더라도, 뉴턴 역학은 케플러나 갈릴레이의 이론에 대한 우위를 여전히 유지하고 있다. 보다 많은 내용이나 또는 설명력을 가지고 있다는 것이 그 이유이다. 뉴턴 이론은 다른 이론들보다 계속해서 더 많은 사실을 설명하고 더 큰 정확도로 설명하며, 또한 전에는 아무런 연관도 없었던 천체역학과 지구역학의 문제들까지 통합한다. 이들 비교 평가가 견실한 이유는 매우 간단하다. 이론들 간의 논리적 관계는, 무엇보다도 그것들에 관한 결정적 실험이 존재하며, 그리고 실험의 결과는 뉴턴 이전의 이론들에게는 불리하게 나타났다는 점이다. 둘째로 뉴턴 이론에 대한 이후의 반박은 뉴턴 이전의 이론들을 지지할 수 없는 것이었다. 이후의 반박은 이전 이론들에게 아무런 영향도 끼치지 못했다거나, 아니면 (수성의 근일점 운동과 같은) 그전의 이론들을 또한 반박한다고 주장될 수 있다.

간략한 개괄의 목적에 비추어 볼 때, 사실과의 더 나은 일치나 또는 박진의 정도에 대한 설명은 이 정도로 충분하리라고 나는 믿는다.

15. 성향, 확률 그리고 양자이론 (1957)

이 논문에서 나는 간략히 다음 주제들을 제시하여 설명하고, 옹호하는 방식을 지적해 볼 작정이다.

(1) 확률을 해석하는 문제의 해결책은 양자이론의 해석에 기본적이다. 왜냐하면 양자이론은 확률이론이기 때문이다.

(2) 통계적 확률의 관념은 옳지만 명료성을 결여하고 있다.

(3) 명료성이 결여된 결과로 물리학에서 확률의 통상적 해석은 두 극단 사이를 **왔다 갔다 하는데**, 즉 순수 **객관주의적** 통계 해석과 불완전한 우리 지식 또는 이용 가능한 정보에 의한 **주관주의적** 해석이 그것이다.

(4) 양자이론에 관한 정통적인 코펜하겐 해석에서 우리는 객관주의 해석과 주관주의 해석 — **그 유명한 관찰자의 물리학 개입** — 사이의 동일한 변동을 발견한다.

(5) 이상의 모든 것에 반대되는 것으로 수정된 혹은 개량된 통계적 해석이 여기서 제시된다. 그것을 이른바 **확률의 성향 해석**이라고 한다.

(6) 성향 해석은 순수 객관주의 해석이다. 그것은 객관주의 해석과 주관주의 해석 사이의 변동을 배제하며 그와 더불어 주관의 물리학 개입도 배제한다.

250

(7) 성향이라는 관념은 '형이상학적'이다. 이것은 힘이나 힘들의 장이 형이상학적이라는 것과 정확히 똑같은 의미이다.

(8) 그것은 또한 다른 의미에서, 즉 물리학의 연구를 위한 정합적인 프로그램을 제공한다는 의미에서 '형이상학적'이다.

이것들이 바로 나의 논제이다. 나는 이른바 확률이론의 성향 해석을 설명하는 것으로 시작해 보겠다.[1]

I. 확률의 객관주의 해석과 주관주의 해석

우리가 두 개의 주사위를 갖고 있다고 하자. 하나는 균일한 물질의 **정상적인** 주사위이고, 다른 하나는 **무게가 조작된** 주사위이다. 이 조작된 주사위는 오래 계속 던질 때 던지는 횟수의 최고 약 1/4 정도로 '6'으로 표시된 면이 나오도록 되어 있다. 우리는 이런 경우 던져서 6이 한 번 나올 확률이 1/4이라고 말한다.

이제 다음에 나오는 논증은 흥미를 끌 것 같다.

우리가 확률이 1/4이라고 말하는 것은 무엇을 **의미하는가**를 묻고 다음 대답에 이를 수 있다. 우리가 정확히 말하고 있는 것은 오래 계속된 결과들의 상대 도수 혹은 통계적 도수가 1/4임을 의미한다. 따라서 확률이란 장기적인 상대 도수이다. 바로 이것이 통계적 해석이다. 통계적 해석은 '장기간'이란 구절의 어려움 때문에 종종 비판을 받아 왔다. 나는 이 문제를 논의하지 **않겠다.**[2] 대신 나는 **단일 사건의 확률** 문제를 논의해 볼 것이다. 이 문제는 양자이론과의 연관 때문에 중요하다. 왜냐하면 ψ-함수는 어떤 조건들 하에서 어떤 상태를 견지하는 **단일 전자**의 확률을 결정하기 때문이다.

그러므로 우리는 이제 '무게가 조작된 이 주사위를 **다음에 던질 때** 6이 나올 확률이 1/4'이라고 말하는 것은 무엇을 **의미하는가**를 자문해 보자.

통계적 해석의 관점에서 이것은 오직 한 가지, 즉 '다음에 던짐은 **일련의 연속 던지기의 한 성원**이고 이 연속 던지기에서 상대 도수가 1/4 이다'를 의미할 뿐이다.

언뜻 보면 이 대답은 만족스러운 듯이 보인다. 그러나 우리는 다음과 같은 곤란한 질문을 할 수 있다. 만약 그 연속 던지기가 **무게가 조작된** 주사위의 던지기로 이루어져 있고, 그 사이에 **정상적인** 주사위를 한 번이나 두 번 던지는 것을 포함하고 있다면 어떻게 되는가? 분명히 우리는 정상적인 주사위의 던지기에 관한 확률은 1/4이 아니라고 말할 것이다. 비록 이런 던지기가 도수 1/4의 연속 던지기의 성원이라는 사실에도 불구하고 그렇다.

이런 단순한 반대는 근본적으로 중요하다. 그것은 다양한 방식으로 답변될 수 있다. 나는 이런 답변 중 두 가지를 언급해 볼 것인데, 하나는 **주관주의 해석**에 이르며, 다른 하나는 **성향 해석**에 이를 것이다.

첫 번째 답변 혹은 주관주의 답변은 이렇다. '당신의 질문에서 하나의 주사위는 조작된 것이고 다른 하나는 정상적인 주사위임을 **우리가 알고 있으며**, 또한 연속 던지기의 어떤 곳에서 사용된 것이 전자의 주사위인지 후자의 주사위인지를 **우리가 알고 있는** 것으로 당신은 가정했다. 이런 정보에 비추어 우리는 당연히 적합한 확률을 다양한 한 번 던지기에 귀속시킬 것이다. 왜냐하면 당신 스스로 반대한 점이 보여주듯이 확률이란 단지 연속에서의 어떤 도수가 아니기 때문이다. 물론 관찰된 도수들은 우리에게 귀중한 **정보**를 제공해 주고 있기 때문에 중요하다. 그러나 우리는 우리가 가진 정보 **모두**를 이용해야 한다. 확률이란 **우리가 아는 모든 것**에 비추어 합리적인 돈을 거는 것에 대한 우리의 평가이다. 그것은 우리의 불완전한 정보에 본질적으로 의존하고 있는 척도이다. 그리고 **그것은 우리 정보의 불완전함에 대한 기댓값이다.** 만약 주사위가 던져질 조건들에 관한 우리 정보가 충분히 정확하다면, 그 결과를 확실히 예측하는 데 어떤 어려움도 없을 것이다.'

이것이 주관주의의 대답이다. 나는 이것을 이 논문에서 더 이상 논의하지 않을 주관주의 견해의 특징으로 생각하겠다. 내가 여러 곳에서 그것을 언급할지라도 말이다.[3]

이제 우리의 근본적인 반대에 대해 객관주의 해석의 옹호자는 어떻게 말할 것인가? 그는 아마도 다음과 같이 (나 자신이 오랫동안 말해 왔던 대로) 말할 것이다.

'확률에 관한 진술을 하는 것은 **어떤 가설**을 제시하는 것이다. 그것은 연속된 사건들의 도수에 관한 가설이다. 이런 가설을 제안하는 데 우리는 모든 종류의 것들을, 예컨대 과거의 경험이나 영감을 이용할 수 있다. 우리가 **그것을 어떻게 얻는지**는 문제되지 않는다. 문제가 되는 모든 것은 우리가 **그것을 어떻게 시험하는가**이다. 이제 전술한 경우에 우리 모두는 도수 가설에 동의한다. 그리고 1/4의 도수는 조작된 주사위의 던지기들 사이에서 정상적인 주사위 한 번이나 두 번 던지기에 의해 영향을 받지 않을 것임을 우리 모두 동의한다. 정상적인 주사위 던지기들에 관해, **만약** 우리가 그것들을 단지 이런 연속에 속하는 것으로 생각한다면, 이상하게 들릴지도 모르나 우리는 확률 1/4을 그것들에 귀속시켜야 한다. 설령 정상적인 주사위 던지기일지라도 그렇다. 다른 한편 만약 확률 1/6을 그것들에 귀속시킨다면, 우리는 다음 가설 때문에 그렇게 한다. **다른** 연속에서는 ― 정상적인 주사위 던지기들의 연속인 경우에는 ― 도수가 1/6일 것이라는 가설이다.'

이것은 순수 통계적 해석이나 도수 해석에 대한 객관주의의 옹호이며, 그리고 **해석에 관한 한** 나는 여전히 객관주의를 용인한다.

그러나 내 문제를 더 이상 강력히 주장하지 못했다는 것을 지금 나는 부끄럽게 생각한다. 왜냐하면 내가 보기에 나의 답변이나 객관주의자의 답변은 다음과 같은 것을 함의하고 있음이 이제는 분명한 것 같기 때문이다. 연속에 확률을 귀속시키는데, 우리는 **그 연속을 낳은 조건들**을 결정적인 것으로 생각한다. 조작된 주사위 던지기의 연속은 정상 주사위 던지기의 연속과 다르다고 가정하는데, 우리는 확률을 **실험적인 조건들**에 귀속시킨다. 그렇지만 이것은 다음과 같은 결과에 이른다.

비록 우리가 확률들을 도수들이라 한다 할지라도, 우리는 이런 **도수들이 실험적 배열에 의존할** 것이라 믿고 있다.

그러나 이와 더불어 우리는 객관주의 해석의 새로운 변형본을 얻게 된다. 그것은 다음과 같다.

만약 우리가 실험을 매우 자주 거듭하면, 모든 실험적 배열은 이런 특별한 실험적 배열에 의존하고 있는 도수들의 어떤 연속을 산출할 수밖에 **없다.** 이런 가상적 도수들이 소위 말하는 확률들이다. 그러나 확률들은 실험적인 배열에 의존하고 있음이 판명되었기 때문에, 그것들은 **이런 배열의 속성들**로 간주될 수 있다. **그것들은** 실험적 배열의 **경향들 내지 성향들을 규정하는데,** 이런 성향들은 **그 실험이 자주 반복될 때** 어떤 특징적인 도수들을 일으킨다.

II. 성향 해석

따라서 우리는 확률의 성향 해석에 이르렀다.[4] 확률을 오직 어떤 연속의 속성이라기보다는 오히려 실험적 배열의 특징적 속성으로 생각한다는 점에서 확률의 성향 해석은 순수 통계적 해석이나 도수 해석과 다르다.

이런 변화의 주된 논점은 우리가 이제 실험들의 연속에서 결과들의 도수보다는 오히려, 그 실험 조건들의 관점에서 **단일 실험의 결과 확률**을 근본적인 것으로 생각한다는 것이다. 물론 만약 우리가 어떤 확률 진술을 **시험하고자** 한다면, 우리는 실험적인 연속을 시험해야 한다. 그렇지만 이제 확률 진술은 이런 연속에 **관한** 어떤 진술이 아니다. 그것은 실험적 조건들, 즉 실험적 장치의 어떤 속성들에 관한 진술이다. (수학적으로 그 변화는 도수 이론에서 측정-이론적 접근으로의 전이에 해당한다.)

성향에 관한 진술은 전기장의 세기에 관한 진술과 비교될 수 있다. 우리는 이 진술을 시험할 수 있는데, 우리가 시험 물체를 도입하여 이 물체에 미친 장(field)의 효과를 측정하기만 하면 된다. 그러나 우리가 시험하는 진술은 그 물체에 관해 말하기보다는 오히려 그 장에 관해 말하고 있다. 그것은 그 장의 어떤 **경향적인 속성들**에 관해 말하고 있다. 그리고 우리가 그 장을 물리적인 실재로 간주할 수 있는 것처럼, 그 성향들을 물리적인 실재로 생각할 수 있다. 그것들은 실험적 장치들의 **관계적** 속성들이다. 예를 들어 성향 1/4은 **무게가 조작된 우리 주사위의 어떤 속성이 아니다.** 만일 매우 약한 중력장에서 그 무게가 거의 효과를 미치지 못한다는 — 던져서 6이 한 번 나올 성향은 1/4에서 거의 1/6로 감소하는 — 것을 우리가 고려하면, 우리는 이를 즉각 알아볼 수 있다. 강한 중력장에서는 그 무게가 더 효과를 미칠 것이고 또한 동일한 주사위가 1/3이나 1/2의 성향을 나타낼 것이다. 그러므로 추세나 경향 혹은 성향은 실험적 장치의 관계적 속성으로 방향량(vector)이 부가된 단순한 규칙들을 가진 뉴턴적인 힘보다 더 추상적인 어떤 것이다. **성향 분포는 무게들을 그 실험의 모든 가능한 결과들에 귀속시킨다.** 분명히 그것은 **가능성들의 공간**에서 어떤 방향량으로 표시될 수 있다.

III. 성향과 양자이론

성향 해석에 관해 주요한 일은 **양자이론에서 신비를 제거하는 반면에 확률과 비결정론을 남겨 두는** 것이다. 그 일을 하는 방법은 모든 외견적인 신비도 던져진 주사위들이나 튕겨진 동전들을 — 그 신비들이 전자들을 포함하고 있는 것과 **꼭 마찬가지로** — 또한 포함하고 있을 것임을 지적하는 것이다. 달리 말하면 그것은 양자이론이 확률이론임을 보여주는 것이다. 다른 어떤 우연의 놀이, 예컨대 핀볼 게임 판(pin board)에 대한 어떤 이론처럼 말이다.

우리 해석에서 슈뢰딩거의 ψ-함수는 전자 상태들의 성향들을 결정한다. 그러므로 우리는 입자들과 파동들에 대해 이원론을 전혀 갖고 있지 않다. 전자는 어떤 입자이지만, 전자의 파동이론은 전자의 가능한 상태들에 중량을 귀속시키는 성향이론이다. 배치 공간에서 파동은 무게들의 파동들이거나 성향들의 파동들이다.

디랙의 광자와 편광자의 사례를 고려해 보자. 디랙에 따르면 광자는 동시에 두 상태, 각각 반쪽인 상태로 있다고 우리는 말해야 한다. 비록 광자는 나누어질 수 없다 할지라도, 또한 가능한 상태들 중 오직 하나의 상태로 우리가 그것을 발견하거나 관찰할 수 있을지라도 그렇다.

우리는 이것을 다음과 같이 해석할 수 있다. 그 이론은 모든 가능한 상태를, 우리의 사례에서는 두 상태를 기술하고, 그 상태들에 중량을 귀속시킨다. 광자는 오직 하나의 상태로 있을 것이다. 그 상황은 던져진 동전이 처한 상황과 정확히 똑같다. 우리가 동전을 던졌고 어느 면이 앞면인지를 관찰할 수 있기 전에 우리가 근시이기 때문에 등을 구부려야 한다고 가정하자. 그러면 수학적 형식의 확률은 각각의 가능한 상태가 1/2의 확률을 갖고 있다고 우리에게 말한다. 그래서 우리는 동전이 하나의 상태는 반이고 다른 하나의 상태도 반이라 말할 수 있다. 그리고 우리가 그것을 관찰하기 위해 등을 구부릴 때, 코펜하겐의 정령이 동전을 고유한 두 상태 중 하나로 양자 도약을 하도록 만들 것이다. 왜냐하면 오늘날 양자 도약은 파동 다발의 수축과 동일한 것이라고 하이젠베르크가 말했기 때문이다. 또한 동전을 '관찰함'으로써 우리는 정확히 코펜하겐 학파에서 이른바 '파동 다발의 수축'이라고 한 것을 이끌어낸다.

유명한 이중-슬릿 실험 또한 정확히 동일한 분석을 하도록 해준다. 만약 우리가 하나의 슬릿을 닫으면, 우리가 가능성에 개입하므로 다른 ψ-함수와 가능한 결과들의 다른 확률 분포를 얻게 된다. **하나의 슬릿 닫기와 같은 실험적 방식의 모든 변화는 가능성들에 대한 상이한 무게들의**

분포에 이를 것이다(핀볼 판의 핀의 이동과 마찬가지로). 우리는 다른 ψ-함수를 얻는데, 이것은 성향들의 다른 분포를 결정하고 있다.

관찰자의 역할에 관해 독특한 무엇도 없다. 그는 전혀 들어오지 않는다. ψ-함수에 '개입하는' 것은 단지 실험 배치들의 변화들뿐이다.

이와 정반대 인상을 갖는 것은 확률의 객관주의 해석과 주관주의 해석 간의 변동에 기인한 탓이다. 오직 실험적인 배치들과 실험들의 결과들에 관해서만 우리가 말해야 함에도, 우리 지식과 지식의 변화라는 화제를 끄집어낸 것이 바로 주관주의 해석이다.

IV. 형이상학적인 고려

나는 성향들이 실험적인 배치들처럼 객관적일 뿐만 아니라, **물리적으로 실재적**임을 강조했다. 힘과 힘들의 장이 **물리적으로 실재적**이라는 의미에서 말이다. 그럼에도 그것들은 일상적인 의미에서 선도-파동들이 **아니라** 가능성들의 중량 함수들, 즉 가능 공간에서의 방향량들이다. (여기서 봄(Bohm)의 '양자역학적 잠재력'이란 가속하는 힘이라기보다는 오히려 가속하는 성향이 될 것이다. 이것은 드 브로이와 봄의 선도-파동 이론에 대한 파울리/아인슈타인 비판을 매우 중요시한다.) 예컨대, 자유의 정도들과 같은 추상적인 것들이 우리의 결과들에 매우 실재적인 영향을 미치고 있으며, 물리적으로 실재적인 무언가에 한한다는 사실에 우리는 완전히 익숙해져 있다. 혹은 태양의 질량에 비해서 행성들의 질량은 무시할 수 있다는 사실을 생각해 보라. 그리고 행성들의 질량과 비교하면 행성들의 위성들의 질량 또한 무시할 수 있다는 사실도 고려해 보라. 이것은 공간에 어떤 행성이나 어떤 지점에 귀속시킬 수 있는 추상적인 관계 속성이 아니라, 전 태양계의 관계적 속성이다. 그럼에도 그것은 태양계의 안정성의 '원인들'의 하나라고 믿을 충분한 이유가 있다. 따라서 추상적인 관계 사실들은 '원인들'일 수 있으며 그런 의미에서 물리적으로 실재적이다.

내 생각에 ψ-함수는 물리적 실재들을 기술한다고 강조함으로써 다음과 같은 사람들 간의 차이를 연계할 수 있다고 본다. 즉, 현대 물리학의 통계적 성격을 분명하게 강조하는 사람들과, 아인슈타인과 슈뢰딩거처럼 물리학은 객관적인 실재를 기술해야 한다고 주장하는 사람들 사이에 다리를 놓을 수 있을 것 같다. 통계적 법칙이란 지식에 대한 우리 자신의 불완전한 상태를 기술한다는 주관주의 가정 하에서는 이 두 견해가 양립할 수 없다. 오직 이런 통계 법칙들이 성향들, 즉 물리적 세계의 객관적인 관계 속성들을 기술하고 있음을 우리가 깨닫기만 한다면 그 두 견해는 양립할 수 있다.

더구나 성향 해석은 물리학의 (그리고 첨언하면 생물학과 심리학에도 또한) 새로운 형이상학적 해석을 제공해 주는 것으로 보인다. 왜냐하면 모든 물리적 (그리고 심리적) 속성은 성향적임을 우리는 말할 수 있기 때문이다. 표면이 붉은색이라는 것은 그것이 어떤 파장의 빛을 반사할 경향을 갖고 있음을 의미한다. 빛의 광선이 어떤 파장을 갖고 있다는 것은, 만약 다양한 색들의 표면들이나 분광기들 혹은 분광사진들 또는 구멍이 난 화면들 등이 그 빛의 경로에 놓여 있다면 어떤 방식으로 행동할 경향이 있음을 의미한다.

아리스토텔레스는 사물에 내재해 있는 잠재력들을 성향들이라 말했다. 뉴턴은 최초로 물리적 성향들의 **관계적인** 이론을 말했으며, 그의 중력이론이 힘들의 장 이론을 이끌게 된 것은 거의 불가피했다. 확률의 성향 해석은 이런 발전을 한 걸음 더 나아가게 한 것이라고 나는 믿고 있다.

III부 　형이상학

16. 형이상학과 비판 가능성 (1958)

　일반적인 이야기가 되지 않도록, 처음부터 곧바로 다섯 개의 예를 들어, **철학적 이론 혹은 형이상학적 이론**으로써 내가 의미하는 바를 설명하고자 한다.

　철학적 이론의 전형적인 사례는 경험세계에 관한 칸트의 **결정론**적 교설이다. 칸트는 내심으로는 비결정론자였으나,『실천이성비판』에서[1] 심리학적, 생리학적 조건들과 우리의 환경에 관한 완전한 지식을 갖춘다면, 일식이나 월식을 예측할 수 있는 정도의 동일한 확실성을 갖고 우리의 미래의 행동을 예측할 수 있다고 주장했다.

　결정론적 교설은 보다 일반적인 용어로 다음과 같이 정식화될 수 있다[또한 후술하는 논문 20의 II절을 보라].

　경험세계(또는 현상세계)의 미래는, 가장 세세한 항목에 이르기까지, 이미 그 현재의 상태에 의해 완전히 결정되어 있다.

　또 하나의 철학적 이론은, 예컨대 버클리나 쇼펜하우어의 관념론인데, 여기서는 다음과 같은 명제로 표현될 수 있을 것이다. '경험세계는 나의 관념이다', 또는 '**세계는 나의 꿈이다.**' [후술하는 논문 17을 보라.]

　세 번째 철학적 이론 — 그리고 오늘날 매우 중요한 이론 — 은 인식론적 **비합리주의**인데, 이것은 다음과 같이 설명될 수 있다.

인간의 이성은 물자체의 세계를 파악하거나 인식할 수 없다는 것을 칸트를 통해서 알고 있으므로, 우리는 그것을 인식하려는 희망을 포기하거나 이성 아닌 다른 수단에 의해 인식하도록 시도해야만 한다. 그런데 우리는 이런 희망을 포기할 수도 없고, 포기하지도 않을 것이므로, 오직 본능, 시적 영감, 기분, 또는 정서와 같은 비합리적이거나 초합리적 수단만을 사용할 수 있다.

비합리주의자의 주장에 따르면, 마지막까지 분석해 볼 때 우리 자신이 그러한 물자체이기 때문에, 이것은 가능하다는 것이다. 따라서 어떻게 해서든 우리 자신에 대한 상세하고 직접적인 지식을 얻을 수 있다면, 그 지식에 의해 우리는 물자체가 어떠한가를 알아낼 수 있다.

비합리주의에 관한 이 간단한 논증은 19세기의 후기 칸트학파에 속하는 대부분의 철학자들이 갖고 있던 뚜렷한 특징이다. 예컨대, 독창적인 쇼펜하우어가 그러한데, 그는 이런 방식으로 물자체로서의 우리는 **의지**이기 때문에, 의지란 물자체임에 틀림없다는 것을 발견했다. 물자체로서의 세계는 **의지**이지만, 현상으로서의 세계는 **관념**이다. 아주 기묘하게도 이 낡은 철학은 새 옷을 갈아입고 최근에 새로이 유행하고 있다. 물론 이 낡은 철학에는 (황제의 새 옷 아래에는 무엇이든 감추어져 있을 수 있는 한에서) 예전의 후기 칸트학파의 관념과 두드러진 유사성이 배후에 감추어져 있으며, 아마도 바로 그런 까닭에 또다시 유행하는 것 같다. 쇼펜하우어의 철학은 오늘날 모호하고 인상적인 언어로 제시되어 있으며, 물자체로서의 인간은 궁극적으로 의지라는 자기계시적 직관은, 이제 인간은 스스로를 완전히 지루한 것으로 느꼈기 때문에 바로 이 지루함이 물자체가 무, 즉 허무, 공허 그 자체라는 것을 입증한다는 자기계시적 직관에게 자리를 내주었다. 쇼펜하우어의 철학에 대한 이러한 실존주의적 변형에 어느 정도의 독창성이 있다는 것을 부정하고 싶지는 않다. 쇼펜하우어가 자기위안의 힘을 결코 아주 하찮은 일로 생각할 수 없었다는 사실에 의해 그 독창성은 입증된다. 그가 자신에게서 발견한 것은 의지, 활동성, 긴장, 흥분 등 — 대체로 일부의 실존주의자들이 발견한 것, 즉 스스로 권태를 느끼는 자기 자신의 권태감에 대한 철저한 권태와는 정반대의 것 — 이었다. 그러나 쇼펜하우어는 이제 더 이상 유행하지 않는다. 후기 칸트학파와 후기 합리주의로 대변되는 우리 시대의 대유행은 ('예감에 사로잡혀, 자신의 자손을 믿지 못했던') 니체 (F. W. Nietzsche)가 올바로 명명했던 이른바 '유럽의 허무주의'라는 것이다.[2]

그렇지만 이것들은 모두 지나가는 것에 불과하다. 이제 우리는 다섯 가지의 철학적 이론의 목록을 갖게 되었다.

첫째, 결정론 : 미래는 현재에 의해 완전히 결정되어 있으므로, 미래는 현재 속에 포함되어 있다.

둘째, 관념론 : 세계는 나의 꿈이다.

셋째, 비합리주의 : 우리가 우리 자신을 물자체로서 경험할 때, 우리는 비합리적 경험이나 초합리적 경험을 갖는다. 따라서 우리는 물자체에 관한 어떤 종류의 지식을 갖는다.

넷째, 주의주의(主意主義) : 우리 자신의 의지작용 속에서 우리는 우리 자신을 의지로서 인식한다. 물자체는 의지이다.

다섯째, 허무주의 : 우리 자신의 권태에서 우리는 우리 자신을 허무로서 인식한다. 물자체는 허무이다.

이 정도의 목록이면 충분할 것이다. 나는 심사숙고 끝에 이러한 예들을 선택했으며, 이 다섯 가지 이론 모두가 거짓임을 확신한다. 좀 더 정확히 표현하자면, 나는 무엇보다도 **우선** 비결정론자요, **둘째로** 실재론자요, **셋째로** 합리주의자이다. 네 번째와 다섯 번째 예에 대해서, 나는 — 칸트 및 다른 비판적 합리주의자들과 함께 — 무한한 풍요로움과 아름다움을 지닌 실재세계에 관한 완전한 지식 따위는 지닐 수 없음을 기꺼이 받아들인다. 물리학이나 다른 어떤 과학도 이 목표를 위해서는 도움이 될 수 없다. 그러나 나는 '세계는 의지이다'라는 주의주의자들의 정식도 또한 도움이 될 수 없다고 확신한다. 그리고 그들 스스로를 (그리고 아마도 다른 사람들도) 지루하게 만드는 허무주의자와 실존주의자들에 대해서는, 나는 오직 그들을 동정할 수 있을 뿐이다. 그들은 눈이 멀고 귀가 먼 불쌍한 사람들임에 틀림없다. 왜냐하면, 그들은 세계에 관해서, 페루지노(Perugino)의 색상을 보지 못하는 눈 먼 사람처럼, 또는 모차르트(Mozart)의 음악을 듣지 못하는 귀머거리처럼 이야기하기 때문이다.

그렇다면, 내가 거짓이라고 믿는 일련의 철학적 이론들을 예로서 선택한 이유는 무엇인가? 나는 이런 방식을 통하여 다음과 같은 중요한 진술 속에 포함된 문제를 보다 명확히 표현하기를 바라기 때문이다.

나는 이 다섯 가지 이론의 각각을 **거짓**이라고 여기지만, 그럼에도 불구하고 그것들은 논박 불가능하다고 확신한다.

이 진술을 들을 때, 여러분은 아마도 합리주의자라고 주장하는 내가 어떻게 하나의 이론이 거짓이면서 동시에 **논박 불가능**하다고 주장할 수 있는지 놀라울 것이다. 합리주의자가 어떻게 하나의 이론이 **거짓이면서** 동시에 **논박 불가능하다**고 말할 수 있는가? 합리주의자로서 그는 어떤 이론이 거짓이라고 주장하기 전에 그 이론을 논박해야만 되지 않을까? 그리고 역으로, 그가 어떤 이론이 논박 불가능하다는 것을 받아들일 수밖에 없다면, 그 이론은 참이 아닌가?

이러한 물음들과 더불어 나는 마침내 우리의 문제에 다다랐다.

마지막 물음은 아주 간단히 대답될 수 있다. 이론의 참은 그 논박 불가능성으로부터 추론될 수 있다고 믿었던 사상가들이 있었다. 그러나 똑같이 논박할 수 없는 서로 모순인 두 이론 — 예컨대, 결정론과 그 반대인 비결정론 — 이 있을 수 있다는 것을 고려한다면, 이것은 명백한 잘못이다. 양립할 수 없는 두 이론이 모두 참일 수는 없기 때문에, 두 이론은 논박할 수 없다는 사실로부터 논박 불가능성은 진리를 함의할 수 없다는 것을 우리는 이제 알고 있다.

그러므로 논박 불가능성을 어떻게 해석할지라도, 어떤 이론의 논박 불가능성에서 그 이론의 참을 추론하는 것은 승인될 수 없다. 왜냐하면 '논박 불가능성'은 보통 다음과 같은 두 가지 의미로 사용될 것이기 때문이다.

첫째는 순수 논리적인 의미이다. '순전히 논리적인 수단에 의해 논박 불가능하다'는 것과 동일한 의미로서 '논박 불가능성'을 사용할 수 있다. 그러나 이것은 '일관적이다'라는 의미와 동일하다. 그렇다면, 어떤 이론의 참이 그 이론의 일관성으로부터 추론될 수 없다는 것은 너무나도 분명하다.

'논박 불가능하다'의 두 번째 의미는 논리적인 (또는 분석적인) 가정 뿐만 아니라 또한 경험적인 (또는 종합적인) 가정을 사용하는 논박과 관련된다. 다시 말해서 그것은 경험적인 논박을 인정한다. 이 두 번째 의미에서의 '논박 불가능하다'는 '경험적으로 논박될 수 없다', 또는 좀 더 정확히 말해 '가능한 어떤 경험적 진술과도 양립 가능하다', 또는 '가능한 모든 경험과 양립 가능하다'는 의미와 동일하다.

그런데 진술이나 이론의 논리적 논박 불가능성과 경험적 논박 불가능성은 모두 그 진술의 허위와 쉽게 일치될 수 있다. 논리적 논박 불가능성의 경우에 모든 경험적 진술과 그 부정은 모두 **논리적으로** 논박 불가능함에 틀림없다는 사실로부터 이 점은 명백하다. 예컨대, '오늘은 월요일이다'와 '오늘은 월요일이 아니다'라는 두 진술은 모두 논리적으로 논박 불가능하다. 그러나 이로부터 논리적으로 논박할 수 없는 거짓된 진술들이 존재한다는 것이 직접적으로 따라 나온다.

경험적 논박 불가능성의 경우는 상황이 약간 다르다. 경험적으로 논박할 수 없는 진술들의 가장 간단한 예는 이른바 엄밀한 존재 진술이나 순수한 존재 진술이다. 여기에 그 예가 하나 있다. '두 번째로 큰 진주보다 열 배가 큰 진주가 있다.' 이 진술에서 '있다'라는 말을 시간과 공간적으로 한정된 범위로 제한한다면, 그것은 물론 논박할 수 있는 진술이 될 수 있다. 예컨대, 다음과 같은 진술은 분명히 경험적으로 논박 가능하다. '지금 이 상자 속에는 적어도 두 개의 진주가 있으며, 그중의 하나는 이 상자 속에서 두 번째로 큰 진주보다 열 배가 크다.' 그러나 이 진술은 이제 더 이상 엄밀한 존재 진술이나 순수한 존재 진술이 아니다. 차라리 그것은 **제한된** 존재 진술이다. 엄밀한 또는 순수한 존재 진술은 전 우주에 적용되며, 그것은 단지 논박할 수 있는 방법이 있을 수 없기 때문에 논박 불가능하다. 설혹 우리가 전 우주를 수색할 수 있을지라도, 찾고 있는 진주는 우리가 보지 못하는 곳에 항상 감춰져 있을 수 있기 때문에, 엄밀한 또는 순수한 존재 진술은 우리가 진주를 발견하는 데 실패했다는 사실에 의해서도 논박되지 않을 것이다.

이 흥미로운 예로서 다음과 같은 경험적으로 논박 불가능한 존재 진술이 있다.

'암의 치료에 완전한 특효약이 있다. 또는 좀 더 정확하게 말하자면, 부작용 없이 암을 치료할 수 있는 화학적 화합물이 있다.' 말할 필요도 없이, 이 진술은 그러한 화합물이 실제로 **알려져 있다**거나 주어진 시간 내에 발견될 것이라는 뜻으로 해석되어서는 안 된다.

이와 비슷한 예로서 다음과 같은 것들이 있다. '모든 전염병 치료약이 있다.' 또는 '적절한 종교적 의식으로 독송하면 모든 질병을 고치는 라틴어 문구가 있다.'

여기에서 우리는 어느 누구도 거의 참이라고 주장할 수 없는 경험적으로 논박 불가능한 진술을 갖는다. 가능한 모든 독송 방식과 라틴어의 조합으로 이루어진 가능한 모든 문구를 엄밀하게 시험하는 것은 분명 불가능하기 때문에, 그 진술은 논박 불가능하다. 따라서 모든 질병을 고칠 수 있는 힘을 지닌 주술적 라틴어 문구가 끝내 있을 수 있다는 논리적 가능성은 항상 남는다.

그렇지만, 이 논박 불가능한 존재 진술이 거짓이라고 믿는 것은 정당하다. 우리는 확실히 그 진술의 허위를 **증명**할 수는 없다. 그러나 우리가 질병에 대하여 알고 있는 상식은 그것이 참이 아니라는 것을 말해준다. 다시 말해서, 우리는 그 진술의 거짓을 확증할 수는 없으나, 그러한 라틴어 문구가 있을 수 없다는 추측이 그러한 문구가 존재한다는 논박 불가능한 추측보다 훨씬 더 그럴듯하다.

거의 2천여 년 동안 학식 있는 사람들이 이와 매우 유사한 존재 진술의 진리를 믿어 왔다는 사실은 굳이 부언할 필요조차 없다. 그들이 계속해서 철학자의 돌을 찾아 헤맨 것은 바로 이 때문이다. 그들이 그것을 발견하지 못했다는 사실에 의해 증명될 수 있는 것은 아무것도 없다. — 엄밀히 말해 존재 명제들은 논박 불가능하기 때문이다.

그러므로 확실히 어떤 이론에 대한 논리적 또는 경험적 논박 불가능성은 그 이론이 참이라고 주장할 수 있는 충분한 이유가 되지 못한다. 따라서 나는 이러한 다섯 개의 철학적 이론들이 논박 불가능한 동시에 거짓이라는 나의 믿음에 대한 정당성을 입증하였다.

약 25년 전에, 나는 경험적 이론을 논박 가능한 이론으로, 비경험적 이론을 논박 불가능한 이론으로 정의함으로써, 경험적 또는 과학적 이론과 비경험적 또는 비과학적 이론을 정확하게 구별할 것을 제안한 바 있다. 이렇게 제안한 이유는 다음과 같다. 이론에 대한 모든 진지한 시험은 그것을 논박하기 위한 시도이다. 그러므로 시험 가능성은 논박 가능성이나 또는 반증 가능성과 동일하다. 그리고 우리는 오직 경험적으로 시험될 수 있는 이론들만을 '경험적' 또는 '과학적'이라고 불러야 하기 때문에, 경험적 또는 과학적 이론을 구별하는 것은 경험적 논박의 가능성이라고 결론지을 수 있다. [전술한 논문 8을 보라.]

이 '논박 가능성의 기준'을 받아들인다면, **철학적** 이론들이나 형이상학적 이론들은 **정의에 의해 논박 불가능**할 것이라는 것을 곧바로 알 수 있다.

이러한 다섯 개의 철학적 이론이 논박 불가능하다는 나의 주장은 이제 거의 사소한 것으로 들릴 것이다. 동시에, 내가 비록 합리주의자이긴 하지만, 이러한 이론들에 '거짓'이라는 표제를 붙이기 전에 그것들을 논박해야 할 의무는 전혀 없다는 것이 분명해졌을 것이다. 그리고 이 점이 우리를 다음과 같은 어려운 문제로 이끈다.

만약 철학적 이론들이 모두 논박 불가능하다면, 도대체 참인 철학적 이론과 거짓인 철학적 이론을 어떻게 구별할 수 있을까?

이것은 **철학적 이론의 논박 불가능성**으로부터 제기되는 심각한 문제이다.

문제를 보다 명확하게 진술하기 위해, 나는 그것을 다음과 같이 재정식화하고 싶다.

우리는 여기서 세 가지 유형의 이론을 구별할 수 있다.

첫째, 논리적이고 수학적인 이론.

둘째, 경험적이고 과학적인 이론.

셋째, 철학적이거나 또는 형이상학적인 이론.

이 각각의 유형에서 참된 이론과 거짓된 이론을 어떻게 구별할 수 있을까?

첫째 유형에 관해서, 그 대답은 명백하다. 이론의 진위를 알지 못하는 수학적 이론을 찾아낼 때마다, 우리는 항상 그것을 논박하고자 시도함으로써, 처음에는 피상적으로, 다음에는 보다 엄격하게, 그 이론을 시험한다. 만약 우리가 그 이론을 논박하는 데 성공하지 못하면, 그것을 증명하거나 또는 그것의 부정을 논박하고자 시도한다. 그리고 또다시 이러한 증명에도 실패한다면, 그 이론의 참에 대한 의심이 또다시 나타날 것이다. 그리하여 우리가 어떤 해결에 도달하거나 혹은 우리에게 너무 어려운 것으로서 그 문제를 유보할 때까지, 우리의 논박의 시도는 계속될 것이다.

이 상황은 또한 다음과 같이 기술될 수도 있을 것이다. 우리의 과제는 두 개(또는 그 이상)의 경쟁하는 이론들을 시험하고 비판적으로 검토하는 일이다. 우리가 어떤 해결에 이를 때까지 그것 — 두 이론 중 어느 한 이론이나 또는 여러 이론 중 어느 한 이론을 제외한 나머지 이론들 — 에 대한 논박을 시도함으로써 그 문제를 해결한다. 수학의 경우에 (그러나 오직 수학의 경우에만) 그러한 해결은 일반적으로 **최종적**이다. 즉, 탐지되지 않는 부당한 증명이란 거의 없다.

이제 경험과학을 살펴보면, 대체로, 기본적으로 동일한 절차를 밟는다는 것을 알 수 있다. 우리는 이론들을 재차 시험한다. 이론들을 비판적으로 검토하고, 그것들을 논박하고자 시도한다. 오직 한 가지 중요한 차이는 우리의 비판적인 검토에는 경험적인 논증을 사용할 수도 있다는 점이다. 그러나 이러한 경험적 논증들은 오직 여타의 비판적 고찰들이 수반될 때에만 발생한다. 비판적 사고 자체는 여전히 주요한 도구로 남는다. 관찰은 오직 우리의 비판적 검토에 적합할 때에만 사용된다.

이러한 고찰들을 철학적 이론들에 적용시켜 본다면, 우리의 문제는 다음과 같이 재정식화될 수 있다.

논박 불가능한 철학적 이론들을 **비판적으로** 검토하는 것은 가능한가? 만약 가능하다면, 어떤 이론에 대한 비판적 논의는 **그 이론을 논박하기 위한 시도**가 아닐 경우 무엇으로 이루어질 수 있을까?

다시 말해서, 논박 불가능한 이론을 합리적으로, 즉 비판적으로 평가하는 것은 가능한가? 그리고 논증 불가능하거나 논박 불가능한 것으로 알려진 이론의 찬반을 위하여 우리는 어떤 합리적인 논증을 사용할 수 있을까?

우리 문제의 이런 다양한 정식화들을 설명하기 위한 예로서 다시 한 번 결정론의 문제를 언급해 보자. 칸트는 인간의 미래의 행동에 대해 일식이나 월식을 예측할 수 있는 것만큼 정확하게 예측할 수 없다는 것을 너무나도 잘 알고 있었다. 그러나 그는 우리가 태양계의 현재 상태에 관한 것보다 인간의 현재의 조건들에 대해 — 그의 소망과 공포, 감정과 동기에 대하여 — 아는 것이 훨씬 적다고 가정함으로써 그 차이를 설명했다. 그런데 이 가정은 암암리에 다음과 같은 가설을 포함하고 있다.

'(참된 자연법칙과 함께) 이 사람의 미래 행동을 예측하기에 충분한 그의 현재 상태에 관한 참된 기술이 **존재한다**.'

물론 이것은 또다시 순수한 존재 진술이고, 따라서 논박 불가능하다. 이 사실에도 불구하고, 우리는 칸트의 논증을 합리적으로 그리고 비판적으로 검토할 수 있을까?

두 번째 예로서 다음과 같은 논제를 고찰해 보자. '세계는 나의 꿈이다.' 이 명제는 확실히 논박 불가능하지만, 그것을 참이라고 믿을 사람은 거의 없다. 그러나 우리는 그것을 합리적으로 그리고 비판적으로 검토할 수 있을까? 그 명제의 논박 불가능성은 어떠한 비판적 검토에 대해서도 뛰어넘을 수 없는 장애물이 아닐까?

칸트의 결정론에 대해서는, 그에게 다음과 같이 말함으로써 비판적인 검토를 시작할 수 있을 것이다. '친애하는 칸트여, 단순히 미래를 예측할 수 있을 만큼 충분히 상세한 어떤 참된 기술이 **존재한다**고 주장하는 것만으로는 충분치 못하오. 당신이 해야 할 일은 이 기술이 무엇으로 구성되어야 할 것인가를 정확하게 말해 주는 것이오. 그리하여 우리가 당신의 이론을 경험적으로 시험할 수 있도록 해주시오.' 그러나 이 말은 철학적 — 즉, 논박 불가능한 — 이론들은 결코 검토될 수 없으며, 책임 있는 사상가라면 합리적인 검토가 가능하도록 그 이론들을 경험적으로 시험 가능한 이론들로 대체하지 **않으면 안 된다**는 가정과 똑같을 것이다.

이제 우리의 **문제**가 충분히 분명해졌을 것으로 생각된다. 따라서 나는 이제 그에 대한 **해결**을 **제시**하고자 한다.

나의 해결책은 이렇다. 만약 어떤 철학적 이론이 암암리에 '그것을 택하든지 버리든지 마음대로 하라'고 하면서, 다른 어떤 것과의 관계에 대한 아무런 암시도 주지 않은 채 우리 앞에 내던져진, 세계에 대한 단절된 주장에 불과한 것이라면, 그것은 참으로 검토의 범위를 넘어선 것이다. 그러나 경험적인 이론에 대해서도 똑같은 말을 할 수 있다. 뉴턴의 이론이 해결하고자 한 문제가 무엇이었는가를 먼저 설명하지 않은 채, 누군가가 우리에게 뉴턴의 방정식이나 그의 논증들을 제시한다면, 우리는 그것의 참을 ─『계시록(*Book of Revelation*)』의 진리와 마찬가지로 ─ 합리적으로 검토할 수 없을 것이다. 갈릴레이와 케플러가 얻은 결과들, 이러한 결과들에 의해 해결된 문제들, 그리고 통일된 이론에 의해 갈릴레이와 케플러의 해결을 설명하는 뉴턴의 문제 등에 대한 어떠한 지식도 없다면, 뉴턴의 이론도 형이상학적 이론과 마찬가지로 검토할 수 없는 이론이 될 것이다. 다시 말해서, 과학적 이론이든 철학적 이론이든, 모든 **합리적인** 이론은 그것이 **어떤 문제를 해결**하고자 하는 한에 있어서 합리적이다. 이론은 오직 주어진 **문제 상황**과의 관계에서만 이해 가능하고 합리적이며, 오직 이런 관계를 검토함으로써만 합리적으로 검토될 수 있다.

이제 어떤 이론을 일련의 문제들에 대해 제안된 해결로서 간주한다면, 그 이론은 ─ 설혹 비경험적이고 논박 불가능할지라도 ─ 직접적으로 비판적 검토의 대상이 된다. 왜냐하면 우리는 이제 가령 다음과 같은 물음을 던질 수 있기 때문이다. 그 이론은 문제를 해결하는가? 그 이론은 다른 이론보다 문제를 더 잘 해결하는가? 혹시 단순히 문제를 옮겨 놓은 것은 아닐까? 그 해결은 간명한가? 그 이론은 유익한가? 그 이론은 다른 문제들을 해결하는 데 필요한 다른 철학적 이론들과 모순되지는 않는가?

이러한 종류의 물음들은 논박 불가능한 이론일지라도 비판적 검토가 가능할 수 있다는 것을 보여준다.

또다시 특수한 예를 언급해 보자. (내가 '세계는 나의 꿈이다'라는 단순화된 정식으로 대체했던) 버클리나 흄의 관념론에 대해서 언급해 보자. 이 철학자들이 결코 터무니없는 이론을 제시하고자 하지는 않았다는 것을 주목해야 한다. 자신의 이론은 건전한 상식과 일치한다는 버클리의 반복된 주장으로부터도 이 점을 알 수 있다.[3] 이제 우리가 그들로 하여금 이런 이론을 제시하도록 이끌었던 **문제 상황**을 이해하고자 한다면, 우리는 버클리와 흄이 우리의 모든 지식은 **감각 인상**과 그리고 **기억 표상**들의 연합으로 환원될 수 있다고 믿었다는 것을 알 수 있다. 이 가정이 두 철학자로 하여금 관념론을 채택하도록 이끌었다. 그리고 특히 흄의 경우에 그것은 전혀 본의가 아니었다. 흄은 단지 실재론을 **감각 인상**에로 환원시키기 위한 시도에 실패했기 때문에, 관념론자였을 뿐이다.

따라서 지식과 학습에 관한 그의 감각주의적인 이론은 어떠한 경우에도 부적당하다는 것을 지적하고, 내키지 않는 관념론적 귀결을 전혀 갖지 않는 보다 덜 부적절한 학습이론이 있다는 것을 보여줌으로써 그의 관념론을 비판하는 것은 전적으로 **합당하다**.

유사한 방식으로 칸트의 결정론을 합리적으로 그리고 비판적으로 검토할 수 있겠다. 칸트는 그의 근본적인 의도에 있어서는 비결정론자였다. 그는 뉴턴 이론의 불가피한 귀결로서 현상계에 관해서는 결정론을 믿었지만, 그럼에도 불구하고 도덕적 존재로서의 인간은 결정되어 있지 않다는 것을 추호도 의심하지 않았다. 칸트는 자신의 이론철학과 실천철학 사이에 빚어지는 충돌을 그 자신이 완전히 만족할 수 있는 방식으로 해결하는 데에 결코 성공하지 못했으며, 끝내 진정한 해결책을 찾는 것을 포기했다.

이러한 **문제 상황**의 배경 아래서 칸트의 결정론을 비판하는 것이 가능해진다. 우리는, 예컨대, 그의 결정론이 실제로 뉴턴의 이론으로부터 따라 나오는가를 물을 수 있다. 잠시 그렇지 않다고 추측해 보자. [후술하는 논문 20의 III절을 보라.] 이러한 추측이 참이라는 것에 대한 분명한 증거에 의해 나는 칸트가 그의 결정론을 포기하려고 했을 것이라는 것을 의심하고 않지 않다. — 비록 그의 결정론은 논박 불가능하며, 바로 이런 이유 때문에 그가 논리적으로 결정론을 부정하려고 하지는 않았겠지만.

비합리주의에 관해서도 사정은 비슷하다. 비합리주의는 흄과 더불어 최초로 합리주의적 철학의 대열에 끼이게 되었으며, 그리고 이 냉철한 분석가인 흄을 읽은 사람이라면 비합리주의는 그의 의도가 아니었다는 것을 의심할 수 없을 것이다. 비합리주의는 **우리가 실제로** 베이컨적 귀납에 의해 **배우고 있다**는 흄의 확신과, **귀납을 합리적으로 정당화하는 것은 불가능하다**는 그의 논리적 증명의 결합에 의한 의도되지 않았던 귀결이었다. '합리적인 정당화는 그만큼 더 나쁘다'는 말은 흄이 이런 상황에서 끌어낼 수밖에 없었던 필연적인 결론이었다. 그는 어떤 결론이 불가피한 것이라면 달갑지 않은 결론조차도 두려워하지 않는 진정한 합리주의자 특유의 성실성을 가지고 이 비합리적인 결론을 받아들였다.

그러나 이 경우에, 비록 흄에게는 그렇게 하는 것이 불가피해 보였지만, 그것은 불가피한 것은 아니었다. 실제로 우리는 흄이 믿었던 것처럼 베이컨적인 귀납 기계가 아니다. 습관이나 관습은 학습의 과정에서 흄이 그것에 할당했던 역할을 하지 않는다. 따라서 흄의 문제는 그의 비합리적인 결론과 함께 해소된다.

후기 칸트학파의 비합리주의의 상황도 이와 유사한 데가 있다. 특히 쇼펜하우어는 진정으로 비합리주의에 반대했다. 그는 '이해되어야 한다'는 단 **한 가지** 소망을 갖고 글을 썼다. 그리고 다른 어떤 독일의 철학자보다도 명쾌하게 글을 썼다. 이해를 얻으려는 그의 노력은 그를 위대한 독일어 문장가의 한 사람으로 만들었다.

그러나 쇼펜하우어의 문제들은 칸트의 형이상학적 문제들— 현상계에 있어서의 결정론의 문제, 물자체의 문제, 그리고 물자체의 세계에서의 우리 자신의 실존의 문제— 이었다. 그는 이러한 문제들— **가능한 모든 경험을 초월하는 문제들** — 을 그의 특유한 합리적 태도로 해결했다. 그러나 그의 해결은 비합리적일 **수밖에 없었다.** 왜냐하면 쇼펜하우어는 칸트주의자였으며 따라서 그는 칸트의 이성의 한계를 믿었기 때문이다. 그는 인간의 이성의 한계는 **가능한 경험의 한계**와 일치한다고 보았다.

그러나 여기에 다른 해결도 가능하다. 칸트의 문제는 수정될 수 있고 수정되어야만 한다. 그리고 이 수정이 취해야 될 방향은 비판적 또는 자기비판적 합리주의라는 칸트의 근본적인 사상에 의해 암시되고 있다. 철학적인 문제의 발견은 최종적인 것일 수 있다. 그것은 단 한 번 이루어진다. 그러나 철학적 문제에 대한 해결은 결코 최종적이지 않다. 그것은 최종적 증명이나 최종적 논박에 근거할 수 없다. 이것이 철학적 이론의 논박 불가능성에 관한 결론이다. 또한 그 해결은 영감을 받은 (혹은 싫증나는) 철학적 예언가들의 주술적 문구에 근거할 수도 없다. 그렇지만 그것은 문제 상황과 그 기초가 되는 가정, 그리고 문제를 해결하는 다양한 가능한 방식들에 대한 양심적이고 비판적인 검토에 근거할 수 있을 것이다.

17. 실재론 (1970)

실재론은 상식에 본질적이다. 상식이나 계몽된 상식은 현상과 실재를 구별한다. (이것은 '오늘 날씨가 맑기 때문에 산들이 실재보다 훨씬 더 가깝게 보인다', 혹은 아마도 '그는 노력도 하지 않고 그것을 하는 것처럼 보이지만, 긴장감은 거의 견딜 수 없을 정도라고 나에게 그는 고백했다'는 예로 설명될 수 있다.) 그러나 상식은 또한 현상이 (예컨대, 거울에서의 반사가) 어떤 종류의 실재를 갖고 있음을 깨닫고 있다. 달리 말하면, 표면적인 실재, 즉 현상과 깊은 실재가 존재함을 상식은 알고 있다는 것이다. 더구나 많은 종류의 실재적인 사물이 존재한다. 가장 분명한 종류는 식량과 같은 것이거나(식량이 실재감의 기초를 낳았다고 나는 추측한다), 돌과 나무와 사람들과 같은 더 저항적인 대상들(대상 = 우리의 행동을 방해하는 것)이다. 하지만 전혀 다른 종류의 많은 실재가 있다. 예를 들면 식량, 돌, 나무 및 인간의 신체들에 대한 우리 경험을 주관적으로 해독하는 것과 같은 것들이 그에 해당한다. 식량과 돌의 맛과 무게는 다른 종류의 실재를 포함하고 있으며, 나무와 인간 신체들의 속성도 역시 그렇다. 이처럼 많이 구별된 우주 안에서 다른 종류의 예들로 치통, 단어, 언어, 교통 규칙, 소설, 정부의 정책, 타당하거나 부당한 증명, 그리고 아마도 힘들, 힘들의 장들, 성향들, 구조들 및 규칙성들을 들 수 있다. (여기서 내 논평은 이같이 많은 종류의 실재가 서로 관련을 맺고 있는지, 그리고 어떻게 관련 맺고 있는지의 물음은 완전히 열린 것으로 남겨둔다.)

나의 논제는 실재론은 증명될 수 없고 반박될 수도 없다는 것이다. 논리학과 유한 산술학의 범위를 넘어선 어떤 다른 것으로서의 실재론은 증명할 수 없다. 그러나 경험과학적 이론은 반박할 수 있을지라도[전술한 논문 8을 보라], 실재론은 반박조차 할 수 없다. (실재론은 철학적인 또는 형이상학적인 많은 이론, 특히 관념론과도 [논문 16에서 지적했듯이] 이런 반박 불가능성을 또한 공유하고 있다.) 하지만 실재론은 논증할 수 있으며 그 논증의 무게는 압도적으로 실재론을 지지하는 쪽에 실리고 있다.

상식이 실재론의 편에 서 있음은 의문의 여지가 없다. 물론 **우리의 일상 세계가 혹시 단지 꿈**일 뿐이지 않은가 하는 의문을 시사해 주는 것들이 더러 있다. 그것은 데카르트 이전에 사실상 헤라클레이토스 이래로 존재해 왔다. 그러나 데카르트는 물론 로크도 실재론자였다. 실재론과 경쟁하고 있는 철학적 이론은 버클리와 흄과 칸트[1] 이전에는 진지하게 개시되지 않았다. 부언하면 칸트도 실재론에 대한 어떤 증명을 제시했다. 하지만 그것은 타당한 증명이 아니었다. 그리고 왜 실재론에 관한 어떤 타당한 증명도 있을 수 없는가를 우리는 분명히 알고 있어야 한다는 것이 중요하다고 나는 생각한다.

가장 단순한 형식으로서의 관념론은 (현재의 독자를 포함하고 있는) 세계는 그저 나의 꿈일 뿐이라 말하고 있다. 지금 이 이론을 (여러분은 그것이 거짓임을 알지라도) 반박할 수 없다는 것은 분명하다. 독자인 당신이 자신의 실재에 대해 내가 확신하도록 어떤 일을, 즉 나에게 말하거나, 편지를 쓰거나, 아마도 나를 발로 찬다 하더라도, 그것은 도저히 반박의 효력을 나타낼 수 없다. 왜냐하면 당신이 나에게 말하고 있다거나 내가 편지를 받았다거나 내가 차임을 느꼈다는 것을 내가 꿈꾸고 있는 것이라고 계속 말할 것이기 때문이다. (사람들은 이런 대답은 모두 다양한 방식에서의 면역 책략[전술한 159쪽에 기술된 종류의]이라고 말할지도 모른다. 이것이야말로 그렇다. 그리고 그것은 관념론에 반대하는 강한 논변이긴 하다. 하지만 그 책략은 다시 자기면역이론이 되기 때문에 관념론을 반박하지 못한다.)

따라서 관념론은 반박될 수 없으며, 이것은 물론 실재론이 증명될 수 없다는 것을 뜻한다. 그러나 실재론은 증명될 수 없을 뿐만 아니라, 관념론처럼 또한 반박할 수도 없다는 것을 나는 기꺼이 인정한다. 기술할 수 있는 어떤 사건도 그리고 생각할 수 있는 어떤 경험도 실재론에 대한 효과적인 반박으로서 간주될 수 없다는 것 역시 시인한다.[2] 따라서 그 많은 논제처럼 이런 논제에도 결정적인 어떤 논증이 존재하지 않을 것이다. **하지만 실재론을 지지하고** 오히려 **관념론**에 반대하는 논증들이 있다.

(1) 아마도 가장 강한 논증은 다음과 같은 두 가지의 결합으로 이루어져 있다. (a) 실재론은 상식의 일부라는 것과, (b) 실재론에 반대해서 단언된 모든 논증은 이 용어에 대한 가장 훼손된 의미에서 철학적일 뿐만 아니라, 동시에 무비판적으로 받아들인 상식의 일부에 그 근거를 두고 있다는 것이다. 다시 말해 '마음에 관한 물통 이론'이라고 내가 부른 지식에 대한 상식 이론의 잘못된 부분에 기초하고 있다는 것이다. [전술한 논문 7의 IV절을 보라.]

(2) 과학이 오늘날 몇몇 사람에게는 유행하지 않는 것일지라도, 유감스럽게도 결코 무시할 수 없는 이유 때문에, 우리는 실재론과 과학의 연관을 무시하지 않아야 한다. 에른스트 마흐(Ernst Mach)나 우리 시대의 유진 위그너(Eugene P. Wigner)[3]와 같은 실재론자가 아닌 과학자들이 존재한다는 사실에도 불구하고, 그들의 논증은 방금 (1)의 (b)에서 규정

한 부류에 속하는 것이 매우 분명하다. 우리는 여기서 원자 물리학에 관한 위그너의 논변에 관해서는 잊어버리자. 그러면 모두 다는 아닐지라도, 거의 모든 물리적, 화학적 또는 생물학적 이론들은 실재론을 함축하고 있다고 주장할 수 있다. 만약 그 이론들이 참이라면 실재론도 또한 참이라는 의미에서 그렇다는 것이다. 이것이 바로 어떤 사람들이 '과학적 실재론'에 대해서 말하는 이유 중의 하나이다. 과학적 실재론은 매우 좋은 이유가 된다. 그것은 (외견상) 시험 가능성을 결여하고 있기 때문에, 나 자신은 '과학적'보다는 오히려 '형이상학적' 실재론이라고 부르는 것을 선호하게 되었다.[4]

사람들이 이것을 어떻게 생각하든 간에, **우리가 과학에서 시도하는 것은 실재를 기술하고 (가능한 한) 설명을 해야 한다**고 말하기 위한 탁월한 이유들이 있다. 우리는 추측적인 이론의 도움으로 그렇게 한다. 즉, 그 이론들이 참인 (또는 진리에 가까운) 이론들이기를 우리가 바라지만, 그러나 우리가 확실한 것으로 또는 확률적으로(확률 계산의 의미에서) 입증할 수 없는 이론들이다. 비록 우리가 그 이론들을 제시할 수 있고, 그래서 '개연적'이라고 불릴 수 있는 최선의 이론들이라 할지라도 말이다. 이 개연적이라는 용어는 확률 계산과 어떤 관련도 없는 한에서 그렇게 불릴 수 있다.

우리가 '과학적 실재론'에 관해 말할 수 있는 것과 밀접히 관계된 훌륭한 의미가 있다. 즉, 우리가 채택한 절차는 성공에 (그것이 예컨대 반합리적인 태도 때문에, 붕괴되지 않는 한에서) 이를 수 있다. 이 성공이란 우리의 추측적인 이론들이 점진적으로 진리에 더 가까이 다가간다는 의미이다. 다시 말해 진리에 더 다가간다는 것은 어떤 사실들에 대한 참된 기술이나 실재의 양상들에 더 근접한다는 뜻이다.

(3) 그렇지만 우리가 과학에서 끌어낸 모든 논증을 포기한다 하더라도, 언어에서 나온 논변들은 남아 있다. 실재론에 관한 어떤 논의와 특히 실재론에 반대하는 모든 논증은 어떤 언어로 표명되어야 한다. 하지

만 인간의 언어란 본질적으로 기술적(또한 논증적)이며,[5] 명백한 기술은 항상 실재적이다. 기술이란 실재적이거나 상상일 수도 있는 어떤 것, 즉 어떤 사태에 **관한** 것이다. 따라서 만약 사태가 상상적인 것이라면, 타르스키의 의미에서 그 사태의 기술은 단지 거짓이 되고 그것의 부정은 실재에 대한 참인 기술이 된다. 이것은 논리적으로 관념론이나 유아론을 반박하는 것은 아니지만, 적어도 관념론을 부적절한 것으로 만든다. 합리성, 언어, 기술, 논증은 모두 어떤 실재에 관계하고 있으며, 그것들은 어떤 청중에게 말을 걸고 있는 것이다. 이 모든 것은 실재론을 전제하고 있다. 물론 실재론을 위한 이런 논증은 논리적으로 어떤 다른 논증보다 더 결정적이지는 않다. 왜냐하면 내가 기술적인 언어와 논증을 사용하고 있다는 것을 단지 꿈꾸고 있을 뿐일 수도 있기 때문이다. 그럼에도 불구하고 실재론을 위한 이 논증은 강하면서도 **합리적**이다. 그것은 이성 그 자체만큼 강력하다.

(4) 나에게는 관념론이 불합리한 것처럼 보인다. 왜냐하면 그것은 다음과 같은 어떤 것을 함의하고 있기 때문이다. 즉, 이런 아름다운 세계를 창조한 것은 바로 내 마음이라는 것을 함축한다는 것이다. 그러나 내가 세계의 창조자가 아님을 나는 안다. 결국 '미(美)란 보는 자의 눈 속에 있다'라는 유명한 말은 단지 미의 **감상**에 대한 어떤 문제가 있다는 의미에 불과한 것이다. 그 말이 전혀 어리석은 것은 아닐지라도 말이다. 렘브란트의 초상화들의 미가 내 눈 속에 있지 않다는 것과 또한 바흐의 예수 수난곡의 아름다움이 내 귀 속에 있지 않다는 것을 나는 알고 있다. 반대로 내 눈과 귀를 열고 닫고 함으로써 내 눈과 귀가 거기에 있는 모든 미를 이해할 만큼 충분히 좋지 않다는 것을 만족할 정도로 입증할 수 있다. 더구나 음악과 회화의 미를 나보다 더 잘 감상할 수 있고 더 잘 감정하는 사람들이 존재한다. 실재론을 부인하면 과대망상증(전문적인 철학자에게 만연된 직업상의 질병)에 빠지게 된다.

(5) 나는 중요하기는 하나 결정적이지 못한 여타의 많은 논증 중에서

하나만을 언급하고자 한다. 그것은 다음과 같다. 만약 실재론이 참이라면, 특히 과학적 실재론에 접근하는 어떤 것이라면, 그러면 그것을 증명하는 것이 불가능함에 대한 이유는 명백하다. 우리의 주관적인 지식은, 심지어 지각적인 지식도 행동하는 성향들로 이루어져 있으므로, 그 지식은 실재에 대한 일종의 시험적인 적응이고, 또한 우리는 기껏해야 탐구자일 뿐이기 때문에, 실수를 할 수밖에 없다는 것이 그 이유이다. 실수를 면할 보장도 없다. 동시에 만약 어떤 실재도 없고 단지 꿈이거나 환영이라면, 우리의 의견들과 이론들의 참과 거짓에 대한 모든 물음은 분명히 무의미하게 된다.

요약하면, 나는 실재론을 양식을 갖춘 유일한 가설로서 받아들이기를 제안한다. 그 실재론에 대한 어떤 현명한 대안도 지금까지 제시되지 않았다는 추측으로서 말이다. 나는 어떤 다른 논제보다 이 논제에 관해 더 독단적이고 싶지는 않다. 그렇지만 나는 실재론에 대한 대안들의 편에 서서 제시되어 왔던 모든 인식론적 논변을 알고 있다고 생각한다. 이 대안들의 예를 들면 실증주의, 관념론, 현상주의, 현상학 등인데, 이 논변들은 대부분 주관주의적이다. 그리고 철학에서 '**주의들**(*isms*, 主義)'의 논의에 대해 내가 적대적이지는 않을지라도, 나는 주의들의 내 목록을 지지하면서 지금까지 제시되었던 (내가 아는) 모든 철학적인 논변은 분명히 잘못된 것으로 간주하고 있다. 그것들 대부분은 주장을 내세우기 위한 안전한 토대에 관한 혹은 확실성에 대한 잘못된 탐구의 결과이다. 그리고 그것들 모두는 전형적인 철학자들의 실수들인데, 다음에 기술하는 말의 가장 나쁜 의미에서 그렇다. 그것들은 모두 잘못된 그러나 어떤 진지한 비판도 견디지 못한 상식적인 지식이론에서 파생된 것이다.

나는 우리 시대에 가장 위대하다고 내가 간주하고 있는 두 사람, 즉 앨버트 아인슈타인과 윈스턴 처칠의 의견으로 이 절을 마치겠다.

아인슈타인은 이렇게 쓰고 있다. '나는 사물들, 즉 물리학의 대상들과 더불어 그것들에 관계하고 있는 시공간적인 구조를 우리가 받아들이는

데 어떤 "형이상학적" 위험도 알지 못한다.'[6]

이것은 버트런드 러셀에서 연유한 소박한 실재론을 반박하는 훌륭한 시도에 대한 주의 깊고 공감 어린 분석 후에 나온 아인슈타인의 견해였다.

윈스턴 처칠의 견해는 매우 독창적이고 어떤 철학에 관한 매우 올바른 논평이라고 나는 생각한다. 관념론에서 실재론으로 가족의 반대편에 섰을 때 그 입장을 바꿀 수 있는 철학, 그러나 그 이전처럼 무의미하게 남아 있던 철학에 대한 다음과 같은 논평이 바로 그것이다. '대학교육이라는 커다란 혜택을 받았던 나의 사촌들 몇몇이 우리가 그 존재를 생각한 것 외에는 어떤 것도 존재하지 않는다는 것을 증명하는 논증으로 나를 괴롭게 하곤 했다.' 그는 계속해서 이렇게 썼다.[7]

나는 항상 수년 전에 고안했던 다음과 같은 논증에 의존했다. … [여기에] 이 큰 태양이 있는데, 그것은 현상적으로 우리의 신체적인 감각들이란 토대에 의존하고 있는 것 같다. 그러나 다행스럽게도 우리의 육체적인 감각들과는 별도로 태양의 실재를 검증하는 방법이 있다. … 천문학자들은 어느 날 흑점이 태양을 가로지를 것이라고 [수학과] 순수이성에 의해 예측한다. 당신이 본다면 … 그러면 당신의 시각은 즉시 학자의 계산들이 입증될 것임을 당신에게 말하고 있다. … **우리는 군용지도를 만드는 데 있어 '십자가를 짊어짐'이라고 부르는 것을 이해한다.** 우리는 태양의 실재에 대한 **독립적인 증거**를 얻었다. 천문학자들이 계산을 한 자료들은 애초에 자신들의 감각을 증거로 하여 필연적으로 얻게 되었다고 형이상학적인 내 친구들이 나에게 말했을 때, 나는 '그렇지 않다'고 대꾸했다. 그것들은 어떤 단계에서도 인간의 감각이 전혀 섞여 있지 않은 채 쏟아진 빛으로 작동되는 자동 계산 기계에 의해 적어도 이론적으로 얻게 된 자료들이다. … 나는 재차 강조해서 말하길 … 태양은 실재하며 또한 사실상 지옥만큼 뜨겁고, 만약 형이상학자들이 태양을 의심한다면, 그들은 거기에 가서 보아야 한다고 했다.

나는 아마도 처칠의 논증, 특히 내가 고딕체로 나타낸 중요한 구절들은 관념적이며 주관주의적인 논변에 대한 타당한 비판일 뿐만 아니라, 내가 아는 주관주의 인식론에 반대하는 철학적으로 가장 건전하고 매우 영리한 논증이라고 간주하고 있음을 부언할 수 있다. 나는 모든 철학자가 (그 논증을 유념하게끔 내가 이끈 제자들을 제외하고) 이 논증을 무시했음을 알고 있다. 그 논증은 매우 독창적이다. 1930년에 처음 발표된 그것은 자동 관측소들과 (뉴턴적인 이론에 의해 프로그램된) 계산 기계들의 가능성을 이용한 가장 초기의 논증 중의 하나이다. 하지만 그것이 발표되고 40년이 지난 후에도, 처칠은 여전히 인식론자로서는 알려지지 않았다. 그의 이름은 인식론에 관한 그 많은 논문집 어디에도 나타나지 않았으며 또한 그 이름은 철학백과사전에서도 빠져 있다.

물론 처칠의 논증은 단순히 주관주의자들의 그럴듯한 논변에 대한 탁월한 비판일 뿐인데, 그는 실재론을 증명한 것이 아니기 때문에 그렇다. 왜냐하면 관념론자는 항상 자신도 또한 우리도 계산기 및 모든 것과 더불어 논쟁을 꿈꾸고 있다고 주장할 수 있기 때문이다. 그러나 나는 이 논변은 그 보편적 적용 가능성 때문에 양식이 없는 것으로 간주하고 있다. 아무튼 어떤 철학자가 전혀 새로운 어떤 논증을 내놓지 않는다면, 주관주의는 미래 언젠가 무시될 것이라고 나는 생각한다.

18. 우주론과 변화 (1958)

I.

이 논문에서 나는 비전문가로서, 즉 소크라테스 이전 철학자들의 아름다운 이야기에 대한 애호가로서 말하겠다. 나는 전문가나 숙련가가 아니다. 헤라클레이토스가 어느 말과 구절을 사용했을 것이고 또한 어느 말과 구절을 아마도 사용했을 리 없다고 어떤 전문가가 주장하기 시작할 때, 나는 그것을 도무지 이해할 수가 없다. 그러나 몇몇 전문가가 우리가 가지고 있는 가장 오래된 원전에 바탕을 둔 아름다운 이야기를 ― 나에게는 어쨌든 ― 전혀 이해하지 못하는 이야기로 바꿔 놓을 때에는, 비록 비전문가라 해도 옛날의 어떤 전통을 세워 옹호할 수 있다고 나는 생각한다. 이리하여 나는 적어도 그 전문가의 논증을 조사하고, 그 논증의 일관성을 음미해 보겠다. 이것은 몰입해 볼 만한 해롭지 않은 일인 것으로 보인다. 그리고 만일 전문가나 그 밖의 어느 누군가가 노고를 아끼지 않고 나의 비판을 논박한다면, 나는 쾌히 받아들이겠으며, 또 영광으로 생각하겠다.[1]

나는 소크라테스 이전 철학자들의 우주론적인 이론들에 관심을 갖되,

그 이론들이 이른바 **변화에 관한 문제**의 전개와 연관된 범위에만, 그리고 인식의 문제에 관한 소크라테스 이전 철학자들의 접근 방법 — 그들의 이론적인 접근 방법뿐만 아니라 실천적인 접근 방법 — 을 이해하는데 필요한 범위에만 국한시킬 생각이다. 왜냐하면 그들의 인식이론과 실천이, 그들이 자신에게 제기했던 우주론적 질문들 및 신학적인 질문들과 어떻게 관계되는가를 알아보는 것은 매우 흥미로운 일이기 때문이다. 그들의 인식론은 '이것이 오렌지라는 것을 나는 어떻게 아는가?' 또는 '내가 지금 지각하고 있는 대상이 오렌지라는 것을 나는 어떻게 아는가?'라는 질문으로 시작하는 것이 아니다. 그들의 인식론은 '세계가 물로 이루어져 있다는 것을 우리는 어떻게 아는가?' 또는 '세계가 신들로 가득 차 있다는 것을 우리는 어떻게 아는가?' 또는 '신들에 관한 어떤 것을 우리는 어떻게 알 수 있는가?'와 같은 문제로부터 출발했다.

우주에 관한 인식보다는 오히려 오렌지에 관한 인식의 맥락에서 인식론에 관한 문제를 연구해야 한다는 — 어느 정도 프랜시스 베이컨의 영향을 희미하게 받은 — 신념이 요즘 널리 퍼져 있다고 나는 생각한다. 나는 이러한 신념에 이의를 제기한다. 그리고 나의 반대 이유 중 몇 가지를 전달하는 것이 본 논문의 주요한 목적의 하나이다. 어쨌든 서양 과학이 — 그 밖의 다른 과학은 없는 것 같다 — 오렌지에 관한 관찰의 수집을 시작하면서가 아니라, 세계에 관한 대담한 이론들을 제안하면서 시작됐다는 것을 때때로 기억하는 것은 좋은 일이다.

II.

전통적인 경험주의 인식론과 전통적인 과학사의 편찬은 모두, 모든 과학은 관찰에서 출발하여 서서히 그리고 조심스럽게 이론으로 나아간다는 베이컨 철학의 신화로부터 깊은 영향을 받고 있다. 그러나 사실은 그렇지 않다는 것을 우리는 소크라테스 이전의 초기 철학자들에 대한 연구로부터 알 수 있다. 여기서 우리는 대담하면서도 매혹적인 사상들을 발견하는데, 그것들 중 몇몇은 이색적이면서도 놀라울 정도로 오늘날의 결과를 예견하고 있는 것도 있는 반면, 대부분은 오늘날의 관점에서 볼 때 얼토당토않다. 그러나 그 사상들 중 대부분은, 그리고 그것들 중 최상의 것은 관찰과는 무관하다. 지구의 모양과 위치에 관한 이론 중 몇 가지를 예로 들어 보자. '지구는 배처럼 물 위에 떠받쳐져 있으며, 그리고 지진이 있다고 말할 때는, 물의 움직임 때문에 지구가 동요하고 있다'고 탈레스는 말했다. 의심할 바 없이, 탈레스는 그 이론에 도달하기 전에 배의 흔들림뿐만 아니라 지진을 관찰했다. 하지만 그의 이론의 논점은 지구가 물 위에 떠 있다는 추측으로 지구의 떠받침이나 부유 상태와 지진을 **설명하는** 것이었다. 그리고 그는 (오늘날의 대륙의 표류 이론을 그처럼 희한하게 예견하고 있는) 이런 추측을 위한 토대를 자신의 관찰에 둘 수 없었다.

　베이컨 신화의 기능은 관찰이 우리의 과학적 지식의 '**참된 원천**'이라는 것을 지적함으로써 과학적 진술들이 왜 **참**인지를 설명하는 것이라는 점을 우리는 잊어서는 안 된다. 모든 과학적인 진술은 가설이나 짐작 또는 추측이라는 것과 (베이컨의 것을 포함해서) 이들 대부분의 추측이 거짓으로 판명되었다는 것을 우리가 일단 깨닫게 되면, 베이컨의 신화는 부적절하게 된다. 왜냐하면 과학의 추측들 — 아직도 인정을 받고 있는 것은 물론, 거짓으로 밝혀진 것들 — 이 모두 관찰에서 출발한다고 주장하는 것은 적절하지 못하기 때문이다.

　그렇다 할지라도, 지구의 지탱이나 부유 상태, 그리고 지진에 대한 탈레스의 아름다운 이론은 비록 어떤 의미에서도 관찰에 바탕을 두고 있지는 않지만, 적어도 경험적이거나 관찰적인 유추로부터 영감을 받은 것이다. 그럼에도 불구하고 이러한 사실은 탈레스의 수제자인 아낙시만드로스가 제기한 이론에는 더 이상 해당되지 않는다. 아낙시만드로스의 지구의 부유 이론은 여전히 매우 직관적이지만, 그러나 관찰을 통한 유추를 전혀 사용하지 않고 있다. 사실상 그것은 반관찰적인 것으로 기술될 수 있다. 아낙시만드로스의 이론에 따르면, '지구는 … 어떤 것에 의해서도 떠받쳐져 있지 않으나, 그것이 다른 모든 것으로부터 등거리에 있다는 사실 때문에 정지된 상태를 유지하고 있다. 그것의 형태는 … 북의 형태와 같다. … 우리는 그것의 평평한 표면 한쪽을 거닐고 있는 반면, 다른 사람들은 그 반대편에 있다.' 물론 북은 관찰에 의한 유추이다. 그러나 공간 속에서의 지구의 자유로운 부유 상태에 대한 생각과 지구의 안정성에 대한 설명은 그것이 무엇이든 관찰 가능한 사실의 모든 영역의 어떤 것에서도 유추된 것이 결코 아니다.

내가 보기에 아낙시만드로스의 이와 같은 생각은 인간의 전 사상사 중에서 가장 대담하고 가장 혁신적이며 가장 놀라운 생각 중의 하나인 것 같다. 그것은 아리스타르코스와 코페르니쿠스의 이론을 가능케 했다. 그러나 아낙시만드로스가 내디딘 걸음은 아리스타르코스와 코페르니쿠스가 내디딘 걸음보다 훨씬 더 어렵고 대담한 것이었다. 지구가 중앙 한가운데서 자유롭게 균형 잡혀 있다고 상상하는 것과, 그리고 '그것이 등거리 또는 균형 상태 때문에 정지된 상태를 유지하고 있다'(아리스토텔레스가 아낙시만드로스를 바꾸어 말한 것처럼)고 말하는 것은 심지어 뉴턴의 비물질적이면서도 비가시적인 중력에 대한 생각을 어느 정도 예상한 것이다.[2]

III.

아낙시만드로스는 어떻게 이런 주목할 만한 이론에 도달했을까? 의심할 바 없이 관찰에 의한 것이 아니라, 추론에 의한 것이다. 그의 이론은 밀레토스학파, 즉 그의 스승이자 친척인 이오니아학파의 창시자 탈레스가 그에 앞서 해답을 제공했던 문제 중의 하나를 해결하려는 시도이다. 따라서 나는 아낙시만드로스가 탈레스의 이론을 비판함으로써 자신의 이론에 도달했다고 추측한다. 이 추측은 아낙시만드로스의 이론의 구조를 고찰함으로써 뒷받침될 수 있다고 나는 생각한다.

아낙시만드로스는 (지구가 물 위에 떠 있다는) 탈레스의 이론에 다음과 같이 반론을 제기한 것 같다. 탈레스의 이론은, 그것을 일관되게 전개시켜 나간다면, 무한소급에 이르는 유형의 한 표본이다. 만약 우리가 지구의 안정된 위치를 물에 의해 떠받쳐져 있다는 — 그것이 대양(Okeanos) 위에 떠 있다는 — 가설로서 설명한다면, 그와 유사한 가설에 의해 대양의 안정된 위치도 설명하면 되지 않을까? 그러나 이것은 대양의 떠받침을 탐구한 다음 이 떠받침의 떠받침을 구하는 것을 의미할 것이다. 이런 설명법은 다음과 같은 이유로 만족스러운 것이 될 수 없다. 첫째로, 아주 유사한 가설을 만듦으로써 우리의 문제를 해결하기 때문이요, 둘째로, 계속 버팀목을 세워 가는 그러한 체계에서는 더 낮은 버팀목 중의 어느 하나라도 확보하는 데 실패할 경우 모든 체계가 무너져 버리게 된다는, 형식적이라기보다 직관적인 이유 때문이다.

이로부터 우리는 직관적으로 세계의 안정성을 버팀목의 체계로서는 확보할 수 없다는 것을 알게 된다. 아낙시만드로스는 세계의 내적, 구조적인 균형에 호소하는데, 이것은 붕괴가 발생할 수 있는 어떠한 치우친 방향도 없다는 것을 보장한다. 그는 차이가 없는 곳에는 변화가 있을 수 없다는 원리를 적용하고 있다. 이런 식으로 그는 다른 모든 사물로부터의 등거리로써 지구의 안정을 설명하고 있다.

이것이 아낙시만드로스의 논증이었던 것 같다. 비록 아마도 그렇게 의식적이지도 않고 또 그렇게 일관적인 것은 아니지만, 절대방향이라는 생각 — '위로의' 그리고 '아래로의' 절대적인 의미 — 을 버렸다는 것을 깨닫는 것이 중요하다. 이것은 모든 경험과 상반될 뿐더러, 파악하기도 어렵다. 아낙시만드로스는 그것을 무시했으며 그리고 아낙시만드로스 자신조차도 그것을 완전히 파악하지는 못한 것 같다. 왜냐하면 다른 모든 사물로부터 등거리에 있다는 생각은 그로 하여금 지구는 공 모양을 하고 있다는 이론에 이르도록 했어야 하기 때문이다. 그 대신 지구는 위와 아래가 평평한 표면으로 된 북 모양을 하고 있다고 그는 믿었다. 그렇지만 '우리는 그 평평한 표면들 중의 한쪽 위를 걷는 반면, 다른 사람들은 그 반대편에 있다'는 말은 마치 어떠한 절대적인 위쪽의 표면이란 없다는 암시를 포함했던 것처럼 보이지만, 그러나 반대로 우리가 우연히 걷고 있는 표면은 위쪽이라고 부를 수 있는 표면이라는 암시를 포함했던 것처럼 보이기도 한다.

무엇이 아낙시만드로스로 하여금 지구가 북이라기보다는 공의 모양을 하고 있다는 이론에 이르지 못하도록 하였을까? 그것에 대해서는 의심의 여지가 없다. 대체로 지구의 표면이 평평하다고 그에게 가르쳤던 것은 바로 **관찰에 의한 경험이었다.** 따라서 그를 지구의 형태에 관한 참된 이론에 근접하도록 이끌었던 것은 바로 탈레스의 이론에 대한 사색적이면서도 비판적인 논증과 추상적이면서도 비판적인 검토였다. 그리고 그를 잘못된 길로 인도한 것은 관찰에 의한 경험이었다.

IV.

지구가 다른 모든 사물로부터 등거리에 있다는 아낙시만드로스의 대칭 이론에 대한 명백한 반증이 있다. 우주의 비대칭은 해와 달의 존재로부터 쉽게 볼 수 있고, 특히 다음과 같은 사실로부터 알 수 있다. 그것은 해와 달이 때때로 서로 멀리 떨어져 있지 않고, 그래서 그것들은 지구의 같은 쪽 위에 있는 반면, 그 반대편에는 그것들과 균형을 이룰 수 있는 것이 아무것도 없다는 사실이다. 아낙시만드로스는 그의 또 다른 대담한 이론 — 해와 달과 다른 천체의 숨겨진 본성에 관한 그의 이론 — 으로 이 반론에 맞섰던 것 같다.

그는 지구의 주위를 돌고 있는 지구의 27배 크기와 18배 크기의 두 거대한 전차 바퀴의 테두리를 상상하고 있다. 이들 테두리 내지 둥근 파이프는 각기 불로 채워져 있고, 각각은 그 불을 볼 수 있는 숨구멍을 갖고 있다. 이들 구멍을 우리는 각각 해와 달이라고 한다. 그 바퀴 중 나머지는 볼 수 없는데, 아마도 그것이 어둡고 (또는 희미하고) 멀리 떨어져 있기 때문인 것 같다. 항성들(그리고 아마도 행성들)은 해와 달의 바퀴보다는 지구에 더 가까운 바퀴의 구멍들이기도 하다. 항성들의 바퀴들은 (우리가 지금 지구의 축이라고 하는) 공통 축 위에서 돌고, 그것들은 함께 지구 주변에 천구를 형성한다. 그래서 지구로부터 같은 거리에 있다는 가정은 (개략적으로) 충족된다. 이 이론 때문에 우리는 아낙시만드로스를 **천구 이론**(*the theory of the spheres*)의 창시자라고 한다.[3]

V.

아낙시만드로스의 이론들이 경험적이라기보다는 비판적, 사색적이라는 데에는 어떠한 의문의 여지도 있을 수 없다. 그리고 만약 우리가 진리에의 접근을 놓고 생각한다면, 그의 비판적이고 추상적인 사색이야말로 관찰적인 경험이나 유추보다 더 도움이 되었다.

그러나 베이컨의 추종자들은 이것이 바로 아낙시만드로스가 과학자가 아니었다는 결정적인 이유라고 답할지도 모른다. 이것이 우리가 초기 그리스의 **과학**보다는 **철학**에 관해 이야기하는 결정적인 이유이다. 철학은 사변적이다. 모든 사람이 이것을 알고 있다. 그리고 모든 사람이 알다시피, 사변적인 방법이 관찰적인 방법으로 대체될 때, 그리고 연역이 귀납으로 대체될 때에만 과학은 비로소 시작된다.

소크라테스 이전 철학자들에 대하여, 그들의 이론과 후대의 물리학의 발전 사이에는 거의 완벽하게 실현 가능한 사유의 연속성이 있다고 나는 주장한다. 그들이 철학자로 불리든, 이전의 과학자로 불리든, 또는 과학자로 불리든 그것은 별로 중요하지 않다고 생각한다. 그렇지만 아

낙시만드로스의 이론은 아리스타르코스, 코페르니쿠스, 케플러와 갈릴
레이의 이론들을 위한 길을 밝혀 주었다고 나는 주장한다. 그가 이런 후
대의 사상가들에게 단순히 '영향을 끼쳤다는' 것만이 아니다. '영향'이
란 말은 매우 피상적인 범주이다[또한 전술한 76쪽을 보라]. 나는 그것
을 차라리 이렇게 표현하고 싶다. 아나시만드로스의 업적은 예술 작품
처럼 그 자체로 가치가 있다. 그뿐만 아니라 그의 업적은 다른 업적들을
가능하게 했으며, 그것들 중에는 위에서 언급했던 위대한 과학자들의
업적들도 있다.

그러나 아낙시만드로스의 이론들은 잘못된 것이고 따라서 비과학적
이지 않을까? 그의 이론들이 잘못되었음을 나는 인정한다. 하지만 현대
과학이 최근까지 받아들이고 있는 무수한 경험에 바탕을 둔 많은 이론
들도 그러하며, 그리고 그 이론들이 지금은 거짓된 것이라고 믿게 될지
라도, 어느 누구도 그것의 과학적 특성을 꿈에도 부정하지는 않을 것이
다. (하나의 예는 수소의 전형적인 화학적 속성은 단지 한 종류의 원자
에만 속한다는 — 모든 원자 중에서 가장 가벼운 원자라는 — 이론이다.)
역사가들이 역사를 쓰던 당시 더 이상 받아들여질 수 없었던 어떤 견해
를 비과학적(또는 심지어 미신적)이라고 간주하려고 했던 과학사가들이
있었지만, 그러나 이것은 지지할 수 없는 태도이다. 참된 이론만큼 거짓
된 이론도 위대한 업적일 수 있다. 그리고 진리를 탐구하는 데 있어서
많은 거짓된 이론들이, 여전히 받아들여지고 있지만 흥미를 크게 야기
하지 못한 이론보다도 더 도움이 되어 왔다. 왜냐하면 거짓된 이론들은
여러 면으로 도움이 될 수 있기 때문이다. 예컨대, 잘못된 이론들은 다
소 근본적인 수정을 암시할 수도 있으며, 또 비판을 자극할 수도 있다.
그래서 지구는 물 위에 떠 있다는 탈레스의 이론은 아낙시메네스에 와
서는 수정된 형태로 다시 나타났으며, 그리고 더 최근에 와서는 베게너
(Wegener)의 대륙 표류 이론이라는 형태로 재등장했다. 탈레스의 이론
이 어떤 방식으로 아나시만드로스의 비판을 자극했는지에 대해서는 이

미 제시했다.

마찬가지로, 아낙시만드로스의 이론은 수정된 이론 — 즉, 지구는 자유롭게 우주의 중심에 균형 잡힌 천구들에 의해 둘러싸여 있는데, 그 천구 위에 천체들이 배치되어 있다는 지구 구형 이론 — 을 시사했다. 그리고 비판을 자극함으로써 그것은 또한 달은 빛의 반사로 빛난다는 이론으로, 그리고 피타고라스의 중심불 이론으로, 그리고 마침내는 아리스타르코스와 코페르니쿠스의 태양 중심적인 세계 체계를 유도했다.

VI.

세계를 장막으로 간주한 동방의 앞선 학자들처럼, 밀레토스학파는 세계를 일종의 집, 즉 모든 창조물의 집 — 우리의 집 — 으로 보았다고 나는 생각한다. 따라서 그것이 무엇을 위한 것인가 물을 필요는 없었다. 그러나 그 집의 구조에 대해 탐구해야 할 실제적인 필요는 있었다. 그 건축물의 구조, 기본 계획, 그리고 건축 자재에 관한 문제가 밀레토스학파 우주론의 세 가지 주된 문제를 구성한다. 또한 그것의 기원, 즉 우주 발생의 문제에 관한 사변적인 관심도 있다. 내가 보기엔, 밀레토스학파의 우주론적인 관심은 — 특히 강한 우주 발생론적인 전통과, 그리고 사물이 어떻게 만들어져 왔는가를 기술함으로써 그 사물을 기술하는 거의 당연시된 경향과, 따라서 우주 발생론적인 형태 속에 우주론적인 설명을 제시하는 거의 당연시된 경향을 우리가 고려한다면 — 그들의 우주 발생론적인 관심을 훨씬 능가했던 것 같다. 비록 우주론적 이론의 제시가 이들 우주 발생론적인 치장으로부터 단지 부분적으로 자유로웠지만, 우주론적인 관심은 우주 발생론적인 관심에 비해 매우 강력한 것임에 틀림없다.

우주의 구성 — 그 구조, 기본 계획, 건축 자재 — 을 처음으로 논했던 사람이 탈레스라고 나는 생각한다. 아낙시만드로스에서 이들 세 문제에 대한 답을 찾아볼 수 있다. 나는 구조에 관한 물음에 대한 그의 대답을 간략하게 언급했다. 구전으로 그가 세계지도를 처음 작성했다고 알려졌듯이, 세계의 기본 계획에 대한 문제에 관해서도 그는 또한 연구하고 상술했다. 그리고 물론 그는 세계의 건축 자재 — '끝이 없는 것' 또는 '무한한 것' 또는 '한정되지 않은 것' 또는 '정형이 없는 것' — 인 **무한정자**(*apeiron*)'에 관한 이론도 갖고 있었다.

아낙시만드로스의 세계에서는 모든 종류의 **변화들**이 끊임없이 진행되고 있었다. 공기와 숨구멍들이 필요했던 불이 있었으며, 이들 숨구멍들이 때때로 막혀서 ('방해되어서') 불은 질식되곤 했다.[4] 이것이 그의 일식과 월식에 대한 이론이며 달의 위상 이론이었다. 바람이 있었으며, 바람은 변화하는 날씨의 원인이었다. 그리고 물과 공기의 증발 건조 때문에 생기는 수증기들이 있는데, 이 수증기들은 바람의 원인이었으며 또 해의 '회전'(하지점과 동지점)과 달의 '회전'의 원인이었다.

여기서 우리는 곧 등장할 **변화에 관한 일반문제**에 대한 첫 암시를 받는다. **변화에 관한 일반문제**는 그리스 우주론의 중심 문제가 되었으며, 레우키포스(Leucippus)와 데모크리토스(Democritus)와 더불어, 결국 그것은 거의 20세기 초에 이르기까지의 현대과학이 받아들인 **변화에 관한 일반론**의 원인이 되었다(그것은 에테르에 관한 맥스웰(Maxwell)식 모형의 분석으로 인해서 비로소 포기되었는데, 이것은 1905년 이전에는 거의 주목을 받지 못했던 역사적인 사건이었다).

이런 **변화에 관한 일반문제**는 철학적인 문제이다. 과연 그것은 파르메니데스와 제논(Zeno)에 의해 거의 논리적인 문제로 바뀐다. **변화가 어떻게 가능한가?** — 그것은 논리적으로 가능한 것인가? 사물은 그것의 동일성을 상실함이 없이 어떻게 변화할 수 있는가? 만약 그것이 동일한 것을 유지하고 있다면, 그것은 변화하지 않을 것이다. 그러나 만약 그것이 그것의 동일성을 상실한다면, 변한 것은 더 이상 그 사물이 아니다.

VII.

변화의 문제가 어떻게 전개되었는가에 대한 흥미로운 이야기는 원문 비평과 같은 사소한 일의 더미 속에 완전히 묻혀 버릴 위험이 있는 것 같다. 이 이야기는 물론 한 편의 짤막한 논문으로는 충분히 전할 수 없으며, 더욱이 논문의 많은 소절 중의 하나로는 더욱 어렵다. 그러나 이 것을 최대한 약술하면 다음과 같다.

아낙시만드로스에 의하면 우리 자신의 세계, 즉 우리 자신의 우주적 건축물은 단지 무한한 세계 — 시공에 속박됨이 없는 무한 — 중의 하나에 불과했다. 이러한 세계들의 체계는 영원한 것이었으며, 운동 또한 그랬다. 따라서 운동을 설명할 필요도 없었고 변화에 관한 **일반적인** 이론을 제공할 필요도 없었다(우리가 헤라클레이토스에서 변화에 관한 일반적인 문제와 일반적인 이론을 발견할 수 있다는 의미에서. 아래의 내용 참조). 그러나 우리의 세계에서 일어나는 잘 알려진 변화들은 설명할 필요가 있었다. 가장 명백한 변화는 — 낮과 밤, 바람과 날씨, 계절, 파종에서 추수까지의 변화, 그리고 식물과 동물과 인간의 생장의 변화 — 모두 뜨거움과 차가움의 대립, 그리고 건조함과 습함의 대립인 온도의 상이함과 연관되어 있었다. '생물은 태양에 의해서 증발된 습기로 생겼다'고 한다. 그리고 뜨거움과 차가움이 또한 우리 자신의 세계라는 건축물의 발생을 관장한다. 뜨거움과 차가움은 또한 증기와 바람의 원인이 되었으며, 이들 증기와 바람은 거의 모든 다른 변화의 동인으로 간주되었다.

아낙시만드로스의 제자이자 계승자인 아낙시메네스(Anaximenes)는 이러한 사상들을 훨씬 더 상세하게 전개시켰다. 아낙시만드로스와 마찬가지로 그도 뜨거움과 차가움의 대립 및 습함과 건조함의 대립에 관심을 가졌다. 그리고 그는 농축과 희석의 이론으로 이들 대립물 간의 변화를 설명했다. 아낙시만드로스처럼 아낙시메네스도 영원한 운동을 믿었으며 바람의 작용을 믿었다. 그리고 그가 아낙시만드로스에서 벗어난 두 가지 주요 논점 중 하나가 전혀 끝이 없고 정형이 없는 것(**무한정자**)도 여전히 운동 속에 존재할 수 있다는 견해를 비판함으로써 도달했다는 것은 사실인 것 같다. 어쨌든, 그는 **무한정자**를 공기 ― 거의 무한하고 정형이 없지만, 그럼에도 불구하고 아낙시만드로스의 증기에 관한 옛 이론에 따르면, 운동이 가능할 뿐더러 운동과 변화의 주된 동인이기도 한 어떤 것 ― 로 대체했다. 여러 생각들의 비슷한 통일은 '태양은 흙으로 이루어져 있으며, 게다가 그 운동의 빠른 속도 때문에 매우 뜨겁게 된다'라는 아낙시메네스의 이론에 의해서 이루어졌다. 무한한 것인 **무한정자**에 관한 더욱 추상적인 이론을 비교적 덜 추상적이고 보다 더 상식적인 공기 이론으로 대체한 것은, 지구 부동성에 관한 아낙시만드로스의 대담한 이론을, 지구가 '평평한 것은 지구의 부동성에 원인이 있다. 왜냐하면 그것은 … 뚜껑처럼 그 밑에 있는 공기를 덮고 있기 때문이다'라는 보다 더 상식적인 생각으로 대체한 것과 맞먹는다. 그래서 주전자 뚜껑이 김 위에 떠 있거나 배가 물 위에 떠 있듯이 지구는 공기 위에 떠 있다. 즉, 탈레스의 물음과 탈레스의 대답이 둘 다 모두 재설정되어 있으며, 아낙시만드로스의 획기적인 논증은 이해되지 않고 있다. 아낙시메네스는 절충주의자이고 체계화하는 사람이며 경험주의자이자 상식적인 사람이다. 밀레토스학파의 위대한 세 사람 가운데 그가 혁신적인 새로운 생각에 있어서는 가장 비생산적이다. 그는 가장 비철학적인 사상의 소유자이다.

밀레토스학파의 세 사람 모두 우리의 세계를 집으로 보았다. 이 집에는 운동이 있었고 변화가 있었으며, 뜨거움과 차가움, 불과 습기가 있었다. 난로에는 불이 있었으며, 난로 위에는 물이 든 주전자가 있었다. 그 집은 바람에 노출되어 틀림없이 바람이 새어 들어왔다. 그러나 그것은 집이었으며, 일종의 보호와 안정을 뜻했다. 그러나 헤라클레이토스에게는 그 집은 불에 휩싸여 있었다.

헤라클레이토스의 세계에서는 어떠한 안정성도 남아 있지 않았다. '만물은 유전하며, 정지되어 있는 것은 아무것도 없다.' **만물**은 유전하고 있다. 심지어 세계를 구성하는 대들보, 재목, 건축 자재도 유전한다. 흙과 바위 또는 청동 솥 — 이 모두가 유전한다. 대들보는 썩어 가고 있으며, 흙은 비바람에 씻기어 날아가며, 바위조차도 쪼개져서 작아지고, 청동 솥은 푸른색을 띤 녹으로 변한다. 아리스토텔레스가 표현했듯이, '비록 … 우리가 의식은 못하지만, 만물은 항시 운동 속에 있다.' 알지 못하거나 생각이 없는 사람들은 사발 속에서 연료가 탈 때 사발은 변화하지 않은 채 남아 있고 연료만 탄다고 생각한다.[5] 왜냐하면 사발이 타고 있는 것은 보이지 않기 때문이다. 그러나 그것은 타고 있다. 사발은 그것이 담고 있는 불에 의해 완전히 먹히고 있는 것이다. 우리는 아이들이 자라고, 변하며, 늙는 것을 보지 못한다. 하지만 그들은 그러한 과정을 겪는다.

따라서 어떠한 고체도 없다. 사물들은 실상 사물들이 아니라 과정이며, 그것들은 유전한다. 그것들은 불과 같으며, 비록 일정한 모양을 가질 수 있지만, 과정이요 물질의 흐름인 불꽃과 같다. 만물은 불꽃이다. 불은 바로 우리 세계의 건축 재료이다. 그리고 사물의 외관상의 고정성은 단지 우리 세계 속에서 일어나는 과정들을 지배하는 법칙들, 즉 척도들에 기인할 뿐이다.

이것이 헤라클레이토스의 이론이라고 나는 생각한다. 우리가 귀담아들어야 할 것은 그의 '취지(message)'요, '진정한 말(**로고스**, *logos*)'이다. '내게 귀 기울이지 말고 진정한 설명에 귀를 기울여라. 만물은 하나임을 인정하는 것이 현명한 일이다.' 만물은 '영원히 살아 있는 불로서, 적절히 불타고 적절히 사라진다.'

여기서 재진술된 헤라클레이토스의 철학에 대한 전통적인 해석이 오늘에 와서는 대체로 인정을 받지 못하고 있음을 나는 아주 잘 알고 있다. 그러나 비판자들은 그의 철학을 대신할 아무것 — 즉, 철학적으로 흥미로운 어떤 것 ─ 도 내놓지 않았다.[6] 여기서는 사상, 말, 논증, 이성에 호소함으로써, 그리고 비록 우리가 사물들이 변화하고 있다는 것을 알고는 있으나 우리는 그것들의 변화를 의식하지 못하는 사물의 세계에 살고 있다는 사실을 지적함으로써, 헤라클레이토스의 철학은 두 가지 새로운 문제들 ─ **변화의 문제와 인식의 문제** ─ 을 제기했다는 것을 나는 강조하고 싶을 뿐이다. 이 문제들은, 변화에 관한 그 자신의 설명이 이해하기에 어려웠으므로, 더욱 긴박했던 것이다. 그러나 이것은 변화라는 바로 그 관념 속에 포함되어 있는 난점을 선배 학자들보다 그가 더 명확하게 알고 있었다는 사실 때문이라고 나는 생각한다.

왜냐하면 모든 변화는 어떤 것의 변화이기 때문이다. 즉, 변화는 변화하는 어떤 것을 전제로 한다. 그리고 변화는 어떤 것이 변화하는 동안 이 어떤 것이 여전히 똑같은 것으로 남아 있어야 한다는 것을 전제로 한다. 우리는 푸른 잎이 갈색이 될 때, 그것이 변화한다고 말할 수 있다. 그러나 우리가 푸른 잎을 갈색 잎으로 대체했을 때에는, 푸른 잎이 변한다고 말하지는 않는다. 변화하는 사물은 그것이 변화하는 동안에도 그것의 동일성을 유지한다는 것이 변화라는 생각에 있어서 필수적이다. 그럼에도 불구하고 그것은 그 이외의 무엇이 되어야만 한다. 초록색이었다가 갈색으로 변하고, 습기가 차 있다가 건조해지며, 뜨거웠다가 차가워진다.

그래서 모든 변화란 (아낙시만드로스와 아낙시메네스가 생각했던 대로) 어느 정도 한 사물이 반대의 속성을 가진 어떤 것에로 변천하는 것을 뜻한다. 그럼에도 불구하고 변화하는 사물은, 변화하는 동안에도, 그자신과 동일성을 여전히 유지하고 있어야 한다.

이것이 변화의 문제이다. 이 변화의 문제가 헤라클레이토스로 하여금 (부분적으로는 파르메니데스를 예견케 하는) 실재와 현상을 구별하는 이론으로 이끌었다. '그 자신을 숨기기를 좋아하는 것이 사물의 참된 본성이다. 피상적이지 않은 조화는 피상적인 조화보다 더 강하다.' 사물들은 **현상에 있어서는** (그리고 우리에게는) 대립물이지만, 진리에 있어서는 (그리고 신에게는) 동일물이다.[7]

　삶과 죽음, 깨어 있는 것과 잠들어 있는 것, 청년과 노년, 이것들 모두는 똑같은 것이다. … 왜냐하면 회전된 전자가 후자이고 회전된 후자가 전자이기 때문이다. … 오르막길과 내리막길은 한 길이다. … 선과 악은 동일하다. … 신에게는 만물이 아름답고 선하고 의롭지만, 사람은 어떤 것을 의롭지 않다고 생각하고, 또 다른 것을 의롭다고 생각한다. … 참된 앎에 이르는 것은 인간의 본성이나 특성이 아니라, 신의 본성인 것이다.

그래서 진리에 있어서 (그리고 신에게는) 대립물들은 동일하다. 대립물들은 인간에게만 동일하지 않게 보인다. 그리고 만물은 하나— 그것들은 모두 세계의 과정의 부분이다— 즉, 영원히 살아 있는 불이다.

이 변화의 이론은 '진정한 말', 즉 **로고스**에, 이성에 호소한다. 헤라클레이토스에게는 변화보다 더 실재적인 것은 없다. 그러나 세계의 단일성에 관한, 대립물의 동일성에 관한, 그리고 현상과 실재에 관한 그의 이론은 변화의 실재에 관한 그의 이론을 위협한다.

왜냐하면 변화란 한 대립물이 다른 것으로 바뀌는 것을 뜻하기 때문이다. 그러므로 진리에 있어서 대립물이 동일하다면, 비록 그것들이 다르게 나타나더라도, 변화 그 자체는 단지 피상적인 것일 것이다. 만일 진리에 있어서, 그리고 신에게 있어서 만물이 하나라면, 어떠한 변화도 없을 것이다.

이러한 귀결은 일신론자인 크세노파네스의 제자(버넷(Burnet)과 다른 사람들에게는 죄송하지만), 파르메니데스가 이끌어냈다. 크세노파네스는 유일신에 대해서 다음과 같이 말했다. '신은 항상 동일한 장소에 머무르며, 결코 움직이는 법이 없다. 신이 서로 다른 시간에 서로 다른 장소에 간다는 것은 어울리지 않는다. … 신은 죽음을 면치 못할 운명을 지닌 인간과는 몸에 있어서든 사상에 있어서든, 어느 한 구석도 닮은 데가 없다.'[8]

크세노파네스의 제자인 파르메니데스는, 실재세계는 하나이며 그것은 항상 같은 장소에 머무르지 결코 움직이는 법이 없다고 가르쳤다. 실재세계가 서로 다른 시간에 서로 다른 장소에 간다는 것은 **어울리지** 않았다. 실재세계는 그것이 죽음을 면치 못할 운명을 지닌 인간에게 비춰지는 것과는 어느 한 구석도 닮은 데가 없었다. 세계는 하나요, 분할되지 않은 전체이며, 부분이 없으며, 동질의 것이며, 운동하지 않는 것이었다. 그러한 세계에서는 운동은 불가능했다. 실제로 어떠한 변화도 없었다. 변화의 세계는 환상이었다.

파르메니데스는 불변하는 실재에 관한 이러한 이론의 근거를 논리적인 증명 — '있지 않은 것은 없다'라는 단일 전제로부터 진행해서 만들어질 수 있는 증명 — 같은 것에 두었다. 이것으로부터 무가 — 있지 않은 것은 — 존재하지 않는다는 것을 우리는 도출해 낼 수 있다. '무가 존재하지 않는다'는 것은 파르메니데스가 허공이란 존재하지 않는다는 뜻으로 해석해서 얻어진 결론이다. 따라서 세계는 충만하다. 세계는 하나의 덩어리로 이루어져 있다. 왜냐하면 부분들로 나뉨은 오직 허공에 의한 부분들의 분리에 기인할 수밖에 없기 때문이다(이것은 여신이 파르메니데스에게 계시한 '아주 포괄적인 진리'이다). 이 충만한 세계에는 어떤 운동의 여지도 없다.

오직 대립물의 실재에 대한 그릇된 믿음 — **있는 것**만 존재할 뿐 아니라, **없는 것**도 존재한다는 믿음 — 만이 변화의 세계라는 환상으로 유도한다.

파르메니데스의 이론은 세계에 대한 최초의 가설-연역적인 이론으로서 기술될 수 있을 것이다. 원자론자들은 파르메니데스의 이론을 있는 그대로 받아들였다. 그리고 운동은 존재하므로 그것은 경험에 의해 논박된다고 그들은 주장했다. 파르메니데스의 논증의 형식적인 타당성을 인정하면서도, 그들은 그의 결론이 거짓이라는 사실로부터 그의 전제도 거짓이라고 추론했다. 그러나 이것은 무가 — 허공 또는 빈 공간이 — 존재한다는 것을 의미한다. 따라서 이제 '있는 것' — 충만, 공간을 채우고 있는 것 — 은 어떠한 부분들도 갖지 않는다고 가정할 필요가 없었다. 왜냐하면 이제 허공이 그것의 부분들을 분리시킬 수 있기 때문이다. 그러므로 많은 부분들이 있는데 각 부분은 '충만하다.' 세계 속에는 허공에 의해 분리되고 허공 속에서 운동할 수 있는 충만한 입자들이 존재한다. 그리고 그 입자들 각각은 '꽉 차' 있으며, 분할되어 있지 않고, 또 분할할 수 없으며, 불변한다. 그러므로 존재하는 것은 **원자들과 허공이다.** 이런 식으로, 원자론자들은 **변화의 이론** — 1900년까지 과학사상을 지배했던 이론 — 에 도달했다. **모든 변화, 그리고 특히 모든 질적인 변화는 불변하는 물질 입자들의 공간 운동에 의해서 — 허공에서 운동하는 원자들에 의해서 — 설명되어야 한다**는 것이 바로 그 이론이다.

우리의 우주론과 변화의 이론에 있어서 그 다음의 커다란 진보는 맥스웰이 패러데이의 사상을 발전시켜 이 이론을 변화하는 장의 강도에 관한 이론(a theory of changing intensities of fields)으로 대체했을 때 이루어졌다.

19. 자연선택과 그 과학적 지위 (1977)

I. 다윈의 자연선택 대 페일리의 자연신학

다윈의 『종의 기원』 초판은 1859년에 나왔다. 다윈은 그 책의 신간 견본을 존 러벅(John Lubbock)에게 보내 주었고, 감사를 표하는 그의 편지에 답하면서 다윈은 반세기 전에 출판된 윌리엄 페일리(William Paley)의 책『자연신학』에 관한 주목할 만한 논평을 했다. '나는 여태까지 페일리의 『자연신학』에 대해 매우 감탄해 왔다고 생각한다. 이전에 나는 진심으로 그렇게 말할 수 있었다'고 다윈은 썼다. 수년이 지난 후 다윈은 자신의 자서전에 페일리에 관해 다음과 같이 말했다. '[그의] 저작을 조심스럽게 연구해 보니 … 내 정신의 함양에는 거의 쓸모없는 … [케임브리지의] 교과과정의 일부에 불과했다.'[1]

내가 이런 인용 구절로 시작한 까닭은 페일리가 제기한 문제는 다윈의 가장 중요한 문제 중의 하나였기 때문이다. 그것은 **설계의 문제**였다.

신의 존재를 위한 유명한 **설계로부터의 논변**은 페일리 유신론의 중심에 있었다. 그는, 만약 당신이 시계를 발견한다면, 당신은 시계 제작자가 그것을 설계했음을 거의 의심하지 않을 것이라는 논변을 폈다. 따라

300

서 만일 눈과 같은 복잡하고 목적이 있는 기관을 갖춘 더 고등한 유기체를 당신이 고찰한다면, 당신은 지적인 창조자가 그것을 설계했어야 한다는 결론을 내릴 수밖에 없을 것이라고 페일리는 주장했다. 이것이 바로 설계로부터의 페일리 논변이다. 다윈 이전에 특별한 창조의 이론 — 창조주가 각각의 종을 설계했다는 이론 — 은 케임브리지 대학뿐만 아니라, 다른 곳에서도 수많은 뛰어난 과학자들에 의해 널리 받아들여졌다. 물론 라마르크 이론과 같은 대안적인 이론이 현존하고 있었고, 그보다 앞서 흄은 약간 약하게 설계로부터의 논변을 공박했다. 그러나 페일리의 이론은 그 당시의 진지한 과학자들이 매우 진지하게 생각했던 이론이었다.

1859년『종의 기원』이 출판된 결과, 그 분위기가 얼마나 변했는지는 거의 믿을 수 없을 정도이다. 과학에서 실제로 여하한 지위도 갖고 있지 않았던 논증은 가장 인상적이면서 또한 잘 시험된 많은 결과로 자리 잡게 되었다. 우리의 전체적인 조망인 우주에 대한 우리의 그림은 전에는 없었던 것으로 바뀌었다.

다윈은 페일리가 목적이 있는 설계로 보았던 것을 우연과 자연선택의 결과로 더 잘 설명될 수 있음을 보여줌으로써 페일리의 설계 논변을 몰락시켰음에도, 그는 매우 겸손하게 자신의 주장을 폈으며 또한 독단적이지 않았다. 그는 하버드의 아사 그레이(Asa Gray)와 신의 설계에 관한 서신을 주고받았다. 그리고『종의 기원』이 나온 지 1년 후에 그레이에게 다음과 같이 편지를 썼다. '설계에 관해 … 내가 완전히 절망적인 혼란에 빠졌음을 알고 있다. 나는 세계가 우리가 본 대로 우연의 결과라고 생각할 수 없다. 그러나 나는 각각의 개별적 사물을 설계의 결과로 볼 수 없다.' 다시 1년 후에 그는 그레이에게 '설계에 관해 나는 총을 … 쏘기보다는 백기를 들고 싶은 느낌이 든다. … 당신은 안개 속에 있다고 말한다. 나는 진흙 구덩이에 빠져 있다. … 그렇지만 나는 그 문제를 피할 수 없다.'[2]

나에게는 그 문제가 과학의 범위 안에 있지 않은 것처럼 보인다. 하지만 진화하고 있는 우주에 관해 많은 것을 과학이 우리에게 가르쳐주었다고 나는 생각한다. 그 우주는 흥미로운 방식으로 창조적 설계에 대한 페일리의 문제와 다윈의 문제에 연관되어 있다.

과학은 우리에게 독창적이거나[3] 심지어 창조적인 우주의 그림을 (물론 시험적으로) 제시해 주고 있다고 나는 생각한다. 다시 말해 **새로운 수준**에서 **새로운 것들**이 창발하는 우주에 대한 묘사를 하고 있다는 것이다.

첫째 수준에는 큰 별들의 중심에 무거운 원자핵들의 창발에 관한 이론이 있으며, 그리고 더 높은 수준에는 유기 분자들 사이 어딘가에 창발에 대한 증거가 있다.

다음 수준에는 생명의 창발이 있다. 설령 생명의 기원이 언젠가 실험실에서 재생산될 것이라 하더라도, 생명은 우주에서 완전히 새로운 무언가를 창조한다. 그 예로 유기체들의 고유한 활동성, 특히 동물의 목적이 있는 행동들과 동물 특유의 문제 해결을 들 수 있다. 모든 유기체는 끊임없는 문제 해결자이다. 비록 그들이 해결하고자 하는 문제들 대부분을 의식하지 못할지라도 말이다.

다음 수준에서의 위대한 단계는 의식 상태의 창발이다. 의식 상태와 무의식 상태의 차이와 더불어 다시 완전히 새롭고 가장 중요한 것이 우주에 들어간다. 그것은 새로운 세계, 곧 의식적인 경험의 세계이다.

이에 뒤이어 다음 수준에는 인간 정신 산물의 창발, 예컨대 예술 작품들과 과학의 저작들, 특히 과학이론들이 나온다.

심지어 회의적인 과학자도 우주나 자연 혹은 우리가 그것을 무엇이라 부르든 간에 그것이 창조적이라는 것을 인정해야 한다고 나는 생각한다. 왜냐하면 우주나 자연은 창조적인 인간들을 낳았기 때문이다. 그것은 셰익스피어와 미켈란젤로 및 모차르트를 낳았고 그래서 간접적으로 그들의 작품을 산출했다. 그것은 다윈을 낳았고 그래서 자연선택 이론을 창조했다. 자연선택은 창조자의 불가사의한 구체적 개입에 대한 증명을 몰락시켰다. 그러나 그것은 우리에게 우주, 생명 및 인간 정신의 창조의 경이를 남겨 놓았다. 설령 과학이 인격적인 창조자에 관해 어떤 말도 하지 못할지라도, 새로움과 창조성의 창발이라는 사실은 전혀 부인될 수 없다. 그 문제를 피할 수 없었던 다윈 자신도 다음과 같은 것에는 동의했을 것이라고 나는 생각한다. 설사 자연선택이 과학을 위한 새로운 세계를 열었다고 생각될지라도, 과학이 그린 우주의 그림에서 창조성의 경이를 제거하지 못했으며, 또한 자연선택은 자유의 경이, 즉 창조하는 자유와 우리 자신의 목표들과 목적들을 선택하는 자유도 제거하지 못했다는 점이다.

II. 자연선택과 그 과학적 지위

여기서 다윈주의에 관해 말할 때, 나는 항상 오늘날의 이론을 말할 터인데, 그것은 멘델의 유전이론과 유전자 풀에서 유전자들의 돌연변이와 재조합 이론, 그리고 해독된 유전 정보에 의해 뒷받침된 다윈 고유의 자연선택 이론이다. 이것은 엄청나게 인상적이며 강력한 이론이다. 그것이 진화를 완벽하게 설명한다는 주장은 물론 대담한 주장이며 거의 입증되었다는 것과는 거리가 먼 주장이다. 모든 과학이론은 추측들인데, 심지어 엄격하고 다양한 수많은 시험을 성공적으로 통과한 이론들이라도 그렇다. 현대 다윈주의에 대한 멘델의 뒷받침은 잘 시험되었고, 그래서 모든 지구상의 생명은 원시 단세포적인 약간의 유기체들에서, 어쩌면 단 하나의 유기체에서 진화했을 수도 있다고 말하는 이론이 나왔다.

그렇지만 진화이론에 매우 중요한 다윈 자신의 공헌인 자연선택 이론은 시험하기 어렵다. 몇몇 시험들, 심지어 약간의 실험적인 시험들이 있긴 하다. 그리고 '공업 흑화(industrial melanism)'[2]로 알려진 유명한 현상과 같은 몇몇 경우를 통해 바로 우리 눈앞에서 실제로 일어나는 자연선택을 우리는 관찰할 수 있다. 그럼에도 불구하고 자연선택 이론에 대한 실제로 엄격한 시험들은 물리학이나 화학에서 여타의 비교할 수 있는 이론들의 시험들보다도 훨씬 더 통과하기가 어렵다.

자연선택 이론이 시험되기 어렵다는 사실 때문에, 몇몇 사람들, 예컨대 반다윈주의자들 및 심지어 몇몇 중요한 다윈주의자들조차도 그것은 동어반복이라고 주장하기에 이르렀다. 물론 '모든 책상은 책상이다'와 같은 동어반복은 시험할 수 없다. 또한 그것은 어떤 설명력도 갖고 있지 않다. 따라서 몇몇 중요한 당대의 다윈주의자들로부터 그 이론을 다음과 같은 방식으로 정식화한다는 말을 듣는 것은 매우 놀라운 일이다. 가장 많은 후손을 남기는 유기체들이야말로 가장 많은 후손을 남긴다는 동어반복과 일치하는 방식이 그것이다. 와딩턴(C. H. Waddington)은 어딘가에서 (그리고 다른 곳에서는 이런 견해를 옹호하는) '자연선택은 … 동어반복으로 … 판명된다'[4]고 말한다. 그렇지만 그는 같은 곳에서 그 이론에 '거대한 설명 … 능력'을 귀속시킨다. 동어반복의 설명력은 분명히 0이기 때문에, 여기엔 무언가 잘못된 것이 있음에 틀림없다.

아직도 우리는 유사한 말들을 로널드 피셔(Ronald Fisher), 홀데인(J. B. S. Holdane), 그리고 조지 게일로드 심슨(George Gaylord Simpson) 같은 훌륭한 다윈주의자의 저작에서 발견할 수 있다.

나 또한 이런 부류에 속하기 때문에 이런 문제를 언급했다. 이런 권위자들의 영향을 받아서 나도 과거에는 그 이론을 '거의 동어반복'이라고 기술했다. 그리고 나는 자연선택 이론은 (동어반복처럼) 시험할 수 없지만, 과학적으로 얼마나 중요한지를 설명하고자 애썼다. 나의 해결

2] 공업 암화라고도 한다. 19세기 후반 유럽 공업도시에 사는 나방에 흑색의 변이가 증가한 현상을 말한다. 전원지대에 사는 원래의 담색 나방은 눈에 띄기 어려워 작은 새들에게 발각될 기회가 적었는데, 공업지대에서는 매연으로 주위가 검어지기 때문에, 담색 나방은 눈에 잘 띄어서 생존이 위태롭게 되었다. 그래서 돌연변이를 나타내는 흑화가 종 대부분에서 발생했다고 한다. 이것은 단일한 우성 대립 유전자의 지배 때문에 일어났다는 것이다.

책은 자연선택 교설은 가장 성공한 형이상학적 탐구 프로그램이라는 것이었다. 이 프로그램은 많은 분야에서 세밀한 문제들을 제기하고, 또한 이런 문제들에 대한 인정할 만한 어떤 해결책을 우리가 기대할 것인지를 말해 준다.[5]

나는 아직도 자연선택은 탐구 프로그램과 같은 방식으로 작용하고 있다고 믿는다. 그럼에도 나는 마음을 바꾸었는데, 그것은 자연선택 이론의 시험 가능성과 논리적 지위에 관한 것이다. 그리고 내가 철회할 기회를 가진 데 대해 기뻐하고 있다. 나의 철회가 자연선택의 지위에 대한 이해에 조금이나마 공헌할 수 있기를 나는 희망한다.

중요한 것은 자연선택의 설명 과제를 깨닫는 것, 특히 자연선택 이론 **없이** 설명될 수 있는 것이 **무엇인지**를 깨닫는 것이다.

우리는 충분히 작은 개체군과 생식적으로 고립된 개체군에 대해 **자연선택 없이** 멘델의 유전이론과 돌연변이와 재조합 이론은 모두 이른바 '유전적 부동(浮動)'[3]이라는 것을 예측하는 데 충분하다는 논평에서 출발할 수 있다. 만약 당신이 주된 개체군에서 작은 수의 개체들을 고립시켜 그것들을 주 개체군과 교배할 수 없도록 한다면, 잠시 후에 새 개체군의 유전자 풀에서 유전자들의 분포가 원래 개체군의 분포와 어느 정도는 다를 것이다. 이런 일은 선택 압력이 완전히 결여되어 있을지라도 일어날 것이다.

다윈과 동시대인이고 멘델 이전의 인물인 모리츠 바그너(Moritz

3] [임의의] 유전적 부동([random] genetic drift) : 생물학자인 라이트(Sewall Wright)의 이름을 따서 일명 '라이트 효과(Wright effect)'라고 한다. 유전적 부동이란 생물 개체군이 선택 압력에 직접적인 영향을 받지 않고 우연성에 의존하는 유전자 풀(pool)의 변화를 뜻하기 때문에 우연적 부동이라고도 한다. 자식 세대의 대립 유전자(allele)가 부모의 대립 유전자에서 무작위로 추출되는 경우를 말한다. 이런 경우에 표본이 되는 개체가 생식 가능한 나이까지 생존 또는 번식에 성공하는 것은 전부 우연히 결정된다고 본다. 이것은 진화에서 자연선택 이론과는 달리 중립적인 과정의 역할을 중시한다.

Wagner)는 이런 상황을 알았다. 그래서 그는 지리적인 고립을 통해 생식적인 고립을 시켜도 가능한 **유전적 부동**(*genetic drift*)**에 의한 진화이론**을 소개했다.

자연선택의 과제를 이해하기 위해 바그너에게 한 다윈의 답변을 이해하는 것이 좋다. 바그너에게 다윈이 한 답변은 이렇다.[6] 만약 당신이 자연선택도 갖고 있지 않다면, 당신은 눈과 같은 외견적으로 설계된 것처럼 보이는 기관의 진화를 설명할 수 없다. 달리 말해서 자연선택 없이 당신은 페일리의 문제를 해결할 수 없다.

가장 대담하면서 전면적인 형식의 자연선택 이론은 **모든** 유기체, 특히 그 존재가 설계의 증거로 해석될 수 있는 상당히 복잡한 **모든** 기관과 게다가 동물 특유의 모든 행태는 자연선택의 결과로서 진화했다고 주장할 것이다. 다시 말해 유용한 변이들만 남고 쓸모없는 변이들은 제거되는 우연과 비슷한 유전 변이들의 결과로서 진화했다는 것이다. 이런 전면적인 방식으로 정식화되면, 그 이론은 반박될 수 있을 뿐만 아니라 실제로 반박되었다. 왜냐하면 **모든** 기관이 **유용한** 목적에 도움이 되지는 **않기** 때문이다. 다윈 스스로 지적했듯이 공작의 꼬리와 같은 기관들과 공작이 자신의 꼬리를 화려하게 펼치는 등의 행동적 프로그램이 존재한다. 그런데 이런 것들은 그 기관의 **유용성**에 의해 설명될 수 없고 따라서 자연선택에 의해서도 설명될 수 없다. 다윈은 그것들을 이성에 대한 선호, 즉 성선택으로 설명했다. 물론 사람들은 어떤 언어적인 책략에 의해 이런 반박을 피할 수 있다. 사람들은 이론에 대한 어떤 반박도 피할 수 있다. 그러나 그렇게 하면 그 이론을 동어반복적인 것과 비슷하게 만드는 것이다. 진화한 모든 것이 반드시 **유용한 것은 아니라**는 것을 인정하는 것이 훨씬 나아 보인다. 또한 어떤 기관이나 행동적 프로그램의 용도가 무엇인지 추측할 때, 우리는 자연선택에 의해 가능한 설명을 추측하는 하는 것이 더 좋을 것 같다. 그것이 **왜** 그런 방식으로 진화했는지, 그리고 어쩌면 그것이 **어떻게** 진화했는지도 설명하는 것이다. 달리 말하면 생물학에서 여타의 많은 이론처럼 자연선택에 의한 진화도 엄격히 보편적이지는 않다고 나는 생각한다. 비록 진화가 대단히 많은 중요한 경우에 유효한 것으로 보일지라도 말이다.

다윈의 이론에 따르면, 충분히 일정한 선택 압력은 다른 맹목적 유전자 부동을 목적이 있는 것처럼 보이는 유전자 부동으로 바꿀 수 있다. 이런 방식으로 선택 압력이 존재한다면 유전 물질에 그 흔적을 남길 것이다. (그러나 매우 짧은 기간에 성공적으로 작용할 수 있는 선택 압력이 있을 수 있다. 하나의 심각한 전염병은 유전적으로 면역된 자들만 살려 둘 것이다.)

이제 내가 다윈의 자연선택 이론에 관해 지금까지 말했던 것을 간략히 요약해 보겠다.

자연선택 이론은 정식화될 수 있기 때문에 그것은 결코 동어반복이 아니다. 이런 경우 그것은 시험할 수 있을 뿐만 아니라, 엄밀히 말해 보편적으로는 참이 아닌 것으로 판명된다. 많은 생물학 이론이 그런 것처럼 예외들이 있는 것 같다. 그리고 자연선택이 작용하는 변이들의 무작위적 성격을 고려하면, 예외들이 발생한다고 해서 놀랄 일은 아니다. 따라서 모든 진화 현상은 자연선택만으로 설명될 수 있는 것은 아니다. 그러나 모든 개별적인 경우에 개별 기관이나 행동적 프로그램의 진화에 자연선택이 얼마나 원인이 될 수 있는지를 보여주는 것이 바로 도전적인 탐구 프로그램이다.

자연선택의 관념이 일반화될 수 있다는 것은 상당한 관심을 불러일으킨다. 이런 연관에서 선택과 지시(instruction) 간의 관계를 논의하는 것은 도움이 된다. 다윈 이론은 선택주의인 반면에 페일리의 신학이론은 지시주의이다. 창조주의 설계에 의해 물질을 주조하여 그것이 어떤 모양을 취할 것인지 지시하는 이가 바로 창조주이다. 그러므로 다윈의 선택 이론은 지시와 비슷해 보이는 어떤 것을 선택에 의해 설명하는 이론으로 간주될 수 있다. 환경의 어떤 일정한 특성들은 마치 그것들이 유전 물질을 주조한 듯이 유전 물질에 그 흔적을 남긴다. 사실 그 특성들이 그 물질을 선택했을지라도 말이다.

수년 전에 나는 트리니티 대학(Trinity College)의 버트런드 러셀의 연구실을 방문했다. 그는 나에게 단 하나의 교정도 없는 원고 뭉치를 보여주었다. 그는 펜으로 종이에 지시하듯이 썼다. 사실 이 원고는 내가 쓴 것과 전혀 다르다. 나 자신의 원고는 교정들로 꽉 차 있다. 나는 시행 착오 같은 방식으로 작업하며, 또한 다소 무작위적인 변환들을 통해 나에게 알맞아 보이는 것을 선택한다. 러셀도 단지 자신의 마음속에서 또한 아마도 의식적으로는 아닐지라도 어쨌든 매우 재빨리 유사한 방식으로 작업을 하지 않았는가 하는 물음을 우리는 할 수 있다. 왜냐하면 실제로 페일리가 제시한 문제에 대한 다윈의 답변에서 예증했듯이, 지시인 것처럼 보이는 것도 빈번하게 선택의 완곡한 기제에 토대를 두고 있기 때문이다.

이와 같은 어떤 일이 많은 경우에서 일어난다는 추측을 우리가 해볼 수 있다고 나는 주장한다. 실제로 러셀도 내가 하는 만큼의 수많은 시행 언명들을 산출했지만, 그러나 그 언명들을 시험해 보고 알맞지 않은 언어적 후보를 기각하는 데 그의 마음이 내 마음보다 더 빨리 작동했다고 우리는 추측할 수 있다. 아인슈타인은 어딘가에서 일반상대성의 방정식들(처음에는 폐기한)을 착상하기 전에 수많은 가설들을 산출했다가 폐기했다고 말한다. 산출과 선택의 방법은 부정적인 되먹임으로 작용하는 방법임이 분명하다. [또한 전술한 105-109쪽을 보라.]

이런 우회적인 선택 방법에 관한 중요한 논점 중의 하나는 이렇다. 그것은 도널드 캠벨(Donald Campbell)과 로저 스페리(Roger Sperry)가 환기를 불러일으켰던 하향 인과 문제의 설명을 도와준다는 점이다.[7]

우리는 상위 구조가 그것의 하부 구조에 인과적으로 작용할 때마다 하향 인과에 관해 말할 수 있다. 하향 인과를 이해하기가 어려운 점은 이렇다. 어떤 체계의 하부 구조가 전 체계에 영향을 주는 데 어떻게 협조하고 있는지를 이해할 수 있다고 우리는 생각한다. 즉, 우리는 상향 인과를 이해하고 있다고 생각한다. 그러나 그 역은 상상하기가 매우 어렵다. 왜냐하면 하부 구조들의 집합은 어떤 경우든 인과적으로 상호작용하며, 또한 위로부터의 작용이 간섭할 어떤 통로도 없을 것 같기 때문이다. 우리가 분자들이나 다른 기본입자들에 의해 모든 것을 설명하는 발견적인 요청(때때로 '환원주의'라 불리는 요청)에 이른 것도 바로 이 점 때문이다.

하향 인과가 때때로 적어도 무작위적으로 변동하는 기본입자들에 작용하는 **선택**으로 설명될 수 있다고 나는 주장한다. 기본입자들의 운동의 무작위는— 종종 '분자의 혼돈'이라 불리는 — 사실상 상위 수준의 구조가 간섭하는 통로를 제공한다. 무작위 운동이 상위 수준의 구조에 들어맞을 때 그것은 받아들여진다. 그렇지 않다면 그것은 기각된다.

나는 이런 고찰들이야말로 자연선택에 관해 많은 것을 우리에게 말해 주고 있다고 생각한다. 다윈은 변이를 설명할 수 없다고 여전히 걱정했으며, 또한 그것을 우연과 같은 것으로 볼 수밖에 없다는 것에 관해 불안하게 느꼈다 할지라도, 우리는 이제 다음과 같은 것을 알 수 있다. 양자 비결정성으로 거슬러 올라갈 수 있는 돌연변이들의 우연적인 성질은 환경의 추상적인 일정함, 즉 다소 추상적인 선택 압력이 어떻게 선택에 의해 구체적인 살아 있는 유기체들에 하향적인 영향을 미치고 있는가를 설명한다. 그런데 그 영향은 유전에 의해 연계된 장기간 세대의 연속을 통해서 확장될 수 있다는 것이다.

무작위적으로 제공된 목록에서 행동이란 종류의 선택은 선택의 작용, 심지어 자유의지의 작용일 수 있다. 나는 비결정론자이다. 그리고 비결정론을 논의하는 데 유감스럽게도 양자 비결정성이 우리에게 별 도움이 될 것 같지 않다고 종종 지적했다[예컨대, 다음 논문 20의 VII절에서].

왜냐하면 방사성 붕괴 과정들과 같은 어떤 것의 증폭은 인간 행동은 물론 동물의 행동으로 귀결되지 않고, 단지 무작위 운동으로 귀결될 뿐이기 때문이다. 나는 이 문제에 관해 내 마음을 바꾸었다.[8] 선별과정은 선택과정일 수 있으며, 그리고 **선택**은 **이번에는 무작위이지 않고** 무작위 사건들의 어떤 **목록으로부터** 나온 것일 수 있다. 이것이야말로 우리의 가장 당혹스러운 문제의 하나인 하향 인과에 의해 일어난 문제에 대한 유망한 해결책을 제공하는 것이라고 나는 생각한다.

20. 비결정론과 인간의 자유 (1965)

I. 구름과 시계에 관하여

내 강연의 중요한 목적은 이 논문 제목에서 언급된 아주 오래된 문제들을 단순하면서도 강력하게 여러분 앞에 제시하고자 하는 것이다. 그러나 먼저 나는 **구름과 시계**에 관해 약간의 설명을 해야 한다.

내가 구름이라 한 것은 물리적인 체계들을 묘사하고자 한 것인데, 그것은 기체처럼 매우 불규칙하고 무질서하며 다소 예측할 수 없다는 것이다. 나는 매우 혼돈스럽고 무질서한 구름이 우리 앞의 왼쪽에 자리 잡고 있는 어떤 도식이나 배열이 있다고 가정하겠다. 우리는 그 배열의 다른 극단, 즉 오른쪽에는 매우 신뢰할 만한 진자시계인 정확한 시계를 놓을 수 있는데, 이는 그 행태에 있어 규칙적이면서 질서정연한 상당히 예측할 수 있는 물리적인 체계들을 나타내고 있다.

내가 사물들에 대한 상식적인 견해라고 일컫는 바에 따르면, 날씨와 같은 어떤 자연현상들이나 구름들이 왔다 지나감은 예측하기 어렵다고 본다. 즉, 우리는 '날씨의 변덕스러움'에 대해 말한다. 한편 우리가 상당히 규칙적이면서 예측할 수 있는 현상을 기술하고자 한다면, 우리는 '시계 작동의 정확함'에 관해 말할 것이다.

우리가 이 두 극단, 즉 왼쪽에 구름을 오른쪽에 시계를 놓을 수 있는 그 사이엔 많은 사물들과 자연적인 과정들 및 자연현상들이 존재하고 있다. 변하는 계절들은 약간 신뢰할 수 없는 시계들이므로 오른쪽에서 너무 멀리 떨어지지 않은 어딘가에 놓을 수 있다. 우리가 동물을 왼쪽의 구름에서 너무 멀지 않은 곳에 놓고, 식물은 시계에 약간 더 가까운 데 놓는 것에 대해 쉽사리 동의할 것이라고 나는 생각한다. 동물 중에서 강아지는 늙은 개보다 왼쪽에 더 가까이 자리 잡게 될 것이다. 또한 자동차들은 그 신뢰성에 따라 우리 배열 어딘가에 그것들의 위치를 발견할 터인데, 예를 들면 캐딜락 자동차는 오른쪽에서 꽤 먼 곳에, 롤스로이스 자동차는 심지어 더 먼 곳에 놓일 것이라고 나는 생각한다. 캐딜락은 시계 중에서 가장 좋은 것과 매우 유사한 것이기 때문이다. 아마도 **태양계**는 오른쪽에서 가장 먼 곳에 자리 잡아야 할 것이다.[1]

구름에 대한 전형적이면서 흥미 있는 예로서, 나는 여기서 조그만 파리와 모기의 무리나 떼와 같은 것들을 사용하겠다. 기체의 개별 분자들처럼 개별 모기는 함께 모기떼를 이루고 있으면서도 놀라우리만치 불규칙하게 움직인다. 어떤 하나의 개별 모기를 따라간다는 것은 불가능하다. 설령 모든 모기들 각각이 분명히 눈에 띌 정도로 크다 할지라도 말이다.

모기떼의 속력이 매우 폭넓은 전개를 보여주고 있지 않다는 사실은 차치하고, 모기떼는 뭉게구름의 분자들이나 먹구름의 미세한 물방울들의 불규칙한 운동에 대한 탁월한 그림을 우리에게 나타내 주고 있다. 물론 차이는 있다. 그 떼는 해체되거나 흩어지지 않고 아주 잘 결집해 있다. 이는 다양한 모기들이 움직이는 무질서한 성격을 고려해 보면 놀라운 일이다. 하지만 그것은 (우리의 공기나 태양과 같은) 충분히 큰 뭉게구름과 유사한 형태를 갖고 있다. 그런데 그 구름은 인력에 의해 결집되어 있다. 모기떼의 경우 그 결집은 쉽게 설명될 수 있는데, 모기떼가 모든 방향에서 아주 불규칙하게 난다 할지라도, 무리에서 벗어나 있다는 것을 안 모기들은 가장 밀집해 있는 부분을 향해 다시 돌아간다고 우리가 가정한다면 그렇다.

이 가정은 그 떼가 비록 어떤 지도자도 또한 어떤 구조도 갖고 있지 않다 하더라도, 그것이 어떻게 운집해 있는지를 설명해 주고 있다. 즉, 각각의 모기는 동료들과 너무 떨어져 움직이는 것을 좋아하지 않는다는 사실과 더불어, 각 모기는 무법칙적이거나 무작위적인 방식으로 각기 좋아하는 것을 정확히 행하고 있다는 사실로부터 도출된다. 그것은 단지 무작위적인 통계 분포에 의한 설명이다.

나는 어떤 철학적인 모기가 모기 사회는 위대한 사회이거나 적어도 좋은 사회라고 주장할 수 있다고 생각한다. 왜냐하면 모기 사회는 상상할 수 있는 가장 평등하고 자유로운 민주사회이기 때문이다.

그렇지만 『열린사회』에 관한 책의 저자로서 나는 모기 사회가 열린 사회라는 것을 거부한다. 왜냐하면 열린사회는 민주정체와는 별도로 결사의 자유를 소중히 여긴다는 것과 그 사회는 각기 다른 의견들과 믿음들을 견지하고 있는 자유로운 부분 사회들의 형성을 보호하고 심지어 격려한다는 것이 열린사회의 특징 중의 하나라고 나는 생각하기 때문이다. 그러나 합리적인 각각의 모든 모기는 자신의 사회가 이런 종류의 다원주의를 결여하고 있음을 인정해야 할 것이다.

하지만 나는 오늘 자유의 문제와 연관된 사회적이거나 정치적인 논제들은 어떤 것도 논의하고 싶지 않다. 또한 나는 모기떼를 **사회적** 체계의 사례로서가 아니라, 오히려 구름과 같은 **물리적** 체계에 대한 주된 예증으로서, 즉 상당히 불규칙적이거나 무질서한 구름의 사례 내지 전형으로서 사용하고자 한다.

많은 물리적, 생물학적 및 사회적 체계처럼 모기떼도 어떤 '전체'로서 기술될 수 있다. 그것의 가장 밀집된 부분이 무리에서 너무 떨어져 움직이는 개별 모기가 발휘하는 어떤 종류의 인력에 의해 그 모기떼가 결집되어 있다는 우리의 추측은 다음과 같은 점을 보여주고 있다. 심지어 그 각 요소들이나 부분들에 이런 '전체'가 행사하고 있는 어떤 종류의 행동이나 통제가 있다는 것이다. [전술한 308쪽 이하의 하향 인과에 관한 논평을 보라.] 그럼에도 이 '전체'는 **항상** 그 부분의 단순한 합 이상이라는 전체론적 믿음 없이 사용될 수 있다. 나는 때때로 전체가 부분의 이상임을 부인하지는 않는다.[2] 그렇지만 모기떼는 실제로 단지 그 부분의 합이며 또한 매우 엄밀한 의미에서 전체의 사례이다. 왜냐하면 그것은 모든 개별 모기들의 운동을 기술함으로써 완전히 기술될 뿐만 아니라, 이런 경우 전체의 운동은 정확히 그 구성원들의 운동의 (방향의 (vectorial)) 합, 즉 그 성원들의 수로 나누어지기 때문이다.

그 부분들의 상당히 불규칙적인 운동에 대한 어떤 통제를 행사하는 생물학적 체계나 전체의 (유사한 많은 방식의) 한 사례로 소풍을 하는 가족의 예를 들 수 있다. 몇 명의 아이와 개 한 마리와 함께 부모는 몇 시간 동안 거닐었지만 (사실상 인력의 중심처럼 작용하는) 가족의 자동차에서 멀리 떨어져 있지 않다. 이 체계는 구름과 더 닮은 체계라고 말해질 수 있다. 이는 그 부분의 운동에 있어서 모기떼보다 덜 규칙적인 체계이다.

나는 여러분이 이제 왼쪽에는 구름, 오른쪽엔 시계라는 나의 두 가지 원형 내지 범형의 관념을 갖고 있길 바란다. 또한 우리가 그 두 관념 사이에 많은 종류의 사물과 많은 종류의 체계를 배열할 수 있는 방식도 생각할 수 있길 나는 바란다. 여러분이 배열에 대해 약간 모호한 일반적인 관념을 파악했을 것이라고 나는 확신한다. 그리고 여러분의 관념이 아직도 약간 막연하거나 몽롱할지라도 여러분은 걱정할 필요가 없다.

II. 물리적 결정론

내가 기술했던 배열은 상식에 잘 부합할 수 있는 것 같다. 그리고 최근의 우리 시대에 그것은 심지어 물리과학에서도 받아들일 수 있게 되었다. 하지만 지난 250년 동안 그것은 그렇지 못했다. 역사상 가장 위대한 혁신 중의 하나인 뉴턴적인 혁명은 내가 여러분에게 제시하려고 했던 상식적인 배열을 반대하는 데 이르렀다. 뉴턴적인 혁명이 이룩했던 것 중의 하나로 거의 모든 사람이[3] 생각했던 것은 다음과 같은 경이적인 명제였기 때문이다.

모든 구름은 시계이다. 심지어 구름 중에서 가장 분명치 않은 것조차도 그렇다.

'모든 구름은 시계이다'라는 이 명제는 내가 '**물리적 결정론**'이라 부르고 있는 견해에 대한 간략한 언명으로 간주될 수 있다.

모든 구름은 시계라고 말하는 물리적 결정론자에게는 또한 왼쪽에 구름을 오른쪽에 시계를 놓는 상식적인 배열은 잘못된 것인데, 모든 것이 오른쪽 극단에 배치되어야 하기 때문이다. 우리의 모든 상식과 더불어 사물들을 **그 본성에 따라 배열하는 것이 아니라, 우리의 무지에 따라 단지 배열했을 뿐**이라고 그는 말할 것이다. 우리의 배열은 시계의 부분들이 어떻게 작동하는지 또는 태양계가 어떻게 작용하는지를 약간 상세히 우리가 알고 있다는 사실만을 반영하고 있다고 말할 것이다. 반면에 뭉게구름이나 어떤 유기체를 형성하는 입자들의 상세한 상호작용에 관해서는 우리는 아무런 지식도 갖고 있지 않다고 할 것이다. 그리고 우리가 이런 지식을 획득한 이상, 뭉게구름들이나 유기체들은 우리의 태양계처럼 시계와 닮아 있다는 것을 알게 될 것이라고 그는 말할 것이다.

물론 뉴턴의 이론은 물리학자들에게 뭉게구름들이나 유기체들이 시계와 닮았다고 하지 않았다. 사실 그것은 결코 구름을 다루지 않았다. 그 이론은 특히 행성들을 다뤘는데, 몇 개의 매우 단순한 자연법칙들, 또한 대포알의 법칙과 조수의 법칙에 의해 그 행성들의 운동을 설명했다. 그러나 이런 영역들에서 그 이론이 이룬 거대한 성공은 물리학자들의 마음을 사로잡았는데, 이유 없이 그렇게 도취되지는 않았을 것임은 확실하다.

뉴턴과 그의 선행자인 케플러의 시대 이전에 행성들의 운동은 그것을 설명하거나 심지어 충분히 기술하려는 많은 시도를 벗어나 있었다. 분명히 그 운동은 항성의 엄격한 체계의 불변하는 일반적 운동에 어떻게 해서든 포섭되었다. 하지만 그것은 모기떼의 일반적인 운동에서 벗어나는 일단의 모기들과 거의 닮은 체계의 운동과도 다른 것이었다. 따라서 살아 있는 것들과 다르지 않은 행성들은 구름들과 시계들 사이 중간의 어떤 위치에 있는 것처럼 보였다. 그러나 케플러의 성공과 심지어 뉴턴 이론의 더 큰 성공은 행성들이 사실 완벽한 시계일 수 있었던 것으로 생각했던 사상가들이 옳았음을 보여주었다. 왜냐하면 행성들의 운동은 뉴턴 이론에 의해 정확히 기술할 수 있다고 밝혀졌기 때문이다. 즉, 행성들의 외양적인 불규칙성 때문에 이전의 천문학자들이 난감해 했던 모든 것을 자세하게 기술할 수 있음이 밝혀졌다는 것이다.

뉴턴 이론은 인류 역사에서 실제로 성공한 첫 번째 과학이론이었다. 그리고 그 이론의 성공은 대단한 것이었다. 이제 실제적인 지식, 심지어 대담한 정신은 가장 제멋대로의 꿈들을 넘어서는 지식이 되었다. 지금 별들의 경로에서 **모든** 별의 운동뿐만 아니라, 낙하하는 사과나 발사체 내지 진자시계 같은 지구상의 물체들의 운동도 거의 정확하게 설명하는 이론이 되었다.

열린 마음의 모든 사람, 즉 배움에 열중하고 지식의 성장에 관심을 두고 있는 모든 사람은 그 새로운 이론으로 전향했다. 대부분의 열린 마음의 사람들과 특히 대부분의 과학자들은 결국 전기와 자기뿐만 아니라 구름들과 심지어 살아 있는 유기체들을 포함한 모든 것을 그 이론이 설명해 줄 것이라 생각했다. 그래서 모든 구름은 시계라는 물리적인 결정론은 계몽된 사람들의 지배적인 신념이 되었고, 이런 새로운 신념을 수용하지 않은 모든 사람은 반계몽주의자나 반동주의자라고 간주되었다.[4]

III. 비결정론

몇몇 반대자 중에서[5] 위대한 미국의 수학자이자 물리학자인 찰스 샌더스 퍼스(Charles Sanders Peirce)가 있는데, 그는 모든 시대의 위대한 철학자들 중의 한 사람이라고 나는 믿고 있다. 그는 뉴턴 이론에 의문을 제기하지 않았지만, 그러나 1892년 초에 그는 이 이론이 비록 참일지라도, 구름이 완전한 시계임을 믿을 어떤 타당한 이유도 우리에게 주고 있지 않다는 것을 보여주었다. 그 시대의 다른 모든 물리학자와 마찬가지로 그도 세계가 뉴턴적인 법칙들에 따라 작동하는 시계였다고 믿었을지언정, 이 시계든 또 다른 어떤 시계든, 가장 작은 부분에 이르기까지 **완벽**하다는 믿음을 그는 포기했다. 여하튼 우리는 경험을 통해서 완벽한 시계와 같은 어떤 것, 혹은 물리적 결정론이 가정했던 그런 절대적인 완전함에 미약하나마 접근하고 있는 어떤 것을 안다고 도저히 주장할 수 없음을 그는 지적했다. 아마도 나는 퍼스의 다음과 같은 훌륭한 언급 중의 하나를 인용하는 것이 좋을 것 같다. '무대 뒤에 있는 사람은'(퍼스가 여기서 연출가로서 말하는) '여타의 모든 [물리적인] 측정을 훨씬 넘어서는 … [심지어] 질량[과] 길이에 관한 가장 정교한 비교들은 … 은행 계정들보다 정확하지 못함을 알고 있으며, … 물리적인 상수들의 결정들은 … 실내장식업자의 양탄자와 커튼에 대한 측정들과 거의 일치함을 알고 있다. …'[6] 이로부터 모든 시계에는 어떤 **이완이나 불완전함**이 있다는 것과, 이것은 **우연의 요소**가 들어오는 것을 허용하므로, 우리가 자유롭게 추측할 수 있다고 퍼스는 결론을 내렸다. 따라서 퍼스는 세계가 엄밀한 **뉴턴적인 법칙들**뿐만 아니라, 동시에 **우연의 법칙들** 내지 무작위나 무질서의 법칙에 의해서도 지배되고 있다고 추측했다. 이는 세계를 구름과 시계가 맞물려 있는 체계로 만들었으므로 가장 좋은 시계조차도 **그 분자 구조에 있어서** 어느 정도 구름과 같음을 보여주고 있다. 내가 아는 한 퍼스는 이처럼 **모든 시계는 구름이라는** 견해를 대담하게 채택한 첫 번째 후기 뉴턴적인 물리학자이자 철학자였다. 다시 말하면 단지 **구름들만** 있으나 흐린 정도에 있어서 매우 다양한 구름들이 있다는 견해를 그는 채택했다.

퍼스는 모든 물리적인 물체, 심지어 시계 안의 보석도 분자의 열운동에 종속되어 있다고 의문의 여지없이 정확히 지적함으로써 이 견해를 옹호했다.[7] 열운동이란 기체 분자들의 운동이나 모기떼의 개별 모기들의 운동과 유사하다.

퍼스의 이런 견해는 당시 사람들의 관심을 거의 끌지 못했다. 단지 한 사람의 철학자가 그 견해를 주목했던 것 같고 그 견해를 공격했다.[8] 물리학자들은 그 견해들을 무시했던 것으로 보인다. 심지어 오늘날의 대부분의 물리학자들조차도, 만약 우리가 뉴턴의 고전역학을 참인 것으로 받아들여야 한다면, 우리는 물리적 결정론을 인정할 수밖에 없으며 그와 더불어 모든 구름은 시계라는 명제도 받아들여야 한다고 믿고 있다. 물리학자들이 물리적 결정론을 기꺼이 포기하도록 한 것은 단지 고전 물리학의 몰락과 새로운 양자이론의 발흥 때문이다.

이제 국면이 역전되었다. 1927년에 이르기까지 반계몽주의와 동일시되었던 비결정론은 주도적인 방식이 되었으며, 결정론을 포기하는 데 주저했던 막스 플랑크, 어윈 슈뢰딩거 및 앨버트 아인슈타인 등과 같은 몇몇 위대한 과학자도 시대에 뒤진 사람들로 간주되었다.[9] 비록 그들이 양자이론 발전의 중심에 있을지라도 그랬다. 나도 한때 그 당시 여전히 살아 있으면서 왕성한 연구를 했던 아인슈타인을 '노아 시대의 사람'으로 어떤 뛰어난 젊은 물리학자가 기술했다고 들었다. 아인슈타인을 휩쓸어 갔다고 생각되는 대홍수는 새로운 양자이론이었는데, 그 이론은 1925년에서 1927년까지 몇 년 동안 일어났던 것이었다. 그 이론이 출현하는 데 있어 아인슈타인과 견줄 수 있는 공헌을 한 사람은 불과 일곱 명뿐이었다.

IV. 물리적 결정론자의 악몽

아서 홀리 콤프턴(Arthur Holly Compton)은 새로운 양자이론과 1927년의 하이젠베르크의 새로운 물리적 비결정론을 환영했던 첫 번째 사람들 중의 한 사람이었다. 1931년 테리 재단 강연에서 콤프턴은 인간과, 더 일반적으로 물리학에서 새로운 비결정론에 대한 생물학적 함의를 검토한 첫 번째 사람이 되었다.[10] 그리고 지금은 왜 그가 새로운 이론을 그렇게 열렬하게 환영했는지 분명하게 되었는데, 그에게는 그 이론이 물리학의 문제들뿐만 아니라 생물학적이면서 철학적인 문제들을 해결했으며, 또한 후자의 문제 중에서 윤리학과 관련된 문제도 풀어 주었기 때문이다.

이 점을 살펴보기 위해 나는 이제 콤프턴의 『인간의 자유』에서 인상적인 서두의 구절을 인용하겠다.

> 인간은 자유로운 행위자인가? 이것은 도덕의 근본적인 물음이며 종교에서 중요한 문제이고 과학에서는 활발한 탐구 주제이다.
> 만약 … 우리 신체의 원자들이 행성들의 운동처럼 불변의 물리적 법칙들을 따른다면, 우리는 왜 노력하는가? 우리의 행위가 역학적인 법칙들에 의해 이미 결정되었다면, 정말로 많은 노력을 한다고 해서 어떤 차이를 가져올 수 있는가?

콤프턴은 여기서 내가 '**물리적 결정론자의 악몽**'이라 했던 것을 기술하고 있다. 무엇보다도 결정론적인 물리적 규칙의 기계론은 완전히 독립적인데, 완벽한 결정론적인 물리세계에서는 어떤 외부의 간섭을 위한 여지가 전혀 없기 때문이다. 그런 세계에서 일어나는 모든 것은 물리적으로 미리 결정되어 있다. 그 모든 것은 우리의 모든 운동을 포함하고 있으므로 따라서 우리의 모든 행동도 포섭하고 있다. 그러므로 우리의 모든 생각, 감정 및 노력은 물리적인 세계에서 일어나는 것에 실제적인 어떤 영향력도 발휘될 수가 없다. 만약 그것들이 단순한 환상들이 아니라면, 그것들은 기껏해야 물리적 사건들의 여분의 부산물들('부수현상들')에 불과할 것이다.

이런 방식으로 모든 구름은 시계임을 입증하고자 했던 뉴턴적인 물리학자의 한낮의 꿈은 악몽으로 바뀔 처지임을 보여주고 있다. 그리고 이를 무시하는 시도는 지적인 정신분열과 같은 것에 이르게 될 터이다. 콤프턴은 이런 지적으로 난관에 처한 상황에서 자신을 구출하는 새로운 양자이론을 고맙게 여겼을 것이라고 나는 생각한다. 그래서『인간의 자유』에서 그는 이렇게 쓰고 있다. '만약 … 완전히 결정론적이라면 … 법칙들이 … 인간의 행동에 적용된다면 그 자신이 하나의 기계라는 사실 때문에 물리학자는 스스로 거의 … 괴로워하지는 않을 것이다.' 또한『과학의 인간적인 의미』에서 그는 자신의 구제를 다음과 같이 표현하고 있다.

그래서 이런 중요한 주제에 관해 스스로 생각해 보면, 나는 이전 과학의 단계 어딘가에 내가 처할 수 있었던 만족스러운 상태보다 훨씬 더 흡족한 마음 상태에 있다. 만약 물리학에 관한 법칙의 진술들이 정확하다고 가정한다면, 사람들은 자유의 감정이란 환상이라고 (대부분의 철학자들이 했던 것처럼) 가정해야 할 것이다. 혹은 만약 사람들이 [자유로운] 선택을 효력이 있는 것으로 생각한다면, 그와 같은 물리학에 관한 법칙의 진술들은 … 신뢰할 수 없을 것이다. 이런 딜레마는 불편한 것이 되었으리라. …

같은 책 후반부에 콤프턴은 그 상황을 다음과 같은 말로 힘차게 요약하고 있다. '인간의 자유에 반하는 증거로서 물리적 법칙을 사용하는 것은 더 이상 정당화될 수 없다.'

콤프턴의 책에서의 이런 인용들은 다음과 같은 점을 보여주고 있다.

즉, 하이젠베르크 이전에는 내가 여기서 물리적 결정론자의 악몽이라 했던 것 때문에, 그가 애를 먹고 있으며, 또한 그가 지적 분열의 성격 같은 무엇인가를 채택함으로써 이 악몽을 모면하고자 했음을 분명히 보여주고 있다는 것이다. 혹은 그 자신이 말했듯이 '[물리학자인] 우리는 단지 그런 난관들에 어떤 관심도 두지 않는 것을 선호할 뿐이다. …'[11] 콤프턴은 이 모든 것으로부터 그를 구제할 새로운 이론을 환영했다.

진지하게 논의할 가치가 있는 결정론이 가진 문제의 유일한 형식은 콤프턴을 괴롭혔던 바로 그 같은 문제라고 나는 믿고 있다. 세계를 **물리적으로 완전한** 것으로 또는 **물리적으로 닫힌** 체계로 기술하는 물리이론에서 제기된 문제가 바로 그것이다.[12] 내가 말하는 물리적으로 닫힌 체계란 물리적인 실재들의 집합 내지 체계를 의미하고 있다. 예를 들면 서로 (또한 서로에게**만**) 상호작용하는 원자들이나 기본적인 입자들 혹은 물리적인 힘들이나 힘들의 장들이 그런 실재들이다. 그런데 이런 상호작용은 물리적 실재들의 폐쇄된 집합이나 체계 외부의 어떤 것에 의해서도 상호작용하거나 간섭할 여지를 남겨 놓지 않은 한정된 상호작용의 법칙에 따른다. 결정론적인 악몽을 일으키는 것은 바로 이런 체계의 '닫힘'이다.[13]

V. 심리학적 결정론

나는 여기서 잠시 주제를 벗어나고 싶은데, 그 이유는 내가 근본적으로 중요하다고 생각한 물리적 결정론의 문제를 전혀 진지하지 않은 문제와 대조하기 위해서이다. 흄을 따르는 많은 철학자와 심리학자들이 결정론 문제를 이것으로 대체했기 때문이다.

흄은 결정론(그가 '필연성의 교설' 또는 '지속적인 연언의 교설'이라고 부른)을 '같은 원인은 항상 같은 결과를 산출한다'는 교설로, 또한 '같은 결과는 필연적으로 같은 원인에서 따라 나온다'는 교설로 해석했다. 인간의 행동들과 의지들에 관해서, 그는 특히 '관찰자는 공통적으로 우리의 동기들과 성격에서 우리의 행동들을 추론할 수 있으며, 또한 관찰자가 추론할 수 없는 곳에서도, 만약 관찰자가 우리의 상황과 경향에 대한 상세한 모든 내용 및 우리 … 성향의 가장 비밀스러운 원천들을 완전히 알게 되면, 그 관찰자가 추론할 수 있을지도 모른다고 일반적으로 추측한다. 이것이야말로 필연성의 본질 바로 그것이다'[14]라고 주장했다. 흄의 후계자들은 그 주장을 이렇게 말한다. 우리의 행동들이나 의지들, 우리의 취미들이나 우리의 선호들은 **심리학적으로** 선행하는 경험들('동기들')과 궁극적으로는 우리의 유전과 환경에 의해 '야기'되었다.

그렇지만 소위 **철학적** 내지 **심리학적** 결정론이라고 하는 이런 학설은 **물리적** 결정론과는 전혀 다른 사태일 뿐만 아니라, 조금이라도 이 문제를 이해하는 어떤 물리적 결정론자도 진지하게 고려할 수 없는 교설이다. 왜냐하면 '같은 결과와 같은 원인을 가지고 있다'거나 '각각의 모든 사건은 어떤 원인을 갖고 있다'는 철학적 결정론의 논제는 너무 애매하므로 물리적 **비**결정론과 완전히 양립할 수 있기 때문이다.

비결정론, 더 정확히 말해 물리적 비결정론은, 단지 물리적 세계의 **모든 사건**은 그 모든 극미한 부분들에서는 절대적으로 정밀하게 미리 결정되지 **않는다**는 교설일 뿐이다. 이 점을 차치하더라도 그것은 실제적으로 당신이 좋아하는 어떤 규칙성의 정도와 양립할 수 있다. 그러므로 그것은 '원인이 없는 사건'이 존재한다는 견해를 함의하지 않는다. 왜냐하면 단순히 '사건'과 '원인'이란 말들은 각기의 모든 사건이 물리적 비결정론과 양립할 수 있다는 학설을 만들어낼 만큼 애매하기 때문이다. 물리적 결정론은 완전하면서도 대단히 정확한 물리적인 사전 결정과 어떤 예외도 없음을 요구하는 반면에, 물리적 비결정론은 그저 결정론이 거짓이라는 것과 정확한 사전 결정에는 여기저기 **몇몇** 예외가 **적어도** 존재한다고 주장한다.

따라서 어떤 측정도 무한히 정확할 수 없다는 단순한 이유 때문에,

'관찰할 수 있거나 측정할 수 있는 각각의 모든 **물리적** 사건은 관찰할 수 있거나 측정할 수 있는 어떤 **물리적** 원인을 갖고 있다'는 언명조차도 여전히 물리적 비결정론과 양립할 수 있다. 왜냐하면 물리적 결정론에 관한 두드러진 점은 바로 뉴턴 역학에 토대를 두었던 그것이 절대적인 수학의 정밀한 세계의 존재를 주장하고 있기 때문이다. 또한 그렇게 할 때 그 결정론이 비록 (퍼스가 보여주었듯이) 가능한 관찰 영역을 넘어섬에도 불구하고, 그것은 원리적으로 정확함의 정도에서 만족스럽게 검증할 수 있다는 것이다. 그런데 실제로 그것은 뜻밖에도 정밀한 시험을 거역하고 있다.

대조적으로 '모든 사건은 어떤 원인을 갖고 있다'는 언명은 정확함에 관해서는 어떤 말도 하지 않고 있다. 더 정확히 말해서 만약 우리가 심리학의 법칙들을 탐구해 보면, 정확함에 대한 어떤 암시조차도 없다는 것이다. 이것은 '내성적' 내지 '독심술적' 심리학에 적용되는 만큼 '행동주의' 심리학에도 적용된다. 독심술적 심리학의 경우에 이것은 명백하다. 하지만 행동주의자조차도 기껏해야 주어진 조건하에서 쥐가 20번의 시도 끝에 어떤 미로를 벗어나는 데 22초 걸릴 것이라고 예측할 수 있다. 그는 점점 더 정확한 실험적인 조건들을 덧붙임으로써 그가 어떻게 점점 더 정확한 그리고 **원리적으로 한계가 없는 정확한** 예견을 할 수 있는가에 대해서는 전혀 모를 것이다. 이렇게 되는 이유는 행동주의 '법칙들'은 뉴턴적인 물리학의 법칙들처럼 미분방정식들이 아니며, 또한 그같은 미분방정식들을 도입하는 모든 시도는 행동주의를 넘어선 심리학에 이를 것이고, 따라서 궁극적으로는 물리학에 이를 것이기 때문이다. 그래서 행동주의는 다시 우리를 **물리적 결정론**의 문제로 이끌 것이기 때문이다.

라플라스가 언급했듯이 물리적 결정론은, 먼 미래의 (또는 오래전 과거의) 모든 물리적 사건은 정확함의 정도에서 만족스럽게 예측할 수 (또는 역추적할 수) 있음을 함의한다. 만약 우리가 물리적 세계의 현재 상태에 관해 충분한 지식을 갖고 있다면 그렇다. 다른 한편 흄 유형의 철학적 (내지 심리학적) 결정론 논제는 가장 강력한 해석에서조차 두 사건에서 **관찰할 수 있는** 어떤 차이도 어쩌면 아직도 미지의 법칙에 의해 세계에 선행하는 상태에서의 어떤 차이와 — 관찰할 수 있는 어떤 차이와 — 관계되어 있는 것에 불과하다고 주장한다. 이것은 훨씬 약한 주장인데, 첨언하면 **현상적으로** '완전히 동일한' 조건들 하에서의 우리 실험들 대부분이 다른 결과들을 산출하더라도 우리가 계속 지지할 수 있다는 주장이다. 흄 자신은 이 점을 매우 분명하게 언급했다. 그는 이렇게 쓰고 있다. '심지어 이런 상반되는 실험들이 전적으로 동등할 때에도, 우리는 원인들과 필연성 개념을 제거하는 것이 아니라 … 다음과 같은 결론을 내린다. [현상적인] 우연은 … 단지 불완전한 우리의 지식 … 에만 있을 뿐이지, 모든 경우에 똑같이 필연적인 [즉, 결정된] 사물들 자체에는 있지 않다. 비록 사물들이 외견적으로 한결같이 불변이거나 확실하지 않다 하더라도 말이다.'[15]

이것이 바로 흄과 같은 철학적 결정론 특히 심리학적 결정론이 물리적 결정론의 정곡을 찌르지 못한 이유이다. 왜냐하면 뉴턴적인 물리학에서 사태가 마치 어떤 체계에서 외견적인 어떤 부정확함도 사실상 단순히 우리의 무지에서 기인한 것처럼 보였고, 그래서 우리가 만약 그 체계에 관한 지식을 충분히 갖게 되었다면 부정확함에 대한 어떤 현상도 사라질 것이기 때문이다. 한편 심리학은 이런 특성을 전혀 가지고 있지 않다.

돌이켜 보면 분명히 피할 수 없는 악몽이 될 때까지 물리적 결정론은 물리학의 모든 진보에 따라 더 실제적인 것처럼 보였던 전지(全知)에 대한 한낮의 꿈이었다고 우리는 말할 수 있다. 그렇지만 이에 상응하는 심리학자들의 한낮의 꿈은 그저 공중의 성에 불과했다. 그것은 물리학, 물리학의 수학적 방법들 및 물리학의 강력한 응용들과 같은 동등함을 성취하리라는 이상향의 꿈이었다. 어쩌면 그 꿈은 심지어 인간들과 사회들을 주조함으로써 우월함에 도달할 것이라는 유토피아적인 것이었다. (이런 전체론자의 꿈은 과학적 견지에서 보면 진지하지 않을지라도, 그것들은 정치적으로 매우 위험하다.[16] [특히 후술하는 논문 23과 24를 보라.])

VI. 물리적 결정론에 대한 비판

나는 물리적 결정론을 악몽이라고 말했다. 물리적 결정론에서 모든 것을 포함하고 있는 전체 세계는 거대한 하나의 자동기계이며, 우리는 단지 조그만 톱니바퀴들이거나 기껏해야 자동기계 안의 부분 기계일 뿐이라고 그 결정론은 주장하고 있기 때문이다.

따라서 물리적 결정론은 특별히 창의성의 관념을 못 쓰게 만든다. 그것은 내가 이 강연을 준비하면서 **새로운 어떤 것**을 창조하기 위해 나의 두뇌를 사용했다는 관념을 완전한 환상으로 환원한다. 물리적 결정론에 따르면 그것은 내 신체의 어떤 부분들이 흰 종이 위에 검은 기호들을 적어 놓은 것에 불과하다. 충분히 상세한 정보를 갖고 있는 어떤 물리학자도 정확한 장소들을 예측하는 단순한 방법으로 나의 강의를 쓸 수 있는데, 이것은 (내 두뇌는 물론 내 손가락도 포함하고 있는) 내 신체와 나의 펜으로 구성된 물리적 체계가 그와 같은 검은 기호들을 그 장소 위에 적어 놓은 것이다.

더 인상적인 예를 이용해서 바꿔 말하면 이렇다. 만약 물리적 결정론이 옳다면, 완전히 귀가 먹어서 어떤 음악도 못 듣는 물리학자가 모차르트나 베토벤이 작곡한 모든 교향곡들과 협주곡들을 쓸 수 있다. 그 물리학자는 그들의 신체에 관한 정확한 상태들을 연구하고 검은 기호들을 오선지 위의 어디에 적어 놓았는지를 예측하는 단순한 방법을 통해서 그렇게 할 수 있다는 것이다. 그리고 우리의 귀머거리 물리학자는 심지어 더 많은 것을 할 수 있는데, 신중하게 모차르트와 베토벤의 신체들을 연구해서 그들이 실제로 쓰지는 않았지만, 그러나 만약 그들 삶의 외부적인 어떤 환경들이 달랐다면, 예를 들어 만일 그들이 닭 대신 양을 먹었거나 커피 대신 차를 마셨다면, 그들이 썼을 악보들도 그는 쓸 수 있을 것이다.

우리의 귀머거리 물리학자는 순수하게 물리적인 조건들에 대한 충분한 지식이 공급되면 이 모든 것을 할 수 있다. 그는 음악이론에 관한 어떤 것을 알 필요가 전혀 없을 것이다. 만약 그가 대위법의 이론에 관한 질문을 받는다면, 모차르트나 베토벤이 무슨 답변을 할 것인지를 예측할 수 있다 하더라도 그렇다.

나는 이 모든 것이 불합리하다는 것을 믿고 있으며,[17] 또한 우리가 이런 물리적 예측 방법을 결정론자에게 적용했을 때 그 불합리성이 훨씬 더 분명하게 되리라고 나는 생각한다.

왜냐하면 결정론에 의하면 어떤 이론은, 예컨대 결정론과 같은 이론은 그 이론 보유자(아마도 그의 두뇌)의 어떤 물리적 구조 때문에 지지되기 때문이다. 따라서 우리로 하여금 결정론을 받아들이게 하는 논증이나 이유와 같은 것들이 있다고 우리가 믿을 때는 언제나 우리는 자신을 속이고 (또한 우리 자신을 속이기 위해 물리적으로 결정되어) 있는 것이다. 바꿔 말하면 물리적 결정론이 만약 참이라면, 그것은 논증할 수 없는 이론이다. 왜냐하면 그것은 우리의 모든 반응을 **순전히 물리적 조건들**에 기인한 것으로 설명해야 하기 때문이다. 그런데 이 반응들은 논증들을 토대로 한 믿음들로서 우리에게 나타난 것을 포함하고 있다. 우리의 물리적 환경들을 포함하고 있는 순수 물리적 조건들은 우리가 말하거나 인정한 것은 무엇이든지 우리로 하여금 말하도록 하거나 받아들이게 한다. 또한 프랑스어를 전혀 모르고 또 결정론에 관해 들은 바가 전혀 없는 잘 훈련된 물리학자는, 어떤 프랑스 결정론자가 결정론에 관한 프랑스어 논의에서 무엇을 말할 것인지는 물론이고, 또한 그의 반대자인 비결정론자가 무엇을 말할 것인지도 예측할 수 있을 것이다. 그러나 이것은 만일 어떤 논증들의 논리적인 힘에 의해 우리가 좌우되기 때문에 결정론과 같은 이론을 받아들였다고 우리가 믿는다면, 우리는 물리적 결정론에 따라 우리 자신을 속이고 있거나, 더 정확히 말하면 우리 자신을 속이게끔 하는 물리적인 어떤 조건 속에 처해 있음을 뜻한다.

흄은 이에 관한 많은 것을 알았다. 비록 그가 자신의 논증이 무엇을 의미하는지를 전혀 몰랐던 것처럼 보일지라도 말이다. 왜냐하면 그는 '**우리의 판단들**'에 대한 결정론과 '**우리의 행동들**'에 관한 결정론을 비교하는 데 국한했기 때문이다. 즉, 그는 '**우리는 자유를 후자보다 전자에서 더 많이 누리지 않는다**'고 말했기 때문이다.[18]

이와 같은 검토들은 아마도 물리적 결정론의 문제를 진지하게 생각하기를 거부하고 그것을 '도깨비'라고 물리친 철학자들이 왜 그렇게 많이 있는가 하는 이유가 될 수 있다.[19] 그러나 **인간은 하나의 기계**라고 하는 학설은 진화이론이 일반적으로 받아들여지기 오래전인 1751년에 라메트리(La Mettrie)에 의해 매우 강력하면서 진지하게 논의되었다. 그리고 진화이론은 살아 있는 물질과 죽은 물질 간의 명료한 어떤 차이도 있을 수 없다고 주장함으로써 그 문제를 매우 첨예하게 했다.[20] 또한 새로운 양자이론의 승리와 함께 비결정론으로 그렇게 많은 물리학자들을 전향시켰음에도, 인간은 기계라는 라메트리의 학설은 이전 어느 때보다도 오늘날 물리학자, 생물학자 및 철학자 중에서 더 많은 지지자들을 갖고 있다. 특히 인간은 하나의 컴퓨터라는 논제의 형식으로 그 학설을 지지하는 학자들이 많다.[21]

왜냐하면 만약 우리가 (다윈의 이론과 같은) 진화이론을 인정한다면, 우리는 추상적이며 비물리적인 실재들과 추상적인 규칙들이 존재하지 않았거나, 적어도 물리적 우주에 어떤 영향도 미치지 못했던 시대가 틀림없이 있었다는 것을 거의 부인할 수가 없기 때문이다. 설령 생명은 무기물질에서 창발되었다는 이론에 대해 우리가 여전히 회의적일지라도 그렇다. 그런데 추상적이며 비물리적인 실재들로는 이유들과 논증들 및 과학적 지식과 같은 사례를 들 수 있으며, 추상적인 규칙들의 예로는 철로들이나 불도저들 혹은 인공위성을 만들기 위한 규칙들 또는 이를테면 문법이나 대위법의 규칙들을 들 수 있다. 어떻게 물리적 우주가 규칙들과 같은 추상적 실재들을 산출한 다음, 이번에는 이런 규칙들이 물리적 우주에 매우 명백한 영향력을 발휘할 수 있도록 그 우주가 어떻게 이런 규칙들의 영향 아래에 있게 되었는지를 이해한다는 것은 난해하다.

하지만 이런 난관에서 벗어나는, 어쩌면 약간 우회적이긴 하나 어쨌든 쉬운 길이 적어도 하나 있다. 우리는 이런 추상적 실재들이 존재하며 그것들이 물리적 우주에 영향을 줄 수 있다는 것을 단순히 거부할 수 있다. 그리고 우리는 다음 세 가지를 주장할 수 있다. 존재하는 것은 우리의 두뇌들이며 이것들은 컴퓨터와 같은 기계들이다. 또한 주장한 바에 의하면 추상적 규칙들은 물리적 실재들인데, 이 실재들은 우리가 컴퓨터의 프로그램을 짜도록 한 구체적인 물리적 천공 카드들과 꼭 같은 것이다. 마지막으로 비물리적인 어떤 것의 존재는 아마도 '하나의 환상'일 뿐 전혀 중요하지 않다는 것이다. 왜냐하면 그와 같은 환상들이 전혀 존재하지 않는다 하더라도, 모든 것은 그것이 했던 대로 지속할 것이기 때문이다.

이런 방식으로 어려움을 벗어난다면, 우리는 이런 환상들의 '심적인' 상태에 관해 염려할 필요가 없다. 그것들은 모든 사물의 보편적인 속성들일 수 있다. 이를테면 내가 던진 돌은 그것이 도약한다는 환상을 가질 수 있는데, 이는 내가 돌을 던졌다는 환상을 내가 가질 수 있는 것과 마찬가지다. 또한 나의 펜이나 컴퓨터도 그것이 움직이고 있다는 환상을 가질 수 있다. 그것이 풀고 있다고 생각하는 — 내가 해결하고 있다고 생각하는 — 문제들에 대한 그것의 관심 때문이다. 사실상 순전히 물리적인 상호작용들 외에 일어나는 어떤 중요한 것이 있지 않은데도 말이다.

이 모든 것으로 미루어 보면 여러분은 콤프턴을 괴롭혔던 물리적 결정론의 문제는 실제로 진지한 문제임을 알 수 있다. 그것은 그저 철학적인 수수께끼에 불과한 것이 아니라, 적어도 물리학자, 생물학자, 행동주의자, 심리학자 및 컴퓨터 공학자들에 영향을 끼친 것이다.

물론 아주 소수의 철학자들은 그것은 단지 언어적인 수수께끼, 즉 '자유'라는 말의 사용에 관한 수수께끼일 뿐임을 보여주고자 했다(흄이나 슐리크에 뒤이어). 하지만 이런 철학자들은 물리적 결정론의 문제와 철학적 결정론의 문제의 차이를 거의 보지 못했다. 또한 그들은 '자유'란 '단지 하나의 말'에 불과할 뿐이라고 설명하는 흄과 같은 결정론자이거나, 그들은 물리적 학문이나 컴퓨터 공학과 긴밀한 접촉을 한 적이 전혀 없었다. 그런데 이런 학문은 단순히 언어적인 수수께끼 이상의 문제에 우리가 직면했다는 것을 그 철학자들에게 인식시켰을 것이다.

VII. 비결정론은 충분하지 않다

콤프턴과 마찬가지로 나도 물리적 비결정론의 문제를 진지하게 생각한 사람 중의 하나이다. 또한 콤프턴처럼 나 역시 우리가 단지 계산하는 기계일 뿐이라는 것을 믿지 않는다(비록 우리는 계산하는 기계로부터 많은 것을 — 심지어 우리 자신에 관해서도 — 배울 수 있음을 기꺼이 인정할지라도 말이다). 따라서 콤프턴이 **물리적 비결정론자**인 것처럼 나도 비결정론자이다. 물리적 비결정론은 우리의 문제에 대한 어떤 해결을 위해 선행하는 필요조건임을 나는 믿고 있다. 우리는 비결정론자들이어야 하지만, 그러나 나는 비결정론이 충분하지 못함을 보여주는 시도를 해보겠다.

이 진술과 더불어 새로운 논점뿐만 아니라 내 문제의 중요한 핵심에 내가 도달한 것은 **비결정론도 충분하지 않다**는 것이다.

그 문제는 다음과 같이 설명될 수 있다.

만일 결정론이 참이라면, 전체 세계는 완벽히 작동하는 흠이 없는 시계일 터인데, 그 시계는 모든 구름, 모든 유기체, 모든 동물 및 모든 인간을 포괄하고 있다. 다른 한편 만일 퍼스나 하이젠베르크 또는 어떤 다른 형식의 비결정론이 참이라면, **순수한 우연이 물리적인 우리 세계에서 주요한 역할을 할 것이다. 그러나 우연이 실제로 결정론보다 더 만족할 만한 것인가?**

이 질문은 잘 알려져 있다. 슐리크와 같은 결정론자들은 그것을 다음과 같은 방식으로 말한다. '… 행동의 자유, 책임 및 정신적인 건강은 인과성의 영역을 넘어설 수 없다. 그것들은 우연이 시작한 데서 멈춘다. … 무작위의 정도가 더 높음은 … [단순히] 무책임의 정도가 더 높음을 [의미한다].'[22]

아마도 전에 사용했던 사례로 나는 슐리크의 이런 관념에 대해 언급할 수 있다. 이 강연을 위한 준비로서 내가 산출했던 흰 종이 위에 만들어진 검은 기호들이 그저 **우연**의 결과였다고 말하는 것은 그것들이 물리적으로 미리 결정되었다고 말하는 것보다 거의 더 만족스럽지 못하다. 사실 그것은 훨씬 더 만족스럽지 못하다. 왜냐하면 어떤 사람은, 어쩌면 내 강연의 원고는 원리적으로 나의 물리적 유전과 가정교육을 포함하고 있는 나의 물리적 환경, 내가 읽었던 책들 및 내가 들어 왔던 대화들에 의해 완전히 설명될 수 있다고 기꺼이 믿을 수 있기 때문이다. 그러나 어떤 사람도 내가 여러분에게 들려주고 있는 것이 단지 우연의 결과일 뿐이라고 믿지 않을 것이다. 즉, 영어 단어들이나 아마도 문자들의 단지 무작위적인 표본은 어떤 목적, 숙고, 계획이나 의도가 없이 조립한 것에 불과하다고 믿지는 않을 것이다.

결정론에 대한 유일한 대안은 순수한 우연에 불과하다는 관념을 슐리크가 이어받았다. 이는 그 주제에 관한 그의 견해들과 함께 흄으로부터 물려받은 것이다. 흄은 '물리적 필연성'이라 불렀던 것의 '제거'는 항상 '**우연과 동일한 것**'으로 귀착해야 한다고 주장했다. '대상들은 결합하거나 그렇지 않거나 해야 하기 때문에, … 우연과 절대적 필연성 사이에

어떤 매개를 인정하는 것은 불가능하다.'[23]

나는 나중에 이런 중요한 교설에 반대하는 논증을 할 것인데, 이 교설에 의하면 결정론의 유일한 대안은 순수한 우연이라고 한다. 그러나 나는 그 학설이 인간의 자유에 대한 가능성을 설명하거나 적어도 묘사하고자 했던 양자이론적인 모형에 잘 적용되는 것처럼 보인다는 점을 인정할 수밖에 없겠다. 이런 점이야말로 이런 모형이 왜 그렇게 매우 만족스럽지 못한지에 대한 이유인 것 같다.

콤프턴 자신도 그 같은 모형을 고안했다. 비록 그는 그것을 특히 좋아하지 않았을지라도 말이다. 그것은 위대한 순간의 인간의 결정 모형으로 양자의 비결정성과 양자도약의 예측 불가능성을 사용하고 있다. 그 모형은 폭발을 야기하거나, 폭발을 일으키는 데 필요한 중계를 파괴하는 방식으로 단 한 번의 효과를 증폭하는 증폭기로 이루어져 있다. 이런 방식으로 단 한 번의 양자도약은 주요한 결정과 같은 뜻일 수 있다. 그렇지만 그 모형은 어떤 **합리적 결정**과 어떤 유사성도 갖고 있지 않다고 나는 생각한다. 그것은 오히려 결심을 할 수 없는 사람들이 '동전 던지기를 하자'고 말하는 종류의 의사 결정 모형이다. 사실 양자도약을 증폭하기 위한 전체적인 장치는 오히려 불필요한 것 같다. 도리어 동전을 던지고 그 동전 던지기의 결과에 따라 방아쇠를 당길까 말까를 결정하는 것이 좋을 터이다. 그리고 물론 그 같은 일이 요청되는 곳에는 무작위 결과들을 산출하기 위한 동전 던지기 장치들이 장착된 컴퓨터가 있다.

어쩌면 우리가 하는 몇몇 결정들은 동전 던지기와 같은 것이라고 말해질지도 모른다. 그 결정들은 숙고도 않고 취해진 황급한 결정들인데, 우리는 종종 숙고할 충분한 시간을 갖고 있지 않기 때문이다. 운전자나 비행기 조종사는 때때로 이 같은 황급한 결정을 내려야 하며, 또한 그가 만약 잘 훈련이 되었거나 그저 운이 좋다면, 그 결과는 만족스러울 수 있다. 만약 그렇지 않다면 만족스럽지 못할 것이다.

나는 양자도약 모형은 그런 황급한 결정들을 위한 모형일 수 있음을 인정한다. 또한 만약 우리가 황급한 결정을 내린다면, 심지어 양자도약의 증폭과 닮은 어떤 일이 우리의 두뇌에서 실제로 일어날 수 있다는 것을 생각할 수 있다는 것도 나는 받아들인다. 그렇지만 황급한 결정들이 실제로 그렇게 흥미를 일으키게 하는가? 그것들은 인간 행동, 즉 **합리적인** 인간 행동을 특징짓고 있는가?

나는 그렇지 않다고 생각한다. 또한 나는 양자도약 이상으로 많은 것을 얻을 것이라고 생각하지 않는다. 양자도약들은 단지 완전한 우연이야말로 완벽한 결정론의 유일한 대안이라는 흄과 슐리크의 논제를 지지해 주는 것 같은 일종의 사례들일 뿐이다. 우리가 합리적인 인간 행동 — 실제로 동물의 행동 — 을 이해하는 데 필요한 것은 완전한 우연과 완벽한 결정론 사이에 어울리는 매개적인 어떤 것이다. 달리 말하면 완전한 구름과 완벽한 시계 사이의 중간적인 어떤 것이 필요하다.

우연과 결정론 사이에 중간적인 어떤 것이 존재할 수 없다는 흄과 슐리크의 존재론적 논제가 나에게는 (공론적이라고 말하지는 않지만) 상당히 독단적일 뿐만 아니라, 명백히 불합리한 것으로 보인다. 그리고 그 논제는 그들이 완전한 결정론을 믿었다는 가정에서만 이해할 수 있는데, 완전한 결정론에서 우연이란 우리의 무지에 대한 징후로서의 지위 외에는 어떤 지위도 갖고 있지 않다. (그러나 그런 경우조차도 나에게는 불합리한 것처럼 보이는데, 왜냐하면 분명히 부분적인 지식이나 부분적인 무지와 같은 어떤 것이 있기 때문이다.) 왜냐하면 우리는 매우 신뢰할 만한 시계조차도 실제로는 완벽하지 않음을 알고 있으며, 또한 슐리크도 이런 일은 대체로 마찰과 같은 요인들, 즉 통계적 내지 우연적인 영향들에 기인한다는 것을 틀림없이 알고 있었기 때문이다. 우리는 또한 구름이 완전히 우연과 같지 않음을 알고 있는데, 우리는 종종 적어도 짧은 기간에 대한 날씨 예측을 매우 성공적으로 할 수 있기 때문이다.

VIII. 콤프턴의 문제

따라서 우리는 구름이 왼쪽에 시계가 오른쪽에 자리 잡고 동물과 인간은 그 사이 어딘가에 자리 잡고 있는 우리의 이전 배열로 돌아와야 할 것이다.

그러나 우리가 그렇게 한 뒤에도 (또한 이런 배열이 현시대의 물리학과 일치한다고 우리가 말할 수 있기 전에 해결되어야 할 문제들이 약간 있는데) 그럴 때에도 우리는 기껏해야 우리의 중요한 물음을 위하여 자리를 양보했을 뿐이다.

왜냐하면 우리가 원하는 것은 명백히 **목적, 숙고, 계획, 결정, 이론, 의도** 및 **가치**와 같은 비물리적인 것들이 어떻게 물리적 세계에서 물리적 변화들을 일으키는 어떤 역할을 할 수 있는가를 이해하는 것이기 때문이다. 흄과 라플라스 및 슐리크에게는 미안한 일이지만, 그런 것들이 이런 역할을 한다는 것은 분명한 것 같다. 빈번하게 우리의 펜이나 연필 내지 불도저에 의해 일어난 모든 거대한 물리적인 변화들이 순전히 물리적 용어들로 설명될 수 있다는 것은 분명 참이 아니다. 결정론적인 물리이론으로 설명하든, 우연에 기인한 것(확률론적인 이론)으로 설명하든 간에 말이다.

테리 강연에서의 다음과 같은 매력적인 구절이 보여주고 있듯이, 콤프턴은 이 문제를 잘 알고 있었다.[24]

내가 11월 10일 오후 다섯 시에 강연을 하는 데 동의하는 편지를 예일대학의 학장에게 쓰기 몇 시간 전의 일이었다. 그는 내가 거기에 참석하리라는 것을 공개적으로 공표할 만큼 나에 대한 믿음을 갖고 있었고, 청중들은 정해진 시간에 그 강연장에 올 만큼 학장의 말에 대한 확신을 갖고 있었다. 그러나 그들의 확신이 정당화되었던 고도의 물리적 비개연성을 고찰해 보라. 그동안에 나는 일 때문에 로키산맥으로 초대

받았고 또한 대양을 건너 햇볕이 쨍쨍한 이탈리아로 오게 되었다. 굴광성의 유기체가[실은 나도 그와 같은데] 그곳을 빠져나와 쌀쌀한 뉴헤이븐에 가기는 [쉽지 않을 것이다.] … 내가 이 순간에 다른 곳에 있을 가능성들은 그 수가 무한했다. 물리적 사건으로 생각해 보면 내가 약속을 지킬 확률은 엄청나게 작을 것이다. 그렇다면 왜 청중들의 믿음이 정당화되었는가? … 청중들은 나의 목적을 알았으며, 내가 거기에 참석하리라 결정했던 [것도] 바로 내 목적이었다.

콤프턴은 단순한 물리적 비결정론이 충분치 않음을 여기서 매우 훌륭하게 보여주고 있다. 우리가 비결정론자들이어야 함을 알겠으나, 우리는 또한 인간 그리고 어쩌면 동물이 어떻게 목표 내지 목적 또는 규칙이나 동의와 같은 것들에 의해 '좌우'되거나 '통제'될 수 있는지를 이해하려고 노력해야 한다.

그렇다면 이것이야말로 우리의 중심적인 문제이다.[25]

21. 심신문제 (1977)

I. 세계 3과 심신문제

세계 3의 고찰은[전술한 논문 4를 보라] 심신문제에 관한 어떤 새로운 통찰을 할 수 있다는 것이 『자아와 그것의 두뇌』에서 제시된 중요한 추측의 하나이다. 나는 세 가지 논증을 간략히 말해 보겠다.

첫 번째 논증은 이렇다.

(1) 세계 3의 대상들은 추상적이지만 그럼에도 실재적이다. 왜냐하면 그것들은 세계 1을 변화시키는 강력한 도구들이기 때문이다. (이것이 그것들을 실재적이라 할 유일한 이유라거나, 그것들은 단지 도구들에 불과할 뿐임을 의미한다고 나는 생각하지 않는다.)

(2) 세계 3의 대상들은 인간의 개입, 즉 그 제작자의 개입을 통해 세계 1에 영향을 미친다. 특히 이 개입은 세계 2의 과정, 곧 심적인 과정인데 세계 3의 대상들을 이해하는 것이다. 정확히 말하면 세계 2와 세계 3이 상호작용하는 과정이다.

(3) 그러므로 우리는 세계 3의 대상들과 세계 2의 과정들은 모두 실재적임을 인정해야 한다. 설사 우리가 유물론의 위대한 전통에 따라 이

런 승인을 좋아하지 않을지라도 그렇다.

나는 이것이야말로 받아들일 수 있는 논증이라고 생각한다. 물론 그 가정 중 어느 하나를 부인하는 것은 누군가에게 열려 있다고 할지라도 그렇다. 그 사람은 이론들이 추상적임을 거부하거나 그것들이 세계 1에 영향을 미치고 있다는 것을 부인하거나, 추상적 이론들은 직접 물리적 세계 1에 영향을 줄 수 있다고 주장할지도 모른다. (물론 그가 이런 견해 중 어떤 것을 옹호하는 데 힘든 시간을 보낼 것이라고 나는 생각한다.)

두 번째 논증은 부분적으로 첫 번째에 의존하고 있다. 만약 우리가 세 세계의 상호작용을 인정하고 그래서 그 세계들의 실재성을 받아들인 다면, 우리가 어느 정도 이해할 수 있는 세계 2와 세계 3의 상호작용은 아마도 세계 1과 2의 상호작용에 대한 이해를 잘하도록 약간의 도움을 줄 수 있다. 다시 말해 심신문제의 일부인 문제에 대한 이해를 하는 데 도움을 줄 수 있다.

왜냐하면 세계 2와 3의 상호작용의 한 종류('파악함(grasping)')는 세계 3의 대상들의 제작으로 또한 비판적 선택에 의해 그 대상들을 꼭 들어맞게 하는 것으로 해석할 수 있기 때문이다. 그리고 이와 유사한 것이 세계 1의 대상에 대한 시각적인 지각에 대해서 참인 것으로 보이기 때문이다. 이것이 주장하고 있는 바는 우리가 세계 2를 능동적으로 — 생산적이고 비판적으로 (만들고 꼭 들어맞게 하는) — 보아야 한다는 것이다. 그러나 무의식적인 신경생리학의 몇몇 과정이야말로 이런 일을 정확하게 성취한다고 생각할 이유를 우리는 갖고 있다. 이것은 아마도 의식적인 과정들이 유사한 경로들을 따라 작용할 수 있다는 것을 좀 더 쉽게 **이해하도록** 해준다. 즉, 의식적인 과정들은 신경 과정들이 수행한 과제들과 유사한 과제들을 수행한다는 것을 어느 정도 '이해할' 수 있다는 것이다.

세 번째 논증은 심신문제와 관계가 있는데, 그것은 인간 언어의 지위와도 연관되어 있다.

336

언어를 배우는 능력 — 그리고 심지어 언어를 배워야 할 강력한 필요성 — 은 인간의 유전적 구성의 일부인 것 같다. 이와 대조적으로 특수한 언어의 현실적인 학습은 타고난 무의식적인 필요들과 동기들에 의해 영향을 받지만, 유전적으로 규제된 과정이 아니다. 그렇지만 그것은 문화적 과정, 곧 세계 3이 규제한 과정이다. 따라서 언어 학습은 유전적으로 성향들에 토대를 둔 과정이다. 이 성향들은 자연선택에 의해 진화되었으며 문화적 진화에 토대들 둔 연구와 학습의 의식적 과정과 약간 중첩되어 상호작용한다. 이것은 세계 3과 세계 1의 상호작용에 대한 생각을 지지해 주고 있으며, 전술한 논증의 관점에서 그것은 세계 2의 존재를 뒷받침하고 있다.

저명한 몇몇 생물학자는[1] 유전적 진화와 문화적 진화 간의 관계를 논의했다. 문화적 진화는 다른 수단들, 다시 말해 세계 3의 대상들에 의해 유전적 진화를 계속한다고 우리는 말할 수 있다.

인간은 도구를 만드는 동물임이 분명하다고 종종 강조되었다. 그러나 만약 도구들이 물질적인 물리적 신체를 의미한다면, 인간의 도구들은 어떤 것도, 심지어 막대기조차 유전적으로 결정되지 않은 것임을 알아차리는 것은 상당히 중요하다. 유전적 토대를 가진 것으로 보이는 유일한 도구가 바로 언어이다. 언어는 비물질적이며 매우 다양한 물리적 형태들, 즉 물리적 소리들의 매우 다양한 체계들의 형식으로 나타난다.

'언어'에 대해 말하지 않고 오직 이런저런 특별한 언어의 '화자'에 관해서만 말하려는 행동주의자들이 있다. 그렇지만 언어에는 그것보다 더 많은 것이 있다. 정상적인 모든 사람은 말을 하며 말은 사람들에게 지극히 중요하다. 심지어 귀가 먼 벙어리이면서 눈도 먼 헬렌 켈러와 같은 작은 소녀가 열정적으로 빠르게 언어의 대체물을 습득할 만큼 중요하다. 이런 언어의 대체물을 통해서 그녀는 영어의 언어와 문학에 매우 정통하게 되었다. 물리적으로 그녀의 언어는 구어 영어와는 엄청나게 다르지만, 그것은 문어 영어나 인쇄 영어와 일대일의 대응관계를 이루고 있다. 그녀는 영어 대신에 어떤 다른 언어를 습득할 수 있었음은 의문의 여지가 없다. 비록 무의식적일지라도 그녀에게 절박했던 것은 언어였고, 그것은 추상적인 언어였다.

수많은 언어와 그것들의 차이가 보여준 것처럼, 다양한 언어들은 인간이 만든 것이다. 그것들은 문화적 세계 3의 대상들이다. 비록 그것들이 유전적으로 뿌리박히게 된 능력들, 필요들 및 목표들에 의해 가능하게 되었을지라도 그렇다. 정상적인 각각의 모든 아이는 즐겁게 또한 어쩌면 고통스러운 많은 활동적인 작업을 통해서 언어를 배운다. 언어를 동반한 지적인 성취는 어마어마하다. 물론 이런 노력은 아이의 인격에, 타인들과의 관계에, 그리고 자신의 물질적 환경에 대한 관계에 강력한 되먹임(feedback) 효과를 가지고 있다.

따라서 아이는 부분적으로 스스로가 이룬 성취의 산물이라고 우리는 말할 수 있다. 아이는 그 자체로 어느 정도 세계 3의 산물이다. 아이의 물질적 환경에 대한 숙달과 의식이 아이가 새롭게 습득한 말하는 능력에 의해 확장되는 것처럼 자신에 대한 의식도 또한 확대된다. 자아, 곧 인격은 다른 자아들과 상호작용함으로써, 또한 자신의 환경의 인공물과 여타 대상들과 상호작용함으로써 창발한다. 언어의 습득은 이 모든 것에 깊은 영향을 미친다. 아이가 자신의 이름을 의식할 때, 그리고 자신의 다양한 신체 부위들을 명명하는 것을 배울 때 특히 그렇다. 또한 아이가 인칭대명사의 사용을 배울 때가 매우 중요하다.

완전한 인간 존재가 된다는 것은 언어의 습득이 지대한 역할을 하는 성숙의 과정에 의존하고 있다. 사람은 지각하는 것과 자신의 지각을 해석하는 것을 배울 뿐만 아니라, 한 사람이 되는 것과 자아가 되는 것을 배운다. 나는 우리의 지각이 우리에게 '주어진' 것이라는 견해는 잘못이라고 생각한다. 지각들은 우리에 의해 '만들어'졌으며, 능동적인 작업의 결과이다. 마찬가지로 나는 다음과 같은 사실을 간과한 것도 잘못이라고 생각한다. 데카르트의 '나는 생각한다. 고로 나는 존재한다'는 유명한 논변은 언어를 전제하고 있으며, 대명사를 사용할 능력도 전제하고 있다는(이 논변이 해결한 것으로 가정된 상당히 복잡한 문제의 형식화하는 능력은 차치하고라도) 사실을 간과한 것이 그것이다. 칸트가 '나는 생각한다'라는 사유는 우리의 모든 지각과 경험을 동반할 수 있어야 한다고 주장했을 때, 그는 자신의 언어-이전 혹은 철학-이전 상태에 있는 아이를 (또는 자신을) 생각하지 않은 것 같다.[2]

II. 유물론과 자율적인 세계 3

유물론적 관점에서 보면 세계 3은 어떤 것과 닮아 있는가? 비행기들, 공항들, 자전거들, 책들, 건물들, 자동차들, 컴퓨터들, 축음기들, 강연들, 원고들, 그림들, 조각들 및 전화기들의 있는 그대로의 존재는 물리주의나 유물론의 어떤 형식에 대해서 어떤 문제도 제시하지 못하는 것임은 분명하다. 다원론자에게 이것들은 세계 3의 대상들의 실체화로서의 물질적인 사례들인 반면에, 유물론자에겐 그것들은 단순히 세계 1의 부분일 뿐이기 때문이다.

그러나 이론들(써졌든 그렇지 않았든 간에) 사이에 유지되고 있는 객관적인 논리적 관계들, 예컨대 양립 불가능성, 상호 연역 가능성, 부분적인 중첩 등에 관해선 어떠한가? 급진적 유물론자는 세계 2의 대상들을 (주관적인 경험들을) 두뇌 과정들로 대체한다. 특히 이들 중에서 언어적 행동 성향들이 중요하다. 예를 들면 동의하거나 기각하는 성향, 지지하거나 반박하는 성향, 단순히 장단점을 고려하는 성향, 즉 장단점들을 자세히 말하는 성향이 그런 것들에 해당한다. 세계 2의 대상들을 받아들이는 대부분의 사람('유심론자들')처럼, 유물론자들은 통상 세계 3의 내용들을 마치 '우리 마음속의 관념들'인 것으로 해석한다. 그러나 급진적인 유물론자들은 나아가 '우리 마음속의 관념들'을 두뇌에 근거된 언어적 행동 성향들로 해석한다. 그래서 그들은 세계 3의 대상들도 또한 그렇게 해석한다.

하지만 유물론자든 유심론자든 이런 방식으로는 세계 3의 대상들에 대한 판단을 할 수 없다. 특히 이론들의 내용들과 그것들의 객관적인 논리적 관계들에 대한 판단을 내릴 수 없다.

세계 3의 대상들은 그저 '우리 마음속의 관념들'에 불과한 것이 아니며, 또한 언어적 행동에 대한 우리 두뇌의 성향들도 아니다. 그리고 이 절 첫 단락에서 말했듯이 사람들이 이런 성향들을 세계 3의 실체화인 것들로 부연한다고 해서 도움이 되지 않는다. 왜냐하면 이런 것들은 어떤 것도 세계 3의 대상들의 **추상적인 성격**과 특히 그것들 사이에 존재하는 **논리적인 관계**를 적절히 처리하지 못하기 때문이다.[3]

하나의 사례를 들어 보겠다. 프레게는 『근본법칙(*Grundgesetze*)』을 썼는데, 부분적으로만 출판했다. 그 이유는 버트런드 러셀의 편지를 받은 후에 그 법칙의 기초에 자기모순이 포함되어 있음을 그가 추론했기 때문이다. 이런 자기모순은 객관적으로 수년 동안 거기에 있었다. 프레게는 그것을 알아차리지 못했는데, '자기의 마음속에는' 그것이 없었기 때문이다. 프레게의 원고가 완성되었을 때에는 오직 러셀만이 (전혀 다른 원고와 연관된) 그 문제를 알고 있었다. 따라서 객관적으로 모순이었던 프레게의 이론은 (그리고 좀 더 최근의 러셀의 유사한 이론도) 수년 동안 그 원고에 존재했다. 다시 말해, 이런 사실을 누구도 어렴풋이 알고 있지 않은 채로, 혹은 '이 원고는 모순인 이론을 포함하고 있다'는 주장에 동의할 누군가의 두뇌 상태가 없는 채로 그 원고에 존재했다.

요약하면 세계 3의 대상들과 그것들의 속성들과 관계들은 세계 2의 대상들로 환원될 수 없다. 또한 그것들은 두뇌 상태들이나 성향들로 환원될 수도 없다. 설사 우리가 모든 심적 상태들과 과정들이 두뇌 상태들과 과정들로 환원될 수 있다고 인정할지라도 환원될 수 없는 것이다. 이 것은 세계 3을 인간 마음들의 산물로 우리가 간주할 수 있다는 사실에도 불구하고 그렇다는 것이다.

러셀은 모순을 고안하거나 산출하지 않았지만 그것을 **발견했다.** (그는 모순이 거기에 있음을 보여주거나 입증하는 방식을 고안했거나 산출했다.) 만약 프레게의 이론이 객관적으로 모순이 아니었다면, 프레게는 러셀의 모순 증명을 그의 이론에 적용할 수 없었을 것이고, 그래서 그는 자신의 이론이 지지될 수 없음을 확신하지 못했을 것이다. 그러므로 프레게의 마음 상태(또한 분명히 프레게의 두뇌 상태)는 부분적으로 이 이론이 모순이라는 객관적 사실의 결과였다. 이런 사실을 발견했기 때문에 그는 심히 당황하였고 혼란스러웠다. 그런 다음에 이것은 '산술은 위기에 처했다'는 말을 쓰도록(물리적 세계 1의 사건) 했다. 따라서 (1) 프레게가 러셀의 편지를 받은 물리적이거나 부분적으로 물리적인 사건과, (2) 프레게의 이론에 모순이 있었음을 지금까지 알지 못했던 객관적인 사실, 즉 세계 3에 속하는 사실과, (3) 산술의 (세계 3의) 지위에 관해 프레게가 논평을 쓴 물리적이거나 부분적으로 물리적인 사건 사이에는 상호작용이 존재한다.

이것들이 바로 내가 세계 1은 인과적으로 닫혀 있지 않다고 주장한 이유가 되며, 또한 내가 세계 1과 세계 3 사이에 (비록 간접적인 상호작용일지라도) 상호작용이 있음을 주장한 이유가 된다. 내가 보기에 이런 상호작용은 분명히 심적이면서 부분적으로는 심지어 의식적인 세계 2의 사건들에 의해 매개된 것으로 보인다.

물론 물리주의자는 이에 대해 어떤 것도 인정할 수 없을 것이다.

물리주의자는 다른 문제도 또한 결코 해결하지 못할 것이라고 나는 믿는다. 즉, 그는 언어의 고급한 기능을 제대로 설명할 수 없다는 것이다.

물리주의에 대한 이런 비판은 나의 스승인 칼 뷜러(Karl Bühler)가 도입한 언어 기능의 분석과 관계가 있다. 그는 언어의 세 기능을 (1) 표현 기능, (2) 신호 또는 감정 표출 기능, (3) 기술 기능으로 구별했다. 나는 여러 곳에서 뷜러의 이론을 논의했으며[예컨대, 전술한 논문 4의 IV절], 또한 그의 세 기능에 네 번째 기능 — 논증의 기능 — 을 추가했다. 지금 물리주의자는 이 기능 중에서 첫 번째와 두 번째 것을 처리할 수 있을 뿐임을 다른 곳에서[4] 나는 논증했다. 그 결과 만약 물리주의자가 기술 기능과 논증 기능에 직면하면, 그는 항상 처음 (또한 언제나 현존하는) 두 기능만 보는 참혹한 결과를 빚을 것이다.

무엇이 문제인지를 알기 위해 언어의 기능 이론을 간략히 논의할 필요가 있다.

언어 작용에 대한 뷜러의 분석에서, 그는 **화자**(또는 이른바 뷜러가 말한 **송신자**)와 **청자**(혹은 **수신자**)를 구별한다. 어떤 특수한('퇴화한') 경우에 수신자가 빠지거나 송신자와 동일할 수 있다. 여기서 논의된 네 기능은(이 외에도 오스틴의 '수행발화'[5]에 비견되는 명령, 훈계, 권고 등과 같은 다른 것들이 있다) (1) 송신자, (2) 수신자, (3) 약간의 다른 대상들이나 사태들 사이의 관계들에 토대를 두고 있다. (3)은 퇴화된 경우에 (1)이나 (2)와 동일시할 수 있는 것들이다. 나는 다음 쪽에 기능들의 일람표를 제시할 것인데, 하위 기능들은 아래쪽에 고급 기능들은 위쪽에 위치한다. 이 일람표에 관해 다음 논평을 할 수 있다.

(1) 표현 기능은 내적 상태를 밖으로 표현하는 데 있다. 심지어 단순한 도구들, 예컨대 온도계, 신호등은 이런 의미에서 그 도구들의 상태를 '표현한다.' 그러나 도구뿐만 아니라 동물도 (그리고 때로는 식물도) 내적 상태를 행동으로 표현한다. 물론 인간도 그렇게 한다. 사실 우리가 시도하는 어떤 행동도 어떤 언어의 사용일 뿐만 아니라 자기표현의 어떤 형식이다.

(2) 신호 기능은(뷜러는 이를 '송출 기능'이라 부른다) 표현 기능을 전제하고 있기 때문에 더 상위의 수준에 있다. 온도계는 우리에게 날씨가 매우 춥다는 신호를 할 수 있다. 신호등은 신호를 하는 도구이다. (비록 신호등이 주변에 항상 차들이 없는 시간 동안에 계속 작동할지라도 말이다.) 동물들 특히 새들은 위험 신호를 보낸다. 그리고 식물들조차도 (예를 들어 곤충들에게) 신호를 한다. 또한 우리의 자기표현이 (언어적

기능	기준
(4) 논증 기능	타당성 / 부당성
(3) 기술 기능	거짓 / 참
(2) 신호 기능	효율 / 비효율
(1) 표현 기능	드러냄 / 드러내지 않음

동물, 식물 { 아마도 벌[6] { ... 인간 }

이든 어떤 다른 방식이든) 어떤 동물이나 어떤 사람의 반응을 이끌 때, 우리는 그것을 신호로 간주한 것이라 말할 수 있다.

(3) 언어의 기술 기능은 앞의 두 기능을 전제하고 있다. 그러나 그것을 특징짓는 것은 (그 상황에 전혀 중요하지 않은 양상이 될지도 모를) 표현하고 소통하는 것에 더하여 **참**이나 **거짓**일 수 있는 진술을 만든다는 점이다. 즉, 진리와 허위의 기준들이 도입된다. (거짓 기술들은 동물의 (벌의?) 추상 능력을 넘어서는 곳에 있다. 그래서 우리는 기술 기능의 하위 부분 절반을 구별할 수 있다.[4] 온도계 또한 여기에 속한다. 왜냐하면 온도계가 고장 난 것이 아니라면, 그것은 진리를 기술할 것이기 때문이다.)

(4) 논증 기능은 세 가지 하위 기능에 논증을 추가한 것인데, **타당성**과 **부당성**으로 그 논증을 평가한다.

그런데 기능 (1)과 (2)는 거의 언제나 인간의 언어에 현존하지만, 적어도 기술적 기능과 논증적 기능에 견주어 보았을 때, 그것들은 대체로 중요하지 않다.

4] 그림에서 기술 기능은 거짓 진술과 참인 진술로 이루어져 있다. 그런데 거짓 진술이 상위 부분이고 참인 진술은 하위 부분임을 우리는 알아볼 수 있다.

하지만 급진적 물리주의자와 근본적인 행동주의자가 인간의 언어 분석으로 방향을 돌릴 때, 처음 두 기능을 그들은 넘어설 수 없다.[7] 물리주의자는 언어 현상의 물리적 설명 — 인과적 설명 — 을 하고자 할 것이다. 이것은 언어를 화자의 상태에 관한 표현으로, 따라서 오직 표현 기능만을 가진 것으로 해석하는 것과 같다. 다른 한편 행동주의자는 언어의 사회적 양상에 관심을 쏟을 것이다. 그러나 이것은 본질적으로 타인들의 행동에 영향을 미치는 것으로 취급될 것이다. 애매한 말로 하면 '소통'으로 다룬다는 것이다. 다시 말해, 화자가 다른 사람의 '언어적 행동'에 반응하는 방식이 그것이다. 이것은 언어를 표현과 소통으로 보려는 것과 일치한다.

그러나 이런 결론들은 참담하다. 왜냐하면 모든 언어를 단지 표현과 소통으로만 본다면, 사람들이 동물의 언어와 구별하여 인간의 언어를 특징짓는 모든 것을 무시할 것이기 때문이다. 즉, 인간의 언어가 갖고 있는 참인 진술과 거짓 진술을 할 능력, 그리고 타당한 논증과 부당한 논증을 산출할 능력을 무시하는 것이다. 이번에는 이것 때문에 물리주의자는 선동과 언어적 위협 및 합리적 논증 간의 차이를 설명하지 못한다는 결론에 이른다.

III. 부수현상론

다윈의 관점에서 보면 우리는 심적 과정의 생존 가치들에 관해 숙고하게 된다. 예를 들어 우리는 고통을 위험 신호로 여길 수 있다. 일반적으로 다윈주의자들은 '마음'을 (아마도 두뇌와 밀접히 연계된) 어떤 신체기관과 유사한 것으로 간주해야 한다. 다시 말해 마음은 심적인 행동들과 반응들을 위한 심적인 과정들과 성향들이며, 신체기관과 마찬가지로 자연선택의 압력을 받아 진화한 것들이다. 마음은 유기체의 적응을 도와주는 기능을 한다.[8] 다윈주의의 견해는 다음과 같음에 틀림없다.

의식과 일반적으로 심적인 과정들은 자연선택에 의한 진화의 산물로 간주되어야 (그리고 가능하다면 설명되어야) 한다.

특히 다윈주의의 견해는 지적인 심적 과정을 이해하는 데 필요하다. 지적인 행위들은 예측할 수 있는 사건들에 적응된 행위들이다. 그것들은 예견, 즉 예상을 토대로 하고 있다. 그것들은 대체로 장단기의 예상과 약간의 가능한 운동들과 반대 운동들에 대한 예상된 결과들의 비교에 토대를 두고 있다. 지적인 행위들에 선호가 들어오고, 그와 더불어 의사를 결정한다. 많은 의사 결정이 본능적인 기초를 갖고 있다. 이것이 바로 감정들이 심적인 과정들과 경험들의 세계 2에 들어오는 방식이다. 이것은 또한 왜 그것들이 때로는 '의식되고' 때로는 그렇지 못한가에 대한 이유가 된다.

또한 다윈주의의 견해는 적어도 부분적으로 인간 마음의 산물들인 세계 3의 최초 발현을 설명해 준다. 그 예로는 도구, 기구, 언어, 신화 및 이론의 세계를 들 수 있다. ('실재성'을 문제들 및 이론들과 같은 실재로 마지못해서 귀속시키거나 귀속시키기를 주저하는 사람들도, 또한 세계 3을 세계 1 과/혹은 세계 2의 부분으로 간주하는 사람들도 이 정도는 받아들일 수 있다.) 문화적 세계 3과 문화적 진화가 있기 때문에, 우리는 세계 2와 세계 3 속에 상당한 체계적 통일이 있다는 사실에 주의할 수 있다. 또한 선택 압력들의 체계적 결과로 — 부분적으로 — 이것을 설명할 수 있다는 사실에 주의할 수 있다. 예컨대 심지어 원시 언어도 생존경쟁에 도움을 줄 수 있다는 것과 언어의 창발은 되먹임 효과를 가지고 있다는 것을 우리가 가정할 경우에만, 언어의 진화를 설명할 수 있을 것 같다. 언어적 능력들은 경쟁하고 있다. 그것들은 생물학적 효과들 때문에 선택되고 있기 때문이다. 되먹임 효과는 언어의 진화에서 더 고급한 수준으로 이끈다.

우리는 이것을 다음 네 가지 원리의 형식으로 요약할 수 있다. 내가 보기에 처음 두 가지를 특히 물리주의나 유물론에 경도되어 있는 사람들이 받아들여야 할 것으로 보인다.

(1) 자연선택 이론은 세계에서 목적이 있는 과정들의 창발, 특히 더 고급한 삶의 형식들의 진화를 설명할 수 있는 현재 알려진 유일한 이론이다.

(2) 자연선택은 **물리적 생존**과 (개체군에서 경쟁하는 유전자들의 빈도(수) 분포와) 연관되어 있다. 그러므로 그것은 본질적으로 세계 1의 효과들의 설명과 관련되어 있다.

(3) 만약 자연선택이 주관적이거나 심적인 경험들의 세계 2의 창발을 설명한다면, 그 이론은 세계 2(그리고 세계 3)의 진화가 체계적으로 우리에게 생존 도구를 제공하는 방식을 설명해야 한다.

(4) 자연선택에 의한 설명은 부분적이며 불완전하다. 왜냐하면 그것은 항상 수많은 경쟁하는 (또한 부분적으론 알려지지 않은) 돌연변이들과 다양한 (부분적으론 알려지지 않은) 선택 압력들이 존재한다고 가정해야 하기 때문이다.

이런 네 가지 원리는 다윈주의 관점으로 간략히 언급될 수 있다. 나는 여기서 다윈주의 관점은 통상 '부수현상론'이라고 하는 교설과 충돌한다는 것을 보여주겠다.

부수현상론은 심적 사건들이나 경험들, 즉 세계 2의 존재를 인정하지만, 그러나 이런 심적 내지 주관적 경험들은 인과적으로 신경생리적인 과정들의 무력한 부산물들이라고 주장한다. 오직 신경생리적인 과정만이 인과적으로 효력이 있다. 이런 방식에서 부수현상주의자는 세계 2의 존재와 함께 세계 1의 폐쇄성이라는 물리주의적인 원리를 받아들인다. 이제 세계 2는 실제로 관계가 없다고 부수현상주의자는 주장해야 한다. 다시 말해 오직 물리적 과정만이 중요하다고 주장해야 한다. 만약 어떤 사람이 책을 읽는다면, 결정적인 것은 책이 그의 의견에 영향을 미치는 것이 아니며, 그리고 그에게 정보를 제공하는 것도 아니다. 이것들은 모두 관계가 없는 부수현상들이다. 중요한 것은 오로지 그의 행동 성향에 영향을 주는 그의 두뇌 구조에서의 변화뿐이다. 이런 성향들이야말로 생존을 위해 가장 중요하다고 부수현상주의자는 말할 것이다. 다원주의가 들어오는 지점이 바로 여기다. 독서와 사유의 주관적 경험들은 존재한다. 그러나 주관적 경험들은 우리가 통상 그것에 귀속시키는 역할을 하지 못한다. 이런 잘못된 귀속은 우리가, 우리의 경험들과 두뇌 구조의 성향적인 속성들에 독서가 주는 결정적으로 중요한 충격들 사이의 차이를 구별하지 못한 결과이다. 독서를 하는 동안의 우리 지각의 주관적인 경험적 양상들은 중요하지 않다. 감정적인 양상들도 또한 중요하지 않다. 이 모든 것은 인과적이기보다는 오히려 예기치 않은 우연적인 것이다.

이런 부수현상주의 견해는 불만족스러운 것임은 분명하다. 그것은 세계 2의 존재를 인정하나, 어떤 생물학적 기능도 거부한다. 따라서 그것은 다원주의 관점에서 세계 2의 진화를 설명할 수 없다. 그리고 그것은 명백히 매우 중요한 사실, 즉 세계 1에 세계 2의 진화(그리고 세계 3의 진화)가 미친 거대한 영향을 부인할 수밖에 없다.

나는 다음 논증이야말로 결정적이라고 생각한다.

그 문제를 생물학 용어로 말하면, 고등 유기체들 속에는 밀접히 연관된 몇 가지 제어 체계들이 있다. 예컨대, 면역체계, 내분비 체계, 중추신경 체계 및 소위 '심적 체계'라는 것이 존재한다. 이것들 중에 마지막 두 개가 밀접히 연관되어 있음은 의심의 여지가 없다. 하지만 여타의 것들 역시 아마도 덜 밀접할지라도 마찬가지다. 분명히 심적 체계는 진화적이면서 기능적인 역사를 갖고 있으며, 그것의 기능들은 저급한 유기체에서 고급한 유기체로의 진화와 함께 증가해 왔다. 따라서 그것은 다원주의 관점과 연계되어야 한다. 그러나 부수현상주의는 어떤 연계도 제공할 수 없다.

22. 자아 (1977)

I. 자아

자아에 관한 내 논평을 시작하기 전에, **자아가 존재함**을 내가 확신하고 있다고 확실하게 또한 분명하게 말하고 싶다.

이 말은 인구과잉이 커다란 사회적인 도덕 문제 중의 하나인 세계에서 약간 불필요한 것처럼 보일지도 모른다. 분명 인간은 존재한다. 그리고 인간 개개인은 감정, 희망과 두려움, 슬픔과 즐거움, 공포와 꿈을 갖고 있는 개별 자아이다. 우리는 단지 이런 것들을 추측할 수 있을 뿐인데, 왜냐하면 남자든 여자든 오직 자신만이 그것들을 알고 있기 때문이다.

이 모든 것은 매우 자명하기 때문에 쓸 필요가 없다. 그렇지만 우리는 그것을 말해야 한다. 왜냐하면 몇몇 중요한 철학자가 그것을 부인했기 때문이다. 데이비드 흄은 자신의 자아 존재를 의심하도록 이끌었던 최초의 사람이며 그리고 그를 따르는 추종자가 많았다.

흄은 자신의 경험주의 지식론을 통해서 다소 낯선 견해에 이르렀다. 그는 내가 잘못된 것으로 간주한[전술한 논문 7의 IV절을 보라] 상식적인 견해를 채택했는데, 우리의 모든 지식은 감각 경험의 결과라는 견해가 그것이다. (이것은 엄청난 양의 지식을 간과했다. 즉, 우리가 물려받은 지식, 그리고 우리의 감각기관과 신경체계에 장착된 지식은 물론이고, 반응하는 방법, 발전시키는 방법 및 성숙해지는 방법에 대한 우리 지식도 간과했다.[1]) 흄의 경험주의는 그저 우리의 감각 인상들과 감각 인상들에서 도출된 '관념들'만을 우리가 알 수 있을 뿐이라는 교설로 이끌어 갔다. 이런 토대에서 **우리는 자아 관념과 같은 것은 어떤 것도 가질 수 없으므로,** 자아와 같은 것은 존재할 수 없다고 그는 주장했다.

그래서 그는 『인성론』의 '인간의 동일성에 관한' 절에서[2] '이른바 우리의 **자아**라고 하는 것을 우리는 매 순간 친숙하게 의식하고 있다고 상상하는 몇몇 철학자'를 비판하고 있다. 그리고 그는 이런 철학자들에 대해 '불행하게도 이런 모든 긍정적인 주장은 그 주장의 구실이 된 바로 그 경험과 상반되며, 또한 우리는 **자아**에 대한 어떤 관념도 갖고 있지 않다는 경험과도 상반된다. … 그 이유는 이렇다. 이런 관념은 어떤 인상에서 도출될 수 있는가? 이런 물음에 명백히 모순 없이 그리고 불합리하지 않게 대답하는 것이 불가능하기 때문이다. …'라고 말하고 있다.

이것은 강한 주장이며 철학자들에게 깊은 인상을 주었다. 그래서 흄에서 우리 시대에 이르기까지 자아의 존재는 상당히 문제가 있는 것으로 간주되었다.

그렇지만 흄 자신은 약간 다른 맥락으로 자아의 존재를 여기서 강하게 부인한 것과 거의 마찬가지로 자아의 존재를 주장하고 있다. 그래서 그는 『인성론』 II권에 다음과 같이 쓰고 있다.[3]

'우리 자신에 대한 관념, 정확히 말해 우리 자신에 대한 인상은 항상 우리와 친숙하게 있음은 분명하다. 그리고 우리 의식이 고유의 개인이란 생각을 매우 생생하게 우리에게 주고 있으며, 이런 점에서 무언가가 그 생각을 넘어설 수 있다고 상상할 수 없다는 것도 또한 명백하다.'

흄의 이런 긍정적인 주장은 앞서 인용된 더 유명한 부정적인 구절에서 '몇몇 철학자'에게 돌렸던 것과 또한 거기서 분명히 모순이며 불합리하다고 그가 강조해서 단언한 것과 동일한 견해에 이르게 된다.

하지만 흄에게는 특히 '개성'이라는 이름하에 자아에 대한 관념을 지지하는 많은 다른 구절이 있다. 그 예로 다음과 같은 것이 있다.[4]

'또한 다양한 사람들에게는 고유한 개성이 있다. … 이런 개성에 대한 지식은 그 개성에서 나오는 행동들의 일양성을 관찰하는 것에 토대를 두고 있다. …'

흄의 공식적 이론은 (내가 그렇게 부를 수 있다면) 자아란 자아의 경험의 전체 합(묶음)에 불과하다는 것이다. [이 이론에 대한 비판은 후술하는 IV절을 보라.] 그는 '실체적인' 자아에 대한 논의는 우리에게 많은 도움이 되지 않는다고 ─ 내 생각에는 당연하게 ─ 논증한다. 그런데도 그는 거듭해서 행동들을 사람의 개성에서 '나오는' 것으로 기술한다. 우리가 자아를 말할 수 있기 위해 그 이상의 것을 필요로 하지 않는다는 것이 내 생각이다.

흄과 여타의 사람들은 그것을, 만약 우리가 자아를 어떤 실체로 말한다면, 자아의 속성들(그리고 경험들)은 그 실체에 '내재해' 있다고 말해질 수 있는 것으로 생각한다. 이렇게 말하는 방식은 설명해 주는 것이 없다고 말하는 사람들에 나는 동의한다. 그러나 우리는 소유대명사를 사용해서 '우리의' 경험에 관해 말할 수 있다. 나에게는 이것이 더할 나위 없이 자연스럽게 보인다. 그리고 그것은 소유관계에 관한 공론을 일으킬 필요도 없다. 나는 내 고양이에 관해, 이렇게 말하는 방식이 소유관계를 표현한다는 것을 생각하지 않고, 그것은 강한 개성을 '갖고 있다'고 말할 수 있다(내가 '나의' 신체에 관해 말할 때 제시한 것과 반대 방향으로). 소유권 이론과 같은 몇몇 이론은 우리의 언어에 통합되어 있다. 그렇지만 우리의 언어에 통합된 이론을 참인 것으로 우리가 받아들이지 않아야 한다. 설령 이런 사실 때문에 그 이론을 비판하는 것이 어렵게 될지라도 말이다. 만약 그 이론은 심각하게 오해하기 쉬운 것이라고 우리가 결정하면, 우리는 문제가 된 우리 언어의 양상을 바꾸는 데 이르게 될 것이다. 그렇지 않다면 우리는 그것을 계속 사용할 수 있을 것이며, 그것을 너무 문자 그대로(예컨대, '새로운' 달) 생각하지 않아야 한다는 사실을 염두에 둘 수 있다. 그렇다고 해서 이 모든 것 때문에 우리가 할 수 있는 가장 알기 쉬운 언어를 항상 사용하려는 노력을 금지해서는 안 된다.

II. 자아의 학습

이 절에서 나의 논제는 우리가 — 즉, 우리의 인격인 우리 자아가 — 세 세계 모두에, 특히 세계 3에 묶여 있다는 것이다.

내가 보기에 우리가 자아로 태어난 것은 아니지만, 우리가 자아임을 배워야 한다는 것은 매우 중요하다. 사실상 우리는 자아가 되는 것을 배워야 한다. 이런 학습 과정은 우리가 세계 1, 세계 2, 그리고 특히 세계 3에 관해 배우는 과정이다.

사람들이 자신의 자아에 관해 관찰할 수 있는지에 대한 물음에 대해 (흄, 칸트, 라일 및 여타의 사람들이 쓴) 많은 저술이 있다. 나는 이런 물음이 잘못 정식화된 것으로 간주한다. 우리가 자신의 자아에 관해 알수 있는 것이 많지만, 그러나 지식이 (그렇게 많은 사람이 믿고 있듯이) 항상 관찰에 토대를 두고 있지 않다는 점은 중요하다. 과학-이전의 지식과 과학 지식은 모두 대체로 행동과 사유, 즉 문제 해결에 근거를 두고 있다. 물론 관찰도 어떤 역할을 하지만, 그러나 이 역할은 우리에게 문제를 제기하고, 우리가 추측들을 고안하여 그 문제를 제거하는 데 도움을 주는 일이다.

더구나 우리의 관찰력은 주로 우리의 환경에 경도되어 있다. 심지어 눈의 착시 실험에서[5] 우리가 관찰하는 것도 환경적인 대상이다. 그리고 놀랍게도 그것이 어떤 속성들을 갖고 있지 않음을 우리가 **알면서도**, 그것이 그런 속성들을 가진 **것처럼 보인다**는 것을 우리는 안다. 우리는 '안다'는 세계 3의 의미에서 이것을 안다. 예컨대, 인쇄된 사진은 그것을 보고 있는 동안 물리적으로 변하지 않음을 우리에게 말해 주는 잘 시험된 세계 3 이론을 우리는 갖고 있다. 우리가 소유한 배경지식은 성향에 따라 우리의 관찰 경험을 해석하는 방식에서 중요한 역할을 한다고 말할 수 있다. 또한 실험을 통해 이런 배경지식의 어떤 것은 문화적으로 습득된 것임을 우리는 보았다.[6]

바로 이것 때문에 우리가 '너 자신을 관찰하라'는 명령을 실천하려고 할 때, 그 결과는 통상 매우 빈약한 것이 된다. 우선 첫째로 자아를 특별히 파악하기 힘들다는 것이 그 이유가 되지는 못한다(비록 자신을 '지금'의 자신으로 관찰하는 것은 불가능하다는 라일의 주장에[7] 어떤 무엇이 있을지라도 그렇다). 왜냐하면 만일 당신이 '당신이 앉아 있는 방을 관찰하라' 또는 '당신의 신체를 관찰하라'는 명령을 받았다면, 그 결과 또한 매우 빈약할 것 같기 때문이다.

우리는 어떻게 자아-지식을 얻는가? 자아-관찰에 의해서가 아니라, 자아가 됨으로써, 그리고 우리 자신에 관한 이론을 발전시킴으로써 자아-지식을 얻게 된다고 나는 생각한다. 우리가 우리 자신에 대한 의식과 앎에 도달하기 훨씬 전에, 우리는 통상적으로 타인들을 알게 되며, 대개 우리 부모를 알게 된다. 사람들은 인간의 얼굴에 타고난 관심이 있는 것으로 보인다. 판츠(R. L. Fantz)의 실험은[8] 매우 어린 아기도 비슷하긴 하지만 '의미 없는' 처리 방식보다 더 오랜 기간 동안 얼굴의 도식적인 묘사를 고정시키고 있음을 보여주고 있다. 이런저런 결과들은 매우 어린 아기가 타인들에 대한 관심과 일종의 이해를 발달시키고 있음을 시사하고 있다. 나는 자아의식이 타인이란 매체를 통해서 발달하기 시작한다고 생각한다. 우리가 거울을 통해 우리 자신을 보는 것을 배우는 것과 마찬가지로, 아이도 아이에 대한 타인의 의식이라는 거울에 자신이 비치고 있음을 지각함으로써 자신을 의식하게 된다. (나는 정신분석에 매우 비판적이지만, 하지만 유년 시절에 사회적 경험을 형성하는 영향에 관한 프로이트의 강조는 옳은 것처럼 보인다.) 예를 들어 아이가 능동적으로 '자신에게 관심을 쏟게끔' 애쓸 때, 그것은 이런 학습과정의 일부가 된다고 나는 주장하고 싶다. 아이들과 어쩌면 원시인들도 '정령숭배적인' 혹은 '물활론적인' 단계를 거친 것 같다. 그 단계에서 그들은 물리적인 물체에 대해 그것이 살아 있는 것 — 그것이 사람인 것[9] — 으로 가정하는 경향을 띠고 있다. 단, 이런 이론은 그 사물의 비활성에 의해 반박될 때까지만이다.

약간 달리 말하면, 아이는 자신의 환경에 대해 아는 것을 배운다. 그렇지만 사람들은 그 아이의 환경 내에서 가장 중요한 대상이며, 또한 자신에 대한 사람들의 관심을 통해 — 아이 자신의 신체에 관한 배움을 통해 — 그 아이는 서서히 자신이 사람 그 자체임을 배운다.

이 과정 이후의 단계들은 언어에 많이 의존한다. 그렇지만 아이가 언어에 숙달되기 전이라 할지라도, 그 아이는 자기의 이름이 불리는 것을 알며, 칭찬을 받는지 비난을 받는지를 배운다. 그리고 칭찬이나 비난은 대체로 문화적 성격 혹은 세계 3의 성격을 갖고 있기 때문에, 어린아이가 매우 분명히 갖고 태어난 웃음에 대한 반응은 이미 세계 3에 닻을 내리는 언어-이전의 원시적인 시초를 포함하고 있다고 말할 수도 있다.

어떤 자아가 되기 위해서는 많은 것을 배워야 한다. 특히 자신을 과거(적어도 '어제')와 미래(적어도 '내일')로 확장하는 시간 감각을 배워야 한다. 그러나 이것은 적어도 기대와 같은 초보적 형식인 **이론**을 포함하고 있다.[10] 어떤 원초적 공간과 어떤 원초적 시간에 대한 이론적 방향의 정립이 없다면, 어떤 자아도 없기 때문이다. 그래서 자아는 부분적으로 환경에 대한 능동적 탐구의 결과이며, 또한 밤과 낮의 순환에 토대를 둔 시간적인 일상을 파악한 결과이다. (에스키모 아이들에서는 이 점이 조금 다를 것임은 분명하다.)[11]

이 모든 것의 결론은 '순수 자아' 이론에 내가 동의하지 않는다는 점이다. 철학적 용어인 '순수'는 칸트에서 연유한 것이다. 이 용어는 '경험에 앞선' 또는 '경험(의 오염)이 없는' 무언가를 시사하고 있다. 따라서 '순수 자아'라는 용어는 내 생각에 잘못된 어떤 이론을 제안하고 있다. 즉, 자아가 경험에 앞서 존재하므로 애초부터 모든 경험이 데카르트와 칸트의 '나는 생각한다'(혹은 아마도 '나는 생각하고 있다' 그리고 여하튼 간에 칸트의 '순수 통각')에 의해 동반된다는 이론이 그것이다. 이에 반해서 어떤 자아가 됨은 부분적으로 타고난 성향의 결과이며, 또한 부분적으로 경험, 특히 사회적 경험의 결과라고 나는 주장한다. 신생아는 행동하고 반응하는 타고난 방식을 많이 갖고 있다. 그리고 새로운 반응들과 새로운 활동들을 발달시킬 많은 경향도 갖고 있다. 이런 경향 중에서 자신을 의식하는 인격으로 발달시킬 경향이 중요하다. 그러나 이것을 달성하기 위해서는 많은 일이 일어나야 한다. 사회적 고립에서 자란 아이는 자아에 대한 완전한 의식에 도달하지 못할 것이다.[12]

따라서 나는 지각과 언어를 — 능동적으로 — 배워야 하는 것은 물론이고 어떤 인간임이란 과제도 배워야 한다고 주장한다. 나아가 이것이야말로 타인들의 세계 2와의 밀접한 관계뿐만 아니라, 언어 및 시간 (혹은 동등한 어떤 것의) 이론과 같은 이론들의 세계 3과의 밀접한 연계도 포함하고 있다고 나는 주장한다.[13]

사회적인 교제에 참여하지 않고, 타인들과 언어 소통 없이 자란 아이에게는 어떤 일이 일어날 것인가? 그런 비극적인 사례가 몇몇 알려져 있다. 우리의 질문에 대한 간접적인 대답으로서 나는 에클스(Eccles)의 매우 중요한 실험에 대한 보고를 언급해 보겠다. 그 실험은 능동적인 새끼 고양이와 그렇지 않은 새끼 고양이를 비교하고 있다. 능동적이지 않은 고양이는 아무것도 배우지 못한다. 사회적인 세계의 능동적인 경험을 빼앗긴 아이에게도 동일한 일이 틀림없이 일어날 것이라고 나는 생각한다.[14]

이 문제와 관계가 있는 매우 흥미로운 최근의 보고가 있다. 버클리의 과학자들은 두 집단의 쥐를 갖고 실험을 했다. 한 집단은 많은 자극을 주는 환경에서 살고 있으며, 다른 하나의 집단은 자극이 적은 환경에서 살고 있다. 전자는 열두 마리의 사회적 집단으로 커다란 우리에 두었는데, 그 우리에는 장난감을 매일 바꾸어 주었다. 후자는 표준 실험실의 우리에 홀로 살고 있다. 중요한 결론은 자극이 많은 환경에서 사는 동물은 그렇지 못한 동물보다 더 무거운 대뇌피질을 가졌다는 것이었다. 두 뇌는 활동을 통해, 즉 문제를 능동적으로 해결하는 과정을 통해 자라는 것으로 보인다.[15] (그 증식은 피질세포들과 신경세포들의 수지상(樹枝狀) 척추들의 새로운 분열 증식의 결과였다.)

III. 의식 활동과 지적인 활동의 생물학적 기능

나는 다음과 같은 것을 제안한다. 우리는 의식의 진화와 자각하는 지적 노력의 진화 및 그 이후의 언어와 추리의 진화 — 또한 세계 3의 진화 — 를 목적론적으로 어떤 목적에 봉사하는 것으로, 또한 어떤 선택 압력 하에서 진화한 것으로 생각해야 한다는 것이다. 우리가 신체기관들의 진화를 생각한 것처럼 말이다. [앞 논문의 III절과 비교하라.]

우리는 그 문제를 다음처럼 말할 수 있다. 목적이 있는 우리의 많은 행동(또한 아마도 동물의 목적적인 많은 행동)은 의식의 개입 없이 일어난다.[16] 그렇다면 의식에 의해 도움을 받은 생물학적 성취들은 무엇인가?

첫 번째 대답으로 나는 **일상적이지 않은 종류의 문제**의 해결을 제시한다. 일상적으로 해결될 수 있는 문제는 의식을 필요로 하지 않는다. 이것은 왜 지적인 말이 (혹은 더 좋은 예로는 쓰기가) 의식적인 성취의 훌륭한 사례인지를 설명할 수 있다(그것 역시 무의식적인 뿌리를 갖고 있음은 물론이다). 종종 강조되었듯이 우리가 꾸준히 새로운 **문장들** — 이전에 전혀 언명되지 않았던 문장들 — 을 생산하여 그것들을 이해하는 것이야말로 인간 언어의 특징들 중의 하나이다. 이런 주요한 성취와 다른 것으로 우리는 끊임없이 일상적으로 되풀이해 사용된 **단어**를 (그리고 물론 음소를) 이용한다. 비록 매우 다양한 맥락에서 사용된다 할지라도 그렇다. 말을 유창하게 하는 사람들은 어떤 주의도 기울이지 않고 무의식적으로 이런 단어들 대부분을 산출한다. 단, 가장 좋은 단어의 선택 때문에 어떤 문제 — 일상적으로 해결되지 않은 새로운 문제를 창출한 곳을 제외하고서 말이다. 어윈 슈뢰딩거는 다음과 같이 썼다. '그 단어가 촉발하는 새로운 상황들과 새로운 반응들은 의식에 비추어 보존되며 … 옛날의 잘 실행된 것들은 더 이상 그렇게 [보존]되지 않는다.'[17]

의식의 기능과 밀접히 연관된 관념은 이렇다. 의식이 필요한 것은 새로운 예측과 이론을 — 적어도 어떤 추상의 수준에서 — 비판적으로 선택하기 위해서이다. 만약 어떤 하나의 예측이나 이론이 어떤 조건들 하에서 항상 성공한다면, 그것의 적용은 일정 시간 후에 일상의 문제로 변해 의식하지 않게 될 것이다. 그러나 예기치 않은 사건은 주의를 끌어서 의식하게끔 할 것이다. 우리는 시계 소리를 의식하지 않을 수 있지만, 그러나 시계가 소리를 멈추었음을 '들을' 수 있다.

물론 동물들이 얼마나 의식하는지를 우리는 알 수 없다. 그러나 신기함은 동물들의 주의를 자극할 수 있다. 더 정확히 말하면 신기함은 인간 행동과의 유사성 때문에, 많은 관찰자가 '주의'로 기술하고, 의식으로 해석하는 행동을 자극할 수 있다.

그렇지만 의식의 역할은 아마도 다음의 경우에 가장 분명하다. 숙고를 한 후에, 목표나 목적이 (어쩌면 무의식적 내지 본능적인 목표나 목적도) **대안적인 수단**에 의해 달성될 수 있는 곳과 그리고 두 개 이상의 수단을 시험할 때가 분명하게 된다. 그것은 새로운 결정을 내리는 사례이다. (물론 고전적인 사례는 쾰러의 침팬지 술탄인데, 손이 미치지 않는 과일을 얻는 문제를 해결하는 많은 시도를 한 후에, 대나무 막대기 두 개를 그것에 맞히는, 즉 문제를 해결하는 데 우회적인 전략을 쓴다는 것이다.) 이와 유사한 상황은 일상적이지 않은 프로그램이나 새로운 계획의 선택이다. 예컨대, 연구할 일이 많은데 강연 초청을 받아들일 것인지 아닌지를 결정하는 예가 그렇다. 승인 편지와 약속 일정표에 기입하는 일은 세계 3의 대상이다. 이런 일들은 우리의 행동 프로그램에 닻을 내리고 있다. 그리고 그런 초청을 수락할 것인지 거부할 것인지를 위해 우리가 개발한 일반적인 원칙들은 또한 프로그램들이며, 어쩌면 더 상위의 계층 수준에 속한다 할지라도 세계 3에 속해 있다.

IV. 의식의 통합적 단일성

생물학적 관점에서 특히 고등동물의 경우에 생존을 위해 싸우면서 휴식을 하고 또한 새로운 경험들과 기술들을 습득하기 위해 애를 쓰다 결국 죽는 것은 개별 유기체이다. 고등동물의 경우에 개별 동물의 모든 활동성을 (그리고 내가 말하는 **약간의** '조건반사'를 포함한 모든 '수동성'도) '통합한'(셰링턴(Sherrington)의 용어를 빌려[18]) 것이 중추신경체계이다. '신경체계의 통합행동'이라는 셰링턴의 유명한 생각은 아마 인간이 멈춰서 조용히 직립하여 서 있도록 하기 위해서 협력해야 하는 수많은 신경작용에 의해 잘 예증된다.

수없이 많은 이런 통합작용은 자동적이고 무의식적이다. 그러나 몇몇 작용은 그렇지 않다. 특히 어떤 (종종 무의식적인) 목적들에 대한 수단들, 예를 들어 의사 결정 및 프로그램의 선택이 바로 이런 것들에 속한다.

의사 결정이나 프로그래밍은 생물학적으로 중요한 기능임이 분명하다. 동물이나 사람의 행동을 통제하거나 제어하는 실재가 무엇이든 간에 말이다. 그것은 셰링턴이 말하는 의미에서 본질적으로 통합적인 작용이다. 그것은 다양한 순간의 행동을 예상들과 연관시킨다. 달리 말하면 그것은 현재 행동을 임박한 행동이나 미래 행동과 연관시킨다는 것이다. 그것은 주의를 돌리게 하는데, 어떤 것이 적합한 대상이고 어떤 것을 무시해야 할 것인지를 선택하게끔 한다.

무모한 추측으로서 의식이 창발하는 네 가지 생물학적 기능을 제안한다. 즉, 고통, 쾌락, 예상 및 주의가 그것이다. 아마도 주의는 고통과 쾌락의 원초적 경험에서 출현할 것이다. 그러나 주의는 어떤 현상으로서 의식과 거의 동일하다. 심지어 고통도 때로는 없어질 수 있는데, 만약 주의가 분산되어 다른 곳에 집중된다면 그렇게 된다.

다음과 같은 물음이 제기된다. 우리 의식이나 우리 자아의 개별적인 단일성을 생물학적인 상황으로 얼마나 설명할 수 있는가? 내가 말하는 바는 동물은 개별적인 생존 본능은 물론이고 종족 보존 본능도 발달시킨다는 의미에서 우리가 동물이라는 사실에 호소한다는 것이다.

콘래드 로렌츠(Konrad Lorenz)는 성게에 관해 이렇게 쓰고 있다. '성게의 비중추적인 신경체계는 … 그와 같은 동물이 잠재적으로 가능한 행동 방식들 중 하나를 완전히 금지시키고 대안적인 방식을 지지하도록 "결정하는" 것이 불가능하다. 그런데 두뇌와 비슷한 중추신경기관의 가장 기본적인 성취이자 가장 중요한 성취가 바로 이런 결정이다(지렁이의 사례에서 에리히 폰 홀스트(Erich von Holst)가 확실하게 보여주었듯이).'[19] 이것을 성취하려면 적절한 방식으로 (즉, 실재적인 방식과 그 상황에 맞지 않는 양상들을 억제하는 이상적인 방식으로) 적합한 상황이 중추기관에 신호로 보내져야 한다. 따라서 통합된 중추는 행동 가능한 방식 중 몇몇을 금지하고, 오직 때맞춰 진행시킬 단 하나의 방식만 허용해야 한다. 로렌츠가 말하는 그 방식은 이렇다. '현존하는 상황에서 생존에 기여할 수 있는 방식인데 … 가능한 행동 방식들의 수가 많으면 많을수록 중추기관에서 요구된 성취는 더 고급해진다.'

따라서 (1) 개별 유기체는 — 동물은 — 단일체이다. (2) 다양한 행동 방식들 — 행동 목록의 항들 — 각각은 단일한, 상호 배타적인 대안들의 집합을 형성하는 전체 목록이다. (3) 중추제어기관은 단일체로 작동해야 한다(정확히 말해 그 기관이 그렇게 작동하면 그 유기체는 더 성공할 것이다).

이 세 가지 요점 (1), (2) 및 (3)이 합쳐져서 동물들조차도 능동적으로 문제를 해결하는 **행위자**로 만든다. 긍정적인 의미에서든 혹은 '수동적'일 때의 부정적인 의미에서든, 동물은 항상 활발하게 자신의 환경을 제어하려는 시도를 한다. 후자의 경우 그것은 대체로 자신의 제어를 넘어서는 어떤 (종종 적대적인) 환경의 작용들을 겪거나 견디어낸다. 그러나 그것이 단순히 응시하고 있을 뿐이라 할지라도, 활발하게 응시하고 있는 것이다. 그것은 단연코 인상들이나 경험들의 합이 아니다. 우리의 마음은 (그리고 내가 감히 주장하는 동물의 마음도) 단순히 '의식의 흐름', 즉 경험의 흐름은 결코 아니다. 오히려 우리의 능동적인 주의력은 매 순간마다 그 상황에 대한 적절한 양상들에만 초점을 맞춘다. 그런데 이 상황은 선택 프로그램이 통합된 우리의 지각기관에 의해 선별되어 추상된 것이다. 그리고 이 프로그램은 우리가 이용할 수 있는 행동 목록에 맞추어져 있다.

흄을 논의할 때 [전술한 I절에서] 우리의 경험의 흐름을 넘어서는 어떤 자아도 없으며, 그래서 자아란 단지 경험들의 묶음에 불과하다는 견해를 우리는 고찰했다. 매우 종종 다시 주장되었던 이런 교설은 내가 보기에 참이 아님은 물론이고, 실제로 펜필드(Penfield)의 실험을[20] 통해서 반박된 것으로 보인다. 그는 이른바 자신의 환자들 속에 드러난 두뇌의 '해석용 피질'이라 한 것을 자극함으로써 환자들의 과거 경험 몇몇을 매우 생생하게 다시 경험하게끔 했던 사람이다. 그런데도 그들은 몬트리올의 병원의 수술대 위에 누워 있다는 앎을 완전하게 보유하고 있었다. 그들의 자아에 대한 의식은 자신들의 지각 경험에 의해 영향을 받지 않았지만, 그러나 그 의식은 자신들의 신체가 놓여 있는 위치에 대한 지식에 토대를 두고 있었다.

이런 위치 추정의 (졸도했다가 깨어나 '나는 어디에 있나?'라는 물음의) 중요함은 우리가 그것 없이는 정합적으로 행동할 수 없다는 것이다. 시간과 공간에서 우리가 어디에 있는가를 알고자 노력하는 것이 바로 우리의 자아동일성의 일부이기 때문이다. 즉, 우리 자신을 우리 과거와 연계하고 우리의 직접적인 미래를 미래의 목표들과 목적들에 연관 짓는 것, 그리고 공간에서 우리 자신의 위치를 확인하고자 노력하는 것도 자아동일성의 일부라는 것이다.

이 모든 것은 생물학적 관점에서 보면 잘 이해할 수 있다. 중추신경체계는 그 시초부터 움직이는 유기체를 **조종하거나 운전하는** 주된 기능을 갖고 있다. 생물학적으로 환경에 더 적합한 양상들과 관계있는 그것의 위치(자신의 신체 모습의 위치)에 대한 앎은 중추신경체계의 이런 조종 기능의 결정적인 조건이다. 다른 조건은 조종하는 기관의 집중화된 단일성이다. 다시 말해 가능한 곳에서는 어디든지 계층적으로 더 하위인 기관, 즉 수많은 무의식적인 통합 기제 중의 하나에 자신의 과제를 이양하는 의사 결정자의 중앙 집중화된 통일성인 것이다. 실행 과제들(예컨대, 신체 균형을 유지함)은 물론이고 정보 획득도 이런 이양된 과제들에 속한다. 정보가 의식되기 전에 정보는 선별적으로 걸러진다.[21] 이런 사례의 하나가 지각의 선택 능력이며, 다른 하나는 기억의 선택 능력이다.

여기서 혹은 앞 절에서 내가 말한 것이 어떤 신비를 해결한 것이라고 생각하지 않는다. 하지만 나는 개체성이나 단일성 또는 자아의 고유함이나 우리 인격의 동일성을 신비스러운 것으로 여길 필요가 없다고 생각한다. 여하튼 의식의 존재와 궁극적으로는 생명의 존재 및 개체화된 유기체의 존재보다 더 신비한 것으로 여길 필요가 없다는 것이다. 자기반성을 할 수 있는 완전한 의식의 창발은 실제로 가장 위대한 기적 중의 하나이다. 특히 인간의 두뇌와 언어의 기술적인 기능과 연계된 것으로 보이는 의식의 창발이 그렇다. 하지만 만일 우리가 개체화와 개체성의 장기적인 진화, 그리고 중추신경체계의 진화와 개체의 고유함을(부분적으로 유전적인 고유함과 부분적으로는 개체들의 경험의 고유함에 기인한) 탐구한다면, 의식과 지능 및 통일성이 생물학적인 개별 유기체와 연관되어 있다는(예컨대, 생식세포 원형질과 연관되기보다는) 사실은 그렇게 놀라운 것으로 보이지 않는다. 왜냐하면 생식세포 원형질은 — 생명을 위한 프로그램인 염색체 유전자 — 개별 유기체 속에서 시험을 견디어내야 하기 때문이다.

IV부　**사회철학**

23. 역사법칙주의 (1936)

I. 사회과학의 방법론

사회 정치적인 문제에 대한 과학적 관심은 우주론과 물리학에 대한 과학적 관심만큼 오래된 것이다. 고대에는 사회에 관한 과학이 (예를 들어 플라톤의 정치이론이나 폴리스의 정치체제에 대해 아리스토텔레스가 남긴 자료와 같은 것이) 자연에 대한 과학보다 더 발전한 것처럼 보이는 때도 있었다. 그러나 갈릴레이와 뉴턴 덕택에 물리학은 여타 학문을 압도하는 기대 이상의 성공을 거두게 되었고, 생물학의 갈릴레이라 할 수 있는 파스퇴르 이후 생명과학 역시 그에 못지않은 성공을 거두었다. 하지만 사회과학 분야에서는 아직 갈릴레이에 버금가는 선각자가 등장하지 않은 것 같다.

상황이 이렇기에, 사회과학의 여러 분야에서 학자라면 누구나 방법론에 큰 관심을 갖고 있다. 그리고 이 문제에 대한 그들의 논의 상당수는 앞서 나가고 있는 과학, 특히 물리학적 탐구 방법을 염두에 두고 일어난다. 예를 들어 분트(W. Wundt)의 시대에 심리학에서 혁신을 이끈 것은 물리학적 실험 방법을 의식적으로 모방하려는 시도였다. 또한 밀(J. S.

Mill) 이래 사회과학의 탐구 방법을 이와 어느 정도 유사한 노선을 좇아 개혁하려는 시도가 거듭되었다. 심리학 분야에서의 방법론적 혁신은 수많은 좌절에도 불구하고, 일정 정도 성공했다고 볼 수 있다. 그러나 이론적인 사회과학에서 이러한 시도는 경제학을 제외하고 모두 실패했다. 그 결과 과연 물리학의 탐구 방법을 사회과학에 실제로 적용할 수 있는가라는 의문이 제기되었다. 혹시 사회과학이 그토록 참담한 상태에 처하게 된 원인이, 물리학적 탐구 방법을 사회과학에 적용할 수 있다고 과신했기 때문이 아닌가 하는 의문이 들었던 것이다.

이 의문에 착안해서 사회과학의 탐구 방법에 관심이 있는 학파를 간단하게 구분하는 기준을 마련할 수 있다. 즉, 물리학적 탐구 방법의 적용 가능성에 대한 입장에 따라, **친자연주의적**(*pro-naturalistic*) 학파 혹은 **반자연주의적**(*anti-naturalistic*) 학파로 구분할 수 있다. 만일 누군가 사회과학에 물리학적 탐구 방법을 적용해야 한다고 주장한다면, 그를 '친자연주의적' 내지 '긍정적'이라 부를 수 있다. 반면, 그 같은 탐구 방법의 사용을 반대한다면, '반자연주의적' 내지 '부정적'이란 명칭을 붙일 수 있다.

방법론에 관심 있는 학자가 과연 반자연주의 교설을 지지하는지, 혹은 친자연주의 교설을 지지하는지, 그것도 아니면 두 교설을 결합한 이론을 채택하는지는 대개 그가 자신이 연구하는 학문 분야의 특성이 무엇이라고 생각하는지, 그리고 그가 다루는 주제의 특성이 무엇이라고 생각하는지에 의존적이다. 그러나 그것은 또한 물리학적 탐구 방법에 대한 그의 견해에도 의존적이다. 이 점을 인식하는 것이 그 어떤 것보다도 중요하다. 방법론적 논의에서 발생하는 결정적인 실수 대부분이 물리학적 탐구 방법에 대한 아주 흔한 오해에서 비롯하기 때문이다. 이 같은 실수 대부분은 특히 물리이론의 논리적 형식, 물리이론을 시험하는 방법, 그리고 관찰과 실험의 논리적 기능에 대한 잘못된 이해에서 비롯한다.[1] 나는 이런 잘못된 이해야말로 중대한 결과를 가져오는 원인이라

고 생각한다. 특히 친자연주의와 반자연주의 논증과 교설 모두 실제로
는 물리학적 탐구 방법을 잘못 이해하고 있다는 사실을 밝힐 것이다. 그
렇지만 여기서는 반자연주의 교설과 친자연주의적 교설을 결합한 접근
방법을 설명하는 데 국한할 것이다.

　나는 먼저 내가 이른바 '역사법칙주의'라고 부른 이런 접근 방법을
충분히 설명하고 이후 [그리고 논문 24에서] 그것을 비판할 것이다. 역
사법칙주의는 우리가 사회과학 방법에 관해 논의할 때 심심치 않게 마
주치는 입장이다. 또한 흔히 비판적 반성 없이 사용하는 입장이며, 경우
에 따라서는 당연한 것으로 여기는 입장이다. 이 책에서 나는 '역사법칙
주의'에 대해 상당한 지면을 할애하여 설명할 것이다. 그러나 여기에서
는 이렇게 말하는 것으로 충분할 것이다. 그것은 **역사적인 예측들**이 사
회과학의 주요한 목표라고 가정하며, 또한 이런 목표는 '주기적 반복들'
이나 '형태들', 다시 말해 역사의 진화에 근저하고 있는 '법칙들'이나
'추세들'을 발견함으로써 달성될 수 있다고 상정한다. 나는 (경제이론을
제외하고) 이론적인 사회과학이 시원찮은 상태에 처하게 된 궁극적 이
유가, 그것이 역사법칙주의적인 탐구 방법을 채택했기 때문이라고 확신
한다. 그 때문에 역사법칙주의에 대한 나의 설명이 완전히 불편부당할
수는 없을 것이다. 그러나 차후의 내 비판이 갖는 의미를 부각하기 위해
서라도 나는 역사법칙주의를 지지하는 논변을 우호적인 방식으로 설명
하려고 노력했다. 즉, 역사법칙주의를 충분한 숙고를 거친 사회적 유대
관계와 긴밀하게 결합된 철학으로 제시하려고 노력했다. 그래서 내가
아는 한, 역사법칙주의자들 스스로도 내놓은 적이 없는 역사법칙주의
지지 논증을 구성하는 데 주저하지 않았다. 이런 방식을 통해 내가 원한
것은 실제로 논박할 가치가 있는 견해를 구축하는 것이었다. 말하자면
간혹 아이디어 차원에서 제시되긴 했어도 제대로 된 방식으로 개진된
적은 없는 역사법칙주의 이론을 완성하려고 노력했다. 이것이 바로 어
딘지 어색하게 들릴 수도 있는 '역사법칙주의'라는 명칭을 일부러 선택

한 이유이다. 그것을 도입함으로써 나는 단순히 용어를 둘러싸고 옥신 각신하는 것을 피할 수 있기를 바랐다. 아무도 여기서 거론된 논증 중 어떤 것이 실제로 또는 본질적으로 역사법칙주의에 속하는지, 또는 그 논증이 역사법칙주의에 속하는 것이 적합한지 왈가왈부하는 것을 내가 원하지 않았기 때문이다. 또한 '역사법칙주의'라는 말이 실제로 무엇을 뜻하는지, 적합하게 사용되었는지, 그 본질이 무엇인지 왈가왈부하는 것을 원하지 않았기 때문이다.[2]

II. 역사적인 법칙들

과학에 있어서 비실험적인 관찰적 기반은, 보기에 따라서는, 그 성격이 언제나 '역사적'이다. 천문학의 관찰적 기반도 이 점에 있어서 다르지 않다. 천문학이 기초하고 있는 사실들은 관측소의 관찰 기록에 포함되어 있다. 예컨대, 그 기록들은 누군가 수성이 이러저러한 날짜(시, 분, 초)에 이러저러한 위치에 있었다는 것을 관찰한 것을 우리에게 알려주는 기록에 포함되어 있다. 간략히 말해, 그것은 우리에게 '순서에 따라 정리한 사건의 기록' 혹은 관찰의 연대기를 제공한다.

마찬가지로 사회학의 관찰적 기반도 정치적이거나 사회적인 사건과 같은 어떤 일의 연대기로서만 주어질 수 있다. 우리가 통상 '역사'라고 부른 것이 바로 사회생활에 있어서 중요한 사건, 즉 정치적 혹은 기타 이유로 인해 중요하다고 여겨지는 사건의 연대기이다. 그렇기에 좁은 의미에서는 역사가 사회학의 기초이다.

사회과학의 경험적 기반으로서 이런 좁은 의미에서의 역사가 지니는 중요성을 부인하는 것은 말도 안 되는 일이다. 그러나 실험적 방법의 적용 가능성을 부인하는 역사법칙주의자의 특징적 주장 중 하나는[또한 다음 논문 III절을 보라] 정치적이고 사회적인 역사만이 사회학의 **유일한** 경험적 원천이라는 주장과 밀접한 연관이 있다. 따라서 역사법칙주의자가 보기에 사회학은 그 경험적 기반이 오직 역사적 사실의 연대기에 있으며, 그 목적은 가급적이면 규모가 큰 전망에 있는 이론적이면서 경험적인 학문이다. 물론 **이러한 전망 또한 틀림없이 역사적인 성격을 갖고 있다.** 왜냐하면 예측에 대한 경험적인 시험, 즉 그 예측의 검증이나 반증은 미래의 역사에 맡길 수밖에 없기 때문이다. 그래서 역사법칙주의의 관점에서는, 규모가 큰 역사적 예측을 감행하고 또 시험하는 것이 사회학의 과제이다. 역사법칙주의자는, 한마디로 **사회학은 이론적인 역사**라고 주장한다.

그러나 동시에 일반화의 방법은 사회과학에 적용할 수 없으며, 또한 우리는 사회생활의 일양성이 시간과 공간에서 항상 타당하다고 전제하지 않아야 한다고 역사법칙주의자는 주장한다. 왜냐하면 그 일양성은 대개 일정한 문화적 혹은 역사적 시기에만 적용되기 때문이다. 따라서 사회적 법칙들은—만약 실제적인 어떤 사회적 법칙들이 있다면—일양성에 토대를 둔 일상적인 일반화들과는 어느 정도 다른 구조를 가져야 한다. 실제적인 사회법칙들은 '일반적으로' 타당해야 할 것이다. 하지만 이 말은 그것이 인류 역사 전체, 즉 단지 몇몇 시기가 아니라 모든 시대를 포괄하는 전 시기에 관한 것임을 함축한다. 그러나 하나의 시기를 넘어서 두루 합당하게 적용 가능한 사회적 균일성은 존재할 수 없다. 그러므로 보편적으로 타당한 사회적 법칙은 **연속적인 시대를 연계하는** 법칙일 수밖에 없다. 다시 말해, 그것은 한 시대에서 다른 시대로의 전이 과정을 밝히는 **역사적 발전의 법칙**이어야 한다. 이것이 바로 역사법칙주의자들이 사회학에서 제대로 된 유일한 법칙은 역사적 법칙이라고 말하는 의미이다.

III. 역사적 예언 대 사회공학

앞서 말했듯이, 역사적 법칙들은 (만약 그러한 것을 발견할 수 있다면) 비록 세세한 것을 매우 정확하게 예측하도록 할 수는 없을지라도, 경우에 따라서는 아주 먼 미래의 사건도 예측할 수 있도록 해줄 것이다. 따라서 실제적인 사회학의 법칙들은 역사적 법칙들이라는 교설(주로 사회적 일양성의 제한된 타당성으로부터 도출된 교설)은 천문학을 모방하는 여하한 시도와 상관없이 '대규모 예측들이라는 관념'에 이른다. 그리고 그 교설은 이런 관념을 좀 더 구체화한다. 왜냐하면 그것은 이런 예측들이 역사적 예언의 성격을 갖고 있음을 보여주기 때문이다.

따라서 역사법칙주의자에게 사회학이란 미래를 예언하는 오래된 문제를 해결하는 시도가 된다. 다시 말해 그것은 개인의 문제라기보다는 집단이나 인류의 문제를 해결하는 시도이다. 사회학은 그렇기에 앞으로 일어날 일, 즉 임박한 전개에 대한 과학이다. 만약 사회학이 과학적 타당성을 갖고 정치적으로 앞을 내다보게 할 수 있다면, 사회학은 정치인에게, 특히 현안을 넘어서는 비전을 갖고 있는 정치인과 역사적인 사명감을 가진 정치인에게 큰 가치가 있을 것이다. 역사법칙주의자 중 일부는 단지 인류가 밟아 온 긴 여정의 다음 단계를 예측하는 데, 그것도 매우 조심스럽게 예측하는 데 만족하는 것도 사실이다. 그러나 역사법칙주의자는 누구나 할 것 없이 모두, 사회학적 연구는 정치의 미래를 드러내 밝히는 데 기여해야 하며, 그렇게 함으로써 선견지명을 갖춘 정치를 현실에 구현하는 데 가장 요긴한 도구가 되어야 한다고 생각한다.

실용적 가치의 관점에서 볼 때, 과학적인 예측이 지닌 의미는 매우 명백하다. 그러나 사람들이 과학에 서로 다른 두 가지 유형의 예측이 있고, 그에 따라 실용적인 방법 또한 두 가지가 있다는 사실을 언제나 의식하고 있는 것은 아니다. 우리는 (1) 태풍이 다가오고 있다는 것과 같이 아주 실질적인 가치가 큰 예측을 할 수 있다. 이러한 예측은 사람들이 때맞춰 대피할 수 있게 해준다. 하지만 우리는 또한 (2) 만일 피난처가 태풍에 견디려면, 일정한 방식으로, 예컨대 피난처의 북쪽 방벽을 철근 콘크리트로 구축하는 방식으로 시공해야 한다고 예측할 수도 있다.

이 두 종류의 예측은 모두 중요하고 사람들이 오랫동안 바라던 바를 충족시킨다는 점에서 유사하지만, 분명히 매우 다르다. 하나는 우리가 그것을 예방하는 데 있어 아무것도 할 수 없는 어떤 사건에 대해 말한다. 나는 이런 예측을 '**예언**(*prophesy*)'이라 부르겠다. 예언의 실질적 가치는 예언된 사건을 사람들에게 경고하여 사람들이 그것을 회피하거나 대비한 상태에서 (아마도 다른 종류의 예측에 힘입어) 겪을 수 있게 해주는 것이다.

두 번째 유형의 예측은 이러한 예측과 상반된 것으로서 **과학기술적인** (*technological*) 예측이라고 기술할 수 있다. 왜냐하면 이러한 유형의 예측은 **공학**의 기초를 형성하기 때문이다. 말하자면 그것은 건설적이어서, **만약** 우리가 어떤 결과를 얻길 원한다면, 우리가 취할 수 있는 방안을 알려준다. 물리학의 상당 부분(천문학과 기상학을 제외한 물리학의 거의 전부)이 이러한 유형의 예측을 하며, 그것은 실질적 관점에서 볼 때는, 과학기술적인 예측이라고 말할 수 있다. 이 두 종류의 예측의 구분은 그저 지속적인 관찰과 달리, 해당 과학에서 그 실험이 수행하는 기능의 중요성에 대체로 일치한다. 전형적인 실험 과학은 공학적인 예측을 하는 반면, 주로 비실험적 관찰에 의존적인 과학은 예언을 한다.

나는 모든 과학이, 심지어는 과학적 예측조차, 기본적으로 실질적이라고 주장하려는 것이 아니다. 나는 과학이 반드시 예언적이거나 그렇지 않다면 과학기술적이어야 한다고 생각하지 않는다. 나는 단지 두 종류의 예측과 그에 대응하는 과학 간의 차이에 주의를 환기하고자 할 뿐이다. '예언적'과 '과학기술적'이란 용어를 선택함에 있어 나는 확실히 그것이 드러내는, 실용적 관점에서 본 특징을 암시하려고 했다. 그러나 이런 용어를 사용했다고 해서, 내가 실용적 관점이 어떤 다른 관점보다 반드시 우월하다거나, 과학적 관심은 실용적으로 중요한 예언과 과학기술적인 문제의 예측에 국한된다고 생각하는 것은 아니다. 예를 들어 천문학의 경우, 천문학에서의 발견은, 비록 실용적인 관점에서 가치가 없는 것은 아닐지라도, 주로 이론적인 면에서 흥미롭다고 볼 수밖에 없다. 그러나 '예언'의 일종으로서 천문학적 발견이 지니는 실질적 가치는 기상학의 예보와 비슷할 정도로 매우 분명하다.

여기에서 과학의 예언적인 성격과 공학적인 성격 간의 차이가 장기 예측과 단기 예측의 차이와 상응하지 않는다는 사실을 인식하는 것이 중요하다. 공학적인 예측은 대부분 단기적이지만, 장기적인 과학기술적 예측도 있다. 엔진의 수명에 관한 예측이 그에 해당한다. 천문학적 예측도 단기적 혹은 장기적일 수 있으며, 기상학적 예보 대부분은 비교적 단기적이다.

이 두 실용적 목적의 — 예언적과 공학적 — 차이와 이에 대응하는 과학이론의 구조적 차이는 후에 방법론적 분석에서 [다음 논문에서] 주요 논점 중 하나가 될 것이다. 여기에서는 다만 역사법칙주의자의 경우, 본래 사회학적 실험은 쓸모없고 불가능하다고 믿기 때문에 한편으로는 역사적 예언 — 사회적, 정치적 및 제도적 발전에 대한 예언 — 을 입증하기 위해 노력하는 반면, 다른 한편으로는 사회공학을 사회과학의 실용적 목적으로 삼는 것에 반대한다는 사실을 강조하고자 한다. 역사법칙주의자 중 일부는 막 벌어질 것 같은 사회적 상황을 멈추게 하거나 제어하거나 촉진할 목적으로 사회공학, 즉 제도를 입안하고 만드는 일이 가능하다고 생각할 수도 있다. 그러나 다른 역사법칙주의자는 이 같은 발상을, 거의 구현 가능성이 없는 시도이거나, 정치적인 기획도 다른 모든 사회적 활동과 마찬가지로 역사를 압도하는 모종의 추동력에 의해 지배될 수밖에 없다는 사실을 간과한 시도에 불과하다고 여긴다. [특히 논문 26을 보라.]

IV. 역사 발전의 이론

이와 같은 고찰은 내가 '역사법칙주의'라고 부르자고 제안한 논증의 핵심으로 이끄는 동시에, 왜 이런 명칭을 채택하는 것이 정당한지 보여준다. 사회과학은 역사학에 다름 아니다. 바로 이것이 논지이다. 그러나 여기에서 역사학은 단지 역사적인 사실을 시대에 따라 열거하는 연대기라는 전통적인 의미에서의 역사학이 아니다. 역사법칙주의자가 사회학과 동일시하고자 하는 역사학은 과거를 돌아볼 뿐만 아니라 미래를 내다보는 역사학이다. 그것은 작동하고 있는 힘에 대한 연구이며 무엇보다도 사회 발전의 법칙에 관한 연구이다. 우리는 그것을 역사적 이론이나 이론적인 역사라고 불러도 좋을 것이다. 역사적인 법칙만이 보편적으로 타당한 사회적 법칙으로 여겨졌기 때문이다. 사회 발전의 법칙은 과정에 대한, 변화에 대한, 그리고 발전에 대한 법칙이어야 한다. 단지 외견상 변하지 않거나 한결같은 것처럼 보이는 것에 대한 사이비 법칙(the pseudo-laws)이 아니어야 한다. 역사법칙주의자에 따르면, 사회학자는 사회적 구조가 수반하는 **광범위한 추세**(*broad trends*)의 큰 흐름을 파악하기 위해 노력해야 한다. 그러나 사회학자는 이에 더해 이런 과정의 원인, 즉 변화를 주도한 힘이 어떻게 작용하는지 이해하려고 노력해야 한다. 사회학자는 사회 발전의 근저에 있는 일반적 추세에 관해 가설을 세우려고 노력해야 한다. 사람들이 스스로 이런 법칙에서 예언을 연역함으로써 임박한 변화에 적응할 수 있도록 말이다.

　사회학에 대한 역사법칙주의자의 생각은 내가 두 종류의 예상과 그에 상응하는 두 종류의 과학 사이에서 이끌어낸 구분에 좀 더 천착함으로써 명료해질 수 있다. 역사법칙주의 방법론에 반하는 방법론의 일종으로서 **과학기술적인 사회과학**(*technological social science*)을 목표로 하는 방법론을 들 수 있다. 이러한 방법론은 사회제도를 개혁하고자 하는 온갖 시도에 필수불가결한 사실을 발견하기 위해 우리를 사회생활에 관한 일반적 법칙에 대한 연구로 이끌 것이다. 그와 같은 사실이 존재한다는 것은 의문의 여지가 없다. 실제로 우리는 이런 사실을 충분히 감안하지 않았기 때문에, 현실성을 잃은 많은 유토피아적 체계를 알고 있다.

과학기술적인 방법론은 그와 같이 비현실적인 시도에서 벗어날 수 있는 방편을 제공한다. 그래서 그것은 반역사법칙주의적일지 몰라도, 결코 반역사적이지는 않다. 과학기술적 방법론에서 역사적 경험은 매우 중요한 정보의 원천이다. 그러나 그것은 사회 발전의 법칙을 발견하려고 노력하는 대신, 사회제도의 구성에 제한을 가하는 다양한 법칙이나 그와 유사한 일양성을 (비록 역사법칙주의자는 이러한 것이 존재하지 않는다고 말할지라도) 찾고자 노력할 것이다.

역사법칙주의자는 앞에서 거론했던 반대 논증을 활용하는 것에 더해 다른 방식으로 그와 같은 사회적 과학기술이 지닌 가능성과 효용성에 의문을 제기할 수 있다. 역사법칙주의자는 다음과 같이 상상해 보자고 말한다. 사회공학자가 당신이 생각하는 사회학에 힘입어 새로운 사회적 구조를 위한 계획을 세웠다. 이 계획은 사회생활에 대해 알려진 사실이나 법칙과 상충하지 않는다는 의미에서 실질적인 동시에 현실적이다. 더 나아가 현존하는 사회의 구조를 새롭게 만들기 위하여 입안된 또 다른 실질적인 계획이 이 계획을 뒷받침한다. 하지만 역사법칙주의자의 논증에 따르면, 이렇게 가정한다고 해도 그와 같은 계획은 일고의 가치도 없다. 왜냐하면 이 계획은 역사 발전의 법칙을 감안하지 않았고 바로 그 이유로 인해 비현실적이고 유토피아적인 몽상으로 남을 수밖에 없기 때문이다. 사회적 혁명은 합리적 계획에 의해서 일어나는 것이 아니라, 사회적 힘, 예컨대 이해의 충돌과 같은 것에 의해 일어난다. 사려 깊이 고안한 계획을 구현하는 막강한 권한을 지닌 철인왕이 있을 것이라는 생각은 토지를 소유한 귀족의 이익을 지키기 위해 꾸며진 허구에 불과하다. 충분히 많은 사람이 합리적 논증에 감동해서 사회개혁을 이룰 것이라는 미신 역시 이 같은 허구를 민주주의적인 방식으로 재연한 것에 지나지 않는다. 역사는 사회적 현실이 이런 이야기와 매우 다르다는 것을 보여준다. 역사 발전 과정은 아무리 탁월하다 하더라도 결코 이론적인 구성에 의해 형성되지 않는다. 비록 그와 같은 도식이 여타의 덜 합리적인 (심지어 매우 비합리적인) 많은 요인과 더불어 모종의 영향을 끼친다는 점은 인정할 수 있을지라도 말이다. 설령 그런 합리적 계획이 막강한 권력을 가진 집단의 이해관계에 부합하여 그것을 구현하기 위한 노력이 역사 과정에서 주요한 요인이 될지라도, 그것은 결코 애초 생각한 바에 따라 구현되지 않을 것이다. 실제 결과는 항상 합리적 구성과 매우 다를 것이다. 그것은 언제나 서로 경합하는 힘의 순간적인 배열의 결과에 의해 발생한다. 더구나 그 어떤 상황에서도 합리적 계획의 결과물은 안정적인 구조가 될 수 없다. 왜냐하면 힘의 균형은 변할 수밖에 없기 때문이다. 아무리 사회공학이 현실적이고 과학적이라고 자처해도, 결국 그것은 모두 한갓 유토피아적 몽상으로 남을 수밖에 없는 운명을 지녔다.

역사법칙주의자에 따르면, 지금까지의 논증은 이론적 사회과학에 힘입은 사회공학의 실질적인 가능성을 비판하는 데 초점을 맞추었기 때문에 그와 같은 사회과학 자체를 비판하지는 않았다. 그러나 유사한 논증을 통해 과학기술적인 형태의 이론적인 사회과학 역시 불가능하다는 것을 입증할 수 있다. 우리는 이제까지 실질적인 공학적 시도가 사회학적으로 매우 중요한 사실과 법칙을 간과함으로써 실패할 수밖에 없다는 것을 보았다. 그런데 이는, 그러한 시도는 실제에 있어 유일하게 중요한 사회적인 법칙인 발전의 법칙을 간과하고 있기 때문에 실질적 가치를 결여하고 있음은 물론이고 이론적으로도 건전하지 못함을 함축한다. 흔히 이러한 시도의 근거라고 보는 '과학' 또한 이런 법칙을 간과하고 있음에 틀림없다. 그렇지 않다면 그것이 그처럼 비현실적인 구성을 위한 기초를 제공했을 리 없기 때문이다. 합리적 사회 구성이 불가능하다는 사실을 가르치지 않는 사회과학은 그 어떤 것도 사회생활에서 가장 중요한 사실을 깨닫고 있다고 볼 수 없으며, 실제에 있어 유일하게 타당하고 중요한 사회적 법칙을 간과하고 있음에 틀림없다. 그러므로 사회공학을 위한 배경을 제공하고자 하는 사회과학은 사회적인 사실에 대한 참된 묘사가 될 수 없다. 그것은 그 자체로 불가능하다.

　역사법칙주의자에 따르면, 이런 결정적 비판 외에도 과학기술적인 사회학을 폐기할 이유가 많다. 그 이유 중 하나는, 예를 들면 과학기술적인 사회학이 새로움의 창발과 같은 사회적인 발전 양상을 무시한다는 사실이다. 우리가 새로운 사회 구조를 과학에 의거해서 합리적으로 구성할 수 있다는 관념은, 우리가 새로운 사회적 시대를 처음에 계획했던 대로 비교적 정확하게 구현할 수 있다는 것을 의미한다. 그러나 만약 그 계획이 사회적인 사실을 포괄하는 과학에 근거를 두고 있다면, 그것은 배열의 새로움은 몰라도, 본질적으로 새로운 양상을 설명할 수는 없다.[3] 하지만 우리는 새로운 시대가 그 자체로 본질적인 새로움을 가질 것이라는 사실을 안다. 따라서 그 어떤 구체적인 계획도 헛될 수밖에 없으며 그것이 기초하고 있는 그 어떤 과학도 참이 아니다.

　역사법칙주의자의 이 같은 생각은 경제학을 포함해서 모든 사회과학에 적용 가능하다. 따라서 경제학조차 사회적인 개혁에 관한 한 어떤 가치 있는 정보도 제공할 수 없다. 사이비 경제학만이 합리적인 경제계획을 위한 배경을 제공하려고 노력할 것이다. 진정으로 과학적인 경제학이라면 다양한 역사적 시대를 관통하는 경제 발전의 추동력을 드러내기 위해 노력할 것이다. 그것은 우리가 다가올 시대의 윤곽을 그리는 데 도움을 줄 수 있을지는 몰라도, 새로운 시대를 위해 구체적인 어떤 계획을 개발하여 그것을 실행에 옮기는 데 도움을 줄 수는 없다. 여타의 사회과학에 유효한 것은 경제학에 대해서도 유효할 수밖에 없다. 경제학의 궁극적 목표는 오직 '인간 사회운동의 경제법칙을 해명해야 하는' 것일 수밖에 없다(마르크스).

V. 역사법칙주의 비판: 진화의 법칙은 존재하는가?

　사회과학의 과제가 사회의 미래를 예고하기 위해 사회진화의 법칙을 해명하는 데 있다는 믿음이 아마 역사법칙주의의 중심 교설이라고 볼 수 있다. 왜냐하면 변하는 사회적 세계와 변하지 않는 물리적 세계 간의 차이를 불러일으키고 그 결과 반자연주의를 낳는 것이 바로 사회를 일련의 시대를 관통해 움직이는 것으로 보는 견해이기 때문이다. 다른 한편, 친자연주의적인 그리고 과학적인 믿음을 불러일으키는, 이른바 '계기의 자연법칙'에 대한 믿음 역시 동일한 견해이다. 그런데 그 믿음은 콩트와 밀의 시대에는 천문학의 장기 예측이, 좀 더 최근에는 다윈주의가 지지한다고 주장할 수 있다. 실제로 최근에 불고 있는 역사법칙주의의 인기는 단지 진화론이 누리는 인기의 일환이라고 볼 수도 있다. 여기에서 진화론은 지구상에 존재하는 다양한 동식물 종의 역사에 관한 기막힌 과학적 가설과 기성 종교의 신앙의 일부가 되어 버린 오래된 형이상학적 이론의 극적인 충돌로 인해 그 영향력이 커진 철학으로 이해할 수 있다.[4]

소위 진화론적 가설은 형태적으로 관련이 있는 것들이 공통 조상을 갖고 있다는 가정을 통해 일군의 생물학적 관찰과 고생물학의 관찰, 예컨대 다양한 종과 속이 일정한 유사성을 갖고 있다는 관찰을 설명하는 것이다.[5] 이 가설은 보편적 법칙이 아니다. 비록 그것이 유전, 형질분리 및 돌연변이의 법칙처럼 보편적인 자연의 법칙과 더불어 설명을 구성하고 있더라도 그렇다. 그것은 오히려 특수한 (단칭적 내지 구체적인) 역사적 진술의 성격을 갖고 있다. (진화론적 가설은 학문적으로 '찰스 다윈과 프랜시스 골턴(Francis Galton)의 조상은 같다'는 역사적 진술과 같은 위상을 갖는다.) '가설'이란 용어가 보편적인 자연법칙이 갖고 있는 학문적 지위를 나타내는 데 너무나 자주 사용되면서, 진화론적 가설은 자연의 보편적 법칙이 아니라, 지상에 존재하는 동식물의 조상에 관한 특수한 (더 정확히 말하면 단칭의) 역사적 진술이라는 사실이 희미해졌다. 그러나 우리가 아주 빈번하게 이 말을 다른 의미로 사용하고 있다는 것을 잊지 않아야 한다. 예를 들어 잠정적인 의료 진단을 가설로 묘사하는 것은 의심할 여지없이 올바르다. 설령 그와 같은 가설이 보편적 법칙의 성격보다는 단칭적이고 역사적인 성격을 띠고 있을지라도 말이다. 달리 말해서 모든 자연법칙은 가설이라는 사실로 인해, 모든 가설이 반드시 법칙인 것은 아니라는 사실을 간과해서는 곤란하다. 또한 특히 역사적 가설은 대체로 하나의 개별 사건이나 일군의 단칭적 사건에 대한 단칭 진술이라는 사실을 간과하지 말아야 한다.

그러나 과연 진화의 **법칙**이 있을 수 있는가? 과연 헉슬리(T. H. Huxley)가 다음과 같이 썼을 때, 그가 의도했던 의미의 과학적인 법칙이 존재할 수 있는가? '과학이 조만간 … 유기적 형체에 대한 진화법칙을 — 과거와 현재 존재하는 모든 유기적 형체가 연결고리인 … 거대한 인과 연쇄의 변하지 않는 질서의 법칙을 — 갖게 될 것임을 의심하는 … 사람은 미온적인 철학자임에 틀림없다.'6)

나는 이 물음에 대한 답변은 '아니다'여야 한다고 믿는다. 또한 진화에서 '변하지 않는 질서'의 법칙을 추구하는 것은, 생물학이든 사회학이든 과학적 탐구 방법의 영역에 속할 수 없다고 믿는다. 이렇게 생각하는 이유는 매우 단순하다. 지상에 존재하는 생명의 진화나 인류 사회의 진화는 단 한 번 발생하는 독특한 역사적인 과정이다. 이런 과정은 온갖 유형의 인과법칙, 예컨대 역학, 화학, 유전과 형질분리, 자연선택 등의 법칙에 부합하는 방식으로 진행한다고 볼 수 있다. 그러나 그 과정에 대한 기술은 법칙이 아니라, 역사적인 단칭 진술일 뿐이다. 보편적 법칙은 헉슬리가 말한 대로 변하지 않는 질서, 즉 일정한 종류의 모든 과정에 관한 주장이다. 그리고 논리적으로는 단 하나의 관찰 사례로부터 보편법칙을 수립하지 못할 이유가 없지만, 또한 운이 좋아 진리에 도달하지 못할 이유가 없어도, 과학이 그 법칙을 진지하게 받아들이기 위해서는 그전에 만들어진 과정이 어떠하든지 그 법칙은 새로운 사례에 의해 **시험되어야** 한다. 하지만 만일 우리가 관찰할 수 있는 것이 단 한 번 발생하는 독특한 과정이라면, 우리는 보편법칙을 시험할 수도 없으며 과학이 인정할 수 있는 자연법칙을 발견할 수도 없을 것이다. 단 한 번 발생하는 독특한 과정을 관찰하는 것은 우리가 그것의 미래가 어떻게 개진될 것인지 내다보는 것에도 도움을 줄 수 없다. 아무리 주의 깊게 애벌레 **한 마리**의 성장 과정을 관찰해도 우리는 그것이 나비로 변신할 것이라는 사실을 예측하지 못할 것이다. 우리의 논증을 인류 사회의 역사에 적용할 때— 또한 우리가 여기서 관심을 두고 있는 것이 바로 이것인데— 피셔(H. A. L. Fisher)는 그 논증을 다음과 같은 말로 정식화했다. '인간은 … 역사에서 줄거리, 규칙적 반복, 예정된 패턴을 가려내 왔다. … 그러나 내가 볼 수 있는 것은 단지 한 사건에 이어 또 다른 사건이 등장하는 것뿐이었다. … 그리고 이와 관련해서 **하나의 중요한 사실만을 알 수 있었을 뿐이다. 그것은 사건은 단 한 번 발생하는 독특한 것이기 때문에 어떤 일반화도 있을 수 없다는 것이다. …'[7]**

이런 반대에 어떻게 대응할 수 있는가? 진화의 법칙을 믿는 사람이 취할 수 있는 입장은 크게 두 가지이다. 그는 (1) 진화적인 과정이 단 한 번 발생하며 독특하다는 주장을 거부하거나, (2) 설령 진화 과정이 단 한 번 발생하며 독특할지라도 그 과정에서 경향이나 추세 혹은 지향을 끄집어낼 수 있으며, 이에 더해 이런 경향을 진술하는 가설을 정식화하고 미래 경험으로 이 가설을 시험할 수 있다고 주장할 수 있다. 이 두 입장 (1)와 (2)가 상호 배타적인 것은 아니다.

입장 (1)은 태곳적 아이디어로 거슬러 올라간다. 즉, 탄생에서 시작하여 유년, 청년, 장년, 노년을 거쳐 죽음에 이르는 생의 주기가 개별적인 동식물뿐만 아니라, 사회, 인종, 그리고 어쩌면 '세계 전체'에도 적용된다는 생각이다. 그러나 이것은 단지 사실에 의해 보강되는 것처럼 보이는 수많은 형이상학 이론 중 하나에 불과하다. 좀 더 면밀히 살펴보면, 그 사실은 기실 그것이 시험하도록 전제된 바로 그 이론에 비추어 선택된 것이라는 것을 알 수 있다.[8]

입장 (2), 즉 우리가 진화적인 운동의 경향이나 방향을 가려낼 수 있다는 믿음에 관해서는, 먼저 이런 믿음이 입장 (1)을 대표하는 주기 가설(the cyclical hypothesis) 중 어떤 것에 영향을 미쳤고 또한 그것을 지지하는 데 사용되었다는 것을 말할 수 있다. 특히 뉴턴이 물체의 운동법칙을 발견했던 것처럼, 우리도 언젠가는 '사회운동의 법칙'을 발견할 수 있다는 희망은 이런 오해에서 비롯한 것일 뿐이다.[9] 그 어떤 의미에서도 물체의 운동과 유사하거나 비슷한 사회의 운동은 존재하지 않기 때문에, 그러한 법칙 또한 존재하지 않는다.

그러나 사회적 변화에 어떤 경향이나 추세가 존재한다는 것은 의심의 여지가 없지 않느냐고 질문할 수 있다. 통계학자는 누구나 그와 같은 추세를 계산해 낼 수 있다. 이 같은 추세를 뉴턴의 관성의 법칙에 필적할 만한 것으로 생각할 수는 없는가? 대답은 이렇다. 추세는 존재한다. 더 정확히 말해 추세를 가정하는 것은 종종 유용한 통계적 장치가 된다. **하지만 추세는 법칙이 아니다.** 어떤 추세가 있다는 것을 주장하는 진술은 존재적이지, 보편적인 진술이 아니다. (반면 보편적인 법칙은 존재를 주장하지 않는다. 그와 정반대로 [논문 24의 I절에서] 보여주듯이 그것은 어떤 일의 불가능성을 주장한다.[10]) 그리고 일정한 시간과 장소에 어떤 추세가 존재한다고 주장하는 진술은 역사적 단칭 진술이지 보편적 법칙이 아니다. 이 같은 논리적 상황이 갖는 실질적 의미는 중요하다. 우리는 법칙에 의거해서 과학적 예측을 할 수 있지만, (신중한 통계학자라면 잘 알고 있듯이) 단순히 추세의 존재에 의거해서 과학적 예측을 할 수는 없다. 어떤 추세가 수백 년 혹은 심지어 수천 년 동안 지속되었다 하더라도(인구 증가를 그 예로 들 수 있다), 그것은 십 년 내에 혹은 그보다 훨씬 더 빨리 변할 수 있다.

법칙과 추세는 근본적으로 다르다는 사실을 지적하는 것은 중요하다. 추세를 법칙과 혼동하는 습관은 어떤 경향에 대한 직관적 관찰(예컨대, 과학기술의 발전)과 함께 진화주의와 역사법칙주의의 핵심 교설, 즉 변하지 않는 생물학적 진화의 법칙과 불가역적인 사회운동법칙에 대한 교설을 낳았다. 또한 아직도 그 영향력이 큰 계기의 법칙에 대한 콩트의 교설 역시 동일한 혼동과 직관에 의해 촉발되었다.

　물론 콩트와 밀 이후에 유명해진 **공존의 법칙**(*laws of coexistence*)과 **계기의 법칙**(*laws of succession*)의 차이는 합리적 방식으로 해석될 수 있다. 전자는 흔히 정역학에 상응하고 후자는 동역학에 상응하는 것으로 알려져 왔지만, 전자는 **시간**의 개념을 포함하지 않은 법칙으로서, 그리고 후자는 그 정식화에 **시간**이 들어오는 법칙(예컨대, 속도에 관한 법칙)으로서 해석될 수 있다.[11] 그러나 이는 콩트와 그 추종자가 염두에 둔 것과는 사뭇 다른 구분이다. 계기의 법칙에 대해 말할 때, 콩트가 생각한 것은 현상을 관찰하는 순서와 일치하는 일련의 '동태적' 현상의 연쇄를 관장하는 법칙이었다. 여기에서 콩트가 생각했던 것과 같은 '동태적' 계기의 법칙은 존재하지 않는다는 것을 깨닫는 것이 중요하다. 그러한 것이 동역학 내에 존재하지 않는다는 것은 분명하다. (내가 **말하는 것**은 진정한 의미에서의 동역학이다.) 자연과학 분야에서 계기의 법칙에 가장 근접한 접근 방법은 — 그리고 아마 그가 염두에 두었던 것은 — 자연적인 주기성인데, 그 예로 계절, 달의 양상, 일식의 반복 혹은 진자의 운동을 들 수 있다. 그러나 물리학에서는 이런 주기성을 동적인 것으로(정적인 것일지라도) 기술하겠지만, 콩트가 말한 의미에서 이 주기성은 '동태적'이 아니라 '정태적'일 것이다. 그리고 어떤 경우든 그것을 법칙이라 할 수 없다. (왜냐하면 그것들은 태양계를 지배하는 특수한 조건에 의존하기 때문이다.) 나는 그것을 '계기에 관한 준-법칙(quasi-laws of succession)'이라 부르겠다.

　결정적인 논점은 이것이다. 설령 실제로 어떤 현상의 계기가 자연의 법칙에 따라 진행된다고 가정할 수 있을지라도, 사실상 **인과적으로 연관된 세 개 이상의 구체적인 사건의 연속도 어떤 하나의 자연법칙에 따라 진행되지 않음**을 깨닫는 것이 중요하다. 만일 바람이 나뭇가지를 흔들고 뉴턴의 사과가 땅에 떨어진다면, 이런 사건을 인과법칙으로 묘사할 수 없다고 주장하는 사람은 없을 것이다. 그러나 중력법칙처럼 인과적으로 연관된 사건의 실제적 내지 구체적인 계기를 기술하는 단 하나의 법칙은 존재하지 않는다. 사실 이를 기술할 수 있는 그 어떤 법칙의 집합조차 존재하지 않는다. 우리는 중력 외에도 바람의 압력을 설명하는 법칙, 즉 나뭇가지의 갑작스러운 움직임, 사과 꼭지의 장력, 사과가 충격을 받아 생긴 멍 등을 설명하는 법칙을 고려해야 한다. 이 모든 것이 사과의 멍을 만드는 화학적 과정에 연이어 발생한다. 사건의 구체적 연속이나 계기를 (진자나 태양계의 운동과 같은 사례를 제외하고) 단 하나의 법칙이나 하나의 법칙의 집합으로 기술하거나 설명할 수 있다는 생각은 그저 잘못된 것이다. 계기의 법칙은 물론이고 진화의 법칙도 존재하지 않는다.

그러나 콩트와 밀은 자신들의 역사적 계기의 법칙을 사건의 실제 발생 순서에 따라 역사적 사건의 연속을 결정하는 법칙이라고 생각했다. 이는 밀이 탐구 방법에 관해 다음과 같이 말한 것에서 알 수 있다. '역사의 일반적 사실의 연구와 분석을 통해서 발전의 법칙을 … 발견하려고 시도하는 데 있다. 일단 법칙이 밝혀지면 … 우리는 틀림없이 미래 사건을 예견할 수 있다. **대수학에서 무한수열의 몇 개의 항들을 접한 후에는 그 형태에서 규칙의 원리를 탐지하여 우리가 원하는 수의 항까지 그 수열의 나머지를 예측할 수 있는 것과 같은 것이다.**' 밀 자신은 이런 방법에 비판적이었다. 하지만 그가 '역사가 우리에게 제시하는 … 계기의 질서가' 수학의 수열과 충분히 비교될 정도로 '엄격히 일정한 규칙에 따르는' 것일 수 있는가 하는 의문을 표명했을지라도, 그의 비판은 수학적인 수열의 법칙과 유사한 계기의 법칙을 발견할 가능성을 충분히 인정하고 있다.[12)]

우리는 이제 그와 같은 사건의 '동태적' 연속의 계기를 결정하는 어떤 **법칙**도 존재하지 않는다는 것을 알고 있다.[13)] 다른 한편 이런 '동태적'인 성격의 추세가 존재할 수 있는데, 인구 증가를 그 예로 들 수 있다. 그러므로 밀이 '계기의 법칙'에 관해 말했을 때 염두에 둔 것이 이런 추세가 아니었는지 의심해 볼 수 있다. 그리고 이런 의문은 밀 자신에 의해 확인되는데, 그가 발전의 역사적 법칙을 어떤 경향으로 기술했기 때문이다. 이런 '법칙'에 대해 논의할 때, 그는 자신의 '믿음'을 이렇게 표현한다. '일반적 경향은, 우연적이고 일시적인 예외를 제외하고는, 개선의 경향 — **더 좋고 행복한 상태를 향한 경향**이다. 이것이야말로 … 과학(즉, 사회과학)의 정리(theorem) … 이다.' 밀이 인류 사회의 현상이 '어떤 타원 궤도를 따라' 공전하는지, 아니면 '어떤 궤적을 따라' 움직이는지와 같은 문제를 진지하게 논하고 있다는 사실은[14] 법칙과 추세에 대한 근본적인 혼동과 사회가 하나의 전체로서, 말하자면 '행성'처럼 움직일 수 있다는 전체론자의 생각과 궤를 같이한다.

오해를 피하기 위해 분명히 하고 싶은 점이 있다. 나는 콩트와 밀이 철학과 과학의 탐구 방법론에 지대한 공헌을 했다고 믿는다. 나는 특히 법칙과 과학적 예측에 대한 콩트의 강조, 인과성의 본질주의 이론에 대한 콩트의 비판, 그리고 과학적 방법의 통일성에 대한 그와 밀의 교설을 기억한다. 그러나 계기의 역사법칙에 대한 그들의 교설은 잘못된 비유를 모아 놓은 것보다 별로 더 나을 것이 없다고 본다.

24. 점진적 사회공학 (1944)

I. 사회학에 대한 과학기술적 접근

본 연구의 주제는 내가 동의하지 않는 방법론적 교설인 역사법칙주의이다. 그러나 먼저 지금껏 성공적이었던 방법일 뿐만 아니라, 앞으로 더 의식적으로 발전시켜야 할 방법을 간략히 다루는 것이 유익하다고 생각한다. 독자에게 내 비판의 근거가 되는 관점을 명료하게 드러내면, 독자가 나의 편향성에 대해 알 수 있기 때문이다. 편의상 내가 지지하는 방법을 '**점진적 과학기술**(*piecemeal technology*)'이라 부르겠다.

'사회적 과학기술(social technology)'이라는 용어는 (그리고 심지어는 다음 절에서 소개할 '사회공학(social engineering)'이라는 용어조차) 불신을 가져올 가능성이 크다. 특히 이 말에서 집산주의를 부추기는 자의 '사회적 청사진'이나 과학기술자의 '사회적 청사진'을 떠올리는 사람들은 이 용어에 거부감을 느낄 것이다. 이런 위험을 잘 알고 있기에, 한편으로는 이 용어와 연관된 불쾌한 느낌을 상쇄하고, 다른 한편으로는 자연과학에서는 물론이고 사회과학에서도 실질적인 성과를 낳는 유력한 방법이 비판적 분석을 통해 '조금씩 수선하는(piecemeal tinkering)'

것이라는 확신을 표명하기 위해 나는 '점진적'이란 말을 첨가했다. 사회과학은 대체로 사회적 개선을 위한 제안을 비판함으로써, 좀 더 정확히 말해서 경제적 혹은 정치적으로 특별한 어떤 행동이 우리가 기대하거나 바라는 결과를 낳을 것인지 아닌지를 확인하려는 시도를 통해서 발전했다.[1] 이런 접근 방법은 사실상 고전적 접근 방법이라고 볼 수 있지만, 내가 사회과학에 대한 과학기술적인 접근 방법 내지 '점진적인 사회적 과학기술'을 언급할 때 염두에 두고 있는 방법이다.

사회과학 분야의 과학기술적 문제는 '사적' 혹은 '공적' 성격을 가질 수 있다. 예를 들어 경영 기법에 대한 연구나 작업 환경 개선이 생산에 미치는 효과에 대한 연구는 전자에 속한다. 이에 비해 교도소 개혁이나 국민건강보험 또는 공정거래위원회를 통한 가격 안정화나 새로운 수입 관세의 도입 등이 소득 균형에 미치는 효과에 관한 연구는 후자에 속한다. 이에 더해 현재 가장 시급한 문제 중의 일부, 예컨대 경기 순환을 어떻게 통제할 것인가 하는 문제나 국가가 생산을 관리한다는 의미에서의 중앙집권적 '계획'이 행정부에 대한 실효성 있는 민주적 통제와 양립 가능한지에 대한 문제, 그리고 중동 지역에 민주주의를 전파하는 방법에 관한 문제 또한 후자에 속한다.

실질적인 과학기술적 접근 방법을 강조한다고 해서, 이것이 곧 실질적인 문제를 분석할 때 발생할 수 있는 이론적 문제 중 어떤 것을 배제해야 한다는 것을 의미하는 것은 아니다. 오히려 과학기술적인 접근 방법은 순수 이론적인 면에서 중요한 문제를 창출하는 데 유익할 것이라는 것이 나의 주요 논점 중 하나이다. 그러나 과학기술적인 접근 방법은, 문제의 취사선택이라는 근본적인 과제에 도움을 주는 것에 더해, 우리의 사변적인 성향에(이 성향은 사회학의 정통 분야에서는 특히 우리를 형이상학의 영역으로 이끌어가기 십상이다) 일종의 규율을 부과한다. 왜냐하면 그것은 이론을 일정한 기준, 예컨대 명료성이나 실제적인 시험 가능성과 같은 기준에 따르도록 하기 때문이다. 과학기술적인 접근 방법에 관한 나의 논점은 다음과 같이 표현 가능하다. 사회학은 (그리고 어쩌면 일반적인 사회과학도) 사회학의 뉴턴이나 다윈을 찾을 것이 아니라,[2] 오히려 사회학의 갈릴레이나 사회학의 파스퇴르를 찾아야 한다.

이러한 주장 그리고 사회과학의 방법과 자연과학의 방법의 유사성에 대한 나의 언급은[논문 23의 I절에서] '사회적 과학기술'이나 '사회공학'과 같은 용어의 사용 못지않게 많은 반론을 불러일으킬 가능성이 크다. ('점진적'이라는 말을 통해 상당한 요구 조건을 부과했음에도 말이다.) 그래서 이즈음 내 입장을 재차 분명히 밝히는 것이 좋겠다고 생각한다. 나는 독단적인 방법론적 자연주의나 '과학만능주의(scientism)'(하이에크 교수의 용어를 빌린다면)와 싸우는 것이 얼마나 중요한지 잘 알고 있다. 그럼에도 불구하고 나는 비록 일부에서 그것이 심히 오용되거나 오도되어 왔다고 할지라도, 이런 유사성이 유익한 한 그것을 이용해야 한다고 생각한다. 게다가 독단적 자연주의자가 공격한 방법 중 일부는 근본적으로 자연과학에서 사용하는 방법과 같다는 것을 보여주는 것보다 독단적인 자연주의자를 비판하는 더 좋은 방법은 없는 것 같다.

우리가 과학기술적 접근 방법이라 부르는 것에 대해 반대하는 **일차적인** 이유는 그것이 사회질서에 대해 '행동주의자'처럼 행동하도록 종용하기 때문이다. 그리고 그 결과 '반개입주의자(the anti-interventionist)'나 '수동주의자(passivist)'를 싫어하는 편견을 갖기 쉽게 만들기 때문이다. 반개입주의나 수동주의에 따르면, 우리가 현존하는 사회적 혹은 경제적 조건에 만족하지 못하는 것은 우리가 사회적, 경제적 조건이 어떻게 작동하는지 이해하지 못하기 때문이며, 왜 능동적 개입이 사태를 더 악화시킬 뿐인지를 이해하지 못하기 때문이다. 여기서 내가 이런 '수동주의' 견해에 전혀 동조하지 않는다는 것을 분명하게 밝힌다. 이에 더해 나는 **보편적인** 반개입주의 정책은 — 순수하게 논리적인 근거에서 보더라도 — 지지할 수 없는 교설이라고 생각한다. 왜냐하면 그 정책의 지지자는 개입을 방지하는 것을 목적으로 하는 정치적 개입을 권할 수밖에 없기 때문이다. 그럼에도 불구하고 과학기술적 접근 방법 그 자체는 이 문제에 중립적이며(실제로 그것은 중립적이어야만 한다) 반개입주의와 결코 양립 불가능하지 않다. 오히려 나는 반개입주의가 과학기술적 접근 방법을 포함하고 있다고 생각한다. 왜냐하면 개입주의가 사태를 더 악화시킨다고 주장하는 것은 어떤 정치적인 행동이 어떤 결과를 — 즉, 우리가 바라는 결과를 — 가져오지 못할 것이라고 말하는 것과 같기 때문이다. 그리고 알다시피 **무엇이 달성 불가능할지 지적하는 것**은 과학기술적 작업이 지닌 두드러진 특징 중 하나이다.

이 점은 좀 더 면밀하게 검토할 가치가 있다. 내가 다른 곳에서 보여주었듯이,[3] 모든 자연법칙은 **이러이러한 일은 일어날 수 없다**는 주장으로 표현할 수 있다. 즉, '체로 물을 나를 수 없다'와 같은 격언 형태로 표현할 수 있다. 예를 들어 에너지 보존 법칙은 '우리는 영구 운동 기계를 만들 수 없다'로, 엔트로피 법칙은 '우리는 효율성이 백 퍼센트인 기계를 만들 수 없다'로 표현할 수 있다. 자연법칙을 이런 방식으로 표현하는 것은 그 법칙의 과학기술적인 의미를 분명하게 드러내며, 따라서 자연법칙의 '**과학기술적인 형태**'라 부를 만하다. 이런 관점에서 반개입주의를 검토하면, 우리는 즉각 그것을 '우리는 이러저러한 결과를 달성할 수 없다', 혹은 '우리는 이러저러한 부수적인 영향 없이 이러저러한 목적을 달성할 수 없다'는 형태의 문장으로 표현할 수 있다는 것을 깨닫게 된다. 그러나 이는 반개입주의를 전형적인 **과학기술적 교설** (*technological doctrine*)의 하나로 볼 수 있다는 것을 보여준다.

물론 그것이 사회과학에서 유일하게 과학기술적인 것은 아니다. 오히려 우리 분석의 의미는 그것이 자연과학과 사회과학이 근본적으로 매우 유사하다는 사실을 주목하게 만드는 데 있다. 내가 염두에 두는 것은 자연과학의 법칙이나 가설과 유사한 사회학의 법칙이나 가설의 존재이다. 그와 같은 사회학의 법칙이나 가설이 (소위 말하는 '역사적 법칙들' 외에) 존재한다는 사실이 종종 의문시되었기 때문에,[4] 나는 이제 몇 가지 사례를 제시할 것이다. '농산물에 대한 관세를 도입하는 동시에 생활비를 감소시킬 수 없다.' '산업사회에서는 소비자 압력단체를 생산자 압력단체를 조직하는 것만큼 효과적으로 결성할 수 없다.' '중앙 집중적으로 계획된 사회에서는 가격이 시장에서 수행하는 주요 기능을 대신할 수 있는 가격 체계를 구축할 수 없다.' '물가 상승이 없는 완전고용은 이룰 수 없다.' 권력정치에서도 일련의 사례를 찾을 수 있다. '정치적 개혁은 당초 의도했던 목표에서 보면 바람직하지 않은 반발을 야기하지 않고 이룰 수 없다.' (따라서 그 반발이 무엇인지 찾아라.) '대략 개혁의 범위에 비례해서 반대 세력을 강화시키지 않고는 정치적 개혁을 이룰 수 없다.' (이 말은 '언제나 **현상 유지**를 원하는 사람들이 존재한다'는 말의 과학기술적 귀결이라 할 수 있다.) 말하자면, '반동 없는 혁명은 없다.' 여기에 두 가지만 더 추가하자면, 하나는 '플라톤의 혁명의 법칙(the law of revolution)'(『국가』 8권이 출처이다)이라 부를 만하고, 다른 하나는 '액턴 경(Lord Acton)의 부패 법칙(the law of corruption)'이라 부를 수 있다. '만약 지배계급이 내적 분열이나 전쟁에서의 패배로 약해지지 않는다면, 성공적인 혁명은 불가능하다.' '한 사람에게 다른 사람을 지배할 수 있는 권력을 부여하면서 그가 권력을 남용하고 싶은 유혹을 느끼지 않도록 할 수는 없다. 그 유혹은 대체로 행사하는 권력의 크기에 비례해서 증대하며, 그 유혹에 저항할 수 있는 사람은 거의 없다.'[5] 나는 이런 가설들이 타당한 근거를 갖고 있다고 가정하지 않는다. 분명 이것들은 개선의 여지가 많을 것이다. 하지만 이러한 가설은 단지 점진적 과학기술이 논의하고 입증하려고 시도하는 진술의 유형을 보여주는 사례일 뿐이다.

II. 점진적 공학 대 유토피아적 공학

나는 '공학'이라는 말이 주는 불유쾌한 연상에도 불구하고, 점진적 과학기술의 성과를 실질적으로 활용하는 것을 지칭하기 위해서 '점진적 사회공학'이라는 용어를 사용할 것이다.[6] 이 말이 유용한 이유는, 어떤 목표나 목적을 실현하기 위해 가용한 모든 과학기술적 지식을 의식적으로 활용하는 사적 혹은 공적 사회활동을 포괄하는 용어가 필요하기 때문이다. 점진적 사회공학은 그 **목적**이 과학기술의 영역 밖에 있는 것으로 인식한다는 점에서 물리공학을 닮았다. (과학기술은 기껏해야 목적들이 서로 양립 가능한지 혹은 실현 가능한지와 같은 문제에 대해서만 이야기할 수 있다.) 이런 점에서 점진적 사회공학은 역사법칙주의와 다른데, 역사법칙주의는 인간 활동의 목적을 역사적 힘에 의존하는 것으로, 그래서 그것이 역사의 영역 내에 속하는 것으로 생각한다.

물리공학자의 주된 과제가 기계를 디자인하고 그것을 개조하고 수리하는 일인 것처럼, 점진적 사회공학자의 과제도 사회적 제도를 새로 디자인하거나 이미 현존하는 제도를 재구성하고 운영하는 것이다. 여기서 '사회적 제도(social institution)'는 매우 넓은 의미를 갖는 용어로, 사적인 성격은 물론이고 공적인 성격의 조직체도 포함한다. 따라서 나는 이 용어를 크고 작은 사업, 예컨대 조그만 가게와 보험회사, 학교나 '교육체계', 그리고 경찰, 교회 혹은 법원과 같은 것을 가리키기 위해 사용할 것이다. 점진적 과학기술자나 공학자는 **단지 소수의 사회적 제도만이 의식적으로 디자인되었고, 대다수 제도가 인간 행동의 계획하지 않은 결과로서 그저 '발생한'다**는 사실을 인식하고 있다.[7] 그러나 이러한 사실에 아무리 강한 인상을 받더라도, 그는 사회적 제도를 과학기술자 또는 공학자의 입장에서 '기능적'이나 '도구적' 관점을 갖고 바라볼 것이다.[8] 그는 그것들을 어떤 목적을 이루기 위한 수단으로 보거나, 어떤 목적에 기여하도록 전환할 수 있는 것으로 볼 것이다. 즉, 유기체가 아니라 기계로 볼 것이다. 물론 그렇다고 해서 그가 사회적 제도와 물리적 장치 사이의 근본적인 차이를 간과할 것이라는 뜻은 아니다. 오히려 과학기술자는 가설의 형식을 빌려 자신의 연구 결과를 표현할 때 양자의 유사성은 물론 차이점에도 유의해야 한다. 실제로 다음 사례에서 보듯이 과학기술적인 형식으로 제도를 기술하는 것은 어렵지 않다. '절대로 문제가 발생하지 않는 제도는 만들 수 없다. 다시 말해 사람에 의해 그 기능이 크게 좌우되지 않는 제도는 만들 수 없다. 우리가 할 수 있는 일은 기껏해야 제도의 취지에 동조하는 사람들과 제도의 성패를 좌우할 수 있는 목적의식 및 지식을 가진 사람을 지원하여 인적 요인의 불확실성을 줄이는 것뿐이다. (제도는 요새와 비슷하다. 둘 다 잘 디자인되어야 한다. **그리고** 사람들이 적재적소에 배치되어야 한다.)'[9]

점진적 공학자가 취하는 접근 방식의 특징은 이렇다. 비록 그가 '전체로서의' 사회 ― 일례로 보편적 복지와 같은 것 ― 에 관해 어떤 이상을 품고 있다고 하더라도, 그는 그것을 전체적으로 다시 디자인하는 방식에 동조하지 않는다. 자신이 목적하는 바가 무엇이든 그는 지속적으로 개선할 수 있는 소규모의 조정과 재조정을 통해 그 목적을 성취하려고 노력한다. 점진적 공학자의 목적은 다양하다. 예를 들어, 한 개인이나 집단에 의한 부나 권력의 축적도 목적이 될 수 있고, 부나 권력의 분배도 목적이 될 수 있다. 또한 개인 혹은 집단이 지닌 모종의 '권리'를 보호하는 것도 목적이 될 수 있다. 따라서 공적 혹은 정치적 사회공학은 자유주의적인 것은 물론이고 전체주의적인 것까지 포함해서 아주 다양한 경향을 띨 수 있다. (리프먼(W. Lippmann)은 『자유주의 의제(*The Agenda of Liberalism*)』라는 표제 하에 점진적 개혁을 위한 광범위한 자유주의적인 프로그램을 예시했다.[10]) 점진적 공학자는 마치 소크라테스처럼 자신이 아는 것이 거의 없다는 사실을 잘 알고 있다. 그는 우리가 실수를 통해서만 배울 수 있다는 것을 안다. 따라서 그는 예상한 결과와 달성한 결과를 조심스럽게 비교하고, 개혁이 초래할 수 있는 불가피하지만 바람직하지 않은 결과에 항상 조심하면서 한 걸음씩 나아갈 것이다. 또한 그는 무엇이 원인이고 무엇이 결과인지 알 수 없거나, 자신이 실제로 무엇을 하고 있는지 알 수 없을 정도로 개혁이 복잡하거나 광범위할 경우 그것을 회피할 것이다.

이 같은 '점진적인 어설픈 수선'은 다수의 행동주의자가 지닌 정치적 기질과 어울리지 않는다. 행동주의자의 프로그램은, 이 또한 '사회공학' 프로그램으로 묘사되어 왔지만, '전체주의적' 혹은 '유토피아적 공학'이라 부를 수 있다.

점진적 사회공학과 달리 전체주의적 혹은 유토피아적 공학은 결코 '사적'이지 않고 항상 '공적'인 성격을 띠고 있다. 그것의 목표는 일정한 계획과 청사진에 따라 '사회 전체'를 개조하는 것이다. 그것은 '요직을 장악하는'[11] 것과 '국가가 사회와 거의 동일하게 될 때까지 … 국가의 권력을' 확대하는 데에 목표를 두고 있다. 나아가 그것은 이런 '요직'을 활용해서 발전하고 있는 사회를 퇴보시키거나, 그 사회가 나아갈 방향을 미리 내다보고 사회를 그에 맞게 조정함으로써 미래를 틀 짓는 역사적인 힘을 통제하려는 의도를 갖고 있다.

우리가 점진적 접근 방법의 범위에 대해 어떤 제한도 두지 않았다는 점을 감안할 때, 과연 점진적 접근 방법과 전체주의적 접근 방법이 근본적으로 다른가 하는 의문이 생길 수도 있다. 여기서 이해한 바에 따르면, 예컨대 헌법 개혁은 무난하게 점진적 접근 방법의 영역에 속한다. 더구나 하나의 일반적 경향에 따라 일련의 점진적 개혁이 촉진되는 경우도 생각할 수 있다. 예를 들어, 소득 평준화가 더 커지는 경향이 이에 해당한다. 이러한 방식으로 점진적 방법은 우리가 통상 '사회 계급 구조'라고 부르는 것에 변화를 야기할 수 있다. 우리는 다음과 같은 질문을 할 수 있다. 이런 좀 더 야심만만한 종류의 점진적 공학과 전체주의적 내지 유토피아적 접근 사이에는 과연 어떤 차이가 있는가? 더구나 점진적 과학기술자가 어떤 개혁이 초래할 수 있는 결과를 측정하려 할 경우, 그는 어떤 조치를 취하든 그것이 사회 '전체'에 미치는 효과가 어느 정도인지 최선을 다해 평가하려고 해야 한다는 점을 감안하면, 이러한 질문이 지닌 적절함은 더욱 커진다.

이 질문에 답함에 있어, 나는 두 방법 사이에 정확한 구획선을 긋지 않을 것이다. 대신 전체론적 과학기술자와 점진적 과학기술자가 사회를 개혁하려는 과제를 바라보는 관점이 매우 다르다는 것을 분명히 드러내려고 노력할 것이다. 전체론자는 점진적 접근 방법을 거부한다. 너무 시시하다고 생각하기 때문이다. 그러나 이 같은 입장은 그들의 관행적 행동과 앞뒤가 잘 맞지 않는다. 왜냐하면 실제로 그들은 한편으로는 야심차고 무모하며, 다른 한편으로는 점진적 방법이 지닌 조심스러운 자기 비판적 성격을 결여한 상태이지만, 본질적으로는 여전히 점진적인 방법을 항상 다소 거칠고 엉성한 방식으로 적용하고 있기 때문이다. 사실상 전체론적 방법이 불가능한 이유는 이렇다. 전체적인 변화를 모색하면 할수록 점점 의도하지 못한 그리고 대체로 예상하지 못한 반향이 커진다. 그런데 이 반향은 전체론적 공학자로 하여금 점진적인 **임시방편** (*improvization*)에 의존하지 않을 수 없도록 한다. 사실 이런 편법은 시시하고 조심스러운 점진적 개입보다는 중앙집권적이거나 집단주의적인 계획에서 더 쉽게 볼 수 있는 특징이다. 그리고 그것은 계속해서 유토피아적 공학자로 하여금 그가 애초에는 의도하지 않았던 일을 하게 만든다. 즉, 그것은 **계획에 없던 계획**(*unplanned planning*)이라는 악명 높은 현상으로 이끈다. 따라서 유토피아적 공학과 점진적 공학의 차이는 사실상 규모나 범위의 차이가 아니라, 불가피하지만 우리가 예상하지 못하는 사태에 대한 준비 태세의 차이인 것으로 드러난다. 실제로 두 **방법**은 규모나 범위와는 다른 점에서 상이하다. 특히 합리적 사회개혁의 적합한 방법에 관해 두 **교설**을 비교한다면, 우리가 예상하는 것과 정반대이다. 나는 이 두 학설 중 하나는 참인 반면에 다른 하나는 거짓이며, 또한 중대하지만 범하지 않을 수도 있는 실수를 하도록 이끈다고 생각한다. 나는 또한 이 두 방법 중 하나는 가능한 반면, 다른 하나는 그저 존재하지 않는다고, 달리 말해 불가능하다고 생각한다.

그러므로 유토피아적 접근 방법 혹은 전체론적 접근 방법과 점진적 접근 방법의 차이 중 하나는 다음과 같이 표현할 수 있다. 점진적 공학자는 개혁의 범위에 관한 문제를 열린 마음으로 접근할 수 있는 반면, 전체론자는 그렇게 할 수 없다. 왜냐하면 그는 그 이전에 미리 완전한 재건이 가능할 뿐만 아니라 필수적이라고 정해 놓았기 때문이다. 이는 그것이 함의하는 바가 상당히 많은 사실이다. 이로 인해 유토피아주의자는 제도적 통제에는 한계가 있다고 주장하는 사회학적 가설에 대해서는 그것이 무엇이든 그에 반하는 편견을 갖게 된다. 일례로 이 절의 앞에서 언급했던 '인적 요인'에서 기인하는 불확실성에 대한 가설을 들 수 있다. 유토피아적 접근 방법은 이런 가설을 **선험적으로** 기각함으로써, 과학적 방법이라면 지켜 마땅한 원리를 위반한다. 다른 한편, 인적 요인의 불확실성과 유관한 문제는 유토피아주의자로 하여금 그 요인을 좋아하든 그렇지 않든, 제도적인 수단을 통해 통제하게 압박한다. 그래서 그가 애초에 계획했던 사회개혁에 더해 인간의 개조까지 포함하는 방식으로 프로그램을 확장하도록 압박한다.[12] '따라서 정치의 과제는 **인간의 충동을 조직화하여**(*organize human impulses*) 전략적으로 올바른 지점에 에너지를 쏟게 하고, 발전의 전 과정을 의도한 방향으로 향하게 하는 데 있다.' 유토피아주의자는 이 같은 프로그램은 시작하기도 전에 실패할 수밖에 없다는 것을 의식하지 못하는 것 같다. 왜냐하면 이 프로그램은 이제 남녀가 모두 잘 살 수 있는 새로운 사회를 건설하자는 요구를, 남자와 여자를 새로운 사회에 맞게끔 '만들자'라는 요구로 대체하기 때문이다. 이것은 분명 새로운 사회의 성패를 시험할 수 있는 가능성을 제거한다. 왜냐하면 그 사회에서 살기 원하지 않는 사람이 있다고 해도, 그 사실은 그들이 그 안에서 살기에 적합하지 않다는 것과 그들의 '인간적 충동'을 더욱 '조직화'할 필요가 있다고 가정함으로써 충분히 설명 가능하기 때문이다. 그러나 시험 가능성이 없다면 '과학적' 방법을 사용하고 있다는 그 어떤 주장도 설득력을 잃게 된다. 전체주의적 접근 방법은 참된 과학적 태도와 양립할 수 없다.

III. 사회적 실험에 관한 전체론적 이론

전체론적인 사유는 사회적 실험에 관한 역사법칙주의 이론에 미친 영향 때문에 특별히 더 해롭다. 역사법칙주의는 대규모 사회적 실험이나 전체론적인 사회적 실험이 설사 가능하다고 해도 과학적인 목적에는 전혀 부합하지 않는다고 생각한다. 점진적 과학기술자는 이에 동의할지 모른다. 하지만 역사법칙주의와 유토피아주의가 공통적으로 갖고 있는 가정, 즉 사회적 실험이 실질적이기 위해서는 유토피아주의적인 방식으로 사회 전체를 개조해야 한다는 가정은 단호하게 거부할 것이다.

우선 편의상 아주 빤한 반론부터 살펴봄으로써 유토피아주의 프로그램에 대한 비판을 시작하는 것이 좋겠다. 그것은 우리가 그와 같은 일을 하기 위해 필요한 실험적 지식을 갖고 있지 않다는 반론이다. 물리공학자의 청사진은 실험적인 기술에 기초해 있다. 다시 말해 활동의 기초가 되는 모든 원리가 실질적인 실험에 의해 시험된다. 그러나 사회공학자의 전체론적인 청사진은 물리공학자의 청사진에 상응하는 어떤 실질적 경험에도 기초하지 않는다. 따라서 물리공학과 전체론적인 사회공학 사이에 모종의 유사성이 있다는 주장은 무너진다. 전체론적인 계획을 '유토피아적'이라고 기술하는 것은 정당하다. 왜냐하면 그러한 계획에는 과학적 기초가 전혀 없기 때문이다.

이런 비판에 직면하면, 유토피아주의 공학자도 실질적 경험과 실험적 기술의 필요성을 인정할 가능성이 크다. 그렇지만 만약 우리가 이를 빌미로 사회적 실험을 하지 않거나, 그의 관점에서는 대동소이한 일인, 전체론적인 공학을 시도하지 않으면, 그는 우리가 이런 문제에 관해 결코 아무것도 알 수 없을 것이라고 주장할 것이다. 그는 우리가 보유하고 있는 지식이 무엇이든— 크든 작든— 우리는 그것을 사용하여 할 일을 해야 한다고 주장할 것이다. 우리가 오늘날 항공기 설계에 관한 지식을 가질 수 있는 것도, 어떤 개척자가 그 같은 지식을 갖고 있지 않았음에도 불구하고 감히 항공기를 디자인하고 그것을 시험했기 때문이다. 따라서 유토피아주의자는 자신이 옹호하는 전체론적인 방법이 사실은 실험적 방법을 사회에 적용한 것에 다름 아니라고 주장할지도 모른다. 왜냐하면 역사법칙주의와 마찬가지로 그 역시 소규모 실험, 예를 들어 공장이나 마을 또는 어떤 지역에서 수행된 사회주의 실험은 결코 결정적일 수 없다고 보기 때문이다. 이와 같이 고립된 상황에서 수행한 '로빈슨 크루소 실험'은 현대인이 '거대한 사회(Great Society)'에서 살아가는 사회생활에 관해 아무것도 말해 줄 수 없다. 그것은 심지어 역사적 경향을 간과하고 있다는 (마르크스주의적) 의미에서 '유토피아주의자'란 별명을 붙일 만하다. (이 경우 이 말이 함의하는 바는 사회생활의 상호 의존 정도가 증가하는 경향을 간과하고 있다는 것이다.)

유토피아주의와 역사법칙주의는 **사회적 실험이 (만약 그와 같은 것이 가능하다면) 전체적인 규모로 수행될 경우에만 의미 있다**는 생각을 공유하고 있다. 많은 사람들이 갖고 있는 이러한 선입견은 또한 다음과 같은 믿음도 포함한다. 우리는 사회적 분야에서 거의 '계획된 실험'을 수행할 수 있는 위치에 있지 않다는 믿음과, 이런 분야에서 지금까지 수행되었던 '우연한 실험'이 어떤 결과를 가져왔는지 알기 위해서는 **역사를 참조할 수밖에 없다는 믿음이다.**[13]

나는 이런 견해에 대해 두 가지 반론을 갖고 있다. (1) 이 견해는 과학적 혹은 전과학적인 사회적 지식 모두에 있어 기본적이라고 할 수 있는 **점진적 실험**을 간과하고 있다. (2) **전체론적 실험**은 우리의 실험적인 지식에 기여할 가능성이 거의 없으며, 우리가 '실험'이라는 말을 **결과가 불확실한 행동**을 지시하는 경우로만 사용할 때 전체론적 실험은 '실험'

이라 불릴 수 있다. 만약 '실험'을 **예상된 결과와 획득된 결과를 비교함으로써 지식을 습득하는 수단**을 지시하는 데 사용한다면, 전체론적 실험은 '실험'이라 할 수 없다.

(1)과 관련해서는 사회적 실험에 대한 전체주의적인 견해는 우리가 사회적 삶에 관해 수없이 많은 실험적인 지식을 소유하고 있다는 사실을 설명하지 않은 채 남겨둔다는 점을 지적할 수 있다. 경험이 풍부한 사업가와 경험이 없는 사업가는 다르다. 조직책, 정치가 혹은 장군도 마찬가지다. 이러한 차이는 사회적 경험의 차이에서 비롯한다. 그리고 그것은 단지 관찰을 통해서 또는 그들이 관찰한 것을 되돌아봄으로써가 아니라, 어떤 실질적인 목적을 성취하기 위한 노력을 통해서 획득된다. 물론 이런 방식으로 획득된 지식은 보통 전과학적인 것이므로, 면밀하게 설계된 과학적 실험에 의해 획득된 지식이라기보다는 무심결에 관찰한 것에 의해 습득된 지식과 유사하다. 그러나 이것은 문제의 지식이 단지 관찰이 아니라 실험에 토대한다는 것을 부인할 만한 충분한 이유가 되지는 않는다. 새 가게를 연 식료품상은 사회적 실험을 행하고 있는 것이다. 극장 앞에서 줄을 서는 사람도 실험적인 과학기술적 지식을 배우며 이것 또한 사회적인 실험이다. 그는 아마도 다음번에는 자리를 예약하는 방식으로 지식을 활용할지도 모른다. 또한 우리는 오직 실질적 실험만이 판매자와 구매자에게, 공급이 증가할 때마다 가격은 하락하게 되며 수요가 증가할 때마다 가격은 오르게 된다는 시장에 대한 교훈을 줄 수 있다는 사실을 잊지 말아야 한다.

다소 규모가 큰 점진적 실험의 예로는, 시장을 독점하고 있는 사람이 자기가 만든 물품의 가격을 조정하는 경우가 있다. 또한 사적 혹은 공적인 보험회사가 새로운 유형의 건강보험이나 실업보험을 도입하는 사례도 생각해 볼 수 있다. 새로운 판매세를 도입하는 것과 같이 경기 순환에 대응하기 위해 정책을 세우는 경우도 사례로 들 수 있다. 이 모든 실험은 과학적인 목표가 아니라, 실질적인 목표를 염두에 두고 추진한다. 더구나 몇몇 대기업은 당장의 이익을 증가시키는 목표보다 오히려 시장에 대한 이해를 촉진하려는 의도에서 (물론 그 이후에 이익을 증가시키기 위해) 실험을 한다.[14] 이런 상황은 물리공학의 상황과 매우 흡사하며, 우리가 선박의 건조나 항해술에 대한 과학기술적 지식을 처음 획득할 때 사용했던 전과학적 방법과도 매우 유사하다. 이런 방법을 조금 더 과학적인 과학기술을 사용해 개선하고 궁극적으로는 대체하지 말아야 할 이유는 없다. 다시 말해 방향성은 공유하되 실험과 비판적 사유에 기초해서 더 체계적으로 접근하지 않을 이유는 없다.

이런 점진적 견해에 의하면, 전과학적 접근 방법과 과학적 실험적 접근 방법을 분명하게 구분하는 표징은 없다. 비록 과학적 방법, 즉 비판적 방법을 더 의식적으로 적용하는 것이 매우 중요할지라도 말이다. 두 접근 방법 모두 근본적으로는 시행과 착오의 방법을 활용한다고 말할 수 있다. 우리는 시행한다. 즉, 우리는 단지 관찰한 것을 기록하는 데 그치지 않고 실용적이고 구체적인 문제를 적극적으로 해결하려 한다. 그리고 우리는 **실수를 통해 배울** 각오가 되어 있을 경우, 오직 그 경우에만 발전한다. 달리 말해 자신의 잘못을 무작정 고집하는 대신 잘못을 깨닫고 그것을 비판적으로 활용할 각오가 되어 있는 경우에만 발전한다. 이런 분석은 사소하게 보일 수 있지만, 모든 경험과학이 사용하는 방법을 묘사하고 있다. 이 방법에 따르면, 우리가 아무런 제약 없이 의식적으로 위험을 무릅쓴 시도를 하면 할수록, 그리고 우리가 항상 저지르는 실수를 비판적으로 주시하면 할수록, 우리가 하는 일은 점점 더 과학적인 성격을 띠게 된다. 더구나 이 같은 원리는 실험의 방법뿐만 아니라 이론과 실험의 관계에도 해당한다. 모든 이론은 일종의 시도이다. 왜냐하면 이론은 우리가 그것이 유효한지 알아보기 위해 시도하는 임시적 가설이기 때문이다. 그리고 실험적인 확인은 모두 단지 우리의 이론이 어디서 잘못되었는지 알아보기 위해 비판적인 관점에서 수행한 시험의 결과일 뿐이다.[15]

이 견해가 점진적 과학기술자나 공학자에게 의미하는 바는 다음과 같다. 만약 그가 과학적 방법을 사회 연구와 정치학에 도입하려면, 그에게 가장 필요한 것은 비판적 태도를 취하는 것이며 시행에 더해 착오도 필요하다고 깨닫는 것이다. 또한 그는 자신이 실수를 범할 것이라는 것을 예상해야 할 뿐만 아니라, 실수가 없었는지 의식적으로 찾는 법을 배워야 한다. 우리는 모두 자신이 항상 옳다고 생각하는 비과학적 약점을 갖고 있으며, 이 약점은 특히 직업적인 정치가와 아마추어 정치가 모두에게 공통적인 것으로 보인다. 그러나 정치학에 과학적인 방법을 적용하는 유일한 길은 정치적 행위에 어떤 흠이나 바람직하지 않은 결과가 있을 수밖에 없다고 가정한 상태에서 임하는 것이다. 정치적인 과학자는 물론 과학적인 정치가가 해야 할 일 또한 실수를 찾아내려고 노력하고, 그것을 발견하고, 천하에 공개하고, 분석하고, 그것으로부터 배우는 것이다. 정치에서 과학적 방법이 의미하는 것은 우리 스스로 어떤 실수도 저지르지 않았다고 확신하고, 실수를 무시하며, 실수를 감추고, 다른 이에게 책임을 전가하는 대신, 실수에 대한 책임을 인정하고, 그것을 통해 배우려 노력하며, 앞으로는 그런 실수를 저지르지 않을 수 있도록 배운 지식을 잘 적용하는 것이다.

이제 논점 (2), 즉 우리가 전체론적 실험, 더 정확히 말해 전체론자가 꿈꾸는('사회 전체'를 개조한다는 극단적인 의미에서의 전체론적 실험은 논리적으로 불가능하기 때문에) 대규모 조치에서 무엇인가 배울 수 있다는 견해를 비판해 보자. 주된 논점은 매우 단순하다. 우리가 자신의 실수에 대해 비판적인 태도를 갖는 것은 결코 쉽지 않다. 그러나 이를 넘어 많은 사람의 삶에 영향을 끼치는 행동에 대해 비판적 태도를 견지하는 것은 거의 불가능하다. 달리 말해 대단히 큰 실수로부터 배우기는 매우 어렵다.

이유는 이중적이다. 그것은 기술적일 뿐만 아니라 도덕적이다. 한꺼번에 매우 많은 일을 행하기 때문에, 어떤 결과가 어떤 조치로 인해 발생했는지 말할 수 없다. 좀 더 정확히 말해서 만약 우리가 어떤 결과를 어떤 조치 탓으로 돌리고자 한다면, 우리는 이미 전에 배운 이론적 지식에 기초해서만 그렇게 할 수 있다. 즉, 전체론적 실험만 갖고는 그렇게 할 수 없다. 이런 실험은 특정 조치 때문에 특정 결과가 발생했다고 판단하는 데 아무런 도움을 주지 못한다. 우리가 할 수 있는 것은 기껏해야 '결과 전체'를 실험에 귀속시키는 것뿐이다. 더구나 그것이 의미하는 바가 무엇이든 그것을 제대로 가늠하기는 더욱 쉽지 않아 보인다. 제아무리 실험 결과에 대해 정통하고, 독립적이면서도 비판적인 진술을 확보하려고 노력해도 성공할 가능성은 크지 않다. 누군가 그러한 노력을 경주할 가능성 또한 거의 없다. 오히려 전체주의적인 계획과 그 결과에 관한 자유로운 논의가 허용되지 않을 가능성이 크다. 매우 규모가 큰 계획을 실행에 옮기는 일은 큰 문제없이 진행해도, 꽤 오랜 기간 동안 수많은 사람에게 상당한 불편을 야기할 수밖에 없는 시도이기 때문이다. 이에 따라 언제나 계획에 반대하는 사람과 불평하는 사람이 존재하기 마련이다. 유토피아주의 공학자는 만일 그가 조금이라도 일을 진척시키려 한다면, 이 같은 불평 대부분에 귀를 닫을 수밖에 없다. 사실 불합리한 반대를 억누르는 것은 그가 해야 하는 일의 일부이다. 그러나 그는 합리적인 비판 또한 그렇지 않은 것과 마찬가지로 억누를 수밖에 없다. 불만족의 표현을 억눌러야 한다는 사실은 그 자체가 만족을 나타내는 그 어떤 열정적인 표현도 무색한 것으로 만든다. 그 결과 어떤 계획이 시민 각자에게 어떤 반향을 일으키는지 가늠하는 것은 매우 어려운 일이 된다. 그리고 그것이 불가능할 경우 과학적인 비판은 불가능하다.

그러나 전체론적 계획과 과학적 방법을 결합하는 일은 지금까지 우리가 보아 왔던 것보다 더 근본적인 어려움을 갖고 있다. 전체주의적인 계획을 입안하는 사람은 쉽게 권력을 집중시킬 수 있을지 모른다. 그러나 그는 사람들이 각자 갖고 있는 지식을 집중시키는 것은 불가능하다는 것과, 이처럼 집중된 지식이 집중된 권력을 현명하게 행사하는 데 필요하다는 사실을 간과하고 있다. 하지만 이 같은 사실이 미치는 영향은 심대하다. 수많은 사람들이 개별적으로 무슨 생각을 하는지 가늠할 수 없기 때문에, 전체주의적인 계획을 입안하는 사람은 사람들의 개별적 차이를 제거하여 문제를 단순화하려고 시도할 수밖에 없다. 그는 교육과 선전을 통해 관심과 믿음을 정형화해서 통제하는 노력을 꾀할 수밖에 없다.[16) 그렇지만 권력을 통해 마음을 지배하려는 시도는 사람들이 실제로 생각하고 있는 것을 알아낼 마지막 가능성마저 말살한다. 왜냐하면 그것은 분명히 생각의 자유로운 표현, 특히 비판적인 사유의 자유로운 표현과 양립할 수 없기 때문이다. 궁극적으로 그것은 지식을 말살할 수밖에 없다. 그리고 권력의 이익이 커지면 커질수록 손실되는 지식의 양도 커질 것이다. (따라서 정치적 권력과 사회적 지식은 보어가 말한 의미에서 '상보적(complementary)'이라는 것을 알 수 있다. 어쩌면 이것이 근래 유행하고 있지만 그 뜻을 파악하기 쉽지 않은 '상보적'이라는 용어가 의미하는 바를 분명히 보여주는 단적인 사례일지도 모른다.)[17)

지금까지 우리는 과학적 방법을 둘러싼 문제에 국한해서 논했다. 그런데 우리는 유토피아주의 공학자가 거의 독재자에 못지않은 권위를 지녔지만, 기본적으로 자비롭다는 터무니없는 가정을 암묵적으로 받아들이고 있다. 역사학자 토니(Richard Henry Tawney)는 마르틴 루터(Martin Luther)와 그의 시대에 관한 논의를 다음과 같은 말로 매듭지었다. '마키아벨리와 헨리 8세의 시대에 들어와 일각수와 불도롱뇽의 존재를 더 이상 믿기 어렵게 되자, 사람들은 진기한 동물 대신에 신을 경외하는 독실한 군주(the God-fearing Prince)를 숭배의 대상으로 옹립했다.'[18) 우선 '일각수'와 '불도롱뇽'이란 말을 '신을 경외하는 독실한 군주'로 대체하고, 즉 두 단어를 그것에 상응하는 명백하게 근대적인 어떤 것으로 대체한 후, '신을 경외하는 독실한 군주'란 문구를 '자비로운 계획 당국(the benevolent planning authority)'으로 대체하면, 우리는 우리

시대가 맹목적으로 숭배하는 것이 무엇인지 보게 된다. 여기서 이 같은 맹신이 왜 문제인지 따지지는 않을 것이다. 그러나 설사 막강한 권력을 가진 입안자가 무한히 변함없이 자비롭다고 가정한다고 해도, 그들은 자신들이 취한 조치의 결과가 애초에 그들이 가지고 있는 좋은 의도에 부응하는지 결코 알아낼 수 없을지도 모른다.

나는 점진적 탐구 방법에 상응하는 어떠한 비판도 적용할 수 없다고 생각한다. 점진적 탐구 방법은 (대체로 전체론자가 그러하듯이) 궁극적으로 선한 어떤 것을 찾아내서 그를 위해 투쟁하기보다는 사회가 안고 있는 가장 크고 시급한 악을 찾아내어 그것과 싸우는 데 특별히 요긴하다. 그러나 명백하게 잘못된 것에 대한 체계적인 투쟁, 예컨대 구체적인 불의나 착취 그리고 빈곤이나 실업과 같이 피할 수 있는 고통에 맞선 체계적인 투쟁은 먼 미래 사회에 대한 이상적인 청사진을 구현하려는 시도와 전혀 다른 것이다. 이 경우, 성공과 실패 모두 비교적 쉽게 가늠할 수 있다. 더구나 이런 방법이 내재적인 이유로 인해 권력의 축적이나 비판의 억압으로 귀착된다고 볼 근거도 없다. 또한 구체적인 악과 구체적인 위험에 맞선 투쟁은 유토피아를 건설하기 위한 투쟁보다 대중적 지지를 얻을 가능성이 더 크다. 비록 입안자에게는 후자가 이상적인 것처럼 보일 수도 있겠지만 말이다. 이 같은 사실은 아마도 다음과 같은 현상을 이해하는 데 도움을 줄 것이다. 민주주의 국가도 외세의 침략에 대항할 때 필요에 따라 광범위한 조치(경우에 따라서는 전체주의적인 계획과 유사한 성격을 띨 수도 있는)를 취할 수 있는데, 이러한 조치에 대한 지지는 **공적인 비판을 억압하지 않고도** 충분히 나타날 수 있다. 반면 공격이나 침략전쟁을 준비하는 나라는 통상 공적인 비판을 억눌러야 한다. 침략을 방어인 것처럼 가장하기 위해서는 여론의 지지가 있어야 하는데 공적 비판이 이를 저해하기 때문이다.

이제부터는 자신의 탐구 방법이야말로 사회학 분야에서의 진정한 실험적 탐구 방법이라고 주장하는 유토피아주의자로 다시 돌아가 보자.

나는 이 같은 주장이 이미 지금까지의 비판에 의해 타파되었다고 생각한다. 물리공학과 전체론적인 공학의 유사성을 비교함으로써 이 같은 사실을 한층 더 예증할 수 있다. 우리는 물리적인 기계도 청사진에 따라 성공적으로 계획할 수 있으며, 그 청사진과 함께 그것을 생산하는 공장까지도 디자인할 수 있다는 사실을 기꺼이 받아들일 수 있다. 그러나 이 모든 것은 이미 수많은 점진적 실험이 수행되었기 때문에 가능한 일이다. 모든 기계는 수없이 많은 작은 개선의 결과이다. 모든 모형은 시행과 착오의 방법, 즉 셀 수 없이 많은 작은 교정을 거쳐 '개발'되었음이 분명하다. 생산 공장의 계획에도 똑같은 원칙이 적용된다. 겉으로는 전체론적인 것처럼 보이는 계획이 성공할 수 있는 것도 우리가 이미 온갖 유형의 작은 실수를 저질렀기 때문이다. 만약 그렇지 않다면 그 계획은 우리가 커다란 실수를 범하게 할 것이다.

그러므로 물리공학과 사회공학의 유사성을 좀 더 면밀하게 들여다보면, 그 유사성은 전체론자의 입장에는 반하는 반면, 점진적 사회공학자의 입장에는 부합한다는 것을 알 수 있다. 유토피아주의자는 '사회공학'이라는 표현을 아무런 근거 없이, 자기 마음대로 마치 사회공학과 전체론이 유사성이 있는 것처럼 암시했다.

25. 통치권의 역설 (1945)

현명한 자는 통솔하고 통치할 것이며, 무지한 자는 따를 것이다.

플라톤

정의에 대한 플라톤의 생각은 기본적으로 지도자로 태어난 자가 통치해야 하며, 노예로 태어난 자는 노예처럼 일해야 할 것을 요구한다.[1] 이것은 역사법칙주의가 요구하는 부분, 즉 모든 변화를 정지시키기 위해 국가는 국가의 이데아 혹은 참된 '본성'을 복제한 것이어야 한다는 것이다. 이런 정의이론은 '**누가 국가를 통치해야 하는가?**' 하는 물음이 정치의 근본적인 문제라고 보았던 이가 플라톤임을 매우 분명히 지적하고 있다.

I.

포퍼는 플라톤의 정치문제에 대해 다음과 같이 비판한다. 플라톤은 정치문제를 '누가 통치해야 하는가?' 혹은 '누구의 의지가 지고한 것으로 받아들여져야 하는가?'와 같은 형태로 나타냄으로써 정치철학에서 계속적인 혼란 상태를 야기했다. 이것은 도덕철학의 영역에서 집단주의와 이타주의를 동일시함으로써 불러일으킨 [논문 27에서 논의된] 혼동과 사실상 흡사하다. '누가 통치해야 하는가?'라는 질문을 받은 이상,

'최선자'나 '가장 현명한 자' 또는 '통치자로 태어난 자'나 '통치 기술을 통달한 자' (혹은 아마도 '일반의지'나 '지배민족' 또는 '산업노동자'나 '대중') 같은 답변이 나올 것임은 분명하다. 그러나 설득력이 있는 것처럼 들리는 이런 답변도 '가장 악한 자'나 '천치 바보'나 '노예로 태어난 자'가 통치하는 것을 누가 지지할 것인가에 대한 대답이라면 내가 보여주고자 했듯이 전혀 쓸모가 없다.

무엇보다도 이런 답변은 정치이론의 기본적인 어떤 문제가 해결된 것이라고 우리를 설득할 수 있다. 그러나 정치이론을 다른 각도에서 우리가 접근해 보면, 기본적인 어떤 문제를 풀기는커녕 누가 통치해야 하는가 하는 물음이 기본적이라고 가정함으로써 그 문제를 건너뛴 것에 불과하다. 왜냐하면 플라톤의 이런 가정을 공유한 사람들조차도 정치지도자가 반드시 충분히 '선'하거나 '현명'한(우리는 이런 용어의 정확한 의미에 대해 걱정할 필요가 없다) 사람이 아니며, 그리고 지도자의 선함과 지혜에 사람들이 암묵적으로 의존할 수 있는 정부를 세우기가 결코 쉽지 않음을 인정할 것이기 때문이다. 만약 그런 일을 용인한다면, 정치사상은 처음부터 나쁜 정부의 가능성에 맞서지 않아야 하는지, 우리는 최악의 지도자를 각오하지 않고, 최선의 지도자를 바라야 하는지를 물어보아야 한다. 그러나 이것은 정치적 문제에 대한 새로운 접근 방법을 초래한다. 그것은 '**누가 통치해야 하는가?**'라는 질문 대신에 '**우리는 사악하거나 무능한 지배자들이 너무 심한 해악을 끼치지 않도록 어떻게 정치제도를 조직할 수 있는가?**'라는 새로운[2] 질문을 하도록 하기 때문이다.

옛날 질문이 근본적이라고 믿는 자들은 암암리에 정치권력이란 '본질적으로' 제재를 받지 않는 것이라고 가정한다. 그들은 누군가가 예를 들어 개인이나 계층과 같은 집단 조직체가 권력을 갖는다고 가정한다. 그리고 그들은 권력을 잡은 사람은 자신이 원하는 것을 거의 다 할 수 있으며, 특히 자신의 권력을 강화할 수 있으므로 거의 무제한적인 견제할 수 없는 권력으로 신장시킬 수 있다고 가정한다. 그들은 정치권력을 본질적으로 최고의 권력이라 가정하고 있다. 이런 가정을 하게 되면 그때는 정말 '누가 주권자이어야 하는가?'라는 질문만이 가장 중요한 문제로 남게 된다.

나는 이런 가정을 **(제재를 받지 않는) 주권이론**이라 부르겠다. 내가 사용하고 있는 이런 표현은 주권에 관한 여러 이론들 가운데서 보댕, 루소, 헤겔 같은 사람들에 의해 제시된 어떤 특정한 이론을 위해서가 아니다. 그것은 정치권력이란 실제로 제재를 받지 않는 것이라는 보다 일반적인 가정이나, 혹은 정치권력은 제재를 받지 않는 것이어야 한다는 요구를 표현하기 위해서이다. 남아 있는 주된 문제가 이 권력이 최선자의 손에 들어갈 것이라는 암시와 더불어 있음을 표현하기 위해서이다. 주권에 관한 이 이론은 플라톤의 접근 방법에 암암리에 가정되어 왔으며 줄곧 그 역할을 수행해 왔다. 그것은 또한 예컨대 '누가 명령해야 하는가? 자본가인가 아니면 노동자인가?' 하는 것이 주요 문제라고 믿는 현대 사상가들도 암암리에 가정하고 있는 이론이다.

상세한 비판에 들어가기에 앞서 나는 이 이론을 경솔하게 또한 맹목적으로 받아들이는 것에 대한 심각한 반론이 있다는 점을 지적하고 싶다. 그 이론의 사변적인 장점이 무엇으로 드러나든지 간에 그것은 매우 비현실적인 가정임이 분명하다. 어떤 정치권력도 제재를 받지 않은 적이 없었으며, 사람이 인간으로 존재하는 한 (헉슬리의 『멋진 신세계』가 실현되지 않는 한) 절대적이고 무제약적인 정치권력이란 있을 수 없다. 한 사람이 모든 다른 사람을 지배할 수 있을 정도로 충분한 물리적 힘을 가질 수 없는 한은 자신의 원조자에게 기댈 수밖에 없다. 가장 강력한 전제군주조차도 비밀경찰, 심복부하, 그리고 교수형 집행자에 의존하고 있기 때문이다. 이런 의존은 그의 권력이 막강하다 할지라도 제재를 받을 수밖에 없으며, 집단끼리 싸우게 함으로써 어부지리를 얻기 때문에 그가 양보를 해야 함을 의미한다. 그것이 의미하는 바는 그 자신의 권력 외에 다른 정치적 힘이나 권력도 있으며, 또한 다른 권력들을 활용하여 진정시켜야만 그가 통치를 할 수 있다는 것이다. 이것은 통치권의 극단적인 경우들조차도 순수한 통치권의 경우가 아님을 보여주고 있다. 그것들은 한 사람의 의지나 관심이 (혹은 그와 같은 것이 있다면, 한 집단의 의지나 관심도) ― 그가 정복할 수 없는 권력의 도움을 받기 위해 자신의 목적 일부를 포기하지 않고는 ― 직접적으로 자신의 목적을 달성할 수 있는 경우들이 결코 아니다. 그리고 수없이 많은 경우들에서 정치권력의 제한은 이보다 훨씬 심하다.

내가 이런 경험적인 문제들을 강조한 까닭은 하나의 논증으로 그것들을 사용하고 싶어서가 아니라, 단지 반대를 피하고 싶었기 때문이다. 내가 주장하는 바는, 주권에 관한 모든 이론이 보다 근본적인 물음, 말하자면 권력과 다른 권력들 간의 균형을 유지함으로써 통치자에 대한 제도적인 통제를 위해 노력하지 않아야 하는지의 물음을 다루지 않고 생략하고 있다는 것이다. 이런 견제와 균형의 이론은 적어도 신중한 검토를 요구한다. 내가 아는 한 이런 요구에 대한 반대로, (1) 그런 통제는 실천적으로 불가능하다든가, (2) 정치권력이란 본질적으로 지고하기 때문에 그 같은 통제는 **본질적으로** 상상도 못할 일이라는 것이다.[3] 이런 독단적인 반대 모두 사실에 의해 논박되며, 그와 더불어 다른 상당수의 영향력 있는 관점들도 (예컨대 한 계급의 독재에 대해 취할 수 있는 유일한 대안은 다른 계급의 독재뿐이라는 이론도) 붕괴된다.

통치자에 대한 제도적 통제의 문제를 제기하기 위해 우리는 정부가 언제나 선하거나 현명하지 않다는 것만 가정해도 된다. 그러나 역사적인 사실에 관해 약간 언급했으므로, 이런 가정보다 조금 더 넘어서고 싶다는 것을 고백해야겠다. 통치자가 도덕적으로나 지적으로 평균 이상인 적인 거의 없었으며, 종종 평균 이하였다고 나는 생각하고 싶다. 그리고 우리는 물론 최선의 통치자를 얻기 위해 노력해야겠지만, 그와 동시에 정치에 있어서 최악의 통치자에 대비한 원칙을 채택하는 것이 합리적이라고 나는 생각한다. 탁월하고 유능한 통치자를 확보할 수 있다는 실낱같은 희망에 우리의 모든 정치적 노력을 건다는 것은 내겐 미친 짓으로 보인다. 내가 이런 문제를 심각하게 느끼긴 했지만, 주권이론에 관한 내 비판은 이런 좀 더 개인적인 의견에 근거한 것이 아님을 강조하고자 한다.

이런 개인적인 의견은 물론, 앞에서 언급했던 일반적인 이론에 반대하는 경험적 논증은 차치하더라도, 주권이론의 특수한 형태가 지닌 어떤 모순을 드러내는 데 사용될 수 있는 일종의 논리적 논증 또한 존재한다. 정확히 말해, 가장 현명한 자가 지배해야 한다는 이론이나, 그렇지 않다면 최선자 혹은 법 또는 대다수 등이 지배해야 한다는 이론들과 논쟁하는 상이하지만 유사한 형태를 띤 논리적 논증이 있을 수 있다. 이런 논리적 논증의 특수한 한 형태는 자유주의, 민주주의 및 다수가 지배해야 한다는 원칙의 지나치게 순진한 이론을 겨냥하고 있다. 그리고 이것은 플라톤이 처음으로 훌륭하게 사용한 잘 알려진 '**자유의 역설**'과 다소 비슷하다. 플라톤은 민주주의에 대한 비판과 참주의 출현 이야기에서 함축적으로 다음과 같은 질문을 제기하고 있다. 대중이 아닌 참주가 대신 통치해야 한다는 것이 대중의 의지라면 어떻게 하겠는가? 처음에는 법률을 결국에는 자유 자체를 무시하고 참주를 극성스럽게 요구함으로써 자유인은 자신의 절대적인 자유를 행사할 수 있음을 플라톤은 시사하고 있다.[4] 이런 일이 그저 일어날 수 있다는 것은 무리가 아니다. 그 일은 수없이 일어났으며, 그때마다 다수 지배의 원칙이나 그와 비슷한 형태를 띤 주권의 원칙을 정치 신조의 궁극적인 보루로 삼던 민주주의자들 모두에게 지적인 절망을 안겨 주었다. 민주주의자들이 택한 원칙은 한편으로는 다수 지배 이외의 어떤 것도 반대해야 하므로 새로운 참주정치를 반대해야 하며, 다른 한편으로는 다수에 의해 결정된 것은 무엇이든 받아들여야 하므로 새로운 참주의 지배를 받아들여야 한다는 것을 요청하고 있다. 그들의 이론이 지닌 모순이야말로 그들의 행위를 마비시킬 것임은 당연하다.[5] 따라서 피지배자에 의한 지배자의 제도적인 통제, 그리고 특히 다수의 투표에 따른 정부의 해산권을 요구하는 우리와 같은 민주주의자들은 자가당착적인 주권이론보다 더 좋은 기반 위에서 이런 요구를 해야 한다. (이런 일이 가능함을 이 장 다음 절에서 간략히 보여주겠다.)

이미 본 바와 같이 플라톤은 자유와 민주주의의 역설들을 거의 알고 있었다. 하지만 플라톤과 그를 추종하는 사람들이 간과했던 것은 주권이론의 다른 형태들도 모두 그와 유사한 모순을 초래한다는 사실이다. **주권이론은 모두 역설적이다.** 예를 들면, 우리는 통치자로서 '가장 현명한 자'나 '최선자'를 택할 수 있다. 그러나 '가장 현명한 자'는 자신의 지혜로 그가 아닌 '최선자'가 지배해야 함을 알게 될지 모르며, 아마도 '최선자'는 그의 선한 마음에서 '다수'가 지배해야 한다고 결단을 내릴지도 모른다. '법의 지배'를 요구하는 형태의 주권이론조차도 똑같은 반대에 부딪친다는 것은 주목할 만하다. 사실 이것은 헤라클레이토스가[6] '법률 역시 한 사람(One Man)의 의지에 따라야 함을 요구할 수 있다'고 언급하여 보여주었던 것처럼 예전부터 이미 거론되어 왔다.

이 간략한 비판을 요약해 보면, 주권이론은 경험적으로나 논리적으로 취약한 처지에 있다고 나는 생각한다. 우리가 요구할 수 있는 최소한의 것은 다른 가능성에 대한 주의 깊은 고려 없이 주권이론을 채택하지 말아야 한다는 점이다.

II.

실제로 주권의 역설에 빠지지 않고 민주적 통제의 이론을 전개할 수 있음을 설명하기란 어렵지 않다. 내가 생각하고 있는 이론은 말하자면 다수 지배의 본래적인 선이나 올바름이라는 원리에서 비롯되는 것이 아니라, 참주를 근거로 해서 나온다. 보다 정확히 말하면, 그 이론은 참주를 피하려는, 그리고 참주에 대항하려는 결단과 제안에 의존하고 있다.

왜냐하면 우리는 두 가지 유형의 정부를 구별할 수 있기 때문이다. 첫 번째 유형은 유혈사태 없이, 예컨대 보통선거를 통해서 제거할 수 있는 정부를 구성한다. 다시 말해 피통치자가 통치자를 해고할 수 있는 수단을 사회제도가 마련하고 또한 권력을 쥔 자가 이런 제도를 쉽게 없애지 못하는 사회적인 전통을[7] 확보하자는 것이다. 둘째 유형은 좋은 결실을 맺는 혁명 외에는 피통치자가 축출될 수 없는 정부를 구성한다. 다시 말해 모두 다는 아닐지라도, 대부분의 경우에 피통치자를 축출할 수 없게 하자는 것이다. 첫째 유형의 정부를 간단명료한 말로서 '민주주의'라 표현하고, 둘째 유형의 정부를 '참주정치' 또는 '독재'라는 말로 표현하자고 나는 제안한다. 이것은 전통적인 용법과 거의 같다고 나는 믿는다. 하지만 내 논증의 어떤 부분도 이런 표지의 선택에 좌우되지 않는다는 점을 나는 명료히 하고 싶다. 그리고 어느 누가 이런 용법을 뒤바꾼다면(요즘 이런 일이 자주 일어나듯이), 나는 그가 '참주정치'라 한 것을 지지하고, '민주주의'라 한 것에 반대한다고 말하는 것에 불과할 터이다. 또한 나는 '민주주의'란 말을 예컨대 '대중의 지배'로 번역함으로써, '민주주의'가 '실제로'나 '본질적으로' 의미하는 바를 캐려는 어떤 시도도 부적절한 것으로 거부할 것이다. (왜냐하면 '대중'이 축출하겠다고 위협함으로써 통치자의 행동에 영향을 미칠 수 있다 할지라도, 대중은 구체적이고 실제적인 어떤 의미에서도 결코 스스로를 지배하지 못하기 때문이다. [또한 전술한 122쪽을 보라.])

위에서 제시된 두 표지를 이용한다면, 이제 우리는 참주정치를 벗어나기 위한 정치적인 제도들을 창안하여 발전시키고 보호하자는 제안을 민주주의 정책의 원칙으로 기술할 수 있다. 이 원칙은 이런 종류의 제도를 우리가 발전시킬 수 있다는 것을 함의하지 않는다. 다시 말해 아무런 하자가 없다거나 확실한 것이라는 종류의 제도, 혹은 민주정부가 채택한 정책들은 옳거나 좋거나 현명한 것임을 — 심지어 자비로운 참주가 채택한 정책보다 반드시 더 좋고 현명한 것임을 — 보장하는 종류의 제도를 우리가 발전시킬 수 있음을 함축하지 않는다는 것이다. (이런 주장을 하지 않았기 때문에, 우리는 민주주의 역설을 피하게 된다.) 그러나 민주주의 원칙의 채택에 함축되어 있는 것은 민주주의에서는 나쁜 정책조차도 수용하는 편이 (우리가 평화로운 정권 교체를 할 수 있는 한) 아무리 현명하고 자비로운 참주라 해도 그에게 예속되는 것보다 더 낫다는 것에 대한 확신이다. 이런 점에서 보면, 민주주의 이론은 다수가 지배해야 한다는 원칙에 근거하고 있는 것이 아니다. 오히려 보통선거와 대의정부와 같은 민주적 통제의 평등주의적인 여러 방법들은 많은 시련을 겪은 제도적 안전장치, 그리고 광범위하고 전통적인 불신 하에서 참주정치에 대항하는 합리적으로 효과적인 제도적 안전장치일 뿐이라고 생각해야 한다. 또한 그 방법들은 항상 개선에 열려 있고 심지어 방법들 자체의 개선에 대한 방법을 제공하고 있다.

그러므로 민주주의 원칙을 이런 의미에서 받아들이는 자는 민주적 투표 결과를 올바른 것에 대한 권위 있는 표현이라고 보지 않아야 한다. 비록 그가 민주적 제도를 원활히 하기 위해 다수의 결정을 용인할지라도, 그는 민주적인 수단으로 다수의 결정과 투쟁하여 그 결정을 바꾸는 데 노력하는 것을 자유라고 생각할 것이다. 또한 그가 살아서 과반수의 투표가 민주적 제도를 파괴해 버리는 날을 맞게 된다면, 그는 이런 슬픈 경험을 통해 참주정치를 피할 수 있는 절대 안전한 방법이 없음을 알게 될 것이다. 하지만 그런 경험을 했다고 해서 참주정치에 대항하려는 그의 결단을 약화시킬 필요도 없으며, 자신의 이론이 모순인 것으로 드러나지도 않는다.

26. 마르크스의 국가이론 (1945)

I.

　마르크스에 따르면 법체계 혹은 법적, 정치적 체계, 즉 국가가 시행하는 법적 제도의 체계는 이른바 경제체계의 실제적인 생산력을 토대로 세워진 상부구조 중 하나로 이해해야 한다. 마르크스가 '법적인 상부구조와 정치적인 상부구조'에 관해 언급하는 것도 이러한 맥락에서 이해할 수 있다.[1] 물론 그것이 경제적, 물질적 실재와 그 실재에 상응하는 계급 간의 관계가 이데올로기와 관념의 세계에 그 모습을 내미는 유일한 방식은 아니다. 마르크스주의자에 의하면 도덕체계 역시 상부구조의 사례 중 하나이다. 도덕체계는 법적인 체계와 달리 국가권력에 의해 시행되는 것이 아니라 지배계급이 창출하고 통제하는 이데올로기에 의해 유지된다. 양자의 차이는 (플라톤이 말했듯이[2]) 대체로 설득과 힘의 차이다. 힘을 사용하는 것은 국가, 즉 법적 체계이거나 정치적 체계이다. 그것은 엥겔스가 말하듯이 지배자들이 피지배자들을 강압하기 위해 사용하는 '특수한 억제력'이다.[3] 『공산당 선언』에 따르면, '정치적 권력이란 엄밀하게 생각하면 단지 한 계급이 다른 계급을 억압하기 위해 조직한 권력일 뿐이다.'⁴) 레닌 역시 비슷한 말을 했다. '마르크스에 따르면 국가란 계급의 **지배를 위한** 기관, 다시 말해 한 계급이 다른 계급을 억압하는 기관이며, 국가의 목표는 이런 억압을 법제화함으로써 그것이 영속적인 "질서"가 될 수 있도록 하는 것이다. …'⁵) 국가란 말하자면 지배계급이 생존하기 위해 강구한 기제 중 하나에 불과하다는 것이다.

이런 국가관이 함축하는 결과에 대해 논구하기에 앞서 이 같은 국가관은 한편으로는 제도주의적인 이론이며 다른 한편으로는 본질주의적인 이론이라는 점을 지적하고자 한다. 이 국가관은 그것을 통해 마르크스가, 법 제도가 사회생활에서 수행하고 있는 실질적 기능을 밝히고자 했다는 점에서 제도주의적이다. 그러나 이 국가관은 마르크스가 법 제도들이 기여할 수도 있는 (또는 기여하도록 만들어진) 다양한 목적이 무엇인지 탐구하지 않고 있다는 점에서, 또한 그가 생각하기에 국가가 수행해야 하는 목적을 위해 어떤 제도적 개혁이 필요한지 제시하지 않고 있다는 점에서 본질주의적이다. 마르크스는 국가, 법 제도 혹은 정부가 수행하기를 원했던 기능과 관련이 있는 요구나 제안을 하는 대신, '국가란 **무엇인가?**'를 물었다. 다시 말해 그는 법 제도의 **본질적** 기능을 발견하려고 했다. 우리는 이미 [논문 6에서] 이와 같은 본질주의적 물음에 대해서는 만족할 만한 답이 있을 수 없다는 것을 보았다. 그러나 이 물음은 분명 관념과 규범을 경제적 실재의 외양에 나타나는 단순한 현상으로 해석하는 마르크스의 본질주의적이고 형이상학적인 접근과 맥을 같이하고 있다.

이런 국가이론이 함축하는 바는 무엇인가? 가장 중요한 것은 정치, 즉 정치적 투쟁은 물론이고 법적, 정치적 제도가 결코 중차대한 것일 수 없다는 믿음이다. **정치는 무력하다.** 정치는 경제적 현실을 결정할 수 없다. 정치 활동의 유일한 과제 혹은 주된 과제는 만약 정치가 합리적이라면, 법적, 정치적 수단을 사회적 실재의 변화와 보조를 맞추도록 변경하는 것, 다시 말해 생산수단의 변화와 계급 간의 관계 변화와 보조를 맞추도록 관리하는 것이다. 우리가 이런 발전을 따라가지 못할 경우 불가피하게 일어날 난관을 피할 수 있도록 말이다. 이를 달리 표현하면 다음과 같다. 정치적 발전은 사회적 체계의 근저에 있는 실재에 의해 제한받지 않는 피상적인 것이거나, 경제적 배경과 계급 상황의 변화를 표현하는 것이다. 전자라면, 정치적 발전은 처음부터 중요하지 않다. 억압받는 사람이나 착취당하는 사람에게 실질적인 도움을 줄 수도 없다. 후자라면, 정치는 분출하는 용암과 유사하다. 즉, 사회적 체계에서 발생하는 어쩌면 예견할 수도 있는 완전한 혁명과 그것이 지닌 엄청난 폭발력에 저항하지 않음으로써 그 정도를 완화할 수는 있지만, 그 변혁이 정치적 행동에 의해 야기될 수도 없고 억눌러질 수도 없다는 점에서 그러하다.

이런 고찰은 새삼 마르크스의 역사법칙주의 사상체계가 지닌 통일성을 보여준다. 그러나 마르크스는 그 누구보다 정치적 행동에 대한 관심을 불러일으키는 데 성공했다는 사실을 감안할 때, 정치가 근본적으로 무력하다는 그의 주장은 어딘지 역설적인 것처럼 들린다. (물론 마르크스주의자들은 다음의 두 논변 중 하나를 들어 이러한 평가에 대응할 것이다. 논변 중 하나는 마르크스의 이론에서 정치적 행동이 소정의 기능을 **갖고** 있다고 항변한다. 왜냐하면 노동자 정당이 착취당한 대중들의 몫을 개선할 수는 없을지라도, 노동자 정당의 투쟁은 계급의식을 일깨우고 이로 인해 혁명을 무르익도록 하기 때문이다. 이것은 급진 좌파가 사용할 만한 논변이다. 다른 논변은 온건 좌파가 사용하는 것으로서, 정치적 행동이 직접적으로 도움이 될 수 있는 시대가 존재할 수도 있다고 인정하는 것이다. 즉, 대립하고 있는 두 계급의 힘이 대략 균형을 이루는 시대가 있을 수 있다는 것이다. 이런 시대에는 정치적 노력과 에너지가 노동자들의 삶을 개선하는 데 큰 힘을 발휘할 수 있다. 이 두 번째 논변은 마르크스 이론의 근본을 이루는 것 중 일부를 포기하도록 한다. 하지만 그들은 이 같은 사실을 깨닫지 못하고 있고 그 결과 근원적인 문제는 방치한 상태에서 그렇게 주장하고 있다.)

마르크스주의 이론에 따르면, 노동자 정당은 당에 부여된 역할을 계속하고 노동자의 주장들을 열심히 공표하는 한 큰 실수를 저지를 가능성이 거의 없다. 이것은 주목할 만한 주장이다. 왜냐하면 이 주장이 옳다면, 정치적인 과오는 계급적인 현실에 실질적으로 영향을 미칠 수 없을 뿐만 아니라 다른 모든 것이 궁극적으로 의존하고 있는 경제적 실재에도 거의 아무런 영향을 줄 수 없기 때문이다.

마르크스 이론이 함축하는 결과 중 중요한 또 다른 하나는 원칙적으로 모든 정부, 심지어 민주적인 정부도 피지배자에 대한 지배계급의 독재정권이라는 믿음이다. 『공산당 선언』은 '현대국가의 행정부는 단지 전체 유산자 계급의 경제적인 업무를 관리하는 위원회에 불과하다. …'고 말하고 있다.[6] 이 이론에 따르면 우리가 민주주의라고 부르는 것은 단지 특정한 역사적 상황에 가장 요긴한 계급독재의 한 가지 방식에 불과하다. (이는 앞에서 소개한 온건 좌파의 계급 균형 이론과는 잘 어울리지 않는다.) 그리고 자본주의 체제하의 국가가 유산자 계급의 독재정권인 것처럼, 사회혁명 이후 국가는 우선 무산자 계급의 독재정권이 될 것이다. 그렇지만 무산자 계급의 국가는 옛날 유산자 계급의 저항이 소멸되자마자 그 기능을 잃어버릴 것이 틀림없다. 왜냐하면 무산자 혁명은 단 하나의 계급사회에 이르며, 따라서 어떠한 계급독재도 있을 수 없는 계급 없는 사회에 이르기 때문이다. 그러므로 어떤 기능도 박탈된 국가는 사라져야 한다. 엥겔스가 말했듯이 **'국가는 말라 죽을 것이다.'**[7]

II.

『자본론』은 법적 체계와 사회적 체계가 어떻게 다른지 분명하게 보여준다. 특히 이론적 논의를 위해 마르크스는 자본주의 경제체제에 대한 분석에 있어 자본주의의 법적 체계가 모든 면에서 완전하다고 가정할 것을 제안한다. 즉, 모든 사람에게 자유, 법 앞의 평등, 정의가 완전하게 보장된다고 전제하자는 것이다. 이 같은 체제에서는 법 앞에 어떤 특권계급도 존재하지 않는다. 더 나아가 경제적인 영역에 있어서조차 '약탈'이 일어나지 않는다고 가정하자는 것이다. 그는 또한 모든 상품에 '공정 가격'이 책정된다고 가정하자고 제안한다. 여기에서 상품은 노동자가 노동시장에서 자본가에게 판 노동력도 포함된다. 이때 가격이 '공정하다'는 말은 모든 상품이 재생산을 위해 요구된 평균적인 노동량에 비례해서 매입되고 팔린다는 (혹은 마르크스의 용어로 상품의 참된 '가치'에 따라 그 상품이 매입되고 팔린다는) 것을 의미한다.[8] 물론 마르크스도 이 모든 것이 지나친 단순화임을 안다. 왜냐하면 그 자신은 노동자들이 지금껏 그만큼 공정하게 대우를 받은 적이 거의 없다고 생각하기 때문이다. 그가 보기에 그들은 오히려 사기를 당하기 십상이다. 그럼에도 불구하고 마르크스가 이런 이상화된 전제하에서 논증하려는 이유는 자본주의 체제에서는 법적 체계가 아무리 탁월해도 노동자가 자신의 자유를 향유할 수 없는 방식으로 경제체계가 기능한다는 것을 보여주기 위해서이다. 다시 말해, 마르크스에 따르면, 아무리 '정의롭다' 하더라도 자본주의 체제하에서 노동자들은 노예보다 유복하지 못하다.[9] 만일 그들이 가난하다면 자신과 아내, 자식을 노동시장에 팔 수밖에 없으며, 벌이 역시 기껏해야 다시 노동을 하기 위해 필요한 만큼을 간신히 넘어서는 정도로 미미하기 때문이다. 다시 말해 아무리 열심히 일해도 겨우 생존할 수 있는 만큼만 벌 수 있다는 것이다. 이것은 자본주의 체제에서 착취는 단순한 '약탈'이 아님을 보여준다. 여기에서 착취는 단지 법적인 수단에 의해 제거될 수 없기 때문이다. (그러므로 프루동의 '재산은 도둑질이다(property is theft)'라는 비판 또한 지나치게 피상적이다.[10])

따라서 마르크스에 의하면, 노동자의 입장에서는 법적 체계가 개선된다고 해도 크게 나아질 것이 없다. 가난한 사람과 부유한 사람 모두에게 똑같이 공원 의자에서 잠잘 수 있도록 허락하고 '생계에 필요한 직업이 없이' 살려는 시도를 똑같은 벌로 다스리겠다고 위협하는 법적인 체계에서는 누구나 알고 있듯이 많은 것을 기대할 수 없기 때문이다. 이 같은 논의를 통해 마르크스는 (헤겔식의 용어를 빌려 표현하자면) **형식적 자유**와 **물질적** 자유의 구분에 도달한다. 그에 의하면, 형식적 자유[11]나 법적인 자유는 역사적 발전을 통해 인류가 추구하는 자유를 보장하지 못한다. 그렇다고 이것들이 매우 중요하지 않다는 것은 아니지만 여전히 우리가 지향하는 것을 이루기에는 많이 부족하다. 마르크스에 따르면, 중요한 것은 실질적, 즉 경제적 혹은 물질적 자유이다. 이것은 인류 전체를 고된 노동으로부터 해방시킬 때에만 성취할 수 있다. 그렇기에 이와 같은 해방을 위해서는 '노동시간의 단축이 기본적인 선행 조건이다.'

III.

마르크스의 분석을 어떻게 보아야 할까? 우리도 정치나 법 제도 체계가 그 같은 상황을 구제하는 데 본질적으로 무기력하며, 오직 완전한 사회혁명과 '사회체계'의 완전한 변화만이 그것을 구제하는 데 도움이 된다고 믿어야 하는가? 아니면 통제되지 않은 '자본주의' 체계를 지지하는 사람들, 즉 자유 시장 기제에서 도출 가능한 엄청난 이윤을 (내 생각에는 정당하게) 강조하며, 이를 토대로 진정으로 자유로운 노동시장이야말로 관련자 모두에게 가장 유익할 것이라고 결론짓는 사람들을 믿는 것이 옳은가?

통제되지 않은 '자본주의 체계'가 지닌 불의와 비인간성에 대한 마르크스의 지적은 의심할 여지가 없어 보인다. 그러나 그것은 우리가 [앞 논문에서] 이른바 **자유의 역설**이라고 명명한 것을 통해 해석할 수도 있다. 우리는 자유가 무제한일 때, 스스로 좌절할 수 있다는 것을 보았다. 무제한적 자유는 강한 사람이 약한 사람을 억압하며 그의 자유를 빼앗을 수 있다는 것을 의미한다. 모든 사람의 자유가 법에 의해 보호받을 수 있도록 국가가 어느 정도 자유를 제한해야 할 것을 요구하는 것도 이 때문이다. 누구도 다른 사람의 **자비에 맡겨져서는** 안 된다. 누구나 국가에 의해 보호받을 권리를 가져야 한다.

나는 동물적인 힘의 영역, 즉 물리적 위협의 영역에 적용될 법한 이 같은 생각이 경제적 영역에도 적용되어야 한다고 생각한다. 비록 국가가 (통제되지 않은 자본주의 체제하에서도 원칙적으로 그러해야 하듯이) 물리적 폭력에 시달리는 시민들을 보호한다 할지라도, 국가가 경제적 권력의 남용으로부터 그들을 보호하지 못한다면 그것은 다분히 자가당착적이다. 이런 국가에서는 경제적으로 강한 자가 경제적으로 약한 자를 마음대로 억압하고 자유를 빼앗을 수 있기 때문이다. 이런 상황하에서 통제되지 않은 경제적 자유란 무제한적인 물리적 자유와 마찬가지로 자멸할 수 있다. 경제적 권력 또한 물리적 폭력만큼 위험할지도 모른다. 왜냐하면 잉여 식량을 소유한 사람은 폭력을 사용하지 않고도 굶주린 사람들이 노예 상태를 '자유롭게' 받아들이게 할 수 있기 때문이다. 그리고 국가의 활동이 폭력의 억제에 (또한 재산의 보호에) 국한된다고 가정하면, 경제적으로 힘이 센 소수가 이런 방식으로 경제적으로 힘이 약한 다수를 착취할 수 있기 때문이다.

만약 이 같은 분석이 옳다면,[12] 개선 방법의 성격 또한 분명해진다. 그것은 **정치적인** 개선책이어야 한다. 즉, 물리적 폭력에 저항하여 우리가 사용하는 방법과 유사해야 한다. 우리는 국가권력에 의해 시행되는 사회제도를 만들어서 경제적 약자를 경제적 강자로부터 보호해야 한다. 국가는 누구도 기아나 경제적 몰락에 대한 공포 때문에 불공정한 거래를 할 필요가 없도록 해야 한다.

이것은 물론 불간섭 원리, 곧 통제되지 않은 경제체계 원리를 포기하는 것을 의미한다. 만약 자유를 보호하기를 원한다면, 우리는 무제한의 경제적 자유 정책을 국가의 계획된 경제 간섭으로 대체하도록 요구해야 한다. 통제되지 않은 **자본주의를 경제 간섭주의로** 대체할 것을 요구해야 한다.[13] 사실 이것은 실제로 일어났던 일이다. 마르크스가 기술하고 비판했던 경제체계는 곳곳에서 사라져 더 이상 존재하지 않게 되었으며 다양한 간섭주의 체계로 대체되었다. 그러나 국가가 그 기능을 잃기 시작하고 자본주의 '쇠퇴의 징후들을 보여주는' 체계가 그것을 대체한 것은 아니다. 통제되지 않은 경제체계를 대체한 것은 경제 영역에서 재산과 '자유계약'의 보호에 그쳤던 국가의 기능을 훨씬 확장한 다양한 형태의 간섭주의 체계이기 때문이다.

IV.

나는 지금까지의 논의가 마르크스주의에 대한 분석에서 가장 중요하다고 생각한다. 이제야 비로소 [논문 24에서 논의한] 역사법칙주의와 사회공학의 충돌이 지닌 의미와 그것이 열린사회를 옹호하는 사람들에게 미친 영향에 대해 이해할 수 있게 되었기 때문이다.

마르크스주의자는 마르크스주의가 과학 이상이라고 주장한다. 단지 역사적 예언에 그치는 것이라고 생각하지 않기 때문이다. 그들은 마르크스주의가 실천적인 정치 행동을 위한 기초라고 주장한다. 또한 현존하는 사회를 비판하고, 더 좋은 세계에 이르는 길을 안내할 수 있다고 주장한다. 그러나 마르크스 본인의 이론에 의하면, 우리 마음대로, 이를테면 법적인 개혁을 통해 경제적 현실을 바꾸는 것은 가능하지 않다. 정치는 '산고를 줄이거나 완화하는' 것 외엔 어떤 일도 할 수 없다.[14] 나는 마르크스의 이론이 매우 빈약한 정치 프로그램이라고 생각한다. 왜냐하면 마르크스는 역사를 움직이는 실제적인 원동력이 우선 기계의 진화에 있다고 보았으며, 그 다음으로 중요한 것은 경제적인 계급 관계 체제라고 보았고, 정치적 권력은 세 번째로 중요하다고 보았기 때문이다.

우리가 분석을 통해 도달한 견해는 이와 정반대의 입장을 함축한다. 그것은 정치적 권력을 근본적인 것으로 생각한다. 이 견해에 따르면, 정치적 권력이 경제력을 통제할 수 있다. 이것은 정치적 활동의 장이 막대하게 확장되는 것을 의미한다. 우리는 우리가 무엇을 성취하고자 하는지, 그것을 어떻게 성취할 수 있는지 질문할 수 있다. 다음과 같은 예를 들 수 있다. 경제적 약자를 보호하기 위해 합리적 정치 프로그램을 개발할 수 있다. 우리는 또한 착취를 제한하는 법을 제정할 수도 있다. 물론 노동 일수를 제한할 수도 있지만, 훨씬 더 많은 것도 가능할 수 있다. 일례로 노동자들을 (보다 바람직하게는 시민 모두를) 장애, 실업 그리고 노년에 대비한 보험에 들도록 법제화할 수 있다. 이를 통해 굶어 죽지 않기 위해서는 무조건 복종할 수밖에 없는 노동자의 경제적 처지를 이용한 착취 형태를 종식시킬 수 있다. 아마도 일하기를 원하는 모든 사람의 생계수단을 법적으로 보장할 수 있을 때, 그리고 그것을 달성하지 말아야 하는 이유가 없을 때에서야, 경제적 공포와 협박에서 시민의 자유를 보호하는 일을 마무리할 수 있을 것이다. 따라서 우리가 도달한 관점에서 보면 정치적 권력이 경제적 안전을 보호하는 열쇠이다. 정치적 권력과 그 권력의 통제가 어떤 것보다 더 중요하다. 무엇보다 경제적 권력이 정치적 권력을 지배하게 내버려 두어서는 곤란하다. 필요하다면 싸워서라도 정치적 권력이 경제적 권력을 통제할 수 있도록 해야 한다.

우리가 도달한 관점에서 보면 정치적 권력을 경시하는 마르크스의 태도는 두 가지 문제를 안고 있다. 한편으로 그는 경제적인 약자의 몫을 개선할 수 있는 가장 중요한 잠재적 수단의 개발을 등한시했다. 그리고 다른 한편으로 그는 자유에 커다란 위협이 될 수 있는 잠재적인 요인을 고려하기를 등한시했다. 계급 없는 사회에서 국가권력은 본연의 기능이 사라짐에 따라 '쇠퇴할' 것이라는 그의 견해는 매우 소박하며, 그가 자유가 지닌 역설을 전혀 이해하지 못했음을 분명히 보여주고 있다. 또한 이는 그가, 국가권력이 자유와 인류에 이바지하는 데 있어 수행할 수 있고 또 수행해야 하는 기능이 있다는 사실을 결코 이해하지 못했다는 것도 입증하고 있다. (그러나 마르크스에 대한 이 같은 해석은 그가 계급의식을 고양하기 위해 집단주의에 호소했음에도 불구하고 궁극적으로는 개인주의자라는 사실을 뒷받침한다.) 이렇게 볼 때 마르크스적인 견해는, 우리가 필요로 하는 것은 오직 '기회의 균등'뿐이라는 자유주의적인 믿음과 흡사하다. 물론 기회의 균등은 필요하다. 그러나 그것만으로는 충분치 않다. 그것은 재능이 부족하거나 마음이 약하거나 운이 없는 사람들이 재능이 많거나 무자비하거나 운이 좋은 사람들에게 착취당하는 것을 막지 못하기 때문이다.

더구나 우리의 관점에서 보면, 마르크스주의자들이 '단순한 형식적인 자유'로 경시해 온 것이 다른 모든 것의 토대를 이룬다. 이런 '단순한 형식적인 자유', 즉 민주주의는 사람들이 자신들의 정부를 평가하고 해산할 수 있는 권리로 정치적 권력의 오용에 대항하여 우리 자신을 보호하는 데 사용할 수 있는 우리가 알고 있는 유일한 장치이다[전술한 논문 25의 II절을 보라]. 그것은 피지배자가 지배자를 통제하는 것이다. 그리고 정치적 권력은 경제적 권력을 통제할 수 있기 때문에, 정치적 민주주의 또한 피지배자가 경제적 권력을 제어할 수 있는 유일한 수단이 된다. 만약 민주적인 통제가 없다면, 정부는 시민들의 자유를 보호하는 것과는 전혀 다른 목적을 위해 정치적 권력과 경제적 권력을 사용하지 않아야 할 하등의 이유가 없을지도 모른다.

V.

마르크스주의자들이 간과했던 것이 바로 '형식적 자유'의 기본적인 역할이다. 그들은 형식적 민주주의가 충분치 않다고 생각했기 때문에, 그들이 통상 '경제적 민주주의'라고 부르는 것으로 보완하려고 했다. 그러나 이는 '단지 형식적인 자유'가 민주적인 경제정책을 보장하는 유일한 수단이라는 사실을 잘 드러나지 않게 만드는 모호하고 피상적인 문구일 뿐이다.

마르크스는 경제적 권력이 중요하다는 사실을 깨달았다. 그가 경제적 권력의 위상을 과장했던 것도 이해할 만하다. 그와 그를 추종하는 사람들은 도처에서 경제적 권력을 보았다. 그들이 생각하기에, 권력을 지닌 자는 돈을 가진 자였다. 왜냐하면 필요할 경우 그는 무기뿐만 아니라 갱단도 살 수 있기 때문이다. 그러나 이 논변은 우회적이다. 왜냐하면 이 논변은 총을 가진 사람이 권력을 갖고 있다는 사실을 이미 인정하고 있기 때문이다. 만약 총을 가진 사람이 이 사실을 알게 된다면, 그는 머지 않아 총과 돈 모두를 갖게 될 것이다. 하지만 통제되지 않은 자본주의 하에서 마르크스의 주장은 어느 정도 타당하다. 왜냐하면 돈이 아니라 총과 갱단을 통제하기 위한 제도는 경제적 권력의 지배를 받기가 쉽기 때문이다. 이런 국가에서 부가 무소불위의 갱단처럼 권력을 휘두를 수 있다. 그러나 누구보다 마르크스 자신이 이 같은 일이 모든 국가에서 일어나는 것은 아니라고 인정할 것이다. 예컨대 역사에는 직접적인 약탈을 통해 착취가 이루어진 사례가 많았고, 이때 약탈은 그야말로 주먹의 힘에 의존적이었다. 오늘날 소위 '역사의 발전'이 일거에 사람들을 직접 착취하는 이 같은 행태에 종지부를 찍었으며, 형식적 자유가 달성된 이상, 우리가 다시는 그와 같은 원시적인 착취에 시달리지 않을 것이라는 소박한 견해를 지지하는 사람은 거의 없을 것이다.

지금까지의 논의만으로도 경제적 권력이 물리적인 권력이나 국가의 권력보다 더 근본적이라는 독단적 교설을 비판하기에 충분할 것이다. 경제적 권력이 모든 악의 근원이라는 독단은 폐기되어야 마땅하다. 대신 어떤 형식이든 통제되지 않은 권력은 위험하다는 믿음을 가져야 한다. 돈 그 자체는 특별히 위험한 것은 아니다. 단지 직접적으로 권력을 사들이는 경우에만, 그리고 살기 위해서는 자신을 팔 수밖에 없는 경제적 약자들을 예속할 수 있는 힘을 살 수 있는 경우에만, 돈은 위험한 것이다.

우리는 마르크스보다 훨씬 더 유물론적인 방식으로 이런 문제를 생각해야 한다. 우리는 물리적 권력과 물리적 착취를 통제하는 것이 가장 중요한 정치적 문제라는 사실을 깨달아야 하고, 이러한 통제를 확립하기 위해 '단지 형식적인 자유'를 확립하는 것이 우선해야 한다는 것도 깨달아야 한다. 이러한 목표를 달성한 뒤 정치적 권력을 통제하기 위해 형식적인 자유를 사용하는 방법을 알게 되면, 남은 것은 모두 우리 몫이다. 우리는 이제 다른 사람을 탓해서는 안 된다. 어딘가 사악한 경제적 악마가 있는 것처럼 볼멘소리를 하는 것도 삼가야 한다. 왜냐하면 민주주의에서는 악마를 통제하는 열쇠를 갖고 있는 것이 바로 우리 자신이기 때문이다. 우리는 악마를 길들일 수 있다. 이 점을 깨달아 열쇠를 사용할 줄 알아야 한다. 즉, 우리는 경제적 권력을 민주적으로 통제할 수 있는 제도, 그리고 우리 자신을 경제적 착취로부터 보호할 수 있는 제도를 구축해야 한다.

마르크스주의자들은 직접 표를 사거나 선전선동을 통해 간접적인 방식으로 투표에 영향을 미칠 수 있다는 사실을 강조해 왔다. 그러나 여기서 좀 더 자세히 들여다보면, 우리가 봉착하고 있는 것이 바로 위에서 분석한 권력정치적 상황의 대표적인 사례임을 알 수 있다. 형식적 자유를 달성한 이상, 우리는 어떤 형태의 매표 행위도 통제할 수 있다. 일례로 선거 비용의 사용과 지출을 제한하는 법이 있다. 이 같은 법을 얼마나 엄격하게 만들 것인가는 전적으로 우리에게 달려 있다. 다시 말해, 법체계는 자신을 보호하기 위한 강력한 도구가 될 수 있다. 우리는 또한 정치적 문제들에 대해서는 훨씬 더 엄격한 도덕적 잣대를 적용해야 한다는 여론을 조성하기 위해 노력할 수도 있다. 우리는 이 모든 일을 할 수 있지만 그보다 먼저 알아야 할 것이 있다. 우선 이러한 유형의 사회공학이 우리의 과제라는 것을 알아야 한다. 둘째, 이제 그 공학이 우리 수중에 있다는 것을 알아야 한다. 이에 더해 해묵은 정치권의 비밀을 들춰내기만 하면 새로운 세계로 나아가는 경제적 변혁이 일어날 것이라고 기대하는 것은 헛된 일이라는 것도 알아야 한다.

VI.

　물론 실제에 있어 마르크스주의자들이 정치적 권력은 무력하다는 교설에 전적으로 의존했다는 것은 아니다. 그들도 다른 이들과 마찬가지로 행동을 취하거나 계획할 경우, 정치적 권력으로 경제적 권력을 통제할 수 있는 것처럼 가정했다. 그러나 그들의 계획과 행동은 본래 자신들이 신봉했던 이론에 대한 분명한 반박에 기반을 두지 않았다. 그렇다고 정치에 있어 가장 근본적인 문제, 즉 통치자의 통제 혹은 국가권력의 집중이 낳는 문제에 대한 어떤 식견에 기초해 있는 것도 아니었다. 그들은 민주주의가 이 같은 문제를 해결할 수 있는 유일한 수단이라는 사실을 결코 깨닫지 못했다.

　그 결과 그들은 국가권력의 증대를 가져오는 정책에 내재한 위험을 깨닫지 못했다. 비록 정치가 무력하다는 교설을 알게 모르게 포기했지만, 마르크스주의자들은 국가권력은, 유산자의 수중에 있는 경우를 제외하면, 어떤 문제도 일으키지 않는다고 믿었다. 그들은 **모든** 권력이, 그리고 적어도 경제적 권력만큼 많은 정치적 권력도 위험하다는 것을 깨닫지 못했다. 그 결과 그들은 무산자 계급의 독재라는 공식을 견지했다. 마르크스주의자들은 대규모 정치는 어떤 것이든 개인적이 아니라, 제도적일 수밖에 없다는 사실을 이해하지 못했다. 그래서 자신들이 (마르크스와 달리) 국가권력의 확대를 극성스럽게 요구했을 때, 언젠가 확장된 권력을 못된 누군가가 잡을 수도 있다는 것을 결코 생각하지 못했다. 그들이 경제적 영역에서 국가가 사실상 무제한적 권력을 갖도록 설계한 것도 바로 이 같은 믿음이 있었기 때문이다. 그들은 오직 완전히 새로운 '사회체계'만이 문제를 개선할 수 있다는 마르크스의 전체주의적이고 유토피아적인 믿음을 고수했던 것이다.

　나는 이미 [논문 24에서] 사회공학에서 유토피아적이며 낭만적인 접근의 문제를 비판했다.[15] 그럼에도 여기에서 다시, 경제적 간섭, 심지어 여기서 옹호되었던 점진적 방법조차도, 국가의 권력을 증대시키는 경향이 크다는 사실을 강조하지 않을 수 없다. 그러므로 간섭주의는 지극히 위험하다. 물론 모든 간섭이 부당하다는 것은 아니다. 국가권력은 항상 위험하지만 필요한 악으로 존재해야 한다. 하지만 경고가 필요하다. 만약 우리가 경계를 늦춘다면, 즉 만약 우리가 간섭주의적 '계획'을 통해 국가가 더 많은 권력을 갖도록 하면서도 민주적인 제도를 강화하지 않는다면, 우리는 자유를 잃어버릴지 모르기 때문이다. 만일 자유를 잃는다면, '계획'을 포함해서 모든 것을 잃게 된다. 만약 사람들이 계획을 집행할 권한을 갖지 못한다면, 무엇 때문에 국민 복지를 위한 계획을 실행해야 하는가? 오직 자유만이 안전을 확고하게 할 수 있다.

이제 우리는 자유의 역설뿐만 아니라 국가 계획의 역설도 있다는 것을 알게 되었다. 만약 우리가 너무 많은 것을 계획하고, 그로 인해 국가에 너무 많은 권력을 부여하게 되면, 우리는 자유를 잃게 될 것이고 그 결과 더 이상의 계획은 없을 것이다.

이 같은 생각은 사회공학에 있어 유토피아적이거나 전체주의적인 방법 대신 점진적인 방법을 따르게 만든다. 또한 어떤 대책이든 어떤 이상적인 선을 확립하기 위해서가 아니라 구체적인 사회악과 싸우기 위해서 설계되어야 한다고 주장하게 한다. [특히 전술한 401쪽 이하를 보라.] 자유를 보호하기 위한 국가의 간섭은 정말로 절실한 것에 국한해야 한다.

하지만 해결책은 최소한의 해결책이어야 하며, 경계를 늦추지 말아야 하고, 자유를 보호하는 데 필요한 것보다 더 많은 권력을 국가에 부여해서는 안 된다고 말하는 것으로는 충분치 않다. 이런 말들은 문제를 부각시킬 수는 있지만, 어떤 해결책을 가르쳐주지 않는다. 어쩌면 해결책이 없을 수도 있다. 시민들의 경제력과 비교했을 때 언제나 위험할 정도로 막강하기 때문에 국가가 새로운 경제적 권력을 취하려 하는 것은 저항할 수 없는 유혹이기 때문이다. 우리는 아직까지 자유가 어떻게 보존될 수 있는지는 물론이고 그것이 지켜질 수 있는지도 입증하지 못했다.

아마 이 같은 상황에서는 우리가 앞서 정치적 권력에 대한 통제의 문제와 자유의 역설 문제에 대해서 검토했던 것을 상기하는 것이 유용할지도 모른다.

VII.

정치의 무기력함에 대한, 그리고 역사적 힘이 지닌 권능에 대한 마르크스의 이론은, 돌이켜 보건대, 매우 인상적인 사상체계임에 틀림없다. 그의 이론은 그의 사회학적 방법론, 그의 경제적 역사법칙주의, 경제체계의 발전이나 인간의 물질대사의 발전이야말로 사회 정치적 발전을 결정한다는 교설의 직접적 결과이다. 그의 시대적 경험, 인류애에 입각한 그의 분노, 그리고 억압받고 있는 사람들에게 승리할 것이라는 예언, 희망, 확신, 심지어 위안을 주어야 할 필요 등, 모든 것이 하나의 웅장한 철학체계로 통합되었다. 마르크스의 이론은 플라톤과 헤겔의 전체주의적인 체계와 비견될 수 있을 뿐만 아니라 어쩌면 더 우월한 것일 수도 있다. 철학사에서 마르크스를 거의 간과하다시피하게 된 것은 사람들이 그가 반동주의자가 아니었기 때문에 당연히 선전선동가일 수밖에 없다고 생각했기 때문이다. '언뜻 보았을 때 … 저자는 좋지 않은 의미에서 독일 관념론 철학자의 최고봉이라고 생각된다. 그러나 그는 실제로 그 어떤 선배보다도 훨씬 더 현실적이라는 것을 알 수 있다. …'라고 『자본론』의 논평자는 기술했다.[16] 내가 보기에 이 논평자는 핵심을 찌르고 있다. 마르크스는 거대한 전체주의 체계를 구축한 최후의 철학자였다. 그러나 우리는 그가 마지막 전체주의 철학자가 되게 해야 한다. 그를 대체하는 또 다른 거대 전체주의 철학자가 등장해서는 곤란하다. 우리에게 필요한 것은 전체론이 아니라 점진적 사회공학이기 때문이다.

27. 개인주의 대 집단주의 (1945)

개인주의와 집단주의의 문제는 평등과 불평등의 문제와 밀접한 관련이 있다. 논의를 계속하기에 앞서 몇몇 용어에 대한 언급이 필요할 것 같다.

'개인주의'란 용어는 (『옥스퍼드 영어사전』에 따르면) 상이한 두 방식, 즉 (1) 집단주의에 대립되는 방식과, (2) 이타주의에 대립되는 방식으로 사용될 수 있다. 전자의 의미를 표현하는 다른 용어는 없지만, 후자에 대해서는 비슷한 용어로, 예컨대 '이기주의' 혹은 '자기본위'가 있다. 다음에서 보듯이 나는 **오직** (1)의 의미에서만 '개인주의'를 사용하며, (2)의 의미를 뜻할 때는 '이기주의'나 '자기본위'란 말을 사용할 것이다. 다음의 조그만 도표가 유용할 것으로 보인다.

(1) **개인주의**와의　　대립은　　(1′) **집단주의**
(2) **이기주의**와의　　대립은　　(2′) **이타주의**

그런데 이 네 가지 용어는 규범적 법칙들의 규약에 대한 어떤 태도나 요청 혹은 결단이나 제안을 기술하고 있다. 이 용어들은 어쩔 수 없이 모호한 점도 있겠지만, 예를 통해서 쉽게 예증될 수 있고, 또 우리의 현재 목적에 충분할 정도로 정확히 사용될 수 있다. 우선 집단주의에서 시작하자.[1] 개인은 전체가 우주이든 도시이든 부족이든 종족이든 또는 다른 집단체이든 간에 전체의 이해에 도움이 되어야 한다는 플라톤의 요구는 다음 구절로 묘사된다.[2] '부분은 전체를 위해 존재하지만, 전체는 부분을 위해 존재하지 않는다. … 당신들은 전체를 위해 창조되었지, 전체가 당신들을 위해 창조된 것은 아니다.' 이 인용 구절은 전체주의나 집단주의를 설명하고 있을 뿐만 아니라, 플라톤이 의식한 (그 구절의 서두에서 알 수 있듯이) 강렬한 감정적 호소도 전달하고 있다. 그것은 다양한 감정들, 예컨대 어떤 집단이나 부족에 속하고자 하는 열망에 대한 호소이다. 그 속의 한 요소가 이타주의를 찬성하고 자기본위나 이기주의를 반대하는 도덕적 호소이다. 플라톤은 전체를 위해 자기의 이익을 희생할 수 없는 사람은 자기본위적임을 시사하고 있다.

그러나 앞에서 제시한 우리의 조그만 표를 얼핏 보면, 이것이 그렇지 않음을 보여주고 있다. 집단주의는 이기주의와 대립되는 것도 아니고, 이타주의나 비자기본위와 동일한 것도 아니다. 예를 들어 계급적 이기주의 같은 집단적 이기주의나 단체적 이기주의는 매우 일반적인 것이며 (플라톤은 이 점을 잘 알고 있었다[3]), 이것은 집단주의 자체가 이기주의와 대립되지 않는다는 것을 매우 명확히 보여주고 있다. 한편 반집단주의자, 즉 개인주의자는 동시에 이타주의자일 수 있다. 왜냐하면 개인주의자는 다른 개인을 돕기 위해 자기를 희생할 수 있기 때문이다. 이런 태도의 가장 좋은 사례 중의 하나가 디킨스(Dickens)일 것이다. 디킨스의 자기본위에 대한 극렬한 증오나, 인간으로서의 약점을 갖고 있는 모든 개인에 대한 뜨거운 관심 중에서 어느 쪽이 더 강렬하다고 말하기는 힘들 것이다. 그리고 이런 태도는 이른바 공동체나 집단(그리고 물론 잘못이긴 하나 의회)에 대한 혐오뿐만 아니라, 구체적인 개인들보다는 익명의 단체들을 향하게 되면 진정으로 헌신하는 이타주의에 대한 혐오도 결합되어 있다. (나는 『쓸쓸한 집(Bleak House)』에 나오는 '공적인 의무에 헌신하는 부인' 젤리비 여사를 상기시키고자 한다.) 나는 이런 예증들이 네 가지 용어의 의미를 매우 명료하게 설명해 준다고 생각한다. 또한 그 표의 어떤 용어도 다른 줄에 있는 두 용어 중 어느 하나와 결합될 수 있음(가능한 결합이 네 가지임)을 보여주고 있다.

그런데 플라톤과 대부분의 플라톤주의자들에게 이타적 개인주의가 (예컨대 디킨스의 개인주의처럼) 존재할 수 없다는 것은 흥미로운 일이다. 플라톤에 따르면 집단주의의 유일한 대안은 이기주의이다. 그는 단순하게도 모든 이타주의를 집단주의와 동일시하고, 모든 개인주의를 이기주의와 동일시하고 있다. 이것은 네 가지 가능성을 대신하기 위한 단순한 낱말의 문제, 즉 용어상의 문제가 아니다. 이것은 오늘날까지도 윤리적 문제를 고찰하는 데 상당한 혼란을 야기해 왔다.

플라톤이 이기주의와 개인주의를 동일시한 것은 개인주의를 공격하는 데는 물론이고 집단주의를 방어하는 데에도 강력한 수단이 되었다. 집단주의를 방어할 때 그는 자기본위가 아닌 우리의 인도주의적 감정에 호소할 수 있고, 개인주의를 공격할 때는 개인주의자 모두를 자신밖엔 모르는 자기본위란 오명을 씌울 수 있다. 이런 공격은 플라톤이 인간 개인으로서의 권리, 즉 우리가 말하는 의미에서의 개인주의를 반대하기 위한 것이었는데도, 전혀 다른 표적인 이기주의만을 겨냥하게 된 것은 당연하다. 그러나 이런 차이점을 플라톤과 대부분의 플라톤주의자는 항상 무시했다.

플라톤은 왜 개인주의를 공격하고자 했는가? 나는 그가 개인주의에 총을 겨눌 때 자신이 무엇을 하고 있는지 잘 알고 있었다고 생각한다. 왜냐하면 아마도 평등주의보다는 개인주의가 새로운 인도주의 강령을 지키는 강한 보루였기 때문이다. 개인의 해방은 부족주의의 붕괴를 초래하고 민주주의를 봉기시킨 실로 거대한 정신혁명이었다. 플라톤의 신비한 사회학적 직관은 어디서 만나든지 간에 적을 항상 분간한 방식에 나타나 있다.

개인주의는 정의에 대한 오래된 직관적 관념의 일부였다. 플라톤이 생각하듯이 정의는 국가의 건전한 상태와 조화이기보다는, 오히려 개인을 다루는 어떤 방법이라는 것이 아리스토텔레스에 의해 강조되었다. 그것은 아리스토텔레스가 '정의란 사람들에게 적합한 어떤 것이다'[4]라고 말한 것을 생각하게 해준다. 페리클레스 시대의 사람들은 이런 개인주의적 요소를 강조했다. 페리클레스 자신은 법률이란 '사람들의 사적인 분쟁에서 모든 사람에게' 똑같이 동등한 정의를 보증해야 함을 명확히 했다. 그러나 그는 한 걸음 더 나아가, '우리 이웃이 자신의 길을 선택하고자 한다면, 우리로서는 그들에게 잔소리할 필요를 느끼지 않는다'라고 말했다. (이 말을 '국가는 인간을 방임시켜 … 제 나름대로 하게 내버려 둘 목적으로' 인간을 만드는 것이 아니라는 플라톤의 말[5]과 비교해 보라.) 페리클레스는 이런 개인주의가 이타주의와 연계되어야 한다고 주장한다. '우리는 상처 입은 자를 보호해야 한다고 배웠다'는 그의 연설은 '변덕을 즐기고 자립적으로' 성장하는 아테네 청년들을 그리는 데서 그 절정을 이루었다.

이타주의와 통합된 이런 개인주의는 서구 문명의 근저를 이루었다. 그것은 기독교 정신의 중심 원리('너의 종족을 사랑하라'가 아니라, '네 이웃을 사랑하라'고 성서가 말하는 것)이며, 또한 그것은 우리 문명에서 자라 그 문명을 활기 띠게 한 모든 윤리적 교설의 핵심이다. 또한 그것은 예를 들어 칸트의 실천적 교설('인간 개개인들은 목적임을 항상 인식하고, 그들을 너의 목적을 위한 단순한 수단으로 삼지 마라')의 중심 내용이기도 하다. 인간의 도덕적 발전에 있어서 이보다 더 강력했던 사상은 없다.

플라톤이 이런 교설에서 계급국가의 적을 보았을 때는 옳았다. 그리고 그는 그 당시의 '파괴적인' 어떤 교설보다도 이 교설을 혐오했다. 이 점을 더욱 명료하게 보여주기 위해, 나는 개인을 향한 실로 놀랄 만한 적의를 전혀 인식하지 못했던 『법률』의 두 구절을 인용하겠다.[6] 첫 구절은 『국가』에 대한 언급으로 유명한 것인데, '여자와 아이들 및 재산의 공유'에 대해 논의한 것이다. 여기서 플라톤은 '최상의 국가형태'로서 『국가』의 체제를 서술하고 있다. 그에 따르면, 이런 최상의 국가에서는 '아내와 아이들과 모든 가축은 공동 소유이다.' 사적이고 개인적인 모든 것을 우리 생활 어디서든 뿌리째 뽑아 버리려고 가능한 모든 방법이 동원되었다. 그렇게 되면 본래 사적이고 개인적이었던 것까지도 모든 사람의 공동 소유가 된다. 우리의 눈과 귀, 손도 개인에 속하는 것이 아니라, 공동체에 속하는 것으로 보고, 듣고, 행동하는 것 같다. 모든 사람이 완전히 만장일치로 칭찬하고 비난하도록 길들여지며, 심지어 똑같은 일에도 모두 동시에 기뻐하고 슬퍼한다. 그리하여 모든 법률은 국가를 철저히 통합시킬 때 완벽해진다. 그는 계속해서 '국가가 가장 우수한 기준으로 앞서 언급한 원칙보다 나은 것은 아무것도 찾을 수 없을 것이다'라고 말한다. 또한 그는 이런 국가를 '신성한 것으로', 국가의 '모형'이나 '표본' 또는 '원형', 즉 국가의 형상이나 이데아라고 설명한다. 이것이 『국가』에서 플라톤이 편 견해인데, 정작 이것을 발표한 시기는 그가 자신의 이상을 훌륭하게 실현하려는 희망을 포기했을 때였다.

『법률』에서 인용한 두 번째 구절이 어쩌면 훨씬 더 솔직하다. 이 구절은 주로 군사원정과 군사훈련을 다루고 있지만, 플라톤은 이와 동일한 군국주의 훈련은 전시에는 물론이고 '평화 시에도 그리고 유년 시절부터 계속' 고수되어야 함을 의심하지 않았다는 점은 강조되어야 한다. 여타의 전체주의적 군국주의자들과 스파르타 찬미자들처럼, 플라톤도 극히 중요한 군사훈련의 요건들은 평화 시에도 최고의 것이어야 하며, 그것들이 모든 시민의 전 생애를 결정해야 한다고 주장한다. 왜냐하면 전 시민들(모두가 군인)과 아이들뿐만 아니라 가축들까지도 전 생애를 영구적인 총동원의 상태로 보내야 하기 때문이다.[7] 그는 다음과 같이 쓰고 있다. '무엇보다 가장 으뜸가는 원칙은 남자든 여자든 누구도 여태

430

껏 지도자가 없었던 적이 없었다는 것이다. 열성적으로 하는 것이든 장난삼아 하는 것이든, 자신이 주도적으로 무슨 일이든 하도록 누구의 마음도 습관화되어서는 안 된다. 그러나 전쟁 때는 물론 평화 시에도 그는 지도자에게 시선을 돌려 지도자를 충실하게 따라야 한다. 또한 매우 사소한 문제에서도 그는 지휘를 받아야 한다. 예를 들어 그렇게 하라는 명령이 그에게 떨어졌을 때만, 그는 일어나거나 씻거나 움직이거나 먹어야 할 것이다.[8] … 한마디로 말해 사람들은 오랜 습관을 통해서 독립적으로 행동할 꿈을 꾸지 않도록, 그리고 그런 짓을 전혀 할 수 없게끔 자신의 영혼을 길들여만 한다. 이런 식으로 전체 공동체 속에서 전 생애를 보내야 할 것이다. 이보다 더 우수하거나 이보다 더 훌륭하고 효과적인 전쟁에서의 구제와 승리를 확신시켜 주는 법률은 없으며 앞으로도 없을 것이다. 남을 지배하고 남에게 지배를 받는 습관은 **평화 시는 물론이고 유년 시절부터 계속해서** 육성되어야 한다. 그리고 무정부주의의 모든 흔적은 모든 이의 전 생애에서 뿌리째 근절되어야 한다. 심지어 인간에 예속된 야수의 생애에서도 그것은 근절되어야 한다.'

이런 발언은 강렬하다. 어느 누구도 개인주의에 대한 적의를 이보다 더 극렬하게 품지는 않았다. 그리고 이런 혐오는 플라톤 철학의 근본적인 이원론에 깊게 뿌리박고 있다. 그가 변하는 특수한 경험들, 즉 감각적인 사물들이 변하는 세계의 다양성을 혐오한 것처럼, 그는 개인주의와 자신의 자유를 혐오했다. 정치 분야에서 개인이란 플라톤에게 있어서 악 그 자체이다.

반인도주의적이고 반기독교적인 이런 태도는 시종일관 이상화되어 왔다. 그것은 인도적이며, 이기적이지 않은, 이타적이고 기독교적인 것으로 해석되어 왔다. 예를 들어, 잉글랜드(E. B. England)는 『법률』의 이 두 구절의 첫째 것을 '이기주의의 강력한 탄핵'이라고 했다.[9] 바커(Barker) 또한 플라톤의 정의이론을 논하면서 비슷한 말을 했다. 그에 의하면, 플라톤의 목적은 '자기본위와 시민의 불화를 조화로 대체시키고자 한 것'이므로, '국가의 이익과 개인의 이익 간의 오랜 조화는 …
플라톤의 가르침에 의해 회복된다. 그러나 그것은 조화를 자각하고 있
는 것으로 승화되었기 때문에 새롭고 보다 높은 수준으로 회복된 것이
다.' 이런 진술과 이와 비슷한 수많은 진술은, 플라톤이 개인주의와 이
기주의를 동일시했다는 것을 기억한다면, 쉽게 설명될 수 있을 것이다.
왜냐하면 이런 플라톤주의자는 모두 반개인주의란 이기심 없음과 동일
하다고 믿기 때문이다. 이런 동일시가 반인도주의적 선전의 성공적 결
과를 가져왔고, 또 그것이 오늘날까지 윤리적 문제에 대한 고찰을 혼란
시켰다는 나의 주장을 예증해 주고 있다. 하지만 우리는 이런 동일시와
어마어마한 말에 기만당한 자들이, 플라톤을 도덕의 스승으로 추앙하고,
플라톤의 윤리가 그리스도 이전의 기독교 정신에 가장 근접한 것이라고
세상에 공표하여, 전체주의로 향하는 길을 준비하고 있음을, 특히 기독
교를 전체주의적인 반기독교적으로 해석하는 길을 마련하고 있음을 또
한 인식해야 한다. 그리고 이것은 기독교가 전체주의적 이념의 지배를
받던 시절이 있었던 만큼 위험한 일이다. 과거에 있었던 이교도 탄압이
다른 형태로 다시 나타날 수 있기 때문이다.

그러므로 순진한 사람들이 플라톤의 의도에서 인도적인 것을 확신한
몇 가지 이유를 좀 더 언급하는 것이 좋을 것 같다. 그 하나의 이유는
플라톤이 집단주의 원리에 근거를 마련하고자 할 때는, 항상 '친구들은
그들이 가진 모든 것을 공유한다'[10]는 격언이나 속담(이것은 피타고라
스학파에서 유래한 것 같다)을 인용하면서 시작했기 때문이다. 이것은
확실히 자기본위가 아닌 고결하고 탁월한 감정이다. 이런 훌륭한 전제
에서 출발하는 논증이 전적으로 반인도주의적인 결론에 이를 것이라고
누가 의심할 수 있겠는가? 또 다른 중요한 점은 여전히 소크라테스의
영향이 미쳤던 시기의 플라톤 대화편, 특히 『국가』 이전의 대화편에는
진정한 인도주의적인 감정이 많이 표현되어 있기 때문이다. 나는 특히
『고르기아스』에 나타난 '소크라테스'의 원리, 즉 불의를 당하는 것보다

불의를 저지르는 것이 더 나쁘다는 원리를 말하고 있다. 명백히 이 원리는 이타주의적일 뿐만 아니라 개인주의적이기도 하다. 왜냐하면『국가』에서의 정의처럼 집단주의적 정의이론에서 불의는 어떤 특정한 개인에 대한 것이 아니라 국가에 대한 행위이므로, 비록 어떤 사람이 불의한 행위를 저지른다 해도 오직 집단만 피해를 입을 뿐이기 때문이다. 그렇지만『고르기아스』에서는 이런 유형의 어떤 것도 우리는 발견할 수 없다. 정의의 이론은 완벽히 통상적인 이론이며, '소크라테스'가 보여준 불의의 예로(여기서의 소크라테스는 진짜 소크라테스와 매우 흡사한 것 같다) 남의 따귀를 때리거나, 상처를 입히거나, 죽이는 것 등을 들고 있다. 이런 행동을 하는 것보다는 차라리 당하는 편이 낫다는 소크라테스의 가르침은 실로 기독교의 가르침과 매우 비슷하며, 그의 정의 교설은 페리클레스의 정신과 아주 잘 어울린다.

그런데『국가』는 이런 개인주의와 양립할 수 없을 뿐만 아니라, 개인주의를 전적으로 적대하는 새로운 정의의 교설을 전개한다. 하지만 플라톤은 여전히『고르기아스』의 교설을 고수하고 있다고 독자는 쉽게 믿을 수 있다. 왜냐하면『국가』에서 플라톤은 불의를 저지르기보다는 당하는 편이 낫다는 교설을 자주 암시하고 있기 때문이다. 이 책에서 제시된 집단적 정의이론의 관점에서 보면 이 교설은 단지 무의미할 뿐이라는 사실에도 불구하고 말이다. 나아가 우리는『국가』에서 '소크라테스'의 반대자들이 불의를 가하는 것은 좋고 기쁜 일이며, 불의를 당하는 것은 나쁜 일이라는 반대 이론을 표명하고 있음을 듣게 된다. 물론 모든 인도주의자는 이런 냉소주의에 반발한다. 그리고 플라톤이 소크라테스의 입을 빌려 '내 면전에서 정의에 관해 그런 악한 대화를 최선을 다해 막지 못하고 허용한다면,[11] 내가 죄를 저지를까 두렵네'라고 자신의 목적을 표명할 때, 말을 잘 듣는 독자는 플라톤의 훌륭한 의도를 확신하고, 그가 어디를 가건 기꺼이 그를 따라갈 것이다.

플라톤에 대한 이런 확신의 효과는 뒤이어 나오는 최악의 정치 불량

배로 묘사된 트라시마코스의 냉소적이고 자기본위적인 발언[12]과 대립된다는 사실에 의해 훨씬 강화된다. 동시에 독자는 트라시마코스의 견해와 개인주의를 동일시하게 되고, 개인주의에 반대하여 투쟁하는 플라톤은 그 당시의 파괴적이고 허무주의적인 모든 경향에 반대하여 싸우고 있다고 생각하게 된다. 그러나 우리는 트라시마코스와 같은 개인주의 유령에 놀라서, 야만주의라는 분명하지 못한 형태 때문에, 또 다른 더 실재적이고 더 위험한 도깨비를 받아들여서는 안 된다. (플라톤의 생생한 묘사와 '볼셰비즘'이라는 현대의 집단주의 유령과는 많은 유사성이 있다.) 왜냐하면 플라톤은 개인의 힘이 정당하다는 트라시마코스의 원리를 국가의 안정과 힘을 신장시키는 것은 무엇이든 정당하다는 똑같은 야만적인 교설로 대체하고 있기 때문이다.

요약하면, 급진적 집단주의로 말미암아, 플라톤은 사람들이 통상 정의의 문제라고 하는, 다시 말해 개인들의 경쟁적인 요구를 공평하게 다루는 문제에는 관심조차 기울이지 않는다. 또한 개인의 요구와 국가의 요구를 조정하는 데에도 관심을 두지 않는다. 왜냐하면 개인이란 전적으로 열등하기 때문이다. 플라톤은 다음과 같이 말한다. '나는 전체 국가를 위한 최상의 것이 무엇인가 하는 관점에서 법률을 제정한다. 왜냐하면 나는 정확히 개인의 이익을 열등한 수준의 가치로 자리매김할 수 있기 때문이다.'[13] 그는 오로지 집단 자체에만 관심을 쏟았으며, 또한 그에게 있어 정의란 단지 집단체의 건강, 통합, 안정일 뿐이었다.

28. 사회학의 자율성 (1945)

　(후설에서 연유한 용어인) 심리학주의는 사회생활의 모든 법칙을 궁극적으로는 '인간 본성'에 대한 심리학적 법칙으로 환원할 수 있어야 한다는 그럴듯한 교설이다. 이런 심리학주의에 대해 마르크스는 다음의 유명한 경구를 통해 자신의 비판적 입장을 표현했다. '인간의 현존을 결정하는 것은 인간의 의식이 아니다. 오히려 인간의 의식을 결정하는 것은 인간의 사회적 현존이다.'[1] 이 글에서 나는 마르크스의 경구의 의미를 설명하고, 마르크스 입장에 대한 나의 이해를 제시하는 것을 통해 심리학주의에 대한 나의 생각을 피력하고자 한다.

　우선 문제의 성격을 파악하기 위해 소위 족외혼법이라고 불리는 문제를 생각해 보자. 언뜻 보기에 족외혼법 문제는 근친 번식을 막기 위해 만들어진 것처럼 보이는 혼인법이 매우 다양한 문화에 널리 퍼져 있는 이유를 규명하는 것이다. J. S. 밀과 그를 추종했던 사회학의 심리주의 학파는 (그리고 그 이후 많은 정신분석학자들은) 족외혼법을 '인간 본성'에 호소함으로써, 예컨대 (아마도 자연선택이나 '억압'을 통해서 발달한) 근친상간에 대한 일종의 본능적 혐오에 호소함으로써 설명하고자 했다. 많은 사람들이 선호하는 소박한 설명 또한 이와 유사하다. 그러나 마르크스의 경구에 드러난 입장을 취한다면, 이와 반대되는 것이 참인 것은 아닌지, 즉 언뜻 보기에 본능처럼 보이는 것이 오히려 교육의 산물이 아닌지 물을 수 있다. 다시 말해, 우리가 본능이라고 부르는 것이 족외혼을 강요하고 근친상간을 금하는 사회적 규칙이나 전통의 원인이 아니라 그 결과가 아닌지 물을 수 있다.[2] 이 두 입장 간의 차이는 고래로 사회적 법칙을 '자연적'이라고 주장하는 입장과 '규약적'이라고 생각하는 입장의 차이와 정확하게 같은 것이다. 여기서 사례로 사용한 것과 같은 물음에서 이 두 이론 중 어떤 것이 옳은 것인지 정하는 것은 어려운 일이다. 전통적 사회 규칙을 본능에 의거해서 설명하는 것이 옳을까, 아니면 본능처럼 보이는 것을 전통적 사회 규칙에 의거해서 설명하는 것이 옳을까? 실험을 통해 이런 물음을 결정할 수는 없는가? 족외혼법과 유사하다고도 볼 수 있는 경우인 뱀에 대해 본능처럼 보이는 혐오를 실험적으로 입증하려는 시도가 있었다. 뱀에 대한 혐오는 사람은 물론이고 유인원 모두와 원숭이들 대다수가 갖고 있기 때문에 본능적이거나 '자연적'이라고 생각할 여지가 많았다. 하지만 실험은 이런 공포가 규약적인 것이라는 것을 지지하는 결과를 낳았다. 인간 종은 물론 예컨대 침팬지에서도 그것이 교육의 산물인 것으로 나타났기 때문이다. 왜냐하면 뱀을 두려워하는 교육을 받지 않은 어린아이와 어린 침팬지 모두가 뱀에 대한 본능적 공포를 보이지 않았기 때문이다.[3] 우리는 이 예를 교훈으로 삼아야 한다. 우리가 여기서 검토한 혐오는 언뜻 보기에 인류 보편적일 뿐만 아니라 인류가 아닌 종에 있어서도 편재하는 현상이기 때문이다. 우리는 어떤 관습적 행동이 보편적이지 않다는 사실에서 그것이 본능에 기초하고 있지 않다고 논증할 수 있을지 몰라도(하지만 본능을 억압하는 사회적 관습이 존재하기 때문에 이 논증도 위험하다), 그 반대의 경우는 참이 아니라는 것을 알게 되었다. 어떤 행동이 보편적으로 일어난다는 사실이 그 행동이 본능적이거나 '인간 본성'에 뿌리를 두고 있다는 주장에 대한 결정적인 논거가 될 수 없는 것이다.

이는 원칙적으로 어떤 사회적 법칙도 '인간 본성'에 대한 심리학에서 도출할 수 있어야 한다고 가정하는 것이 얼마나 천진난만한 생각인지를 잘 보여준다. 그러나 이런 분석으로는 아직 충분하지 않다. 한 단계 더 나아가기 위해서는 심리학주의의 중심 테제를 좀 더 직접적으로 분석하려는 노력이 필요하다. 심리학주의 중심 교설은 사회가 상호작용하는 마음들의 산물이기 때문에 사회법칙은 궁극적으로 심리학적 법칙으로 환원될 수 있어야 한다는 믿음이다. 왜냐하면 사회생활은, 사회 규약을 포함해서, 각 개인의 마음에서 발원한 동기의 산물일 수밖에 없기 때문이다.

심리학주의 교설에 반대해서 사회학의 자율성을 지지하는 사람들은 **제도적인 관점**을 펼 수 있다.[4] 그들은 일단 어떤 행동도 동기만으로는 설명할 수 없다는 사실을 지적할 수 있다. 만약 누군가 동기에 의거해서 설명하려 한다면, 그는 반드시 일반적 상황, 특히 환경에 대해서 언급하지 않을 수 없을 것이다. 인간 행동의 경우 환경은 거의 대체로 사회적이다. 따라서 우리 행동은 사회적 환경, 사회적 제도 및 그 제도가 기능하는 방식을 언급하지 않고는 설명할 수 없다. 그러므로 제도주의자들은 사회학을 우리 행동의 심리학적 또는 행동주의적 분석으로 환원하는 것이 불가능하다고 주장할 수 있다. 그 대신에 심리학적 분석이 사회학을 전제하고 있으므로, 사회학은 전적으로 심리학적인 분석에 의존하지 않는다고 그들은 말할 수 있으며, 그 결과 사회학은, 혹은 적어도 사회학의 매우 중요한 부분은 자율적일 수밖에 없다고 주장할 수 있다.

심리학주의를 추종하는 사람들은 이에 대해 다음과 같이 반박할 수 있다. 환경적 요인은 자연적이든 사회적이든 매우 중요하다. 그러나 자연적 환경과 달리 사회적 환경의 구조(심리학주의자들은 '패턴'이라고 부르기를 좋아한다)는 사람이 만든 것이다. 따라서 그것은 심리학주의 교설에 따라 인간 본성에 의거하여 설명할 수 있어야 한다. 예를 들어 경제학자들이 그 기능을 자신들의 주된 연구 대상으로 삼고 있는 '시장'

이라 부르는 제도의 특징은 궁극적으로는 '경제인'에 대한 심리학으로 부터, 혹은 밀의 용어를 빌린다면, '부를 추구하는 … (심리적) 현상'으로부터 도출할 수 있다. 이에 더해 심리학주의의 추종자들은 제도가 우리 사회에서 이런 중요한 역할을 하는 것은 인간 본성의 독특한 심리학적 구조 때문이라고 주장한다. 또한 어떤 것이 일단 제도로 자리를 잡게 되면, 그것은 우리의 사회 환경에서 전통적이고 비교적 고착적인 것이 되는 경향이 있다고 주장한다. 끝으로— 심리학주의자들이 주장하고자 하는 가장 중요한 요점이다— **전통의 발전은 물론 전통의 기원도** 인간 본성에 의거하여 해명해야 한다. 전통과 제도의 기원을 추적할 때, 우리는 그것의 도입을 심리학적 용어로 설명할 수 있어야 한다. 왜냐하면 그것들은 사람들이 어떤 동기의 영향하에서 이런저런 목적을 이루기 위해 도입된 것이기 때문이다. 심리학주의자들은 심지어 우리가 애초에 제도를 도입한 동기를 쉽게 잊어버리는 것과 목적이 분명치 않은 제도를 별달리 문제 삼지 않는 것도 인간 본성 때문이라고 주장한다. 그렇기에 밀이 말한 것처럼 '사회현상은 모두 인간 본성의 현상이다.' 또한 '사회현상의 법칙들은 단지 인간의 행동과 감성에 대한 법칙, 즉 각 개인이 지닌 인간 본성의 법칙들일 수밖에 없으며 실제로 그러하다. 사람은, 비록 함께 모아 놓는다고 해도, 다른 종류의 실체로 바뀌지 않는다. …'5)

밀의 이 마지막 논평은 심리학주의의 좋은 면 중 가장 훌륭한 측면에 대한 것이다. 왜냐하면 심리학주의는 집단주의와 전체주의, 예컨대 루소나 헤겔의 낭만주의, 즉 일반의지나 국민정신 혹은 어쩌면 집단정신에 의해 현혹되는 것을 거부하고 있기 때문이다. 나는 심리학주의가 오직 '방법론적 집단주의'와 반대인 것으로 이해되는 '방법론적 개인주의'를 주장하는 한에서만 옳다고 믿는다.6) 다시 말해, 심리학주의는 국가나 사회단체와 같은 집단의 '행태'와 '행동'은 개개인의 행태와 행동으로 환원되어야 한다고 주장한다는 점에서 옳다. 그러나 방법론적 개인주의가 심리학적인 방법을 함의한다고 생각하는 것은, (아래에서 볼 수 있듯이) 설령 처음에는 매우 확실한 것처럼 보일지라도 잘못된 생각이다. 이에 더해 밀의 논증을 좀 더 따라가다 보면, 심리학주의가 개인주의적 방법론을 채택했다는 것 외에는 그것의 근거가 매우 위태롭다는 것을 볼 수 있다. 왜냐하면 밀의 글은 **심리학주의가 역사법칙주의 방법을 채택할 수밖에 없음**을 보여주고 있기 때문이다. 사회적 환경에 대한 사실들을 심리적 사실들로 환원하는 시도는 기원과 발전에 관해 사변적으로 논의하게 한다. (『열린사회와 그 적들』 5장에서) 플라톤의 사회학을 분석했을 때, 이러한 방식으로 사회과학에 접근하는 것이 갖는 문제를 평가할 기회가 있었다. 이제 밀을 비판적으로 분석함으로써 우리는 그 같은 시도에 대해 결정적인 일격을 가하게 될 것이다.

밀이 역사법칙주의적인 방법을 채택하게 한 것은 분명 그의 심리학주의였다. 그는 역사법칙주의가 지닌 문제에 대해서는 어느 정도 눈치채고 있었던 것처럼 보인다. 왜냐하면 그 역시 수없이 많은 개인들이 상호작용함에 따라 발생하는 거대한 복잡성으로부터 발생하는 어려움을 적시함으로써 역사법칙주의가 빈약한 이유를 해명하려고 했기 때문이다. '… 인간의 본성에서 일반화를 위한 충분한 근거를 적시할 수 없다면, 사회과학에 … 어떤 일반화도 … 도입하지 말아야 한다는 말은 지당하지만…, 나는 누군가가 인류의 발전이 일어나야 할 **선천적인** 질서를 결정할 수 있다고, 그리고 그 결과 현재에 이르기까지 역사의 일반적 사실을 예측할 수 있을 것이라고 주장하리라 생각하지 않는다.' 밀이 이렇게 생각하는 이유는 이렇다. '처음 몇 세대 이후에는 앞선 세대가 이후 세대에 끼치는 영향이 여타의 영향 모두를 더욱더 … 압도하게 된다.' (달리 말해 사회적 환경이 지배적인 영향이 된다.) '아마도 인간의 능력으로는 그처럼 긴 일련의 행동과 반응을 … 계산해 내는 것이 불가능할 것이다.'[7]

밀의 논변, 특히 '처음 몇 세대'에 관한 밀의 논평은 역사법칙주의의 심리학주의적 판본이 지닌 취약성을 놀라울 정도로 잘 드러내고 있다.

만약 사회생활의 규칙, 사회 환경의 법칙, 온갖 제도의 법칙 등 모두가 궁극적으로 '인간의 행동과 감정'에 의해 설명되고 그것들로 환원되어야 한다면, 심리학주의적인 접근은 우리에게 역사-인과적 발전이라는 아이디어에 더해 그와 같은 발전의 **첫 단계**를 받아들이지 않을 수 없도록 한다. 사회 규칙이나 제도의 심리학적인 기원을 강조하다 보면 그들의 도입 원인이 전적으로 심리적인 요인에 의존하는 상태, 정확히 말해 도입 원인이 확립된 어떤 사회제도로부터도 독립적인 상태로 돌아갈 수밖에 없기 때문이다. 따라서 심리학주의는 좋든 싫든 **사회의 시초**, 사회가 생기기 이전 상태의 인간 본성 및 인간 심리라는 아이디어를 다루지 않을 수 없다. 달리 말하면 사회 발전의 '처음 몇 세대'에 관한 밀의 논평은 흔히 사람들이 생각하듯이 일종의 실수가 아니라, 그가 취할 수밖에 없었던 절망적인 입장을 표현한 것이다. 이 입장이 절망적인 것은 사회의 기초를 설명하는 전(前)사회적 인간 본성에 대한 이론— '사회계약'의 심리학주의적 판본— 이 역사적인 관점에서 신화일 뿐만 아니라, 방법론적인 관점에서도 신화에 지나지 않기 때문이다. 우리가 이런 이론을 진지하게 논의할 수 없는 것은 인간이, 정확히 말해 인간의 조상이 인간이기에 앞서 사회적이었다고(예컨대 언어는 사회를 전제하고 있음을 고려할 때) 믿지 않을 수 없기 때문이다. 하지만 이러한 사실은 사회적 제도와 그 제도가 지닌 전형적인 사회 규칙이나 사회학적 법칙[8] 모두가 사람들이 '인간 본성'이나 인간 심리라고 부르기 좋아하는 것에 앞서 존재했어야 한다는 것을 함의한다. 그러므로 누군가 행여 환원을 시도한다면, 그에게 유리한 것은 사회학을 심리학으로 환원하기보다는 심리학을 사회학으로 환원하는 것이다.

이제 다시 [이 논문] 첫 부분에 등장했던 마르크스의 경구로 돌아가 보자. 그에 따르면, 인간— 즉, 인간의 마음, 필요, 희망, 공포와 기대, 그리고 각자의 동기와 열망— 은 사회를 만든 이들이라기보다는 사회 속에서의 삶이 낳은 산물이다. [논문 22의 II절 참조.] 사회적 환경의 구조는 분명 어떤 의미에서 사람이 만든 것이다. 즉, 제도와 전통은 하느님이 만든 것도 아니고 자연이 만든 것도 아니다. 그것은 인간의 행동과 결정이 낳은 결과이며, 인간 행동과 결정에 의해 바뀔 수 있다. 그러나 그렇다고 해서 그것들 모두가 의식적으로 설계되었고, 필요, 희망 또는 동기를 통해 해명될 수 있다는 것을 의미하지는 않는다. 오히려 반대로 의식적이고 의도적인 행동의 결과에서 비롯된 것들조차 대체로 그와 같은 행동의 **간접적인, 의도하지 않은, 그리고 종종 원하지 않은 부산물**이다. 내가 [앞서 389쪽에서] 말했듯이 '단지 소수의 사회적 제도만이 의식적으로 디자인되었고, 대다수 제도가 인간 행동의 계획하지 않은 결과로서 그저 "발생한"다.'[9] 더구나 의도한 바에 따라 설계하여 성공한 몇 안 되는 제도(예를 들어 새로 설립한 대학이나 노동조합과 같은 것)도 애초에 의도했던 것이 의도하지 않았던 사회적 반향을 야기하여 대부분 계획에 따라 발전하지 않는다. 왜냐하면 새로운 제도의 창조는 수많은 다른 사회적 제도뿐만 아니라, '인간 본성', 즉 희망, 공포 그리고 야망에 영향을 미치기 때문이다. 우선은 직접적으로 관여된 사람들의 본성에 영향을 끼치고, 나중에는 종종 사회 구성원 모두의 본성에 영향을 끼친다. 이 같은 사실이 함의하는 것 중 하나는 도덕적 가치들은 사회의 제도와 전통에 밀접히 연관되어 있으며 그 가치들은 그 사회의 제도와 전통이 파괴되면 존속할 수 없다는 것이다.[10]

이 모든 것은 상당히 오래전 시대의 사회 발전, 즉 닫힌사회에 잘 부합한다. 이런 사회에서 제도를 의식적으로 설계하는 일은 만약 그런 일이 가능하다고 해도 거의 예외적이다. 하지만 오늘날에는 사정이 조금 다를 수 있다. 사회에 대한 우리의 지식이 서서히 증가하고 있기 때문이다. 계획과 행동의 의도치 않은 반향에 대한 연구 덕택에 언젠가 사람들은 열린사회를 의식적으로 창조하고 그로 인해 자신의 운명 중 상당 부분 또한 의식적으로 창조할 수 있을지도 모른다. (마르크스 자신은 이런 희망을 품고 있었다.) 하지만 이 모든 것은 정도의 문제이다. 비록 우리 행동이 낳는 의도치 않은 수많은 결과를 예견할 수 있다고 하더라도 (모든 사회적 기술의 주된 목적을 이룰 수 있다고 하더라도) 세상에는 항상 우리가 내다볼 수 없는 많은 것들이 존재할 것이다.

나의 견해로는 심리학주의를 논박하는 결정적인 논증은 심리학주의가 사회의 기원을 심리학적으로 설명할 수밖에 없다는 사실에 있다. 그러나 그것이 유일한 논증은 아니다. 아마도 심리학주의에 대한 가장 중요한 비판은 심리학주의자들이 사회과학의 주된 과제를 이해하지 못하고 있다는 점에서 찾을 수 있을 것이다.

사회과학의 주된 과제는 역사법칙주의자가 생각하는 것처럼 역사의 미래를 예측하는 것이 아니다. 오히려 그것은 사회적 영역 내에 존재하는 조금은 덜 분명한 의존관계들을 발견하고 설명하는 것이다. 즉, 사회적 행동에 방해가 되는 요인들을 발견하는 것이다. 그것은 말하자면 사회적으로 무엇인가를 주조하고자 하는 우리의 시도와 노력에 장애가 되는 사회적인 것이 지닌 거친 성질, 다시 돌아가는 성질, 그리고 부러지기 쉬운 성질에 대한 연구인 것이다.

논점을 분명히 하기 위해, 내가 생각하기에는 사회과학의 참된 목적에 반하는 것임에도 불구하고 많은 사람들이 당연시하는 이론을 간략히 기술해 보겠다. 나는 이 이론을 '**사회 음모 이론**'이라 부른다. 이 이론에 따르면, 사회현상을 설명하는 일은 그 현상이 일어나는 것에 이해관계를 갖고 있는(때때로 우리는 이 이해관계를 들춰내야 한다) 사람이나 집단, 즉 이런 현상이 일어나도록 계획하고 음모한 사람이나 집단을 발견하는 것이다.[11]

물론 사회과학의 목적에 관한 이 견해는 사회에서 일어나는 것은 무엇이든, 특히 사람들이 대체로 싫어하는 전쟁, 실업, 빈곤, 결핍과 같은 사태가 힘 있는 개인이나 집단이 의도한 직접적인 결과라는 이론에 기반한다. 많은 사람들이 이 이론을 받아들이고 있으며, 이 이론은 역사법칙주의보다도 더 오래된 것이다. (이 이론은 원시적이고 종교적인 형태를 통해 알 수 있듯이 음모 이론으로부터 파생되어 나온 것이다.) 현대적인 역사법칙주의와 '자연법'에 대한 일부 현대적 입장처럼, 이 이론의 현대적인 형식 또한 전형적으로 종교적 미신을 세속화한 결과이다. 트로이 전쟁사를 신들의 음모로 설명했던 호메로스 시대에 대한 믿음은 사라진 지 오래이다. 더 이상 신을 거론하지 않게 되었다. 그러나 요즘에는 유대인, 독점자, 자본가, 그리고 제국주의자처럼 힘 있는 개인이나 집단이 신들의 자리를 대체하게 되었다. 사람들은 모든 사회악이 이런 사악한 압력단체 때문이라고 믿게 되었다.

나는 음모가 전혀 일어나지 않았다고 주장하는 것이 아니다. 음모는 전형적인 사회현상이다. 하지만 음모가 중요하게 부각되는 것은 음모 이론을 믿는 사람이 권력을 잡을 때이다. 더구나 음모 이론을 받아들여 존재하지도 않는 공모자에 저항하기 위해 반음모에 휘말릴 가능성이 대단히 큰 사람들은 자기 스스로 지상에 천국을 건설하는 방법을 안다고 진정으로 믿는 사람들이다. 왜냐하면 세상을 악의 소굴로 만들려는 악마의 사악한 의도를 제외하고는 그들이 지상에 천국을 건설하지 못한 이유를 설명할 수 있는 것이 아무것도 없기 때문이다.

물론 음모는 일어난다. 누구나 인정할 수 있다. 그러나 음모의 발생은 음모 이론을 입증하지 못한다. 오히려 반증한다. 왜냐하면 음모 중 극소수만이 성공적이기 때문이다. **음모를 꾸미는 사람이 음모에 성공하는 것은 극히 예외적이다.**

왜 그러한가? 왜 그렇게 바라는 것과 이루는 것에 차이가 있는가? 음모가 있든 없든 간에 사회생활에서는 그런 일이 일상적으로 일어나기 때문이다. 사회생활은 단지 서로 반목하는 집단 간의 힘겨루기가 아니다. 그것은 다시 돌아가려는 성질이나 부러지기 쉬운 성질을 지닌 제도와 전통의 틀 안에서 발생하는 행동이며, 그 결과 의식적인 반작용에 더해 예견되지 않은, 그리고 어떤 것은 전혀 예견할 수조차 없는 반작용을 창출한다.

나는 사회과학의 주요한 과제가 이런 반작용을 분석하고자 애쓰는 것과 가능한 한 그것들을 내다보려고 하는 것이라고 생각한다. 즉, 사회과학의 과제는 사람들의 의도적인 행동이 낳는 의도치 않은 사회적 반향을 분석하는 것이다. 그것은 앞서 지적했듯이 음모 이론과 심리학주의 모두가 무시했던 반향의 의미를 분석한다는 것이다. 정확하게 의도에 따라 진행하는 행동은 (이런 경우에 의도되지 않은 어떤 반향도 일어나지 않는 이유를 설명할 필요가 있을 수 있다는 것 외에는) 의도치 않은 행위의 결과라는 아이디어를 분명히 하기 위해서 케케묵은 경제적 행위 중 하나를 사례로 들어 보겠다. 우리는 만약 누군가 황급히 집을 사고자 한다면, 그는 당연히 주택의 가격이 올라가는 것을 원하지 않을 것이라고 가정할 수 있다. 하지만 그가 시장에 매입자로 나선다는 바로 그 사실이 가격을 올라가게 할 것이다. 판매자에 대해서도 이와 유사한 논평을 할 수 있다. 전혀 다른 분야의 사례를 들 수도 있다. 만일 어떤 사람이 생명보험에 들기로 마음먹는 경우 다른 사람에게 보험 주식에 투자할 것을 권유할 의도에서 보험을 들지는 않을 것이다. 하지만 그럼에도 불구하고 그의 행동은 그 같은 결과를 낳는다. 여기서 우리의 행위가 유발하는 모든 결과가 의도된 것은 아니라는 것을 분명히 알 수 있다. 그리고 이에 더해 사회 음모 이론은 결코 참일 수 없음도 분명히 인식하게 된다. 왜냐하면 사회 음모 이론은 모든 결과가, 심지어 언뜻 보기에도 누군가가 의도한 것 같지 않은 결과도 그것에 이해관계가 있는 사람의 행위에 의해 의도된 결과라는 주장과 다름없는 것이기 때문이다.

앞의 사례는 비교적 쉽게 음모 이론을 반박하지만 심리학주의를 이와 유사한 정도로 반박하지는 못한다. 왜냐하면 심리학주의는 판매자가 시장에 구매자가 있다는 것을 **안다는 것**과 더 높은 값을 받을 수 있다는 **희망을 갖는 것**이, 달리 말해 심리학적 요인들이 앞에서 언급한 반향을 설명한다고 주장할 수 있기 때문이다. 물론 당연히 그럴 수 있다. 그러나 안다는 것과 희망을 갖는다는 것이 인간 본성에 대한 궁극적인 데이터가 아니라는 사실을 잊지 말아야 한다. 그것들도 **사회적 상황**, 즉 시장 상황으로 설명할 수 있기 때문이다.

시장 상황과 같은 사회적 상황은 '인간 본성'에 대한 일반법칙이나 동기로 환원할 수가 없다. 실제로 선전선동에 잘 속아 넘어가는 성향과 같은 '인간 본성의 특질들'을 간섭함으로써 때로는 방금 언급했던 경제적 행위에서 이탈하게 할 수 있다. 더구나 만약 사회적 상황이 우리가 상상했던 것과 다르다면, 소비자가 구매 행위를 통해 간접적인 방식으로 그 물품의 값을 낮추는 데 기여할 수도 있다. 예를 들어, 물품을 대량 생산하는 것이 더 큰 이익이 되는 경우가 그러하다. 비록 이 같은 사태가 소비자의 이익을 증진하는 결과를 낳는다고 하더라도, 그것은 정반대의 결과와 마찬가지로 비자발적인 방식으로 야기되었을지도 모르며 정반대의 상황과 정확하게 유사한 심리적 조건하에서 이루어졌을지도 모른다. 사회과학은 이처럼 다양하게 다른 원치 않았거나 의도되지 않은 반향을 낳는 사회적 상황을 연구해야 한다는 것은 분명해 보인다. 사회과학은 '… 인간의 본성에서 일반화를 위한 충분한 근거를 적시할 수 없다면, 사회과학에 … 어떤 일반화도 … 도입하지 말아야 한다'는 밀의 편견에서 벗어나야 한다.[12] 그와 같은 사회적 상황은 자율성을 지닌 사회과학에 의해 탐구되어야 한다.

계속해서 심리학주의를 비판하면, 대부분의 우리 행위는 행위가 일어나는 상황으로 설명할 수 있다고 말해도 좋을 것이다. 물론 오직 상황에 의해서만 그것들을 완전히 설명할 수는 없다. 길을 건너던 사람이 달려오는 차를 피한 것을 설명하기 위해서는 그가 처한 상황을 넘어 그의 동기나 자기보존 '본능'이나 고통을 피하고 싶은 그의 바람 등을 언급해야 할 수도 있기 때문이다. 그러나 설명에 있어 이와 같은 심리적 부분은 흔히 매우 사소하다. 특히 소위 '**상황논리**'라는 것을 통해 아주 미세한 행동까지 설명하는 것과 비교할 때 그렇다. 더구나 심리학주의적인 방식으로 상황을 기술한다고 해도, 모든 심리적 요인을 포함하는 것은 불가능하다. 상황의 분석, 즉 상황논리는 사회과학에서는 물론이고 사회생활에서도 매우 중요한 역할을 한다. 그것은 사실상 경제학적인 분석 방법이다. 경제학 이외의 사례에 관해서 설명할 경우, 나는 '힘의 논리'에 의존할 것이다.[13] 예를 들어, 우리는 힘의 논리를 활용해서 정치적 제도의 운영뿐만 아니라 정치권의 추이를 설명할 수 있다. 사회과학에 상황논리를 적용하는 방법은 '인간 본성'의 합리성(아니면 어떤 다른 것)에 관한 어떤 심리학적 가정에도 토대를 두지 않는다. 오히려 그 반대이다. 우리가 '합리적 행동'이나 '비합리적 행동'에 대해 말할 때, 그것은 그 행동이 상황논리에 일치하는지 아닌지를 의미한다. 사실 막스 베버가 지적했듯이 (합리적 또는 비합리적) 동기로 행동을 심리학적으로 분석하는 것은 이미 과거에 그와 같은 행동이 일어난 상태에서 합리적이라고 간주할 만한 어떤 기준을 개발했다는 것을 가정한다.[14]

심리학주의에 대한 나의 비판은 심리학에 대한 비판이 아니다. 사회과학자에게 심리학적 연구와 발견이 전혀 중요하지 않다고 주장하려는 것이 아니다. 나는 오히려 심리학— 즉, 개인 심리학 — 이 사회과학의 하나라고 생각한다. 단지 그것이 모든 사회과학의 기초가 된다고 생각하지 않을 뿐이다. 누구도 권력욕과 그와 연관된 온갖 형태의 광적 현상이 정치학 연구에서 중요하지 않다고 주장하지 않을 것이다. 그러나 '권력욕'은 심리학적인 개념인 동시에 사회적인 개념이다. 예컨대 권력욕이 처음으로 등장하는 시기에 대해 연구한다면, 그것은 현대의 가족 개념처럼 특정한 사회적 제도를 배경으로 연구한다는 사실을 잊지 말아야 한다. (에스키모 가족에서는 사뭇 다른 결과가 나올지도 모른다.) 사회학에 있어 함의하는 바가 크고 매우 중차대한 정치적, 제도적인 문제들을 야기하는 또 다른 심리적 사실은 많은 사람들에게 부족의 일원으로 살거나 부족과 유사한 '공동체'에서 사는 것이 정서적으로 필수불가결하다는 것이다. (특히 마치 개체발생과 계통발생의 병행론에 맞추듯이 부족의 단계나 '미국 인디언' 단계를 통과해야만 하는 젊은이들에게 특히 그러하다.) 심리학주의에 대한 나의 공박이 모든 심리학적 고찰에 대한 공격이 아니라는 것은 내가 부분적으로 이같이 충족되지 않은 정서적 필요로 인해 발생하는 '문명의 압력(strain of civilization)'과 같은 개념을 사용했다는 것에서도 알 수 있다.[15] 이 개념은 일종의 거북함을 지칭하고 있으므로 심리학적인 개념이다. 그러나 그것은 동시에 사회학적인 개념이다. 왜냐하면 이 개념은 어딘지 못마땅하고 불안하게 만드는 느낌을 묘사할 뿐만 아니라 그러한 느낌을 일정한 사회적 상황 및 열린사회와 닫힌사회의 차이와 연관을 짓기 때문이다. (야망이나 사랑과 같은 심리학적 개념도 유사하다.) 또한 우리는 심리학주의가 방법론적인 개인주의를 찬성하고 방법론적인 집단주의를 반대함으로써 획득한 커다란 장점들을 간과하지 않아야 한다. 왜냐하면 그것은 사회적 현상, 특히 사회제도의 작용은 모두 항상 각 개인의 결정, 행동, 태도 등에서 귀결하는 것으로 이해해야 하며, 따라서 소위 '집합체'(국가, 민족, 인종 등)로 설명하는 것에 결코 만족해서는 안 된다고 말하는 중요한 교설에 도움을 주기 때문이다.

심리학주의의 잘못은 사회과학 분야에서 방법론적인 개인주의가 모든 사회적 현상과 모든 사회적 규칙성을 심리적 현상과 심리적 법칙으로 환원하는 프로그램을 함축한다고 가정한 데 있다. 살펴보았듯이 이러한 가정은 역사법칙주의로 향할 경향을 갖고 있기 때문에 위험하다. 나는 심리학주의가 합당하지 않은 이론이라는 것을 의도치 않은 행동의 사회적 반향에 대한 이론과 내가 사회적 상황의 논리로 묘사했던 것이 필요하다는 것을 통해 입증했다.

사회적 문제는 '인간 본성'의 문제로 환원할 수 없다는 마르크스의 견해를 옹호하고 발전시키면서 마르크스 자신이 개진한 논증보다 많은 것을 다루었다. 마르크스는 '심리학주의'에 관해 말하지 않았고 그것을 체계적으로 비판하지도 않았다. 이 장 서두에 인용한 경구에서 그가 염두에 두었던 것도 밀이 아니었다. 이 경구는 오히려 헤겔류의 '관념론'

을 겨냥하고 있다. 그러나 사회에 대한 심리적 본성의 문제에 관한 한, 밀의 심리학주의는 마르크스가 싸웠던 관념론자의 이론과 일치한다고 볼 수 있다.[16] 하지만 공교롭게도 헤겔주의의 또 다른 요소인 플라톤적 집단주의, 즉 국가와 민족은 모든 것을 국가와 민족에 빚지고 있는 개인보다 더 '실재적'이라는 이론이 마르크스를 이 장에서 설명한 견해로 이끌었다. (때로는 불합리한 철학이론에서도 유익한 제안을 추출할 수 있다는 사실의 일례이다.) 따라서 역사적으로 볼 때 마르크스가 한 일은 개인에 대한 사회의 우월성에 관한 헤겔의 아이디어 중 일부를 발전시켜 그것을 헤겔의 다른 아이디어를 비판하는 데 사용한 것이다. 그러나 나의 견해로는 밀이 헤겔보다 더 비중 있는 상대이기 때문에, 마르크스의 생각을 역사적으로 추적하기보다는 밀에 반대하는 논증의 형식으로 발전시키고자 노력했다.

29. 합리성 원리 (1967)

이 논문에서 나는 **사회과학에서 설명의 문제**를 검토한 다음, 간략히 자연과학에서 [전술한 논문 12에서 논의된] 그와 유사한 문제와 그것을 비교하고 대조시켜 볼 생각이다. 사회적 설명은 물리적인 설명들과 매우 유사하지만, 사회과학에서 설명의 문제는 자연과학에서 마주치지 않는 문제들을 일으킨다는 것이 나의 논제이다.

설명이나 예측의 두 종류 문제를 구별하는 데서 시작해 보겠다.

(1) 첫 번째 종류는 **단칭 사건**을 한 번 혹은 두세 번 설명하거나 예측하는 문제이다. 자연과학에서는 '다음 월식은 (또는 다음 두 번의 월식이나 세 번의 월식은) 언제 일어날 것인가?'가 그 예이다. 사회과학에서의 예로는 '영국 중부 지역이나 캐나다 서부 온타리오 지역에서 실업률의 다음 증가는 언제 있을 것인가?'를 들 것이다.

(2) 두 번째 종류의 문제는 어떤 **종류 혹은 유형**의 사건을 설명하거나 예측하는 문제이다. 자연과학에서 '왜 월식은 거듭해서 일어나며, 보름달이 있을 때만 일어나는가?'가 그 예에 해당한다. 사회과학에서의 예를 들면 '왜 건축업에서는 계절적 실업의 증가와 감소가 있는가?'일 것이다.

이 두 종류의 문제 사이의 차이는 이렇다. 첫 번째 것은 **어떤 모형을 구성하지 않고** 해결될 수 있는 반면에, 두 번째 것은 **모형을 구성하는 도움을 받아야** 매우 쉽게 해결된다.

이제 내가 보기에 이론적인 사회과학에서는 첫 번째 종류의 물음에 답하는 것이 거의 불가능할 것 같다. 이론적인 사회과학은 거의 항상 **전형적인** 상황들이나 조건들을 구성하는 방법에 의해, 즉 모형들을 구성하는 방법에 의해 움직이기 때문이다. (이것은 하이에크의 용어로 말한다면, 물리과학에서보다는 사회과학에서 '구체적인 설명'이 더 적게 있으며, '원리적 설명'은 더 많이 있다는 사실과 연관된다.)

사회과학에서의 설명은 자연과학에서 두 번째 종류의 설명과 매우 유사함을 깨닫는 것이 중요하다. 자연과학에서 월식이 반복적으로 일어나는 것을 우리가 설명할 생각이라고 해보자. 이런 경우 우리는 실제적인 역학 모형을 구성하거나 조감도를 참고할 수 있다. 우리의 제한된 목적 때문에, 그 모형은 실제로 매우 개략적일 수 있다. 그것은 고정된 광원인 해, 태양 주위를 공전하는 딱딱한 작은 지구와 지구 주위를 공전하는 작은 달로 구성할 수 있다. 그러나 본질적인 하나의 사태는 두 운동 평면이 서로를 향해 기울어져 있어야 하기 때문에, 달이 보름일 때 항상은 아니지만 가끔 월식을 우리가 경험한다는 것이다.

그렇지만 우리의 개략적 모형에 대한 비판적 논의는 '지구와 달이 실제 세계에서 어떻게 움직이게 되었는가?'라는 새로운 문제를 분명히 야기한다. 그리고 이 문제 때문에 우리는 뉴턴의 운동법칙에 이른다. 하지만 우리의 해결에 초기 조건들을 분명하게 도입할 필요는 없다. 왜냐하면 두 번째 종류의 문제(사건들의 **유형**에 관한 설명)에 관한 한 초기 조건들은 모형의 구성으로 완전히 대체될 수 있기 때문이다. 사람들은 그 모형이 **전형적인** 초기 조건들을 통합한 것이라고 말할 수 있다. 그러나 만일 우리가 그 모형을 '**작동하게**(*animate*)' 하고 싶다면, 다시 말해 우리가 그 모형의 다양한 요소들이 서로 작용하는 방식을 나타내고 싶다면, 우리는 **보편법칙들**(이런 경우 뉴턴의 운동법칙에 근접하는 결론들)을 필요로 한다.

자연과학에 관해서는 이쯤 해두자. 사회과학에 대해서 나는 다른 곳에서[이전 논문에서] **상황 분석**에 의해 우리의 모형을 구성할 수 있다고 주장했다. 이런 상황 분석은 우리에게 전형적인 사회 상황의 모형(물론 개략적으로 준비된 모형)을 제공한다. 그리고 오직 이런 방식으로만 사회에서 일어난 것, 즉 사회적인 사건을 우리가 설명하고 이해할 수 있다는 것이 나의 논제이다.

이제 상황 분석이 우리에게 어떤 모형을 제시한다면, 다음과 같은 물음이 제기된다. 여기서 우리가 말한 대로 태양계의 모형을 '작동하게' 하는 뉴턴의 보편적인 운동법칙에 대응하는 것은 무엇인가? 달리 말해 사회적 상황의 모형은 어떻게 '작동하게' 되는가?

여기서 저지른 통상적인 실수는 다음과 같은 것을 가정했기 때문이다. 인간 사회의 경우 사회적 모형을 '작동하게 하는' 것은 인간 **정신** 내지 **영혼**에 의해 마련되어야 하므로, 여기서 우리는 뉴턴의 운동법칙을 일반적인 인간의 심리 법칙들이나 어쩌면 개별적인 심리학의 법칙들로 대체해야 한다고 가정한 점이다. 그런데 이 개별적인 심리학의 법칙들은 행위자로서 우리 상황에 관여된 개별적인 인물들과 연관되어 있다.

그러나 이것은 여러 이유 때문에 잘못이다. 첫째로 우리의 상황 분석그 자체에서 구체적인 심리적 경험들(또는 욕망들, 희망들, 경향들)을 추상적이며 전형적인 상황적 요소들로, 예컨대 '목표'와 '지식'으로 우리가 **대체했기** 때문에 잘못이다. 두 번째로 상황 분석의 중요한 논점은 다음과 같은 것이기 때문에 잘못이다. 즉, 상황 분석을 작동하게 하기 위해 관여된 다양한 사람이나 행위자가 **적합하게 혹은 적절하게**, 다시 말해 그 상황에 맞게 행동한다는 가정만을 우리가 필요로 할 뿐이라는 것이다. 물론 우리는 여기서 다음과 같은 점을 상기해야 한다. 내가 그 용어를 사용한 그대로 상황이란 이미 모든 적절한 목표와 이용할 수 있는 적합한 모든 지식을, 특히 이런 목표를 실현하기 위한 가능한 수단에 대한 지식을 포함하고 있음을 우리는 상기해야 한다.

따라서 오직 하나의 연관된 작동의 법칙이 존재한다. 그것은 상황에 알맞게 행동하는 원리이며, 분명 **거의 공허한** 원리이다. 그 법칙은 학계에서 '**합리성 원리**(*rationality principle*)'라는 이름으로 알려져 있다. 그런데 그것은 수없이 많은 오해를 불러일으킨 이름이다.

만약 내가 여기서 채택했던 관점에서 합리성 원리를 고찰해 본다면, 그것이 다음과 같은 경험적 또는 심리적 주장과 거의 관계가 없거나 전혀 관계가 없음을 발견할 것이다. 즉, 사람은 항상 또는 주로 혹은 대부분의 경우에 합리적으로 행동한다는 주장과 합리성 원리는 전혀 관계가 없다. 오히려 그 원리는 방법론적 요청의 측면이거나 방법론적 요청의 어떤 결론인 것으로 판명된다. 그것은 전체 이론적인 노력, 즉 우리의 전체적인 설명이론을 **상황** 분석으로, 다시 말해 그 이론을 모형으로 채우거나 들이는 방법론적인 요청이나 결론이라는 것이다.

만일 우리가 이런 방법론적인 전제를 채택한다면, 그 결과 작동하게 하는 법칙은 일종의 영의 원리(zero-principle)가 될 것이다. 왜냐하면 그 원리는 우리의 모형, 즉 우리의 상황을 구성할 때, 단지 행위자가 그 모형의 조건 내에서 행동하거나, 그 상황에 암시되었던 '역할을 수행한다'고 가정했을 뿐이라고 기술할 수 있기 때문이다. 부연하면 이것이야말로 '상황논리'란 용어가 암시하고 있다.

그러므로 합리성 원리의 채택은 방법론적인 요청의 부산물이라 간주될 수 있다. 그것은 경험적인 설명이론의 역할, 다시 말해 시험할 수 있는 가설의 역할을 하지 못한다. 왜냐하면 여기에서 경험적인 설명이론이나 가설은 우리의 다양한 모형들, 곧 다양한 상황 분석들이기 때문이다. 경험적으로 어느 정도 적합한 것이 바로 이런 상황 분석들이다. 이것들은 논의될 수 있으며 비판될 수 있다. 또한 그것들이 적합한 것인지도 때때로 시험될 수 있다. 그리고 경험적인 시험을 통과하지 못하여 우리의 실수로부터 배울 수 있게 해주는 것은 바로 이런 구체적인 경험 상황에 대한 분석이다.

어떤 모형에 대한 시험들은 쉽게 얻을 수 없고, 통상 명쾌하지 않다는 점은 인정되어야 한다. 그러나 이런 어려움은 물리학에서도 일어난다. 물론 그것은 모형이 언제나 개략적일 수밖에 없다는 사실과 연관되어 있다. 즉, 모형은 반드시 항상 도식적인 단순화라는 사실과 관련되어 있다는 것이다. 그 모형이 개략적임은 비교적 낮은 정도의 시험 가능성을 수반한다. 왜냐하면 개략적일 수밖에 없다는 것 때문에, 불일치가 무엇인지, 또한 모형의 실패, 즉 그 모형에 대한 반박을 나타내는 불일치가 무엇인지를 결정하는 것이 어렵게 된다. 그럼에도 시험을 통해 경쟁하는 두 (또는 둘 이상의) 이론 중 어느 하나가 가장 최선인지를 우리는 때때로 결정할 수 있다. 그리고 사회과학에서는 상황 분석에 대한 시험이 때때로 역사적인 탐구에 의해 제공될 수 있다.

그러나 만약 합리성 원리가 경험적이나 심리적 명제의 역할을 하지 못한다면, 정확히 말해 만일 그 원리가 그 자체로 여하한 종류의 시험에 부치는 것으로 다루어지지 않는다면, 또한 만약 시험들을 이용할 수 있을 때, 시험들이 특수한 모형, 즉 특수한 상황 분석을 시험하는 데 사용된다면, 그러면 우리에게는 이 원리를 시험할 기회가 전혀 없다. 설령 시험이 어떤 모형이 다른 모형보다 덜 적합하다고 결정을 내릴지라도, 두 모형 모두 합리성 원리로 작용하고 있기 때문이다.

이런 논평은 합리성 원리가 **선험적으로** 타당하다고 빈번하게 단언된 이유를 설명하고 있다고 나는 생각한다. 그리고 실제로 만약 그것이 경험적으로 반박될 수 없다면, 그것은 **선험적으로** 타당한 것 말고 다른 무엇일 수 있는가?

이 논점은 상당히 중요하다. 물론 합리성 원리가 **선험적**이라고 사람들이 말하는 의미는 그 원리가 **선험적으로** 타당하거나 **선험적으로** 참이라는 것이다. 하지만 나에게 매우 분명해 보이는 것은 그들이 잘못 생각했음이 틀림없다는 것이다. 왜냐하면 합리성 원리가 내게는 분명히 거짓인 것으로 보이기 때문이다. 비록 '행위자는 항상 자신이 알고 있는 상황에 적합한 방식으로 행동한다'와 같이 언급될 수 있는 가장 약한 영의 정식화라 할지라도 그렇다.

나는 이것이 그렇지 않음을 사람들이 쉽사리 알아볼 수 있다고 생각한다. 우리가 항상 합리성 원리에 따라 행동하지 않음을 알아보기 위해, 주차할 곳이 없을 때 자신의 차를 주차하려고 배회하는 운전자를 관찰하기만 하면 된다. 더구나 명백히 지식과 익숙함에서는 물론이고 어떤 상황을 평가하거나 이해하는 데 개인적으로 대단한 차이가 있다. 지식과 익숙함은 그 상황의 일부이다. 이것은 어떤 사람들은 적절히 행동하며 다른 사람들은 그렇지 못함을 의미한다.

그러나 보편적으로 참이 아닌 원리는 거짓이다. 따라서 합리성 원리는 거짓이다. 이것을 벗어날 길이 전혀 없다고 나는 생각한다. 결과적으로 그 원리가 **선험적으로** 타당하다는 것을 나는 거부할 수밖에 없다.

이제 합리성 원리가 거짓이라면, 이 원리와 어떤 모형의 연접으로 이루어진 설명 또한 거짓임에 틀림없다. 설령 문제가 된 특정 모형이 참일지라도 그렇다.

하지만 그 특정 모형은 참일 수 있는가? 어떤 모형이 참일 수 있는가? 나는 참일 수 없다고 생각한다. 물리학이든 사회과학이든 간에 어떤 모형도 지나치게 단순화된 것임에 틀림없다. 그것은 많은 것을 생략해야 하며, 또한 많은 것을 지나치게 강조해야 한다.

합리성 원리에 관한 내 견해는 치밀하게 검토되었다. 나는 '상황에 알맞게 행동하는 원리'(즉, '합리성 원리'에 대한 나의 변형)의 지위에 관해 내가 말한 것에는 어떤 혼란이 없는가 하는 질문을 받았다. 올바로 말하면 그것이 어떤 방법론적인 원리이길 내가 원한 것인지, 아니면 경험적 추측이길 내가 원한 것인지 결정을 해야 한다는 것이었다. 첫 번째 경우에 그것은 경험적으로 시험될 수 없음이 분명할 것이다. 왜 그것이 시험될 수 없는지, 또한 왜 경험적으로 그것이 거짓일 수도 없는지가 (하지만 성공적인 방법론의 일부이거나 성공하지 못한 방법론의 일부일 뿐임이) 분명하기 때문이다. 두 번째 경우에 그것은 다양한 사회적 이론들의 일부, 즉 사회적인 모든 모형을 작동하게 하는 부분이 될 것이다. 그렇다면 내 원리는 경험적인 어떤 이론의 일부가 되어야 할 것이고, 그 이론의 나머지와 함께 시험되어야 할 것이다. 그리고 흠결이 발견되면, 그 경험적 추측은 기각되어야 할 것이다.

이 두 번째 경우가 정확히 합리성 원리의 지위에 관한 내 견해에 대응한다. 나는 행동의 적합 원리(즉, 합리성 원리)를 모든 혹은 거의 모든 시험할 수 있는 사회적 이론의 필수 부분으로 간주하고 있다.

지금 만약 어떤 이론이 시험되어 결점이 발견되면, 우리는 항상 그 이론의 다양한 구성 부분 중에서 어느 것이 그 이론의 실패를 설명하는 것인지 결정해야 한다. 나의 논제는 합리성 원리를 설명할 수 있게 만드는 것이 아니라, 그 이론의 나머지, 즉 모형을 만들 결정을 하는 것이 건전한 방법론적인 정책이라는 점이다.

이런 방식으로 우리는 더 좋은 이론을 찾고 있는데, 합리성 원리는 마치 반박에서 면제된 논리적 원리나 형이상학적 원리인 것처럼 우리가 그 원리를 다루고 있는 것으로 보일 수 있다. 다시 말해 반증할 수 없는 것으로 또는 **선험적으로** 타당한 것으로 취급한다는 것이다. 그러나 이런 현상은 오해하기 쉽다. 내가 지적했듯이, 합리성 원리는 심지어 내가 이 원리를 최소한의 정식으로 말한 것에서도 실제로 거짓이라고 믿을 좋은 이유가 있다. 비록 그것이 진리에 훌륭하게 근접했을지라도 말이다. 그러므로 내가 합리성 원리를 **선험적으로** 타당한 것으로 다루고 있다고 말할 수 없다.

하지만 나는 우리 이론을 붕괴시키기 위해 합리성 원리를 비난하는 것을 그만두는 것이야말로 좋은 정책, 곧 훌륭한 방법론적인 장치라고 생각한다. 만약 우리가 상황적 모형을 비판한다면, 우리는 많은 것을 배울 것이다.

이런 정책을 지지하는 주된 논증은 우리 모형이 우리 행동들의 적합 원리보다 훨씬 더 중요하고 정보적이며 더 잘 시험할 수 있다는 점이다. 이것이 엄격히 참이 아님을 안다고 해서 우리가 많이 배우는 것은 아니다. 우리는 이미 이것을 알고 있다. 더구나 거짓임에도 불구하고 그것은 대체로 진리에 충분히 다가간 것이다. 만일 우리가 경험적으로 우리 이론을 비판할 수 있다면, 그 이론의 몰락은 대체로 꽤 강렬할 것이다. 그리고 합리성 원리가 비록 도움을 주는 요인이라 할지라도, 주된 책임은 관례대로 그 모형에 부여될 것이다. 다른 논점은 이렇다. 합리성 원리를 다른 원리로 대체하는 시도는 완전히 임의롭게 우리가 모형을 구축하도록 이끄는 것 같다. 그리고 우리가 잊지 않아야 할 것은 다음 두 가지이다. 하나는 우리가 전체로서만 이론을 시험할 수 있다는 것과 다른 하나는 시험이란 경쟁하는 두 이론 중 더 좋은 것을 발견하는 데 있다는 것이다. 이런 두 이론은 공통적인 점이 많이 있으며, 또한 그것들 대부분이 합리성 원리를 공유하고 있다.

그렇지만 처칠은 『세계의 위기』에서 전쟁은 얻게 되는 것이 아니라 단지 잃게 될 뿐이라고, 다시 말해 전쟁이란 결국 부당한 경쟁이라고 말하지 않았는가? 그리고 이 논평은 전형적인 사회적 상황에 대한 일종의 모형을 우리에게 제공하지 않는가? 즉, **결단코 우리 행동의 적합함은 합리성 원리에 의해 작동하게 되는 것이 아니라, 부적합의 원리에 의해 작동하게 된다는 일종의 모형을 제공하지 않는가?**

처칠이 말한 의미가 바로 이에 대한 답변이 된다. 대부분의 전쟁 지휘관들은 자신들의 과업에 적합하지 않다는 것이다. 그 이유는 그들의 행동을 **자신들이 본** 상황에 적합한 것으로 (적어도 상당히 근접할 정도로) 해석할 수 없는 것이 아니라, 오히려 그들은 상황을 있는 그대로 보지 못하고 있기 때문이다.

따라서 부적합한 그들의 행동을 이해하기 위해, 우리는 그들 자신의 관점보다 그 상황에 대한 더 폭넓은 관점을 재구성해야 한다. 이것은 다음과 같은 방식으로 이루어져야 한다. 그들이 (자신들의 제한된 경험으로, 제한된 목표들이나 정도가 지나친 목표들로, 제한된 상상이나 지나치게 흥분한 상상으로) 보았던 대로의 그 상황이 어떻게 그리고 왜 그들이 행했던 대로 행동하게끔 이끌었는지를 우리가 알 수 있는 방식으로 재구성해야 한다는 것이다. 다시 말해 그들의 상황적인 구조의 부적합한 관점에 대해서는 적절하게 행동한 방식이라는 점이다. 처칠 자신은 이런 해석의 방법을 훌륭하게 사용하고 있다. 그 예로 오친렉(Auchinleck)과 리치(Ritchie)의 실패에 대한 처칠의 면밀한 분석(『제2차 세계대전』, IV권)을 들 수 있다.

어떤 행동을 심지어 미친 사람의 행동을 이해하고자 할 때마다 가능한 것의 제한으로 합리성 원리를 우리가 사용하고 있음을 보는 것은 흥미롭다. 우리는 미친 사람의 행동을 가능한 한 그의 목표를 통해 또한 그가 행동하는 바의 정보에 따라, 즉 그의 확신에 의해 설명하려고 한다. (이 확신은 강박관념, 다시 말해 거짓 이론으로서 너무 완강하게 지지되고 있기 때문에 실용적으로 교정할 수 없게 된 강박관념일 수 있다.) 미친 사람의 행동을 이렇게 설명함으로써 문제 상황에 대한 미친 사람의 협소한 견해를 포함하고 있는 보다 넓은 지식으로 그 행동을 설명하고 있다. 그리고 미친 사람의 행동을 이해한다는 것은 문제 상황에 대한 그의 견해 ─ 몹시 잘못된 그의 견해 ─ 에 따라 그 행동의 적합함을 본다는 것을 의미한다.

이런 방식으로 심지어 미친 사람이 몹시 잘못된 견해에 어떻게 이르게 되었는지를 우리는 설명하려고 한다. 다시 말해 어떻게 일정한 경험이 세계에 대한 당초 온전한 자신의 견해를 꺾고 다른 견해로 그를 이끌었는지를 설명하려고 한다. 그런데 이런 다른 견해는 미친 사람의 임의의 정보에 일치하도록 그가 전개할 수 있는 가장 합리적인 견해이다.

그가 그 정보를 신뢰할 수 있는 한에서 그렇다. 그리고 미친 사람은 어떻게 이 새로운 견해를 **교정할 수 없게**끔 해야만 했는지를 다음 이유로 설명한다. 왜냐하면 자신의 세계에 대한 어떤 해석 없이 (그가 알 수 있는 한에서) 그를 궁지에 빠뜨릴 반박하는 사례의 압력에 따라 새로운 견해가 즉각 몰락할 것이기 때문이다. 합리적 관점에서 보면 그것은 모든 합리적 행동을 할 수 없게끔 할 것이기 때문에 꼭 회피될 어떤 상황이라는 것이다.

우리는 종종 인간의 비합리성을 발견한 자로 프로이트를 평가해 왔다. 그러나 이것은 오해이며 게다가 매우 피상적이다. 신경증의 전형적인 기원에 대한 프로이트의 이론은 전적으로 우리의 도식, 즉 합리성 원리가 **더해진** 상황 모형의 도움을 받은 설명의 도식에 빠지게 된다. 왜냐하면 그는 신경증이 행위자(아이, 환자)가 이해할 수 없고 처리할 수도 없는 상황에서 이용할 수 있는 가장 최선의 방식이었던 까닭에 (초기 유년 시절에) 채택된 태도로 그것을 설명하고 있기 때문이다. 따라서 신경증의 채택은 합리적 행동이 된다. 다시 말해 차에 치게 될 위험에 처했을 때 뒤로 물러났기 때문에 자전거 탄 사람과 부딪치는 사람의 행동은 동시에 합리적인 것이 된다. 그것은 행위자에게 직접적으로 혹은 분명히 선호할 만한 것이거나, 어쩌면 덜 나쁜 것으로 나타난 것을 선택했다는 의미에서 합리적이다. 즉, 두 가지 가능성 중에서 견딜 만한 것을 그가 채택했다는 의미에서 그렇다.

나는 여기서 프로이트의 진단이나 설명 방법보다 훨씬 더 합리적이라는 그의 치료 방법에 관해 더 이상 말하지 않겠다. 왜냐하면 그 치료 방법이란 어떤 사람이 아이 때 일어난 것을 완전히 이해한다면 그의 신경증은 없어질 것이라는 가정에 토대를 두고 있기 때문이다.

그러나 만일 우리가 합리성 원리로 모든 것을 이렇게 설명한다면, 그것은 동어반복이 되지 않는가? 결코 그렇지는 않다. 동어반복은 명백히 참인 반면에, 합리성 원리는 참이 아니라 거짓임을 우리가 알고 있지만,

단지 진리에 근접한 것으로 사용하고 있기 때문이다.

하지만 이것이 만약 그렇다면, 무엇이 합리성과 비합리성의 차이가 되는가? 정신적 건강과 정신적 질병의 차이는 어떤 것인가?

이 물음은 중요하다. 주된 차이는 건강한 사람의 믿음은 교정될 수 있는 것이라고 나는 생각한다. 건강한 사람은 자신의 믿음을 어느 정도 자진해서 고친다는 것을 보여준다. 그는 마지못해 그렇게 할 수도 있다. 하지만 그럼에도 그는 사건들, 타인들이 주장한 의견들 및 비판적 논증들의 압력을 받아 자신의 견해를 기꺼이 수정한다.

만일 그렇다면, 우리는 일정하게 고정된 견해를 가진 사람의 심성, 예컨대 '어떤 주의에 빠져 있는' 사람의 심성은 미친 사람의 심성과 유사하다고 말할 수 있다. 모든 고정된 그의 의견은 그 당시에 이용할 수 있는 최선의 의견과 일치하는 일이 벌어진다는 의미에서 적합한 것일 수 있다. 하지만 그가 그 의견에 빠져 있는 한, 그는 합리적이 아니다. 왜냐하면 그는 어떤 변화에도, 어떤 교정에도 저항할 것이기 때문이다. 또한 완전한 진리를 소유할 수 없기 때문에(누구도 할 수 없기 때문에), 그는 심히 잘못된 믿음의 합리적 수정에도 저항할 것이다. 심지어 그의 생애 동안 믿음의 교정이 널리 인정되고 있음에도 불구하고 그는 반항할 것이다.

따라서 헌신과 비합리적 믿음을 숭배하는 자들이 스스로를 비합리주의자(또는 탈합리주의자)로 기술할 때, 나는 그들에게 동의할 것이다. 설령 그들이 이성적일 수 있다 하더라도 **그들은 비합리주의자이다.** 왜나하면 그들은 스스로 자신들의 껍데기를 깨고 나올 수 없게 되는 것을 자랑으로 여기고 있기 때문이다. 그들은 스스로 자신들의 광기의 포로가 된다. 우리가 (정신병 의사에 따라서) 채택한 행동을 합리적으로 이해할 수 있는 행동이라고 설명함으로써 그들은 스스로 정신적으로 자유롭지 못하게끔 만든다. 예컨대 두려움 때문에 그들이 관여한 어떤 행동으로 이해할 수 있다는 것이다. 그것은 그들이 감히 포기하지 않은 견해를 비판 때문에 포기할 수밖에 없다는 두려움이다. 왜냐하면 그들이 그 견해를 전체적인 삶의 기초로 만들었기 (그것을 그렇게 만들어야 한다고 그들이 믿었기) 때문이다. (우리가 아는 광기에 가까운 헌신 — 심지어 '자유로운 헌신' — 과 광신은 이렇게 가장 위험한 태도와 연관된다.)

요약 : 우리는 개인적 태도로서의 합리성(원칙적으로 온전한 모든 사람이 공유할 수 있는)과 합리성 원리를 구별해야 한다.

개인적 태도로서의 합리성은 자신의 믿음을 기꺼이 교정하려는 태도이다. 그것은 지적으로 가장 고도로 발전된 형식으로서 자신의 믿음을 비판적으로 기꺼이 논의하고 또한 타인들과의 비판적 논의에 비추어 그 믿음을 기꺼이 교정하는 태도이다.

다른 한편 '합리성 원리'는 사람들이 항상 합리적 태도를 취한다는 의미에서 그들이 합리적이라는 가정과는 전혀 관계가 없다. 오히려 그것은 모든 혹은 거의 모든 설명적 상황 모형들을 작동하게 한다는 최소한의 원리이다. (왜냐하면 그것은 단지 우리 행동이 우리가 본 대로의 문제 상황들에 적합하다고 가정한 것에 불과하기 때문이다.) 그리고 우리가 합리성 원리가 참이 아님을 안다 할지라도, 우리는 그것을 훌륭한 근사치로 여길 어떤 이유를 갖고 있다. 그 원리를 채택했기 때문에 우리 모형의 임의성, 즉 만약 우리가 이런 원리 없이 진행한다면 사실상 변덕스럽게 되는 임의성이 상당히 축소된다.

30. 지식사회학 비판 (1945)

보편적이고 공정한 진리의 기준에 호소한다는 의미에서 합리성이야말로 인간 종족의 안녕에 으뜸가는 요소라고 볼 수 있다. 이러한 시각은 합리성을 당연하게 여기는 시대에는 물론이고, 합리성이란 합의에 이를 수 없을 때 살인으로 해결할 배짱이 없는 사람들의 헛된 꿈에 불과하다며 합리성을 경시하고 거절하는 불행한 시대에 더더욱 중요하다.

버트런드 러셀[1]

헤겔과 마르크스의 역사법칙주의 철학은 그들 자신의 시대, 즉 사회 변혁의 시대의 특징적인 산물이라는 데 의문의 여지가 없다. 헤라클레이토스와 플라톤의 철학처럼 또한 콩트와 밀, 라마르크와 다윈의 철학처럼, 그것은 변혁의 철학이다. 그것은 사회적 환경의 변화가 동시대 사람들에게 얼마나 큰 인상을 남기고 공포를 자아냈는지 증언하고 있다. 플라톤은 변혁의 시대를 맞아 어떤 변화도 허락하지 않는 방식으로 반응했다. 좀 더 근대적인 사회철학자들은 상당히 다르게 대처한 듯하다. 왜냐하면 그들은 변화를 받아들이고 더 나아가 환영했기 때문이다. 하지만 변화에 대한 그들의 사랑은 어딘지 양면적인 것 같다. 왜냐하면 그들은 한편으로는 변화를 정지시킬 희망을 포기했음에도, 다른 한편으로는 역사법칙주의자로서 변화를 예측하고 이를 통해 변화를 합리적 통제 하에 두려고 했기 때문이다. 결국 역사법칙주의자들은 변화에 대한 공포를 완전하게 극복하지는 못했던 것이다.

모든 것이 훨씬 더 빨리 변하는 오늘날에도, 변화를 예측하려는 욕망은 물론 중앙집권적인 대규모 계획을 통해 그것을 통제하려는 욕망을 발견할 수 있다. (내가 [논문 24에서] 비판했던) 이런 전체론적 견해

(holistic view)는 말하자면 플라톤적 이론과 마르크스적 이론과의 절충을 대변한다. 변화의 불가피성을 역설하는 마르크스의 교설에 변화를 막으려는 플라톤의 의지를 결합시켜 일종의 헤겔적 '종합'을 이룬 것이다. 그 어떤 방법으로도 변화를 완전히 저지할 수 없다면, 적어도 변화는 계획되어야 하며, 국가가 통제할 수 있어야 한다는 것이다. 그러나 이로 인해 국가의 권력이 엄청날 정도로 확대되는 것은 물론이다.

이와 같은 태도도 얼핏 보면 합리적인 것처럼 보인다. 이 태도는 언뜻 보면 마르크스가 꿈꾸었던, 인류가 최초로 운명에 대한 주인이 되는 '자유의 왕국(realm of freedom)'이라는 아이디어와 밀접히 연관되어 있는 것처럼 보인다. 그러나 사실상 그것은 합리주의에 (특히 인류의 합리적 일양성 교설에[논문 2의 II절을 보라]) 명백히 반대되는 교설과 아주 밀접하게 연합함으로써 일어난다. 그것은 비합리주의와 우리 시대의 신비주의적 경향과 조화하는 교설이다. 여기에서 내가 염두에 두고 있는 것은 우리의 의견이, 도덕적이고 과학적인 의견을 포함해서, 계급적 이해에 의해, 보다 일반적으로는 우리 시대의 사회적, 역사적 상황에 의해 결정된다는 마르크스의 교설이다. 이 교설은 '지식사회학(sociology of knowledge)'이나 '사회학주의(sociologism)'라는 미명하에, 최근 (특히 막스 셸러(M. Scheler)와 칼 만하임(K. Mannheim)에 의해[2]) 과학적 지식의 사회적 결정 이론으로서 개진되었다.

지식사회학에 의하면 과학적 사유는, 특히 사회 정치적 문제에 관한 사유는 진공이 아니라 사회적으로 조건화된 상황에서 진행된다. 사유는 주로 무의식이나 잠재의식적 요소들에 영향 받는다. 이 요소들은 사유하는 자의 눈에 잘 띄지 않는다. 이 요소들이 그가 거주하는 바로 그곳, 즉 그의 **사회적 서식지**(social habitat)를 형성하기 때문이다. 사유하는 자의 사회적 서식지는 그에게 의심할 여지없이 참이거나 자명한 진리처럼 보이는 의견과 이론의 전체 체계를 결정한다. 그것들은 그에게 마치 '모든 탁자는 탁자이다'라는 문장처럼 그 자체로 논리적으로 참인 것처럼 보인다. 바로 이 때문에 그는 자신이 무엇인가를 가정하고 있다는 것조차 의식하지 못하는 것이다. 그러나 그와 매우 다른 서식지에 사는 자와 비교하면, 그가 무엇인가 가정하고 있다는 것을 알 수 있다. 다른 서식지에 사는 사람 역시 의심의 여지가 없는 가정, 그러나 그와는 매우 다른 가정을 한 상태에서 무엇인가를 진행할 것이기 때문이다. 더구나 이 체계는 서로 너무도 달라서 어떤 지적인 교량도 존재하지 않는 상태, 즉 이 두 체계는 어떠한 절충도 가능하지 않은 상태일 수 있다. 지식사회학자들은 각기 다르게 사회적으로 결정된 이런 가정들의 체계를 **총체적 이데올로기**(*total ideology*)라고 부른다.

지식사회학은 칸트 인식론의 헤겔적인 판본이라고 볼 수 있다. 지식사회학은 '수동주의(passivist)' 지식이론이라 부를 만한 것에 대한 칸트 비판의 맥을 잇고 있기 때문이다. 수동주의 이론은 흄에게까지 이어져 내려온 경험론을 말한다. 이 이론에 따르면, 지식은 감각을 통해서 우리에게 흘러 들어오며, 오류는 감각을 통해 주어진 것에 대한 우리의 간섭이나 그것들 사이에서 생겨난 조합 때문에 발생한다. 따라서 이 이론에 따르면, 오류를 피하는 최선의 방법은 완전히 수동적이고 수용적인 상태로 있는 것이다. (내가 '마음의 물통 이론(the bucket theory of the mind)'이라고 부른[전술한 논문 7의 IV절을 보라]) 이 지식이론에 대해 칸트는 다음과 같이 비판했다.[3] 지식은 우리가 감각으로 받아들이고 마음에 저장해 놓은 마치 박물관 같은 선물 꾸러미가 아니다. 지식은 거의 대부분 우리 자신의 정신적 활동의 결과이다. 만약 지식을 얻고자 한다면, 우리는 매우 능동적으로 탐색하고, 비교하고, 통일하고, 일반화해야 한다. 칸트의 이론은 '능동주의(activist)' 지식론이라 부를 만하다. 칸트는 그 어떤 전제로부터도 자유로운 과학이라는 이룰 수 없는 이상을 포기했다. (나는 [논문 2에서] 이런 이상이 심지어 자기모순임을 보였다.) 그에 의하면, 우리는 무에서 출발할 수 없다. 우리는 일군의 전제들을 갖고서 과제에 접근해야 한다. 그러나 이 전제들은 경험과학의 방법으로 시험해 보지 않은 것이기 때문에 '범주적 장치(categorical appara-tus)'라고 부른다.[4] 칸트는 하나의 참된 불변적인 범주 장치를 발견할 수 있다고 믿었다. 그리고 이 장치는 말하자면 필연적으로 불변하는 지적 능력의 틀, 즉 인간 '이성'을 나타낸다. 헤겔은 칸트 이론 중 이 부분을 포기했는데, 칸트와 달리 인류의 통합을 믿지 않았기 때문이다. 헤겔에 따르면, 인간의 지적 능력은 끊임없이 변해 왔으며, 그것은 자신의 사회적 유산의 일부이다. 따라서 인간 이성의 발전은 그 자신이 속한 사회의 역사적 발전과 일치해야 한다. 다시 말해 그가 속한 국가의 역사적 발전과 일치해야 한다. 헤겔의 이 이론, 특히 지식과 진리는 모두 역사가 결정한다는 의미에서 '상대적'이라는 그의 교설은 가끔 '역사개성주의(historism)'(역사법칙주의와는 대조적으로)라고 불린다. 주지하듯이 지식사회학 또는 '사회학주의'는 역사개성주의와 매우 밀접히 연관되어 있다. 거의 동일하다고 볼 수도 있다. 전자와 후자의 차이는 전자가 단지 마르크스의 영향을 받아 역사적 발전이 헤겔의 주장처럼 하나의 통일적인 '국민정신(national spirit)'을 산출하는 것이 아니라, 사람들의 계급이나 사회적 신분 혹은 사회적 서식지에 따라 한 국가 내에서도 몇 개의 상반된 '총체적 이데올로기들'을 산출한다고 믿었다는 점에 있기 때문이다.

지식사회학과 헤겔의 유사점은 더 있다. 지식사회학에 의하면 서로 다른 총체적 이데올로기들 사이에는 어떤 지적인 교량이나 절충도 가능하지 않다. 하지만 지식사회학이 실제로 급진적인 회의주의를 함축했던 것은 아니다. 지식사회학은 이를 벗어날 방법을 갖고 있었는데, 그것은 예전의 철학적 갈등을 넘어서는 헤겔적인 방법과 유사하다. 헤겔은 마치 서로 다른 생각들이 각축을 벌이는 소용돌이 위에서 홀로 자유롭고 침착하게 내려다보는 정신처럼, 그것들 모두를 자신이 세운 체계의 궁극적인 종합을 구성하는 요소들로 격하시켰다. 이와 마찬가지로 지식사회학자들도, 지식인 계층은 사회적 전통에 단지 느슨한 정도로 발 딛고 있기 때문에 '홀로 자유롭고 침착하게 내려다보는 지성'을 통해 총체적인 이데올로기에 함몰되지 않을 수 있다고 주장한다. 즉, 다양한 총체적이데올로기를 꿰뚫어 보고 그것을 고무했던 동기와 여타 요인들을 밝힐수 있는 지성이 존재한다고 주장한다. 지식사회학에 따르면, 홀로 자유롭고 침착하게 내려다보는 지성이 감추어진 이데올로기를 꿰뚫어 보고그 이데올로기가 우리의 무의식에 어떻게 닻을 내리고 있는지 분석할때 우리는 최고 수준의 객관성에 도달할 수 있다. 따라서 참다운 지식에이르는 길은 무의식적인 가정을 드러내는 것, 말하자면 일종의 심리요법이다. 혹은 내 방식대로 표현한다면, **사회요법**(*sociotherapy*)이다. 지식사회학에 따르면, 결국 사회학적으로 분석되었거나 스스로를 사회학적으로 분석한 사람만이, 그리고 사회적 복잡성, 다시 말해 자신의 사회적 이데올로기로부터 해방된 사람만이 객관적 지식의 가장 고급한 종합에 도달할 수 있다.

『열린사회와 그 적들』 15장에서 '통속적 마르크스주의'를 다룰 때, 나는 일단의 근대철학에서 관찰될 수 있는 어떤 경향, 즉 행동 뒤에 숨겨진 동기를 밝히는 경향에 대해 언급했다. 지식사회학도 이런 부류에속하며, 정신분석학에 더해 자신과 대립하는 이론의 '무의미함'을 들춰내는 철학도 이러한 부류에 속한다[전술한 논문 6의 주석 17, 18을 보라]. 이들의 인기는 그것들이 쉽게 적용될 수 있다는 점에서, 그리고 한편으로는 우매한 사람들에 대해 느끼는 우월감과 다른 한편으로는 홀로사물의 이치를 꿰뚫어 본다는 자족감에서 찾을 수 있다. 만약 이들이 내가 '강화된 독단주의(re-inforced dogmatism)'라고 부르는 것을 구축함으로써 자칫 모든 논의의 지적인 토대를 허물기 쉽지 않다면, 이런 즐거움은 해가 없을 것이다. (사실상 이것은 '총체적 이데올로기'와 유사하다.) 헤겔주의는 모순을 용인하고 더 나아가 모순의 생산성을 천명함으로써 강화된 독단주의에 빠졌다. 그러나 만약 모순을 피할 필요가 없다면, 그 어떤 비판이나 논의도 불가능하게 된다. 왜냐하면 비판이란 항상 이론 내에 존재하는 모순이나 이론과 경험적 사실 사이에서 발생하는 모순을 지적하는 것이기 때문이다. [또한 전술한 논문 16을 보라.] 정신 분석학이 처한 상황도 비슷하다. 정신분석가는 모든 비판에 대해서 그 것이 비평가의 억압에서 기인한 것이라고 주장하여 자신에게 가해지는 비판을 해소할 수 있다. 의미를 다루는 철학자들 역시 그저 그들의 논적 의 주장이 무의미하다고 지적하는 것만으로도 충분하다. 어떤 것이든 '무의미'를 정의하는 방식에 따라 정의에 의해 무의미한 것이 될 수 있 기 때문이다.[5] 이와 마찬가지로 마르크스주의자는 계급적 편견으로, 지 식사회학자는 전체적 이데올로기로, 자신들과 다른 입장을 가진 사람들 을 설명한다. 이 같은 논의 방법은 다루기 쉬울 뿐만 아니라 다루는 사 람들에게 즐거움을 준다. 그러나 그것은 틀림없이 합리적 논의의 기초 를 파괴하고 궁극적으로는 반합리주의와 신비주의에 이르게 한다.

이런 위험에도 불구하고 지식사회적적 방법을 그들 자신에게 적용해 보는 유혹을 피하기는 어렵다. 마치 정신분석가에게 정신분석이 가장 잘 적용되는 것처럼,[6] 사회분석가에게도 그들 자신의 방법을 적용해 보 면 좋을 것이다. 왜냐하면 지식인 계층은 사회적 전통에 단지 느슨한 정 도로 발 딛고 있다는 말은 그들 자신이 속한 사회 집단에 대한 산뜻한 묘사가 아닌가. 또한 총체적 이데올로기 이론이 옳다면, 자신의 집단이 편견으로부터 해방되었다고 믿고 유일하게 객관적일 수 있는 선택된 자 들의 모임이었다고 믿는 것이 당연하지 않은가. 그러므로 총체적 이데 올로기 이론이 옳다면, 그것을 믿는 사람은 자신의 생각이 객관적이라 는 것을 확립하기 위해 그 이론에 수정을 가함으로써 스스로를 무의식 적으로 속일 것이라 예상할 수 있지 않은가. 그렇다면 사회학적 분석을 통해 보다 높은 수준의 객관성에 도달했다는 그들의 주장을 어떻게 진 지하게 받아들일 수 있는가? 또한 사회분석이 총체적 이데올로기를 물 리칠 수 있다는 주장을 어떻게 받아들일 수 있는가? 우리는 심지어 이 이론 자체가 특정 집단, 즉 전통에는 느슨하게 발 딛고 있지만 헤겔 철학을 모국어로 구사할 정도로 그것에 확고하게 발 딛고 있는 지식인 계층의 계급적 이해를 표현한 것에 불과한 것은 아닌지 물어볼 수도 있다.

특히 지식사회학자들과 헤겔의 관계를 살펴보면 지식사회학자들이 사회치료, 즉 자신의 총체적 이데올로기를 제거하는 데 이룬 성과가 얼마나 미미한지 분명하게 드러난다. 왜냐하면 그들은 자신들이 헤겔을 그저 되풀이하고 있다는 사실을 몰랐기 때문이다. 그와 반대로 그들은 자신들이 헤겔을 넘어섰다고 믿었을 뿐만 아니라, 그를 꿰뚫어 보는 데 성공했다고 생각했으며, 그를 사회적으로 분석했다고 믿었다. 그 결과 그들은 헤겔을 특정한 사회적 서식지에서 바라보는 것이 아니라, 객관적으로 보다 높은 위치에서 볼 수 있다고 믿었다. 이러한 자아 분석의 명백한 실패는 많은 것을 말해 준다.

하지만 이같이 가벼운 문제에 더해 심각한 문제가 있다. 지식사회학은 단지 자기파괴적인 것에 그치지 않는다. 재미 삼아 분석하기 좋은 대상에 그치는 것도 아니다. 지식사회학은 사회학의 주요 주제인 **지식의 사회적 양상들**(*the social aspects of knowledge*), 정확히 말해 과학적 방법의 양상들에 대해 놀랄 만큼 곡해하고 있기 때문이다. 지식사회학은 과학이나 지식을 개별 과학자의 마음이나 의식 속의 어떤 과정으로 보거나, 그런 과정의 산물로 본다. 이런 식으로 이해하면, 우리가 과학적 객관성이라고 부르는 것은, 계급적 이해 혹은 그와 유사한 동기의 역할이 중요한 사회과학이나 정치과학은 물론 자연과학에서조차 전혀 이해할 수 없는 것이 되어 버리거나 심지어 불가능하게 될 것이 분명하다. 자연과학의 역사에 대해 어렴풋하게라도 아는 사람은 역사적 논쟁을 일으켰던 열정적인 집요함에 대해 들었을 것이다. 그 어떤 정치적 편파성도 자연과학자들이 자기 이론을 옹호하기 위해 보여주었던 편파성보다 더 강력하게 정치이론에 영향을 미칠 수는 없다. 만약 지식사회학 이론이 가정한 대로 과학적 객관성이 개별 과학자의 공정성이나 객관성에 토대를 두고 있다면, 우리는 과학적 객관성을 포기해야 한다. 이 경우 우리는 지식사회학이 함축하는 것보다 더 극단적으로 회의적이어야 한다. 왜냐하면 우리는 모두 의심할 여지없이 저마다의 편견 체계(만약 원한다면, '총체적 이데올로기')로 인해 어려움을 겪을 수밖에 없기 때문이다. 즉, 우리는 많은 것을 자명한 것으로 여기고, 그것들을 무비판적으로 인정한다. 그래서 비판은 전혀 필요하지 않다는 소박하고도 확실한 믿음을 갖고 있다. 과학자들도 예외가 아닌데, 특수한 분야에서는 자기가 갖고 있는 편견 중 일부를 제거할 수 있을지 몰라도 사회적 분석이나 그와 유사한 방법을 통해 스스로를 정화하지는 못한다. 그들은 자신의 이데올로기적 어리석음을 이해하고 사회적으로 분석하여 정화할 수 있는 더 높은 단계로 올라가려고 하지 않는다. 왜냐하면 그들의 생각을 더 객관적으로 만들어도 그들이 우리가 '과학적 객관성'이라고 부르는 것에 도달할 방도는 없기 때문이다. 과학적 객관성을 이런 방식으로 이해하는 것은 잘못이다. 왜냐하면 그것은 전혀 다른 근거에 기초하고 있기 때문이다.[7] 과학적 객관성은 과학적 방법의 문제이다. 그리고 매우 역설적이게도 객관성은 **과학적 방법의 사회적 양상**과 밀접히 연관되어 있다. 다시 말해 과학과 과학적 객관성은 개별 과학자가 객관적이고자 하는 시도에서 생기는 것이 아니라(생길 수 없으며), **많은 과학자의 우호적-적대적인 협동**(*friendly-hostile co-operation of many scientists*)에서 생긴다는 사실과 밀접히 연관되어 있다. 과학적 객관성은 과학적 방법의 상호주관성으로 기술될 수 있다. 그러나 이런 과학의 사회적 양상은 지식사회학자라고 자칭하는 사람들에 의해 거의 전적으로 무시되었다.

이와 관련해서 내가 '과학적 방법의 공적인 성격'이라 부르는 것을 구성하는 자연과학적 방법이 지닌 두 가지 양상이 중요하다. 첫째, **자유로운 비판**(*free criticism*)에 가까운 어떤 것이 있다. 과학자는 자신의 이론에 논란의 여지가 없다는 확신을 갖고 이론을 제시할 수 있다. 그러나 동료 과학자나 경쟁자는 그렇게 생각하지 않는다. 그들에게 그것은 오히려 일종의 도전이다. 그들에게 과학적 태도란 모든 것을 비판하는 것이며 권위조차 그들을 막지 못한다. 둘째, 과학자들은 동상이몽 식으로 얘기하는 것을 피하려고 한다. (나는 자연과학에 관해 말하고 있지만, 현대 경제학의 일부도 포함될 수 있다.) 그들이 비록 상이한 모국어를 사용할지라도, 그들은 동일한 하나의 언어로 말하려고 매우 진지하게 노력한다. 자연과학에서는 경험을 논쟁의 공평한 중재자로 인정함으로써 이 같은 목적을 달성한다. 여기에서 '경험'이란 '공적인' 성격의 경험을 의미한다. 예를 들면 관찰과 실험은 좀 더 '사적인' 미적 경험이나 종교적 경험과 상반된다. 그리고 만약 원한다면 누구나 반복할 수 있을 때, 그 경험은 공적인 것이 된다. 자신의 생각이 전혀 다른 방식으로 이해되는 것을 피하기 위해, 과학자는 경험으로 검증할 수 있는, 즉 논박될 수 있는 (그렇지 않다면 확인될 수 있는) 방식으로 이론을 표현하려고 애쓴다.

이것이 바로 과학적 객관성을 구성하는 것이다. 과학이론을 이해하고 시험하는 방법을 배운 사람은 누구나 혼자 힘으로 실험을 반복하고 평가할 수 있다. 그럼에도 편파적이거나 삐뚤어진 판단을 하는 사람은 언제나 있기 마련이다. 이것은 어찌할 도리가 없다. 그러나 그것은 과학적 객관성과 비판을 촉진하고자 설계된 다양한 사회적 제도들, 예를 들면, 실험실, 학술지, 학회 등이 작동하는 데 심각한 장애가 될 수 없다. 과학적 방법의 이런 양상은 비록 제도가 전문가에 국한될지라도 공적인 통제가 가능하게끔 고안된 제도가 달성할 수 있는 것이 무엇인지, 그리고 공적인 의견을 공개적으로 표현하여 무엇을 성취할 수 있는지 보여준다. 결국 모든 과학적, 기술적, 정치적 진보가 의존하고 있는 이러한 제도가 제대로 작동하는 데 지장을 줄 수 있는 것은 오직 정치적 권력뿐이다. 특히 자유로운 비판을 억압하거나 자유로운 비판을 보호하지 못할 때 그러하다.

안타깝게도 여전히 제대로 알려져 있지 않은 과학적 방법이 지닌 이 같은 양상에 대해 더 자세히 파악하기 위해, 결과보다는 방법에 중심을 두고 과학을 규정할 수 있는 방법에 대해 알아보고자 한다.

먼저 예지력 있는 어떤 사람이 꿈을 꿔서 혹은 자기도 모르는 사이에 책을 썼다고 가정하자. 그리고 수년 후에 (그 책을 보지 못했던) 위대한 과학자가 최근의 혁신적인 과학적 발견의 결과로 정확히 똑같은 책을 썼다고 가정하자. 달리 말해 당시에는 과학자가 그 책을 쓰는 데 필요한 사실들이 아직 발견되지 않았기 때문에 쓸 수 없었던 책을 예지력 있는 사람은 '보았다'고 가정하자. 그리고 이제 자문해 보자. 예지력 있는 사람이 과학책을 썼다고 말하는 것이 합당한가? 만약 당시에 유능한 과학자가 그 책을 보았다면, 그는 그 책을 이해할 수 없고 공상적이라고 말했을 것이다. 따라서 우리는 예지력을 가진 사람이 쓴 책에 대해서 그것은 당시에 과학적인 책이 아니었다고 말해야 할 것이다. 왜냐하면 그것은 과학적인 방법의 결과가 아니었기 때문이다. 나는 과학적 방법의 산물이 아닌 이런 결과를, 비록 그것이 과학적 탐구 결과와 일치한다고 해도, '계시 과학(revealed science)'이라 부르겠다.

지금까지의 논의를 과학의 개방적 방법(publicity of method)이란 문제에 적용하기 위해, 로빈슨 크루소가 자신의 섬에 물리적, 화학적 실험실과 천문 관측소 등을 짓고 철두철미한 관측과 실험에 의거해서 수많은 논문을 썼다고 가정하자. 더 나아가 그에게는 무한히 많은 시간적 여유가 있어서, 그가 현재 과학자들이 받아들이고 있는 결과와 실제로 일치하는 과학적 체계를 구성하고 기술하는 데 성공했다고 가정해 보자. 만약 크루소 과학의 성격에 대해 묻는다면, 사람에 따라서는 그것이 '계시 과학'이 아닌 진짜 과학이라고 주장할 것이다. 분명 크루소 과학은 예지력 있는 사람에게 계시된 책에 비해 과학과 더 유사하다. 왜냐하면 로빈슨 크루소는 과학적 방법을 다량 적용했기 때문이다. 그러나 나는 이런 크루소 과학도 여전히 '계시된' 과학이라고 생각한다. 또한 크루소 과학에는 과학적 방법의 한 요소가 빠져 있으므로, 크루소가 현대과학과 동일한 결과에 도달한 것도 예지력 있는 사람의 경우와 마찬가지로 거의 우연적이며 기적적인 것이라고 생각한다. 왜냐하면 그의 결과를 검증할 사람이 자신 외에는 아무도 없고, 크루소 특유의 심리적 역사의 불가피한 결과인 그의 편견을 교정할 사람도 자신 외에는 아무도 없기 때문이다. 또한 그에게는, 현재 우리가 알고 있는 대부분의 결과가 비교적 서로 무관한 연구를 통해 발견되었다는 사실이 함축하고 있는 것, 즉 과학적 탐구의 결과에 내재하는 기이한 무지를 제거하도록 도와줄 사람이 아무도 없기 때문이다. 그리고 자신의 과학 논문에 관해서 크루소가 과학적 방법의 일부인 명료하고 조리 있는 소통 방법을 배워 익힐 수 있는 것은 오직 **그런 작업을 하지 않은 누군가**에게 설명하려는 데 있다. 크루소 과학의 '계시된' 성격은 비교적 중요하지 않은 한 가지 점에서 특히 분명하게 드러난다. 일례로 천문학적 관측에 영향을 미치는 그만의 독특한 반응 시간, 즉 그만의 '개인 오차'에 대한 크루소의 발견이다 (그가 이런 발견을 했다고 가정해야 하기 때문이다). 물론 그가 자기 시간의 변화를 발견했다는 것을 말했다고 생각할 수 있으며, 또한 그가 이것을 반영하게 되었다고도 생각할 수 있다. 하지만 이러한 방식을 통해서 반응 시간을 발견하는 것과, '개방적인' 과학에서 다양한 관찰자의 결과 사이에서 발생하는 모순을 통해서 그것을 발견하는 방식을 비교해 보면, 로빈슨 크루소 과학의 '계시된' 성격은 분명하게 될 것이다.

지금까지의 논의를 요약하면, 우리가 이른바 '과학적 객관성'이라고 부르는 것은 개별 과학자의 불편부당성이 낳은 산물이 아니라, 과학적 방법이 지닌 사회적 혹은 공적인 성격이 낳은 산물이다. 그리고 개별 과학자의 불편부당성은 사회적으로 혹은 제도적으로 조직된 과학적 객관성의 원천이 아니라 결과이다.

칸트주의자와 헤겔주의자 모두[8] (우리가 무엇인가를 능동적으로 경험하는 데 필수불가결한 도구들인) 전제들이 우리의 결정에 의해 변화될 수도, 경험에 의해 반박될 수도 없으며, 그것들은 모든 사유의 기본적인 전제를 구성하고 있기 때문에 이론을 시험하는 과학적 방법을 초월하는 것이라고 생각하는 실수를 했다. 그러나 이는 과학적 이론과 경험의 관계를 오해하여 발생한 과장에 지나지 않는다. 아인슈타인이 경험에 의거해서 과학의 필수 전제라고 견지되었던 생각, 그렇기에 과학의 '범주적 도구'에 속한다고 여겨져 왔던 생각인 시간과 공간에 관한 전제에 의문을 제기하고 수정할 수 있다는 것을 보여준 것은 우리 시대에 이룬 가장 위대한 성취 중 하나였다. 따라서 과학에 대한 지식사회학의 회의주의적 공격은 과학적 방법으로 인해 좌절되고 만다. 경험적 방법은 스스로를 돌볼 수 있다는 것이 입증되었기 때문이다.

그러나 경험적 방법을 사용한다고 해서 모든 편견을 한 번에 제거할 수 있는 것은 아니다. 우리는 편견을 단지 한 번에 하나씩 제거할 수 있을 뿐이다. 고전적인 사례로 다시 시간에 관한 선입견을 발견한 아인슈타인을 들 수 있다. 그가 연구를 시작한 목적은 편견을 발견하는 것이 아니었다. 그가 비판하려고 했던 것 역시 시간과 공간에 대한 일반적인 생각이 아니었다. 그가 고민했던 문제는 구체적인 물리학 문제였다. 즉, 이론에 비추어 보았을 때 상호 모순적인 것처럼 보이는 다양한 실험 결과로 인해 무너졌던 이론을 재정초하는 것이었다. 대부분의 물리학자와 마찬가지로 아인슈타인 역시 이는 그 이론이 거짓임을 함축한다고 생각했다. 이에 더해 그는 만일 모든 사람들이 지금껏 자명하다고 생각하여 간과한 부분을 변경할 수 있다면, 어려움을 제거할 수도 있다는 것을 깨달았다. 달리 말해, 그는 단지 과학적으로 비판하는 방법과 이론을 고안하고 제거하는 방법 및 시행착오 방법을 적용했을 뿐이었다. 하지만 이런 방법은 우리가 갖고 있는 모든 편견을 내려놓을 수 있게 하지는 못한다. 오히려 우리는 편견을 제거한 후에야 비로소 편견을 가지고 있었다는 사실을 발견할 수 있다. 그렇지만 과학이론은 언제나 그 당시까지 이뤄졌던 실험에 의존할 뿐만 아니라, 누구나 당연하게 생각해서 그 존재조차 인식하지 못하는(비록 일련의 논리적인 방법을 통해 찾아낼 수는 있지만) 편견에도 의존한다는 사실을 인정해야 한다. 그러나 과학은 학습을 통해 이러한 편견을 깰 수 있는 능력을 갖고 있다고 말할 수 있다. 그 과정이 결코 완전할 수는 없겠지만, 거기에는 우리가 그 앞에서 포기해야만 하는 고정된 장벽도 존재하지 않는다. 원칙적으로 우리는 모든 가정을 비판할 수 있다. 그리고 누구라도 비판할 수 있다는 것이 바로 과학적 객관성을 구성한다.

과학적 결과는 (이 용어를 굳이 사용해야 한다면) '상대적'이라고 말할 수 있다. 그러나 그것은 과학적 결과는 과학 발전의 어떤 한 단계의 결과라는 의미에서, 즉 과학이 진보함에 따라 다른 것으로 대체될 수밖에 없다는 의미에서만 그러하다. 따라서 그 말은 **진리**가 '상대적'임을 의미하지는 않는다. 만약 어떤 주장이 참이라면, 그것은 영원히 참이다. [논문 14 특히 I, II절을 보라.] 이 말이 단지 의미하는 바는 대부분의 과학적 결과들이 가설적 성격, 즉 아직까지 그것의 증거가 결정적이지는 않은 진술이고 그로 인해 언제든 수정할 수 있는 진술의 성격을 갖고 있다는 것이다. 이와 같은 (내가 다른 곳에서 좀 더 충실하게 다루었던) 논의는 사회학주의자를 비판하는 데 필요하지는 않을지라도, 그들의 이론을 이해하는 데 도움이 될 수도 있을 것이다. 이 논의는 또한 협동, 상호주관성 및 개방적 방법이 과학 비판과 과학 발전에서 행한 중요한 역할을 이해하는 데 도움을 준다.

사회과학은 아직 이런 개방적 탐구 방법을 완전히 받아들이지 못한 것이 사실이다. 주로 한편으로는 반지성적인 입장을 취했고, 다른 한편으로는 과학적 객관성을 위한 사회적 도구를 활용하지 못했던 아리스토텔레스와 헤겔 때문이다. 그 결과 사회과학은 실제로 '총체적 이데올로기'이다. 달리 말해 일부 사회과학자는 공통의 언어를 사용할 수 없고 심지어 공통의 언어로 말하는 것을 좋아하지도 않는다. 그러나 이성은 계급의 이익이 아니며, 치유가 헤겔류의 변증법적 종합에 있는 것도 자아 분석에 있는 것도 아니다. 사회과학이 가야 할 유일한 길은 말장난을 멈추고, 모든 과학이 공유하는 이론적 방법을 사용해서 현실에서 봉착하는 문제와 씨름하는 것이다. 요컨대 시행착오의 방법, 실질적으로 시험 가능한 가설을 고안하는 방법, 그리고 가설을 실제로 시험하는 방법이 그런 것들이다. **점진적 사회공학에 의해 그 기술의 결과를 시험할 수 있는 사회적 기술이 필요하다는 것이다.**

사회과학을 치유하기 위해 여기서 내가 제안한 것은 지식사회학이 제안한 것과 정반대된다. 사회학주의에 따르면, 사회과학이 방법론적인 문제를 안고 있는 것은 실용적이지 않은 학문적 성격 때문이 아니라, 실용적, 이론적 문제가 사회적, 정치적 분야와 너무 많이 얽혀 있기 때문이다. 지식사회학을 선도하는 저작에서도 이 같은 입장을 발견할 수 있다.[9] ' "정확한" 지식과 달리 정치적 지식의 특징은 지식과 의지 혹은 합리적 요소와 비합리적 영역이 분리할 수 없는 방식으로 서로 얽혀 있다는 사실에 기반하고 있다.' 이에 대해 우리는 다음과 같이 답할 수 있다. '지식'과 '의지'는 어떤 의미에서 항상 분리될 수 없다는 사실에서 위험한 얽힘으로까지 나갈 필요는 없다. 어떤 과학자도 노력 없이 또 관심을 기울이지 않고 알 수는 없다. 그리고 그의 노력에는 통상 어느 정도 사익이 포함되어 있다. 공학자는 주로 실용적 관점에서 사물들을 연구한다. 농부도 역시 그렇다. 실용은 이론적인 지식의 적이 아니라, 그것에 가장 중요한 동기이다. 설령 일정 정도의 초연함이 과학자에게 알맞을지라도, 과학자에게 그 같은 공평무사함이 항상 중요한 것은 아니라는 것을 보여주는 사례도 적지 않다. 그러나 과학자가 실재와 실용을 지속적으로 다루는 것은 중요하다. 그것을 간과할 경우, 스콜라주의에 빠질 수도 있기 때문이다. 그러므로 발견한 것을 실용적으로 응용하는 것은 사회과학에서 비합리주의를 제거하는 수단이지, '의지'에서 지식을 분리하려는 시도가 아니다.

이와 달리 지식사회학은 사회과학자들이 무의식적으로 믿고 있는 사회적 힘과 이데올로기를 그들이 인식하게 하여 사회과학을 개혁하고자 한다. 그러나 여기에서 난관은 편견을 제거할 직접적인 방식이 전혀 없다는 점이다. 편견에서 벗어나기 위한 시도를 통해 어떤 진전을 이뤘다는 것을 어떻게 알 수 있는가? 스스로 편견을 제거했다고 확신하는 사람들이야말로 가장 심한 편견에 빠져 있지 않은가. 편견에 대한 사회학적, 심리학적, 인류학적 연구나 그 외의 연구를 통해 편견에서 벗어날 수 있다고 생각하는 것은 잘못이다. 왜냐하면 이런 연구를 수행하는 사람들 중 상당수가 편견으로 꽉 차 있기 때문이다. 자아 분석 또한 무의식적 결정을 극복하는 데 도움이 되지 않음은 물론이고, 종종 훨씬 더 미묘한 자기기만에 이르게 한다. 그 결과 우리는 지식사회학에 관한 동일한 저작에서 지식사회학 고유의 활동에 대한 다음과 같은 언급을 접하게 된다.[10] '지금까지 우리를 무의식적으로 지배했던 요인을 의식적인 것으로 만들려는 경향이 증대해 왔다. … 행위를 결정하는 요인에 대한 지식의 증대가 우리의 결단을 마비시키고 "자유"를 위협할 수 있다고 걱정하는 사람들은 그럴 필요가 없다. 왜냐하면 본질적인 결정 요인에 대해 거의 아무것도 알지 못하는 상태에서 결정 요인의 압력 때문에 즉각적으로 행동하는 사람만이 참으로 결정되었다고 볼 수 있기 때문이다.' 이것은 분명 헤겔이 애용했던 아이디어를 반복한 것에 불과하다. 엥겔스가 '자유란 필연에 대한 인정이다'라고 표현한 아이디어 말이다.[11] 알다시피 이는 반동적인 편견이다. 과연 잘 알려진 결정 요인, 예컨대 정치적 폭정하에서 한 행동은 사람들이 그것을 알고 있기 때문에 자유로운 것이 되는가? 오직 헤겔만이 그런 식의 얘기를 할 수 있을 것이다. 그러나 지식사회학이 이런 편견을 갖고 있다는 사실은 우리가 이데올로기에서 벗어날 수 있는 비법이 존재하지 않는다는 것을 분명하게 보여준다. (한번 헤겔주의자는 영원한 헤겔주의자이다.) 자아 분석은 비판적 사유의 자유와 과학의 발전을 보장할 수 있는 민주적 제도를 확립하는 데 필요한 실천적 행동을 결코 대신할 수 없다.

주석

* 이 책 7쪽의 권두언의 두 주제는 포퍼의 논문, 'The Logic of the Social Sciences', *The Positivist Dispute in German Sociology*, Heinemann Educa-tional Books, 1976, 87-104쪽에서 처음 나왔다. 출판사의 허락을 받아 여기 서 인용했다.

1. 합리주의의 시작

1) 여기서 인용된 단편들은 각각 크세노파네스 B 16, 15, 18, 35 및 34; 헤라클 레이토스 B 78과 18; 데모크리토스 B 117, H. Diels & W. Krantz, *Die Fragmente der Vorsokratiker*, 5판, 1964이다. [번역은 모두 포퍼가 한 것이 다. Diels & Krantz와 같은 순서로 소크라테스 이전 단편들에 대한 대안적인 번역은 Kathleen Freeman, *Ancilla to The Pre-Socratic Philosophers*, 1948 에서 찾아볼 수 있다.]

2. 합리주의 변론

1) *The Open Society and Its Enemies*, 10장, 특히 주석 38-41과 본문을 보라. 피타고라스, 헤라클레이토스, 파르메니데스 및 플라톤에서도 신비적인 요소 와 합리적인 요소가 섞여 있다. 특히 플라톤은 '이성'을 매우 강조했음에도, 소크라테스로부터 물려받은 합리주의를 거의 내쫓는 비합리주의를 중요한 것으로 자신의 철학에 포함시켰다. 이것은 신플라톤주의자들이 플라톤에 근 거하여 자신들의 신비주의를 펴게끔 했다. 그리고 이후에 이어진 대부분의 신비주의는 이런 원천으로 거슬러 올라간다.

어쩌면 그것은 우연적일 수 있다. 그렇지만 어쨌든 서부 유럽과 중부 유럽 간의 문화적 경계가 여전히 있음을 주목할 수 있다. 중부 유럽은 로마 황제

아우구스투스의 지배하에 있지 않았고, 로마의 평화, 즉 로마 문명을 향수하지 않았던 지역과 거의 일치한다. 그와 똑같은 '야만' 지역들은 특히 비록 신비주의를 고안하지는 않았다 할지라도, 신비주의의 영향을 받기 쉬웠다. 클레르보(Clairvaux)의 베르나르(Bernard)는 나중에 에크하르트(Eckhart)와 그의 학파들이 번성했던 독일에서 커다란 성공을 거두었으며, 또한 뵈메(Boehme)도 그와 같은 성공을 이루었다.

훨씬 뒤에 데카르트의 지성주의와 신비적인 경향을 결합시키려 했던 스피노자는 신비스러운 지적인 직관 이론을 재발견했는데, 이 이론은 칸트가 강력히 반대했음에도, 피히테, 셸링 및 헤겔에 이르는 후기 칸트주의자의 '관념론'의 발흥으로 이어졌다. 사실 모든 현대의 비합리주의는 *The Open Society and Its Enemies*, 12장에서 간략히 지적했듯이 후자의 철학자들로 거슬러 올라간다.

2) 나는, (1) 이런 가정은 거짓일 것이다, (2) 어쩌면 그것이 우연히 참일 수 있다 할지라도 비과학적일 (혹은 허용할 수 없을) 것이다, (3) 예를 들어 비트켄슈타인이 *Tractatus*에서 말한 의미에서[논문 6의 주석 17과 아래 주석 4의 (2)를 보라] 그것은 '뜻이 없을' 또는 '의미 없을' 것이다라는 견해들을 다루기 위해서 '폐기된'이라고 말했다.

3) 이 주석과 다음 주석에서 역설에 대해, 특히 **거짓말쟁이 역설**에 대해 약간의 논평을 해보겠다. 이런 논평을 시작하면서 이른바 '논리적'이고 '의미론적'인 역설은 단순히 논리학자들을 위한 장난감이 결코 아님을 부언할 수 있다. 그 역설들은 수학의 발전을 위해 중요한 것이라고 입증되었을 뿐만 아니라, 또한 다른 사유 분야에서도 중요시되고 있다. 이런 역설들과 정치철학에서 상당히 중요한 **자유의 역설**과 같은 문제들 사이에는[논문 25의 주석 4와 6 그리고 논문 26의 III절을 보라] 일정한 연관이 있다. 이 주석의 논점 (4)에 대해서는 다양한 **통치권의 역설**이 **거짓말쟁이 역설**과 매우 비슷함을 간략히 보여줄 것이다.

(1) **거짓말쟁이** 역설은 수많은 방식으로 정식화될 수 있다. 그 방식 중 하나는 이렇다. 누군가 어느 날 '내가 오늘 말한 모든 것은 거짓말이다'라고 했다고 가정하자. 더 정확히 말해 '내가 오늘 한 진술은 모두 거짓이다'라고 했고, 그는 온종일 그 밖의 다른 어떤 것도 말하지 않았다고 가정하자. 이제 그가 참말을 했는지 우리가 자문해 본다면, 우리가 발견한 것은 다음과 같다. 만약 우리가 그가 말했던 것이 참이었다는 가정에서 출발하면, 그가 말했던 것을 숙고해 봤을 때, 그 말은 거짓임에 틀림없다는 결론에 이를 것이다. 그리고 그가 말했던 것이 거짓이었다는 가정에서 우리가 출발하면, 그가 말했던 것을 숙고해 봤을 때, 그의 말은 참이었다는 결론을 내려야 한다.

(2) 역설은 때때로 '모순'이라고 한다. 그러나 이 말은 아마 약간 오도된 것이다. 일상적인 모순(혹은 자기모순)은 단순히 '플라톤은 어제 행복했으며

478

어제 행복하지 않았다'와 같은 논리적으로 거짓인 진술이다. 만약 우리가 이런 문장을 거짓이라고 가정하면, 더 이상 어떤 어려움도 일어나지 않는다. 그렇지만 역설에 대해서는 우리가 난관에 빠지지 않은 채로 그것을 참이라고 혹은 **그것을 거짓이라고** 가정할 수 없다.

(3) 그러나 역설과 밀접한 연관은 있지만, 더 엄밀히 말해서 단지 자기모순에 불과한 진술들이 있다. '모든 진술이 거짓이다'라는 진술을 그 같은 예로 들 수 있다. 만일 우리가 이 진술을 참이라고 가정하면, 그 진술이 말하고 있는 **것**을 숙고했을 때, 우리는 그것이 거짓이라는 결론에 이를 것이다. 하지만 만약 우리가 그 진술을 거짓이라고 가정하면, 우리는 어려움에서 벗어날 것이다. 왜냐하면 이 가정은 단지 모든 진술이 거짓은 아니라는 결론이나, 달리 말해서 참인 진술이 몇 개— 적어도 하나— 있다는 결론에 이를 것이기 때문이다. 그리고 이 결론은 전혀 해가 없다. 왜냐하면 그 결론은 우리의 당초 진술이 참인 진술들의 하나임을 함의하지 않기 때문이다. (이것은 사실 '모든 진술이 거짓이다' 또는 '모든 진술이 참이다'가 정식화될 수 있는 어떤 언어, 즉 **역설에 얽매이지 않는** 언어를 우리가 구성할 수 있다는 것을 함축하지 않는다.)

'모든 명제는 거짓이다'라는 진술은 실제로 역설이 아니라는 사실에도 불구하고, 그것을 관례상 '거짓말쟁이 역설의 형식'이라고 할 수 있다. 왜냐하면 그것이 후자와 닮았음은 분명하기 때문이다. 그리고 실제로 이런 역설에 대한 고대 그리스의 정식(크레타 사람인 에피메니데스가 '모든 크레타인은 항상 거짓말을 한다'고 말한 역설의 정식)은 이런 용법에 따르면 역설이라기보다는 '거짓말쟁이 역설의 형식', 즉 모순이다. (또한 다음 주석을 보라.)

(4) 나는 이제 거짓말쟁이 역설과 다양한 주권의 역설, 예컨대 최선자나 가장 현명한 자 또는 다수가 통치해야 한다는 원리의 역설 사이의 유사성을 간략히 보여주겠다.

C. H. Langford는 거짓말쟁이 역설을 말하고 있는 다양한 방식들을 기술했는데, 그중에서 다음과 같은 것을 말하고 있다. 우리는 *A*와 *B* 두 사람이 행한 두 진술을 고려하고 있다.

*A*가 말하기를, '*B*가 말한 것은 참이다.'

*B*가 말하기를, '*A*가 말한 것은 거짓이다.'

위에서 기술된 방법을 적용하면, 이런 진술은 각각 역설적임을 우리는 쉽게 납득한다. 이제 다음 두 문장 중 첫 번째 문장을 가장 현명한 자가 통치해야 한다는 원리라고 우리는 생각한다.

(*A*) 그 원리가 말하기를, (*B*)에서 가장 현명한 자가 말한 것은 법이어야 한다.

(*B*) 가장 현명한 자가 말하기를, (*A*)에서 그 원리가 말한 것은 법이 아니어야 한다.

4) (1) 모든 전제를 회피하는 원리는 전술한 주석이 말한 의미에서 '거짓말쟁이 역설의 형식'이므로 자기모순이라는 것을 우리가 그 원리를 다음과 같이 기술할 때 쉽게 알 것이다. 어떤 철학자가 '논증 없이 전제된 모든 원리는 허용할 수 없다'는 원리를 논증 없이 가정하고 자신의 탐구를 시작한다. 만약 우리가 이런 원리를 참이라고 가정한다면, 그것이 말한 것을 숙고했을 때, 그 원리가 허용될 수 없다는 결론을 내려야 한다는 것은 분명하다. (이와 정반대인 가정은 어떤 어려움에도 이르지 않는다.) '실현될 수 없는 이상'이라는 논평은 예컨대 후설에 의해 세워졌던 이런 원리에 대한 통상적인 비판을 언급하고 있다. J. Laird는(*Recent Philosophy*, 1936, 121쪽) 이 원리에 관해 다음과 같이 쓰고 있다. 그것은 '후설 철학의 주요한 특징이다. 전제들이 슬며시 들어온 방식 때문에, 후설 철학의 성공은 더 의문시될 수 있다.' 나는 지금까지의 논평에 완전히 동의하고 있지만, 그러나 '… 모든 전제의 회피도 우연의 세계에서 실행할 수 없는 실현할 수 없는 이상일 수 있다'는 논평에 전혀 동의하지 않는다.

(2) 우리는 전술한 주석의 의미에서 '거짓말쟁이 역설의 형식'인 몇몇 더 나아간 원리를 이곳에서 숙고해 볼 수 있다.

(a) 사회철학의 관점에서, 다음과 같은 '사회주의의 원리'(그리고 '역사개성주의와 유사한 원리')는 흥미롭다. '어떤 진술도 절대적으로 참이 아니며, 또한 모든 진술이 그 진술 창시자의 사회적 (혹은 역사적) 거주지와 관련되는 것은 불가피하다.' 전술한 고찰을 변경 없이 실용적으로 적용하는 것은 명백하다. 왜냐하면 만약 우리가 이런 원리를 참이라고 가정하면, 그것은 참이 아니라 단지 '그 창시자의 사회적 혹은 역사적 거주지와 관련된다'는 결론이 따라 나오기 때문이다. 또한 *The Open Society and Its Enemies*, 24장, 주석 53과 본문을 보라.

(b) 이런 종류의 몇 가지 사례를 비트겐슈타인의 *Tractatus*에서 찾아볼 수 있다. 그중 하나가 '참인 명제들의 총체성은 … 자연과학들의 총체성이다'라는 ([논문 6의 주석 13에] 좀 더 충실하게 인용된) 비트겐슈타인의 명제이다. 이 명제는 자연과학에 속하지 않기 때문에(오히려 상위 과학, 즉 과학에 관해 말하는 이론에 속하기 때문에), 그 명제 자체가 거짓임을 주장하므로 모순이라는 결론이 따라 나온다.

더구나, 이 명제는 비트겐슈타인 자신의 원리인(*Tractatus*, 3.332) '어떤 명제도 자체에 관해 어떤 말도 할 수 없다. …'를 위반하고 있음이 분명하다. 그렇지만 마지막에 인용된 이 원리, 내가 'W'라고 부를 원리조차도 거짓말쟁이 역설의 형식이며 그 자체가 허위인 것으로 판명된다. (그러므로 그것이 — 비트겐슈타인이 믿었던 것처럼 — '유형들의 전체 이론', 즉 러셀의 이론과 동치이거나 그 이론의 요약이라거나 그 이론을 대체한 것이라고 할 수 없다. 그런데 러셀의 이론은 명제같이 보이는 표현들을 세 종류 — 참인 명제들, 거짓인 명제들 그리고 의미 없는 표현들이나 사이비 명제들— 로 분리함으로써 역설을 피하고자 했던 것이다.) 비트겐슈타인의 원리 W에 대해서는 다음과 같이 재정식화될 수 있다.

(W^+) 그 자신에 대한 지시를 포함하고 있는— 그 표현 자체가 속한 종류의 범위까지 펼쳐지는 그 자신의 이름이나 개별 변수를 포함하고 있는— 그 각각의 모든 표현은 (그리고 특히 명제처럼 보이는 표현은) 명제가 아니라 (의미 없는 사이비 명제이다).

이제 W^+가 참이라고 가정하자. 그러면, 그것은 어떤 표현이면서 모든 표현을 언급하고 있다는 사실을 숙고했을 때, 그것은 명제일 수가 없으며, 따라서 이런 **강력한 이유로**(*a fortiori*) 참일 수 없다.

그러므로 그것이 참이라는 가정은 지지될 수 없다. 즉, W^+는 참일 수 없다. 그렇지만 이 말은 그것이 거짓이어야 함을 입증하지 못한다. 왜냐하면 그것이 거짓이라는 가정도, 그것은 의미 없는 (또는 뜻이 없는) 표현이라는 가정도 즉각 우리를 어려움에 빠트리기 때문이다.

아마도 비트겐슈타인 자신은 이 점을 알았다고 말할지도 모른다. 왜냐하면 그는 '나를 이해하는 사람은 결국 그 명제들을 의미 없는 것으로 인식하게 되므로, 나의 명제들은 설명적이다'라고 썼기 때문이다(6.54 [논문 6의 주석 17을 보라]). 어쨌든 우리는 그가 W^-를 거짓으로 기술하기보다는 의미 없는 것으로 기술하고 싶어 한 것으로 추측할 수 있다. 그러나 나는 W^-가 의미 없는 것이 아니라 단순히 거짓이라고 믿고 있다. 더 정확히 말하면, 그것 자체의 표현들을 말하기 위한 수단들을 포함하고 있으며 또한 '명제'와 '비명제'와 같은 표현들의 종류에 대한 이름을 우리가 갖고 있는 모든 형식화된 언어에서 (예를 들어 괴델의 비결정 진술들이 표현될 수 있는 언어에서) **'W^+처럼 그 자체로 의미 없음을 주장하는 어떤 진술의 형식은 의미 없는 것도 순전히 역설적인 것도 아닌, 자기모순일 것**'이라고 나는 주장한다. 그것은 단지 명제가 아닌 (적격의 공식이 아닌) 어떤 종류의 모든 표현에 관한 주장을 하고 있기 때문에, 그것은 의미 있는 명제일 것이다. 그리고 이런 주장은 참이거나 거짓일 것이지만, 의미가 없지는 않을 것이다. 왜냐하면 적격의 명제라는 것(혹은 적격의 명제가 아니라는 것)은 표현들의 속성이라는 단순한 이유 때문이다. 예컨대 '모든 표현은 의미 없다'는 자기모순이지만, 그러나 순전히 역설적이지는 않을 것이다. 따라서 만약 우리가 'x'를 이런 표현의 이름으로 대체한다면, '표현 x는 의미 없다'라는 표현이 될 것이다. 우리가 J. N. Findlay의 아이디어를 변형하면 다음처럼 쓸 수 있다.

'다음과 같은 표현에서 변수를 이 표현의 인용 이름 x로 대체함으로써 얻어진 표현은 진술이 아니다'라는 다음과 같은 표현에서의 변수를 이 표현의 인용 이름으로 대체함으로써 얻어진 표현은 진술이 아니다.

그리고 우리가 방금 썼던 것은 자기모순인 진술임이 판명된다. (만약 우리가

'진술이 아니다' 대신에 '거짓 진술이다'를 두 번 쓴다면, 거짓말쟁이 역설을 얻을 것이다. 만약 우리가 '비논증적 진술이다'라고 쓴다면, 우리는 위와 같이 핀들레이가 쓴 것에서 괴델적인 진술을 얻을 것이다.)

요약해 보자. 첫인상들과는 반대로 그 자체가 의미 없음을 함의하는 이론은 의미 없는 것이 아니라, 거짓임을 우리는 발견한다. 왜냐하면 '거짓'과는 반대로 '의미 없는'이란 술어는 역설을 일으키지 않기 때문이다. 따라서 비트겐슈타인의 이론은 그가 믿었던 것처럼, 의미 없는 것이 아니라, 단지 거짓일 (좀 더 특별히 말해서 자기모순일) 뿐이다.

(3) 몇몇 실증주의자들은 어떤 언어의 표현들을 세 부분으로 분할하는 것, 즉 (i) 참인 진술들, (ii) 거짓인 진술들, 그리고 (iii) 의미 없는 표현들(혹은 더 좋은 것인 적격의 진술들과는 다른 표현들)로 나누는 것이 다소 '자연스럽다'고 주장해 왔다. 또한 그것은 표현들의 의미 없음 때문에, 역설과 동시에 형이상학적인 체계의 제거를 마련한다고 그들은 주장해 왔다. 이런 3분할은 충분치 못함을 다음과 같이 보여줄 수 있다. [또한 *Conjectures and Refutations*, 14장을 보라.]

방첩정보국의 요원에게 (i) '국장의 상자', (ii) '적의 상자'(적의 간첩에게 접근할 수 있도록 만들어진), 그리고 (iii) '휴지'라고 표시가 된 세 개의 상자가 제공되었다. 그리고 그 요원은 열두 시 이전에 도착한 모든 정보를 이 정보가 (i) 참, (ii) 거짓, 또는 (iii) 의미 없는 것인지에 따라 이 세 상자에 분배하도록 지시를 받았다.

잠시 후 그가 쉽게 (자연수의 이론에 대한 참인 진술 등과 어쩌면 '참인 진술들의 집합으로부터는 어떤 거짓 진술도 타당하게 도출될 수 없다'는 L과 같은 논리학의 진술들을) 배분할 수 있는 정보를 받았다. 열두 시 바로 전에 마지막으로 들어온 메일과 함께 도착한 마지막 전언 M은 그를 약간 혼란시켰다. 왜냐하면 M은 ' "국장의 상자"라고 표시된 상자 안에 있었거나 있게 될 모든 진술에서 "0 = 1"라는 진술을 타당하게 도출할 수 없다'고 해독되기 때문이다. 먼저 정보국 요원은 M을 상자 (ii)에다 넣지 않아야 하는지 주춤거린다. 그러나 그는 만약 (ii)에 넣는다면, 중요한 참인 정보인 M을 적에게 넘겨주는 것이라 인식했기 때문에, 그는 결국 M을 (i)에다 넣기로 결정했다.

하지만 이것은 커다란 실수라고 판명된다. 왜냐하면 정보국의 참모인 기호논리학자들(논리학의 전문가들?)은 국장의 상자의 내용들을 정식화(또한 '수치화')한 후에, 그 상자 자체의 일관성에 대한 주장을 포함하고 있는 진술들의 집합을 얻을 것임을 발견했기 때문이다. 그리고 괴델의 결정 가능성에 관한 두 번째 정리에 따르면, 이것은 모순에 이를 것이므로, '0 = 1'은 아마 국장에게 제공된 참인 정보에서 실제로 연역될 수 있다.

이런 난관의 해결책은 3분할 주장이 적어도 일상 언어에 대해서는 정당화되지 않는다는 사실을 깨닫는 데 있다. 그리고 타르스키의 진리이론으로부터 일정한 개수의 어떤 상자도 충분하지 않으리라는 것을 우리는 알 수 있다. 동시에 '적격의 공식에 속하지 않는다'는 의미의 '의미 없음'은 '어떤 것도 의미하지 않는 말의 뜻에서'의 '무의미한 대화'를 지시하지 못한다는 것을 발견한다. '비록 그 말이 심오한 의미가 있는 것처럼 가장할지라도 그렇다.' 그렇지만 형이상학이란 그저 이런 성격에 불과함을 드러냈다는 것이 실증주의자의 주된 주장이다.

5) Whitehead가 *Process and Reality*, 1929에서 펼쳤던 논증을 경시하게끔 한 것이 바로 귀납의 문제와 연관된 어려움이었던 것 같다. [이 논문의 전체와 **포괄적인 비판적 합리주의**의 가능성과 관련해서는 W. W. Bartley III의 저작들, 특히 *The Retreat to Commitment*, 1962가 독자의 주목을 받았다. 또한 *The Open Society and Its Enemies*, II권, 부록 I을 보라.]

6) 그것은 사적인 일이 아니라 타인들과 그들의 삶에 영향을 미치기 때문에, 그것은 도덕적인 결정이지 단순한 '취향의 문제'가 아니다. 그것에 부딪친 '학자'가 그에 직면하지 않은 사람들을 위한 지적인 수탁자로서 행동한다는 관점에서 보면 우리가 직면한 결정은 매우 중요하다.

7) 기독교가 근본적으로 추상적 사변에 호소하지 않고 매우 구체적인 방식으로 인간의 고통을 기술하는 상상에 호소한다는 것이 아마도 기독교의 가장 거대한 힘이라고 나는 생각한다.

8) 도덕적 결정에 관한 위대한 평등주의자인 칸트는 인간 불평등이란 사실에 관여된 축복을 강조했다. 그는 인간의 성격과 의견의 다양성과 개별성에서 물질적 진보는 물론이고 도덕적 진보에 중요한 조건들의 하나를 보았다.

9) A. Huxley의 *Brave New World*, 1932에 간접적인 언급이 있다.

10) 사실, 그리고 결정 또는 요청의 구별에 대해서는 *The Open Society and Its Enemies*, 5장을 보라. '정치적 요구의 언어'(또는 L. J. Russell이 말한 의미의 '제안')에 관해서는 같은 책, 6장, VI절을 보라.

나는 모든 사람의 선천적인 지적 평등 이론은 거짓이라고 말하고 싶다. 하지만 Niels Bohr 같은 사람은 환경의 영향만이 개인차의 원인이라고 주장하기 때문에, 그리고 이런 문제를 결정하는 데 충분한 실험 자료가 전혀 없기 때문에, 말해지는 모든 것은 아마 '십중팔구 거짓'일 것이다.

11) 예를 들어 *Statesman*, 293 C-E를 보라. 이 구절은 *Republic*, 409 E-410 A의 구절과 다르다(409 B/C). **'영혼의 선함 때문에 선한 좋은 판관'**에 관해 말한 후에, 플라톤은 계속해서 말한다. '그리고 당신은 신체적, 정신적 기질이 건강하고 선한 시민을 돌보는 자들을 … 의사와 판관에 임명하지 않겠는가? 그들은 신체적 건강이 악화된 사람들을 죽게 내버려둘 것이다. 또한 본성이 나빠서 치료할 수 없는 영혼을 가진 사람들을 그들은 실제로 죽일 것이다.' ― 그는 '아니다, 임명할 것이다. 왜냐하면 이런 일이 일어난 사람과 국가 모

두를 위해 이 일이야말로 최선의 것임을 당신이 증명했기 때문이다'라고 말하고 있다.

12) *Phaedo*, 89 C/D를 보라.

13) H. G. Wells가 *The Common Sense of War and Peace*, 1940의 첫 장인 'Grown Men Do Not Need Leaders'라는 훌륭한 제목을 가진 글에서 든 사례이다.

14) 관용의 문제와 역설에 관해서[논문 25의 주석 4를 보라].

15) '세계'는 합리적이지 않지만, 그것을 이론적으로 설명하는 것이 과학의 과제이다. '사회'도 합리적이지 않지만, 그것을 이론적으로 설명하는 것이 사회공학자의 과제이다. (이것은 물론 그가 사회를 '이끌어야' 한다거나, 중앙 집중적인 '입안'이나 집단주의의 '입안'이 바람직하다는 것을 함의하지 않는다.) 일상 언어는 합리적이지 않지만, 그것을 이론적으로 설명하거나, 적어도 명료성의 기준을 유지하는 것이 우리의 과제이다. 여기서 묘사된 태도를 '**실용적 합리주의**'라고 기술할 수 있다. 이런 실용적 합리주의는 비판적 합리주의가 무비판적 합리주의와 비합리주의와 연관된 것과 비슷한 방식으로 무비판적 합리주의와 비합리주의와 관계를 맺고 있다. 왜냐하면 무비판적 합리주의는 세계가 합리적이며 과학의 과제는 이런 합리성을 발견하는 것이라고 논증할 수 있기 때문이다. 반면에 비합리주의자는 근본적으로 비합리적인 세계는 과학적 방법보다는 오히려 우리의 감정과 열정(또는 우리의 지적 직관)을 통해서 경험되고 철저히 규명되어야 한다고 주장할 수 있다. 이와 정반대로 실용적 합리주의는 세계가 합리적이지 않음을 인정하지만, 그러나 가능한 한 **세계가 이성을 따르거나 종속할 것**을 우리는 요구할 수 있다. Carnap의 말을 빌려(*The Logical Structure of the World*, 1928, vi쪽; 영어 번역판, 1967, xviii쪽), 내가 이른바 '실용적 합리주의'라고 한 것을 사람들은, '어디든 명료성을 얻으려 애쓰지만, 생의 사건들을 완전히 이해한 적도 없다거나 완전히 합리적으로 사건들이 얽힌 적도 없다는 것을 깨닫는 태도'로 기술할 수 있다.

16) [또한 논문 6의 주석 16을 보라.]

3. 권위 없는 지식

1) D. Hume, *An Enquiry concerning Human Understanding*, 1748, V절, I부; L. Selby-Bigge 편집판, 46쪽을 보라. 또한 VII절, I부; Selby-Bigge, 62쪽에서 '외부 감각이나 내부 감각을 통해 우리가 이전에 느끼지 못했던 어떤 것도 생각할 수 없다'는 흄의 주장을 보라.

2) 또한 *The Logic of Scientific Discovery*, 부록 *x(2)를 보라.

3) D. Hume, *A Treatise of Human Nature*, 1739, I권, III부, IV절; L. Selby-Bigge 편집판, 83쪽을 보라. 또한 흄의 *An Enquiry concerning Human Understanding*, X절; Selby-Bigge, 111쪽 이하를 보라.

4) I. Kant, *Religion Within the Limits of Pure Reason*, 2판, 1794, 4장, II부, 1절, 첫 번째 주석을 보라.

5) F. P. Ramsey, *The Foundations of Mathematics*, 1931, 291쪽을 보라.

4. 주관적 지식 대 객관적 지식

1) *The Open Society and Its Enemies*, 15장, III절에서의 논증을 채택했다.

2) G. Frege, 'Über Sinn und Bedeutung', *Zeitschrift für Philosophie und philosophische Kritik* 100, 1892, 25-50쪽 중 32쪽을 보라; 고딕체는 내가 한 것이다. (프레게의 논문은 몇몇 곳에서 번역되어 다시 출판되었다. 예를 들어, H. Feigl & W. Sellars, eds., *Readings in Philosophical Analysis*, 1949, 85-102쪽.)

3) A. Heyting, 'After Thirty Years', E. Nagel, P. Suppes, & A. Tarski, eds., *Logic, Methodology and Philosophy of Science*, 1962, 194-197쪽 중 195쪽을 보라.

4) 이런 '인공물'에 대해서는 F. A. von Hayek, *Studies in Philosophy, Politics and Economics*, 1967, 111쪽을 보라.

5) 같은 책, 6장, 특히 96쪽, 100쪽, 주석 12를 보라; R. Descartes, *Discourse on Method*, E. S. Haldane & G. R. T. Ross, eds., 89쪽; [논문 24, II절 이하]; 그리고 *Objective Knowledge*, 253-255쪽을 보라.

6) I. Lakatos, *Proofs and Refutations*, 1976, 특히 83-99쪽, 라카토스의 '개념-확장 논박(concept-stretching refutation)'에 후자의 사례가 있다.

7) 또한 *Objective Knowledge*, 243쪽을 보라.

8) *Conjectures and Refutations*, 4장과 12장, 특히 134, 293, 295쪽의 K. Bühler, *Sprachtheorie*, 1934에 관한 언급을 보라. 뷜러는 처음으로 저급한 기능과 기술적인 기능의 결정적 차이를 논의했다. 나는 나중에 내 비판이론의 결론으로서 기술적인 기능과 논증적인 기능의 결정적인 차이를 발견했다. 또한 *Objective Knowledge*, 235-238쪽[그리고 후술하는 논문 21의 II절]을 보라.

9) 현대 논리학의 위대한 발견들 중의 하나는 Alfred Tarski의 (객관적인) 진리 대응 이론(진리 = 사실과의 대응)의 확립이다. 이 이론은 진리 내용과 박진이란 규제적인 생각과 함께 논의되었다[후술하는 논문 14에서]. 현재 논문은 모두 타르스키의 덕을 보았다. 그러나 내가 타르스키를 여기서 저질러진 범

죄와 관련시키지 않은 것은 당연하다.

10) *Conjectures and Refutations*, 64쪽을 보라.

11) 믿음에 따라 우리가 기꺼이 돈을 거는 것에 의해 믿음을 측정할 수 있다는 이론은 1781년에 유명해진 것으로 간주되었다. I. Kant, *Critique of Pure Reason*, 2판, 1787, 853쪽을 보라.

12) J. W. N. Watkins, *Hobbes's System of Ideas*, 1965, VIII장, 특히 145쪽 이하; *The Logic of Scientific Discovery*, 420-422쪽; 그리고 *Conjectures and Refutations*, 18쪽 이하, 262쪽, 297쪽 이하를 보라.

13) 전통적인 오류는 '보편자의 문제'라고 알려졌다. 이것은 '이론의 문제'라거나 '모든 인간 언어의 이론적인 내용의 문제'라는 것으로 대체되어야 한다. *The Logic of Scientific Discovery*, 4절, 주석 1을 보라[또한 후술하는 논문 11의 I절을 보라]. 부연하면, 유명한 세 견해 — **실재 이전의 보편자**(*ante rem*), **실재의 보편자**(*in re*), **실재 이후의 보편자**(*post rem*) — 중 일상적인 의미에서 마지막 것은 반-세계-3이며, 언어를 표현으로 설명하고자 하는 반면에, 첫째 것은(플라톤적인) 전-세계-3임이 분명하다. 매우 흥미롭게도, (아리스토텔레스적인) 중간 견해(**실재의 보편자**)는 반-세계-3 또는 세계 3의 문제를 무시한 것이라고 말해질 수 있다. 따라서 그것은 개념론의 혼란된 영향을 증언하고 있다.

14) Aristotle, *Metaphysics*, 1072b21 이하, 그리고 1074b15-1075a4를 보라. 이 구절은 (Ross가 '신성한 사유는 가장 신성한 대상, 그 자체와 연관되어야 한다'고 요약한) 플라톤에 대한 암묵적인 비판을 담고 있다. 플라톤의 형상을 특히 1972b25 이하에서, '그것은 매우 신성하고 귀중한 것을 생각하며, 그것은 변하지 않는다. 왜냐하면 변화란 더 나쁜 것을 위한 변화이기 때문이다. …'라고 말한 점에서 분명하다. (또한 Aristotle, *De Anima*, 429b27 이하, 특히 430a4를 보라.)

15) Plotinus, *Enneads*, II.iv.4, III.viii.11, V.iii.2-5, V.ix.5-8, VI.v.2, VI.vi.6-7을 보라. (여기서 번호 매김은 R. Volkmann, 1833의 판본에 따른 것이다; S. Mackenna, 1917-1930의 영어 번역에는 약간 바꾼 해석이 있다.)

16) G. W. F. Hegel, *Enzykiopädie der philosophischen Wissenchaften*, 3판, 1930, 551단락을 보라. (W. Wallace의 영어 번역은 A. V. Miller, ed., *Hegel's Philosophy of Mind*, 1971에서 찾을 수 있다.)

17) *Conjectures and Refutations*, 15장과 *The Open Society and Its Enemies*, II권의 부록 I('Facts, Standards and Truth: a Further Criticism of Relativism')을 보라.

18) Lakatos, 앞의 책, 54쪽, 주석 2를 보라.

5. 진화론적 인식론

1) 아마도 피막 단백질, 최초 바이러스, 그리고 세포의 형성은 새로운 환경적 틈새의 가장 초기의 발명에 속할 수 있다. 설령 다른 환경적 틈새가(어쩌면 있는 그대로의 다른 유전자들이 발명한 효소들의 그물망이) 훨씬 일찍 발명될 수 있다 할지라도 그렇다.

2) 사람들이 유전적 수준에 관해 이런 어투로('답변으로') 말할 수 있는지는 열린 문제이다(V절에서 답변하고 있는 돌연변이의 유발 원인에 관한 나의 추측과 비교하라). 하지만 어떤 변이도 없다면, 적응이나 진화가 있을 수 없을 것이다. 따라서 돌연변이의 발생은 부분적으로 돌연변이의 필요에 의해 제어되거나, 마치 그것이 기능이었던 것 같은 기능들에 의해 제어된다.

3) '맹목'(특히 두 번째 의미에서)이란 용어의 사용에 대해서는 D. T. Campbell, 'Methodological Suggestions for a Comparative Psychology of Knowledge Processes', *Inquiry* 2, 1959, 152-182쪽; 'Blind Variation and Selective Retention in Creative Thought as in Other Knowledge Processes', *Psychological Review* 67, 1960, 380-400쪽; 그리고 'Evolutionary Epistemology', P. A. Schilpp, ed., *The Philosophy of Karl Popper*, 생존 철학자 총서 1974, 413-463쪽을 보라.
시행의 '맹목'은 우리가 과거 발견했던 것과 관계가 있는 반면에, 맹목은 ('표본 공간'을 형성하고 있는) 원소들의 집합과 관계가 있다. 유전자 수준에서 이런 '원소들'은 네 가지 뉴클레오타이드의 기초이다. 행동 수준에서 그것들은 유기체의 행동 목록의 성분들이다. 이런 성분들은 상이한 필요나 목적에 따라 다른 가치라고 상정할 수 있으며, 그 가치는 ('맹목의 정도'를 낮추는) 경험을 통해서 변할 수 있다.

4) 능동적 참여의 중요성에 관해서는 R. Held & A. Hein, 'Movement-produced Stimulation in the Development of Visually Guided Behaviour', *Journal of Comparative and Physiological Psychology* 56, 1963, 872-876쪽을 보라; 또한 J. C. Eccles, *Facing Reality*, 1963, 66쪽 이하를 보라. 능동성이란 적어도 부분적으로는 생산 가설들의 하나이다. J. Krechevsky, ' "Hypothesis" versus "Chance" in the Pre-solution Period in Sensory Discrimination-learning', *University of California Publications in Psychology* 6, 1932, 27-44쪽 (A. J. Riopelle, ed., *Animal Problem Solving*, 1967, 183-197쪽으로 재출판)을 보라.

5) 아마 여기서 내 견해와 **게슈탈트**(*Gestalt*) 학파의 견해 차이들 몇몇을 언급해도 좋을 것이다. (물론 나는 **형태** 지각 이론을 받아들인다. 내가 단지 의문을 품고 있는 것은 이른바 **게슈탈트** 철학에 대해서일 뿐이다.)

지각의 통일이나 연결은 구심적인 체계보다는 뇌의 원심적인 신경 체계와 발동기 제어 체계에 더 밀접히 연계되어 있으며, 또한 유기체의 행동 목록과 긴밀히 연계되어 있다고 나는 추측한다. 함께 접합될 수 있는 두 막대의 가능한 연결에 대한 (Köhler의 원숭이가 가졌던) 통찰을 거미나 생쥐가 결코 갖지 못할 것이라고 나는 추측하고 있다. 왜냐하면 그만한 크기의 막대를 다룬다는 것은 거미나 생쥐의 행동 목록에는 있지 않기 때문이다. 이 모든 것은 정서에 대한 일종의 제임스/랑게(James/Lange) 이론의 일반화로 해석될 수 있다(1884; W. James, *The Principles of Psychology*, II권, 1890, 449쪽 이하를 보라). 그 이론은 우리의 정서를 지각(특히 형태 지각)으로 확장시키는 것이므로, 그 지각이 (형태 이론처럼) 우리에게 주어지지 않고, 오히려 (상당히 '주어진') 실마리를 우리가 해독하는 것을 통해 그 지각을 만들어낼 것이다. 그 단서들이 오도할 수 있다는(인간의 광학적 착시, 동물의 가짜 모형 착각 등) 사실은 우리의 행동적 해석을 꽤 단순화된 단서에 부과하는 생물학적 필요에 의해 설명될 수 있다. 감각이 우리에게 말한 것에 대한 해독이 행동 목록에 의존한다는 추측은 동물과 인간의 현격한 차이 일부를 설명할 수 있다. 왜냐하면 인간 언어의 진화를 통해서 우리의 목록이 무한하게 되었기 때문이다.

6) W. H. Thorpe, *Learning and Instinct in Animals*, 1956, 99쪽 이하; 1963, 100-147쪽; W. Köhler, *The Mentality of Apes*, 1925; Penguin Books edition, 1957, 166쪽 이하를 보라.

7) I. P. Pavlov, *Conditioned Reflexes*, 1927, 특히 11쪽 이하를 보라. 그가 '탐구적 행동'이라고 한 것과 밀접하게 연관된 '자유행동' — 둘 다 유전적으로 정초된 것이 분명한 — 그리고 이것들은 과학적 활동을 위해 중요하다는 관점에서 보면, 내 생각에 자유의 가치를 행동주의자의 이른바 '긍정적 보강'으로 대체하고자 했던 행동주의자의 행동은 과학에 대한 무의식적인 적대감의 징조인 것처럼 보인다. 첨언하면, B. F. Skinner, *Beyond Freedom and Dignity*, 1972에서 '자유의 문학'이라고 부른 것은 '부정적 보강'의 결과로서 생긴 것이 아니라, 오히려 마라톤과 살라미스 전쟁의 승리의 결과로 아이스킬로스 및 핀다로스와 함께 나오게 되었다.

8) 따라서 탐구적 행동과 문제 해결은 유전적인 체계를 위한 새로운 조건을 창출한다. 즉, 이런 체계들의 자연선택에 깊은 영향을 미치는 조건들을 창출한다는 것이다. 일정한 정도의 행동의 범위가 도달된 이상 — 심지어 단세포 유기체도 이를 달성하듯이(특히 H. S. Jennings, *The Behaviour of the Lower Organisms*, 1906을 보라) — 그 유기체의 생태 환경이나 거주지의 선택에서 선도자가 주도권을 잡게 되고, 새로운 주거지 내에서의 자연선택은 주도권에 따를 것이다. 이런 측면에서 보면, 다윈주의가 라마르크주의는 물론이고 심지어 베르그송의 '창조적 진화'도 흉내 낼 수 있다. 엄격한 다윈주의자는 이

것을 인식해 왔다. 그 역사의 훌륭한 표현과 조사에 대해서는 Sir Alister Hardy, *The Living Stream*, 1965, 특히 강의 VI, VII, VIII을 보라. 그 책에는 제임스 허턴(James Hutton, 1797년 사망) 이후의 좀 더 초기의 문헌에 대한 언급들이 발견될 것이다(178쪽 이하를 보라). 또한 Ernst Mayr, *Animal Species and Evolution*, 1963, 604쪽 이하와 611쪽; Erwin Schrödinger, *Mind and Matter*, 1958, 2장; F. W. Braestrup, 'The Evolutionary Significance of Learning', *Videnskabelige Meddelelser Naturhistorisk Forening i Kjøbenhavn* 134, 1971, 89-102쪽(참고문헌과 함께); 그리고 *Objective Knowledge*, 7장을 보라.

9) Jacques Hadamard, *The Psychology of Invention in the Mathematical Field*, 1945; Dover edition, 1954, 48쪽에서 인용.

10) '실험자의 일탈'을 연구하는 행동심리학자는, 만약 실험자가 높은 지능을 위해 선택된 압박을 받고 있다고 색소 결핍 쥐들을 (잘못) 믿게 이끌면, 다른 쥐보다 확실히 더 잘 일을 수행한다는 것을 발견했다. R. Rosenthal & K. L. Fode, 'The Effect of Experimenter Bias on the Performance of the Albino Rat', *Behavioural Science* 8, 1963, 183-189쪽을 보라. 이 논문의 저자가 이끌어낸 교훈은 '어떤 결과를 바라고 있는지를 모르는 보조 연구자가'(188쪽) 실험을 해야 한다는 것이다. 베이컨처럼 이 저자들도 연구 감독관의 기대가 노골적으로 드러나지 않은 채 보조 연구원에게 그 기대를 전할 수 있음을 망각했을 때, 텅 빈 마음에 자신들의 희망을 걸게 되었다. 마치 각각의 보조 연구원으로부터 그 연구원의 쥐에게 그들의 감정이 전해진 것처럼 말이다.

11) 말년에 찰스 다윈이 수족 절단조차도 경우에 따라 계승된다고 믿었다는 것은 흥미롭다. Charles Darwin, *The Variation of Animals and Plants under Domestication*, I권, 2판, 1875, 466-470쪽을 보라.

12) 특정한 돌연변이 유발 원인은(아마 다른 유전 단위보다 특수한 일련의 어떤 유전 단위에 선택적으로 작용하는) 알려지지 않는다는 것을 나는 들어서 안다. 하지만 그것들의 존재는 이런 놀라운 현장에서는 경이롭지 않을 것이다. 그리고 그것들이야말로 돌연변이의 '곤경'을 설명해 줄지도 모른다. 여하튼 간에 실재적인 어려움은 알려진 구체적인 유발 원인의 부재에서 특정한 돌연변이 유발 원인은 존재하지 않는다고 결론을 내린 데 있는 것 같다. 따라서 내가 보기에 본문에서 제시되었던 그 문제는 (돌연변이 유발 원인의 산출에 따른 어떤 압박에 대한 반작용 가능성은) 여전히 열려 있다고 생각한다.

13) Ernst Gombrich, *Art and Illusion*, 1960과 그 이후의 판본들, 'making and matching'이란 항목의 찾아보기를 보라.

14) N. K. Jerne, 'The Natural Selection Theory of Antibody Formation: Ten Years Later', J. Cairns et al., eds., *Phage and the Origins of Molecular Biology*, 1966, 301-312쪽; 또한 'The Natural Selection Theory of Antibody

Formation', *Proceedings of the National Academy of Science* 41, 1955, 849-857쪽; 'Immunological Speculations', *Annual Review of Microbiology* 14, 1960, 341-358쪽; 'The Immune System', *Scientific American* 229, 1, 1973, 52-60쪽을 보라. 또한 Sir Macfarlane Burnet, 'A Modification of Jerne's Theory of Anti-body Production, using the Concept of Clonal Selection', *Australian Journal of Science* 20, 1957, 67-69쪽; *The Clonal Selection Theory of Acquired Immunity*, 1959를 보라.

6. 두 종류의 정의

1) 이 구절은 *The Foundations of Mathematics*, 1931, 269쪽에서 인용했다. [이 논문과 관련하여 독자는 특히 *Unended Quest*, 6절과 7절을 주목하기 바란다.]

2) 플라톤의 지식과 의견의 구별, 정확히 말하면 파르메니데스의 구별에 (좀 더 근대의 저자들, 예컨대 로크와 홉스와 더불어 계속 유행했던 구별에) 관해서는 *The Open Society and Its Enemies*, 3장, 주석 22와 26 그리고 본문; 나아가 5장, 주석 19와 8장, 주석 25-27을 보라. 아리스토텔레스의 유사한 구별에 대해서는 예컨대, *Metaphysics*, 1039b31 그리고 *Posterior Analytics*, 88b30 이하와 100b5를 보라.

아리스토텔레스의 **논증적** 지식과 **직관적** 지식의 구별에 관해서는 *Posterior Analytics*, 마지막 장을 보라(특히 100b5-17; 또한 72b18-24, 75b31, 84a31, 90a6-91a11을 보라). 논증적 지식과 사물의 '원인들' — 본질적 성격과 상이하기 때문에 증명사를 필요로 하는 사물의 원인들 — 사이의 연관에 대해서는 같은 책, 특히 93a5, 93b26을 보라. 지적인 직관과 그 직관이 파악하는 '나눌 수 없는 형식' 사이의 유사한 관련 — 불가분의 본질과 그 본질의 원인과 동일한 개별적인 본성의 관련 — 에 대해서는 같은 책, 72b24, 77a4, 85a1, 88b35를 보라. 또한 같은 책, 90a31을 보라. '어떤 사물의 본성을 아는 것은 그것이 존재하는 이유를 아는 것이다.'(즉, 그것의 원인); 그리고 93b21을 보라. '직접적인, 즉 기본적인 전제들이 본질적인 성격들이 존재한다.'

우리는 증명과 논증의 소급을 어딘가에서 멈추어야 하며 그리고 증명 없이 **원리**를 받아들여야 한다는 아리스토텔레스의 인식에 관해서는, 예를 들어 *Metaphysics*, 1006a7를 보라. '모든 것을 입증할 수 없다. 입증할 수 있다면 무한소급이 일어날 것이기 때문이다. …' 또한 *Posterior Analytics*, 90b18-27을 보라.

3) *Metaphysics*, 1031b7 그리고 1031b20을 보라. 또한 996b20을 보라. '정의란 사물의 본질을 기술하는 진술이다.'(Aristotle, *Topics*, 101b36, 153a,

153a15 등. 또한 *Metaphysics*, 1042a17을 보라) — '정의는 … 본질적 성격을 드러내고 있다.'(*Posterior Analytics*, 91a1) — '정의란 … 사물의 본성에 대한 진술이다.'(같은 책, 93b28) — '그런 사물들의 공식이 정의인 본질을 갖고 있다.'(*Metaphysics*, 1030a5 이하) — '또한 공식이 정의인 본질을 어떤 사물의 실체라고 한다.'(같은 책, 1017b421) — '그렇다면 정의란 본질의 공식임이 분명하다. …'(같은 책, 1031a13)

다음 원리, 즉 증명의 출발점이나 기초 전제에 대해서, 우리는 두 종류, 즉 (1) 논리적 원리들(*Metaphysics*, 996b25 이하를 보라)과 (2) 증명이 진행되어야 할 전제들, 그리고 이번에는 무한소급을 회피하는 경우라면 입증될 수 없는 전제들을 구별해야 한다(주석 2를 보라). 후자가 바로 정의들이다. '증명의 기초 전제는 정의이다.'(*Posterior Analytics*, 90b23; 또한 89a17, 90a35를 보라) 또한 *Posterior Analytics*, 73a20-74a4에 관해 논평하고 있는 W. D. Ross, *Aristotle*, 5판, 1949, 45쪽 이하를 보라. 로스는 이렇게 쓰고 있다(46쪽). '학문의 전제들은 (a)의 의미에서나 (b)의 의미에서 **그 자체**일 것임을 (*per se*) 우리는 알고 있다.' 전술한 쪽에서 **전제가 만약 정의에 의존한다면**, (a)와 (b)의 의미에서 그 전제는 **그 자체**로 필연적(또는 본질적으로 필연적)이다.

4) 아리스토텔레스는 '만약 그것이 이름을 갖고 있다면, 그것의 의미에 대한 공식이 있을 것이다'라고 말한다(*Metaphysics*, 1030a14; 또한 1030b24를 보라). 그리고 이름의 의미에 대한 모든 공식이 정의는 아니지만, 만약 그 이름이 유(類)의 종(種)의 하나라면, 그 공식은 정의일 것이라고 그는 설명한다. 내가 사용하고 있는 (여기서 용어의 현대적 의미를 내가 따르고 있는) '정의'란 항상 전체 정의 문장을 언급하고 있는 반면에, 아리스토텔레스는 (그리고 이 점에서 그를 따르는 다른 사람들, 예컨대 홉스는) 때때로 그 용어를 정의와 동의어로 사용한다는 것을 주목하는 것이 중요하다.

정의는 특수자의 성격을 띤 것이 아니라, 오직 보편자(*Metaphysics*, 1036a28을 보라)와 본질의 성격을 띤, 즉 유의 종이며(즉, **마지막 종차**; 같은 책, 1038a19) 불가분의 형식인 어떤 것이다. 또한 *Posterior Analytics*, 97b6 이하를 보라.

5) 플라톤의 교설에 관해서는 *The Open Society and Its Enemies*, 8장, IV절을 보라.

Grote는 *Aristotle*, 2판, 1880, 260쪽에서, '아리스토텔레스는 오류가 없는, 즉 오류로부터 완전히 면책을 받은 이성(Noûs)이나 지성의 교설을 플라톤으로부터 물려받았다'고 썼다. 그는 계속해서 아리스토텔레스는 플라톤과 반대로 관찰 경험을 멸시하지 않고, 오히려 자신의 이성을 '귀납 과정에 대한 종점이자, 그 과정과 상호관계에 있는 것으로 자리매김'을 했다고 역설했다(또한 같은 책, 577쪽을 보라). 그렇기는 하나 관찰 경험은 오직 외견적으로 그 경험의 과제를 위해 우리의 지적인 직관, 즉 보편적 본질에 대한 직관을 준비시키고 전개하는 기능만 수행한다. 그리고 실제로 **오류를 범할 수 없는** 정의가 어떻게 귀납에 의해 도달할 수 있는지를 누구도 설명한 적이 없다.

6) 아리스토텔레스의 견해는 플라톤의 견해와 일치한다. 단 마지막 사례에서 두 견해에 대한 논증 가능한 어떤 호소도 존재하지 않는 한에서 그렇다. 할 수 있는 것이라고는 오직 정의란 본질의 참된 기술이라고 정의에 관해 독단적으로 주장하는 것일 뿐이다. 다시 말해 남아 있는 것은 그저 '본질 직관'에 대한 호소에 불과하다는 것이다.

아리스토텔레스는 귀납에 대해 적어도 다음 두 가지 의미로 말한다. 하나는 우리가 '일반적 원리'를 직관하게끔 이끄는 방법의 좀 더 발견적인 의미에서(*Prior Analytics*, 67a22 이하, 27b25-33; *Posterior Analytics*, 71a7, 81a38-b5, 100b4 이하를 보라), 다른 하나는 좀 더 경험적인 의미에서이다(*Prior Analytics*, 68b15-37, 69a16; *Posterior Analytics*, 78a35, 81b5 이하; *Topics*, 105a13, 156a4, 157a34).

다음 단락에서 언급된 '사실의 총체'에 관해서는 *Posterior Analytics*의 마지막 부분을 보라(100b15 이하).

홉스의 견해가 (명목론자이지만 방법론적 명목론자는 **아닌**) 아리스토텔레스의 방법론적 본질주의와 매우 유사함은 주목할 만 것이다. 홉스 또한 정의란 (의견과 대립되는) 모든 지식의 기본전제라고 믿었다.

7) 인용문은 *Erkenntnis* 3, 1933, 426쪽 이하, 나의 주석, 지금은 번역된 *The Logic of Scientific Discovery*, 312-314쪽에서 나왔다. 그것은 아인슈타인이 1921년에 발표한 논문 'Geometry and Experience', *Ideas and Opinions*, 232-246쪽의 기하학에 관한 진술을 변형한 일반화이다.

8) 그 예로 *Metaphysics*, 1030a6과 14를 보라(위 주석 4를 보라).

9) 나는 여기서 순수 방법론적 측면에서 **명목주의 대 본질주의**에 관해 말한 것임을 강조하고 싶다. 나는 보편자의 형이상학적 문제, 즉 명목주의 대 본질주의(내 생각에 전통적인 용어인 '실재론' 대신에 사용되어야 할 용어)의 형이상학적 문제에 대한 어떤 견해를 취한 것이 아니다. 그리고 비록 내가 방법론적 명목주의를 지지한다 할지라도, 분명히 나는 형이상학적 명목주의를 옹호하지 않는다. [또한 전술한 논문 4의 주석 13을 보라.]

본문에 있는 **명목주의 정의와 본질주의 정의** 사이의 대립은 '언어적' 정의와 '실재적' 정의의 전통적인 구별을 재구성하는 시도이다. **그러나 내가 주로 강조하는 것은 그 정의를 오른쪽에서 왼쪽으로 해석하는 것인지, 아니면 왼쪽에서 오른쪽으로 해석하는 것인지에 대한, 달리 말해 긴 이야기를 짧은 것으로 대체하는 것인지, 아니면 짧은 이야기를 긴 것으로 대체하는지에 대한 물음이다.**

10) 과학에서는 오직 명목주의 정의만이 일어난다는 내 주장은(나는 여기서 외

견적 정의만을 말하고 있으며, 암묵적 정의도 회귀적 정의도 말하고 있지 않다) 어떤 변론을 필요로 한다. 그것은 분명히 과학에서는 용어들을 다소 '직관적으로' 사용함을 함축하고 있다. 이 점은 연쇄적인 모든 정의가 **무정의** 용어에서 출발해야 함을 우리가 고찰해 보기만 하면 된다. 그런데 무정의 용어의 의미를 예증할 수는 있지만 정의할 수는 없다. 나아가 우리는 과학에서, 특히 수학에서 먼저 직관적으로 어떤 용어, 예컨대 '차원'이나 '진리'를 종종 사용하지만, 나중에 그것을 정의하는 것으로 진행한다는 것은 분명해 보인다. 하지만 이것은 그 상황에 대한 다소 개략적인 기술이다. 좀 더 정확히 기술하면 다음과 같을 것이다. 직관적으로 사용된 무정의 용어들 중 몇몇은 가끔 정의된 용어로 대체될 수 있다. 정의된 용어들이란 무정의 용어들이 사용되어 왔던 의도를 충족시켰음을 보여줄 수 있는 용어들을 말한다. 다시 말하면 무정의 용어들이 발생했던 (예컨대, 분석적인 것으로 해석되었던) 모든 문장에 (정의로부터 따라 나오는) 새로이 정의된 용어가 발생하는 대응 문장이 존재한다는 것이다.

사람들은 분명히 K. Menger가 회귀적으로 '차원'을 정의했다거나 A. Tarski가 '진리'를 정의했다고 말할 수 있다. 그러나 문제를 표현하는 이런 방식은 오해를 불러일으킬 수 있다. 어떤 일이 일어났느냐 하면, 'n-차원'이라고 이름을 붙였던 점들의 집합들의 집합에 대한 순수 명목적인 정의를 멩거가 했다는 것이다. 왜냐하면 직관적인 수학적 개념 'n-차원'을 중요한 모든 맥락에서 새로운 개념으로 대체할 수 있기 때문이다. 그리고 똑같은 말을 타르스키의 '진리' 개념에 대해서도 할 수 있다. 이른바 '진리'라고 했던 것과 연관하여 많은 논리학자와 철학자가 사용해 왔던 그런 문장들에 대응하는 정의(예컨대, 배중률의 법칙)에서 문장들의 어떤 체계를 이끌어낼 수 있기 때문에, 타르스키는 '진리'라고 이름을 붙인 명목적인 정의를 했다. (이것은 정확히 말해 명목적 정의를 추출하는 방법이다.)

11) 어떤 진술이 참이라는 사실은 우리에게 가끔 자명한 것으로 보이는 이유를 설명하는 데 도움을 줄 수 있다. '2 + 2 = 4'인 경우나 '태양은 열뿐만 아니라 빛도 방출한다'는 문장이 이에 해당한다. 그러나 그 역은 그에 해당하지 않음은 분명하다. 어떤 문장이 우리 몇몇이나 모두에게 '자명한' 것처럼 보이는 사실, 다시 말해 우리 몇몇이나 심지어 모두가 그 문장이 진리임을 확신하여 그 문장의 거짓을 생각할 수 없다는 사실은 그 문장이 참이어야 한다는 이유가 되지 못한다. (우리가 어떤 진술의 거짓을 생각할 수 없다는 사실은 대부분의 경우에 우리의 상상력이 부족하다거나 발전되지 않은 것 같다고 생각하는 이유가 될 뿐이다.) 만약 어떤 철학이 언제나 문장의 진리를 지지하는 논증으로서 자명함을 제시한다면, 그것은 가장 중대한 실수의 하나가 될 것이다. 하지만 모든 관념론 철학은 실제로 이런 일을 저질렀다. 그것은 관념론 철학들이 종종 몇몇 독단적 믿음에 대한 변명 체계들임을 보여주

고 있다.

어떤 문장들이 자명하다는 것보다 더 좋은 이유가 없기 때문에, 그런 문장들을 우리가 받아들여야 할 입장에 종종 처한다는 변명은 부당하다. 논리학과 과학적 방법의 원리들은 우리가 받아들여야 할, 그리고 자명함 이외엔 어떤 것으로도 정당화할 수 없는 진술로서 종종 언급되었다. 설령 그렇다 할지라도, 우리는 그 진술들을 정당화할 수 없기 때문에 그대로 남겨 두자고 말하는 것이 더 솔직할 것이다. 그러나 실제로 '귀납의 원리'에 대한 필요도 전혀 없다. [다음 논문을 보라.] 그리고 '논리학의 원리'에 관한 한, 자명함 이론은 진부한 것임을 보여주는 논의가 최근에 많이 행해졌다. (특히 R. Carnap, *Logical Syntax of Language*, 1937과 *Introduction to Semantics*, 1942를 보라.)

12) '학문은 모든 용어의 정의를 전제하고 있다. …'(Ross, *Aristotle*, 44쪽; *Posterior Analytics*, 76a32-36을 보라); 또한 위의 주석 4를 보라.

13) R. H. S. Crossman, *Plato To-day*, 1937; 2판, 1959, 51쪽.

M. R. Cohen & E. Nagel은 매우 유사한 교설을 그들의 책, *An Introduction to Logic and Scientific Method*, 1934, 232쪽에서 표명했다. '재산, 종교, 법의 참된 본성에 관한 대부분의 논쟁은 만약 정확히 정의된 동의어들이 이런 용어들을 대체한다면 확실히 사라질 것이다.' (아래 주석 15를 또한 보라.) 이 문제와 관련해서 비트겐슈타인이 *Tractatus Logico-Philosophicus*, 1921/22에서 보여준, 그리고 그를 따르는 몇몇 사람이 표명했던 견해는 크로스만, 코헨과 네이글의 견해만큼 명확하지 않다. 비트겐슈타인은 반형이상학자이다. 그는 자신의 책 서문에서 '이 책은 철학의 문제를 다루고 있으며, 그리고 내 생각에 이런 문제를 정식화하는 방법이 우리의 언어 논리에 대한 오해에 근거하고 있음을 이 책은 보여주고 있다'라고 썼다. 그는 형이상학을 '단순히 무의미'할 뿐임을 보여주고자 했으며, 또한 우리 언어에서 의미와 무의미 사이의 한계를 설정하려고 애썼다. '그 한계가 … 언어에서 설정될 수 있고, 그 한계가 어느 한쪽에 있는 것은 단순히 무의미할 것이다.' 비트겐슈타인의 책에 따르면, 명제들은 의미를 가지고 있다. 그것들은 참이거나 거짓이다. 철학적 명제들이란 존재하지 않는다. 그것들은 그저 명제인 것처럼 보이지만 실제로는 무의미하다. 의미와 무의미 사이의 한계는 자연과학과 철학의 한계와 일치한다. '참인 명제들의 총체성은 총체적인 자연과학(또는 자연과학들의 총체성)이다. — 철학은 자연과학의 하나가 아니다.' **따라서 철학의 참된 과제는 명제들을 정식화하는 것이 아니라, 오히려 명제들을 명료히 하는 것이다.** '철학의 성과는 수많은 "철학적 명제"가 아니라, 명제들을 분명히 하는 것이다.' 그것을 알지 못한 채 철학적 명제들을 제시하는 사람은 형이상학적인 무의미한 말을 하고 있다.

14) 일반적인 논리적 연역과 특별한 **증명**이나 **입증**을 구별하는 것은 중요하다.

494

증명이나 입증은 연역적인 논증인데, 그것에 의해 결론의 참임이 최종적으로 정립된다. 이것이 바로 아리스토텔레스가 결론이 '필연적' 참임을 정립해야 한다고 요구할 때(예컨대, *Posterior Analytics*, 73a20 이하), 그 용어를 사용한 방법이다. 그리고 이것은 카르납이 이런 의미에서 입증할 수 있는 결론들은 '분석적으로' 참임을 보여줄 때 그 용어를 사용한(특히 *Logical Syntax*, 10절, 29쪽, 47절, 171쪽을 보라) 방법이다. (나는 여기서 '분석적'과 '종합적'이란 용어에 관한 문제에 관여하지 않겠다.)

아리스토텔레스 이후로, 모든 논리적 연역이 증명(즉, 입증)은 아니라는 점이 분명하게 되었다. 또한 증명이 아닌 논리적 연역이 존재한다. 예를 들어 우리는 확실히 거짓인 전제에서 결론을 연역할 수 있으며, 이런 연역을 증명이라고 하지 않는다. 카르납은 비증명적인 연역을 '도출'이라고 부른다(같은 책). 이런 비증명적인 연역에 대한 이름이 조금 더 일찍 도입되지 않았다는 것은 흥미롭다. 그것은 증명에 대한 선입견, 즉 '과학'이나 '과학적 지식'은 모든 진술을 정립해야 한다는 아리스토텔레스의 편견에서 나온 선입견임을 보여주고 있다. 다시 말해 자명한 것으로 그 진술을 받아들이거나 그 진술이 증명되었다는 그의 선입견에서 나왔다는 것이다. 그렇지만 지금 견해는 이렇다. **순수 논리학과 순수 수학의 바깥에서는 아무것도 증명될 수 없다.** 다른 과학에서의 논증들은 (그리고 라카토스가 보여주었던 것처럼 심지어 수학 안에서의 몇몇 논증들도) 증명이 아니라, 단지 도출일 뿐이다.

한편에선 **도출**의 문제와 다른 편에선 **정의**의 문제 사이에, 그리고 **문장의 진리** 문제와 **용어의 의미** 문제 사이에 광범위한 평행론이 존재한다고 언급될 수 있다. [특히 전술한 95쪽의 표를 보라.]

15) 사례들은 Cohen & Nagel, 앞의 책, 232쪽 이하에서 정의를 위해 천거한 것들과 같다. (위 주석 13을 보라.)

여기서 본질주의 정의들이 쓸모없다는 것에 대한 일반적인 논평을 몇 개 부연할 수 있다.

(1) 정의를 언급함으로써 사실의 문제를 해결하는 시도는 대체로 단순히 언어적인 문제를 사실적인 문제로 대체한 것을 의미한다. (Aristotle, *Physics*, 197b6-32에 이 방법의 훌륭한 사례가 있다.) 다음과 같은 사례를 통해 이것을 보일 수 있다. (a) 사실의 문제가 있다. 우리는 부족제도의 울타리로 돌아올 수 있는가? 그리고 어떤 수단으로? (b) 도덕적인 문제가 있다. 우리는 그 울타리로 돌아와야 하는가?

(a)와 (b)에 직면한 의미를 중시하는 철학자는 이렇게 말할 것이다. 그것은 모두 당신이 말한 애매한 용어들의 의미에 근거하고 있다. 당신이 나에게 '돌아오다', '울타리', '부족제도'를 어떻게 정의하는지를 말하면, **이런 정의의 도움을 받아 나는 당신의 문제를 결정할 수 있을지 모른다.** 이와 반대로, 내가 그런 정의의 도움을 받아 결정을 할 수 있다면, 그리고 그 결정이 정의

에서 따라 나온다면, 그렇게 결정된 문제는 그저 언어적인 문제일 뿐이라고 나는 주장한다. 왜냐하면 그 문제는 사실이나 도덕적인 결정과는 무관하게 해결되었기 때문이다.

(2) 의미에 관한 **본질주의** 철학자는 특히 문제 (b)와 연관해서 훨씬 더 나쁠 수 있다. 예컨대 그 문제는 '본질'이나 '본질적 성격' 혹은 우리가 문명을 되돌리든 되돌리지 않든 간에 어쩌면 우리 문명의 '운명'에 의존한다고 그는 주장할 수 있다.

(3) 본질주의와 정의이론은 윤리학에서 놀라운 발전을 이끌어 왔다. 그 발전은 추상이 증가했기 때문이거나, 우리가 여기서 지금 결정해야 할 **모든 윤리학의 기초**와의 접촉, 즉 실천적인 도덕문제와의 접촉이 감소했기 때문에 일어났다. 그것은 먼저 일반적인 물음, 즉 '무엇이 선한가?' 혹은 '선이란 무엇인가?'에 이르며, 다음에는 '"선"은 무엇을 의미하는가?' 그리고 다음에는 '"선은 무엇을 의미하는가?"라는 문제가 해결될 수 있는가?' 또는 '"선한"은 정의될 수 있는가?'라는 물음에 이른다. 마지막 문제는 G. E. Moore가 *Principia Ethica*, 1903에서 제기했는데, 도덕적 의미에서 '선한'은 '자연주의적' 용어로 정의될 수 없다고 주장한 점에서 그는 확실히 옳았다. 왜냐하면 실제로 정의될 수 있다면, 그것은 '쓴'이나 '달콤한' 혹은 '푸른'이나 '붉은'과 같은 무엇인가를 의미할 것이며, 그리고 그것은 도덕성의 관점에서 전혀 적절하지 못할 것이기 때문이다. '더 쓴'이나 '더 달콤한' 등에 우리가 도달할 필요가 없는 것처럼, 자연주의적인 '선한'에 도덕적인 어떤 흥미를 끌만한 이유가 전혀 없다. 하지만 무어가 어쩌면 중요한 논점을 정당하게 고찰했다는 것은 옳았다 할지라도, 선한 혹은 어떤 다른 개념의 분석이나 본질에 대한 분석은 윤리이론에 전혀 기여할 수 없다고 주장될 수 있다. 다시 말해 오직 모든 윤리의 적절한 기초, 즉 지금 여기서 해결되어야 할 즉각적인 문제와 관계하고 있는 윤리이론에 결코 공헌할 수 없다는 것이다. 이런 분석은 단지 언어적인 문제를 도덕적인 문제로 대체한 것에 이를 수 있다. (또한 특히 도덕적 판단의 부적절함에 관한 *The Open Society and Its Enemies*, 5장, 주석 18(1)을 또한 보라.)

16) 나는 '구성', '암묵적 정의', '상관관계에 의한 정의' 및 '조작적 정의'의 방법을 염두에 두고 있다. '조작주의자들'의 논증은 대체로 상당히 건전한 것처럼 보인다. 그러나 그들은 조작적 정의나 기술에서 정의되지 않는 것으로 여겨져야 할 보편적인 용어를 필요로 하며, 그리고 그 문제가 다시 그 용어에 적용된다는 사실을 논파할 수 없다. 그럼에도 우리가 조작적으로 배웠던 용어들의 의미를 조작할 수 있다. 우리는 사실상 어떤 것도 그 의미에 전혀 의존하지 않게끔 혹은 가능한 한 거의 의존하지 않게끔 그 용어들을 사용한다. '조작적 정의'는 우리가 그 문제를 용어에 전혀 의존하지 않거나 거의 의존하지 않는 영역으로 바꾸는 데 도움을 주는 이점을 갖고 있다. 명료히 말함

이란 용어가 중요하지 않은 방식으로 말함이다.

17) 비트겐슈타인은 *Tractatus*에서(또한 주석 13을 보라) 철학은 명제들을 제시할 수 없으며 또한 모든 철학적 명제는 사실상 의미 없는 사이비 명제들이라고 가르친다. 이것과 밀접히 연관된 그의 교설은, 철학의 참된 과제는 문장들을 제시하는 것이 아니라, 그 문장들을 명료히 하는 것이라고 한다. '철학의 대상은 사유에 대한 논리적 명확화이다. — 철학은 이론이 아니라 활동이다. 철학적 과제는 본질적으로 해설로 구성되어 있다.'(4.112)

이 견해는 비트겐슈타인의 기본 목표인 형이상학을 의미 없는 무의미한 말이라고 폭로함으로써 그것을 해체한다는 것과 어울리느냐의 물음이 일어난다. 나의 *The Logic of Scientific Discovery*에서(특히 311-314쪽을 보라), 비트겐슈타인의 방법은 그저 단순한 언어적 해결에 이를 뿐임을 보여주고자 했다. 또한 그 방법은 외견적으로 급진주의임에도 불구하고 해제나 배제를 일으키는 것이 아니라, 그 방법이 과학의 분야에 침투했으며 과학과 혼동을 불러일으켰음에 틀림없다는 것을 보여주려고 애썼다. 이에 대한 이유들은 상당히 단순하다.

예를 들어 '철학은 이론이 아니라 활동이다'라는 비트겐슈타인의 문장을 고찰해 보자. 분명히 이 문장은 '총체적인 자연과학'(또는 '자연과학의 총체성')에 속하지 않는다. 따라서 비트겐슈타인에 따르면(위 주석 13을 보라), 그것은 '참인 명제들의 총체'에 속하지 않는다. 다른 한편 그것은 또한 거짓인 명제도 아니다. (만약 그것이 거짓이라면, 그것의 부정은 참이 되므로 자연과학에 속할 것이다.) **그래서 그 문장은 틀림없이 '의미 없는' 또는 '뜻이 없는' 또는 '무의미'하다는 결과에 우리가 도달하며, 그리고 그 말은 비트겐슈타인의 대부분 명제에도 똑같이 적용된다.** 그의 교설의 이런 결과를 비트겐슈타인 자신도 인식하고 있다. 왜냐하면 '내 명제들은 다음과 같은 방식으로 해설적이다. 나를 이해하는 사람도 결국 그것들을 의미 없는 것으로 인식한다. …'(6.54)라고 썼기 때문이다. 그 결과는 중요하다. 비트겐슈타인 자신의 철학은 의미 없으며, 그리고 의미 없는 것으로 받아들여지고 있다. 비트겐슈타인이 서문에서 말했듯이, '다른 한편 여기서 전해진 사유의 진리는 내 생각에 공박할 수 없으며 제한적인 것처럼 보인다. 그러므로 나는 그 문제가 주요한 점에서 결국 해결되었다고 생각한다.' 이것은 확실히 무의미한 명제들을 통해 **공박할 수 없고 그리고 제한적으로** 참된 사유를 우리가 전할 수 있으며, 또한 우리가 무의미를 제시함으로써 '결국' 문제를 해결할 수 있음을 보여주고 있다. [또한 논문 2의 주석 4(2)(b)를 보라.]

이것이 말한 바를 고찰해 보라. 그것은 베이컨, 흄, 칸트 및 러셀이 수세기 동안 싸워 왔던 모든 형이상학적인 무의미가 이제는 기분 좋게 진정될 수 있으며, 그리고 심지어 그 말이 무의미하다는 것을 솔직히 인정할 수 있음을 의미한다. (하이데거가 그렇게 했다.) 왜냐하면 이제 우리가 임의로 할 수 있는 새로운 종류의 무의미, 즉 공박할 수 없고 제한적인 사유의 진리를 전하는 무의미, 달리 말해서 **의미심장한 무의미**를 갖게 되었기 때문이다.

비트겐슈타인의 사유들이 공박할 수 없고 제한적임을 나는 부인하지 않는다. 사람들이 어떻게 그것들을 공박할 수 있겠는가? 분명히 사람들이 그것들에 반대하는 무슨 말이든 철학적이어야 하므로 무의미한 것임에 틀림없다. 그리고 그 말 자체가 사라질 수 있다. 따라서 우리는 내가 헤겔과 관련하여 다른 곳에서(*Conjectures and Refutations*, 327쪽을 보라[그리고 또한 전술한 465쪽 이하를 보라]) **강화된** 독단주의로 기술했던 종류의 견해에 부딪친다.

요약. *Tractatus*에서 비트겐슈타인의 의미에 대한 반형이상학적 이론은 형이상학적 독단주의와 수수께끼 같은 철학과 싸우는 데 도움이 되기는커녕, 적에게 문을 활짝 연 강화된 독단주의, 즉 의미심장한 형이상학적인 무의미를 재현하고 있으며, 같은 문으로 가장 좋은 친구인 과학적 가설을 내동댕이치고 있다.

18) 관련된 논증과 논쟁할 수 있는 논증을 제시하는 것이 아니라, 오히려 '이해되어야' 한다거나 그렇지 않으면 그냥 내버려 두어야 하는 교설이나 신조라는 의미에서의 비합리주의는 일반적으로 전수자의 신비한 종교 집단의 재산이 되기 쉬울 것이다. 그리고 사실 이런 예후는 부분적으로 비트겐슈타인학파에서 나온 몇몇 출판물을 통해 확인된 것 같다. (나는 다음 사례처럼 일반화하고 싶지는 않다. 내가 F. Waismann의 저서에서 본 모든 것은 합리적이며 지나치게 명료한 논증들의 연쇄로, 그리고 '**그것을 취하거나 내버려 두거나**'란 태도에서 완전히 자유로운 논증들의 연쇄로 제시되었다.)

이런 비교적인 출판물 몇몇은 어떤 진지한 문제도 없이 존재하는 것 같다. 내게는 그것들이 미묘함 자체를 위해 미묘한 것처럼 보인다. 사이비 문제를 다루는 시도들의 척박한 미묘함 때문에 공공연히 철학을 비난함으로써 출발했던 학파에서 그 같은 출판물이 나왔다는 것은 중요하다.

나는 이 비판을 다음과 같이 간략히 진술함으로써 끝낼 수 있다. 일반적으로 형이상학과 싸우기 위한 정당화가 많이 있다거나, 보람 있는 어떤 것이 그런 싸움에서 나올 것이라고 나는 생각하지 않는다. 형이상학에서 과학을 구획하는 문제를 해결하는 것이 필요하다. 그렇지만 우리는 수많은 형이상학적인 체계가 중요한 과학적 성과를 이끌어냈다는 것을 알아야 한다. 나는 오직 데모크리토스의 체계와, 그리고 프로이트의 체계와 유사한 쇼펜하우어의 체계를 언급했다. 그리고 몇몇 체계들, 예컨대 플라톤이나 말브랑슈 혹은 쇼펜하우어의 체계는 아름다운 사유 구조이다. 하지만 나는 동시에 우리를 유혹하여 혼란시키기 쉬운 형이상학적 체계들에 맞서 싸워야 한다고 믿고 있다. 그러나 분명히 우리는 형이상적이지 않은 체계와 반형이상학적 체계와도 똑같은 일을 해야 한다. 만약 그런 체계들이 이런 위험한 경향을 드러낸다면 말이다. 그리고 나는 우리가 이 일을 단번에 할 수는 없다고 생각한다. 오히려 우리는 좀 더 상세히 그 체계를 분석하는 수고를 해야 한다. 저자가 말하는 바가 무엇인지 이해한다는 것을 우리는 보여주어야 하지만, 그러나 그가 말하고자 한 것을 이해할 만한 가치가 없음도 보여주어야 한다. (그것은 바로 이런 모든 독단적 체계들 그리고 특히 신비한 종교적인 체계들의 특징이다. 그런데 그런 비교 체계의 숭배자들은 모든 비판에 대해 '그들은 이해를 못하겠다'고 주장한다. 하지만 이런 숭배자들은 사소한 내용을 가진 문장들의 경우에만 이해가 동의에 이르러야 함을 잊고 있다. 여타의 모든 경우에는 사람들은 이해하고 동의하지 않을 수 있다.)

19) A. Schopenhauer, *Die beiden Grundprobleme der Ethik*, 4판, 1890, 147쪽을 보라.

20) 이런 매우 의심스러운 문제에 관한 가장 좋은 자료 중의 한 사람인 심플리키오스는, 플라톤의 형상이나 이데아 이론의 반대자로 그리고 사실상 본질주의와 지적인 직관의 교설 모두를 반대한 자로 안티스테네스를 소개하고 있다 (*ad Arist. Categ.*, 66b, 67b). 안티스테네스가 '플라톤이여, 나는 말을 볼 수 있다. 하지만 난 그것의 말임을 볼 수 없다'라고 말했다는 것이 전해졌다. (Cynic학파의 디오게네스에 귀속되는 매우 유사한 논증이 덜 중요한 자료인 *Diogenes Laertes*, VI, 53에 있으며, 그가 또한 그것을 사용하지 않았을 것이란 이유는 전혀 없다.) 우리가 *Metaphysics*(특히 1043b24)에 나와 있는 아리스토텔레스 자신의 증언이 안티스테네스의 이런 반본질주의와 잘 일치하고 있음을 고려할 때, 심플리키오스(테오프라스토스와 만났던 것으로 보이는)에 의존할 수 있다고 나는 생각한다.

나의 모든 비판에도 불구하고 나는 아리스토텔레스의 공적을 기꺼이 인정한다는 것을 여기서 부연하고 싶다. 그는 논리학의 창시자이며, *Principia Mathematica*에 이르기까지의 모든 논리학은 아리스토텔레스적인 기원에 대한 정교화와 일반화라고 말할 수 있다. (그러나 논리학에서 새로운 시대는 이른바 '비아리스토텔레스'적인 체계나 '다중-가치' 체계에서 시작했던 것이 아니라, 실제로는 오히려 '대상 언어'와 '상위 언어'의 명료한 구별에서 시작했다고 나는 생각한다.) 나아가 아리스토텔레스는 개별 사물들만이 실재한다고 (그리고 사물들의 '형상'이나 '질료'는 양상이나 추상이라고) 주장하는 상식적인 접근을 통해서 관념론을 길들이고자 했다는 위대한 공적을 쌓았다. 그렇지만 바로 이런 접근이 아리스토텔레스가 플라톤의 보편자 문제[전술한 208-209쪽을 보라], 즉 왜 어떤 사물들은 서로 닮았고 다른 것들은 그렇지 못한가를 설명하는 문제를 해결하려는 시도조차 하지 않은 사실에 대한 원인이 된다. 왜 사물들이 존재하는 만큼 많은 상이한 아리스토텔레스적인 본질들이 사물들 속에 존재하지 않아야 하는가?

7. 귀납의 문제

1) M. Born, *Natural Philosophy of Cause and Chance*, 1949, 6쪽을 보라.
2) 예를 들어, I. Lakatos, ed., *The Problem of Inductive Logic*, 1968, 285-303 쪽의 카르납의 논문에 대한 나의 논평, 10절과 11절, 그리고 *Unended Quest*, 32절을 보라.
3) 또한 *Objective Knowledge*, 부록 1과 2장을 보라.
4) D. Hume, *A Treatise of Human Nature*, I권, IV부, II절의 마지막 단락; L. Selby-Bigge 편집판, 218쪽. 데이비드 밀러(David Miller)는 흄이 믿었던 것(실재론)과 참이라 생각했던 것(관념론) 사이의 대립을 경험하고 확립함으로써, 그는 여기서 — 다분히 무의식적으로 — 믿음의 어떤 형식으로 지식에 대한 그 자신의 (상식적인) 특징에서 한 발짝을 내딛었다고 나에게 지적해 주었다. 즉, 세계 2와 세계 3 사이의 깊은 골짜기를 향한 단계를 남겼다는 것이다.
5) 세 개의 인용은 Bertrand Russell, *A History of Western Philosophy*, 1946, 698쪽 이하; 개정판, 1961, 645-647쪽에서 가져온 것이다. (고딕체는 내가 한 것임.)
6) P. F. Strawson, 'On Justifying Induction', *Philosophical Studies* 9, 1958, 21쪽을 보라. 또한 Hume, 앞의 책, II권, III부, III절을 보라; L. Selby-Bigge 편집판, 415쪽. '이성은 열정의 노예이며, 열정의 노예여야만 한다. …'
7) *The Logic of Scientific Discovery*, 253쪽 이하를 보라.

8. 구획의 문제

1) *Conjectures and Refutations*, 110쪽을 보라. '일반 상대성의 관점에서 … 지구도 … 정확히 자전거 바퀴가 자전하는 그런 의미에서 자전한다.'
2) *Conjectures and Refutations*, 3장, 주석 20-22, 106쪽 이하를 보라.
3) 또한 나의 논문, 'The Present Significance of Two Arguments of Henri Poincaré', *Methodology and Science* 14, 1981, 260-264쪽을 보라.
4) 이런 이름 하의 *Conjectures and Refutations*의 색인과 *Quantum Theory and the Schism in Physics*, 20절을 보라.
5) 나는 이 점을 강조해야 한다. 왜냐하면 Ayer는 'Philosophy and Scientific Method', *Proceedings of the XIVth International Congress of Philosophy, Vienna: 2nd to 9th September 1968*, I권, 536-542쪽 중 538쪽 이하에서 다음과 같이 주장했기 때문이다. '현 시대에 두 논제가 서로 팽팽히 맞섰다. 그하나에 의하면, 가설은 검증할 수 있다는 것을 요구한다. 다른 하나에 의하

면, 그것은 반증할 수 있다는 것을 요구한다.' 그리고 검증 가능성의 역사를 매우 간략히 개괄한 후에, 에이어는 다음과 같이 쓰고 있다. '현재 형식에서, 검증 가능성이 과학적 가설에 대해 요구하는 모든 것은 그것을 전체로 생각할 때, 검증 가능성은 공공연한 확인을 할 수 있는 이론에서 꽤 중요하게 나타나야 한다는 것이다.'

에이어는 계속해서 다음과 같이 쓰고 있다. '반증 가능성 원리의 경우에는, 적응 과정이 덜 분명하다. 그 원리의 몇몇 추종자들은 여전히 포퍼 교수가 *Logik der Forschung*[*The Logic of Scientific Discovery*], 서장에서 표명했던 정식이 계속해서 유효할 것처럼 말하고 있다. 그러나 사실은 포퍼 교수 자신이 바로 이 책을 집필하는 동안 그것을 변형할 필요가 있다는 것을 발견했다는 점이다.' 이에 대해 나는 단지 (1) 내 생각에 그런 제안을 했던 '바로 이 책'에서 필요한 변형을 도입하는 것이 더 좋을 것 같다. (2) 나는 *The Logic of Scientific Discovery*, 40쪽에서 구획의 기준으로서 반증 가능성을 도입했으며, 그리고 나는 나중에 그 반박들에 대해 좀 더 충실하게 논의할 의도를 밝혔기 때문에, 같은 절의 다음 쪽에서 모든 다양한 반대들을 약술하는 것이 '필요함을 발견했다.' (3) 내가 후일을 위해 연기했던 하나의 어려움 — 확률 진술들의 형식적인 비논증 가능성 — 은 방법론적 제안으로 해결했음을 말할 수 있을 뿐이다.

6) 그 용어는 한스 알베르트(Hans Albert)에게서 나왔다.

7) 좀 더 완전한 논의에 대해서는 *The Open Society and Its Enemies*, II권, 108쪽 이하[그리고 또한 논문 26]를 보라.

8) *Conjectures and Refutations*, 1장, 특히 35-38쪽을 보라.

9. 과학적 방법

1) J. Liebig, *Induktion und Deduktion*, 1865은 아마도 자연과학의 관점에서 귀납적 방법을 부인한 최초의 저서일 것이다. 그의 공격은 베이컨을 향한 것이었다. P. Duhem, *The Aim and Structure of Physical Theory*, 1906(영어 번역판, 1954)은 확고한 연역적 견해를 견지했다. 하지만 뒤앙의 책에서 발견된 귀납적인 견해도 있었는데, 예컨대 그 책 I부 3장에서는 오직 실험, 귀납 및 일반화가 데카르트의 굴절법칙을 낳았다고 우리에게 말해 주었다(34쪽). 또한 V. Kraft, *Die Grundformen der Wissenschaftlichen Methoden*, 1925와 R. Carnap, *The Unity of Science*, 1934를 보라.

2) 막스 플랑크(Max Planck)의 60번째 생일 강연. 인용된 구절은 '물리학자의 지상과제는 상당히 보편적인 법칙들을 탐구해야 한다'는 말로 시작한다. A. Einstein, *The World As I See It*, 1935(A. Harris의 번역), 125쪽을 보라. 독

일어 'Einfühlung'은 번역하기 어렵다. 해리스는 '경험의 공감적 이해'로 번역했다. 좀 더 옛날의 유사한 생각들을 J. Liebig, 앞의 책에서 찾아볼 수 있다. 또한 E. Mach, *Principien der Wärmerlehre*, 1896, 443쪽 이하를 보라.

3) 이 용어에 대해서는 *The Logic of Scientific Discovery*, X장과 *Realism and the Aim of Science*, I부, IV장을 보라.

4) 1934년 *The Logic of Scientific Discovery*를 처음 출간하기 2년 전, 내 생각에 대한 빈학파의 회원들이 제기한 습관적인 비판은 경험과학도 아니고 순수 논리학도 아닌 방법 이론은 불가능하다는 것, 즉 이 두 분야 바깥에 있는 것은 전적으로 무의미하다는 것이었다. (1946년 비트겐슈타인이 이와 동일한 견해를 여전히 주장했다. *Conjectures and Refutations*, 69쪽, 주석 8과 *Unended Quest*, 26절을 보라.) 나중에 그 습관적인 비판은 내가 검증 가능성 기준을 의미의 반증 가능성으로 대체하자고 제안했던 일화집에 기반을 두게 되었다. *Realism and the Aim of Science*, I부, 19-22절과 'Replies to My Critics', 1-4절을 보라.

5) [전술한 논문 6의 주석 17을 보라.]

6) H. Gomperz, *Weltanschauungslehre*, I권, 1905, 35쪽. '만약 경험이란 개념이 얼마나 애매한 문제인지를 우리가 숙고해 보면 … 열정적인 긍정이 매우 조심스러운 신중한 비판보다 그 개념에 관해 … 훨씬 더 부적절하다고 … 우리가 믿을 수밖에 없을 것이다. …'

7) H. Dingler, *Physik und Hypothesis*, 1921; 마찬가지로 V. Kraft, 앞의 책.

8) 여기서 단지 간략하게 말했던 견해, 즉 이른바 어떤 것이 '진정한 진술'이고 어떤 것이 '의미 없는 사이비 진술'인지를 결정하는 문제는 내가 수년 동안 생각해 왔던 견해이다. (또한 형이상학의 배제도 마찬가지로 결정의 문제라고 생각해 왔다.) 그렇지만 내가 아는 한, 현재 실증주의에 대한 내 비판은 Carnap의 *Logical Syntax of Language*, 1934에는 적용되지 않는다. 왜냐하면 그 책에서 이런 모든 문제가 결정에 의존한다는 관점을 그가 채택했기 때문이다. 카르납의 서문에 의하면, 비트겐슈타인도 수년 동안 출간되지 않은 책에서 비슷한 관점을 제기했다. 카르납의 *Logical Syntax of Language*는 *The Logic of Scientific Discovery*를 교정하는 동안에 출간되었다. 내 책에서 그것을 논의할 수 없었다는 점은 유감스럽다.

9) 'sich bewähren(선함이 입증되다)'를 '사람의 기질을 증명하다'로 번역한 것에 관해서는 *The Logic of Scientific Discovery*, X장, 첫 번째 각주를 보라. '더 잘 시험할 수 있는'이란 개념을 같은 책, VI장에서 분석했다.

10) K. Menger, *Moral, Wille, und Weltgestaltung*, 1934, 58쪽 이하를 보라.

11) '확인의 정도 ≠ 확률' 혹은 '진리 내용에 관한 정리'(P. K. Feyerabend & G. Maxwell, eds., *Mind, Matter, and Method*, 1966, 343-353쪽을 보라)와 같은 정리들을 아마 외양상으로는 전혀 예상치 못할 것은 아니지만, 그러나

예상치 못한다 하더라도 나는 여전히 이와 같은 것을 지지하고 싶다.

12) *The Logic of Scientific Discovery*, VIII장, 특히 68절을 보라[또한 논문 15를 보라].

13) K. Menger, *Dimensionstheorie*, 1928, 76쪽을 보라.

14) *The Logic of Scientific Discovery*에서, 나는 모순을 해결하는 비판적 — 또는 말하자면 '변증적' — 방법을 두 번째 순위로 돌렸다. 왜냐하면 내 견해들의 실천적인 방법론적 측면을 발전시키는 시도에 내가 관심을 두고 있었기 때문이다. *Die beiden Grundproblem der Erkenntnistheorie*에서, 나는 비판적 방침을 취하고자 했으며, 고전적 지식이론과 근대 지식이론(흄에서 칸트를 경유하여 러셀과 화이트헤드에 이르는) 양쪽의 문제가 구획의 문제, 즉 과학의 경험적 성격의 기준을 찾는 문제에서 유래될 수 있다는 것을 보여주려고 했다.

15) *The Logic of Scientific Discovery*, 12절과 79절을 보라.

10. 반증주의 대 규약주의

1) 학파를 대표하는 주도적인 사람은 Poincaré와 Duhem(*The Aim and Structure of Physical Theory*, 1906; 영어 번역판, 1954)이다. 최근의 추종자는 H. Dingler(많은 저작들 중 *Das Experiment*와 *Der Zusammenbruch der Wissenschaft und das Primat der Philosophie*, 1926를 언급할 수 있다)이다. 독일인 Hugo Dingler와 영국인 Herbert Dingle을 혼동하지 않아야 한다. 영어권에서 규약주의를 대표하는 주요한 사람은 Eddington이다. 여기서 뒤앙은 결정적 실험 가능성을 거부한다고(188쪽) 언급될 수 있다. 왜냐하면 그는 그런 실험들을 검증들로 생각하고 있고, 반면에 나는 결정적인 반증 실험들의 가능성을 주장하고 있기 때문이다. *Conjectures and Refutations*, 3장, 특히 V절을 보라.

2) 이 견해 또한 귀납의 문제를 해결하는 시도로 간주될 수 있다. 왜냐하면 자연법칙이 정의라면, 따라서 동어반복이라면, 그 문제는 사라질 것이기 때문이다. 그러므로 H. Cornelius, 'Zur Kritik der Wissenschaftlichen Grundbegriffe', *Erkenntnis* 2, 1931, 191-218쪽의 견해에 따르면, '납이 녹는점은 섭씨 약 335도이다'라는 진술은 '납'이란 (귀납적 실험에 의해 제시된) 개념 정의의 일부이므로 반박될 수 없다. 녹는점만 다르고 그 밖엔 납을 닮은 실체는 결코 납이 아닐 것이다. 하지만 내 견해에 따르면, 납의 녹는점에 대한 진술은 과학적 진술로서 종합적이다. 그것은 특히 주어진 원자 구조의 원소(원자번호 82)는 항상 이런 녹는점을 갖고 있다. 우리가 이 원소에 어떤 이름을 부여할지라도 그렇다.

K. Ajdukiewicz는 코르넬리우스에 동의하는 것으로 보인다('Sprache und Sinn', *Erkenntnis* 4, 1934, 100-138쪽, 또한 'Das Weltbild und die Begriffs-apparatur', 같은 책, 259-287쪽을 보라). 그는 자신의 관점을 '급진적 규약주의'라고 한다.

3) 단순성의 문제에 관해서는 *The Logic of Scientific Discovery*, VII장, 특히 46절을 보라.

4) R. Carnap, 'Über die Aufgabe der Physik und die Anwendung des Grundsatzes der Einfachtsheit', *Kant-Studien* 28, 1923, 90-107쪽, 특히 100쪽.

5) J. Black, *Lectures on the Elements Chemistry*, I권, 1803, 193쪽을 보라.

6) 반증 가능성의 정도를 어떻게 측정해야 하는가를 *The Logic of Scientific Discovery*, VI장에서 설명했다.

7) 이것은 실수인데, A. Grünbaum이 'The Falsifiability of the Lorentz-Fitz-gerald Contraction Hypothesis', *British Journal for the Philosophy of Science* 10, 1959, 48-50쪽에서 이 점을 지적했다. 그렇지만 이 가설은 특수 상대성보다 시험할 수 있는 가능성이 더 작기 때문에, 그것은 임시방편의 정도를 예증할 수 있다.

8) 그 예로 H. Hahn, *Logik, Mathematik, und Naturerkennen*(*Einheitswissen-schaft* 2), 1933, 22쪽 이하를 보라. 이와 연관해서, 내 견해에는 '구성할 수 있는' (즉, 경험적으로 정의할 수 있는) 용어가 전혀 없다고 말하고 싶을 뿐이다. 나는 그 용어들 대신 단지 언어적 사용에 의해서만 확립되는 정의할 수 없는 보편적 용어를 사용하고 있다. [또한 같은 책, 97쪽과 논문 11의 I절 끝부분을 보라.]

9) 여기서 주어진 정식과 동치인 정식들은 내 책이 출판된 이후에 (이론적 체계에 적용할 수 있는 **구획**의 기준으로서보다는 오히려) 심지어 나의 반증 가능성 기준을 조롱했던 비판자들에 의해서도 **문장들의 의미 없음**의 기준으로서 거듭해서 제시되었다. 하지만 만약 그것이 구획의 기준으로 사용된다면, 현재 우리 정식이 반증 가능성과 동등한 것임을 쉽사리 알게 될 것이다. 왜냐하면 만약 토대 진술 b_2가 b_1에서 나오는 것이 아니라, 이론 t와 연관해서 b_1에서 따라 나온다면, 이것은 b_2의 부정과 b_1의 연언은 그 이론 t와 모순이라고 말하는 것과 같다. 그러나 b_2의 부정과 b_1의 연언은 토대 진술이다[다음 논문의 III절을 보라]. 따라서 우리의 기준은 반증하는 토대 진술의 존재를 요구하고 있다. 다시 말해 그것은 정확히 내가 말한 의미에서 반증 가능성을 요구하고 있다.

그렇지만 의미의 기준으로서는 서로 다른 다음의 이유 때문에 그것은 무너진다. 첫째로, 이런 기준에 따르면, 의미 있는 몇몇 진술의 부정은 의미 없음이 될 것이기 때문이다. 둘째로, 의미 있는 진술과 '의미 없는 사이비 문장'

의 연언은 의미 있게— 동시에 부조리한— 될 것이기 때문이다.

만일 우리가 이제 두 비판을 **구획** 기준에 적용해 본다면, 그 둘 다 해가 없음이 증명될 것이다. 첫 번째에 관해서는 *The Logic of Scientific Discovery*, 15절, 특히 주석 *2를 보라(그리고 *Realism and the Aim of Science*, I부, 22절을 보라). 두 번째에 관해서는 (뉴턴 이론과 같은) 경험적인 이론들은 '형이상학적인' 요소들을 포함할 수 있다. 하지만 이런 요소들은 엄밀한 규칙에 의해 제거될 수 없다. 그렇지만 우리가 시험할 수 있는 부분과 시험할 수 없는 부분의 연언이 되는 이론을 제시하는 데 성공한다면, 이제 그 이론의 형이상학적 성분들의 하나를 우리가 제거할 수 있음을 당연히 알게 될 것이다. 이 주석의 앞 단락은 또 다른 **방법의 규칙**을 예증하는 것으로 간주될 수 있다. 즉, 경쟁이론에 대한 어떤 비판을 마련한 후에는, 우리는 항상 자신의 이론에 이 비판이나 유사한 비판을 적용하는 진지한 시도를 해야 한다는 방법의 규칙을 예증한다는 것이다.

10) 사실, 그 이론이 있는 곳에서 '용인된' 많은 토대 진술은 서로 모순일 것이다. 예컨대, '모든 행성은 원을 따라 움직인다'(즉, '하나의 행성 위치들의 어떤 집합도 같은 원이다')라는 보편법칙은 한 행성의 세 위치들에 불과한 어떤 집합으로 대수롭지 않게 '예증되지만', 이런 두 '사례'는 모두 대부분의 경우에 그 법칙과 모순될 것이다.

11) 반증하는 가설은 보편성의 수준이 (사실상 관찰 결과의 개별 좌표들을 일반화함으로써 얻어진) 매우 낮은 것일 수 있다. 그것이 비록 상호주관적으로 시험할 수 있는 것이라 할지라도, 그 가설이 실제로 엄격한 보편 진술일 필요는 없다. 따라서 '모든 까마귀는 검다'라는 진술을 반증하기 위해서라면 뉴욕 동물원에 흰 까마귀 가족이 존재한다는 상호주관적으로 시험할 수 있는 진술이면 충분할 것이다. 이 모든 것은 반증된 가설을 더 좋은 가설로 대체하는 것이 시급함을 보여주고 있다. 대부분의 경우에 가설을 반증하기 전에 우리는 또 다른 가설을 숨겨서 가지고 있는데, 왜냐하면 반증하는 실험은 통상 두 가설 사이를 결정하려고 의도된 결정적 실험이기 때문이다. 즉, 그것은 두 가설이 어떤 측면에서 다르다는 사실에 의해 제시되고, 그것들 중 (적어도) 하나를 반박한다는 것은 이런 차이를 이용한다.

받아들여진 토대 진술에 대한 언급은 무한소급의 씨앗을 배태하고 있는 듯이 보인다. 여기서 우리의 문제란 다음과 같기 때문이다. 어떤 토대 진술을 받아들임으로써 어떤 가설이 반증된 이상, 우리는 **토대 진술의 승인에 대한 방법론적 규칙**을 필요로 한다. 그런데 이번에는 이 규칙이 승인된 토대 진술을 언급한다면, 우리는 무한소급에 빠질 수 있다. 이에 대한 나의 답변은 이렇다. 우리가 필요로 하는 규칙들은 단지 잘 시험되어 지금까지는 성공한 가설을 반증하는 토대 진술을 승인하기 위한 규칙들일 뿐이다. 그리고 가설이 의지하고 있는 승인된 토대 진술은 이런 성격을 띨 필요가 없다. 더구나 이런 논제로 정식화된 규칙은 전혀 완전하지 않다. 그 규칙은 단지 다른 측면에서 성공한 가설을 반증하는 토대 진술의 용인에 대한 중요한 양상을 언급하고 있을 뿐이다. 또한 그것은 확장될 것이다[다음 논문(특히 IV절)에서]. J. H. Woodger는 개인적인 서신을 통해서 다음 질문을 제기했다. **'재생산할 수 있는 결과**'(또는 '**발견**')라면 실제로 재생산된 결과가 얼마나 자주 있어야 하는가? 그 답변은, **실제로 한 번이 아니라** 몇몇 경우에서 일어나야 한다. 만약 뉴욕 동물원에 흰 까마귀 가족이 존재한다고 내가 주장한다면, **원칙적으로** 시험할 수 있는 무언가를 나는 주장하는 것이다. 만일 누군가가 그것을 시험하고 싶었는데, 그 가족이 도착하자마자 죽었다고 전해지거나 그 사실에 관해 들은 바가 전혀 없다면, 반증하는 내 토대 진술을 받아들이거나 폐기하는 일만 그에게 남게 될 것이다. 대체로 그는 증인, 기록 등을 조사함으로써, 다시 말해 상호주관적으로 시험할 수 있고 재산출할 수 있는 다른 사실들에 의존함으로써 어떤 의견을 형성하는 수단을 갖고 있을 것이다.

11. 경험주의의 토대

1) J. F. Fries, *Neue oder anthropologische Kritik der Vernunft*, 1828-31.

2) 예를 들어 J. Kraft, *Von Husserl zu Heidegger*, 1932, 102쪽 이하; 2판, 1957, 108쪽 이하를 보라.

3) 나는 여기서 P. Frank와 H. Hahn의 설명 한 마디 한 마디를 그대로 따르고 있다(아래 주석 7과 5를 보라).

4) [앞 논문 주석 8을 보라.] '구성된'이란 카르납의 용어이다.

5) 앞의 두 개의 인용 구절은 H. Hahn, *Logik, Mathematik, und Naturerkennen* (*Einheitswissenschaft* 2), 1933, 19쪽과 24쪽에서 나왔다. 세 번째 구절은 R. Carnap, *Pseudoproblems of Philosophy*, 1928, 15쪽; 영어 번역판, 1967, 314쪽에서 인용했다(원문은 고딕체가 아님).

6) 그 표현은 Böhm-Bawerk의 것('Produktionsumweg')이다.

7) P. Frank, *Das Kausalgesetz und seine Grenzen*, 1932, 1쪽을 보라. 도구주의에 대해서는 *Conjectures and Refutations*, 3장과 *Realism and the Aim of Science*, I부, 12-14절을 보라.

8) 이것을 쓸 때, 초기 조건 없이 오직 뉴턴 이론만으로는 관찰 진술의 본성에 관해 어떤 것도 연역될 수 없다는 (그러므로 어떤 토대 진술도 확실하게 연역될 수 없다는) 것은 매우 분명하다고 나는 믿었다. 불행히도, 관찰 진술이나 토대 진술의 문제에 대한 이런 사실과 그 결론은 *The Logic of Scientific Discovery*을 비판한 몇몇 사람들이 이해하지 못한 것으로 드러났기 때문에, 나는 여기서 몇 마디의 논평을 부연해도 좋을 것이다.

첫째로, 관찰할 수 있는 어떤 것도 순수한 전칭 진술— '모든 백조는 희다'
—로부터 따라 나오지 않는다. 이것은 만약 '모든 백조는 희다'와 '모든 백
조는 검다'가 물론 서로 모순이 아니라, 둘이 함께 어떤 백조도 없다는— 분
명히 관찰 진술도 아니며, 또한 심지어 '검증된' 진술도 아닌—것만을 함의
할 뿐이라는 사실을 우리가 숙고해 보면, 쉽사리 알게 될 것이다. (그런데,
'모든 백조는 희다'와 같은 한쪽만을 반증할 수 있는 진술은 '어떤 백조도
존재하지 않는다'와 동일한 논리적 형식을 갖고 있다. 왜냐하면 그것은 '어
떤 안 흰 백조도 존재하지 않는다'와 동치이기 때문이다.)

이제 이것을 받아들인다면, 즉각 순수 보편적 진술에서 연역될 **수 있는** 단칭
진술은 토대 진술일 수 없다는 것을 알게 될 것이다. 내가 염두에 두고 있는
것은 '만약 *k*라는 곳에 백조가 있다면, *k*라는 곳에 흰 백조가 있다'(또는 '*k*
에는 어떤 백조도 없거나 흰 백조가 없다')는 형식의 진술이다. 이제 우리는
왜 이런 (이른바) '예시되는 진술'이 토대 진술이 아닌지를 즉각 알게 된다.
그 이유는 전제된 토대 진술이 행하는 역할을 정확히 수행하는 **시험 진술의**
(혹은 잠재적인 반증자의) **역할을** 이런 예시된 진술이 **할 수 없기** 때문이다.
만약 우리가 예시된 진술을 시험 진술로 받아들인다면, 우리는 어떤 이론에
대한 (그리고 따라서 '모든 백조는 희다'**와** '모든 백조는 검다'는 둘 모두에
대한) 엄청난 수의 검증들을 얻을 것이다. 즉, 세계의 압도적인 부분이 백조
가 없다는 것을 사실로서 우리가 받아들인 이상, 사실상 무한한 수의 검증을
얻게 된다는 것이다.

'예시된 진술'은 보편 진술에서 도출할 수 있기 때문에, 그 진술의 부정은 잠
재적 반증자여야 하므로 그것은 토대 진술일(만약 아래 본문에서 진술된 조
건이 만족된다면) **수 있다.** 그렇다면 역으로 예시된 진술은 부정된 토대 진
술의 형식일 것이다. (너무 강하기 때문에 오직 보편법칙에서만 도출할 수
있는) 토대 진술은 그 토대 진술의 예시된 부정보다 더 큰 정보 내용을 갖고
있다는 점은 주목할 만하다. 여기서 말하는 정보 내용이란 **토대 진술의 내용
이 그 진술의 논리적 확률보다 크다**는(왜냐하면 그것은 1/2보다 커야 하기
때문이다) 것을 의미한다.

이것들은 토대 진술의 논리적 형식에 관한 내 이론의 기본적인 고찰들의 일
부를 이루고 있다(*Conjectures and Refutations*, 386쪽 이하를 보라).

9) R. Carnap, 'Die physikalische Sprache als Universalsprache der Wissen-
   schaft', *Erkenntnis* 3, 1932, 432-465쪽; 영어로 번역된 *The Unity of Science*,
   1934를 보라.
10) R. Carnap, 'Über Protokollsätze', *Erkenntnis* 3, 1932, 215-228쪽 중 224쪽
   을 보라. 카르납의 이 논문은 처음 발표된 시험에 관한 내 이론의 연구 보고
   서를 포함하고 있으며, 그 보고서에서 인용된 여기의 견해가 내 탓으로 돌린
   것은 잘못이다.

11) 여기서 지지된 그 견해는 실증주의보다는 (아마도 Fries가 제시한 형식에서) 철학의 비판적인 (칸트적인) 학파의 견해와 더 밀접한 것처럼 보인다. 우리의 '증명을 위한 편애'라는 그의 이론에서 프리스는 진술들 간에 유지되고 있는 (논리적) 관계들은 진술과 의미 표현 사이의 관계와는 전혀 다르다는 것을 강조한다. 다른 한편 실증주의는 항상 그 차이를 없애려고 노력한다. 즉, 모든 과학이 내가 아는 '나의' 감각 경험의 일부로 이루어지거나(감각 자료의 일원론), 감각 경험은 직접 관찰 진술의 형식에서 논증들의 객관적인 과학적 연결망의 일부로 이루어진다(진술의 일원론).

12. 과학의 목표

1) *Conjectures and Refutations*, 174쪽을 보라.
2) 이런 종류의 추론은 탈레스에 존속되고 있다. H. Diels & W. Krantz, *Die Fragmente der Vorsokratiker*, 10판, I권, 456쪽 35행을 보라. 그것은 또한 아낙시만드로스(DK A 11과 A 28), 아낙시메네스(DK A 17, B 1), 그리고 알크메온(DK A 5)에 존속되고 있다.
3) 또한 1693년 1월 17일과 특히 2월 25일에 Richard Bentley에게 보낸 뉴턴의 편지들을 보라. 나는 *Conjectures and Refutations*, 3장, 106쪽 이하의 구절을 이 편지에서 인용했다. 그곳에서 본질주의를 좀 더 상세히 논의했다(그리고 비판했다).
4) 내 논문 'Three Views Concerning Human Knowledge'(*Conjectures and Refutations*, 3장)의 논평자가 *The Times Literary Supplement* 55, 1956, 527쪽에서 '변형된 본질주의'라는 용어를 나 자신의 '세 번째 관점'에 관해 기술한 것으로 사용했다. 오해를 피하기 위해 여기서 이런 용어를 내가 수용한 것이 '궁극적 실재'의 교설에 대한 동의로 해석되지 않아야 한다는 것과 심지어 본질주의 정의의 교설에 대한 동의로도 해석되지 않아야 한다고 말하고 싶다. 이런 교설에 대한 비판을 나는 충실히 고수하고 있다[전술한 논문 6에서].
5) 형상과 이데아의 플라톤 이론에서 '가시적인 것들의 유사함을 설명하는 것이 … 그 이론의 가장 중요한 기능들 중의 하나이다.…' *The Open Society and Its Enemies*, 3장, V절, 특히 주석 19와 20 및 본문을 보라. 아리스토텔레스 이론은 이런 기능을 수행하지 못한다고 앞에서 [논문 6의 주석 20에] 언급했다.
6) 케플러의 법칙들(Max Born, *Natural Philosophy of Cause and Chance*, 1949, 129-133쪽을 보라)에서 연역될 수 있는 것은 다음과 같은 것이다. 태양을 향한 모든 행성의 가속도는 어떤 순간 k/r^2에서 동일하다. 여기서 r은

그 순간 행성과 태양 간의 거리이며, k는 모든 행성에 대해 똑같은 어떤 상수이다. 그렇지만 바로 이런 결과는 형식적으로 뉴턴 이론과 모순된다(행성들의 질량이 모두 같거나 만약 같지 않다면 태양의 질량과 비교될 만큼 무한히 작다는 가정을 제외하고서 말이다). 하지만 그에 더하여 케플러의 이론이든 갈릴레이의 이론이든 뉴턴의 **힘** 개념을 포함하고 있지 않다는 점은 상기되어야 한다. 그런데 이 개념은 전통적으로 그 이상의 어려움 없이 이런 연역들에 도입되었다. 마치 이런 ('신비스러운') 개념이 완전히 새로운 이론에 비추어 사실들에 대한 새로운 해석(즉, 케플러와 갈릴레이의 법칙들에 의해 기술된 '현상들'의 해석)의 결과라는 것 대신에 사실들에서 이해될 수 있는 것처럼 말이다. 힘의 개념(그리고 심지어 중력 질량과 관성의 비율)이 도입된 후에만 가속도에 대한 위 공식을 뉴턴의 인력 반비례 제곱 법칙과 연계할 수 있다(행성들의 질량은 무시할 수 있다는 가정에 의해).

7) A. Einstein, 'Über die Entwicklung unserer Anschauungen über das Wesen und die Konstitution der Strahlung', *Physikalische Zeitschrift* 10, 1909, 817-826쪽을 보라. 물질적 에테르 이론을 포기한 것은 (에테르의 만족스러운 물질 모형을 구성하지 못한 맥스웰의 실패에 암시된) 프레넬의 이론과 비교된 것으로 맥스웰의 이론에 대해 앞에서 분석된 의미에서 보면 심오한 것이라 말해질 수 있다. 그리고 내 생각에 이것은 아인슈타인 논문에서의 인용문에 함축된 것처럼 보인다. 따라서 아인슈타인의 정식에서 맥스웰의 이론은 아마도 실제로 '심오함'에 대한 **다른 의미**의 사례가 아니다. 하지만 맥스웰 자신의 원래 형식에서 그 이론은 심오한 것이라고 나는 생각한다.

13. 과학적 지식의 성장

1) *The Logic of Scientific Discovery*, 1958, 서문을 보라.

2) *The Logic of Scientific Discovery*에서 시험 가능성, 경험적 내용, 확인 가능성 및 확인의 정도에 대한 논의, 특히 31-46절, 82-85절, 새 부록 *ix, 그리고 이 부록의 설명력의 정도에 대한 논의, 특히 아인슈타인 이론과 뉴턴 이론의 비교(401쪽, 주석 7)를 보라. 이하에서 나는 때때로 좀 더 상세한 구분을 하지 않고 시험 가능성 등을 '진보의 기준'으로 언급할 것이다.

3) 예를 들어, J. C. Harsanyi, 'Popper's Improbability Criterion for the Choice of Scientific Hypotheses', *Philosophy* 35, 1960, 332-340쪽을 보라. 덧붙여 말하면, 나는 과학적 가설의 선택에 대한 어떠한 기준도 제시하지는 않았다. 모든 선택은 위험한 추측으로 남는다. 게다가, 이론 과학자가 선택하는 것은 (**받아들일 만한** 가치가 있는 가설보다도 오히려) **더 비판적인 논의**를 할 만한 가치가 제일 많은 가설이다. [또한 전술한 논문 7, VIII절을 보라.]

4) *The Logic of Scientific Discovery*, 부록 *iv와 *v를 보라.

5) 같은 책, 부록 *ix 참조.

6) 이런 견해의 채용에 있어서, 나는 J. Agassi 박사로부터 영향을 받았다. 박사는 1956년의 토론에서 나에게 다음과 같은 점을 설득했다. 완결된 연역 체계를 목표로 보는 자세는, 뉴턴적인 관념(따라서, 플라톤적, 유클리드적인 전통의 유물이라고 나는 덧붙이고 싶다)의 오랜 지배의 유물이라는 것이다.

14. 진리와 박진

1) *The Logic of Scientific Discovery*, 특히 84절과 *The Open Society and Its Enemies*, II권, 369-374쪽을 보라.

2) L. Wittgenstein, *Tractatus Logico-Philosophicus*, 특히 4.0141과 또한 2.161, 2.17, 2.223, 그리고 3.11을 보라.

3) 특히 그의 주목할 만한 *General Theory of Knowledge*, 2판, 1925, 10절을 보라; 영어 번역판, 1974.

4) *Conjectures and Refutations*, 3장에서 '두 번째 견해'(이른바 '도구주의'라는)에 대한 논의를 보라.

5) A. Tarski, 'The Semantic Conception of Truth', *Philosophy and Phenomenological Research* 4, 1943, 341-375쪽, 특히 21절을 보라. (타르스키의 논문은 몇몇 곳에서 다시 출간되었다. 예컨대, H. Feigl & W. Sellars, eds., *Readings in Philosophical Analysis*, 1949, 52-84쪽.)

6) 앞의 주석에 언급된 책, 특히 279쪽과 336쪽을 보라.

7) R. Carnap, *Logical Foundations of Probability*, 1950, 177쪽을 보라. 또한 *The Logic of Scientific Discovery*, 특히 84절을 보라.

8) W. Busch, *Schein und Sein*, 1909; Insel edition, 1952, 28쪽에서 나왔다. 내가 이런 운율에 주의를 기울이게 된 것은 철학자로서 부슈에 관한 논문 때문인데, 그것은 말년의 내 친구인 Julius Kraft가 *Erziehung und Politik* (Minna Specht에 대한 에세이), 1960에 이바지했던 논문이다. 262쪽을 보라. 나는 아마도 부슈가 의도했던 것보다 더 동요처럼 번역을 했다.

9) W. V. Quine은 *Word and Object*, 1960, 23쪽에 유사한 의혹을 표명했다. 퍼스가 진리에 근접한다는 생각을 다루고 있다고 그가 비판했을 때 나온 것이다.

10) 이 정의는 다음 정리에 의해 논리적으로 정당화된다. 논리적 내용의 '경험적 부분'에 관한 한, 경험적 내용과 논리적 내용의 비교는 항상 동일한 결과를 내놓는다. 그리고 그것은 직관적으로 진술 a가 우리의 경험세계에 관해 더 많은 말을 할수록, 그것은 가능한 경험들을 더 많이 배제한다는 (또는 금지

510

한다는) 고찰에 의해 정당화된다. [토대 진술에 관해서는 전술한 논문 11의 III절을 보라.]

11) *Conjectures and Refutations*의 부록을 보라. 나의 박진 이론은 최근에 극심한 그리고 상세한 비판을 받게 되었다. 참조와 더불어 주요 요점들의 논의에 대해서는 *Objective Knowledge*, 2판, 1979, 특히 371-374쪽을 보라. 내가 결과적으로 주목했던 것[247쪽], 즉 나의 박진에 대한 **형식적** 이론의 실패가 여하튼 간에 반증주의의 원래 방법론적인 제안을 훼손하지 않았음을 나는 강조하고 싶다.

15. 성향, 확률 그리고 양자이론

1) 양자이론에 관한 확률의 성향 해석과 그 확률의 영향을 전면적으로 처리하는 것을 *The Postscript* 세 권에서 찾아볼 수 있다. 특히 *Realism and the Aim of Science*, II부, III장; *The Open Universe*, 27-30절; 그리고 *Quantum Theory and the Schism in Physics*, II장을 보라.

2) *The Logic of Scientific Discovery*, VIII장과 *Realism and the Aim of Science*, 21-23절을 보라.

3) *Realism and the Aim of Science*, II부, I장을 보라. 확률의 주관주의 해석은 결정론이라는 결론을 내릴 수밖에 없다. 양자이론 내에서 그 해석을 유지함은 아직 완전히 제거되지 않은 결정론 견해의 잔재이다. *The Open Universe*, 29절; 또한 *Quantum Theory and the Schism in Physics*, 5절과 6절을 보라.

4) 우리가 해석하는 것은 '확률'이라는 말도, 그 말의 의미도 아닌, 형식적 체계 — 양자이론의 확률 계산(특히 척도-이론적 형식에서의)과 그것의 형식주의에 관한 것이다. 확률의 형식적인 처리에 관해서는 *The Logic of Scientific Discovery*, 부록 *iv과 *v를 보라.

16. 형이상학과 비판 가능성

1) I. Kant, *Critique of Practical Reason*, 6판, 1827, 172쪽을 보라.

2) Julius Kraft, *Von Husserl zu Heidegger*, 2판, 1957, 103쪽 이하와 136쪽 이하, 특히 130쪽을 보라. 거기서 크라프트는 이렇게 기술하고 있다. '따라서 인식론적 관점에서, 실존주의가 도대체 철학의 새로운 그 무엇으로 고려될 수 있는지를 이해하기가 어렵다.' 또한 H. Tint의 자극적인 논문, 'Heidegger and the "Irrational"', *Proceedings of the Aristotelian Society* LVII, 1956-7, 253-268쪽을 보라.

3) 이것은 다음과 같이 흄이 솔직하게 인정하고 있다는 사실로도 알 수 있다. '독자의 의견이 지금 이 순간 무엇이라 할지라도, … 한 시간 후에는 외적 세계와 내적 세계 모두가 존재한다는 것을 그는 믿고 있을 것이다.' D. Hume, *A Treatise of Human Nature*, I권, IV부, II절; L. Selby-Bigge 편집판, 218쪽을 보라. [이에 대한 논평은 전술한 논문 7의 주석 4를 보라.]

17. 실재론

1) 물론 실증주의, 현상주의 그리고 또한 현상학은 모두 데카르트적인 출발점인 주관주의에 감염되어 있다.

2) (내가 기꺼이 동의하는) 실재론의 반박 불가능성을 의문시할 수 있다. 저명한 오스트리아 여류작가인 에브너 에셴바흐(Marie von Ebner-Eschenbach, 1830-1916)는 실재론이 잘못된 것이라고 생각했던 자신의 유년 시절의 몇몇 기억들에 대해 말한다. 아마도 우리가 눈길을 돌릴 때 사물들은 사라진다. 그래서 그녀는 갑자기 방향을 바꿔 사라지는 요술에서 세계를 파악하려고 했다. 무에서 사물들이 스스로 어떻게 재빨리 새로 조립되려고 하는지를 그녀가 알 것이라 반쯤 기대하면서 말이다. 그런데 그녀가 실패했을 때마다 절망도 하고 위안도 받았다. 이런 이야기에 관해 몇 가지 논평을 할 수 있다. 첫째, 이런 앳된 실험의 보고는 비전형적이기는커녕 오히려 정상적이며 그리고 실재로부터 현상에 대한 상식적인 구별을 발전시키는 데 중요한 역할을 한다고 생각할 수 있다. 둘째로 (내가 약간 지지하고 싶은 견해인데) 그 보고는 전형적이지 않다고 생각할 수 있으며, 또한 대부분의 아이들은 소박한 실재론자이거나, 어떤 나이가 되기 전 그들의 기억 안에서 실재론자가 된다고 생각할 수 있다. 그녀는 확실히 전형적이지 않은 아이였다. 셋째로 유년 시절은 물론이고 성인 시절을 겪어 오면서 실재와 동떨어지지 않은 어떤 것을 나는 경험했다. 예컨대 내가 완전히 잊었던 어떤 것을 발견했을 때, 만약 자연이 이것을 사라지게 한다면, 어느 누구도 현자가 되지 못했을 것이라고 나는 때때로 생각했다. (실재가 그것이 '실제로' 존재했다고 보여줄 필요는 없었다. 왜냐하면 누구도 실재가 그렇게 하지 않았음을 알아채지 못했을 것이기 때문이다.) 만약 그녀가 성공했다면, 이것은 실재론을 반박한 것인지, 아니면 단지 실재론의 매우 특수한 형식을 반박한 것은 아닌지 하는 의문이 제기된다. 나는 이런 물음에 들어가야 한다고 느끼지는 않지만, 그러나 오히려 실재론은 반박할 수 없다고 하는 나의 반대자들에 **동의한다.** 내가 이것을 받아들이는 게 잘못된 것이라면, 실재론은 당초에 내가 주장하고자 했던 것보다 시험할 수 있는 과학적 이론이라는 데 더 근접한 것이다.

3) E. P. Wigner, 'Remarks on the Mind-Body Question', I. J. Good, ed., *The*

Scientist Speculates, 1962, 284-302쪽을 보라. 비판에 관해서는 특히 E. Nelson, *Dynamical Theories of Brownian Motion*, 1967, 14-16절을 보라. 또한 *Quantum Theory and the Schism in Physics*, 서문과 내 논문, 'Particle Annihilation and the Experiment of Einstein, Podolsky, and Rosen', W. Yourgrau & A. van der Merwe, eds., *Perspectives in Quantum Theory*, 1971, 182-198쪽을 보라.

4) *The Logic of Scientific Discovery*, 79절, 252쪽에서, 나는 자신을 형이상학적 실재론자로 기술하고 있다. 그 당시에 나는 과학의 한계와 논쟁 가능성의 한계를 동일시하는 잘못을 했다. [지금은 어떤지에 대해서는 이전 논문을 보라.]

5) K. Bühler는 분명하게 (부분적으로는 훔볼트가 예상했던) 언어의 기술적인 기능을 지적했다. [특히 논문 21의 II절을 보라.]

6) A. Einstein, 'Remarks on Bertrand Russell's Theory of Knowledge', P. A. Schilpp, ed., *The Philosophy of Bertrand Russell*, 1944, 277-291쪽 중 290쪽 이하를 보라. 291쪽의 그의 번역은 나의 번역과 거의 같지만, 그러나 나는 아인슈타인 생각의 중요함 때문에 **매우** 자유로운 번역의 내 시도를 정당화시켜 주었다고 느꼈다. 그런데 이 번역이 아인슈타인이 말하고 싶었던 것에 훨씬 충실한 것이기를 나는 바란다.

7) W. S. Churchill, *My Early Life: A Roving Commission*, 1930. 이것은 Hamlyn 출판 그룹의 허가를 받아 Odhams Press edition, 1947, IX장, 115쪽 이하를 인용했다. (고딕체는 원본에는 없다.) 또한 Macmillan edition, 1944, 131쪽 이하를 보라.

18. 우주론과 변화

1) 나는 G. S. Kirk 교수가 내 강연에 대해 응답한 것을 전할 수 있어서 기쁘다. 그의 'Popper on Science and the Presocratics', *Mind* 69, 1960, 318-339쪽과 *Conjectures and Refutations*, 153-165쪽의 내 답변을 보라.

2) 아리스토텔레스는 다음과 같은 방식으로 아낙시만드로스를 이해했다. 왜냐하면 그는 아낙시만드로스의 '영리하지만 참이 아닌' 이론을 지구의 상황과 인간의 상황의 비교를 통해서 풍자적으로 묘사하고 있기 때문이다. 즉, 동시에 배고프고 목도 마른, 그러나 먹을 것과 마실 것이 같은 거리로 떨어져 있는 인간은 움직일 수 없는 상황으로 그리고 있다는 것이다. (*De Caelo*, 295b32. 이 생각은 '뷔리당의 당나귀'로 알려지게 되었다.) 분명히 아리스토텔레스는 이런 사람을 뉴턴적인 힘과 유사한 비물질적이며 비가시적인 인력에 의해 균형을 유지하고 있는 것으로 생각했다. 그리고 뉴턴 자신도 또한 버클리 같

은 뉴턴의 반대자도 이런 아낙시만드로스의 '물활론적인' 혹은 '신비스러운' 힘을 심하게 느꼈다는 것은 흥미롭다. 아낙시만드로스에 대한 더 이상의 논평에 대해서는 *Conjectures and Refutations*, 413쪽을 보라.

3) Aristotle, *De Caelo*, 289b10-290b7을 보라.

4) 숨이 막힌다는 것은 구멍으로 숨을 들이쉬는 것을 막았기 때문에 일어난다고 나는 주장하지 않는다. 예컨대 플로지스톤 이론에 의하면, 불은 숨을 내쉬는 구멍을 막았기 때문에 소멸한다는 것이다. 하지만 나는 플로지스톤의 연소 이론이나 라부아지에의 예측의 어느 하나도 아낙시만드로스에 귀속시키고 싶지 않다.

5) 이 단락에서 인용된 단편들과 다음 단락의 단편 하나는 각각 헤라클레이토스 A 4와 B 50, 30, H. Diels & W. Krantz, *Die Fragmente der Vorsokratiker*, 5판, 1964이다. [또한 전술한 논문 1의 주석 1을 보라.]

6) 나는 여기서 특히 G. S. Kirk & J. E. Raven, *The Presocratic Philosophers*, 1957을 언급하고 있는데, 나는 *Conjectures and Refutations*, 146-148쪽에서 이것을 논의했다. 또한 *The Open Society and Its Enemies*, 2장을 보라.

7) 여기서 인용된 단편은 헤라클레이토스 B 123, B 54, B 88, B 60, B 58, B 102, B 78, Diels & Krantz, 앞의 책이다.

8) 이 인용 구절은 같은 책의 크세노파네스 B 26과 23이다. 또한 파르메니데스 B 7과 8을 보라.

19. 자연선택과 그 과학적 지위

1) 여기의 인용 구절들은 F. Darwin, ed., *The Life and Letters of Charles Darwin*, 1887에서 나왔다. II권, 219쪽, 그리고 I권, 47쪽을 보라.

2) 같은 책, II권, 353쪽과 382쪽.

3) 그 예로, K. G. Denbigh, *The Inventive Universe*, 1975를 보라.

4) C. H. Waddington, 'Evolutionary Adaptation', S. Tax, ed., *Evolution After Darwin*, I권, 1960, 381-402쪽 중 385쪽을 보라.

5) *Objective Knowledge*, 241쪽, 또한 *Unended Quest*, 33절과 37절을 보라.

6) Darwin, 앞의 책, III권, 158쪽 이하.

7) D. T. Campbell, ' "Downward Causation" in Hierarchically Organized Biological Systems', F. J. Ayala & T. Dobzhansky, eds., *Studies in the Philosophy of Biology*, 1974, 179-186쪽; R. W. Sperry, 'A Modified Concept of Consciousness', *Psychological Review* 76, 1969, 532-536쪽; 그리고 'Lateral Specialization in the Surgically Separated Hemispheres', F. O. Schmitt & F. G. Worden, eds., *The Neurosciences: Third Study Programme*,

1973, 5-19쪽을 보라.
8) 또한 *The Self and Its Brain*, 540쪽을 보라.

20. 비결정론과 인간의 자유

1) 태양계의 불완전함에 대해서는 아래 주석 5를 보라.
2) *The Poverty of Historicism*, 23절을 보라. 나는 '전체'(혹은 'Gestalt')의 '전체론적' 기준을 비판하는데, 이런 기준('부분들의 단순한 합 이상인 전체')은 돌들의 '단순한 무더기'와 같은 전체론자들이 애용하는 전체가 아닌 것의 사례에 의해서도 만족됨을 보여주고 있다. (전체들이 존재함을 내가 부정하지 않음을 주목하라. 나는 단지 대부분의 '전체론적' 이론의 피상성에 반대하고 있을 뿐이다.)
3) 뉴턴은 자신의 이론에서 이런 '결정론적' 결론을 도출했던 사람들에 속하지 않았다. 아래 주석 5를 보라.
4) 결정론이 합리적이나 과학적 태도의 본질적인 부분을 이루고 있다는 확신은 일반적으로 받아들여졌으며, 심지어 '유물론'의 주도적인 반대자들 몇몇에 (스피노자, 라이프니츠 및 쇼펜하우어와 같은 사람들) 의해서도 받아들여졌다. 그런데 나는 *The Open Universe*에서 결정론과 비결정론에 대해 훨씬 더 길게 다루었다.
5) 뉴턴은 스스로 약간의 반대자에 속한다고 여길 수도 있다. 왜냐하면 그는 태양계조차도 **불완전한** 것으로, 그래서 결국 사라질 것같이 생각했기 때문이다. 이런 견해들 때문에 그는 '자연의 저자가 가진 지혜를 비난했다'고 불경죄로 비난을 받았다(Henry Pemberton이 *A View of Sir Isaac Newton's Philosophy*, 1728, 180쪽에 전한 것처럼).
6) *Collected Papers of Charles Sanders Peirce*, 6권, 1935, 6.44, 35쪽. 물론 유사한 견해들을 발전시킨 다른 물리학자들이 있을 수 있다. 그러나 뉴턴과 퍼스 이외에 나는 단지 한 사람만을 알고 있는데, 그는 빈의 Franz Exner 교수이다. 그의 제자였던 Schrödinger는 *Science, Theory and Man*, 1957, 71쪽, 133쪽 및 142쪽 이하에서 엑스너의 견해들에 관해 썼다(원래 *Science and the Human Temperament*, 1935로 출판되었다). 또한 아래 주석 11을 보라.
7) 같은 책, 6.47, 37쪽. (1892년에 처음 출판된 책의) 그 구절은 간략하지만 매우 흥미로운데, 그것은 하이젠베르크의 불확정성을 확장함으로써 일어난 거시-효과들의 논의 몇몇을 예상하고 있기 때문이다(폭발성 혼합물 안에서의 파동들에 관한 논평을 주목하라). 이런 논의는 Ralph Lillie, 'Physical Indeterminism and Vital Action', *Science* 66, 1927, 139-144쪽에서 시작된 것으로 보인다. 그것은 A. H. Compton, *The Freedom of Man*, 1935, 48쪽

이하의 논의에서 상당한 역할을 한다. 같은 책, 51쪽 이하, 주석 3에는 분자의 열운동(퍼스가 유념했던 불확정성)과 하이젠베르크의 불확정성에 기인한 우연적인 결과들에 대한 매우 흥미로운 양적인 비교가 있다. 그 논의는 N. Bohr, P. Jordan, F. Medicus, L. von Bertalanffy 및 다른 많은 사람으로 이어졌다. 최근에는 특히 W. Elsasser, *The Physical Foundations of Biology*, 1958로 이어졌다.

8) 나는 P. Carus, 'Mr Charles S. Peirce's Onslaught on the Doctrine of Necessity', *The Monist* 2, 1892, 560-582쪽, 그리고 'The Idea of Necessity, Its Basis and Its Scope', *The Monist* 3, 1892, 68-96쪽을 말하고 있다. Peirce는 'Reply to the Necessitarians. Rejoinder to Dr Carus', *The Monist* 3, 1893, 526-570쪽으로 답변했다; *Collected Papers*, 6권, 1935, 부록 A, 390-435쪽.

9) 문제 상황의 급격하면서 완전한 변형은 다음과 같은 사실에 의해 측정될 수 있다. 우리처럼 시대에 뒤진 많은 사람들에게 경험주의 철학자들이(그 예로 M. Schlick, *General Theory of Knowledge*, 2판, 1925, 277쪽; 영어 번역판, 1974, 303쪽을 보라) 물리적 결정론자였다는 것은 실제로 매우 오래전이었던 것처럼 보이지 않는다는 것이다. 그 반면에 지금 시대의 물리적 결정론은 슐리크의 재능 있고 영감이 넘치는 지지자였던 P. H. Nowell-Smith에 의해 '**18세기 유령**'('Determinists and Libertarians', *Mind* 63, 1954, 317-337쪽 중 331쪽; 또한 아래 주석 19를 보라)으로 묵살되었다. 시간은 계속 진행되며 그리고 우리의 모든 문제는 유령이든 유령이 아니든 언젠가 해결될 것임은 의문의 여지가 없다. 그렇지만 매우 이상하게도 구시대 사람인 우리는 플랑크, 아인슈타인 그리고 슐리크의 시대를 기억하고 있는 것 같다. 그리고 우리는 당황스럽고 혼란된 마음을 확신하고자 함에 있어서 많은 어려움을 겪고 있다. 이런 저명한 결정론적 사상가들은 가장 유명한 유령을 만들었던 Laplace와 함께 18세기에 그 유령을 만들었던 마음을 품고 있었기 때문이다(그의 *A Philosophical Essay on Probabilities*, 1819의 '초인간적 지성'을 종종 '라플라스의 유령'이라 불렀다. 또한 아래 주석 17과 *The Open Universe*, 10절을 보라). 그러나 엄청난 노력을 해보면, 아마 어떤 Carus가 만들었던 유령과 유사한 18세기 유령을 우리의 쇠약한 기억들에서도 상기시킬 수 있을지도 모른다(앞의 주석에서 언급한 19세기 사상가 P. Carus가 아니라 *De Rerum Natura*를 쓴 T. Lucretius Carus를 말한다. 특히 II권, 251-260행을 보라).

10) 특히 *The Freedom of Man*, 1935, 90쪽 이하의 '창발적 진화'에 관한 구절을 보라. 또한 A. H. Compton, *The Human Meaning of Science*, 1940, 73쪽을 보라. [이 논문은 1965년 4월 21일, 세인트루이스, 워싱턴 대학교에서 행해진 제2회 아서 홀리 콤프턴 기념 강연의 일부이다.]

11) 이 세 단락의 인용 구절은 *The Freedom of Man*, 26쪽 이하(또한 27쪽 이하를 보라); *The Human Meaning of Science*, ix쪽과 42쪽; *The Freedom of Man*, 27쪽에서 나왔다. 어쩌면 내가 독자들을 상기시킬 수 있는 것은 내 견해들이 인용된 구절과 약간 다르다는 점이다. 왜냐하면 퍼스처럼 나도 어떤 체계의 법칙들이 뉴턴적임에도 (그래서 일견 보면 결정론적인 것 같은데도) 그 체계는 비결정론적이라는 것은 논리적으로 가능하다고 생각하기 때문이다. 왜 비결정론적이냐 하면, 법칙들이 적용되는 그 체계는 본질적으로 정확하지 못할 수도 있기 때문이다. 예들 들어 그 체계의 좌표들이나 속도들이 유리수(무리수에 반하는 것으로)라고 말하는 것은 아무런 의미가 없다는 의미에서 그렇다. Schrödinger, 앞의 책, 143쪽의 다음과 같은 논평 또한 매우 적절하다. '… 에너지-운동량 정리는 단지 네 개의 방정식만을 우리에게 제공한다. 따라서 설령 그 정리가 방정식에 따른다 할지라도 기본적인 과정은 매우 큰 정도로 결정되지 않은 채로 남아 있다.' 또한 *The Open Universe*, 13절을 보라.

12) 우리의 물리적 세계가 우연 요소들을 포함하고 있는 **물리적으로 닫힌 체계**라고 가정하자. 분명히 그것은 결정론적이 아니다. 그렇지만 목적들, 관념들, 희망들과 소원들은 그런 세계에서 물리적 사건들에 어떤 영향을 미칠 수 없다. 그런 것들이 존재한다고 가정하면, 그것들은 완전히 과다한 것으로 이른바 '부수현상들'이라 할 것이다[또한 후술하는 논문 21의 III절을 보라]. 결정론적 물리적 체계는 닫혀 있을 것이지만, 그러나 닫힌 체계가 비결정론적일 수 있음을 주목하라. 따라서 다음 VII절에 설명되듯이 '비결정론도 충분치는 않다.' (또한 *The Open Universe*, 부록 1을 보라.)

13) 칸트는 이런 악몽에 심하게 시달렸고 또한 그것을 피해 보려는 시도도 실패했다. *The Freedom of Man*, 67쪽 이하의 '칸트의 회피 방법'에 관한 콤프턴의 탁월한 진술을 보라.

14) 인용구들은 D. Hume, *A Treatise of Human Nature*, 1739, I권, III부, XV절과 II권, III부, II절; L. Selby-Bigge 편집판, 174쪽(또한 173쪽과 87쪽을 보라), 그리고 408쪽 이하에서 나왔다 .

15) 같은 책, II권, III부, I절; Selby-Bigge, 403쪽 이하. 이것을 409쪽 이하와 비교하는 것과(흄은 '나는 필연을 두 가지 방식으로 정의한다'고 말한다) 그리고 '물질'에 다음의 지적인 성질을 귀속시키는 것과 비교하는 것은 흥미롭다. 그가 말했듯이, 모든 사람은 '의지에 (혹은 '마음의 작용들에') 속하도록 허용해야 하는 것'을 필연이라고 하거나 아니라고 하는 지적인 성질이 그것이다. 다시 말해 흄은 여기서 습관이나 버릇에 관한 그의 교설과 연상 심리학을 '물질'에, 즉 물리학에 적용하려고 노력했다.

16) 특히 B. F. Skinner, *Walden Two*, 1948, 매력 있으면서 호의적인 그러나 전적으로 소박한 전능의 이상향적인 꿈을 보라(특히 246-250쪽과 214쪽 이하

를 보라). Aldous Huxley, *Brave New World*, 1932(또한 *Brave New World Revisited*, 1959를 보라), 그리고 George Orwell, *1984*, 1948은 유명한 해독제이다.

17) 물론 나의 벙어리 물리학자는 라플라스의 유령과 매우 흡사하다(주석 9를 보라). 그리고 벙어리의 성취는 불합리하다고 나는 믿는다. 단지 비물리적인 양상들(목표들, 목적들, 전통들, 취향들, 창의)은 물리적 세계의 발전에 어떤 역할을 할 뿐이기 때문이다. 혹은 다시 말해서 **상호작용주의**를 나는 믿는다[후술하는 다음 논문을 보라]. Samuel Alexander, *Space, Time and Deity*, 1920, II권, 328쪽에서 그는 '라플라스적인 계산기'라 부르는 것에 대해 '기술된 제한적인 의미 외에는 계산기의 가설은 불합리하다'고 말하고 있다. 그러나 '제한된 의미'는 순수하게 물리적인 **모든** 사건의 예언을 **포함하고** 있으므로 모차르트와 베토벤이 쓴 모든 검은 표시들의 위치에 대한 예언들을 포함하고 있을 것이다. 그것은 단지 심적 경험의 예언만을 제외하고 있다(물리학자가 벙어리라는 나의 가정에 밀접히 대응하는 것을 제외). 따라서 내가 불합리한 것으로 생각한 것을 알렉산더는 기꺼이 받아들인다. (나는 음악이나 새로운 과학적 이론들이나 기술적인 발명의 창조와 연관된 자유의 문제를 논의하는 것이 윤리학과 윤리적 책임에 관해 논의하는 것보다 낫다고 말할 수 있다.)

18) D. Hume, 앞의 책, III권, III부, IV절; Selby-Bigge, 609쪽. (고딕체는 내가 한 것임.)

19) 위 주석 9와 Gilbert Ryle, *The Concept of Mind*, 1949, III장(5)('The Bogy of Mechanism')을 보라.

20) N. W. Pirie, 'The Meaninglessness of the Terms Life and Living', J. Needham & D. E. Green, eds., *Perspectives in Biochemistry*, 1937, 11-22쪽을 보라.

21) 예를 들어 A. M. Turing, 'Computing Machinery and Intelligence', *Mind* 59, 1950, 433-460쪽을 보라. 튜링은 인간들과 컴퓨터들은 원리적으로 그것들의 관찰 가능한 (행동적인) 수행에 의해서는 식별할 수 없다고 주장했다. 그리고 그는 반대자들이 관찰할 수 있는 인간의 행동이나 성취에 특성을 부여하는 것에 도전했다. 반대자들은 컴퓨터는 그런 것을 성취할 수 없을 것이라고 한다. 그러나 이런 도전은 어떤 종류의 행동을 **명기함**으로써 우리는 컴퓨터를 만들기 위한 명기 사항을 규정할 것이라는 지적인 함정이다. 더구나 컴퓨터는 우리가 할 수 없는 많을 일들을 할 수 있기 때문에 우리는 컴퓨터를 사용하고 만든다. 내 머리로는 할 수 없는 합산을 하고 싶을 때 내가 펜과 연필을 사용하듯이 말이다. 아인슈타인은 '내 연필은 나보다 더 지적이다'라고 말하곤 했다. 그렇지만 이 말은 그가 자신의 연필과 구별할 수 없다는 것을 입증해 주지 않는다. 또한 *Conjectures and Refutations*, 12장, 5절과 *The*

Open Universe, 22절을 보라.

22) M. Schlick, 'Ergänzende Bemerkungen über P. Jordan's Versuch einer Quantentheoretischen Deutung der Lebenserscheinungen', *Erkenntnis* 5, 1935, 181-183쪽 중 183쪽을 보라.

23) D. Hume, 앞의 책, I권, III부, XIV절; Selby-Bigge, 171쪽. 또한 그 예로 407쪽을 보라. '… 자유란 … 우연과 매우 똑같은 것이다.'

24) A. H. Compton, 앞의 책, 53쪽 이하.

25) 나는 이 문제를 *Objective Knowledge*, 6장, XII-XIV절에서 그리고 세계 3에 관한 나의 많은 저작들에서 [특히 전술한 논문 4와 논문 21에서] 논의했다.

21. 심신문제

1) 예컨대, J. Huxley, *Evolution. The Modern Synthesis*, 1942; P. B. Medawar, *The Future of Man*, 1960; T. Dobzhansky, *Mankind Evolving*, 1962를 보라.

2) I. Kant, *Critique of Pure Reason*, 2판, 1787을 보라. [또한 지각에 대해서는 전술한 논문 5의 주석 5를 보라.]

3) 좀 더 충실한 논의에 대해서는 *The Self and Its Brain*, I부, 21절을 보라.

4) *Conjectures and Refutations*, 12장을 보라.

5) J. L. Austin, *How to Do Things with Words*, 1962를 보라.

6) 아마 춤추는 벌이 사실적인 정보나 기술적인 정보를 전달한다는 것을 들었을지 모른다. 온도계나 기압 측정기도 기록을 함으로써 그 같은 일을 한다. 두 경우에 거짓말하는 문제가 일어나지 않을 것 같다는 점은 흥미롭다. 설령 온도계를 만든 사람이 우리에게 잘못 전하도록 그것을 이용할 수 있을지라도 그렇다. (춤추는 벌에 관해서는 K. von Frisch, *Bees: their Vision, Chemical Senses, and Language*, 1950; *The Dancing Bees*, 1955; 그리고 M. Lindauer, *Communication Among Social Bees*, 1961을 보라.)

7) 주석 4를 보라.

8) *The Self and Its Brain*, I부, 6절의 유기체의 진화에 관한 논의를 보라.

22. 자아

1) *Conjectures and Refutations*, 1장, 특히 47쪽을 보라.

2) D. Hume, *A Treatise of Human Nature*, 1739, I권, IV부, VI절; L. Selby-Bigge 편집판, 251쪽을 보라. III권, 부록(Selby-Bigge, 634쪽)에서 흄은 자

신의 어조를 약간 누그러뜨린다. 그러나 이 부록에서 자신의 다음 주장들에 관해 완전히 잊어버린 듯이 보인다. 즉, 다음 주석에 언급된 II권에서와 같은 자신의 '긍정적인 주장들'을 잊은 것 같다.

3) 같은 책, II권, I부, XI절; Selby-Bigge, 317쪽. II권, II부, II절(Selby-Bigge, 339쪽)에 다음과 같은 유사한 구절이 있다. '우리는 항상 우리 자신, 우리의 감정과 열정을 친숙하게 의식한다는 것은 … 분명하다.'

4) 같은 책, II권, III부, I절(Selby-Bigge, 403쪽; 또한 411쪽을 보라). 다른 곳에서 흄은 행위자로서의 우리에게 '동기와 성격'을 귀속시킨다. 그런 동기와 성격으로부터 '목격자는 일반적으로 우리의 행동을 추론할 수 있다.' 그 사례는 II권, III부, II절(Selby-Bigge, 408쪽)을 보라. 또한 부록(Selby-Bigge, 633쪽 이하)을 보라.

5) 그 예는 E. Rubin, 'Visual Figures Apparently Incompatible with Geometry', *Acta Psychologica* VII, 1950, 365-387쪽 중 366쪽 이하를 보라.

6) J. B. Deregowski, 'Illusion and Culture', R. L. Gregory & E. Gombrich, eds., *Illusion in Nature and Art*, 1973, 161-191쪽을 보라.

7) G. Ryle, *The Concept of Mind*, 1949, VI(7)장 'The Systematic Elusiveness of the "I" '를 보라.

8) R. L. Fantz, 'The Origin of Form Perception', *Scientific American* 204, 5, 1961, 66-72쪽을 보라.

9) 내 생각에 P. F. Strawson이 *Individuals*, 1959, 136쪽에서 사람에 관한 일반적인 관념은 '나'라는 말을 사용하기에 앞서 만들어져야 한다고 주장했을 때, 그가 옳은 것으로 보인다. (하지만 나는 이런 우선 사항이 '논리적'으로 기술될 수 있을지에 대해서는 의문을 품고 있다.) 또한 이것이 소위 '타인의 마음 문제'를 해소하는 데 도움이 된다고 그가 주장했을 때도 옳다고 나는 생각한다[또한 논문 30의 주석 5를 보라]. 그러나 모든 것을 사람으로 해석하는 (이른바 정령 신앙이나 물활론이라고 하는) 초기 경향은 실재론적인 관점에서 교정을 필요로 함을 상기하는 것이 좋다. 이원론적인 태도가 진리에 더 가깝기 때문이다. W. Kneale의 훌륭한 강연, *On Having A Mind*, 1962, 41쪽을 보라. 그리고 또한 *The Self and Its Brain*, I부, 36절의 스트로슨의 관념에 대한 나의 논의를 보라.

10) 주석 1을 보라.

11) 아기가 웃는다는 확실히 무의식적이다. 하지만 그것은 (심적?) 행동의 일종이다. 그것은 준목적론적이며, 아기가 심리학적으로 **사람들**에 둘러싸여 있을 것이라는 **선천적인** 기대를 교묘하게 처리한다는 것이다. 여기서 말하는 사람들이란 친하게 될 혹은 적대적이 될 — 친구들이 되거나 낯선 사람들이 될 — 힘을 가지고 있다. 이것이야말로 자아의식에 우선한다고 나는 주장한다. 나는 발전에 대한 추측적인 도식으로서 다음을 제안한다. 먼저 사람에 대한

범주, 다음엔 사람과 사물의 구별, 그 다음엔 자신의 신체에 대한 발견, 그 신체가 자신의 것이란 것에 대한 학습, 오직 그런 다음에야 자아라는 사실에 대한 자각으로 발전한다는 것이다.

12) *The Self and Its Brain*, II부, 4장에 논의된 지니(Genie)의 경우를 보라. 내가 이 절을 쓴 이후에, Jeremy Shearmur가, 아담 스미스는 *The Theory of the Moral Sentiments*, III부, II절에서(6판과 그 후의 편집판, III부, I장에서) 사회가 '거울'이라는 생각을 제시했다는 사실에 대한 나의 관심을 불러일으켰다. 그런데 '거울'은 개인으로 하여금 '자신의 성격, 자신의 감정과 행동의 올바름과 결점, 자신의 아름다운 마음이나 추한 마음'을 보고 생각할 수 있게 해주며, 또한 '인간이란 동물이 자신의 종과 어떤 소통도 없이 고립된 곳에서 인간답게 성장할 수 있다면, 그는 자아를 발전시킬 수 없다'는 점도 시사하고 있다. 쉬머는 또한 여기의 내 생각과 헤겔, 마르크스와 엥겔스, 브래들리(Bradley), 그리고 미국 실용주의자인 미드(G. H. Mead)의 '자아에 대한 사회적 이론' 사이에 유사점들이 있다고 주장했다. [후술하는 논문 28의 주석 1을 보라.]

13) B. L. Whorf, *Language, Thought, and Reality*, 1956의 시간과 호피 인디언에 관해 말해진 것이란 관점에서 나는 괄호 속의 말을 덧붙였다.

14) J. C. Eccles, *Facing Reality*, 1970, 66쪽 이하를 보라.

15) M. R. Rosenzweig et al., 'Brain Changes in Response to Experience', *Scientific American* 226, 2, 1972, 22-29쪽; P. A. Ferchmin et al., 'Direct Contact with Enriched Environment Is Required to Alter Cerebral Weight in Rats', *Journal of Comparative and Physiological Psychology* 88, 1975, 360-367쪽; 그리고 *The Self and Its Brain*, I부, 41절을 보라.

16) 따라서 John Beloff는 *The Existence of Mind*, 1962에서 다음과 같이 말하고 있다. '… 성공적인 시각이 의존하는 모든 반사적인 과정들, 예컨대 수정체 조절, 동공 수축, 두 눈의 수렴 현상, 안구 움직임 등 모든 것이 무의식적인 수준에서 일어난다.'

17) E. Schrödinger, *Mind and Matter*, 1958, 7쪽; 1967년 편집판, *What Is Life?*, 103쪽을 보라. 슈뢰딩거는 실제로 이보다 더 나아가, 어떤 유기체에서도 새로운 문제가 일어날 때는 언제나, 의식적으로 시도된 해결책이 생길 것이라고 주장했다. 이 이론은 너무 강한 것임을 Peter Medawar가 슈뢰딩거의 저작에 대한 논평에서 보여주었다(*Science Progress* 47, 1959, 398쪽 이하). 그는 면역체계는 끊임없이 새로운 문제에 직면하지만, 그러나 무의식적으로 그 문제를 해결한다는 점을 지적했다. 그는 나에게 슈뢰딩거와 자신 사이의 어떤 일치점을 보여주었는데, 그것은 메다워의 슈뢰딩거의 논제에 대한 반례를 슈뢰딩거가 동의했다는 점이다.

18) 이 구절은 C. Sherrington, *The Integrative Action of the Nervous System*,

1906에서 나왔다.

19) K. Lorenz, 'Die Vorstellung einer zweckgerichteten Weltordnung', *Öster-reichische Akademie der Wissenschaften, phil.-historische Klasse* 113, 1976, 37-51쪽 중 46쪽을 보라.

20) W. Penfield, 'The Permanent Record of the Stream of Consciousness', *Acta Psychologica* XI, 1955, 47-69쪽을 보라. 또한 그의 *The Mistery of the Mind*, 1975를 보라.

21) *The Self and Its Brain*, II부, 2장을 보라.

23. 역사법칙주의

1) 특히 *The Logic of Scientific Discovery*, 12-18절을 보라[그리고 또한 전술한 논문 9-11을 보라].

2) [그러나 A. Donagan, 'Popper's Examination of Historicism', P. A. Schilpp, ed., *The Philosophy of Karl Popper*, 생존 철학자 총서 1974, 905-924쪽, 1 절을 보라. 도너간은 905쪽에 다음과 같이 썼다. '포퍼는 단순한 언어적 모호함을 회피할 자신의 희망에 실망했다.' 그리고 계속해서 포퍼는 이런 비판에도 자신에 대한 변론을 폈다고 썼다.]

3) *The Poverty of Historicism*, 3절을 보라.

4) 나는 C. E. Raven 교수가 *Science, Religion, and the Future*, 1943에서 이런 충돌을 '빅토리아 시대 찻잔 속의 폭풍'이라 부른 것에 동의한다. 하지만 이런 논평의 힘이 아마도 약간 손상된 까닭은 찻잔에서 여전히 나오고 있는 김에 그가 너무 주의를 기울였다는 점이다. 다시 말해, 베르그송, 화이트헤드, 스머츠(Smuts) 및 여타 사람들이 안출했던 진화론자의 철학이라는 거대 체계에 그가 많은 주의를 기울였기 때문이라는 것이다.

5) 진화를 '전통적인 사유에 대한 진화론적인 과감한 도전'으로서의 정서적 태도를 공유하지 않는 반계몽주의자 모두가 의심하는 진화론자의 경향에 의해 약간 위협을 받았다고 느꼈기 때문에, 나는 여기서 관련된 사실의 가장 성공적인 설명을 현대 다원주의에서 보았다고 말하는 것이 더 좋다. [또한 전술한 논문 5와 19를 보라.] 진화론자의 정서적 태도에 대한 훌륭한 예증은 *Science and Ethics*, 1942, 17쪽의 C. H. Waddington의 진술이다. '우리는 단순히 진화론이 좋기 때문에 진화론을 받아들여야 한다.' 또 다른 예증으로 Bernal 교수가 다원주의 논쟁에 관해 드러낸 다음과 같은 논평(같은 책, 115 쪽)은 아직도 적절하다는 사실을 또한 예증하고 있는 진술이다. '과학은 외부의 적, 교회와 싸워야만 했다는 것이 … 아니었다. 교회가 … 과학자들 자신 속에 있었다는 점이었다.'

6) T. H. Huxley, *Lay Sermons*, 1880, 214쪽을 보라. 진화법칙에 대한 헉슬리의 믿음은 (불가피한) 진보의 법칙이란 관념을 향한 지나칠 정도로 비판적인 태도의 관점에서 매우 주목할 만한 것이다. 그 설명은 그가 자연적 진화와 진보를 예리하게 구별했을 뿐만 아니라, (내가 옳다고 믿는) 이 둘은 서로 아무런 관련도 없다고 주장했던 것으로 보인다. 내가 보기에 *Evolution*, 1942, 559쪽 이하의 Julian Huxley의 흥미로운 분석은 이 점에 대해 전혀 아무것도 덧붙이지 않은 것 같다. 비록 외견적으로는 진화와 진보 간의 연계를 확립하고자 했다 할지라도 그렇다. 왜냐하면 진화가 가끔은 '진보적'이라 할지라도, 진보적이지 않은 일이 너무 자주 일어남을 그가 인정했기 때문이다. 다른 한편 모든 '진보적' 발전을 진화론적으로 고찰한다는 사실은 전혀 사소하지 않다. (지배적인 유형의 계기가 그가 말한 의미에서 진보적이라는 것은 그저 다음을 의미할 뿐이다. 즉, 우리는 습관적으로 '지배적인 유형'이란 말을 가장 '진보적'인 가장 성공한 유형에 적용할 뿐이라는 것이다.)

7) H. A. L. Fisher, *A History of Europe*, I권, 1935, vii쪽을 보라(고딕체는 내가 한 것임). 또한 F. A. von Hayek, 'Scientism and the Study of Society', *Economica* New Series X, 1943, 34-63쪽 중 II부, 58쪽을 보라. 그는 '사실상 법칙들이 발견될 수 없는 곳, 즉 독특하고 개별적인 역사적 현상들의 계기에서 법칙들을 발견하려는' 시도를 비판한다.

8) 거의 모든 이론에 관해 그것은 많은 사실과 일치한다고 말해질 수 있다. 이것 때문에 우리가 지지하는 사실들을 발견할 수 있는 경우보다는 오히려 우리가 반박하는 사실들을 발견할 수 없는 경우에만, 어떤 이론이 확인되었다고 말해질 수 있는 이유들의 하나가 된다. *The Logic of Scientific Discovery*, X장을 보라. 여기서 비판된 절차의 사례는 바로 Toynbee 교수가 주장한 바에 따라 소위 '종의 문명(species civilization)'이라 한 것의 생활주기에 대한 경험적인 탐구라고 나는 믿는다. 그는 생활주기에 대한 자신의 **선험적** 믿음에 따르는 실재들만으로 문명들을 분류했다는 사실을 간과한 것으로 보인다. 예를 들어, *A Study of History*, I권, 1934, 147-149쪽에서 토인비는 자신의 '문명들'을 '원시사회들'과 비교하고 있는데, 이것은 이 두 가지가 설령 동일한 '유'에 속할 수는 있을지라도 동일한 '종'에 속할 수 없다는 그의 교설을 확립하기 위해서 그렇게 했다. 그렇지만 이런 분류의 유일한 기초는 문명들의 본성에 대한 선험적인 직관이다. 우리는 이 점을 다음과 같은 그의 논증에서 알 수 있다. 그 둘은 분명히 코끼리와 토끼가 다른 만큼 상이하다. 이런 직관적 논증의 약점은 우리가 세인트버나드 종의 개와 페키니즈 종의 개의 경우를 고려한다면 분명하게 된다. 그러나 (그 둘이 같은 종에 속하는지 아닌지에 대한) 전체적 물음은 허락할 수 없다. 왜냐하면 그것은 마치 그것들이 물리적인 물체들이나 생물적인 물체들인 것처럼 집단을 다루는 과학적 방법을 토대로 하고 있기 때문이다. 비록 이 방법이 종종 비판되었는데도(예

컨대 F. A. von Hayek, 앞의 책, 41쪽 이하를 보라) 이런 비판들은 어떤 적
합한 답변도 받지 못했다.

9) '운동', '힘', '방향' 등에 관한 담화에 의해 야기된 혼동은 다음과 같은 것을
고려함으로써 판단될 수 있다. 유명한 미국 역사학자인 Henry Adams는 역
사의 궤도 위에 두 점의 위치를 고정함으로써 역사의 경로를 결정하기를 진
지하게 바랐기 때문에, 한 점을 13세기에, 다른 한 점을 현세에 자리 잡게
했다. 그는 스스로 자신의 계획에 대해 말한다. '이 두 점의 도움으로 … 그
는 자신의 경로를 앞과 뒤로 무한히 설계하고 싶었다. …' 왜냐하면 그는
'어떤 힘으로서의 사람은 고정된 점에서 운동에 의해 측정되어야 함을 어떤
학생도 알 수 있을 것'이라 논증하고 있기 때문이다(*The Education of Henry
Adams*, 1918, 434쪽 이하).

10) *The Logic of Scientific Discovery*, 15절에 존재적 진술들은 **형이상학적**이라
고(비과학적인 의미에서) 생각할 이유들이 주어진 것을 보라.

11) 균형 경제학이 동태적임은(이 용어의 '콩트적' 의미와 반대로 '합리적' 의미
에서) 의심할 여지가 없다고 언급할 가치가 있을지 모른다. 비록 시간이 그
등식에 나타나지 않는다 하더라도 말이다. 왜냐하면 이 이론은 균형이 어딘
가에 실현되었다고 주장하지 않기 때문이다. 그것은 단지 어떤 조정에 의해,
곧 균형을 향한 '운동'에 의해 모든 교란이(그리고 교란은 항상 일어난다)
동반된다고 주장할 뿐이다. 물리학에서 정역학은 균형들의 이론이며 균형을
향한 운동들의 이론이 **아니다**. 정역학 체계는 **움직이지 않는다**.

12) J. S. Mill, *A System of Logic*, 8판, 1872, VI권, X장, 3절(고딕체는 내가 한
것임). 일반적인 '발전 효과들'의 밀의 이론에 대해서는 또한 III권, XV장, 2
절과 3절을 보라.
밀은 오직 가장 단순한 산술학적이고 기하학적인 수열들만이 그 원리를 탐
지하는 데 '약간의' 용어들로 충분할 것이라는 사실을 간과한 것 같다. 수열
들의 구성 법칙을 발견하는 데 수천 개의 용어로도 충분치 않을 좀 더 복잡
한 수학적 수열들을 구성하는 것은 쉽다. **설령 그런 법칙이 있음이 알려져
있다 해도 그렇다**.

13) 이런 법칙들에 더 근접한 접근에 대해서는 *The Poverty of Historicism*, 28
절, 특히 129쪽의 주석 1을 보라.

14) 인용된 밀을 보라(고딕체는 내가 한 것임). 밀은 '진보'란 말의 두 가지 의미
를 구별한다. 넓은 의미에서 그것은 주기적 변화와 반대되지만, 그러나 개선
을 함의하지 않는다. (그는 이런 의미에서의 '진보적 변화'를 앞의 책, III권,
XV장에서 좀 더 충실하게 논의한다.) 좁은 의미에서 그것은 개선을 함의한
다. 그는 좀 더 넓은 의미에서 진보의 지속은 **방법**의 문제이며(나는 이 점을
이해하지 못한다), 좀 더 좁은 의미에서는 사회학의 정리라고 가르치고 있다.

24. 점진적 사회공학

1) F. A. von Hayek, 'The Trend of Economic Thinking', *Economica* XIII, 1933, 121-137쪽 중 123쪽을 보라. '··· 경제학은 주로 잇따른 유토피아적인 제안들에 대한 조사와 비판의 결과로 발전했다.'

2) M. Ginsberg, 'Sociology and Human Affairs', R. B. Cattell et al., eds., *Human Affairs*, 1937, 166-180쪽 중 180쪽을 보라. 그렇지만 수리경제학의 성공은 적어도 하나의 사회과학이 뉴턴적인 혁명을 통해서 실현되었음을 보여주고 있다는 것은 인정되어야 한다.

3) *The Logic of Scientific Discovery*, 15절을 보라. 그 이론은 J. S. Mill, *A System of Logic*, 8판, 1872, V권, V장, 2절과 대조시켜 볼 수 있다.

4) 그 예로 M. R. Cohen, *Reason and Nature*, 1931; 2판, 1953, 356-359쪽을 보라. 이 책의 사례들은 이런 유형의 반자연주의 견해를 비판한 것으로 보인다.

5) 이 '부패의 법칙'과 유사한 언명을 C. J. Friedrich가 매우 흥미롭고 부분적으로 기술적인 *Constitutional Government and Politics*, 1937에서 논의했다. 그는 이런 법칙에 대해 '모든 자연과학은 인류에게 부패의 법칙만큼 중요한 단 하나의 "가설"을 자랑할 수 없다'(7쪽)고 말한다. 나는 그 법칙의 중요함을 의심하지 않는다. 그러나 자연과학에서 그와 똑같이 중요한 무수한 법칙들을 우리가 발견할 수 있다고 나는 생각한다. 만약 우리가 더 추상적인 법칙들에서보다는 좀 더 평범한 법칙들에서 그것들을 찾기만 한다면 말이다. (사람들은 먹지 않고 살 수 없다, 또는 척추동물들은 양성을 갖고 있다와 같은 법칙들을 생각하라.) 프리드리히 교수는 '사회과학이 자연과학의 방법들을 사회과학에 적용한다고 해서 이득을 볼 수 있는 것이 아니라는' 반자연주의자의 논제를 주장하고 있다(같은 책, 4쪽). 하지만 그는 다른 한편 자신의 정치학 이론을 다음 구절들에서(같은 책, 14쪽 이하) 알 수 있는 성격의 많은 가설에 정초하려는 시도를 했다. '동의와 강제는 각기 권력을 생성하는 살아 있는 힘이다.' 그것들은 함께 '정치적 상황의 강도'를 결정한다. 그리고 '이런 강도는 동의나 강제 아니면 둘 다의 절대적인 양에 의해 결정되기 때문에, 어쩌면 이런 두 힘—동의와 강제—의 평행사변형 대각선으로 그 강도를 쉽게 표현할 수 있다. 그런 경우에 그것의 수치는 동의의 수치와 강제의 수치를 제곱한 합의 제곱근과 같을 것이다.' 너무 모호해서 측정할 수 없는 '힘들'의 '평행사변형'에(우리는 왜 그것이 직사각형이어야 하는지를 듣지 못했다) 피타고라스의 정리를 적용하려는 이런 시도야말로 내가 보기에 반자연주의의 사례가 아니라, 단지 일종의 자연주의 내지 '과학만능주의' 사례인 것 같다. 내 생각에 '사회과학은 자연주의나 과학만능주의에서 이득을

볼 수 없는' 것으로 보인다. 이런 '가설들'은 기술적인 형식으로는 도저히 표현될 수 없는 반면에, 프리드리히가 매우 정당하게 강조했던, 예컨대 '부패의 법칙'은 기술적인 형식으로 표현될 수 있다.

정치이론의 문제들이 '힘들의 평행사변형'에 의해 이해될 수 있다는 '과학만능주의 견해'에 대한 역사적 배경에 관해서는 *The Open Society and Its Enemies*, 7장, 주석 2를 보라.

6) '사회공학'이란 용어(점진적인 의미에서) 사용을 반대하는 하이에크 교수는 다음과 같은 이의를 제기했다. 전형적인 공학의 일이란 관련된 모든 지식을 단 한 사람의 머릿속에 집중하는 것을 포함하고 있는 반면에, 그렇게 집중될 수 없는 지식을 사용해야 하는 것이 바로 모든 진정한 사회문제들의 전형이 된다는 것이다. (Hayek, *Collectivist Economic Planning*, 1935, 210쪽을 보라.) 이런 사실이 근본적으로 중요함을 나도 인정한다. 그것은 전문기술적인 가설로 다음과 같이 언명될 수 있다. '당신은 개인들의 필요를 만족시킴 혹은 전문화된 기술과 능력의 효용과 같은 과제들에 대한 적절한 지식을 계획 당국에 집중시킬 수 없다.' (유사한 과제들과 연관해서 주도권의 집중 불가능성에 대한 유사한 가설이 제시될 수 있다.) 이제 '사회공학'이라는 용어 사용은 다음과 같은 점을 지적함으로써 옹호될 수 있다. 즉, 공학자는 이런 가설들에 구체적으로 표현된 기술적인 지식을 사용해야 하는데, 이런 가설들은 자신이 가진 지식의 한계는 물론 자신이 가진 주도권의 한계도 그에게 알려준다는 것이다.

7) 두 가지 견해 — 사회제도는 '설계된' 것이라는 견해나, 그 제도는 그저 '성장한' 것이라는 견해 — 는 사회계약 이론가들의 견해와 흄과 같은 비판자들의 견해에 상응한다. 그러나 흄은 사회제도의 '기능적' 내지 '도구적' 관점을 포기하지 않는다. 왜냐하면 사람들은 사회제도 없이 살아갈 수 없다고 그가 말하기 때문이다. 이런 견해는 설계되지 않은 (언어와 같은) 제도의 도구적 성격에 대한 다윈의 설명, 다시 말해 만약 그 제도가 어떤 유용한 기능도 갖고 있지 않다면, 그 제도가 살아남을 여하한 기회도 갖지 못할 것이라는 설명으로 다듬어질 수 있다. 이런 견해에 따르면 설계되지 않은 사회제도들은 **합리적 행동의 의도하지 않은 결과들**로 나타날 수 있다. 마치 어떤 길이 어떤 의도도 없이 이미 존재하는 오솔길을 사용하는 것이 편리함을 안 사람들에 의해 만들어지는 것처럼 말이다(데카르트가 관찰한 것처럼). 그러나 '기원'에 대한 모든 물음과 기술적 접근은 완전히 독립적이라는 것은 강조될 필요가 거의 없다.

8) '기능적 접근'에 관한 예로는 B. Malinowski, 'Anthropology as the Basis of Social Science', R. B. Cattell et al., eds., *Human Affairs*, 1937, 199-252쪽, 특히 206쪽 이하와 239쪽 이하를 보라.

9) 제도적 '기계들'의 효율은 한정되어 있으며, 또한 제도의 기능은 그 제도가

적정한 인원들을 구비했는지에 의존한다고 주장하고 있는 이 사례는 아마 에너지 보존 법칙과 같은 (영구 운동 기관의 가능성을 배제하는 형식으로 표현된) 열역학의 원리들과 비교될 수 있다. 그 사례 자체는 물리학의 에너지 개념과 권력과 같은 몇몇 사회학의 개념 사이의 유사점을 이끌어내려는 여타의 '과학적' 시도들과 대조될 수 있다. 그 사례로 이런 종류의 과학적 시도를 편 Bertrand Russell의 *Power*, 1938, 10쪽 이하를 보라. 나는 러셀의 주된 논점 — 부, 선동자의 권력, 노골적인 권력 같은 '다양한 형태의 권력들'은 때때로 서로 전환될 수 있다는 것 — 이 전문기술적인 형식으로 표현될 수 있다고 생각하지 않는다.

10) W. Lippmann, *The Good Society*, 1937, XI장, 203쪽 이하. 또한 W. H. Hutt, *Plan for Reconstruction*, 1943을 보라.

11) K. Mannheim이 *Man and Society in an Age of Reconstruction*, 1940에서 종종 사용한 표현이다. 색인을 보고 그 사례로는 269, 295, 320, 381쪽을 보라. 내가 아는 한 이 책은 전체주의 프로그램이나 역사법칙주의자의 프로그램에 대한 가장 잘 다듬어진 해설이므로, 비판을 하기 위해 여기서 발췌했다.

직접적으로 뒤를 이은 인용 구절은 같은 책, 337쪽에서 나왔다. 이 구절은 *The Poverty of Historicism*, 23절에서 좀 더 충실하게 인용되었고 그곳에서 또한 그것에 대한 비판이 이루어졌다.

12) 'The Problem of Transforming Man'은 Mannheim, 앞의 책의 한 장의 제목이다. 이어지는 인용 구절은 그 장 199쪽 이하에서 나왔다.

13) 이것 또한 J. S. 밀이 사회적 실험들에 관해 다음과 같이 말했을 때의 견해이다. '우리는 명백히 어떤 것도 시도할 힘을 갖고 있지 못하다. 우리는 오직 자연이 생산할 것들만 … 역사에 기록된 현상들의 계기를 … 볼 수 있을 뿐이다.' *A System of Logic*, 8판, 1872, VI권, VII장, 2절을 보라.

14) Sidney and Beatrice Webb, *Methods of Social Study*, 1932, 221쪽 이하에서 사회적 실험들과 비슷한 사례들을 들고 있다. 그러나 그들은 여기서 '점진적' 그리고 '전체론적'이라 불리는 두 종류의 실험을 구분하지 못했다. 비록 실험적 방법들에 대한 그들의 비판은(226쪽 '결과들의 혼합물'을 보라) 특히, (그들이 겉치레로 칭찬할 것 같은) 전체론적 실험들에 대한 비판으로서 유력한 것일지라도 말이다. 더구나 그들의 비판은 내가 부당하다고 생각한 '변이 가능성' 논변과 결합되어 있다. *The Poverty of Historicism*, 25절을 보라.

15) 전술한 논문 9-12와 또한 *Conjectures and Refutations*, 15장을 보라. 또한 예를 들어 J. Tinbergen, *Statistical Testing of Business-Cycle Theories*, II권, 21쪽을 보라. '어떤 모형의 구성이란 … 시행착오의 문제 … 이다.'

16) 스피노자의 정치이론에서 가장 결정적인 점 중의 하나는 타인이 생각한 것을 아는 것과 통제하는 것은 불가능하다는 것이다. 그는 '폭정'이란 불가능

한 것을 성취하려는 시도와 권력이 발휘될 수 없는 곳에서 권력을 행사하려는 시도라고 정의한다. 스피노자는 정확히 말해 자유주의자가 아니었음을 우리는 상기해야 한다. 그는 권력의 제도적 통제를 믿지 않았지만, 그러나 군주는 자신의 권력을 실제 한계까지 행사할 권리를 갖고 있다고 생각했다. 그렇지만 전체주의적 입안가들은 너무 순진하게도 스피노자가 이른바 '폭정'이라는 것과 이성은 상충될 것이라고 분명히 말한 것을 '과학적인 문제', 즉 '인간을 개조하는 문제'로 다루고 있다.

17) 닐스 보어는 만약 두 접근이 (1) 통상적인 의미에서 상보적이고, 또한 그 접근들이 (2) 다음과 같은 의미에서 서로 배타적이라면, 그 두 접근을 '상보적'이라고 한다. 즉, 우리가 어느 하나를 더 많이 사용하면 할수록, 다른 하나를 점점 덜 사용할 수 있다는 의미라면 배타적이라는 것이다. 비록 내가 본문에서는 주로 사회적 지식을 언급하고 있다 할지라도, 정치권력의 집적(그리고 집중)을 일반적으로 과학적 지식의 발전과 '상보적'이라고 주장할 수 있다. 왜냐하면 과학의 발전이란 사고의 자유로운 경쟁에 의존하므로, 따라서 과학의 발전은 사상의 자유와 궁극적으로는 정치적 자유에 의존할 터이기 때문이다.

18) R. H. Tawney, *Religion and the Rise of Capitalism*, 1926, II장, ii절 말미, 102쪽을 보라.

25. 통치권의 역설

1) 이 인용 구절은 *Laws*, 690 B에서 따왔다.

2) J. S. 밀도 이와 비슷한 생각들을 표명했다. 그래서 그는 *A System of Logic*, 8판, 1872, VI권, VIII장, 3절에 다음과 같이 썼다. '지도자의 행동이 자신의 이기적 이해에 따라 전적으로 결정되지는 않는다 할지라도, 헌법적인 억제를 필요로 한다는 것은 주로 그런 이기적 이해에 대한 방지책으로 결정된다. …' 이와 유사하게 *The Subjection of Women*, 1869; 문고판, 251쪽에서 그는 다음과 같이 썼다(고딕체는 내가 한 것임). '선인의 절대적인 통치하에 거대 선, 엄청난 행복 및 엄청난 애정이 있을 수 있음을 누가 의심하겠는가? **선한 사람이 아니라 악한 사람에 맞도록 법과 제도를 고칠 것을 요구하는** 중이라면 말이다.' 나는 위 고딕체 문장을 대체로 동의하기 때문에, 그 문장의 처음 부분에 포함된 용인은 실제로는 필요하지 않다고 생각한다. 유사한 용인은 그의 *Representative Government*, 1861, 49쪽의 훌륭한 구절에서 찾아볼 수 있다. 거기서 밀은 철인왕이라는 플라톤의 이상과 싸우고 있다. **특히 철인왕의 통치가 자비로운 것이라면**, 그것은 정책을 판단할 일상 시민의 의지와 능력의 포기를 함축할 것이기 때문이다.

J. S. 밀의 이런 용인은 James Mill의 *Essay on Government*와 그에 대한 '매콜리(Macaulay)의 유명한 비판'(J. S. 밀이 그렇게 불렀듯이; 그의 *Autobiography*, V장, 한 단계 전진(One Stage Onward); 초판, 1873, 157-161쪽을 보라; 매콜리의 비판은 *Edinburgh Review*, 1829, 3월호와 6월호 그리고 10월호에 처음 발표되었다) 사이의 논쟁을 해결하려는 시도의 일부였다고 언급될 수 있다. 이 논쟁은 밀의 발전에 커다란 역할을 했다. 즉, 우리가 그의 *Autobiography*를 통해 들었던 것처럼, 그 논쟁을 해결하려는 시도가 실제로 그의 *Logic*의('그 후 도덕적인 학문의 논리로 내가 발표했던 것의 주요한 장들') 궁극적 목표와 성격을 결정지었다는 것이다.

J. S. 밀은 자신의 아버지와 매콜리 간의 논쟁의 해결책을 다음과 같이 제시했다. 그의 아버지가 정치학은 연역의 학문이었다고 믿은 것은 옳았으나, '연역의 유형이 … 순수 기하학의 유형(이었다)'이라고 믿은 것은 잘못이었다고 말하고 있다. 반면에 매콜리는 정치학은 이보다 더 실험적이라고 믿은 것은 옳았으나, 정치학이 '화학의 순수 실험적 방법'과 닮았다고 믿은 것은 잘못이었다고 말한다. 밀에 따르면, 참된 해결책은 이렇다(*Autobiography*, 159쪽 이하). 정치학의 적합한 방법은 역학의 연역적 방법으로, 즉 효과들의 합이라는 '힘들의 합성 원리'가 예화된 것으로 특징지어진 방법을 그는 믿었다. (이런 밀의 생각이 어쨌든 1937년까지 존속했다는 것을 앞에서 [논문 24의 주석 5에서] 보여주었다.)

나는 이런 분석에(다른 것들은 차치하고, 역학이나 화학의 잘못된 해석에 토대를 두고 있는) 매우 중요한 것이 있다고 생각하지 않는다. 하지만 그저 그런 정도로만 지지할 수 있을 것 같다.

제임스 밀은 자신의 이전과 이후의 수많은 사람처럼, 매콜리가 (자신의 논문 말미에서) 말한 대로, '인간 본성의 원리에서 통치의 학문을 연역하려고' 애썼다. 그리고 이런 시도를 전혀 불가능한 것으로 매콜리가 기술한 것은 옳았다고 나는 생각한다. 또한 그의 방법은 제임스 밀의 교설을 반박하는 목적을 위해 역사적인 사실을 충분히 이용하는 한에서 어쩌면 좀 더 경험적인 것으로 기술할 수 있다. 하지만 그가 수행했던 방법은 화학의 방법이나 J. S. 밀이 화학의 방법이라 믿었던 것과 (또는 제임스 밀의 삼단논법에 화가 난 매콜리가 칭송했던 베이컨의 귀납적인 방법과도) 아무런 관계가 없다. 그것은 단지 다음과 같은 분야에서 부당한 논리적인 예증을 기각하는 방법일 뿐이었다. 대안이 되는 이론들과 대안적인 가능성 및 실제의 역사적 증거에 비추어 논리적으로 흥미로운 어떤 것도 예증할 수 없는 분야가 그것이다. 문제가 된 주요한 논점들 중의 하나는, 제임스 밀은 독재정치와 귀족정치가 공포적인 통치의 필연성을 예증했다고 그가 믿었다는 점 ― 사례를 통해 쉽게 반박되었던 점 ― 이었다. 이 주석의 첫 부분에 인용된 J. S. 밀의 두 인용 구절은 이런 반박의 영향임을 보여주고 있다.

매콜리는 항상 밀의 증명을 기각하고 싶었을 뿐이지, 밀이 추정한 결론들의 참이나 거짓에 관해 비난하는 것이 아님을 강조했다. 이것은 오직 그가 칭송했던 귀납적 방법을 수행하고자 하지 않았다는 것을 명료히 해주는 것에 불과하다.

3) 그 사례로 E. Meyer, *Geschichte des Altertums*, V권, 1902, 4쪽의 '권력이란 그 본질에 있어 나눌 수 없다'는 논평을 보라.

4) *Republic*, 562 B-565 C를 보라. 본문에서 나는 특히 562 C를 언급하고 있다. '[자유의] 무절제 때문에 사람들이 독재정치의 국가를 몹시 바라는 결과를 초래하는가?' 나아가 563 D/E를 보라. '그리고 잘 알다시피 결국 사람들은 성문이든 불문이든 간에 어떤 법도 주목하지 않는다. 왜냐하면 그들은 자신들을 지배하는 어떤 군주도 없길 원하기 때문이다. 그렇다면 이것이야말로 독재정치가 나오는 기원이 된다.'
자유와 민주정치의 역설에 관한 플라톤의 여타 논평들이 있다. *Republic*, 564 A. '그러면 너무 많은 자유 때문에 국가적으로 그리고 개인적으로 많은 사람이 노예의 처지로 전락하기 쉽다. … 그러므로 민주정치보다는 다른 통치 형태로 독재자를 앉힌다고 가정하는 것이 합리적이다. 자유의 무절제 가능성이 가장 큰 것에서 가장 견고하고 가장 야만적인 형태의 노예제도가 나온다고 나는 믿는다.' 또한 *Republic*, 565 C/D. '그리고 일반인은 어느 한 사람을 자신들의 대변자나 당의 지도자로 만들고 그 지위를 강화하여 그를 위대하게 만드는 버릇이 있지 않은가?' — '이것은 그들의 습관이다.' — '그렇다면 독재자가 출현할 때는 언제나 이런 민주정당의 지도력이야말로 독재자가 나오는 기원이 되는 것이 분명한 것 같다.'
이른바 '**자유의 역설**'은 어떤 제한적인 통제도 없다는 의미에서의 자유란 매우 커다란 제약을 받아야 한다는 논증이다. 왜냐하면 그런 자유는 불량배가 마음대로 온유한 자를 노예로 만들게끔 하기 때문이다. 플라톤은 이런 생각을 약간 다른 형식으로 그리고 매우 다른 취지로 분명히 표현했다.
'**관용의 역설**'은 거의 잘 알려지지 않았다. 무제한한 관용은 관용의 소멸에 이르러야 한다. 만약 우리가 관용적이지 않은 사람에게도 무제한의 관용을 베푼다면, 만약 우리가 관용적이지 않은 사람을 공격하는 것에 반대하는 관용사회를 지지할 각오를 하지 않는다면, 관용적인 사람들이 죽게 될 것이며, 그와 더불어 관용도 소멸될 것이다. — 내가 이런 언명에 함축하지 않는 것은 우리가 항상 관용적이지 않은 철학자들의 발언을 억압해야 한다는 사례이다. 우리가 합리적 논증을 통해 그들에 반대하고, 공공적인 의견을 통해 그들을 제지하는 한, 억압은 확실히 매우 어리석은 짓일 것이다. 하지만 우리는 만약 필요하다면 힘에 의해 그들을 억압할 권리를 요구해야 한다. 왜냐하면 그들이 합리적인 논증 수준에서 우리를 만날 각오를 하는 것이 아니라, 모든 논증을 비난함으로써 시작한다는 것은 쉽게 밝혀질 수 있기 때문이다.

그들은 합리적 논증이란 현혹시키는 것이기 때문에, 자신들의 추종자가 그 논증에 귀 기울이는 것을 금할 수 있다. 그리고 자신들의 주먹이나 총을 사용하여 추종자들이 논증에 답할 것을 가르칠 수 있다. 그러므로 우리는 관용이란 이름으로 관용적이지 않은 사람을 용서하지 않을 권리를 요구해야 한다. 우리는 불관용을 설교하는 어떤 운동도 그 자체로 법 외부에 놓을 것을 요구해야 한다. 그리고 우리가 살인이나 유괴나 노예교역의 재생을 선동하는 것을 범죄로 생각해야 하는 것과 똑같이 불관용과 박해에 대한 선동을 범죄로 생각해야 한다.

거의 잘 알려지지 않은 또 다른 역설의 하나는 '민주정치의 역설', 정확히 말해 다수결 원리, 즉 독재자가 통치해야 한다는 결정을 다수가 할 수 있는 가능성의 역설이다. 민주정치에 대한 플라톤의 비판은 여기서 묘사된 방식으로 해석될 수 있다는 것과 다수 통치의 원리가 자기모순에 이를 수 있다는 것을, 내가 아는 한, Leonard Nelson이 맨 먼저 주장했다. 그렇지만 넬존의 열정적인 인본주의와 자유를 위한 열렬한 투쟁에도 불구하고, 플라톤의 정치이론에서 많은 것을, 특히 플라톤의 통솔력 이론을 채택했던 그가 **주권 이론**의 상이한 특수 형식들을 모두 반대하는 유사한 논증이 제기될 수 있다는 사실을 알고 있었다고 나는 생각하지 않는다.

만약 우리가 [이 논문의] II절에 제시되었던 방식이나 어쩌면 이와 같은 어떤 방법에서 정치적인 요청들을 짜 맞춘다면, 이 모든 역설을 회피할 수 있다. 우리는 평등주의와 보호주의 원리에 따라 통치하는 정부, 상호 호혜적일 것을 각오한, 즉 기꺼이 관용적인 모든 사람을 관용하는 정부, 국민에 의해 통제되어 국민에게 책임이 있는 정부를 필요로 한다. 그리고 국민이 잘 알게끔 유지하는 제도와 더불어 다수결 투표의 어떤 형식이, 확실하지는 않을지라도, 이런 정부를 통제하는 가장 좋은 수단이라고 우리는 부연할 수 있다. (어떤 확실한 수단도 존재하지 않는다.) [또한 논문 2의 주석 3(4)와 아래 주석 6을 보라.]

5) 이 논점에 관한 더 이상의 논평들은 *The Open Society and Its Enemies*, 19 장에서 발견될 것이다.

6) 이 단편은 H. Diels & W. Krantz, *Die Fragmente der Vorsokratiker*, 5판, 1964, 헤라클레이토스 B 33에서 나왔다. [또한 논문 1의 주석 1을 보라.] 자유의 역설과 주권의 역설에 관한 다음 논평들은 아마도 논증을 너무 멀리 진행시킨 것처럼 보일 수 있다. 하지만 이곳에서 논의된 논증들은 어느 정도 형식적인 성격을 띤 것이기 때문에, 그것들을 좀 더 정연하게 만드는 편이 좋을 수 있다. 설령 그것이 사소한 일에 구애하는 것과 비슷한 무엇인가를 포함하고 있을지라도 말이다. 더구나 이런 종류의 논쟁에서 내가 겪은 경험 때문에 다음과 같은 점을 예상하게 되었다. 지도자의 원리를 지지하는 자들 즉, 최선자나 가장 현명한 자의 통치를 지지하는 자들은 실제로 반대 논증을

다음과 같이 펼 수 있다. (1) 만약 다수가 통치해야 한다는 것을 '가장 현명한 자'가 결정한다면, 그는 실제로 현명하지 않을 것이다. 더 나아간 숙고 끝에, 그들은 (2) 현명한 어떤 사람은 다수 통치의 원리와 같은 모순에 이를 수 있는 원리를 확립하지 않을 것이라고 주장함으로써 이를 지지할 수 있다. (2)에 대한 나의 응답은 이 결정이 모순을 벗어나게 되는 그런 방식으로서 우리는 단지 '현명한 사람'의 이 결정을 바꾸는 것만을 필요로 한다는 것이다. 예컨대 그는 평등주의와 보호주의의 원리에 따라 통치할 수밖에 없는, 그리고 다수결의 투표에 의해 통제되는 정부를 지지하는 결정을 내릴 수 있다. 현명한 사람의 이런 결정은 주권의 원리를 포기할 것이며, 이로 인해 그 결정이 모순에서 벗어나게 될 것이기 때문에, '현명한' 사람은 이런 결정을 내릴 수 있다. 그러나 물론 이것은 가장 현명한 자가 통치해야 한다는 원리의 모순, 바로 **그 모순에서** 벗어나지 못할 것이다. 다른 논증, 즉 (1)은 다른 문제이다. 그것은 위험천만하게도 정치가의 '지혜'나 '선함'을 정의하는 것과 밀접하게 된다. 정치가가 자신의 권력을 포기하지 않도록 결정될 경우에만 그를 '현명하다' 또는 '선하다'고 부르는 그런 방식으로 정의하는 것과 밀접하게 된다는 것이다. 사실 모순에서 벗어난 유일한 주권 원리는 자신의 권력을 고수하는 것이 절대적으로 결정된 사람만이 오직 통치해야 한다는 이론일 것이다. 지도자의 원리를 믿는 사람들은 숨김없이 자신들의 신조의 이런 논리적인 결론들에 부딪쳐야 한다. 만약 모순에서 벗어난다면, 그 원리는 '최선자'나 '가장 현명한 자'의 통치가 아니라, 강한 사람의 통치, 즉 권력자의 통치를 함의할 것이다.

7) *Conjectures and Refutations*, 4장, 'Towards a Rational Theory of Tradition' 이라는 내 강연을 보라. 거기서 나는 전통은 개인들과 제도들 사이 일종의 중재와 매개 역할을 한다는 것을 보여주려고 했다.

26. 마르크스의 국가이론

1) *A Contribution to 'The Critique of Political Economy'*, 1859, 서문; E. Burns, ed., *A Handbook of Marxism*, 1935, 372쪽을 보라.
2) '설득과 강제'의 플라톤의 권고에 대해서는, 그 사례로 *The Open Society and Its Enemies*, 5장, VII절과 8장, 주석 5와 10을 보라.
3) V. I. Lenin, *The State and Revolution*, 1918, 1장, 4절; *A Handbook of Marxism*, 735쪽을 보라.
4) 두 인용 구절은 Marx & Engels, *The Communist Manifesto*, 1848; *A Handbook of Marxism*, 46쪽; Moscow standard edition of Marx & Engels, Series I, VI권, 546쪽에서 나왔다.

5) Lenin, 앞의 책, 1장, 1절; *A Handbook of Marxism*, 725쪽을 보라.

6) 이 인용 구절은 *The Communist Manifesto*, 1848; *A Handbook of Marxism*, 25쪽; Moscow standard edition of Marx & Engels, Series I, VI권, 528쪽에서 나왔다. 원문은 *Capital*, 첫 번째 영어 번역본의 엥겔스의 서문에서 나왔다. 나는 여기서 이 서문의 전체에 대한 결론인 구절을 인용했는데, 거기서 엥겔스는 마르크스의 결론에 관해 말하고 있다. '유럽에서는 적어도 영국은 완전히 평화적이고 법적인 수단을 통해서 불가피한 사회혁명을 달성할 수 있는 유일한 나라이다. 그는 "노예제도를 지지하는 반란 없이" 이 같은 평화롭고 법적인 혁명에 복종하는 영국의 지배계급을 거의 예상하지 못했음을 부연하는 것을 잊지 않았음이 확실하다.' (*Capital*, 문고판, 887쪽을 보라.) 이 구절은 마르크스주의에 따라 혁명의 폭력이나 비폭력이 옛 지배계급의 저항이나 비저항에 의존한다는 것을 분명히 보여주고 있다. 또한 *The Open Society and Its Enemies*, 19장, I절을 보라.

7) F. Engels, *Anti-Dühring*, 1877, III부; *A Handbook of Marxism*, 296쪽; Moscow standard edition of Marx & Engels, 별책, 292쪽을 보라. 또한 위 주석 5에 언급된 구절을 보라.

러시아에서 자본계급의 저항은 몇 년 동안 약화되었지만, 그러나 러시아라는 국가가 쇠퇴하고 있다는 징후는 전혀 없었고, 심지어 내부 조직에서도 그런 징후는 없었다.

국가가 쇠퇴한다는 이론은 상당히 비현실적이며, 그리고 마르크스와 엥겔스는 주로 자신들의 경쟁자를 혼란시키기 위해 그 이론을 채택했다고 나는 생각한다. 내가 염두에 둔 경쟁자는 바쿠닌과 무정부주의자들이다. 마르크스는 자신의 급진주의를 능가하는 어떤 다른 사람의 급진주의를 보는 것을 싫어했다. 마르크스처럼 그들도 현존하는 사회질서의 전복을 목표로 했지만, 그러나 그들의 공격은 경제체계 대신에 법적, 정치적 체계에 맞춰져 있었다. 그들에게 국가란 소멸되어야 할 마귀였다. 그렇지만 자신의 경쟁자인 무정부주의자에 대해서는 마르크스 자신의 전제에 따르면 사회주의 하에서 국가제도란 새로운 필수 기능을 실현해야 할 가능성을 쉽게 허용할 수 있다. 다시 말해 민주정치의 위대한 이론가가 국가 제도에 할당한 정의와 자유를 보호하는 그런 기능들을 허용할 수 있다는 것이다.

8) 마르크스는 상품의 '가치'를 그 상품의 재생산에 필요한 평균 노동시간으로 정의한다. 이런 정의는 그의 **본질주의**에 대한 좋은 예시이다. 왜냐하면 그는 **상품의 가격**이라는 형식으로 나타난 것에 대응하는 본질적 실재를 암시하기 위해 **가치**를 도입하기 때문이다. 가격이란 기만적인 종류의 현상이다. '어떤 사물은 가치 없이 가격을 가질 수 있다'고 마르크스는 쓰고 있다(*Capital*, 문고판, 79쪽; 또한 *Capital*, 서문의 Cole의 훌륭한 논평, 특히 xxvii쪽 이하를 보라).

9) '임금 노예'와 여기서 간략히 묘사된 결과인 마르크스의 분석에 대해서는 특히 *Capital*, 문고판, 153쪽 이하 그리고 주석을 보라.

마르크스의 분석에 대한 내 표현은 *Capital*을 요약할 즈음에 엥겔스가 *Anti-Dühring*에서 행한 진술을 인용한 것으로 뒷받침될 수 있다. 엥겔스는 다음과 같이 쓰고 있다(*A Handbook of Marxism*, 269쪽; Moscow standard edition of Marx & Engels, 별책, 160-167쪽). '달리 말해서 설령 우리가 약탈, 폭력 및 사기의 모든 가능성을 배제한다 할지라도, 비록 우리가 모든 사유재산은 원래 소유자 자신의 노동을 통해서 생산되며 그리고 전체적으로 계속 이어지는 과정에서 동일한 가치에 대한 동일한 가치의 교환만 존재할 뿐이라고 가정할지라도, 그런 경우조차도 생산과 교환의 진보적 발전은 필연적으로 현재와 같은 자본주의 생산체계를 초래할 것이다. 다시 말해 수적으로 열세인 계급의 손에 있는 소비재는 물론 생산도구를 독점하는 체계, 거대 다수를 이루고 있는 다른 계급을 무산계급의 빈곤자로 전락시키는 체계, 생산 호황과 교역의 퇴조라는 주기적인 순환, 즉 우리의 현 생산체계의 전반적인 혼란을 일으키는 체계인 자본주의 체계를 낳는다는 것이다. 전체적인 과정은 순수하게 경제적인 원인들, 즉 약탈과 강제, 그리고 여하한 종류의 정치적인 개입이라는 가정도 전혀 불필요한 것으로 설명된다.'

아마도 이 구절은 언젠가 마르크스주의는 '거대 기업'의 음모를 통해서는 불황을 설명하지 못한다는 통속적인 마르크스주의자들을 납득시킬지도 모른다. 마르크스 자신은 이렇게 말했다(*Das Kapital*, II권, 1885, 406쪽 이하; 고딕체는 내가 한 것임). '자본주의의 생산은 **좋은 의도나 나쁜 의도와 관계없이** 노동계급에게 단지 비교적 일시적인 번영만을 허용하고 언제나 불경기의 선구자로서만 방임하는 조건을 포함하고 있다.'

10) 또한 '재산은 도둑질이다' 혹은 '재산은 약탈이다'라는 교설에 대해서는 *Capital*, 문고판, 601쪽, 주석 1의 John Watts에 관한 마르크스의 논평을 보라.

11) 단지 '형식적인' 자유와 '현실적인' 또는 '실재적인' 자유를 구별하는 헤겔적인 특징에 대해서는 *The Open Society and Its Enemies*, 12장의 주석 62를 보라. 헤겔은 '실재적인' 자유가 '현실화'된 프러시아 국가와 대립되는 것으로 단지 '형식적인' 자유를 예찬하는 영국의 정체를 공박하는 것을 좋아한다. 이 단락 말미의 인용 구절에 대해서는 *Das Capital*, III/2권, 1894, 355쪽을 보라.

12) 이런 분석에 반대해서 다음과 같은 점을 말할 수 있다. 만약 우리가 생산자로서 그리고 특히 노동시장에서 노동의 구매자로서의 기업가들 간의 완전경쟁을 가정한다면 (그리고 더 나아가 이런 시장에서 압력을 행사할 고용되지 않은 '산업 예비군'이 전혀 존재하지 않는다고 우리가 가정한다면) 경제적으로 강한 자가 경제적으로 약한 자를 착취한다는 말을 결코 할 수 없다. 다시

말해 기업가가 노동자를 착취한다는 이야기를 할 수 없다는 것이다. 하지만 노동시장에서 구매자들 간의 완전경쟁이란 가정은 도대체 실제적인가? 예를 들어 수많은 지역 노동시장에서 매우 중요한 구매자가 단지 하나만 존재한 다는 것은 참이 아닌가? 그 외에도 우리는, 만약 어떤 다른 이유 때문이 아 니라, 노동은 쉽게 이동될 수 없기 때문이라면, 완전경쟁이 자동적으로 실업 의 문제를 해결할 것이라고 가정할 수 없다.

13) 국가의 경제적 개입 문제와 우리의 현 경제체계를 **간섭주의**로 규정함에 관 해서는 *The Open Society and Its Enemies*, 18-20장, 특히 18장 주석 9와 본 문을 보라. 여기서 사용된 **간섭주의**는 같은 책, 6장, 111쪽에서 내가 이른바 정치적 **보호주의**라고 한 것의 경제적인 보완이라고 언급될 수 있다. (왜 '보 호주의'라는 말이 '간섭주의' 대신에 사용될 수 없는지는 분명하다.)

14) *Capital*, 문고판, 864쪽.

15) 또한 *The Open Society and Its Enemies*, 9장을 보라.

16) 상트페테르부르크의 *European Messenger*에 발표된 논평을 마르크스는 *Capital*, 2판, 서문에 인용했다. (*Capital*, 문고판, 871쪽을 보라.)

우리는 마르크스에 대해서 공평하게 다음과 같이 말해야 한다. 그는 항상 자 신의 체계를 매우 진지하게 다루지 않았으며, 그는 기꺼이 자신의 기본적인 계획에서도 약간 이탈했다. 그는 그 체계를 독단의 체계로 생각하기보다는 어떤 관점(그리고 그 체계 자체는 확실히 매우 중요했다는 것)으로 생각했 다.

따라서 *Capital*의 연속적인 두 쪽에서(832쪽 이하), 법적 체계의 2차 성질에 대한 (또는 법적 체계의 외투, 즉 '현상'으로서의) 통상적인 마르크스주의 이 론을 강조하는 하나의 진술과 국가의 정치적 권력에 매우 중요한 역할을 부 여하고 그것을 충분히 성숙한 **경제적인 힘**의 지위로 분명하게 격상시키는 또 다른 진술을 우리는 이해한다. 이 진술 중 '저자는 혁명이 법에 의해 이 루어지지 않음을 잘 기억할 것이다'라는 첫 번째 진술은 산업혁명과 산업혁 명에 영향을 미치는 입법을 요구했던 저자를 언급하고 있다. 두 번째 진술은 자본의 축적 방법에 관한 비평(그리고 마르크스주의 관점에서는 매우 이단 적인 비평)이다. 이 모든 방법은 '사회의 정치적 권력이 중앙 집중화된 국가 권력을 이용한다. 권력이란 새로운 사회를 수태하고 있는 옛날 모든 사회의 산파이다. **권력 그 자체는 경제적인 힘이다**'라고 마르크스는 말한다. 내가 고딕체로 쓴 마지막 문장 앞까지의 구절은 분명히 정통적이다. 그러나 마지 막 문장은 이런 정통성을 어기고 있다.

엥겔스는 더 독단적이다. 엥겔스가 *Anti-Dühring*에서 다음과 같이 쓴 진술을 우리는 특히 비교해 보아야 한다. '경제적 발전과 대립되는 것으로 정치적 권력이 역사에서 행한 역할은 이제 분명하다.' 그는 '정치권력이 경제 발전 에 불리하게 작용하는 그때에는, 대체로 단지 약간의 예외적인 경우에만 정치권력은 굴복한다. 이런 약간의 예외는 야만적인 정복자가 … 사용하는 방법을 몰랐던 … 생산력을 황폐화시킨 단발적인 정복의 경우이다'라고 주장한다(*A Handbook of Marxism*, 277쪽).

대부분의 마르크스주의자의 독단주의와 권위주의는 실제로 놀라운 현상이다. 그것은 바로 그들이 마르크스주의를 형이상학적인 체계로서 비합리적으로 사용한다는 것을 보여주고 있다. 그 현상은 급진주의자들과 온건주의자들에서도 마찬가지로 발견될 것이다. 예컨대, E. Burns는 '반박이란 … 불가피하게 마르크스 이론을 왜곡한다'는 놀랄 만큼 소박한 진술을 하고 있다(*A Handbook of Marxism*, 374쪽). 그런데 그 말은 마르크스 이론들은 반박할 수 없다는, 즉 비과학적이라는 것을 함의하는 것 같다. 왜냐하면 과학적 이론은 비판될 수 있고 파기될 수 있기 때문이다. 다른 한편 L. Laurat는 *Marxism and Democracy*, 1940, 226쪽에서 다음과 같이 말한다. '우리가 사는 세계를 볼 때, 칼 마르크스의 본질적인 예언이 거의 수학적으로 정확히 실현되고 있다는 것에 깜짝 놀란다.'

마르크스 자신은 다르게 생각했던 것으로 보인다. 내가 이 점에서 잘못일지도 모르지만, 그러나 나는 다음과 같은 진술의 진정성을 믿는다(*Capital*, 초판, 그의 서문 말미; 865쪽을 보라). '나는 아무리 호될지라도 과학적인 비판을 환영한다. 하지만 소위 여론의 선입견에 부딪칠 때, 나는 내 금언을 … 고수하겠다. 너의 방침을 따라가고, 그 선입견들을 재잘거리게 놔두라!'

27. 개인주의 대 집단주의

1) 여기서 '집단주의'란 용어에 관한 술어상의 논평을 할 수 있다. H. G. Wells가 '집단주의'라고 말한 것과 그 이름으로 내가 말하는 것은 아무런 관계가 없다. 특히 *Rights of Man* 그리고 *Common Sense of War and Peace*에서 보여주었듯이 웰즈는 개인주의자이다. 그 저서에는 평등한 개인주의를 요구하는 매우 수긍할 만한 언명을 담고 있다. 하지만 그는 또한 옳게도 개인적인 인간 존재의 자유와 복지의 향상을 목표로 하는 정치적 제도에 대한 합리적인 계획을 믿었다. 이것을 그는 '집단주의'라고 부른다. 그의 '집단주의'와 동일한 것이라고 내가 생각한 것을 기술하기 위해, 나는 '자유를 위한 합리적인 제도적 계획'이라는 표현을 사용할 것이다. 이런 표현은 길어서 어색할지도 모르겠지만, 그러나 이것은 '집단주의'가 이 책에서는 물론이고 종종 사용된 반개인주의적인 의미로 해석될 수 있는 위험을 피한다.

2) *Laws*, 903 C.

3) *Republic*과 *Laws*에는 플라톤이 억제되지 않은 집단이기주의에 대해 경고하는 부분들이 많이 있다. 그 예는 *Republic*, 519 E, 446 B/C, 그리고 *Laws*,

715 B/C를 보라.

집단주의와 이타주의 사이에 존재한다고 종종 단언했던 동일성과 연관해서, 나는 Sherrington이 *Man on His Nature*, 1951, 388쪽에서 제기했던 '물고기와 가축은 이타적인가?'라는 매우 적절한 물음을 언급할 수 있다.

4) *Politics*, 1282b. 또한 *Politics*, 1280a에 정의란 사물은 물론 사람에게도 적합하다는 취지의 아리스토텔레스 논평을 보라.

5) 이 논평은 *Republic*, 519 E 이하에서 나왔다.

6) 첫 구절은 *Laws*, 739 C 이하이다. 플라톤은 여기서 공화정을 언급하고 있는데, 특히 *Republic*, 462 A 이하, 424 A 그리고 449 E에 분명히 말한다. (집단주의와 전체주의에 관한 구절들의 목록은 *The Open Society and Its Enemies*, 5장, 주석 35에서 찾아볼 수 있다.) 여기서 인용된 구절은 특징적으로 '친구들이 소유하고 모든 것을 공유한다'는 피타고라스학파의 금언을 인용하는 것으로 시작된다. 주석 10과 본문을 보라. 또한 주석 8에 언급된 '공동 급식'을 보라.

7) 현재 단락에 이어 나오는 구절은 *Laws*, 942 A 이하이다. 앞 구절과 이것은 모두 T. Gomperz가 *Greek Thinkers*, 1905, V권, XX장; 독일어판, II권, 406쪽에서 반개인주의적인 것으로 언급했다. 또한 *Laws*, 807 D/E를 보라.
*Laws*에서(*Republic*에서처럼) 군사훈련이 무기 휴대가 허용된 모든 사람, 즉 모든 시민에게 의무인 것을 우리는 잊지 않아야 한다. 다시 말해 시민권과 같은 것을 가진 모든 사람에게 군사훈련은 의무이다(*Laws*, 753 B). 만일 노예가 아니라면, 여타의 사람들은 '평민'이다(*Laws*, 741 E 그리고 743 D). 군국주의를 싫어한 Barker가 플라톤도 비슷한 견해를 주장했다고 믿은 것은 흥미롭다(*Greek Political Theory*, 1918, 298-301쪽). 플라톤은 정말로 전쟁을 칭송하지 않았고 심지어 전쟁을 반대한다고 말했다. 그렇지만 많은 군국주의자들은 평화를 말하면서도 전쟁을 벌였다. 그리고 군인계급, 즉 현명한 퇴역 군인들이 플라톤의 국가를 통치했다. *Republic*에서와 마찬가지로 *Laws*(753 B를 보라)에서도 이런 언급을 했다는 것은 정말이다.

8) 급식, 특히 '공동 급식'과 음주 습관에 관한 매우 엄격한 법률의 제정은 플라톤에서 상당한 역할을 한다. 그 예로 *Republic*, 416 E, 458 C, 547 D/E; *Laws*, 625 E, 633 A(여기서는 전쟁을 위한 목적으로 공동 급식이 마련되었다고들 한다), 762 B, 780-783, 806 C 이하, 839 C, 842 B를 보라. 플라톤은 항상 크레타와 스파르타의 관습에 따라 공동 급식의 중요함을 강조한다. 또한 이 문제에 대한 플라톤의 삼촌인 크리티아스(Critias)의 선입견은 흥미롭다. H. Diels & W. Krantz, *Die Fragmente der Vorsokratiker*, 5판, 1964, 크리티아스 B 33을 보라. [또한 논문 1의 주석 1을 보라.]
또한 현재 인용 구절 말미의 '야생동물'의 무정부에 대한 단언을 *Republic*, 563 C와 비교해 보라.

9) E. B. England가 편집한 *Laws*, I권, 514쪽, 739 B 8 이하에 대한 주석을 보라. 바커의 인용 구절들은 Barker, 앞의 책, 149쪽과 148쪽에서 나왔다. 이와 유사한 수없이 많은 구절을 대부분의 플라톤주의자의 저서에서 찾아볼 수 있다. 그렇지만 물고기와 가축이 이타주의에 의해 자극을 받았다고 말하는 것은 전혀 옳지 못한 것이라는 셰링턴의 언급(전술한 주석 3에 인용된)을 보라. 가축의 본능과 야만적인 이기주의 및 이런 본능에 의존함을 이타주의와 결부시키지 않아야 한다.

10) *Republic*, 424 A, 449 C; *Phaedrus*, 279 C; *Laws*, 739 C를 보라. 그리고 또한 *Lysis*, 207 C, 그리고 Euripides, *Oresteia*, 725를 보라.

정의와 불의에 대한 개인주의 이론에 관해서는 *Gorgias*, 468 B 이하, 508 D/E에서 든 사례를 보라. 아마 이런 구절들은 여전히 소크라테스의 영향임을 보여준다. 소크라테스의 개인주의는 선한 사람의 자기충족이란 유명한 교설에 매우 분명하게 표현되어 있다. 다시 말해 공화정의 중요한 논제들 중의 하나, 즉 국가만이 자기충족일 수 있는 교설과 단연코 모순임에도 불구하고 플라톤이 *Republic*, 387 D/E에서 언급한 교설이다. 또한 *The Open Society and Its Enemies*, 5장, 주석 5 이하와 10장, 주석 56을 보라.

11) *Republic*, 368 B/C.

12) *Republic*, 344 A 이하를 보라.

13) *Laws*, 923 B.

28. 사회학의 자율성

1) *A Contribution to the Critique of Political Economy*, 1859, 마르크스 서문; E. Burns, ed., *A Handbook of Marxism*, 1935, 372쪽; *Capital*, 문고판, xvi 쪽을 보라. 또한 Marx & Engels, *German Ideology*, 1847; *A Handbook of Marxism*, 213쪽; Moscow standard edition of Marx & Engels, Series I, V 권, 16쪽. '의식이 삶을 결정하는 것이 아니라, 삶이 의식을 결정한다.' 참조.

2) M. Ginsberg, *Sociology*, 130쪽 이하에서 저자가 마르크스를 언급하지 않고 비슷한 맥락에서 이 문제를 논의한 것을 보라. 본성과 규약의 대조에 관해서는 특히 *The Open Society and Its Enemies*, 5장을 보라.

3) 그 사례는 시카고의 야외 자연사 박물관이 1929년에 출판한 *Zoology Leaflet* 10을 보라.

4) 제도(制度)학파에 대해서는 *The Open Society and Its Enemies*, 특히 3장(주석 9와 10의 원문)과 9장을 보라.

5) 이 단락의 인용 구절은 J. S. Mill, *A System of Logic*, 8판, 1872, VI권, IX 장, 3절; 같은 책, VI장, 2절과 VII장, 1절에서 나왔다.

6) '방법론적 개인주의'와 '방법론적 집단주의'의 대립에 관해서는 F. A. von Hayek, 'Scientism and the Study of Society', *Economica* New Series X, 1943, 34-63쪽 중, II부, VII절, 41쪽 이하를 보라.

7) 이 인용 구절들은 Mill, 앞의 책, VI권, X장, 4절에서 나왔다.

8) 나는 사회생활의 규범 법칙과 대립되는 것으로 사회생활의 자연법을 지시하기 위해 '사회학적인 법칙'이라는 용어를 사용하고 있다.

9) **거의 모든 인간의 행동에 미친 원치 않는 사회적 영향에 대한** 연구로서의 사회이론을 마르크스가 처음 생각했다고 주장한 K. Polanyi에 나는 빚을 지고 있다. 폴라니는 1924년 공개되지 않은 토론에서 마르크스주의의 이런 측면을 강조했다.

하지만 방금 언급되었던 마르크스주의의 양상과 방법에 관한 마르크스의 견해와 내 견해가 일치하는 중요한 논점을 성립시키는 마르크스주의의 측면에도 불구하고, 이런 원치 않거나 예기치 못한 영향을 분석해야 하는 방식에 대해 마르크스의 견해와 내 견해 사이에는 일치하지 않는 점이 상당히 많다는 것을 주목해야 한다. 왜냐하면 마르크스는 **방법론적인 집단주의자**이기 때문이다. 원치 않는 결과를 발생시키는 것은 '경제적인 관계들의 체계' 그 자체라고 그는 믿고 있다. 다시 말해 '생산수단'으로 설명할 수 있지만, 그러나 개인들, 개인의 관계들과 행동들로는 분석할 수 없는 체계라고 그는 생각한다는 것이다. 이와 정반대로 나는 제도들(그리고 전통들)은 개인주의적인 용어로, 즉 어떤 상황에서 행동하는 개인들의 관계와 그들의 행동에서의 예기치 못한 결과로 분석되어야 한다고 주장한다.

예기치 못한 행동들에 관한 본문의 논평들(이 주석이 붙은 단락과 이어지는 몇몇 논평들)과 연관해서, 나는 물리과학에서의 (그리고 기계공학과 전문기술의 분야에서의) 상황은 어느 정도 유사하다는 사실에 주의를 환기시키고 싶다. 여기서 전문기술의 과제 또한 대체로 우리가 하고 있는 것(예컨대, 만약 다리의 구성 성분 중 어떤 것을 우리가 강화시키면, 그 다리가 너무 무겁게 될 수 있다는)에 대한 예기치 못한 결과들을 우리에게 전달해야 한다는 것이다. 그렇지만 그 유사점은 훨씬 더 나아간다. 우리의 역학적인 의도들이 당초 우리 계획에 따른 것이라고는 좀처럼 판명되지 않는다. 아마도 원동기의 발명가들은 자신들의 행동이 끼친 사회적인 영향을 예견하지 못했음이 분명하다. 다시 말해 자신들의 자동차가 망가진 수많은 방식을 예견하지 못했다는 것이다. 그리고 이런 고장이 나지 않도록 자신들의 차를 바꾸는 동안에, 그 차는 인지하지 못할 만큼 변했다. (또한 그 차와 더불어 몇몇 사람의 동기와 포부 또한 바뀌었다.)

10) *The Open Society and Its Enemies*, 9장을 보라.

11) 또한 음모 이론에 대한 나의 비판과 *Conjectures and Refutations*, 4장과 16장을 비교해 보라.

12) 이 구절은 전술한 주석 7에서 인용되었다.

13) 힘의 논리에 대한 주요 공헌자들로 플라톤(*Republic*, VIII권과 IX권, 그리고 *Laws*에서), 아리스토텔레스, 마키아벨리, 파레토, 그 외 많은 사람들이 있다.

14) M. Weber, *Gesammelte Aufsätze sur Wissenschaftslehre*, 1922, 특히 408쪽 이하를 보라.

사회과학은 우리가 직접적인 인식을 통해 '사회적인 원자들', 곧 우리 자신을 아는 한에서 자연과학의 방법과는 다른 방법으로 일을 한다고 종종 반복된 주장에 관해 여기서 어떤 논평을 부연할 수 있다. 물리적인 원자들에 대한 우리 지식이 단지 가설에 불과할지라도 말이다. 이로부터 다음과 같은 (예컨대, 칼 멩거가 내린) 결론이 나온다. 사회과학은 우리 자신에 대한 지식을 이용하기 때문에, 사회과학의 방법은 자연과학의 '객관적인' 방법과는 반대로, 심리적이거나 주관적이다. 이에 대해 우리는 다음과 같이 답변할 수 있다. 우리가 우리 자신에 관해 가질 수 있는 '직접적인' 어떤 지식도 사용하지 않아야 할 어떤 이유도 분명 존재하지 않는다. 그렇지만 이런 지식은 오직 우리가 일반화할 경우에만, 즉 우리가 우리 자신에 관해 아는 것은 타인들에 대해서도 또한 적합하다고 가정하는 경우에만 사회과학에서 유용하다. 그러나 이런 일반화는 가설적인 성격을 띠고 있으며, '객관적인' 종류의 경험을 통해 검증되고 교정되어야 한다. (초콜릿을 좋아하지 않는 어떤 사람을 만나기 전에는, 몇몇 사람은 모든 사람이 초콜릿을 좋아한다고 쉽게 믿을 수 있다.) 우리 자신에 대한 우리의 지식뿐만 아니라 언어를 사용하기 때문에, '사회적인 원자들'의 경우에 우리는 틀림없이 물리적인 원자들의 경우보다 어떤 측면에서 더 유리한 처지에 있다. 하지만 과학적 방법론의 관점에서 보면, 자아-직관에 의해 제시된 사회적인 가설은 원자들에 관한 물리적인 가설과 전혀 다른 처지에 있는 것이 아니다. 후자 또한 원자가 무엇과 닮았는지에 대해 일종의 직관을 통해서 물리학자에게 제시된다. 그리고 두 가지 경우에서 이런 직관은 가설을 제안한 사람의 사사로운 일이 된다. 과학을 위해 '공적'으로 중요한 것은 단지 그 가설이 경험에 의해 검증될 수 있는지, 그리고 시험들을 견뎌냈는지의 물음뿐이다.

이런 관점에서 보면, 사회적인 이론은 물리적인 이론 이상으로 주관적이지 않다. (그리고 예를 들어 '가치의 주관적인 이론'이라 말하는 것보다 '주관적인 가치 이론'이나 '선택 행동의 이론'이라 말하는 것이 더 명료할 것이다.)

15) *The Open Society and Its Enemies*, 10장을 보라.

16) 헤겔은 '이념'이란 '절대적으로', 즉 어느 누구의 사유와도 관계없이 존재하는 어떤 것이라고 주장했다. 따라서 그는 심리주의를 찬동하지 않았다고 사람들이 주장할지도 모른다. 그러나 마르크스는 무척 합리적으로 헤겔의 이런 '절대적 이념주의'를 진지하게 받아들이지 않았다. 그는 오히려 그것을 위장된 **심리주의**로 해석하고 절대적 이념 자체와 싸웠다. *Capital*, 문고판, 873쪽

(고딕체는 내가 한 것임). '헤겔에게 **사유 과정**이란 (그는 심지어 "이념"이란 이름 하에 독립적인 행위자나 주체로 변장시켜 말하는) 실재의 창조자이다.' 참조. 마르크스는 사유 과정은 (또는 의식이나 마음은) '실재'를 창조한다는 교설에 자신의 공격을 국한시키고, 그것은 사회적인 실재조차도 (물질적인 우주는 말할 것도 없고) 창조하지 못한다는 것을 보여준다.

개인은 사회에 의존한다는 헤겔적인 이론에 대해서는 과학적 방법의 사회적 요소 또는 정확히 말해 개인과 개인 사이의 요소에 대한 [논문 30의] 논의를 보라. 그뿐만 아니라 그 방법에 상응하는 합리성의 개인과 개인 사이의 요소에 대한 [논문 2의] 논의를 보라.

30. 지식사회학 비판

1) 서두의 구절들은 'The Ancestry of Fascism', *In Praise of Idleness*, 1935, 107쪽 이하에서 인용했다. [맥마스터 대학교의 밀즈 기념 도서관, 버트런드 러셀 문고의 감독인 Kenneth Blackwell 박사가 친절하게도 이 인용문을 제공해 주었다.]

2) K. Mannheim에 관해서는 특히 *Ideology and Utopia*, 1936을 보라. '사회적 거주자'와 '총체적인 이데올로기'라는 용어는 모두 만하임에서 연유한다. '사회적 거주자'라는 생각은 플라톤적이다.

3) 낭만적이고 심지어 신비스러운 전체론과 역사법칙주의 경향을 결합한 만하임의 *Man and Society in an Age of Reconstruction*, 1941에 대한 비판[논문 24, II절을 보라].

4) *Conjectures and Refutations*, 325쪽의 내 번역을 보라. 이것은 만하임의 말에 대한 번역이다(*Ideology and Utopia*, II장, 1절; 또는 그 사례는 167쪽). Alfred Weber에게 귀속되는 용어인 '자유롭게 균형이 잡힌 지성'에 대해서는 같은 책, 317쪽을 보라. 느슨하게 전통에 뿌리를 두고 있는 지식계급에 관해서는 같은 책, 136-146쪽, 특히 137쪽을 보라.

5) J. Wisdom은 'Other Minds', *Mind* 49, 1940, 369-402쪽 중, I부, 370쪽 주석에서 심리분석의 방법과 비트겐슈타인의 방법 간의 유사함을 말하고 있다. ' "다른 사람이 느끼고 있는 것을 나는 확실히 알 수 없다"와 같은 의문은 하나 이상의 이런 원천들에서 생길 수 있다. 이런 회의적인 증상의 과다 결정은 그 증상의 치료를 곤란하게 한다. 이런 치료법은 진단이며 그 진단은 증상에 대한 기술, 즉 매우 충분한 기술이라는 (비트겐슈타인의 유사점을 확대하려는) 심리분석 치료법과 비슷하다.' (일상적인 의미에서 '안다'라는 말을 사용할 때, 우리는 당연히 다른 사람이 느끼고 있는 것을 결코 알 수 없다고 나는 말할 수 있다. 우리는 단지 그것에 대한 가설을 설정할 뿐이다.

이것이야말로 소위 말하는 문제를 해결한다. 여기서 의심에 대해 말하는 것은 잘못이며, 기호 분석적인 치료법을 통해 그 의심을 제거하고자 하는 잘못은 더욱 나쁘다.)

6) 심리분석가들은 개별 심리학자와 동일한 것을 주장하는 것 같으며, 어쩌면 그들이 옳을 수도 있다. Freud, *History of the Psycho-Analytic Movement*, 1916, 42쪽을 보라. 여기서 프로이트는 아들러가 다음과 같은 논평(열등감이 두드러지게 중요한 아들러의 개인별 심리분석 계획 내에서는 잘 들어맞는)을 했다고 적었다. '내가 전 생애를 네 그늘에서 보내는 것이 즐거움이라고 너는 믿는가?' 이것은 아들러가 그 당시에는 적어도 자신의 이론을 성공적으로 적용하지 못했음을 시사하고 있다. 하지만 동일한 것이 프로이트에서도 참인 것으로 보인다. 왜냐하면 심리분석의 창시자는 누구도 심리분석이 되지 않기 때문이다. 이런 반대에 대해 그 창시자들은 대체로 스스로 자신들을 심리분석했다고 답변했다. 그러나 그들은 이런 변명을 다른 이로부터는 받아들이지 않을 것이며, 실제로 그렇게 했다.

7) 과학적인 객관성에 대해서는 *The Logic of Scientific Discovery*, 8절을 보라.

8) 나는 칸트주의자들을 헤겔주의자들과 동시에 언급한 데 대해 칸트주의자들에게 사과하고 싶다.

9) K. Mannheim, *Ideology and Utopia*, 170쪽을 보라.

10) 이 두 인용 구절에 대해서는 같은 책, 169쪽을 보라. (단순성을 위해 나는 '의식적'을 '반사적'이라고 번역한다.)

11) E. Burns, ed., *A Handbook of Marxism*, 1935, 255쪽; Moscow standard edition of Marx & Engels, 별책, 117쪽 이하를 보라. '헤겔은 자유와 필연성의 관계를 정확히 진술한 첫 번째 사람이었다. 그에게 자유란 필연성에 대한 평가이다.' 헤겔이 좋아하는 이념에 대한 자신의 언명에 대해서는 다음을 보라. J. Loewenberg, ed., *Hegel: Selections*, 1929, 213쪽. '그러므로 필연성의 진리는 자유이다'; 361쪽. '… 자의식의 기독교적 원리 — 자유'; 362쪽. '절대적인 필연성을 함유하고 있는 자유의 본질적 성격은 그 자체에 대한 의식의 달성으로 전개되어야 하며(왜냐하면 그것은 본성상 자의식이기 때문이다), 그로 인해 그것은 그 현존을 실현한다' 등등.

편집자 주석, 출전 그리고 감사의 말

선별한 논문들이 나온 거의 모든 원전들을 쉽게 이용할 수 있기 때문에, 칼 포퍼 경이 특별히 내가 이 책을 만들도록 허락한 원문에 대한 편집자의 사소한 많은 교정을 환기시키는 일은 필요치 않을 것이라 생각했다. 이 교정들은 논리적 연속성의 증진을 위해 문장들을 바꾸어 말한 것을 포함하고 있다. 그것은 책의 일관성을 확보하기 위해서였는데, 주석에 있는 자료를 약간 간소하게 한 것, 철자와 구두점 등을 바꾼 것, 몇몇 문체와 문법을 개선한 것, 그리고 사소한 실수들을 교정한 것이 그 사례이다. 어디든 가능한 곳은 독자를 이 책의 다른 부분으로 안내하기 위해 앞뒤 참조들을 알맞게 조정했다. 이런 참조들을 대괄호 안에 넣었으며 대부분의 경우 원문과 일치시켰다. 반면에 다른 저작들에 대한 참조들은 주석에 넣어 버렸다. 비록 부여된 연도가 보통 원래 편집판의 연도일지라도, 일반적으로 나는 포퍼가 인용한 저작들의 영어 편집판들을 확인하고자 노력했다. 분명히 해두고 싶은 말은 여기서 사용된 번역들은 대부분 포퍼가 한 것이라는 점이다.

포퍼의 원문은 편집자의 어떤 개입보다 더 명료하게 말한 것이라 생각하고, 대부분의 선별된 논문들에서 나는 인상적인 본질적인 삭제를 하지 않았다(어쨌든 원 저작의 전체 절을 재현하는 정도였다). 이것 때문에 때때로 반복하는 말을 할 수밖에 없었다. 그렇지만, 논문 6의 주석들에서 실제로 삭제를 했으며, 또한 논문 12, 23 및 26에서는 원래 자료에서 내가 상당한 삭제를 했다고 전해야 한다. 아래 언급된 것처럼 나머지 선별 논문에서는 삭제 정도가 더 미미했다는 것은 사실이다.

각 논문에 명기된 연도는 어떤 형태든 처음으로 발표된 해이다. 강연은 강연한 해이며 논문과 저작에서 뽑아낸 발췌문은 처음 발표된 해이다. 몇몇 경우에는 새로운 자료를 나중에 추가했지만, 나는 이런 추가 사항들에 대한 분명한 표시를 하지는 않았다. 특히 『과학적 발견의 논리』와 『열린사회와 그 적들』의 별표 있는 주석을 여기서는 붙이지 않았다. 포퍼 사유의 발전에 관심이 있는 사람들은 그의 원작 출판물들을 통해 그것을 추적하는 데 별 어려움이 없을 것이다.

논문들의 출처는 다음과 같다.

1. 합리주의의 시작(The Beginnings of Rationalism)
'Back to the Presocratics', I, XI, XII절로 이루어져 있다. 이것은 1958년에 행해진 아리스토텔레스 학회의 기조연설로서, 이제는 *Conjectures and Refutations*, 5장이다.

2. 합리주의 변론(The Defence of Rationalism)
The Open Society and Its Enemies, 24장 II절과 III절로 이루어져 있다.

3. 권위 없는 지식(Knowledge without Authority)
'On the Sources of Knowledge and of Ignorance', XIII-XVII절로 이루어져 있다. 이것은 1960년 British Academy에서 강독된 연중 철학 강연이었으며, 이제는 *Conjectures and Refutations*, 서문이다.

4. 주관적 지식 대 객관적 지식(Knowledge: Subjective versus Objective)
'Epistemology without a Knowing Subject', 1-4, 5.1, 5.2절로 이루어져 있다. 이것은 1967년 Logic, Methodology and Philosophy of Science의

제3회 국제회의의 연설이었으며, 이제는 *Objective Knowledge*, 3장이다.

5. 진화론적 인식론(Evolutionary Epistemology)

'The Rationality of Scientific Revolutions', I-VI절로 이루어져 있다. 이 것은 1973년 옥스퍼드 대학교에서 행해진 허버트 스펜서 기념 강연이 었으며, R. Harré, ed., *Problems of Scientific Revolution*, Oxford University Press, 1975, 6장으로 출판되었다.

6. 두 종류의 정의(Two Kinds of Definitions)

The Open Society and Its Enemies, 11장, II절로 이루어져 있다. 주석에 있는 자료들을 상당히 생략했다.

7. 귀납의 문제(The Problem of Induction)

'Philosophy of Science: A Personal Report', IX절로 시작된다. 이것은 1953년 케임브리지 대학교 Peterhouse에서 행해진 강연이었으며, 이제 는 *Conjectures and Refutations*, 1장(다른 제목으로)이다. 논문의 나머 지 부분은 'Replies to My Critics', 13절과 14절로 이루어져 있다. 그 절의 처음과 끝 부분 중 약간을 삭제했다.

8. 구획의 문제(The Problem of Demarcation)

'Replies to My Critics', 5-8절로 이루어져 있다. 그 절의 처음과 끝 부 분 중 약간을 삭제했다.

9. 과학적 방법(Scientific Method)

The Logic of Scientific Discovery, II장, 1절의 말미와 2절과 3절로 이 루어져 있다.

10. 반증주의 대 규약주의(Falsificationism versus Conventionalism)
The Logic of Scientific Discovery, IV장의 서두 자료와 19-22절로 이루어져 있다.

11. 경험주의의 토대(The Empirical Basis)
The Logic of Scientific Discovery, V장의 서두 자료와 25, 27-29절로 이루어져 있다.

12. 과학의 목표(The Aim of Science)
Ratio 1, 1957에 처음 발표되었으며 이제는 *Objective Knowledge*, 5장이다. 이것은 또한 *Realism and the Aim of Science*, 15절이다. 약 4쪽의 내부 삭제를 했다.

13. 과학적 지식의 성장(The Growth of Scientific Knowledge)
'Truth, Rationality, and the Growth of Scientific Knowledge', I절과 II-VI절로 이루어져 있다. 이것은 1960년 Logic, Methodology and Philosophy of Science의 제1회 국제회의를 위해 마련되었으며, 이제는 *Conjectures and Refutations*, 10장이다.

14. 진리와 박진(Truth and Approximation to Truth)
위 논문 13에 인용된 'Truth, Rationality, and the Growth of Scientific Knowledge', VII-XIII절로 이루어져 있다.

15. 성향, 확률 그리고 양자이론(Propensities, Probabilities, and the Quantum Theory)
'The Propensity Interpretation of the Calculus of Probability, and the Quantum Theory'으로 이루어져 있다. 이것은 1957년 브리스틀의

Colston Research Society가 주최한 심포지엄에서 발표되었으며, S. Körner, ed., *Observation and Interpretation*, Butterworths Scientific Publications, 1957로 출판되었다. 기술적인 주석 하나를 생략했다.

16. 형이상학과 비판 가능성(Metaphysics and Criticizability)
'On the Status of Science and of Metaphysics', 2절로 이루어져 있다. 이것은 *Ratio* 1, 1958에 처음 발표되었으며, 이제는 *Conjectures and Refutations*, 8장이다.

17. 실재론(Realism)
'Two Faces of Common Sense', 4절과 5절로 이루어져 있다. 이것은 1970년 런던정경대학교에서 한 강연이었으며, 이제는 *Objective Knowledge*, 2장이다. 주석 하나를 생략했다.

18. 우주론과 변화(Cosmology and Change)
위 1에 인용된 'Back to the Presocratics', II-IX절로 이루어져 있다. 내부의 작은 하나를 삭제했다.

19. 자연선택과 그 과학적 지위(Natural Selection and Its Scientific Status)
'Natural Selection and the Emergence of Mind', 1절과 2절로 이루어져 있다. 이것은 1977년 케임브리지 대학교 다윈 칼리지에서 행해진 제1회 다윈 강연이었으며, *Dialectica* 32, 1978에 발표되었는데, 거기서 Paul Bernays 교수 기념으로 헌정되었다. 약간 삭제를 했다.

20. 비결정론과 인간의 자유(Indeterminism and Human Freedom)
'Of Clouds and Clocks', II-IV절과 VI-XI절로 이루어져 있다. 이것은

1965년 세인트루이스의 워싱턴 대학교에서 행해진 제2회 아서 홀리 콤프턴 경 추모 기념 강연이었으며, 이제는 *Objective Knowledge*, 6장이다. VI절 일부를 생략했다.

21. 심신문제(The Mind-Body Problem)

The Self and Its Brain, 15, 17 및 20절로 이루어져 있다. 그 절들의 처음과 끝에 있는 몇몇 구절들을 삭제했다.

22. 자아(The Self)

The Self and Its Brain, 29, 31, 36, 그리고 37절로 이루어져 있다. 29절의 말미를 생략했다.

23. 역사법칙주의(Historicism)

The Poverty of Historicism, 서문, 12, 14-16, 그리고 27절로 이루어져 있다. 이것을 처음 강독했던 곳은 1936년 브뤼셀의 사적인 모임에서다. 27절의 두 구절을 삭제했다.

24. 점진적 사회공학(Piecemeal Social Engineering)

The Poverty of Historicism, 20, 21 및 24절로 이루어져 있다. 이것은 *Economica* XI, 1944와 XII, 1945에 처음으로 발표되었다. 그 절들의 처음과 끝 부분 약간을 삭제했다.

25. 통치권의 역설(The Paradoxes of Sovereignty)

The Open Society and Its Enemies, 7장의 서두 자료와 I절, II절로 이루어져 있다.

26. 마르크스의 국가이론(Marx's Theory of the State)

The Open Society and Its Enemies, 17장으로 이루어져 있다. 약간의 내부 구절들을 삭제했다.

27. 개인주의 대 집단주의(Individualism versus Collectivism)

The Open Society and Its Enemies, 6장, V절로 이루어져 있다.

28. 사회학의 자율성(The Autonomy of Sociology)

The Open Society and Its Enemies, 14장으로 이루어져 있다.

29. 합리성 원리(The Rationality Principle)

이 논문은 이전에 영어 번역으로 출판되지 않았다. 프랑스어 번역판 E. M. Claassen, ed., *Les Fondements Philosophiques des Systèmes Économiques*(*Festschrift* for Professor Jacques Rueff), Payot, 1967이 출간되었다.

30. 지식사회학 비판(Against the Sociology of Knowledge)

The Open Society and Its Enemies, 23장으로 이루어져 있다.

감사의 말

이 책의 논문 1-3, 6, 7(일부), 9-11, 13, 14, 16, 18, 23-28 및 30을 전재하도록 해준 *The Logic of Scientific Discovery*, *The Poverty of Historicism*, *The Open Society and Its Enemies*, 그리고 *Conjectures and Refutations*를 출간한 출판사에 심심한 사의를 표한다. 또한 논문 4, 12, 17 및 20의 전재를 허락해 준 Oxford University Press와 논문 5의

전재를 허락해 준 the Board of Management of the Herbert Spencer Lectures에도 감사드린다. 논문 7의 전재를 허락해 준 the Open Court Publishing Company와 논문 15의 전재를 허락해 준 the Colston Research Society and Butterworths Scientific Publications와 논문 19을 이 책에 싣게 해준 *Dialectica* 편집인에게 사의를 표한다. 마지막으로 논문 21과 22를 전재하도록 해준 Springer Verlag에도 감사드린다.

참고문헌

영어로 출판된 포퍼의 주요 저작들은 다음과 같다.

The Logic of Scientific Discovery, Hutchinson, 1959, 그리고 Harper and Row and Basic Books, 1959; 원 출처는 *Logik der Forschung*, Springer, 1934.

The Poverty of Historicism, Routledge and Kegan Paul, 1957, 그리고 Harper and Row, 1977; 최초로 *Economica*, 1944/5에 발표되었다.

The Open Society and Its Enemies, Routledge and Kegan Paul, 1945, 그리고 Princeton University Press, 1950; 5판, 1966.

Conjecture and Refutations, Routledge and Kegan Paul, 1963, 그리고 Harper and Row, 1968; 5판, 1989.

Objective Knowledge, Oxford University Press, 1972; 2판, 1979.

Unended Quest, Fontana Paperbacks, 1976, 그리고 Open Court, 1976; 개정판, 1984, 원래는 P. A. Schlipp ed., *The Philosophy of Karl Popper*, Open Court, 1974에 '지성인의 자서전'으로 출판되었다.

'Replies to My Critics', in P. A. Schilpp, *op. cit.*

The Self and Its Brain(Sir John Eccles 공저), Springer, 1977; 개정판, 1981; Routledge and Kegan Paul, 1984. 이 책의 I부는 포퍼가, II부는 Eccles가 썼으며, III부는 두 저자의 대화로 이루어져 있다.

The Open Universe, volume II of *The Postscript*, Hutchinson, 1982, 그리고 Rowman and Littlefield, 1982.

Quantum Theory and Schism in Physics, volume III of *The Postscript*,

Hutchinson, 1982, 그리고 Rowman and Littlefield, 1982.

Realism and the Aim of Science, volume I of *The Postscript*, Hutchinson, 1983, 그리고 Rowman and Littlefield, 1983.

A World of Propensities, Thoemmes, 1990.

In Search of a Better World, Routledge and Kegan Paul, 1995.

1930-1932년에 쓴 포퍼의 첫 번째 책은 독일어로만 출판되어 있다.

Die beiden Grundprobleme der Erkenntnistheorie, J.C.B. Mohr(Paul Siebeck), 1979.

독일어로 된 확대된 논의 두 개는 다음과 같다.

Offense Gesellschaft ─ offense Universum(Franz Kreuzer 공저), Franz Deuticke Verlag, 1982.

Die Zukunft ist offen(Konrad Lorenz 공저), Piper Verlag, 1985.

포퍼 저작들에 대한 좀 더 충실한 문헌 목록은 *Unended Quest*(개정판)과 위에서 언급한 P. A. Schilpp 편집판을 참조.

기술적으로 그리고 비판적으로 포퍼 저작을 다루고 있는 영어로 된 책들은 다음과 같다.

B. Magee, *Popper*, Fontana Paperbacks, 1973, 그리고 Viking, 1973.

P. A. Schilpp, ed., *The Philosophy of Karl Popper*, Open Court, 1974.

R. J. Ackerman, *The Philosophy of Karl Popper*, University of Massachusetts Press, 1976.

R. James, *Return to Reason*, Open Books, 1980.

A. O'Hear, *Karl Popper*, Routledge and Kegan Paul, 1980.

P. Levinson, ed., *In Pursuit of Truth*, Humanities, 1982.

T. E. Burke, *The Philosophy of Popper*, Manchester University Press, 1983.

인명 색인

주제 색인

역자 해설: 일반인을 위한 축소판 전집

이한구

철학사를 보는 관점은 다양할 수 있지만, 우리가 어떤 관점을 취하든 칼 포퍼를 빼고 20세기 철학을 논하기는 어려울 것이다. 20세기 철학사에서 그는 분석철학과 대비되는 과학철학의 큰 흐름을 만들었고, 비판적 합리주의라는 새로운 철학사상을 창안했다. '열린사회'라는 개념을 통해 전체주의를 비판하면서 자유사회의 이념을 정당화한 사상가이기도 하다.

독일의 Mohr Siebeck 출판사가 독일어로 된 칼 포퍼 전집을 2000년부터 십 년 넘게 출간하고 있다. 현재까지 15권이 나왔다는데 이는 다음과 같다. 『빈 시절의 초기 저작』(1권), 『인식론의 두 근본문제』(2권), 『탐구의 논리』(3권), 『역사법칙주의의 빈곤』(4권), 『열린사회와 그 적들 I』(5권), 『열린사회와 그 적들 II』(6권), 『실재론과 과학의 목적』(7권), 『열린우주』(8권), 『양자이론과 물리학의 분열』(9권), 『추측과 논박』(10권), 『지식과 심신문제』(12권), 『인식과 진화』(13권), 『자유와 지식인의 책임』(14권), 『내 삶의 지적 연대기』(15권). 11권은 아직 출간되지 않았는데 아마도 『파르메니데스의 세계』가 될 가능성이 높아 보인다.

이 중에서 우리나라에서 번역된 것은 4권 『역사법칙주의의 빈곤』(이한구, 정연교, 이창환 역), 5권 『열린사회와 그 적들 I』(이한구 역), 6권 『열린사회와 그 적들 II』(이명현 역), 10권 『추측과 논박』(이한구 역), 11권 『파르메니데스의 세계』(이한구, 송대현, 이창환 역), 13권 『객관적 지식』(이한구, 정연교, 이창환 역), 15권『끝없는 탐구: 내 삶의 지적 연대기』(박중서 역)와 그 밖에『삶은 문제 해결의 연속이다』(허형은 역),『우리는 20세기에서 무엇을 배울 수 있는가?』(이상은 역),『더 나은 세상을 찾아서』(박영태 역) 등으로 반 정도 된다. 그렇지만 아직도 그의 초기 저서 1권, 2권, 3권과 후기 저서 7권, 8권, 9권 등은 번역을 기다리고 있다.

밀러가 편찬한 포퍼 선집의 의의는 두 가지이다. 첫째로, 포퍼 사상의 전모를 조감할 수 있다는 점과 둘째로, 철학 전공자가 아니라도 읽을 수 있을 정도의 글을 포퍼의 책과 논문에서 선별했다는 점이다. 이 두 가지 점을 높이 사서 포퍼 전집을 모두 번역하는 데는 다소 시간이 걸릴 듯하여 먼저 이 책을 번역했다.

옮긴이

이한구

서울대학교에서 철학 박사 학위를 받고 성균관대학교 철학 전공 교수와 뮌헨 대학교, 도쿄 여자대학교, 브라운 대학교 및 위스콘신 매디슨 대학교의 연구교수를 지냈으며, 현재 경희대학교 석좌교수로 재직 중이다. 열암학술상, 서우철학상, 대한민국학술원상 및 3·1문화상을 수상했고, 한국분석철학회와 철학연구회 및 한국철학회 회장을 역임했다. 주요 저서로『역사주의와 반역사주의』,『역사학의 철학』,『지식의 성장』,『역사와 철학의 만남』등이 있고, 역서로는『열린사회와 그 적들 I』(칼 포퍼),『추측과 논박』(칼 포퍼),『분석철학』(엄슨),『영원한 평화를 위하여』(칸트),『칸트의 역사철학』(칸트),『파르메니데스의 세계』(칼 포퍼),『객관적 지식』(칼 포퍼),『역사법칙주의의 빈곤』(칼 포퍼) 등이 있다.

정연교

성균관대학교 철학과를 졸업하고 미국 로체스터 대학교에서 *John Locke's Contractarian Theory of Political Obligation*으로 박사 학위를 받았으며, 현재 경희대학교 철학과 교수로 재직 중이다. 철학연구회 편집위원과 한국철학회 발전위원장을 역임했으며, 주로 고전적 자유주의와 진화론 및 과학기술혁명이 현대문명에 미친 영향에 대해 연구해 왔다. 주요 저서로『인간이란 무엇인가』(공저),『맥루언을 읽다』(공저),『철학의 전환점』(공저) 등이 있고, 역서로는『철학적 인간학』,『이렇게 살아도 괜찮은가?』,『직관과 구성』(공역),『객관적 지식』(공역),『역사법칙주의의 빈곤』(공역) 등이 있으며, 논문으로는「로크의 자연상태 개념에 관한 소고」,「로크 존재론의 성격과 의미」,「진화생물학과 윤리학의 자연화」,「사회생물학의 도덕철학적 함의」,「맥루언의 매체와 메시지」,「미디어의 이해, 어떻게 읽을 것인가?」등이 있다.

이창환

성균관대학교 경제학과와 철학과를 졸업하고, 동 대학원 철학과에서「믿음이란 무엇인가?」로 석사 학위를 받았으며, 동 대학원 철학과 박사 과정을 수료했다. 충북대학교, 청주대학교, 대덕대학교의 강사로 철학과 사상, 형이상학, 분석철학, 논리와 사고, 현대사회와 윤리, 공학윤리 등을 강의해 왔다. 역서로『파르메니데스의 세계』,『객관적 지식』,『역사법칙주의의 빈곤』등이 있다.

포퍼 선집 Popper Selections

1판 1쇄 인쇄	2018년 1월 15일
1판 1쇄 발행	2018년 1월 20일

엮은이	데이비드 밀러
옮긴이	이한구 · 정연교 · 이창환
발행인	전춘호
발행처	철학과현실사

등록번호	제1-583호
등록일자	1987년 12월 15일

서울특별시 종로구 동숭동 1-45
전화번호 579-5908
팩시밀리 572-2830

ISBN 978-89-7775-806-3   93160
값 25,000원